新島襄の教え子たち（ジャンル別）

本井康博 著

図書印刷 同朋舎

はじめに

新島襄は、教育者として福沢諭吉とよく比肩される。

たとえば、ふたりは「明治日本の二大教育者」なり、と喝破するのは、徳富蘇峰《そほう》である。いかにも新島の代表的な教え子らしい宣言である。たしかに、ふたりは東の慶応義塾、西の同志社にあって、官学（帝国大学）の向こうを張るかのように、私学教育のために万丈の気を吐いた。

ほかにも、中野好夫の見解がある。新島襄は「人間的規模の大きさ」で言えば、「福沢以下」である。にもかかわらず、新島が率いた初期同志社が生み出した「明治、大正期各界の俊秀指導者群という点において、まさに東の慶応義塾と双璧であった。壮観といってよい」と高く評価する（中野好夫『蘆花徳富健次郎』一、八八頁、筑摩書房、一九七二年）。

事実、教え子や門弟に恵まれた点でも、ふたりは共通する。資質や教育観の差異を超えて、両者の業績には眼を見張るものがある。とりわけ、新島の教え子たちの場合、いわゆる「熊本バンド」が代表する人士たちは、圧倒的な存在感を示す。新島の後継者とも言うべき彼らの働きは、卒業生の中では、群を抜く。

しかし、彼らの陰に隠れがちであるが、他にも優れた人材に事欠かない。すでによく知られた教え子だけでなく、世に埋もれたレベルの人たちの中から、新島に感化を受けて、それぞれの使命と務めに挺身した人たちをジャンル別に取り上げて、あらためて光を当てるのが、本書の狙いである。

教え子とは、基本的に同志社に学び、大なり小なり新島の指導を受けた者を指すが、例外的にそれに該当しない少数者（杉山重義、石井十次、原胤昭《たねあき》ら）をも取り上げた。彼らは学校以外の領域で新島の指導を受けたいわば広義の教え子である。

本書の意図は、そうした教え子たちをも含めて、その存在を明示するだけでなく、彼らから見た新島の消息や人間像をできるだけ救い上げることにより、類例のない新島の人となりや稀有な人格を髣髴させることにもある。

司馬遼太郎『竜馬がゆく』の一節を借りるとこうなるであろうか。

「ここしばらく、西郷〔隆盛〕について、かれを知っている先人の評を書いてみよう。

その事蹟、生いたちなどを書くよりも、そのほうが、この人物をややありありと読者の目に映じてもらえることになるかもしれない」(『司馬遼太郎全集』四、四三四～四三五頁、文芸春秋、一九七二年)。

そのために、教え子たちに複数の記録や回想がある場合、新島本人や新島との関係に言及したものを優先した。すなわち、師弟間の交遊を示す記録や発言を重点的に収録した点で、本書はいわば新島の師弟関係が窺える「データベース」を目指した。

初期の卒業生たちは、新島校長のこうした期待を背負って、世に出た。彼らが活躍した領域や進路は、実に多彩である。同志社が産み出した豊かな果実をつぶさに検証するために、彼らを産んだ樹木そのものにも注目すべきであろう。

聖書(「マタイによる福音書」十二章三十三節)が伝えるように、「木はその実《み》によりて知られる」からである。

新島自身も、それを自覚していた節がある。彼は、同志社の学生に向かって、イェール大学の卒業生を見習って、「学校の特質を顕《あらわ》すように」と発破をかける。

「エール大学が、今日の如《ごと》く盛へ、且《か》つ名声を博したる所以《ゆえん》の者は、唯《た》だ之《こ》れ同校より出でたる幾多《いくた》の英才傑士が、各々其《その》校の特質、資格を社会に発表したるに因《よ》るのみ。蓋《けだ》し、学校の盛不盛は、重《おも》に之《こ》れ此《ここ》に存すればなり」。

こう言い進めたうえで新島は最後に、「諸君、我同志社の生徒たる者、幸に我同志社の為《ため》に自ら任ずる所あれよ」と結ぶ(石塚正治編纂『新島先生言行録』一一〇～一一一頁、警醒社書店、一八九一年)。

恩師への「襄熱」を滾《たぎ》らせるのは、なにも直弟子だけではない。新島に接した彼らの篤い想いは、孫弟子、さらにはその弟子たちを通して現代人にいたるまで連綿と受け継がれ、今も「もう一人の新島襄」、「小新島」たらんとしてそれぞれの人生を切り拓く者が絶えない。

二〇一八年十一月六日

本井康博

ことわり

（一）凡例

・旧字体や仮名遣いなどは、できるだけ原文通りにしたが、場合によっては常用漢字や新仮名に振り替えた。

・その他の点では中高生を含む若い読者を想定して、読みやすさを最優先にした。そのために、改行、句読点、ルビは多めに施し、逆に傍点、圏点、傍線などは適宜、省略した。

・編集、引用に際して、必要な補注は〔　〕に組み込んだ。

・拙稿（旧稿）を再録する場合、基本的に加筆（補正）した。

（二）主要引用文献

本文で頻出する出典や引用文献（参考文献）などについては、略称を用いる場合が多い。サブタイトルを含めた正規の書名や刊行データは、次の通りである。あらかじめ、刊行順に列挙しておきたい。

なお、執筆者名（本井康博）だけあって出典が記されていない場合は、本書のために書き下ろした個所である。

・天上之友刊行委員会編『天上之友』一～二（基督教世界社、一九一五年、一九三三年）

・警醒社編『信仰三十年基督者列伝』（警醒社書店、一九二一年）

・同志社校友会編『新島先生記念集』（同志社校友会、一九四〇年）

・新島襄全集編集委員会編『新島襄全集』全十巻（同朋舎出版、一九八三年～一九九六年）

・同志社社史資料室編『創設期の同志社――卒業生たちの回想録――』（同志社社史資料室、一九八六年）

・同志社社史資料室編『追悼集――同志社人物誌――』Ⅰ～Ⅷ（同志社社史資料室、一九八八年～一九九四年）

・『日本女子大学学園事典：創立百年の軌跡』（日本女子大学、二〇〇一年）

・同志社山脈編集委員会編『同志社山脈――百十三人のプロフィール――』（晃洋書房、二〇〇三年）

・同志社大学人文科学研究所編『近現代日本の社会運動家　自

伝・回顧録　解題』（同志社大学人文科学研究所、二〇〇六年一月）
・本井康博『徳富蘇峰の師友たち――「神戸バンド」と「熊本バンド」――』（教文館、二〇一三年）
・本井康博『新島襄と明治のキリスト者たち――横浜・築地・熊本・札幌バンドとの交流――』（教文館、二〇一六年）
・本井康博『新島襄の師友たち――キリスト教界における交流――』（思文閣出版、二〇一六年）

目　次

Ⅲ　熊本バンド（同心交社）

I

神戸バンド

一、神戸バンドとは（本井康博）

新島襄の教え子たちの中で、最も知名度の高いのは、「熊本バンド」の面々である。とりわけ、第一回の卒業生たち十五名（本書四一頁以下）は、全員がこの集団に含まれるので、彼ら抜きには同志社の歴史は語れない。

けれども、忘れてならないのは、「熊本バンド」たちは、開校の翌年から三年目にかけて入学したという点である。つまりは、彼ら以前に第一回入学生を始め、何人かの生徒、学生たちが入学していたという単純な事実である。

熊本バンド以前に入学していた学生たちの多くは、中退で終わった。たとえ卒業まで漕ぎつける者がいたとしても、第二回卒業式以降の卒業である。それゆえ、後輩たる熊本バンドからは、「烏合の衆」と見られるなど、とかく冷眼視された。

バンドの面々は、同志社に入学するや学園を席巻し、「殆ど従来の同志社生を圧倒」し、「わが物顔に同志社を振舞」った（徳富蘇峰『蘇峰自伝』八一頁、九七頁、中央公論社、一九三五年）。その結果、研究史でも初期同志社はとかく熊本バンド一色に塗り込められがちである。

こうして、最初期の学生たちは、熊本バンドの活躍の陰に隠れてしまい、その存在がバンドの華々しい功績の前に埋没してしまった。そこで本書では、バンドによって消された感のある「従来の同志社生」たちに、着目してみたい。

同志社男子校（英学校）は、一八七五年の秋（十一月二十九日）に二名の教員と八名の学生で出発した。教員は、校長の新島襄のほかには、宣教師のデイヴィス（J. D. Davis）ただひとり。学生のほとんどもデイヴィスの教え子たちであった。この点は、デイヴィス自身が証言する通りである。八名の学生中、「六名は神戸に於《お》ける予が学校にありし者にして、すべて基督《キリスト》教の信徒なりし」（デヴェス「基督教主義の教育に於ける予が経験」三九頁、『回顧二十年』警醒社、一九〇九年）。

デイヴィスは、新島と同じミッションであるアメリカン・ボード（ABCFM）に所属する宣教師で、新島がアメリカ留学から帰国する前から、神戸で伝道と教育（宇治野学校）に従事していた。彼の学校に関しては、名称を始め詳細は不明であるが、英語学校から始めて、じょじょにバイブル・クラスに発展したことは確かなようで、将来はミッション・スクール（神学校、さらには大学）を夢見ていたとも思われる。

　そこへ、新島がキリスト教学校（大学）設立の野望を抱いて大阪に赴任してきたのである。設立資金としてアメリカで確保した約五千ドルを手土産にしての帰国であった。デイヴィスは新島の学校設立計画に合流することを検討し始めた。

　最終的に新島の学校は京都に設立されたので、デイヴィスは神戸の私塾をたたんで、京都に移り住んだ。その際、彼は教え子たちのうち六名を引き連れたというわけである。

　その意味では、京都で新たに発足したキリスト教学校（同志社）は、デイヴィスの私塾が京都に移転したようなものである。

　六名は全員が信徒であった。それ以前の京都は、新島（牧師ならびに宣教師であった）を除けば、牧師、宣教師、教会、キリスト教学校はいずれも不在であっただけに、六名の信徒学生は同志社にとっては実に強力な支柱となりえた。それだけに、彼らは「神戸バンド」と括られて、熊本バンドに比して考察する価値がある。同志社において最初に新島の教え子になった者こそ、この神戸バンドだからである。

　熊本と神戸の両バンドについては、すでに拙著『徳富蘇峰の師友たち――「神戸バンド」と「熊本バンド」――』（教文館、二〇一三年）で論及済であるが、今回、新資料の紹介を兼ねて改めて取り上げる。具体的に言えば、神戸バンドのうち、本書で紹介するのは五人（元良《もとら》勇次郎、中島力造、須田明忠、本間重慶《しげよし》、二階堂（横山）圓蔵）である。

　その他、バンドではないが、同時期のふたり（上野栄三郎、堀貞一）をも合わせて紹介したい。彼らを含めて共通することは、いずれも熊本バンドが入学する以前の学生であると同時に、とかく熊本バンドに圧倒された「従来の同志社生」の中では、同志社以後の活躍は、熊本バンドと遜色ない点である。

二、元良勇次郎

（一）「文學博士・元良《もとら》勇次郎氏履歴」（『新人』編集部）

博士は安政五〔一八五九〕年十一月を以て攝州三田《さんだ》藩士、杉田泰氏の二男として生まる。十三歳の時、志を立て郷關を出て、兵庫に學ぶ。十五歳、父を喪《うしな》いて一旦郷里に帰る。後、米人デビス氏に従て再び兵庫に出で、次ぎで京都同志社に入る。時に明治八〔一八七五〕年なり。

三年の後、東京に出で〔津田仙の〕學農社にありて且《か》つ教へ且つ學びて業を練り、明治十四年、東京英語學校の設立に力を致し、且つその教授を擔任せり。是《こ》れ實に今の青山学院の濫觴《らんしょう》とす。

明治十四年、入って元良家を嗣《つ》ぎ、同十六年米国に赴き、ボストン大学竝《ならび》にジョンス・ホプキンス大学に在りて、哲学竝に心理学を専修し、同二十一年ドクトルの学位を受くる迄の間は、博士その哲学思想の修養と共に精神作用の實験的研究に熱中せしか、ホプキンス大学はその学力を認めて学費を給せり。

その研究工夫に熱心なる、睡眠中の学友をも實験の目的に使用したる等、同学者の話柄《わへい》として残れり。

かくて歸朝の後、〔帝国大学〕文科大学に講師として精神物理学を講し、明治二十三年その教授に任せられてより、本邦に新学風の心理研究を創始し開拓するの任は、博士の雙肩に懸り来れり。

明治二十七年、高等師範校〔現筑波大学〕教授の任を兼ね、直接に教育の学府に関係してより、心理学の實験的研究を此方面に應用する事に勉め、後年、注意練習器、讀字實験器等の工夫は、その結果として教育の實際上に裨益《ひえき》を與《あた》ふるに至れり。

之《これ》に加へて博士は、直接育英の事業を急とし、明治二十二年故外山〔正一《まさかず》〕博士、神田〔乃武《ないぶ》〕男爵と共に、正則中学校〔正則予備校。現正則高等学校〕を興し、自ら〔初代校長として〕学校経営の事に當り、或は自ら修身科の授業を擔任して始終一貫せり。

その他女子英学塾〔現津田塾大学〕、女子大学〔現日本女子大学〕、成城学校〔現成城学園〕等の経営、竝に教育にも参與《さんよ》して、盡《つく》す所少からず。

蓋《けだ》し博士、幼時具《つぶ》さに苦学の辛惨を嘗《な》めしかば、後進書生に對しては、最も切實の同情を懐きて、之が誘導には身を以《もっ》てその熱誠を傾注せしなり。

然《しか》も固《もと》より博士の本領は、純乎たる学者、研究家として立てるにあり。此《これ》を以て自家の研鑽、思索の外に他人と思想を交換し、真理を討議するに當りては、虚心坦懐毫《ごう》も後進先輩の別をなさず。学生を教導するに當りては、諄々説いて倦まざると共に、又他人の説を聴くに當りても、その人が如何なる反對の場に立てるも、亦如何なる後進なるも勉めてその主張を聴取し、その思想を理會、會徳せずんば已《や》まず。之れを會得しては輙《すなわ》ち之を検査し批評して、一豪の真理も之を明かにせんことを勉めたり。

此の如きは、實に公平なる学者の態度なること云うまでも無く、又實に幼年、壮年期に於《お》ける自己の辛苦より得来りし同情の心と、その間に於ける忍耐、修養の結果に出でたるものにして、この人格的感化は後進の中に残りて、永く盡きざるべし。

明治三十七年九月より、翌年十月に至る外遊に際しては、欧米諸国を遍歴し、諸大学を歴訪し、特にライプチヒに止まりてウンド氏〔Wilhelm Max Wundt〕等と交ると共に、その東洋哲学に関する論文を完成し、三十八年四月、羅馬《ローマ》に開かれし心理学會に之を提出したり。

博士、大学に講師并《ならび》に教授として二十四年、高等師範学校に教授として十八年、其《そ》の間養成したる後進子弟は今や学界と教育界とに洽《あま》ねく、其中には心理学并にその應用に重きをなせる者、亦少からず。

此《かく》の如くして博士は斯界《しかい》の指導者となり、又一面には平素研究の結晶なる、その終生の大作を完うせんとするに際して、疾患屡々《しばしば》災をなして四十五年春、骨瘍を發し、爾来《じらい》手術静養の方法を盡したるも、餘病瘁《しつ》に發し、衰弱益《ますます》加はりて終《つい》に起《た》たず。

十二月十三日、疾篤きに及びて特に従三位勲二等に叙せられ、瑞寶章を賜わる。斯《か》くて博士一生の事業は、上朝廷恩遇の表彰を得、その人格は下、後進の尊崇を集めてその一生を終れり。

「元良博士を懐ふ」（綱島佳吉《かきち》）

余が元良博士と相知りしは、明治十年、京都同志社に於てである。當時博士は、既に入学して居られたが、入学當時のことである。今に記憶して居ることは、寄宿舎で或る室を見ると、名札がかゝってある。夫《そ》れは「新平民杉田勇次郎」とあって、其《その》新平民の傍らには「穢多《えた》ニアラズ、士族ヨリ新シク平民トナリシモノナリ」と書いてあった。

余は面白い男も居るものだ、と思ったのであったが、之れが杉田潮《うしお》君の令弟、即ち後の元良勇次郎君であった。

同志社時代は非常な勉強家で、其頃《そのころ》の同志社は非常に運動好きで、運動と云へば中々熱中したものであったが、博士は常に自室に閉じ籠《こ》もりて、勉強しておった。博士が運動場に出たのは、一度も見たことがなかった。

此時代より既に博士は、異彩をはなって居られた。其後は東京に行かれたので、余は余り多く接するの機会はなかった。

博士は明治十六年、米国留学の途に上られたが、余は其時、博士を見送ったのであった。其後六年にして、帰朝せられたのであったが、其時余が尤《もっと》も深く感じたことは、洋行帰りといへば、大抵なればハイカラにならぬまでも、其風采や服装の上に、何処《どこ》となく変ったところがあるものである。

然《しか》るに、博士ばかりは、六年前見送った時と、帰朝の時とは全く何等の変化もなかった。智識こそ非常なる変化をして来たのであるが、風采は相変らずで、バンカラな背広を着た処は、依然として舊の如くであった。

之れは啻《ただ》に洋行帰りの時ばかりでない。其後、文学博士となり、大学教授となり、高等官の待遇を受くるに至っても、亦同じであった。聞く処によれば、大学教授にして大禮服を持たなかった人が二人あるが、其一人は元良博士であった。

之れは何も博士が、大禮服を作ることが出来ないからでない。夫れを作る金があれば、早速書籍費に回されたからである。

之を要するに、余が初めて見たる新平民時代の杉田勇次郎君も、米国留学前の元良勇次郎君も、大学教授としての元良博士も、年齢こそ違へ、其風采の上に於て、全く相同じく純朴、質素であった。

之れはやがて、博士の人格其ものを語っておる。（談）

「元良博士の事ども」（小崎弘道）

博士と親しく交際するに至ったのは明治十二年の初め、博士が津田仙翁の學農社〔農学校〕の教師として京都から来た時である。元良君は中島力造君の後任として来任せられたのであったが、当時學農社に居った者は長田《おさだ》時行君、和田正幾《まさちか》君であって、いづれも余の牧する霊南坂教會員であった。

而《しか》して元良君は日曜の夜の説教をして呉れたが、其の説教は説教と云うよりは、数学や物理学や心理学の話しであった。

博士は實に勤勉家で、中々熱心に事物を研究する人であったが、又一風変わった人であった。今に忘れぬことは、筑後柳川の人で清水柳吾と云う男がおった。此人は同志社にも学んだ男で、一寸《ちょっと》狂気じみた奇人であった。

何でも三年ばかり一室に閉じ籠もり、瞑想して神の黙示を受けたとかで、郷里を出で京都に来て、東海道を着の身着の儘で旅行して、野宿なんかして乞食の様な容姿で、先第一に私の処に来た。是非説教をさせよと云うから或日曜の教壇を彼のために與《あた》ふると、黙示録と題したものであったが、全く訳の分らぬ話をした。

其話の内容などはよく記憶せぬが、何でも夢の中に夢を見て、その夢中に又夢を見て、その又夢の中に夢を見たと云った様な事で、會衆が思はず吹き出すと、彼は非常に立腹して、人の説教を笑ふとは何事だと壇上より大喝した。

夫《そ》れから上州の安中に行って海老名〔弾正《だんじょう》〕君に会って見ようと云って出て行ったが、海老名君も元より相手にしなかったので、又東京に戻って来た。

然るに元良君は「イヤ中々面白い。彼の云ふことは慥《たし》かに研究するの価値がある」と云って、自分の家に止めて、毎日其話を聞かれた。

或《ある》日、私が元良君に「彼の曰《い》うことが、真に神の霊に満されてをるものなれば、其反響がある筈だ。試みに上野の公園に出て、一週間ばかり道傍説教をやらせて見給へ、そうしたら分る」とすゝめた。元良君は夫《そ》れはよかろうと、彼をすゝめ、上野公園に行かしめた。

彼は毎日、公園の入口の石段（今の西郷像の下の）に立ち「天国は近づけり、汝等《なんじら》悔改めよ」と、ヨハネ気取りで叫んだが、誰一人として真面目に耳を傾けるものはなかった。

此人は未だ自分の修養が足らぬからだと云って、郷里に帰って行ったが、後で聞けば又一室に閉じ籠もり、人が行けば蒲団をかぶりて、一切顔を見せず、二、三年の後、遂に死んでしまったそうだ。

之れと同じ様なことは、今一つある。夫れは熊本の人で阪井禎甫と云ふ人であった。此人が又一種の狂人で、誰も相手にしなかったが、元良君は之をも自宅において、其語る所を聞いたことがあった。こう云ふ所は、兎に角一風変わった人であった。

余と元良博士との間には、特別な関係がある。全體、津田仙翁は中々面白い人で、世話好きな人であった。元良博士も、私と同じく津田翁の肝煎《きもい》りで妻帯したのであったが、〔教派で言えば〕余も元良君も組合〔教会〕で、元良夫人〔米子〕も余の妻〔千代〕も、メソヂスト〔教会〕の信者であったので、小崎夫人は當然、組合に轉會すべきだが、元良君は養子だから、之れはメソヂストに轉會せねばならぬと云って、其時元良君はメソヂストに轉會せられた。更に面白い事は、両夫婦が同所で同時に結婚の式をあげた事である。

之れも津田翁の主張で、二組結婚式（ダブル・マレーヂ）をあげたのである。時は明治十四年、場所は築地の海岸女学校（今の青山女学院の前身）であった。二組の夫婦が、同じ仲人（津田氏夫妻）に連れられて、神のみ前に立并《たちなら》び、奥野昌綱《まさつな》翁、ハリス〔M. C. Harris〕監督司式の下に、一緒に式を済ましたのであった。

其頃は基督《キリスト》教の結婚式と云へば誠に珍しいので、双方の招待者は百名位であったが、見物申込者が更に百名もあって、茶菓の時などには委員は大にまごついたのであった。こんな結婚式は、基督教でも初めてで、而《しか》して終りであろう。

博士の信仰上のことに就《つ》いて一言すれば、此頃は勿論《もちろん》、其後米国から帰って後も、別に変わった事はなかった。矢張《やはり》教會にも行き、又祈禱をした。

近年になってから、学問の上にては随分、反宗教的な意見も吐ひて居られたが、然し基督教に対し全然乖離《かいり》した考へは、持って居られなかった。

と云ふのは、或時余が「君はあゝ云ふ議論をさらるゝが、君の基督教に対する信仰は夫れでも差しつかへはないか」と尋ねると、学問は真理の上に立つもので、ファクトを根底とするものであるが、宗教は社会的基礎の上に立つものであるから、今日の人類進歩の程度では宗教は之を信じ、之によりては救はれ、之によりて慰安を得、以て人の道を完ふすべきである。夫れには基督教が尤《もっと》も適當なりと信ずる。

而《しか》して又、今日我等が真理と思ふものも、決して絶対のものではなく、明日は如何になるか分らない。つまり真理は過去も分らぬ、又将来も分からぬ。今だけである。故に真理の研究は、何時も途中である。されば余が、宗教に対する考へは、学問研究のために何等の影響をうけて居らぬと語られた事があった。

最近に於ける元良君の信仰は、余は知らなかったが、恐らく之れで通されたらうと思う。（談）

「元良博士の宗教思想」（海老名弾正《だんじょう》）

元良博士は少年の祈りに基督教を聞き、發心されたのであるが、後年に至ってその信仰が冷却した、と自白せられたのである。是《こ》れは興味ある問題ではなかろうか。

博士は近世思想と衝突しつゝ、あった神学思想を教へられたので、自から了解し得なかっ所もあったらしい。又その教へられた時は、十五歳、乃至《ないし》二十歳の青年であった故に、基督教の真髄などを考究する能力を有して居らなかったのであろう。

且博士は、元来は宗教的に出来て居なかった故に、所謂《いわゆる》宗教上に於ける深刻なる實驗をした跡が見られない。博士は恐らくは、傳道師として一生を送らんかとの問題に触れたことは、なかったのであろう。

但《ただ》し當時は、何人にても基督教徒であれば、進んで傳道したのであるから、博士も傳道されたこともあったろう。彼は同志社を出られた後にも、説教をなし、講話を試みられたのであるが、宗教そのものの實驗は、殆んど聞くを得なかった。

博士はドコまでも学者として立ち、基督教に対しても、学者として貢献する所あらんと志したものである。故《ゆえ》に基督教として實驗したと云ふには、浅薄であったに相違ない。又智識としても決して深くはなかったろう。けれどもその少年の折、外国宣教師より吹込まれたるものは、その脳裏に深い印象を形作ったのである。

吾は過去十五年の間、一回ならず博士の居宅、又はその他の所にて、博士に招かれて宗教懇談会に出席したことがある。博士は何回となく、その少年時代より宗教思想の変遷したことを忌憚なく告白せられた。博士はその少年時代に、宣教師に吹込まれた神学思想を以て、真面目に真の基督教と思ひ定め、之に対する異説は、基督教にあらずと思惟して居られたやうである。

それ故、この青年時代の思想に遠ざかるは、取りも直さず、基督教より遠ざかるものと考へて居られた。之は甚だ奇妙のやうであるが、真面目なる博士の脳裏には、しか考ふる外、余地がなかったのである。

吾れ嘗《かつ》て、自己の宗教思想を述べたとき、博士はそれは何んでありますか、と問はれたから、分り易《やす》くいへば、高等基督教とでもいったらよからうと答へたれば、破顔微笑せられたのである。神学思想の進歩すべきことが、博士には分からなかったかのやうに観察せられ、甚だ遺憾に思はれた。

故に博士は折々、私には基督教は最早《もはや》なくなったと言はれたのであるが、さればとて、依然としてクリスチャンの情感あることは、何時も承認して居られた。博士は自白して、感情は昔の儘の基督教徒時代の感情が遺《のこ》って居りますといはれた。博士の品格は何処までもクリスチャンであった。

博士の思想の傾向は、兎角《とかく》唯物的であったが、之は単に思想の傾向であって、その情意と品行とは、甚だ精神的であった。博士はこの精神的要素が、日本の教育に欠けて居るのを慨歎して居られた。是《こ》れ博士が日本主義主張者の一人となって熱心された次第《しだい》である。

博士が日本教育は霊的要素がありませぬと我れにいはれたとき、さらば、基督教の信仰を主張さるべきかといふと、否々、一種の古神道にて間に合せやうとされた所は、何処までも教育家であって、宗教家ならざるところが發揮して居った。

博士はその専門の研究に熱中して、宗教問題を研究する暇がなかった。博士は宗教問題を研究する意志がなかったわけではないが、時間がなかった。近代の如く宗教的心理状態の研究を貴ぶことはない。博士も之に気が付かなかったでもあるまいか。

博士は之れさえ十分研究する時間がなかったようである。況《いわ》んや神学思想の変遷の如きに至っては、之に其の勢力を傾注する余裕がなかったとは尤《もっと》もな次第といわねばならぬ。

唯こゝに一言して置いたのは、宗教思想も個人の發達と偕《とも》に発達し、又、時代の変遷と偕に変遷すべきである。何時迄も幼少時代の如く思はねばならぬといふことは、不可能である。余、凡《すべ》ての思想の發展せざれば、勢ひ信仰まで冷却し来るは、真に免れ難い所である。

（『新人』一四の二、一九一三年二月一日）

なお、海老名のこの追憶は、刊行委員会編『元良勇次郎著作集』（別巻一、一九二～一九三頁、クレス出版、二〇一四年）にも再録されている（本井）。

三、中島力造

（一）〔「創立当時の母校」〕（中島力造）

同志社創立当時の入学生

私は一番先きに入学した為、同志社が未だ学校と云うものに成って居《お》ら無かった。

入学生の一部は、神戸で西洋人に就いて習って居った人達〔神戸バンド〕であった。デビス〔J. D. Davis〕先生が同志社に聘せられる様になったので、元良〔勇次郎〕君も其時一緒に来た。本間〔重慶〕君も神戸から見えた。大阪からも西洋人に教《おそわ》って居った人達が来た。①

私は京都で新島先生に御目に懸ったので、それから同志社に来る事になった。以前から上野栄三郎君と二人で、好い学校があったら行きたいと思って居ったので、丁度同志社が創《はじま》ったので直《す》ぐ行く事にした。

同志社の建物

寺町の今出川②と云う処で、元京都府の知事をして居った長谷《ながたに》氏〔実は高松保実《やすざね》〕の家〔通称中井屋敷〕を借りて、同志社と云うものが出来た。少数の人を塾に入れて、表の長屋の様な処を食堂にして、一番広い部屋を教室に使った。③ それは明治八年か九年頃〔実は一八七五年〕と覚えて居る。

開校当時の教師

教師はデビス先生と新島先生の二人が主で、其他日本人の先生〔漢学〕が一、二名居った。

其後、ラーネッド氏〔D. W. Learned〕が聘せられ、医者〔医療宣教師〕のテーラー氏〔W. Taylor〕も来た。④

勉学　課業

英語等を始めた人があったけれど、私は前から多少学問して居ったので、代数を新島先生から習った。物理も同じく新島先生から習った。バイブルの講義は学校で無く、新島先生の借りて居った家⑤で朝早くあった。

其他種々の書物を勝手に読んで居た。私は歴史や哲学の書を新島先生やデビス先生から借りて読んだり、フランスのギドー〔ギゾー。F. P. G. Guizot〕の文明史や宗教改革の書物等を新島先生から教《おそわ》った。課業と云っても未だ其頃は人が少なかったから勝手にして居った。

相国寺前に移転

一年経ってから〔一八七六年九月に〕相国寺前に家〔第一寮、第二寮、食堂〕が建てられたので⑥、今度は其処《そこ》で授業を開く様になった。

熊本人続々入学

相国寺の前に移ってから、熊本人が沢山見えた。大部分は熊本の洋学校に学んでジェーンス〔L. L. Janes〕と云う米国人に就いて英語を習って居った人達〔熊本バンド〕が入学した⑦。

即ち古崎〔小崎弘道〕君、海老名〔弾正〕君、横井〔時雄〕君、金森〔通倫《みちとも》〕君、市原〔盛宏〕君、宮川〔経輝《つねてる》〕君等で、斯《こ》う云う人達は基督教に興味を持って居ったから、〔余科、すなわち神学科で〕神学を研究して居った。

私は基督教を嫌った

私は宗教に興味を持って居らなかった故、政治か学問の方を勉強し様と云う考えであったので、同志社に長く止《とどま》って居っても、自分の目的が達しられ無いと思った。

それが為に一、二年で退社〔退学〕して東京〔学農社〕へ行った。私は其頃、未だ十代の生意気盛りの時であったから、社生の多数が宗教臭いのが気に入らなかったので、早く都合して他に行こうと思って居ったのである。

卒業する様に勉強しなかった

二年目からは科目が定まり、一、二、三年級も出来た。入学生も多くなった。私は長く止まる積もりが無かったので、今謂う撰科生の様なもので、二、三種の学問を習って、別段卒業する様に勉強しなかったから、勿論徹夜する程勉強した事もなかった。勝手の物を読んで居った。

哲学書を好む

私は以前から哲学に興味を持って居った。当時多くの人を益した英国のミル〔J. S. Mill〕の経済論、ダイギセイタイ〔代議政体〕論、自由論を読んだが、根本を研究し無ければと思って、ミルの哲学書を読んだ。

私は始め新島先生から米国のヘブン〔J. Haven〕の心理学を習った。二年目からは元良〔勇次郎〕君も教《おそわ》った。

教師と激論の事

此の書は西〔周《あまね》〕氏が翻訳したもので、スコットランドの哲学の大体が書いてあるが、ミルの哲学とは反対だったので、新島先生と大に議論を戦はした。あまり議論が喧しくなって、終《つい》に新島先生も困られた。

デビス氏の姉夫婦〔E. T. Doane 夫妻〕が南洋〔ポナペ島。現ポンペイ島〕に行って伝道して居ったが、婦君〔Clala〕が不健康の為、夫婦共京都に来られた。

其時夫人は我々の議論に加勢して、二年間心理学を研究した。又、ラネル〔ラーネッド〕氏から地質学を習った事もある。

演説

他校と異《ちが》うのは、水曜日毎に演説会があった。熊本から来た人達が面白い話等もしたが、兎角《とかく》宗教の方面に偏した故、私には気に入らなかった。然し、自分も議論や批評等をした事があった。

此の会は全く同志社の特色であった。

米飯を食はせ無かった

相国《しょうこく》寺の前に移ってから食堂が建てられた。多分熊本で実行して居った引続きだろうと思うが、少しも米飯を食わせないで、小麦の引き割りの様なものを捏《こ》ねて、それに醤油をかけたものや、大麦を捏ねて矢張醤油をかけたもの等を食べさせた。

米飯は勿体《もったい》無い〔と〕云うので食はせなかった。一度米飯を食べた事があるが、其時には米に豌豆《えんどう》を混ぜたものであった。

献立

牛肉は度々《たびたび》食べさせたが、漬物は一度も食はせなかった。食物がこんな風だったので、慣れ無い者は非常に困った。私も此の食物に困らされたから、よく外で種々の物を買って来て食べた。

〔寄宿舎の月額〕食費は弐《に》円五十銭だった。

食事前の祈祷

西洋流に食事前、神に感謝してからで無くては食べられなかった。これは熊本から来た基督教信者が始めたのであるが、又其の祈禱を簡単に済まさないで、長々しくして居った事は随分私共を困らした。

社生の大部分は基督信者

社生の大部分は熊本から来た人や宣教師に就いて習って居った人達で、百人中僅《わずか》三、四人位宗教に関係の無い者が居ったばかりであった。最初熊本〔や東京〕から、徳富〔猪一郎。後の蘇《そ》峰《ほう》〕君の様な若い人達が十人ばかり来た。

大西祝氏

二年目の夏休みに、金森君が岡山へ〔夏季〕伝道に行って、未だ其頃木全《きまた》の姓を名乗って居った大西〔祝《はじめ》〕君を伴《つ》れて来た。大西君が同志社へ入学した時には未だ学問して居らなかった。英語も出来なかったので、我々が大西君を指導した方であった。大西君は基督信者では無かったので、私達の間に交際を求めた。

社則厳格

同志社は宗教学校だけに、起床、就寝時間は厳格に守られ、品行の点にも十分注意したので、不都合の者は幸い出なかった。

デビス氏

デビス先生とは親しくして居ったが、西洋人だから御互いに言葉が充分通じ無いので、自分の考えを総《す》べて話す事が出来なかった。それにデビス先生は保守的思想を持って居ったので、私とは深く語る事が出来なかった。

先生は、今は御所の公園〔京都御苑〕になって居る柳原〔前《さき》光《みつ》〕伯爵⑧の家を其の頃借りて居った。其家は閑静で涼しいので、一夏、留守居かたがた〔徳富君と〕居った事がある。それに、自分の持って居る書物は何でも勝手に読んでよいと云う許可をデビス氏から受けたので、非常に便利だと思ったから、悦んで留守居役を引き受けた。デビス氏の思想は近づき憎〔難〕くかった。

テーラー氏

医者でテーラーと云う教師も居った。此の先生は〔娘の中山慶《よし》子《こ》が明治天皇を産んだ〕中山〔忠能《ただやす》〕侯爵の家を借りて居られた。生理学を学んで居ったが、興味を持たなかった。先生の家にはあまり遊びに行った事は無かった。唯病気の時には、よく薬を貰って呑んだ事を覚えて居る。

ラーネッド氏

ラーネッド氏は有栖川《ありすがわ》家の家来の家を借りて居ったが、先生とはあまり深く語った事は無かった。

新島先生

新島先生には非常に親しくして、先生の家にもよく遊びに行った事がある。御互いに日本人だからよく言葉も通じたので、一番親しく語った。

買いに行っても書物が無い場合には、先生から拝借して読んだ。私は其頃翻訳をして居ったから、一週間に一度づつ《ママ》先生の処へ直して貰いに行った。其時、日本の将来に就いて等語り合った。

宗教に就いては新島先生は自由思想を持って居られたので、国家の将来を大に憂へて居った。私も同感であったから深く語った。宗教の主義は確《かた》く取ったが、併《しか》し何の宗教で無くてはならない等と云う様に一方に偏する事は無かった。

山本覚馬翁

山本覚馬氏は盲人だったが、随分有力の人で同志社の創立者で、新島先生とは親しい間柄であった。覚馬氏の妹〔八重〕は新島先生の妻君であった。

私が同志社へ行って居る頃は、山本氏は政治家であった。目が見え無い為《ため》、私に新聞を読ませたり、面白い話をしたり、一月に一度は必ず氏の家を訪れた。

意見もよく聞いたが、〔木戸孝允など〕維新当時の有力の人達と深く交際して居られたので、我々若年者にとって有益の話しを語った。

其後、長谷《ながたに》〔信篤《のぶあつ》〕氏が京都知事〔初代〕を辞して槇村〔正直〕氏が代ってから、氏の顧問をして同志社の為めに尽くされた。相国寺前で〔同志〕社を開く様になったのも山本氏の力であった。

槇村知事と同志社の衝突

其後争いが起こった事がある。それは外国宣教師を雇う事は、今日の如く内地雑居が許されて居らなかった頃であるから、一々京都府の手を経なければ、宣教師は京都に住む事が出来なかった。此の事を知事は中央政府へ取次ぐ事を嫌ったから、新島先生は外国宣教師を雇いたいと言うても事が運ばなかった。

新島先生は、木戸〔孝充〕、森〔有礼《ありのり》〕、岩倉〔具視《ともみ》〕等と云う有力の人達と交って居ったので、東京の方とは交渉が出来て居ても、尚槇村〔正直〕知事が取次いで呉れなかったので争が起こったのである。

校風

私が同志社に居った頃は未だ整頓が出来なくて、学校と云う姿に成って居らなかった故、勿論校風も無く、唯一熱心の基督教信者が集ってバイブルの研究をし、其傍《かたわ》ら学問を教えて居たばかりである。

バイブルの講義

バイブルの講義は学校で無く、前の道を隔てて同志社の入口にあった小さい家で習って居った⑨。其他の学科は皆同志社内でして居った。

新島先生の感化

同志社の当時の特色とも謂《い》う可《べ》きは、新島先生の精神及び先生の感化であった。随分中には先生に対して不満足を持って居った人達もあったが、外国人と日本人の間に在って、困難に打ち勝ったのは、誠に先生の偉い所であって、始めて此の事業の緒口〔糸口〕は先生に依《よ》って開かれたのである。

滑稽の看板

同志社で滑稽であったと思うのは、官許同志社英学校と云う看板の下って居った事である。

退社

私は其後、新島先生の推薦で或る学校〔学農社農学校〕の教師となったので退学した。

筆記雑誌

雑誌を作る事は其当時から在ったが、版にしたのでは無く、各自筆記を出して、それを写して廻したのである。村上〔小源太〕君の叔父に当られる人で、政治家で漢学者があった。其人〔村上作夫〕が同志社で国文を講じて居った。

私は西洋議事規則と云う書を翻訳して、此の人と二人で出した事がある。雑誌の第一号が出来た時、私も経済の論文を出した事があった。

日曜説教

説教は新島先生、デビス先生の家であった。其他の教師の家でした事もある。其頃は未だ教会と云うものが組織されて居らなかったから。

山崎為徳氏

山崎為徳《ためのり》氏は始め京都〔水沢〕に居って、〔その後〕熊本〔洋学校〕で勉強して、同志社の漢文の教師に聘せられたが、私が退学後亡くなられた⑩。

徹夜

私が同志社に居った頃は、規則がむづかしくて徹夜は禁じられて居った。

自炊

これも未だ実行したものは誰れも無かった。

質朴（縄の帯、赤ゲット等）

縄帯、赤ゲット等を使った人もあったが、それは多く熊本から来た人達で、兵児帯《へこおび》に手拭をぶら下げて居った人達もあった。私は赤ゲット等持っても居なかった。

羽織は必ず着る事になって居ったので、大概の人は着て居った。袴は随意だった。私は何時も羽織に袴を着けて居ったので、赤ゲット組では無かった。

注〔編者による原注〕

①本間重慶の項（『創設期の同志社』一八〇～一八四頁〔本書二二頁以下〕）参照。

②同志社英学校開業地は、上京第二十二区寺町通丸太町上ル松蔭町十八番地華族高松保実《やすざね》邸。〔中井屋敷については、拙稿「最初の校舎『中井屋敷』の謎――一四三年前の同志社寺町校地――」（『同志社時報』一四六、同志社、二〇一八年一〇月）を参照〕。

③本間重慶の回想「寺町より相国寺畔へ」（『同志社校友同窓会報』七、一九二七年三月）には、寺町の仮校舎の模様が記されている〔本書二五頁〕。

④D・W・ラーネッドおよびW・テイラーの雇用が許可されたの

は、明治九年三月十五日（申請後五か月を要した）であった。
⑤上京第二十二区新烏丸頭町四十番地。
⑥一八七六九年九月十八日に拝堂式がおこなわれた。校舎二棟と食堂一棟であった。
⑦いわゆる「熊本バンド」の人たち。このころ同志社へ入学した人数は詳らかでない。横井時雄の入学は翌十年。
⑧J・D・ディヴィスは一八七五年十月二十三日から、家族とともに上京〔神戸から入洛〕。第十一区清和院門内中筋通六八三番地柳原前光邸（紫宸殿東）を借りて居住した。
⑨正課での聖書講義は禁じられていたので、新島は明治九年九月に相国寺門前にあった豆腐屋の廃屋を個人名義で購入し、その二階を聖書教場にした。地番にちなんで「三十番」教室と呼ばれ、現在のアーモスト館管理人棟のあたりにあった。「前の道を隔てて同志社の入口の前にあった」とあるのは、当時の同志社の門は現在のクラーク記念館の東側にあって、相国寺門前通りに面していたのである。
⑩岸本能武太の項、一八〜一九頁参照。

（『創設期の同志社』）

四、須田明忠

(一)「偲須田明忠君」(中山光《みつ》五郎他)

一八五二年〜一九三三年。明治六、七年ごろ、神戸でグリーン(D. C. Greene)についてキリスト教を学び、七年、摂津第一公会(神戸教会)で受洗。明治八年十一月二十九日、同志社英学校創業のさいの八人の生徒の一人。

九年十一月、摂州第一神戸公会長老、今村謙吉、木村強の薦書で十二月三日、京都新烏丸《からすま》頭丁〔の新島の借家〕に成立する〔西京《さいきょう》〕第二公会に入会し、執事〔教会役員〕に選ばれた。

在学中、彦根、江州〔近江〕八幡《はちまん》、八日市、日野、ついで上州の松井田の伝道にたずさわり、明治十二年六月には八日市基督教会に籍を移し、ゴードン〔M. L. Gordon〕より按手礼を受けて牧会・伝道に当った。

明治十八年六月、同志社別課神学(邦語神学)科を卒業。その前年より着手した松井田伝道は四カ年におよび、二十一年二月、前橋に共愛女学校〔現共愛学園〕の設立されるにおよび幹事となり、以後、四十年十二月まで学校の事務運営に当る。

大正五(一九一六)年、茅ケ崎・南湖院に入り、高田畊安《こうあん》の活動を助ける。死去に際し、南湖院々葬がおこなわれた(中山光五郎「偲須田明忠君」、『上毛教界月報』四二五号所収。ならびに『新島襄全集』第二巻、宗教編所収の「第二公会録事」、「公会記」)。

(『新島襄全集』三、注、七七六〜七七七頁)

(二)「須田明忠と新島襄」(本井康博)

須田は同志社の卒業生中、熊本バンド(とくにバイブル・クラス)の面々より早くに按手礼を受けて、牧師に任命された人物として、本間重慶同様に注目すべきである。牧師としては、同級生であった本間と共に滋賀県湖東での開拓伝道に尽力し、八日市教会を設立して初代牧師を務めた。

注目すべきは、牧師となってからも神学教育を受けることには人一倍熱心で、一八八〇年に発足した母校の邦語神学科(別科)

に何度も在籍して、ついに数年後には卒業にこぎつけている。

その後は、群馬県（下仁田《しもにた》、松井田、前橋）に転じて、伝道と女子教育に永年、従事した。最晩年は、茅ケ崎のサナトリウム、南湖院に奉職し、創立者であり同志社教会出身のクリスチャン医師である高田院長の働きを補佐した。

新島との関連で言えば、『新島襄全集』に次のような記事や記述が散見される。

・一八七九年五月二十三日　新島が自宅から須田（八ケ市　島崎吉三郎方）に葉書を出す。文面は以下の通り。

「色々御談判申上度《たき》事有之候《これありそうろう》間、明廿四日八ケ市迄参上いたし度、此旨御報知申上候

西京　新島襄」（『新島襄全集』三、一六六頁）

・一八八二年六月二十日　須田に自宅から手紙を出す（「日誌」）（『新島襄全集』五、一八　二頁）。内容は不詳。

・一八八五年六月十八日　須田を始めとする九名の邦語神学三年生が、卒業式を一週間後に控え、渡米中の新島に連名で手紙（バーハーバーにあるA・ハーディの夏の家気付けで）を送り、卒業を報じると共に謝辞を述べる（同前九上、一七七～一七八頁）。

・一八八五年六月二十六日　邦語神学科卒業式。卒業生八人中に「静岡　須田明忠」の名前が記されている（「同志社記事」）（同前一、二五七頁）

・一八八八年八月二十六日　上州伊香保で静養中の新島を須田が訪ねる（「漫遊記」）（同前五、三六四頁）

・一八八八年九月十日　上州下仁田町の中野安資方に寄宿する須田が、伊香保（千明《ちぎら》）滞在中の新島に書簡を発信する（同前九上、四二九～四三〇頁）。

信徒である中野の家を住宅兼伝道所として下仁田伝道に尽力中とある。後半は、数冊の神学書を列挙する。新島から、必要な書籍は贈呈するので、という申し出があったようで、それに対する回答と思われる。須田に限らず、新島は地方在住の伝道者に対して、積極的に書物の贈与に努めた。

・一八八八年十一月七日　新島が須田に宛てて手紙を出す（同前三、六七一頁）。先便で告知された「御注文之書物」は、東京で手配するつもりであったが、その時間がなかったので、東京の本屋（江藤書店）から取り寄せてほしい旨が記されている。

興味深いのは、追伸である。見舞いの感謝や東京では須田夫人とたびたび面会したことを記した後、「失礼ノ御忠告」が書き添えられている。

「貴兄之説教ハ余リ長カスギルトノ評アル由」なので、必ず時計で計りながら、「正味三十四、五分、又ハ四十分」を越えないように注意されたい、というのである。

・一八八八年十一月二十三日　須田が下仁田から京都の新島に一書を送る（同前九上、五三〇～五三一頁）。

新島から贈呈される書籍について、種類と入手方法に関して新しい提案がなされていたり、下仁田伝道の難しさが表白され

たりしているほかに、説教が長いことを注意されたことへの反省と感謝の表明である。

　この件ではこれまで「先生より数度」指摘されたとある。教会員や信徒が思い余って時々に新島に助けを求めた結果であろう。にもかかわらず、なかなか「下手の長談義」を止めることはできなかった。けれども、「以来ハ屹度《きっと》遵守仕リ候」と確約した。

・一八八九年十二月二十三日　新島は上州伝道に従事する三人の有力牧師（不破唯次郎ら）に書を寄せ、「此一ケ年間ハ、下仁田ニ御尽力アリテハ如何」と奨励している（「富岡の夜明け——甘楽《かんら》教会創世記——」一五六頁、拙著『志を継ぐ——新島襄を語る（十）——』、思文閣出版、二〇一四年）。上州人らしく、下仁田への目配りも忘れていない。

（三）「訃報・須田明忠氏（退職教師）」

　永年、相州茅ヶ崎の南湖院に〔働いて〕在られし同氏は、旧《きゅう》臘《ろう》三十日、遂に永眠された。氏は我が組合教会教師や、最初に（明治十二年六月五日）本間重慶に続いて接手礼を領せられたる人である。晩年は全くの孤独。葬儀は小崎弘道氏によって司られた。謹んで弔意を表す。

（『基督教世界』一九三六年一月十一日）

（四）「牧師列伝・須田明忠」

　一八五二年（嘉五）一月二十五日生～一九三三年（昭八）十二月三十日永眠。

　静岡県に生まれ、明治初年、京都に遊学。更に志を立てて神戸に赴き、宣教師グリーン〔D. C. Greene〕の門に入って学ぶ。一八七五（明治八）年六月、神戸教会〔当時は摂津第一基督公会〕で受洗。

　〔同年〕十一月二十九日、八名の学生をもって創立された同志社に入学。新島襄の教導を受け、学びつつ、大和〔郡山〕、近江〔八日市〕、丹波等の伝道に励んだ。一八七九（明十二）年三月、卒業〔中退〕して滋賀県八日市に伝道を開始した。同年六月四日、按手礼を受けて牧師となる。

　一八八二（明十五）年、辞して再び同志社に戻る。一八八八（明二十一）年、共愛女学校が〔群馬県前橋に〕創設されるや、同校教師に就任、二十年間奉職した。一九〇八（明四十一）年、退職、引退されたが、余生は南湖院〔神奈川県茅ケ崎にあるキリスト教主義サナトリウム〕の患者の友となり、慰め手となって、牧会者の道を歩いた。

　一九三三（昭八）年、十二月三十日、茅ケ崎の地で八十一年の生涯を閉じた。

（『天上之友』三二）

五、本間重慶

(一)「新島先生の苦境と其成功」(本間重慶)

新島先生は米国にて神学を終え、按手礼を受け、明治七年九月に宣教師で、デホレスト〔J. H. DeForest〕夫婦、及同教師アダムス〔A. H. Adams〕夫婦の日本に赴任すると共に、五人同船して帰朝せられた。

之より先き明治五年三月に横浜公会〔横浜海岸教会〕は設立したるも、未だ教師〔牧師〕の無き時にて、先生の帰朝近きに有りと聞き、之れ幸の事として、衆議の上先生を教師に招聘すべく可決し、直に明治七年二月に招聘書を発送の後ち、数ヶ月を経るも何等の音沙汰もなく、何れも首を長くして待ち居たる折柄、先生は帰朝せられたれば、早速、其諾否如何を尋ねたるに、先生は初耳にて、未だ何等の書翰も受取居らずとのことにて、公会は案外に思い、是非吾人の請を容れて、牧師の職に就《つか》れたしと、只管《ひたすら》依頼したるも、先生は何分初耳のことにて、速答は出来難く、且《かつ》自分は他に考も有ることなれば、折角ながら承諾は致し兼ねると素気なく謝絶せられたれば、公会は茲《ここ》に大に失望した。

之にて公会と先生間の好感に一種の亀裂を生じたりと云う。夫より先生は関西に向い、不取敢《とりあえず》神戸に来り、デビス師等に協議して、今後の方針を書策せられた。

然るに明治七年四月に設立を見たる神戸公会〔現神戸教会〕は、先生の帰朝を豫《かね》てより承知し、且大に先生に嘱望して、或は牧師に迎えん抔《など》と、色々協議を凝《こら》し居たる際なれば、兎《と》も角《かく》先生の説教を拝聴すべく願い出た。

然るに先生は久しく海外に在て、永く邦語を使用せず、随て邦語の説教は不慣の様子。且先生は萬事扣《ひか》へ身の人にて、其挙動甚謙遜にして、又能弁家でもなく、極《ごく》地味なる説教をせられたれば、一同は案外に思い、幾分失望の気味ありて、之なれば何も新島さんを煩さずとも、當公会の前田〔泰一〕、小野〔俊二〕二君抔《など》は却《かえっ》て雄弁のことなれば、強《しい》て新島さんを牧師に頼まずとも可でないかと云う人さえ現われ、結果は面白く無く、先生に対する期待は自然に消滅した。

其外、先生は常に宣教師宅に寄寓せられて彼等とは親交せられたれども、〔日本人の〕公会員とは格別懇意に交際もせられず、又会員の宅抔へ訪問せらる、等のこともなければ、自然何時とはなく先生と公会員との間に一種の溝が現出し来て、信者の心は次第に先生に対し冷淡に成り来る傾きがあった。

夫より先生は今後の事業の為め、大阪に轉せられ、同地にて学校を開設せんと書策の上、〔木戸孝允の協力を得て〕大阪府に出願せられた。然るに當時の知事、渡邊昇氏は、宣教師を雇い入る、耶蘇《やそ》教の学校は罷《まか》り成らぬと、即座に却下した故に先生は大に困却して、種々に方法を考慮せられた。

此間又先生は神戸と同様、常に宣教師邸に寓居《ぐうきょ》し彼等とは親密に萬事協議も致された様なるも無相変《あいかわりなく》、大阪の公会員とも親交なく、且信者の宅にも訪問せられず、其結果は、神戸同様の観ありて、余り先生を心から尊敬する人も見え無かった。

之れ先生、當時の苦境の様であった。帰朝早々横浜にて公会に満足を与えず、次に神戸、大阪にても余り好況でなく、甚だ苦しき境遇であった。金剛石《ダイヤモンド》は基本質は美麗にして、十分光沢を有するも、之を磨かざれば之を包囲し居る外皮は粗雑なる礫石《れきせき》なるが如《ごと》く、先生も其人格は高く、意志は純血、精神は誠且美なるも、人に依りては其内容を伺い得ざる結果ではなきか。

是《これ》より先き明治五年、京都に第一回内国博覧会の設けられた時、神戸よりギュリツキ〔O. H. Gulick〕宣教師が上京して、山本覚馬氏に面識と成りしが、一の門戸を開いた山本氏は嘗《かつ》て会〔会津〕藩の留守居役、即ち外交官で有て、蘭学に通じ、頗る学識に富み、且大の進歩主義の人なるも、不幸「ソコヒ」を疾《やん》で、視力を失い、其外中風病にて足腰の自由なく、實に気の毒なる人なるも、其学識の高きと人物の高操なるを以て、時の府知事、槇村正直氏に重要せられ、府の顧問役の外、盲目ながら、府会議長を兼ねる非常なる勢力家にて有たれば、先生はギュリツキ氏を経て同氏に面会し、懇々自身の経歴と、其抱負を演《の》べ、其賛助を乞はれたれば、氏は先生の人格と其主義、首唱を尊重し、大に力を添へんことを約された。

就《つい》ては知事にも其意を伝え、之が賛助をせられんことを求められた。知事も甚進歩主義の人にて、既に山本氏への献策を容《い》れて、獨逸《ドイツ》人を聘して、中学校に教鞭を採らせ居たる程なれば、至極山本氏の進言を嘉《よみ》し、先生の新事業を達成すべく同意せられた。

此に於て山本氏は、先生を輔《たす》けて学校を起こさんとて、寺町通に一家〔中井屋敷〕を借り、之にて明治八年九月〔十一月〕同志社英学校を開き、且現時の今出川通の同志社敷地は曾て薩藩の有なりしも、今は山本氏所有と成りたれば、之を将来の同志社地面に當てられた。

如斯《かくのごとく》山本氏の尽力にて、同志社も開校せられ、又同氏の門下生たりし中村栄助、濱岡光哲、田中源太郎氏等は、勿論之を賛成し、陰に陽に先生の事業を補佐せられ、次第に校運の曙を観るに到った。

此頃は先生には寺町校舎の近傍、新烏丸《からすま》〔頭《かしら》〕町の一家を借り、獨身生活をして居られたが、其後山本氏の令妹八重子夫人の近頃〔結婚式の前日〕信者と成られしを娶《めと》りて、デビス邸宅にて結婚式を挙げられたれば、茲に先生御家庭の基礎も出来た。

是より先き本校の生徒としては、神戸より私と横山〔二階堂〕圓造《えんぞう》、杉田勇次郎（後の元良博士）の三人に、尚三、四人を加えて、漸く開校式を挙げられた。其後追々生徒の増すに従い、今出川の新校舎に移り、学校らしきものが漸く外部に現われ来《きた》れども、市内よりは奥亀太郎、上野栄三郎二人の外、入校せず。

之は基督教を嫌悪する結果にて、其外只さえ先生の事業を嫉視《しっし》し居たる佛徒等は、頻《しきり》に反対の度を嵩《たか》め来りて、公然知事に対し猛烈なる反対を起し、爲に今迄好意を抱き居たる知事も、大に其心を動かされ、遂に同示唆に対し、極冷淡に成りしのみならず、先生に面会するだも厭《いと》い、門前払を喰はすに至り、其上、今迄よりは更に厳重に校舎にて聖書、及神学科の教授〔授業〕だも許さず、總て之を厳禁したれば、先生は止《やむ》を得ず一案を出し、例の三十番屋敷を先生名義に代え、之は校外なるを以て、茲にて漸く聖書と神学の教授を致された。

其のみならず、今迄府の顧問役にて府会議長たりし山本氏を召し、之を排斥するの状態を来し、先生の事業は大に苦境と成り来った。其外生徒中、神戸、大阪、三田《さんだ》、横浜、東京方面より来りしものは、既に其他の信徒等が先生に対し好感を持ち居らぬことを承知し居れば、先生に十分信頼するの心なく、此輩は先生よりもデビス先生を主として慕い来りし者が多かった。

如斯《かくのごと》き状況なるを以て、先生事業の基礎は追々成立し来ることも、内外より禍患《かかん》を受けて、先生の苦境は随分烈《はげ》しく、其苦心の程は思い遣《や》られた。

然れども校生の数は次第に増すと同時に、更に四十人計《ばかり》の信者、生徒の一團が、熊本より入校し来れば、俄《にわか》に生徒数は百有余人に増し、校運は著しく隆盛したが、何分此一團の〔熊本〕バンドは先生自身の産出生徒でなく、他家にて成育せし貰い子にて、何かに付けて里心を抱き、親元戀し人々なれば、先生としては彼等の来校は、一喜一憂、其操縦は一種の苦心にて、先生の苦を増したるの感を見受けた。

一例を挙げれば、先生受持の神学科教授の内に、ハーモニー・オフ・ゴスペルス〔福音書の調和〕と称する一科あり。之は四福音書を調利して研究する聖書神学にて、中に其調和上に随分難問題が多くあって、授業中、難問題、議論百出の場合もあり、先生は何時も謙遜、扣へ目の紳士的態度にて、其質問に應答の時、is よりも will be を用い、「デス」よりも「デシャウ」を重《おも》に用いられた。

然るに新来のバンドの中には「デシャウ」では承知出来ず、屢《しばしば》猛烈なる議論を戦わし、中には先生が参考に使用せらるゝ〔聖書〕註解書を知るものであるから前以て之を勉強し、且書籍室にて他の註解書を勉強し、置て先生に當るべく十分の戦闘力を備えて教場に出て、頻に議論を戦わした。

然るに後には、先生の気質も知り、且追々先生の「ダイヤモンド」たる美質を知り来ると共に、暫時にして融和、順境に達するに至って、先生を尊敬する時代が来た。

斯《か》く校運の隆盛なると共に萬事が繁雑に成り、各種の紛議、意見の衝突を起こし、先生としては米国ボールド〔アメリカン・ボード〕と在留宣教師間、同宣教師と同志社現任の宣教師間、同宣教師と本邦現任職員間に挟《はさま》りて、其意志の疎通、融和に非常の苦痛を致され、尚之に加えて、僧侶の反対、京都府及東京政府筋に対する其交渉を平滑圓満成らしむるには、層一層の苦心を覚えられ、常に諸方面に「リューブリケート」滑油の位置に在る先生は漸く数年間の重荷に堪えず、過労の結果、遂に此頃より身に病弱の襲来するありて、時々教授〔授業〕を休まれた。

然し増々校運の盛大に赴くと共に、愈々事務は劇増〔激増〕し来り、容易に先生に休養を許さず。其内明治十二年、熊本バンド十五名の神学科〔バイブル・クラス〕卒業の時が至った。然れども政府は本校より神学科の卒業を許さず、先生は窮策の結果、神学科に対し余科なる語を案出し、余科卒業と記する卒業書を十五名に授与せられた。以来神学科に対し余科なる語は、十七年卒業の神学生に迄用ひられた。

之より先生病気は次第々々に進み来り、種々の療養を加え静養致さるると雖も、思しく恢復に至らなかった。此頃先生、年来の希望なりし同志社大学創設の主意書を世に發表せられて、追々寄付金の申込も表れ来りて、又此頃全校生徒の数は約千人に達すれども、先生の病気は依然として好くはなかった。

其後、先生静養の為め、外遊迄も致されしも、病勢依然として恢復せず、遂に大磯海邊に於ける大患は二十三年一月、其事業半にして世を去り、昇天せられた。

（『同志社校友同窓会報』一九二七年一一月一五日）

（二）「寺町より相国寺畔へ」（本間重慶）

寺町時代の校舎

寺町時代の同志社英学校々舎は、高松〔保実《やすざね》〕家現住の大部分を、新島先生が借受けられしものにて、表門を入れば正面に大玄関あり。之に次で奥の数室と台所、及勝手先あり。之は高松家の使用する者、此玄関に並びて小玄関あり。之は同志社の借受け居る一部にして、即ち本校の受付兼昇降口なり。

茲に須田〔明忠〕又は渡邊君の扣《ひか》え居られしを見受けたり。之に続いで十二畳大の広間と八畳の二室あり。之は本校の使用する講堂、即ち教室にして、本紙第二号に示せる学生の写真は、此所にて撮影せるもの。又此教室に次いで奥に大小の教室と、其二階の三、四室は、悉《ことごと》く生徒の寄宿室に使われた。

寺町通に面したる方は、黒塗の左右に観音開きの門を有する門長屋にして、其長さ約十間《けん》ありしと覚ゆ。先生は之を賄人の居室と、炊事場及学生の食堂に区分して改修せられ居た。生徒は勿論、賄食を食する者多数なりしも、自炊も許されて居た故、中には自炊の連中も見受けた。

教科書

當時の教授書目は、デビス、新島の両先生は聖書及神学課を教へられ、小生と吉川君〔が〕、歴史、〔英語〕リーダー、又デビス先生が曾て神戸宇治野英学校に用ひられた「ピープ・オブ・デー」(Peep of Day)、「ライン・アポン・ライン」(Line upon Line)、及「プレセプト・オブ・プレセプト」(Precept of Precept) 等を教授した。

此等の書は米国ツラクト会社〔Tract Company〕の出版にして、主として旧新約聖書中、各種の歴史実話と訓話が抜粋しありて、英語の初心者に用ゆる書物であった。

同時にテーラー師は天文学と人體学を教へれ、又ドーン師〔E. T. Doane〕は音楽と聖書を教へられた。ドーン師は先に久敷《ひさしく》南洋のマイクロニシャ〔ミクロネシア〕島の宣教師なりしも、其夫人の病気保養傍《かたわら》、日本〔神戸〕に転地療養せられたのである。蓋《けだ》し同夫人はデビス先生の夫人〔Sophia S. Davis〕と姉妹なりし関係より、當邦へ来られたのである。

新校舎への移転と警戒

斯《か》くて寺町に在る事数ヶ月にして、生徒も逐日《ちくじつ》増加し来り、且つ漸く相国寺門前の新校舎も竣成したれば、不日《ひならず》之に移転せんと夫々準備中、四、五日前に突然一報あり。

同志社が追々隆盛に至り、新設舎抔の出来を見て、其移転に不満を抱き居たる一部の僧侶等は、之を破壊せんと企て居れば、十分注意せられよとの事なり。之を聞ける学生等は、其対策として寄宿生中の年長者数人を選抜して、警戒を加へん為め、交代に夜警する事に成りたるが、移転まで格別何等の故障も突発せず、都合よく移転する事を得た。

移転後の新入生

熊本出身者四十名内外〔熊本バンド〕を別として、大阪より綱島佳吉、杉田潮、森田重三郎、服部他之助、小泉澄。岡山より高野重吉、中川堅一、木全祝《きまたはじめ》。三田より深見某、井坂純。彦根より中島宗太郎、久田義三郎、磯崎勤。安中《あんなか》より新島公義《こうぎ》、湯淺吉郎、根岸小彌太《こやた》、山田亨次。東京より津田元親《もとちか》。京都より寺田祥安。姫路より辻密太郎。豊後より村上克太郎、同小源太、同直次郎等にて、其外洩れたる人名もあるならん。

ライブラリー

初の書籍室は西寮の入口右側に、一坪余りの一小室あり。其一方に巾三尺、竪《たて》五尺計りの棚付の本箱あり。爰《ここ》に一切の参考書類を蔵せり。之れ同志社初期の書籍室、即ち堂々たる、否一小ライブラリーなり。

此時に到り、小生よりは英語に鍛錬せる山崎〔為徳《ためのり》〕及森田〔久萬人《くまと》〕等の人、熊本より入校し来たれば、小生は英語教授の株を此等の人々に譲りて、小生はライブラリアンと成り、又聖書及類書の販売を兼ね、後ち新館の増設せられた時は、書籍室は其階下六坪計りの一室に移転して幾分の発展を見、之には横山〔二階堂圓造〕君が管理者となられた。

（同前、同年三月一五日）

（三）「本間春」（本井康博）

本間重慶の妻、春は同志社女学校の最初の入学生のひとりである。ふたりの結婚は、同志社の男子校（英学校）と女子校の出身者同士としては、最初のケースである。ほかにも同様の事例としては、海老名弾正・みや夫妻や宮川経輝・次子（旧姓は朽木）夫妻がある。ただし、入学前に結婚し、その後に夫妻して入学したのは、越後出身の陶山昶《すやまとおる》・たせ夫妻が初例である。

本間春（旧姓も本間春）の場合、海老名みや（旧姓は横井みや。本書八四頁以下）などと相違して、資料が極端に不足するので、その素性や足跡は知るすべがない。わずかに女学校の創始に関わった女性宣教師――特に創立者のスタクウエザー（A. J. Starkweather）――の本国宛ての手紙から、開校前後の個人的消息が以下のように断片的に把握できる程度である。

本間夫妻は、ふたりして同郷（三重県久居）のために早くから両家の間で婚約が取り決められていた。そこで、本間は牧師になることを目指して、同志社英学校で学ぶようになると、婚約者の教育にも関心を抱き始めた。その結果、西京第三公会でドーン（E. T. Doane）牧師の補佐をしている頃、十四歳の春を久居から京都に呼び寄せて同志社女学校に入学させ、将来、牧師夫人となるための訓練を積ませた。これに対して彼女を「耶蘇の学校」に入れることには、郷里で猛烈な反対が起きたという。

本間重慶自身は、同志社入学以前に神戸にいた時分に、ジュリア・ギュリック（Julia Gulick）の助手（日本語教師）を務めていた。その経験を活かして、京都に赴任してきたスタクウエザーのためにも同様の助手（日本語教師）として働いたので、本間夫妻はスタクウエザーがもっともよく知る日本人となった。そのため、春の動向に関しては、たびたびアメリカのミッション関係者に報じている。それによれば――

春は音楽的センスに恵まれ、女学校でリードオルガンの奏法を短時間でマスターして、宣教師を喜ばせている。「主我を愛す」などは英語で、そして「主は我が飼い主」は日本語で弾き語りができた。スタクウエザーは、「彼女のような証人《あかしびと》は、異教の女性にとっては百の説教よりも価値があります」と高い評価を下している。

オルガニストとしての春への期待が絶大であることは、以下の書簡からも明白である。

「先週の日曜日の午前中に、町の中心部にある伝道所で、皆様から送っていただいたポータブル・オルガンの披露を喜んでいたしました。この件で私たちがどれほど感謝しているか、オルガンがどんなに人々を引きつけたか、ご推察ください。

この場所〔伝道所〕を確保するのにかなりの困難が伴ったことも、お聞きになられていることと思います。教会〔西京第三公会〕の皆さんが、現在、そこで仮牧師として働いている方（私の信頼できる日本語の先生〔本間重慶〕です）の指導を受けて、ここを入手するために非常に忍耐強く、長い間努力してこられました。

この牧師の許婚は、四月以来ここ〔女学校〕で勉強し、キリスト教を熱心に吸収してきました。これからは彼女がここでオルガンを弾いてくれるようにと願っています。模範的な成長を遂げている人ですから（A. J. Starkweather to N. G. Clark, Feb. 16, 1878, Kyoto）。

スタクウエザーは翌月にも再度、春を称賛してやまない。

「彼女は、もしもこの中心地〔京都〕に迎えられなかったら、百マイル離れた〔三重県久居の〕暗い家で、牧師という生涯の仕事の準備をしている立派なクリスチャン学生〔本間〕の妻になるのをひたすら待つだけだったと思います。

今は、真の献身の心をもって主のもとへ行くことができます。そして多くの人々が集まっている街の中心地にある伝道所で、皆のためにオルガンが弾けます。

その信仰は、一見して非常に立派であることが分かります。彼女くらいに上手にオルガンが弾け、讃美歌が歌えるようになるには時間が必要です」（A. J. Starkweather to N. G. Clark, Mar. 16, 1878, Kyoto）。

これより半年後、春の技量はさらに上がる。

「私たちの学校では、伝道者の許婚が教会用のほぼ全ての讃美歌を今ではとても上手に弾いてくれます」（A. J. Starkweather to N. G. Clark, Oct. 19, 1878, Kyoto）。

宣教師には好評であった春も、教会員からは多少の危惧をもたれた。結婚後、彦根教会で暮らすことになった本間夫妻に対して、教会員たちから牧師辞職の要求が湧き起こったのである。その調停は、新島のところに持ち込まれた。彼は一八八二年六月、彦根に招かれて直接、両者の言い分を聞く。

その結果、判明したのは、辞職騒動が起きたのは結婚以後であったことである。ある有力役員によると、「妻君ノ来ル前ト来シ后トハ、大ニ本間ノ働キニ相違ヲ生セシ事」が発生した。本間の仕事振りが新妻を迎えてから変貌したというのである。「本間ハ妻ヲ取ルニ信者ノ為ニアラス。当人ノ為ニトル云々」、「故ニ妻ハ信者ノ為ニ働ク義務ハナイト申」した、といった本間の発言が、教会員の不平を招いた。

要するに、結婚して牧師がすっかり変わったというのが、辞任要求の主因であった。本間は「他人ノ忠告ヲ容レス、妻ノ来リシ以来、家ヲアケル事ヲ好マス、故ニ〔近隣の〕長浜ニ（出張伝道に出向いても）長ク止マルヲ為ス能ス」であった。牧会よりも家庭（妻）を優先するようになったようである。

興味深いのは、春の音楽好きも問題視されている点である。「瑟《おおごと》ヲ〔妻に〕ナラワスルハ勝手、喋々《ちょうちょう》口ヲ容ルル勿レト」とも言い放ったという。瑟とは本来、大型の琴であるが、あるいは、彼女の愛好するオルガンを指しているのかもしれない。これに対して、妻の趣向についても、教会員からあれこれ口を挟んでほしくないというのが、本間の言い分であった（以上、『新島襄全集』五、一四〇～一四三頁、一八一～一八二頁）。

こうした辞職要因に対して、新島は苦慮したはずであるが、結果的には彼の調停が功を奏したのか、本間はひとまず残留と決まった。

六、二階堂圓造

（一）「牧師列伝・二階堂（横山）圓造《えんぞう》」

一八四七（弘四）年一月十一日、兵庫県多田村の伝統ある真宗寺院の子息として誕生。キリスト教に改宗、献身して伝道者となられた。

一八七五（明八）年五月三十日、摂津第一公会（神戸教会）で受洗、〔その半年後の〕十一月二十九日創立された同志社に入学された。一八七六（明九）年十月二十日、多聞《たもん》教会創立、先生はその教務主任となる。

一八七八（明十一）年、同教会伝道師に就任。一八八五（明十八）年一月辞任。神戸教会から分離して創立された西宮教会主任伝道師に就任。一八九一（明二十四）年四月二十四日、按手礼を領して牧師となる。

就任以来の活発な伝道活動によって成長し、会堂建築の議が起こった。之に伴い諸々の困難が生じたが克服。会堂建築成り、教勢も進展した。一八九七（明三十）年西宮を去って三田教会牧師に就任。十年間の伝道牧会の後、一九〇六（明三十九）年二月、辞任引退された。

爾来神戸で生活され、一九四〇（昭十五）年一月九日、九十三歳で召された。

（『天上之友』三）

（二）「二階堂圓造」（本井康博）

二階堂は五人からなる「神戸バンド」の中で、本間重慶、須田明忠に続いて（按手礼を受けた）正規の牧師となった。残りのふたり、元良勇次郎と中島力造が帝大教授となったことを合わせてみると、このバンドの面々は、「熊本バンド」にけっして引けを取らない。

にもかかわらず、五人中、もっとも影が薄い。ひとつは、残された資料が少ないからである。各地の教会史などから動向や略歴などを拾い上げておきたい。

最初に赴任した教会（多聞《たもん》教会）では、一八七七年十月二十日の教会設立式で、発起人が「教務主任、横山圓造（後、二階堂と改めらる）の往復書」を朗読した。翌年十月には、「伝道師、二階堂圓造氏、毎月十五日間、伝道会社の職務を兼掌」することになったが、四月には「教務主任、二階堂圓造氏、同志社神学校に入学」したと伝える。一八八一年八月、彼は淡路島で夏季伝道に従事している（『多聞基督教会略史』二頁以下）。

ついで、兵庫教会である。一八八一年、「多聞公会伝道師（のち同志社神学生）、二階堂圓三〔圓造〕が兵庫教会を応援」したとある（『日本基督教団兵庫教会略年表　一八七六～一九八六』三頁、同教会、一九八六年）。

その兵庫教会では初代牧師の村上俊吉が辞職した後、無牧期間（牧師空白状態）が続いたとされてきたが、二階堂が「応援」した資料が最近発見され、百年史に「空白は全くの空白ではない」と記述されるようになった。村上が「『七一《しちいち》雑報』〔の編集・発行事務〕と兵庫教会を他の兄弟に託して」安中教会へ転任した、と自著の『回顧』（八八頁）の中で記す「他の兄弟」は二階堂であることを示す資料が、発見されたからである。すなわち――

「これによれば、その兄弟は、多聞教会創立以来の教務主任・二階堂（旧姓横山）圓三伝道師に間違いありません。村上牧師辞任に前後して、二階堂伝道師が時々来て、福音を説き」、受洗者も現れた。

「二階堂伝道師については、村上牧師と同じ一八四七年・弘化四年の生まれであり、神戸教会から共に兵庫〔教会〕の伝道に出向いて力を注いだ仲間でありました。のち、一八九一年・明治二四年になって。三田《さんだ》教会牧師として按手礼を受けたのが、兵庫教会においてであったのは、縁の深いことでありますが、牧師按手の機会を得るのに、これだけの長年月を要するほどによく働き通した伝道師でありました。

数え六〇才の三田教会引退後は、神戸の平野近辺に簡素な生活をし、一九四〇年・昭和一五年一月九日、数え年九四才の天寿を全うして永眠しました」（『日本基督教団　兵庫教会一〇〇年史物語り』上巻、一五七～一五八頁、一六〇頁、同教会、一九九四年）。

教会史の中で比較的まとまっている記述は、十年間、伝道に従事した西宮教会で、『西宮教会百年史』（同教会、一九八五年）には次のようにある。

「戸田〔安宅《あたか》〕牧師に次いで二代目として二階堂主任伝道師が就任したのは、明治十八年（一八八五年）十二月であった。二階堂円造は、川西市多田の由緒ある真宗寺院の生まれである。

『西宮教会は熱心、善良なる〔二階堂〕氏を与えられてより、大に救の門戸を開きて人々漏れなく聖手《みて》に誘はるるに至りたり』（『基督教新聞』明治二十二年二月六日）とあるように温厚、慈愛に富む牧者であったに相違ない。

しかし、その書かれたものが残っていないので、推測すべくもないが、後述するように明治十八年より十数年、牧師として奉仕し、教会員に親しまれ、尊敬された」（一〇～一一頁）。

教会発足二年目の一八八六年の教勢を見ると、「教会も二階堂主任伝道師のもとで、すべて好都合に運び、着々とその基礎を固めていった」とされている（一六頁）。一八九三年三月には、待望の会堂新築も実現した。しかし、そのために九十円以上の負債を抱え込んだことが要因となったためか、その直後に二階堂は牧師（按手は一八九一年）を辞任している。

けれども、会員有志が彼の「来任」を切望したため、二階堂は九月に復職した。皮肉にも、似たようなケースが、一八九六年にも繰り返す。牧師が出した辞表に対して、留任決議がなされている。結局、二階堂は一八九五年頃、三田教会へ転任するまで西宮教会牧師を務めた（一九～二七頁）。会員から信頼された牧師であったことが窺える。

同教会史は、『基督教年鑑』（一九二六年）が掲載する二階堂の略歴を次のように引用する（同前、一四頁）。

弘化四年一月生。明治七年六月　宣教師グリーンより受洗。明治十一年　多聞教会伝道師就任。明治十八年十二月　西宮教会伝道師就任。明治二十八年頃　三田教会牧師就任。明治三十九年二月　六十歳にて引退。昭和十五年一月九日　神戸市平野にて召天。九十四歳。

七、上野栄三郎

（一）〔「新島先生を想ふ」〕上野栄三郎

有体《ありてい》に白状すれば、余は同志社在学中、故新島先生の人物を、知悉《ちしつ》し得なかったのである。誰かの言いたる如く、人を見るは山を見るが如しで、近くては却《かえっ》て其大なるを見得ざると。

同様の理由もあったろうが、当時余の人物としての理想は、単に技倆ある人であって、人格の点に思い至らなかったからである。三ヶ年の在学中に、先生の人格を朧気《おぼろげ》に認識したが、其人格なるものが、如何程の力あるものなるやは、明確に会得しなかった。

然るに同社を去って、二十余年の後、余は内外資本協同の或事業に従事したことがある。此時始めて先生の人格が、如何に大なる力を有したるかをさとった。

抑《そもそも》観念の相異する、東西人の協同事業には、言うべからざる難事のあるものにて、其間に処し、双方を稍々《やや》満足せしむるには、今日でさえも、単に技倆のみにては為し難いのである。況《いわ》んや明治十年前に、仮令《たとい》其事は教育に関する事業とは言え、内外の間に立ちて、能《よ》く其発達を遂げられたるは、実に先生の人格が最も力ありたるものと、深く感得したのである。

以来、我国の物質的進歩は著しきものにて、政事上にては、既に日英の同盟迄も出来、内外の協同事業愈々多からんとする時に於いて、先生の如き人物を要求する事、各方面に於いて益々切なり。

先生逝かれて、茲に二十年。其紀念に当たり、既往の記憶を喚起し、今更欣慕《きんぼ》の念に堪えぬ次第である。

（『同志社時報』一九一〇年一月二五日）

（二）「実業家上野榮三郎君を訪ふ」（一日庵主人）

〔アメリカにおける宗教と経済〕

〔前略〕余は更に問を勧めて、米国に於《お》ける宗教と商業の関係如何《いかん》を問へり。君答へて曰《いわ》く。

米国にては宗教と商業は、直接に関係なし。只従来の習慣によりて、これ丈《だけ》のことは是非せねばならぬと言ふ位のことなり。米国の商業界に於て、尤《もっと》も侮辱の甚しき言語は、You are lier.「汝は虚言家なり」と言ふことなり。これは武断国に於て、汝は卑怯者なりと言ふと更に異なることなし。

余問て曰く。我国の商業界に道義を旺盛ならしむるは、如何にすれば可なるか。君答へて曰く。

余の考にては第一、宗教の奨励によりて正直の観念を注入すること。第二、日本が商業国に成る暁には、自ずと商業上の信用は出来るならんと思ふ。蓋《けだ》し泥棒社会に一種の堅固なる約束が履行《りこう》せらるる如《ごと》く、商業社会にも自然と信用行はるるに至らん。此《これ》は道徳の如何によらず。事の必要より強ひられて、ここに至るものなり。

而《しか》して話題は、猶太《ユダヤ》人に転ぜり。

凡《およ》そ猶太人ほど、金を儲けるに上手なる人種はなかるべし。彼等は天然に商人に造られたるものの如し。其故《それゆえ》に猶太人なるロスチャイルドの如きは、世界に名高き富豪家なり。猶太人中、約束を履行することは、実に寸分も違《たが》はざる如き人ある乎《か》と思へば、同じ猶太人の中には、全く正反対にして、約束を破ることを少しも恥辱とせざるものあり。たとへば火災保険を付けながら、直ちに火を放ちて其家居を燃焼するが如きは、珍しからぬことなり。

猶太人は奇妙なる人民にて、彼等が仲間に乞食と農夫なし。猶太人にして上流社会の者は、銀行家となり、其下等なるものは行商なり。猶太人は其性質より言はば、天然に商売人に造られたり。其故に、信用の出来るものは非常に確実にして、其反対なるものは又頗《すこぶ》る虚偽なり。不信用の甚だしき一、二を挙れば、金を蓄へながら身代《しんだい》限りをなし、甚だしきは身代限をする前に、物品を購入するが如きものあり。〔後略〕

（『基督教新聞』一八九七年十月一日、十月八日）

八、堀貞一

（一）「キリスト者列伝・堀貞一」

現住所　米領布哇《ハワイ》ホノルル市
生国　大阪旧城内
所属教会　布哇ホノルル組合教会

父は堀貞幹、母は幸、文久元年一月四日生る。明治八年十一月、京都中学校に在学中、友人に伴われて同志社を参観せし事が縁故となり、デビス博士の宅に出入し、同氏の懇篤にして熱心なる傳道に感じ、奉教の志を起すに到り、明治九年十二月十日、京都第三教会（現今の平安教会）に於て新島襄氏より洗礼を受けたり。

而して受洗後、傳道のために献身せんと志し、同志社〔英学校、ついで〕神学校に入り、同十七年卒業せり。夫より聘に應じて滋賀県長濱町に赴任し、自給主義を標傍し傳道に従事したり。

明治十六年六月、按手禮を領し〔て牧師となり〕、二十一年一月彦根教会に転じ、幾何《いくばく》もなくして京都四条教会（今の京都教会）の聘を受けて赴任せり。

同二十三年十月、新潟教会に転じ、廿六年横浜〔の組合系教会、現横浜紅葉坂教会〕に転任し、在職七年。同三十二年前橋教会に転任せり。

而して此処にあること十年にして明治四十二年六月、布哇ホノルル独立教会の招きに應じて赴任し、以て今日に到れり。

明治二十二年、中村耕治氏の長女アイ子と結婚せり。長女千代子は加州オークランド独立教会牧師、額賀鹿之助《ぬかがかのすけ》氏に嫁せり。

（『信仰三十年基督者列伝』）

九、学農社農学校（本井康博）

神戸バンドのうち二名（中島力造と元良勇次郎）は、彼らに続く入学生の二名（上野栄三郎と岡田松生《まつお》）と共に、東京の学農社農学校でも教員を務めたことは、以前からも指摘されていた（手塚竜麿『日本近代化の先駆者たち』五三頁、小川図書、一九七五年）。

実はほかにも窪田義衛、小崎弘道、山田亨次といった人たちが、学農社に関与する。なかには、逆のケースもある。ここで学んだ学生、三輪振次郎や新原《にいはら》俊秀は同志社に転学する（拙著『新島襄の師友たち』三三三頁）。さらに、小崎によると、長田《おさだ》時行や和田正幾《まさちか》も一時、学農社で働いたことがあるという（本書、二〇四頁）。

以上から言えることは、学農社農学校教員の大半を供給したのは、開校直後の同志社であった。全員が新島の教え子であり、信徒（牧師）であった点が、共通している。

こうした人物交流の背景には、新島襄と津田仙との親交があった。津田は、新島の教育に共鳴して、長男（元親《もとちか》）と次男（次郎）を、麻布に開いた自身の学校（それが学農社農学校である）に入れずにわざわざ京都に送って、新島の指導を受けさせた。

それればかりか、新島に学農社スタッフに相応しい人材の派遣を要請した。津田は同志社から送られてきた教員の世話を公私ともによくみた。

たとえば、最初の教員として採用した中島と元良、上野の三人に関しては、アメリカ留学を斡旋した（同前、三三三頁）。彼らは、同志社を中退しており、正規の卒業生としてはバイブル・クラス（したがって第一回卒業生）の岡田（本書一二八頁以下）だけであった。

津田は小崎や元良、上野の結婚についても積極的に関与した。小崎の妻は津田の養女ともいうべき岩村千代であり、元良（当時は杉田）の配偶者は千代と同級（アメリカメソジスト監督教会系女学校）の元良米子、そして上野には自分の娘（梅子の姉、琴子）を嫁がせた。興味深いのは、小崎と上野が合同で結婚式を挙げたことで、会場は学農社分校であった（同前、三三四頁。本書五一頁）。

以上のことから同志社と学農社が、人的にもいかに緊密な関係にあったかが、よく窺える（詳しくは、拙稿「同志社と学農社」、『キリスト教社会問題研究』四九、同志社大学人文科学研究所、二〇〇〇年一二月、を参照）。

Ⅱ　熊本バンド（バイブル・クラス）

一、熊本バンド（本井康博）

「花岡山バンド」

「熊本バンド」は、「札幌バンド」や「横浜バンド」と並んで、時に日本プロテスタント三大源流と呼ばれる。「熊本バンド」を育んだのはL・L・ジェーンズで、その拠点は熊本洋学校（一八七一年設立）であった。彼は「横浜バンド」の父、J・H・バラのような宣教師ではなく、元軍人である。札幌農学校で「札幌バンド」を育てたW・S・クラークと同じく平信徒であった。ジェーンズとクラークは、赴任先でのキリスト教伝道を制限された点でも共通する。

けれども、両校に学ぶ青年たちは、意欲と進取の気性に満たされていたので、しだいにキリスト教に関心を寄せ始め、恩師の指導を受入れるに至った。こうして彼らは、熊本では「奉教趣意書」（一八七六年）を、札幌では「イエスを信じる者の契約」（一八七七年）に連署して、信仰上の決意と団結を表白するに至った。

「奉教趣意書」は、熊本郊外、花岡山頂上での祈祷会で披露され、三十五名の生徒、学生が署名した。この出来事は学校の内外でたちまち問題となり、署名者に対する「迫害」、さらには洋学校の閉校（ジェーンズの解雇）にまで及んだ。一八七六年の閉校後、学生たちや卒業生のうちキリスト教に傾斜した者たちはジェーンズの勧めで、おりしも前年に京都で生まれたばかりの同志社英学校に入学した。

こうした動き、とりわけ「奉教趣意書」の連署をもって「熊本バンド」の誕生とする、との見解がある。しかし、それは「花岡山バンド」であって「熊本バンド」ではない。両者は峻別すべきである。なぜか。二つのバンドは、そのメンバーに異同があるからである。

「熊本バンド」の三条件

そもそも、誰を「熊本バンド」と見なすのか――これは難題である。かつて『岩波キリスト教辞典』（二〇〇二年）編集部から「熊本バンド」の執筆を依頼されたとき、私が一番強調したかったのは定義であった。けれども、編集部からの注文や字数の制限もあって、紙面では明確にしえなかった。

そこで後に拙著の中で、あらためて三つの条件を提示した。①熊本洋学校の在学生、卒業生、②同志社で学んだ者（中退を含む）、③キリスト教の信徒、もしくは理解者。

以上の三つをすべてクリアする者に限定する、との仮説である。この定義に当てはまる者は、私見ではおよそ三十数名である。この数字は、奇しくも「花岡山バンド」の三十五名に極めて近い。それだけに、両者は同一視されがちである。

実は、「花岡山バンド」は、全員が信徒になったわけではなく、また全員が同志社に入学したわけでもない。署名者のうち同志社に移ったのは、二十余名だけである。

さらに、総勢で三十数名を数える同志社への入学生・転校生の中には、「奉教趣意書」とは無関係の学生がいる。小崎弘道がその好例である。彼は「熊本バンド」のリーダーと目されるキーパーソンではあるが、「花岡山バンド」ではない。当時はキリスト教よりも儒教に心を寄せていたので、「奉教趣意書」に異議を唱えて署名を拒否したからである。

ところで、「熊本バンド」という呼び名は、いったい誰が言い出したのか。伝承では、同志社の宣教師たちだという。たしかに彼らは、最初は「熊本から来た少年たち」とか、「熊本ボーイズ」と呼んでいたが、しだいに「熊本バンド」なる表現へと移行していったと考えられる。

そのモデルはアメリカのキリスト教大学に見られた「イェール・バンド」や「コロラド・バンド」といった学生の信徒集団ではなかったか。

「熊本ボーイズ」を受け入れた頃の同志社は、誕生直後のしがない私塾にすぎなかった。最初の入学者はわずか八名である。なにしろキリスト教への反対勢力が日本で最大の古都《みやこ》であり、いまだ教会がひとつも存在しないキリスト教空白地帯だけに、信徒の学生はわずかに神戸から来た学生たち（「神戸バンド」と仮称する）だけであった。

それだけに信徒・求道者主軸の「熊本バンド」を迎えた同志社の校長（新島襄）や宣教師たち（J・D・デイヴィスやD・W・ラーネッド）の喜びは、計り知れなかった。

その反面、熊本グループの失望は、深刻であった。整備された藩立学校の熊本洋学校とは、設備、規模、内実の点で雲泥の差があったからである。落胆した彼らは、総退学の決意を固め、開成学校（東大前身校）などへの転校を図ろうとした。同校には、彼らの同級生のうちふたり（山崎為徳《ためのり》と横井時雄）が熊本から入学していた。

同志社を熊本化

教え子たちから相談を受けたジェーンズは、同志社に留まり積極的に学校の改革・整備に取り組むように、と助言した。学生たちは、敬愛する恩師の指導だけに退学を翻意した。以後、「熊本バンド」は母校をモデルに同志社の改革に取り組んだ。

その結果、信仰的にも学力的にも、同志社はキリスト教主義学校らしくなった。いったんは、開成学校に入学した山崎や横井も、反キリスト教的な校風に失望、反発して同志社にJターンし、学校の改革にも協力した。「熊本バンド」のひとり徳富蘇峰などは、同志社は「第二の熊本洋学校」、「京都の熊本洋学校」と化した、と自負する。ある意味、「熊本バンド」は同志社の影の創立者でもあった。

同志社は、これら優秀な「熊本バンド」、とりわけ熊本洋学校を卒業してきた学生のためにカレッジレベルの特別クラス（名称は「余科」）を設置した。宣教師はこれを「バイブル・クラス」と呼ぶ。つまり、実質的には神学科の設置である。彼らは受講の傍ら、「助教」として下級生クラスで教鞭もとった。

それから三年後の一八七九年に、同志社は最初の卒業生を送り出すが、十五名全員が「バイブル・クラス」である。彼ら以前の入学生（その代表は「神戸バンド」）は、大半がそれまでに中退していた。

「バイブル・クラス」の活躍

十五名のうち、五名（山崎為徳、市原盛宏、森田久萬人《くまと》、宮川経輝《つねてる》、加藤勇次郎）は同志社に残り、新島校長を助ける最初の日本人教員となった。別の五名は地方伝道に向かった。小崎弘道（霊南坂教会、番町教会）、金森通倫《みちとも》（岡山教会）、横井時雄（今治教会）、不破唯次郎（福岡警固《けご》教会）、海老名弾正《だんじょう》（安中教会）である。ちなみに宮川は同志社女学校教頭を経て伝道者に転身。大阪教会を創立し、半世紀にわたって大阪伝道に集中した。

彼らは、同志社系教派（組合教会）の指導者として、やがて新島を凌駕するほどの力を発揮する。とりわけ小崎、海老名、宮川は八十歳代まで牧会に終始し、「組合教会の三元老」と目された。

なお、第一回卒業生中の残る五名も、浮田和民（早稲田大学教授）、吉田作哉（外交官）、下村孝太郎（同志社社長、大阪ガス）など、各界で雄飛した。

要するに「熊本バンド」は、在学中のみならず卒業後も、とりわけ新島死後の同志社の教育と経営に圧倒的な力を発揮した。新島の後を継いで同志社総長に就任したのも、二代目の小崎以下、横井、下村、原田助《たすく》（「バイブル・クラス」の後輩）、海老名に至るまで、「熊本バンド」であった。

彼ら十五人中、海外留学した者が十三人に及ぶのも驚異的である（本書三一四頁参照）。

教育以外でも、「熊本バンド」（とりわけバイブル・クラス）の面々は開拓期のキリスト教界で植村正久（「横浜バンド」）や内村鑑三（「札幌バンド」）と並ぶ功績を残す。

（拙稿「『熊本バンド』の誕生と活躍」（『教会婦人』二〇一七年一二月、日本キリスト教団全国婦人会連合）

二、小崎弘道・千代

（一）〔「新島先生追悼演説」〕（小崎弘道）

（左の一篇は〔新島襄永眠九日後の〕去二月廿一日、木挽町《こびき》厚生館に於て催ふせる故新島襄先生追悼会にて為《な》したる演説の筆記なり）

〔前略〕私共が今日諸君と共に新嶋先生の記念を致し、追悼を致すは、吾々が朋友の情から考へて見ても、師弟の情から考へて見ても、又た私共が平生慕って居った所から考へて見ても、其人が此世を辞せられたのは、吾々の痛く心を悼む所でありますが、其人の精神、其の人の世の中に永く残されたる処の事業と云ふものは、其人が世の中を去られた所が、去られた後に現はるゝと云ふ事を考へたならば、其死は悲むべきでない、憂ふべきでない、却って祝すべき事である。

「我が往《ゆ》くは爾等《なんじら》の益なり」で、新嶋先生の世の中を去られたのは、世の中の人の損でない、却って益であらうと思います。

今此処に於て、新島先生が吾々に如何なる事業を遺し、如何なる品格を遺されたかと云ふ事を少しく考へて見たいと思いますが、先生の品格、先生の事業に就ては、先きに段々の演説で充分に述べ盡《つく》されましたから、私は唯先生と親しく交って、親しく先生の門下に居て、見た事、聴いた事、心に感じた所の事に就て、新嶋先生の人となりを知る所の二、三の点を今日お話しを申さうと思います。

先生の独立心あった事、民権家であった事、或は熱心なる事業家であった事、是等は色々ありますけれども申しませんが、唯だ私共の品格上、師とすべき二、三の点を云へば、第一には謹直であった事。〔中略〕

其謹直の点を申せば、如何なる事であるかと云ふに、唯だ吾々に会って話しをする時でも、何時も謹直でなかったと云ふことはない。其義理を重んずるの精神が盛んであって、段々体が弱くなって、病気になった時分にも、そう物事を厳格になさらずとも、少し体を休めて、何にぞ慰み事でもなされたらよからうと勧めた者もありましたけども、先生に己れの義理を重んずるの念、己れの分を重んずるの念が強く、どうしても休む事が出来ません。

どうしてもゆっくりして外の事に考へを及ぼす事が出来ません。是非とも自身が委託されたる自身の職分を盡さないでは安んぜんと云ふ所があった。

又た小さな事のやうではありますが、奥さん〔八重〕に就て聞いた事がありますが、夜寝る時に、どんな疲れた時でも、どんな弱った時でも、一度でも聖書を読み神に祈禱をする事を怠った事はなかったと云ふ事であります。

是れは極ぐ些細な事でありますが、謹直に己れを守り、義務を重んずると云ふとは、先生が神に事《つか》へられた所を見ても知る事が出来ませう。先生の謹直なる事は、斯《かく》の如くであるが、併しながら生れ就き謹直の性であったかと云ふにそうでない。聖書を読んで教を信ぜられてから、そうなったのである。

世には先生が未だ聖書を知らん時にも小心であって、小心翼々として事に従った人の如くに思ふものもありますが、そうでない。随分一体の性質から云へば、粗暴の処も過激の処もありました。

其一、二を云へば、神を信ずる前、少壮の時分、東京に於て、朋友と與《とも》に或る料理屋に行って食事をしました。其時分、先生は余り酒は嗜《たしな》まない方ですが、少し斗《ばか》り酒を飲んで居りました。処が其時、一人の坊主が来て、頻りに酒を飲んで居りました。

夫《そ》れも坊主は緇《し》衣素餐に安んずべきであるのに、坊主が斯様《かよう》に酒を飲み肴を食ふ抔《など》、如何にも不届き千万な腥《なまぐさ》坊主であると云ふ念が起って、此料理屋を出る時、彼は坊主をなぐってやろうではないかと云って、其時分、外に出で、坊主の出るのを待って居て、頭をなぐって、ひどい目に遇はしたと云ふ事であります。

又た其米国に行かんとて東京を立《たっ》て函館に赴かる丶時分の様子はどうであったかと云ふに、友人が集って送別会を開けば、其送別会の席で先生は剣を抜いて剣舞をして、友人に別れを告げられた。其時分に作られた歌は、「武夫《もののふ》の思ひ立田の山楓　錦着ずして帰るものかわ」と云ふ歌を作られたと云ふであります。

斯様に先生は随分乱暴の所もあった。けれども終《つい》に神を知って、神の教へを知った其後から謹直になられたと云ふ事が分ります。

其次ぎは、先きに平岩〔愃保《よしやす》〕君も述べられましたが、著しい点は忍耐力が強よかったと云ふ事であります。何事にても一旦思い込めた事は、どう云ふ困難があっても、どういう障礙《しょうがい》があっても之を貫き、一も飽く事のないと云ふ精神が最も盛んであった。

私が初めて先生に会ったのは、明治九年の九月でありました。夫れよりして丁度死なる丶迄十四年の間、誠に親しくして居りましたが、其自身の預期する所の事、考へたる所の事は少しも変らん。終始一日の如く、精神のある所はどう云ふ事でもやり通すと云ふ其信仰は、余程強かった事で御座ります。

其嘗《かつ》て或る人に勧めて云はれたる言葉に「此世は凡て気根仕事にて、気根の強きものが最後の勝利を得るものなり」と云はれましたが、誠に此言葉はどう云ふ困難があっても、どう云ふ障礙があっても、自身の最も強ふ思い込めたる所の事は、どうしても通はすと云ゆ事を、能く云ひ現はしたる言葉と思ひます。

又嘗て先生の人に贈られたる歌に「岩金もとほれとはなつ武夫《ますらお》

の　心の矢先き神のまにまに」と云ふ事を詠まれました。此歌は先生が友人に贈られた歌でありますが、是れは誠に先生の心事を能く現はしたる所の歌と思います。

夫れから其次には、色々委《くわ》しいことがありますが、夫等は略して申しませんが、最も私共の感じて居るのは其誠心なる事であります。誠心であって何をするにも誠意精心ですると云ふのが、最も著しい変って居る所であります。

烏渡《ちょっと》話しをするにも、うかとした話しはない。満腔の熱血を注ゐで話をせられた。夫故に其演説をせらるゝにも、説教をせらるゝにも、別に雄弁と云はるゝ程の事もない。唯雄弁と云はるゝ程の事がないのみならず、其云ふ所必ずしも名言のみではありません。

けれども、其演説、其説教を聞くや、人々之を聞いて感じないものはない。又た之を聞いて涙を流さないものはない。又之を聞いて精神を惹起《ひきおこ》さないものはない。孰《いず》れもそうなると云ふのは何であるかと云ふに、心の中に至誠を以て充たされて居るからでありませう。

〔同志社〕大学設立の趣意書にも書いてありますが、先生が亜米利加より日本に帰らるゝ時、ヴルモント〔ヴァーモント〕州のロットンランド〔ラットランド〕に於ける傳道会社〔アメリカン・ボード〕の集会の席で〔募金〕演説されたる時も、大ひに人心を感激して、夫が為めに金が出来ましたが、其時に金を出した者は、啻《た》だに大金持ちのみならず、中には極く貧乏の寡婦が二弗《ドル》を寄附したとか、ヒドイ百姓が幾らか〔二ドル〕を寄附したとか云ふ事がある。

と云ふのは、どうして左様であるかと云ふに、皆な至誠より發して之を為すが故に、其一言一句、熱血を以て充たされ、一言一句精神に溢れて出るのであるから、こう云ふような事があるのであります。

又明治十六年の頃に當って、東京で基督信徒の大親睦会がありし其時も、築地の会堂で其誠意誠心を以て、イエス・キリストが弟子の足を洗ったと云ふ説教があった。色々自身の経験上からキリストの謙遜――ヘリクダリの話しをされた。

其時私も其席に連って居りましたが、其述へらるゝ所を聞き、満場の人は涙を流し、一言の言葉も出ず、満場唯だ袖を濡らして、自身の父母舅姑の喪に預りしが如くであったと云ふのは何であるのかと云ふに、其心には何もない、唯だ唯だ至誠を以て満たされて居るからの事でありませう。

其次に私共の心に感じて手本とせねばならぬと思う事は何であるかと云ふに、先生の献身的の精神であります。

亜米利加より日本に帰られた時分にも、随分其時分に西洋から帰った人は、世の中に尊ばれて、もてはやされて居ったから、充分前後を顧み左右を考へて、成さんと欲する所を成したならば、己れの身に取って、如何なる利益のある事でも、如何なる名誉のある事でも、成さうと思って成し得られぬ事はない。

随分成すべき事も澤山あったけれども、唯だ一方にあって基督教を宣布せんとするの念慮が夙《つと》にあったからして、身を竭《つく》し、力を尽して、一意専心基督教の布教に尽力されたのは、誠に吾々の感ずべく則っとるべき事であります。

其故郷《こきょう》に帰られた時にも、親兄弟が先生が久方ぶりに錦を着て帰られたと云ふので、大《お》ほきに喜んで居た所が、先生は自分の精神は、故郷に帰って錦を飾らうと思ふのではない。永い間だ、勉強をして来たけれども、其身を世の為に捧げんとするので、決して錦を着て帰ったのではないと云はれたそうです。

其時の歌に「古里に飾る錦は匣《はこ》の中　身にまたうへきときにあらねは」と云ふ歌を作られたそうです。

此歌を以て見ても、其志の在る所覆ふべからず。又た先生が再び亜米利加に行かるゝ時にも、極く身体が弱はかったから、医者が云ふには今度亜米利加に行くのは、余程の危険である。或は途中で斃《たお》るゝかも知れん。よした方がよからうと云って止めましたけれども、先生は自身は教育の為に一身を捧げたものであるから、縦令《たとい》身は病気の為に亡ぼさるゝとも、躰は如何に粉になるとも、辞する所ではないと云って、奮って亜米利加に趣かれたと云ふ事であります。

私は夫等を以て見ても、先生が教育の為めに、日本の為めに、満腔の熱血を濺《そそ》き、萬斛《ばんこく》の涙を注いだ所の献身的の精神を量り知る事が出来ると思ひます。

又今一つ申し上げたい事は、先生の謙遜の事であります。是れは親しく会って話しをした方は御存じで御座りませうが、實に先生は誰れにも彼れにも謙《へりく》だり、誰れの事をも、人が尋て聞くと云うやふな事があっても何時も謙って是に譲り、少しも我身を高いとは思って居なかった。

此間《あい》だ中、私が京都に参りました時分に、或る外国人の処で馳走に預った。其時新嶋先生の事に就て話が出ました所が、或る一人の西洋人が言ふに、自身は新嶋先生の謙遜なる事を知る。先生程謙遜の人は恐らく世の中に少ないであらう。

夫れはどう云ふ訳かといふに、先生が亜米利加にあった時分に、多くの人々が先生の行状に感心して、非常に厚待をした事があったが、外の人ならそう云ふ場合に遇ふて、幾分か高ぶって来る。自身はエライものである、よいものであると云ふ考えになって、幾分か鼻が高くなるけれども、先生は褒《ほ》めらるれば褒めらるゝ程益々謙って、少しも高ぶる事はなかった。

此点は余程先生に大ひなる人と云ふ事を証するに足る一の資格であると或る西洋人が申ましたが、私も其点に於ては大ひに感じて居ります。

死なるゝ前、病を大磯に養はれて居た時分に、種々様々の話しの序《つい》でに、或る人が先生に向て云ふに、同志社大学設立の事が、始めて我国に知れた時分に、我国の佛教者が非常に目を覚まして、是非とも基督教を防《ふせ》がねばならんと云ふ考えを起こした。

そうして彼等が最も恐るゝものはあなたである。あなたを坊主が恐るゝ事は、實に甚《ひど》いものである、と或る人が先生に申しました所が、先生は是れに答へて、夫れは實に可笑《おかし》な話である。彼等が自身〔新島〕を恐るゝと云ふのは、恐らくは自身を知らぬからであらう。自身がどう云ふ人間と云ふを知らぬからであらう。若し彼等が自身と一度でも会って話しをしたならば、新嶋はあんな奴か、恐るゝに足らぬと云ふに違いない、と云われた事がありましたが、是れは誠に先生の謙った精神を能く現はしたる事と思ひます。

其他、未だ色々お話しをしたいと思ふ事もありますが、今日は先づ是迄でと致しまして、茲に一つ、諸君にお考へを願ひたいと思ふ事があります。

夫れは何であるかと云ふに、先生は今申した色々の品格を、此の世の中に賜物として遺して此世を去られた事でありますが、私が今、日本の近来の青年の有様を見まするに、何が一番欠けて居るかと云ふと、此謹直、忍耐、至誠の心、献身的の心、或は謙遜、総てこう云ふ精神が、今の日本の青年には一番欠けて居る。

こう云ふ事を誰れも欲せんではない。欲せんではいないけれども、一番出来ないのは、こう云ふ精神でありますが、今新嶋先生は吾々青年の為めに、後世の為めに、此手本を贈物として遺して去られましたが、私共も先生の事業に於て、大学の事、其他色々の事に於て、勘考すべきことが澤山ありますが、唯今日、此処にお集まりの諸君と共に考えねばならぬ事は、此の遺こされたる贈物をどうすればよいかと云ふ事であります。

夫れは外ではない、宜しく私共も新嶋先生と同じ精神、同じ品格を備へて、第二の新嶋先生となって世の中に出で、どうか此新日本を築造する新日本の基礎となり、新日本の土台となるが、私共が今日先生を追悼し、記念するの意であらうと思ひます。

どうぞ是非共、此の精神を考へ、お互にかう云ふ精神を神の助けに由《よ》って譲り受け、お互に此日本に此精神を以て立つ事を致したいと思います（房前達筆記）。

（『六合《りくごう》雑誌』一一一号、一八九〇年三月）

（二）〔「一周弔を迎えて」〕（小崎弘道）

拝啓、今度貴社に於ては来る〔一月〕廿三日、即ち故新島襄先生永眠壱周年の當日、御発兌《はつだ》の新聞〔『基督教新聞』〕を以て先生永眠紀念の意を表し、弘く同感の人々に文章を募り、之を新聞に御掲載ある趣承はり、誠に御賛成申す所に御座候。

拙生にも何ぞ草稿を寄する様御照会を頂き候得共、何分目下多忙にて、貴意に酬《むくい》る能はす。

唯一言、書面を以て先生の偶感を申述へく候。光陰矢の如く、歳月の経過、流水も啻《ただ》ならす。首を回せば、先生御就眠以来、早や已《すで》に一年。當時の事を回想するに、先生御就眠前後の形状、一々歴々眼前に浮ひ来り、宛《あたか》も昨日の事の如き感なきを得す候。夫れ先生の死は、天下公衆の惜む所。況《いわ》んや其恩遇を蒙《こうむ》れる者に於てをや。況先生と子弟、兄弟の関係ある者に於てをや。何ぞ一周年に際し、追慕紀念の感なきを得ん。

然れども拙生等は、已《すで》に主の御恩寵に沐浴《もくよく》し、永生と朽ちさる事とを知る者にてあれば、彼《か》の異邦人の如くに徒《いたずら》に故人を追悼すべき者に有之間敷。

寧ろ彼《か》の使徒等が主イエス御昇天の後、一層の勇気と胆力とを以て其教を宣へ伝へたる如く、先生か拙生等に遺し置かれたる大業を受け継ぎ、益之を拡張せさる可《べか》らさる義と存候。

又、先生御就眠一周年の紀念を為すに當り、先生を追慕するの人々は、徒《いたずら》に先生の遺徳を頌賛し、虚禮を以て紀念の式を行ふ事なく、先生かキリストにある信仰を追想し、先生か畢生の目的とせられたる我同胞の福祉を進め、主の栄光を現す事を務めさる可らさる義と存候。

聊《いささ》か紀念の意を表する迄、如此《かくのごとし》。　早々頓首

一月十九日夜　小崎弘道

基督教新聞記者足下

（『基督教新聞』一八九一年一月二三日）

（三）「キリスト者列伝・小崎弘道」

現住所　東京市赤坂区霊南坂町十四番地

生国　熊本市外本山村

所属教会　霊南坂教会

父は小崎次郎左衛門、母は百寿。安政三年四月十四日に生る。

氏は幼にして時習館に入り漢学を学び、横井小楠氏の所謂「明堯舜《ぎょうしゅん》孔子之道、尽西洋機械之術」を以て理想とせり。

而して十五歳の時、宮川〔経輝〕、海老名〔弾正〕の諸氏と共に、熊本洋学校に学びたるも、彼等の二、三がヂェンス〔L. L. Janes〕校長の感化に浴して奉教の決意を告白したる時、泰西人は形而下《けいじか》の理に明かなるも、修身道徳に至ては孔孟の道に如《し》かずと信ぜし氏は、偕《とも》に齢《よわい》するを屑《いさぎよし》とせず、之れを一笑に附したるなりき。

然るに友人の凡てが続々信仰を告白して、基督の徒となるに及んでや、心中頗る平かならざるものあり。加之《しかのみならず》、宗教道徳上の論談も、初めの程は互ひに議論を上下して、別に優劣を見ざりしが、友人等の信仰進むに従ひて、之れに拮抗すること能はず、煩悶苦悩数ヶ月に及び、ために病床に呻吟するに至りしが、遂に断念、意を決して信仰を告白し、明治九年三月四日、ジェンス校長より受洗せり。

其後一同と共に京都に出で同志社に入り、明治十二年、第一回卒業生として他の諸氏〔十四人〕と共に同校を出たり。當時東京には、組合教会の信徒なる桂時之助、丁野大八、上野栄三郎、林治定、岡田松生《まつお》、和田正幾《まさちか》、元良《もとら》勇次郎の諸氏によりて組織されたる「群羊社」と構する團體ありき。

氏は初め、陸中水澤〔現奥州市〕に傳道する積りにて、同年十二月上京したるが、此等諸氏は氏の上京を機とし、教会創立の相談を纏《まと》め、遂に十二年十二月十二日、教会創立の式を挙げ、同時に氏は按手禮を領して、其の牧師となりたり。之れ今の霊南坂教

会の濫觴《らんしょう》なり。

此場所は京橋区新肴《しんさかな》町なりしが、轉々教回。明治十八年初めて現在の場所に霊南坂教会堂を建設するに至れり。其間、教会経営の困難は非常なるものにて、月々の集金は僅かに二、三圓に過ぎず。氏は〔長老派系の東京〕一致神学校〔明治学院前身校〕教師となり、又飜譯などをなし、以て財政を助けたりき。然《しか》も氏は堅忍不撓、遂に霊南坂教会今日の隆盛を見るに至れり。

而して其間、単に一個の教会に孜々《しし》たるに終らず。明治十三年には植村〔正久〕、井深〔梶之助〕、田村〔直臣〕、平岩〔愃保《よしやす》〕の諸氏と図《はか》り、東京基督教青年会〔YMCA〕を組織し、その第一次会長にあげられたり。「ヤングメン・クリスチャン・アッソシエーション」を基督教青年会と飜譯命名したるは、實に〔小崎〕氏なりしと云ふ。

氏は又、基督教文学振興のために努力し、青年会の機関誌として『六合《りくごう》雑誌』を発行し、當時思想的なる此種の刊行物なき時代に於て嶄然《ざんぜん》一世を風靡《ふうび》したりき。而して明治十六年には週刊新聞、『基督教新聞』（『基督教世界』の前身）を創刊し、一般教界のために貢献せり。

又、明治十九年には三好退蔵、岡部長職《ながもと》氏等と共に番町教会を創立して我国上流社会に傳道し、中央の教勢の上に一新生面を開けり。

之れ彼《か》の欧化主義の潮流に乗じたるものなれども、氏の熱誠に由るもの多く、氏の東京傳道の第一期は他の企及し能はざる功績をあげ、先在の植村、田村の諸氏をして後へに瞠若《どうじゃく》たらしめたりき。

明治二十三年一月、新島襄氏の逝去するや、四月、氏は挙げられて同志社々長〔現総長〕となり、東京を辞して京都に移れり。而して在職七年、新島氏死後、種々の難問題を処理し、明治三十年四月辞任して再び上京し、留岡幸助氏の後を襲ひ、霊南坂教会牧師となり、同時に『基督教新聞』を『毎週新聞』〔『東京毎週新誌』〕と改題して、其編集、発行に従事せり。

同時に「〔東京〕傳道学校」を創立し、青年傳道者の養成に熱注したり。幾何《いくばく》もなくして此校は廃止せしも、氏の薫陶をうけて傳道界に活動せる傳道者は、十指を屈すべし。

爾来《じらい》氏は、専ら教会の発展と充實の為に盡瘁し、遂に大正六年には現今の宏荘なる大会堂の建設を見るに至り、教勢も亦、優に東京に於ける第一流の大教会となるに至れり。

而して氏は日本日曜学校教会、日本基督教会同盟等に会長、或は副会長となり、多忙の間よく其の発達のために盡瘁しつつあり。氏の如きは真に我教界の恩人と云ふべき也。


（『信仰三十年基督者列伝』）

（四）「キリスト者列伝・小崎千代（弘道夫人）」

現住所　東京市赤坂区霊南坂町十四番地
生国　江戸

所属教会　霊南坂教会

父は岩村信達、母は茂澄。文久三年、小石川水道端町に生る。六歳の時、維新の変動に遭ひ、両親に伴はれて十歳まで駿府に生活せりと云ふ。

明治八年、築地に創立せられしミッション・スクール〔海岸女学校、即ち青山女学院の前身〕に入りしが、知らず識らず基督教の感化をうけ、翌九年、同派〔アメリカ・メソジスト監督教会〕の宣教師、ソーパル〔J. Soper〕博士より受洗せり。

而して卒業後、明治十三年十月、小崎弘道氏と結婚せり。此日同時に二組の新郎新婦が並立して挙式せしは、有名なる話にして、他の一組は元良勇次郎博士と同よね子夫人。媒介者は何れも津田仙氏なりしと云ふ。

爾来四十年、影の形にそふ如く、夫に随従して其事業を助け、篤信にして快活。説話、音楽に長じ、牧師の内助者として稀に見る所なり。

嗣子道雄氏は、父の志を継ぎ、宗教家たるべく米国に留学し、長女安子はその生家、岩村家をつぎ、木村清松《せいまつ》氏の弟、〔岩村〕清四郎氏を迎へて夫とせり。次女を廣子といふ。

（同前）

（五）「回顧六十年」（小崎弘道）

〔六十年間に及んだ同志社との関り〕

六十年と云へば、既に半世紀以上である。この長い間においては、一個人としても相當に記念すべきことも起るのであるから、学校の如き多人数の集合體においては、其間において幾多の記念すべき事の起るのは當然の事であらう。

私は熊本から来た学生〔熊本バンド〕の一人として、最初から同志社に関係を持つ者で、更に新島先生逝去の後、七年の間、校長とし、亦社長として学校経営の任に當っていた関係から、この度《たび》記念出版物が刊行せらる、に當り、生徒として在学當時のこと、社長として在任當時の回顧を語ってみようと思ふ。

学生當時の思ひ出〔先に在校していた生徒、ならびに未成熟な学校への不満〕

吾々は熊本において、藩主細川侯の設立であった熊本洋学校において、米国の軍人にして教育家、キャプテン・ジェーンズ〔ジエーンズ大尉〕に就て薫陶せられ、亦その導きによってクリスチャンとなり、洋学校閉鎖さるるに及び、彼の勧告に従って同志社に来り投じたものである。

同志社の創立が明治八年十一月で、吾々三十有余名の者が挙《あげ》て上京〔上洛〕して来たのが、翌九年九月のことである。

當時の同志社は創立間もないため、校舎と云っても甚だ粗末なもの二棟丈で、学課と云っても定った課目などなく、全く雑然たる漢学塾のやうなものに過ぎなかった。

在来の生徒と云ふのは、熊本から来た者と同数位の四十名程であったが、熊本の者と違ひ、第一、年令不同で、十二、三歳の子供から三十歳を越す親爺の如き者が雑然と机を並べ、その内には盲人も居れば、巡査上りも居り、商店の小僧、職人と云った経歴のものが居た。

又学力に到っては、全く千差萬別。リーダー〔英語読本〕の一〔第一巻〕から手ほどきをして貰うもの、パリーの萬国史〔Peter Parley's Universal History〕や経済学の如き高級な本を学ぶものがあり、これが皆、一室に雑居して、一人の先生から指導を受けるのであるから、整然たる教育を〔英語で〕受けて来た我々には全く呆然たらざるを得ない有様であった。

我々は此普通校の方でなく、神学校〔新設の余科〕の方に編入せられたのであったが、未だ神学校など云ふ名称もなく、我々此学校を「バイブル・クラス」と云ひ、西洋人〔宣教師〕の間では「ツレーニング・スクール」〔training school〕と呼んでゐた。

甚だ幼稚、傳道学校の一種で、宣教師の意見としては、生徒には英語は勿論、原語は一切教へない方がよい、只聖書の大意とキリスト教の綱領を授ければよいと云ふ方針で臨んだものである。

〔教員スタッフへの不満〕

受持教授として、〔四つの〕福音書のハーモニー〔調和、比較検討〕を主體とした講解を新島先生。旧約聖書はドーン氏。教会史はラルネデ博士。組織神学と心理学は、デビス博士である。

此内でラルネデ博士は、何でも知らないことはアイ・ドント・ノーで押通されたので、旗色鮮明。批難するところもなかったが、ドーン氏の旧約は徹頭徹尾、〔聖句をそのまま〕諳誦〔暗誦〕をさせられたので、我々は甚だ不満であった。

此ドーン氏博士はその昔、今、自分が責任を負って傳道の任に當っている我が委任統治、南洋ポナペ〔島〕に宣教師として遣はされ、数年間その職にあったが、令夫人不幸のことから一旦本国に引上げ、デビス博士夫人の令姉と再婚せられた関係から、京都〔同志社〕に派遣された人である。

されば、南洋の裸の島民を取扱った手心で我々を扱ひ、旧約聖書とは研究に非《あら》ずして棒暗記することであるのであるから、熊本から来た我々が承認する筈はなかった。

次にデビス博士は、その人格においては申分なく立派な人ではあったが、その神学に到っては全く旧式のドグマで、研究心の鬱《うつ》没《ぼつ》たる我々にはどうしても満足することが出来なかった。

新島先生も、学者としての才能は余り恵まれていた人ではなかったので、教場では随分苦めたものであった。

教授その物に対して不平を持ってゐた外に、在来の生徒と云ふ人人が甚だ放従で、煙草を吸ふものあり、酒徳利《とっくり》を持って寄宿舎に晩酌を傾けるものあり、又、年少者は買ひ食いをするもの多く、ために寄宿舎の前には菓子の屋台店が出る有様であった。

キャプテン・ジェーンスの許に清教徒的教育を受けて来た我々には、耐え得《う》る所ではなかった。

〔新島夫人（八重）への不満〕

此様なる理由の外に、我々が口に出しては云へないが、不言不語の間に不平であったことは、新島先生の欧風カブレであった。我々はこれを洋癖家と呼んでゐたが、先生の生活が全部アメリカ風であることは言ふに及ばず、先生が其夫人を教場に連れて来て、我々と列座させらるゝのは、夫人を教育してやらうとの思召《おぼしめ》しであったであらうが、吾々には目に余るものが多かった。

例えば、夫人は和服に、花のついた帽子を冠り、袴もつけない和服に靴をはき、〔新島先生と〕腕を組んで往来を歩き、分れる際には米国風にキッスをせらるると云ふ有様で、血の気の多い青年達の中には、それ丈《だ》けでも十分に不平の種であった位である。

〔総退学を翻意し、学校改革へ〕

何や彼《か》や、その様なことが有ってから、熊本からの学生の間にはこの学校に見切りを付けるものが多くなり。遂には連袂《れんべい》退校と云ふ説が盛になって来た。

そこで学生の間に相談して、退学するならば一應はジェーンス大尉に相談すべきだと云ふことになり、十名程の代員を送り、丁度そのころ大坂〔大阪英語学校〕に居られた同氏を訪問することになった。

大尉は静かに我々の云ふところを聞き取ってから、

「同志社も今は創立の場合で、萬事不整頓のところがあるに違ひない。けれ共《ども》、それこそ諸君に対してよい機会である。諸君は創立者の気持ちになって、学校経営萬端、改革すべきところがあったらこれを書面に認めて、新島先生に提出するがよい。若《も》しこれが採用せらるれば、止《とどま》って勉強すべし。しからざれば、その時こそ退校してしかるべきと思ふ」

と勧告せられたので、我々はこれに従ふことにしたのである。

その後、新島先生に我々の改革案を提示してその意見を求めたところ、我々としては全く意外とする程に、先生は謙遜に意見を容れ、実行せらるゝことになった時、始めて我々は、先生の寛弘大量に服したのであった。

その改革案の主旨は、普通校を四年、神学校を三年となし、その学課程を定め、次に風規問題として寄宿舎の門限、学生の禁酒禁煙の如きものを定めたものであったが、愈々《いよいよ》これが実行せらるゝに及んで在来の生徒の反感を買ひ、その主領、巡査上りの岡田某と〔熊本バンドの〕金森通倫《みちとも》との組打ち〔取っ組み合い〕となったが、金森の勝ちで、不平等は漸時、退校するに到った。

社長として

新島先生が逝去せられたのは明治廿三年一月廿三日、大学基金募集中、病を得て東海道大磯に養生中のことであった。

先生の死は甚だ突然であったので、後事に関しては充分の設備もなく、社員（とその當時は云った、今日の理事である）の中にも後任については定説もなかったので、此問題については全く困った。

當時之社員は松山〔高吉〕、中村〔栄助〕、横井〔時雄〕、宮川〔経輝〕、山本〔覚馬〕、徳富〔蘇峰〕、湯浅〔治郎〕、大澤〔善助〕、金森に私の十名であったと記憶する。

尤も新島先生が病気前から大学の基金募集の為に外出勝ちであるからとの理由で、岡山教会から金森牧師を抜擢《ばってき》して、社長並に校長代理として事務を執らしめて居たのであるから、順序から云へば或は金森牧師が適當であったかもしれぬが、金森牧師に行かずして、自分に交渉が来たのである。

その時、自分は東京の番丁〔番町〕教会の牧師として、年々増築をしなければ収容し切れないような張り切った上り坂の教会に牧会をしていたので、一旦は承認を断ったのである。けれども断《た》ってての懇望で、愈々就任することにした。その待遇の如きも番丁の生活の半分位に過ぎないのであった。

就任した新校長の解決しなければならない難問題は、

一、対宣教師問題である。

従来は宣教師、即ちアメリカン・ボードと日本人の間には新島先生が介在せられて、ことを圓満に処理してゐられたものが、この大切な連鎖を失ったのである。日本人側では時代の風潮として国粋主義が起り、排外的となり、西洋人の立場からは一人として日本人に信頼すべきものなしと云ふ態度であった。

殊に日米當事者間の問題を複雑化したのは、社員及び新社長〔小崎〕は、同志社はクリスト教主義の学校ではあるがミッションスクールではない。従って、傳道のための方便ではない神聖なる教育機関であると云ふ主張であった。

従って、宣教師は倫理と称して聖書講義をなさんとし、日本當局は倫理教育において聖書を引用することは申すまでもないが、倫理と称して聖書丈けを教ゆるが如きは、教育上すべきでないと主張した。

此様な問題は、新島先生の如き人が居られて運用して行かれゝば、何も問題にはならないで済むのであるが、新経営者の手に移ると、問題が表面化して来るのは止むを得ない

二、神学校の経営に就て

神学校には創立以来、問題が耐えなかった。それは教授の中に有力者が少ないと云ふことである。良い教授を得ると云ふことが、この第二に解決せねばならぬ問題であった。

三、大学設立基金募集

これは先生が遺された仕事である。けれ共、時は既に非であった。前述の如く排外、国粋となり、基督教は勿論、基督教主義の教育をも喜ばなくなり、普通校の生徒が激減する有様であるので、募金の件は中止せざるを得なかった。

當時、アメリカン・ボードから補助してゐた金は神学校の全部、女学校の大部分丈けであって、普通校は年額二千七百圓の補助を受けてゐたに過ぎなかった。これ等の問題を解決し乍らも、積極的の仕事も二、三挙げることが出来る。

四、理化学校の設立

これは米人ハリス〔J. N. Harris〕氏が、突然十萬弗の寄附をせられたのに端を発している。下村孝太郎、加藤勇次郎の二氏が、この方面の研究をして在米中であったのを幸い、ハリス氏と打合せ、下村氏は自らその経営の任に當った。

染料科、薬学科、陶磁器科、電気工学科の四科を置き、米国マサチュセッツ州の工科大学に倣《なら》ったものを設立したのである。この学科は、今日から見れば甚だ適切なものであったにかゝわらず、當時の人々にはその必要が解せられず、入学生も些《すくな》く、資金も不足して来た。明治廿九年に愈々米国の補助を断るに當り、閉校の止むなきに到った。

五、政治法政学校〔政法学校〕の設立

外部から募金することは出来なかったけれ共、既に基金として五萬圓内外の資金があったので、これを以て不十分乍ら経済科、法律科、政治科の三科を置くことになった。その任に當ったのは、市原盛宏、小野英二郎の二氏である。この科も全く資金不足のために、只存在すると云ふに過ぎない哀《あわれ》な姿であった。

六、同志社の独立と辞職の顛末

上述の如く、當時の風潮は排外思想旺盛で組合教会の如きすらミッションと断然手を切り、従来傳道会社から受けていた補助金を断った位であるから、同志社も内外人の思想上の衝突頻々として起こり、その調和も困難となったので、愈々独立するの止むなきに到った。時に廿九年八月である。

當時同志社が、年々生徒も減少し、経営甚だ困難なる時、これを打開する途は二つである。一は有力なる教師を招聘すること、二は徴兵猶予の特典を獲得すること。

この二つを得るために、社長を始め社員も極力努力したが、容易なる業ではなかった。その内に社員の間に、この打開策を実行するには、社長の更迭《こうてつ》をするが一番であろうとの説が出で、この説が愈々実現して、自分は辞職することになったのである。けれ共、その後任として来た横井君が社長となり、同志社の憲法〔同志社綱領〕を変更して迄も徴兵猶予の特典を得ようとしたが、反《かえ》ってその事から紛争を来し、遂に連袂辞職をせなければならないことになったのは、當時の當局者の大なる錯誤となさねばならぬ。

今回、湯浅〔八郎〕総長が新任早々創立六十年の記念式を挙げ、同志社の復興を計画せらるゝに當り、私共の感慨、無量である。この際、切に祈るところは、新島先生を始め私共が実行せんとして実行することの出来なかった事業を再興、実行せられんこと祈て止まないところである。

（『我等の同志社　同志社創立六十周年記念誌』同志社事業部、一九三五年）

三、金森通倫

（一）「同志社山脈・金森通倫《みちとも》──新島襄の悲劇の後継者」（本井康博）

一八九〇年に同志社社長（現総長）、新島襄が死去したさい、後任人事は紛糾し、紆余曲折した。

当然、候補者はまず当時の同志社社員（理事）に絞られる。新島以外では、山本覚馬、中村栄助、湯浅治郎、横井時雄、金森通倫、小崎弘道、宮川経輝、徳富蘇峰の八人である。このうち、五人を占める「熊本バンド」、特に同志社第一回卒業生（バイブル・クラス）たる横井、金森、小崎、宮川の可能性が高かった。

さらに絞れば、本命は金森であった。「熊本バンド」のリーダー格とも言うべき小崎は、こう回顧する。

「是より先き、金森君は〔新島〕校長の不在中、其代理を勤めて居たので、自然の順序よりすれば彼が後任となる筈であるが、学校側の都合上、彼は単に社長の事務を取扱い、私が新たに校長に任ぜらるる事となった処、彼は間もなく辞任したので私は社長をも兼ねるに至った。当時私は〔東京で〕番町教会牧師の外、『基督教新聞』、『六合雑誌』等を担当し、盛に伝道を為し居る際とて、之を辞して京都へ赴任するのは容易のことではなかったが、主の召と信じ、一身一家の利害を顧みず、直ちに同志社に入った」。

最終的には社長のポストは山本覚馬がワンポイント・リリーフで繋ぎ、その後を小崎が継いだ。要するに自他共に本命と目された金森は、陰の社長代理にとどまった。しかもそれさえも、まもなく辞任している。いったい、何があったのか。

すべては神奈川県大磯で新島が徳富蘇峰に書き取らせた遺言に起因する。そこには、後継者に関しては、「金森通倫氏を以て余の後任となす差支なし。氏は事務に幹練し、才鋒《さいほう》当る可らざるの勢あり」とある。

病弱なうえ、大学設立運動で多忙な新島に代わって、金森はそれより二年前の一八八八年にすでに社長代理、校長として新島の留守中の同志社を守っていた。それだけに新島とて、金森が自分の後任となることを暗黙のうちに了解していたはずである。

ところが、である。遺言には問題を含む文言が付加されていた。「然れども、其の教育家として人を順育し之を誘掖《ゆうえき》するの徳に欠け、或は小刀細工に陥るの弊なしとせず」。

同志社教会牧師でもあった金森と、教会合同運動で新島が所見を異にしたことが遠因であったかもしれない。ともあれ、新島の遺言が金森の行路を根底から変えた。

金森はまず新島の葬儀で表に立つことを一切拒否した。その煽りで、告別説教を担当する者が容易に決まらず、結局、小崎に決定したのは、葬儀当日（新島の死去から四日目の一月二十七日）の朝であった。

社員会は翌日から新島の後任者選出の作業に入った。とりあえず山本を臨時社長に、そして小崎を校長に決めてその場を凌《しの》いだ。そのうえで、卒業生全員に後任者の推薦を郵送で行わせた。

結果は、山本、小崎、金森、横井の四名がそれぞれ票を分け合い、過半数を占める者がなかった。小崎が第二代社長に正式に就任するのは、これより二年後のことであった。難産であった。

その時には金森はすでに同志社教員を辞職して、番町教会牧師に転じていた。けれども、彼はまもなくいわゆる「新神学」を唱えて日本組合基督教会からも脱会し、牧師職も返上した。同志社とのいわば絶縁である。

以後、波乱万丈の人生を歩む。政界、財界、官界を遍歴したすえ、最後は妻の死去を契機に信仰を復活させ、宗教界に復帰した。最初は山室軍平の救世軍、ついでホーリネス教会で伝道を再開するが、晩年はそれからも脱し、引退生活に入った。

湘南の嶺山で「今仙人」と呼ばれる生活を送ったあと、五男で医者の五郎が経営する福島県郡山の病院で死去した。

妻の小寿は神戸女学院の第一期生で、山陽女学校の創立者のひとりである。

略歴

一八五七年一〇月二日～一九四五年三月四日。「熊本バンド」のひとり。肥後出身。「熊本バンド」の先頭を切って同志社英学校に入学。一八七六年一二月三日に新島から受洗する。卒業後、岡山伝道を経て同志社教員に招聘される。新島の代理、右腕として、同志社大学設立運動にも尽力するが、新島の死の半年後、同志社を去る。以後、各界で幅広い活動を展開するものの、いずれも大成せずに終わった。

参考文献

・高橋虔《まさし》「宮川経輝と金森通倫」（『熊本バンド研究』みすず書房。一九六五年）

・杉井六郎『明治期キリスト教の研究』（法政大学出版部、一九八四年）

・本井康博「遍歴する牧者　金森通倫」（『同志社時報』一一三、二〇〇二年三月）

（『同志社山脈』）

（二）〔「新島先生の名声」〕（金森通倫）

或夜、友人等数名と新島先生の宅に会合して深更に及ぶまで種々なる談話に時を過せしが、終に互に列席者の品性に付き其長短の批評を為したる事あり。偶《たまたま》先生の品性を批評するの番に當り、或者曰《いわ》く。

先づ先生を有體《ありてい》に悪《あ》しく評せば、先生は無芸無能なり。如何となれば先生は才子にあらず、智者にあらず、博識あるにあらず、辯舌あるにあらず、交際家、事務家にあらず、何に一《ひ》とつ是《こ》れぞと云ふべき長所のある事なし。是等の諸点に附ては、先生と事を共にする者の中に於て、遥かに先生に優れる者あり。

然るに世人皆、先生を推して其首領と仰ぎ、先生に優れる者、亦甘んじて其配下にありて運動するを好むは、即ち先生に於て一の大長所あるか故なり。

其長所とは何ぞ。即ち先生の謙遜なり。此徳あるにより、先生は卒《そつ》に将たる事能はざるも、能く将に将たる事を得るなりと。

先生手を拍《うっ》て曰《いわ》く、始めの批評は能く當れり。然とも、後の批評は素より過當讃語のみと。

此批評は幾分か新島先生の人物を評するに於て、其姿に近き者ならんと思ふ。世人は猥《みだ》りに新島先生を称するに聖人、賢者、英雄、豪傑の名を以てすれども、若し先生をして是等過當評語を聞かしめたらんには、必らず其不當なるを憤るならん。

余の如きは先生と交る事、甚だ深かりしか、先生は決して世人の云ふか如き、世の所謂《いわゆ》る英雄にも聖人にもあらざるなり。

然れとも、先生をして斯《かか》る高名を我国になさしめ、又基督教社会に於て頗る見るべきの大事業を起すを得せしめたる者は、即ち先生が自ら謙《へりくだ》りて、上帝に事《つか》へたるが為に、其聖旨に適う機械となる事を得たればなり。

聖経に曰く、自ら高くする者は卑《ひく》せられ、自ら卑する者は高くせらると。新島先生の名声、斯《かく》まで高くなりたるは、先生固有の才能、技藝、徳行によるにあらず。全く上帝の摂理によりて然る者なり。

人或は新島先生を以て、自個の目的を達せんが為に基督教を機械に用ひたる者の如くに云ひなす事あるも、是れ最も先生を知らざる者の言のみ。

先生は基督教を使用したるにあらず。先生こそ却《かえっ》て基督教に使用され、終《つい》に其生命をも是が為に奪はれたる人なり。

又或者は新島先生によりて基督教は日本に伝り、先生の力に於て今日の盛大を来たしたれば、先生は基督教の恩人なりと云ひなせとも、是亦誤解の甚だしき者なり。否々、却て新島先生をして先生たらしめ、先生の名を高くしたる者は、即ち基督教の力なり。

基督教こそ即ち先生の恩人なり。若し基督教なかりせば、吾が日本には亦新島先生ある事なかりしならん。神は能く石をも化《か》してアブラハムの子とならしめ給ふ。神は曩《さき》に或人が無藝無能と酷評したる新島先生をして、終に此高名をなさしめ給へり。

（『基督教新聞』一八九二年一月二三日）

（三）「私の観た新島先生」（金森通倫）

（此の一篇は〔一八九八年〕一月廿三日夜、東京青山会館に開ける新島先生紀念会に於て陳《の》べられた講話の大意である）

今晩の新島先生紀念会に於て先生に就て話せと云はるゝに付き、敢て辞せず、私の観《み》たる先生に就て語る。尤《もっと》も是れは、諸君が先生に就て観らるゝ所と違ふか知れないが、止むを得ない。私は私の見る所を有のまゝ陳《の》ぶるのである。

私が始めて先生に面会したのは、明治九年七月であって、〔熊本バンドのどの〕友人等よりも一番先きに先生に遇ったのである。それは他の友人等は熊本の洋学校にまだ残ってあったのに、私一人は迫害の為め先きに京都に来たので、一番先きに先生に面会した訳である。

当時、相国寺門前はまだ一面の桑畑であって、先生は寺町〔通〕に住宅を持って居られた。始め私は、〔現御苑内の〕デビス先生の家を訪ね、それから先生の宅へ向った。御所のお庭を通って行くうち、向ふから一人の婦人が来た。其風采《ふうさい》を見ると半《なか》ば西洋人、半ば日本人と云ふ姿で、私はこれは先生の奥さんでないかと直感したが、果して八重子夫人であった。

そこで夫人に連れられ、寺町の御宅へ参り、始めて先生に面会した。斯《か》く一番先から先生に接し、最も親密の交を辱《かたじけの》ふしたわけで、先生を能く知ると自信する所以《ゆえん》である。殊に先生の御家庭の有様を能く知るのである。

爾来三ヶ年、京都で先生の傍で勉強し、それから七年間、岡山に往いたが、再び十九年に同志社に戻り、先生と事を共にした。私は又洗礼を先生から受けた。其時、徳富蘇峯君も一所〔一緒〕に先生から受けた。海老名や宮川は、其前にゼンス氏から〔熊本で〕受けたのである。

私は〔牧師になるための〕按手禮も先生から受けた。斯《か》く不断に先生に接したから、先生の内側を能く知るのであって、先生と共に寝た事もあり、先生と共に山〔たとえば吉田山〕に往いて祈った事もあり、先生の御宅で常に共に話したが、奥様は私がお宅に行くと机の上のものを一切取除いた。それは私は先生と語り、談論風発、机を叩《たた》いて器物を壊すからださうです。

斯く私は始めから、先生の内も外も能く知って居るので、先生を異常の人として祭り上げるのは宜《よろし》くないと思ふのである。先生は実に単純なるクリスチャンであられた。米国ニューイングランドのクリスチャンタイプの人と称してよからう。是れはハーデー〔A. Hardy〕氏の家庭の感化に依ること多いと思はれる。

斯く先生は、ピュリタン精神の感化を受け、ミッショナリー・スピリットを以て帰国されたのである。此点、全く外国宣教師と異なる所はない。私は先生をミッショナリーと見たのである。

即ち先生は我が日本を基督の国にせんとの伝道の精神を以て帰られたのである。かの米国にて、伝道会社〔アメリカン・ボード〕の年会に於て熱涙を振《ふる》って〔日本にキリスト教主義学校を作るための募金を〕訴えたことは、矢張り日本教化と云ふ精神の現はれであったのである。其時得られた米人の捧げ物〔約五千ドルの献金〕も、日本教化の為めに悉く用ひられる御志であった。

　先生の補助者であるデビス先生もラーネッド先生も、此新島先生の目的を認めて、事を共にせられたのである。

　尚ほ、此日本の伝道化と云ふ精神の最も能く現はれたのは、熊本バンドが〔在籍当時の〕最初の三年間行った「バイブル・クラス」であったと思ふ。是れは当時、同志社の生命であって、先生の日本教化の精神とクラス一同の精神と全く合って居った。どこどこ迄も日本伝道の精神でやりぬくとの決心であった。

　故に其時、同志社は祈りの家であった。一も祈り、二も祈りであった。各部屋は、祈りで満たされた霊的の空気が濃厚であった。伝道の精神、猛烈であった。日本教化は全く同志社が中心となって担任すると云ふ精神であった。此先生の精神を皆も受けたのである。恰《あたか》も日本の教化を同志社が一手引受けてやると云ふ勢であった。

　それで卒業するや、先生指導のもとに天下を教化する為、私は中国〔岡山〕、横井は四国〔今治〕、不破は九州〔博多〕、海老名は関東〔上州安中《あんなか》〕と云ふ工合に相分れて、伝道的征伐に出掛けると云ふ意気込みであった。

　明治十年の夏休《やすみ》に我等四名の者が奈良征伐に往いたことがある。それは市原〔盛宏〕、徳富、藤島〔武彦〕、金森の四名である。市原氏は後年、〔銀行家として〕財界に活躍する素地があったが、其時兵站《へいたん》部を勤め、旅館に掛合ひ、弐拾五銭の宿泊料を拾五銭に負けさせた。

　斯く旅館に陣取り、奈良を東西に別ち、東部は市原と藤島、西部は金森と徳富之に当ることゝなり、其武器として『真の道を知る近路《ちかみち》』と云ふ小冊子〔伝道用のトラクト〕二百部を持って来たので、之を戸毎に配布し、奈良を二ヶ月間に征服せんとの考《かんがえ》であった。

　さて始めんとすると、何となく力の足らぬを感じ、徳富は金森祈らうではないかと云ひ、公園で一生懸命祈り、神の力を受け、それから戸毎に配布したのであった。

　斯く伝道の精神に燃へて居った。これは皆先生の指導に依ったのである。故に私の見た先生は、日本教化と云ふ大伝道の総大将であったのである。

　それから七年〔間〕岡山へ往き、後ち同志社へ帰って見ると、先生は身体大に弱って居られたが、矢張り始めの精神を持って居られた。当時私は、同志社の牧師となったのであるが、同志社大学設立の事業が起るに至って、先生がお体が弱いので、私が夫れを引受けることになった。

　始め、時の文部大臣、森有禮《ありのり》氏に謀り、外山正一氏も賛助を与へられ、いよいよ大学設立の運動が持ち挙《あが》ったのである。私は先生に代り、政治家や実業家や各府懸の知事などに向ひ、大に大学設立の趣旨を訴へた。

　先生が宣教的精神を持ちながら、大学設立を企てられた目的如何と云へば、それは外ではない、日本教化をやるには単なる牧師、伝道師丈《だ》けでは手緩《てぬ》るい。クリスチャン・スピリットを有する政治家、実業家、教育家等あらゆる方面から、教化の目的を達せんとせられたのである。故に慶應や早稲田の様な学者を作る大学を設ける目的ではなく、日本教化の為めの人物を作るに在ったのである。

最［尤］も当時世間に発表した趣意書には、夫れに異なる様な文句が見えて居っただろう。夫れは当然であって、其訴ふる所は未信者であり、又援助者の人も未信者であったからである。併し先生の心底は、大学設立も教化の為め、伝道の為であったのである。

先生は世の所謂教育家ではない。基督に忠なる僕《しもべ》であった故に大学設立の趣旨は、法律も実業も手段として基督の王国を拡めんとするに在ったのである。先生の先生たる所は、同志社の一手で日本を教化すると云ふ精神に満された点である。これは始めから終り迄、一貫して居られた。

私は先生の晩年、先生から同志社々長の代理をやれと仰せられた。私は其任でないと辞したが、先生は許されない。そこで私は、先生が生存せられる間尽力する。先生万一の事あれば辞すると云って代理を引受け、何も彼《か》も尽力した。

先生の為された事業は、先生あってこそ出来るが、他の者では決して出来ないと信じたからである。されば先生世を去らるゝや、私は全く同志社を退き、爾来一切、同志社に関係せないのである。

元来先生の信仰は、オルソドックス〔正統的〕の信仰であった。つまり聖書的信仰であった。先生の学んだアンドバ〔Andover〕神学校の信仰は、矢張り正統的信仰であったが、其後はハアバアト〔Havard〕神学校に併合され、今や始《はじめ》の信仰が無くなったのは惜しむべきである。

今や同志社も、生徒は五千人に増加して居るやうだが、先生の精神は消えて居るやうだ。先生の名を崇めて居っても、其精神が消えて居るのは実に残念に堪えない。どうか先生の精神を受け嗣《つ》ぐ者が続々起って貰いたい。さうして日本教化の先生の精神を復興して貰ひたい。是れが私の衷心《ちゅうしん》の願である。

以上私の観た先生を有のまゝに陳《の》べたのである。（太田九之八氏報）

（『上毛教界月報』一九二九年二月二〇日）

（四）文献紹介・金森通倫『回顧録』（本井康博）

金森通倫（一八五七年〜一九四五年）が語ったものを、長男の太郎が筆記、編集し、アイディア出版部から刊行した自伝。刊行当初は謄写による限定版で、家族や一部の関係者に配布されただけであった。

今回、金森の五女の子息、浜潔氏により、その改訂版が公刊され、初めて廣く知られるようになった。ただ、パソコン原稿がそのまま入力、印刷されたためか、漢字転換や改行に入力ミスが目立つのは、惜しい。

本書の特色はどこにあるのか。「熊本バンド」の代表的なメンバーであり、新島襄の最側近の「同僚」であるだけに、熊本洋学校や同志社における修行の消息を始め、教育者として同志社を拠点にした教育活動の足跡、ならびに伝道者として世界を渡り歩いた活躍、さらには他教派における華々しい伝道に取り組んだ消息が、興味深く述懐されている。

その間、政界や実業界に進出したり、勤勉貯蓄奨励運動に従事したりしたこともカバーされている。

（『近現代日本の社会運動家　自伝・回顧録　解題』）

四、宮川経輝

(一)「新島襄先生に就《つ》いて」(宮川経輝《つねてる》)

(左の一篇は先月二十三日、故〔新島襄〕総長第二周記念会席上にて致されたる演説筆記なり)。

〔前略〕嗚呼《ああ》、明治二十五年の今日は、實に是れ或は楠公《なんこう》の碑を建て、或は毛利公の像を築かんとし、又西郷、大久保、木戸等諸先輩の像碑を建設せんと狂奔する者、多き時代なり。

然れども余は恐る。斯《かか》る事の或は儀式的に流れ去る事なきかを見よ。湊川に至れば、廣大壮麗なる神殿は、楠公の為めに築かるも、其の周囲は實に是れ卑猥極まる売淫場にあらずや。之を夫の忠臣義士が行て、湊川を過ぎ、五、六株の青松の下に拝伏して、一滴の血涙を注ぎし当時に比して如何ぞや。

顧みて吾人は、今何を為す可きかを考ふるに、余は信ず。徒《やた》らに紀念会を開き、舌頭《ぜっとう》を以て先人の高徳を賞賛するは、決して策の得たるものにあらざるなり。否《い》な、吾人 苟《いやしく》も眼中一滴の涙あるものは、静に其の偉人を作り出だせしもの、果して何なるやを研究し、而《しか》て得る所あらば、奮然蹶起《けっき》自ら任じ、自ら進んで偉人たらざる可からず。

請ふ、少しく余をして彼《か》の偉人を作りし所以のものを研究せしめよ。余は 屢《しばしば》新島先生を寺町街の精舎に訪ひ、親しく先生の謦《けい》咳《がい》に接し、其温乎たる容貌、其謹厳なる動作に付《つい》て、感ずる所多く、殊に佛暁《ふつぎょう》、余の尚ほ臥床《がしょう》にあるの頃、已《すで》に詩を誦し、祈祷をなす聲の余の耳朶《じだ》に触るるあり。

嗚呼、先生は實に密室の祈祷を勉められたる、所謂心の秘所に於て神と交通する宗教上の秘義を得たる人なりき。

而して常に余輩をして基督魂を得せしめんことを勧められたり。

然るに近来、同志社出身の学士、及び学生にして少しく学術に長じたる時は、冷々澹々《れいれいたんたん》全く宗教に関係なきが如き状を現ずるは、抑《そもそ》も何事ぞや。余は實に慨歎に堪へざるなり。

嗚呼、宗教を以て基礎となす学校に於てすら、如斯《かくのごとく》日本人は宗教に澹泊《たんぱく》なりとは、如何にも評し得て妙なりと謂《いう》可き也。蓋《けだ》し之れ、此の心を以て天に通じ、天の心を已れに得る、所謂Personal religion なるものを有せざるが故のみ。

仰ぎ願くは、此般の人、須《すべか》らく聖書の真意を熟読玩味《がんみ》し、以て宗教の秘義に通じ、建徳の苟《おろそか》にす可からざるを確知せんことを。

又、先生の神学なるものを見るに、中には陳腐なるものも多く、頗る頑固なる舊説を抱持せられたり。然れども先生は、此の古神学の中に其の精神を鍛錬《たんれん》せられたりき。

請《こ》ふ、試《こころみ》に思え。彼の東海道を行くに、逢坂《おうさか》山を越え東京に至る迄、若し平々坦々何の變化もなく、何の妙味もなかりせば、旅人は一日十里を歩めば、将《まさ》に疲労して歩行に堪えざるに至らん。然れども時に芙蓉峰《ふようほう》の遠く天涯に聳えて白雪皚々《がいがい》たるを見、時に琵琶湖の近く眼前に笑ふて、鏡新に磨くが如きを見ればこそ、旅の疲も忘れ去るなり。況《いわ》んや彼の膝栗毛《ひざくりげ》的旅行に至ては、大井川の広きは其の広きが故に、箱根山の高きは其の高きが故に、愉快たらずんばあらざるなり。

信仰、亦然り。人智の悟り能はざる、白雲漠々《ばくばく》たる辺《あたり》より一種の「インスピレーション」を得て希望を高くし、精神を激し、活動奮闘すればこそ、此の厭《いと》ふ可き浮世をも愉快に経過するなれ。

若し夫れかの獨乙主義者「ユニテリヤン」雑誌が唱道する如く、宗教上の秘義妙味を取り去り、道理の一点のみにて行かんとせば、是れ猶ほ東海道より凡《すべて》の名勝旧跡、山嶽河海《さんがくかかい》の秀抜なるものを除き去るが如く、平は即ち平、坦は即ち坦なりと雖も、信者は疲れ、傳道は進まざる可し。

加之《しかのみならず》、世人は迷信を悪《にく》み、妄信を好まず。空想家を重んぜざるも、苟《いやしく》も世に大事業を成就せし者は、大凡《おおよそ》此の種の人たらざるはなし。リンコルン、彼れ何人ぞ。ピーター、ジハミット。彼れ何人ぞ。マホメット、彼れ何人ぞ。凡《すべ》て皆一種の迷信家、一種の妄信家、一種の空想家に外ならざるなり。

〔新島〕先生、亦此の種の人なりき。或る点より観れば、先生亦迷信家なりき、妄信家なりき、又空想家なりき。然れども、一点異なる所は眞に天よりの基督よりの「インスピレーション」を受け居れたりき。

余又、如何に頑固と謗《そし》られ、時勢後《おく》れと評せらるるも、先生と共に断乎として三一《さんいち》の神を信じ、基督の十字架を負ひ、救世済民の偉業に当らんと欲するなり。蓋《けだ》し、公平に考ふれば、人皆 Illusion なるものあり。Unseen universe（見ル可カラザル幽冥《ゆうめい》界）の念あり。Unseen God（見ル可カラザル神）の感ある者なり。

最後に、日本現今の基督教に就て少しく鄙見《ひけん》を陳《ちん》せんと欲す。回顧すれば、基督教の我が国に始めて傳りし時にて、實に奔馬《ほんば》破竹の勢を以て朝野を振動し、十九世紀末だ終らざるに先《さきだ》ち、日本を基督教国となさんずるの意気込なりしも、今果して如何ぞや。余輩の計画は将《まさ》に水泡に屬《ぞく》せんとす。

蓋《けだ》し、其の衰退せしや、種々の源因あらん。初め新島先生等の伝道会社を創設せられし目的は、基督教的日本を作るにありき。所詮《しょせん》個人的宗教を盛にして、日本全社会を基督教的となすにありき。

而して今日は如何。人、皆日本的基督教を作ると云ひ、或は日本在来の習慣、風俗を雑《まじ》へざる可からず。或は国粋分子を入れざる可からず。儒教の倫理、佛教の哲理も取らざる可からずと。是れ實に大なる世界を包有し得る基督教をして、少き日本の壺中に押込まんと欲するなり。誤るも又、甚しと謂ふ可し。

見よ、現今の基督教は、保守国粋の分子に対して一歩譲り、二歩譲り、譲り譲りて只一の裸なる基督を留まるが如きの奇観を呈するにあらずや。故に余が万事を擱《おく》して茲に唱道せんと欲する處は、基督魂を得たる眞人物を作るにあり。

若し夫れ、此の如き眞人物を得ば、日本の教会は日本人、之を管理し、日本の伝道は日本人、之に任し、又大和民族固有の性情、特得の見識を以て神学を組織せんこと、決して難きことなかりけん。

之を要するに、今日は空論的信者を要せず。実際的信者を要するの時なり。殊に先生の如き伝道心の深き人を要するの時なり。余曾て一書を忝《かたじけな》ふす。其の終りに、「大学を建設するも固《もとより》是《こ》れ播種の目的に之あり候云々」の数語あり。

以て先生希望の何《ど》の辺《あたり》にありしかを見る可きなり。若し今日、真面目に実際的に伝道せば、基督教を日本的とならしむる人物の如きは、他日出て来る。期して待つ可きなり。余は近時、之れに感ずる切なり。聊《いささ》か諸君の清聴を汚すこと云爾《のみ》。

（『文学雑誌』五一、同志社文学会、一八九二年二月）

（二）「キリスト者列伝・宮川經輝」

現住所　大阪市東區玉造半入《はんにゅう》町
生国　肥後国阿蘇宮地《みやじ》村
所属教会　大阪教会

父は宮川經連、母は久子。安政四年正月十八日に生る。氏の祖父は本居宣長の門人にして、父兄は皆、平田篤胤の感化をうけたりといふ。六歳の時、親戚にして能書家たる宮川某の許に手習いに通ひ、九歳の時、本島四郎と稱する阿蘇神社大宮司の門に入りて漢籍を学びたり。而して十四歳の時は四書、五經、左伝、史記、通鑑等を白文にて読み得たりと云ふ。

当時の阿蘇郡長、林秀謙氏は人材養成に力を注ぎし人なるが、氏は同郡長に見出され、熊本に遊学せしめられたり。之れ明治五年九月にして、その目的とする所は、彼《か》の熊本洋学校なりき。

氏は初め、基督教に対して飽迄《あくまで》も反感を有し、海老名〔弾正〕氏、其他二、三がジェンス氏の許に赴き、バイブルを研究するを聞き、憤懣《ふんまん》の情、禁ずる能はず。苟《いやしく》も皇国に生れ、神州の穀を食ふ男子にして、異教を信ずるは、是国禁を犯《おか》すなり。斯《か》くの如きものは、須臾《しばら》く之れを放校すべしと大に之れを痛撃して、全校の輿論を喚起せんとしたりしと云ふ。

而して横井小楠翁の「明堯舜《ぎょうしゅん》孔子之道、盡西洋器械之術」てふ語を奉じ、日本人は道義の點に於て、断じて西洋人に劣らじと期したりしが、ジェンス氏の高潔にして誠実、且つ温厚にして仁慈なる徳性は、遙かに是まで師事せし漢学先生に超絶するを認め、遂に氏も亦バイブルを研究する人々の群に入りたり。

然も父祖以来の神道主義は、氏の心に滲透《しんとう》し、容易に斯道《しどう》に帰依すべくもあらざりしが、一日、スチール〔J. D. Steele〕の化学書にて「萬物中、一も偶然に起こるものなし」の語に接して、ジェンス氏の熱誠を披歴して説く神は、即ち萬物の主宰なりとの真理を了解し、茲に奉教の決心をなせりと云ふ。

其後、幾何《いくばく》もなくして彼の花岡山上に於ける盟約の大事件起り、一時、熊本市内外をして鼎《かなえ》の沸くが如き観を呈せしめたり。此事は独り氏のみに係わる事にあらざれども、日本の基督教史上、記憶すべき事なれば、氏の項を藉《か》りて其梗概を誌すこととせん。

明治八年七月、〔熊本洋学校〕最初の入学生なる十一名卒業す。然も此等の卒業生は、学校に止って勉学し、傍ら教師を助けたるものもありき。之より先き、生徒の英語に熟するや、ジェンス氏は彼等を自宅に招きバイブルの研究をなさしむ。

彼等大に基督の教に感銘する所あり。同年冬休みに入るや、奉教の念、勃然《ぼつぜん》として起り来れり。明治九年一月二十九日は土曜日に当りぬ。朝まだきより、三十余名の青年は思い思いに静かに校門を出て、城西十数町を距《へだ》てし花岡山に上りぬ。寒風は切《しきり》に枯れ果てし稍を鳴らせども、日はいと晴れ渡れり。

三十有余の青年は、一斉に聖歌を唱へつつ、坂を登り行き、山の中程なる老松の下、稍《や》や小広き所に座を占めたり。

聖歌は唱へられたり。而して彼等は凡て沈黙して、頭を垂れぬ。此時、厳かなる祈祷は、一人の兄弟によりて捧げられ、次で左の如き謹厳壮烈なる誓約文〔奉教趣意書〕は、他の兄弟によりて朗読せられたり（そは其翌日、更に清書して各々署名せり）。

余等嘗《かつ》テ西教ヲ学ブニ頗ル悟ル所アリ。爾後之ヲ読ムニ、益感発シ欣戴《きんたい》措《お》カズ、遂ニ此教ヲ皇国ニ布《し》キ、大ニ人民ノ蒙昧ヲ開カント欲ス。然リト雖《いえど》モ、西教ノ妙旨ヲ知ラズシテ頑固舊説ニ浸潤スルノ徒、未ダ尠《すく》ナカラズ。豈《あ》ニ慨嘆ニ堪ユベケンヤ。此時ニ當リ、苟《いやしく》モ報國ノ志を抱クモノハ、宜シク感發興起シ、生命ヲ塵芥《じんかい》ニ比シ、以テ西教ノ公明正大ナルヲ解明スベシ。是レ吾曹《われら》ノ最モ力ヲ竭《つく》スベキ所ナリ。故ニ同志ヲ花岡山ニ會シ、同心協力シテ此道ニ従事センコトヲ要ス。

一、凡《およ》ソ此道ニ入ルモノハ、互ニ兄弟ノ好《よし》ヲ結ビ、百事相戒メ、相規《ただ》シ悪ヲ去リ、善ニ移リ、以テ實行ヲ奏ス可シ。

一、一度此ノ道ニ入リテ實行ヲ奏スル能ハザル者ハ、是レ上帝ヲ欺クナリ。是レ心ヲ欺クナリ。如此《かくのごとき》者ハ、必ズ上帝ノ譴罰《けんばつ》ヲ蒙ル。

一、方今、皇國ノ人民多ク西教ヲ拒ム故ニ、我徒一人、此道ニ背《そむ》ク時ハ、衆ノ謗《そしり》ヲ招クノミナラズ、終ニ吾徒ノ志願ヲシテ遂ゲザラシムルニ至ル。勤メザル可《べ》ケンヤ。愼《つつし》マザルベケンヤ。

千八百七十六年第一月三十日　日曜日、誌ストナン。

而して姓名を署する者、三十有五名なりき。其姓名左の如し。

宮川經輝　古荘三郎　岡田松生
林　治定　不破唯次郎　由布武三郎
大島德四郎　藏原惟廓　金森通倫
吉田萬熊　辻　豊吉　龜山　昇
海老名喜三郎　浦本武雄　大屋武雄
兩角政之　野田武雄　下村孝太郎
北野要一郎　加藤勇次郎　原井淳多
紫藤　章　松尾敬吾　金子富吉
古閑義明　上原方立　德富猪一郎
森田久萬人　伊勢時雄　浮田和民
阪井禎甫　市原盛宏　川上虎雄
鈴木　萬　今村愼始

此等の青年は二十二、三歳を長とし、十五、六年を最幼年として、今茲に堅く上帝の前に其身を献げて、此の道のため犠牲たらんことを誓ひしなり。終りて彼等が毅然たる決心と靄然《あいぜん》たる友情とは、聲を同ふして幾度か歌ひし聖歌の中に現はれ、而していとも勇ましく山を下りぬ。

此の誓約宣言の城下に伝わると共に、校の内外は蜂の巣を破りたる如き大騒擾を惹起し、大迫害は猛烈に執拗に繼續せられたるも、茲には之れを記すの餘裕なし。

唯、氏の如き尤も甚しき迫害をうけたる一人にして、半蔵の間、叔父の許に監禁せられ、歸校を許されざりしを記すに止めん。同年七月、漸く迫害の波、収まりて歸校し、同志と共に同年七月三十日、ジェンス氏より受洗せり。

明治十年、同志と共に京都に上り、新島襄氏の創設中なりし同志社に投じ、新島氏を助けて且つ学び、且つ教へ、大に貢献する所ありたり。

氏は、卒業後は女子教育に従事する積りなりしが、当時既に島之内教会牧師たりし上原方立《まさたつ》氏の熱烈なる勧告に動かされ、明治十五年五月十九日、大阪教会牧師に就任したり。

斯くて明治十六年四月二十四日按手禮をうけ、安田三折、森田清兵衛諸氏の助力によりて、西區梅本町に会堂を建設したり。之れ大阪教会の濫觴《らんしょう》なり。爾来、日に月に発展し、明治二十年現在の江戸堀北通に移転し、以て今日の隆盛を見るに至れり。

斯くて自己の創設したる教会に在任すること、殆んど四十年に垂《なん》んとす《な》。之れ富士見町教会に於ける植村正久氏と其軌を一にするものにして、實に東西の双壁たり。其間、日本伝道会社社長、組合教会会長たること數次、米国太平洋沿岸、布哇《ハワイ》等に伝道旅行を試み、且欧州観察に赴きたることあり。

著述には『心靈の修養』『基督教十講』其他説教集、聖書釋義等十余種あり。又蘇渓《そけい》と号し、書道に深き趣味を有し、其能書は教界稀に見る所たり。

明治十六年九月十一日、朽木綱徳氏の女《むすめ》次子を娶り、六女一男あり。長女幹枝は、同志社大学教授、島原逸三氏に、次女芳香は愛光舎主、角倉賀道《すみのくらまさみち》氏の息、正道氏に、三女茂代は同志社大学教授〔後に同志社総長〕、大塚節治氏に嫁したり。

（『信仰三十年基督者列伝』）

（三）〔無官の大夫《たいふ》・新島先生と狩猟〕（宮川經輝）

いつの頃にやありけん、〔新島〕先生のお伴して神戸に往き、備前屋と云ふ旅館に一泊したことがある。館主恭々《うやうや》しく宿帳を室に持参して署名を求む。

先生筆を執り、宿所、姓名を記し給ひし所が、館主、爵位を附記せよと求めて止まなかったので、自名の上に無官の大夫と書き給ふた。

新嶋先生は銃獵が御好きな事は、非常であった。それで或時、京都の或る銃猟店に行って、種々銃を見られたが、御気に召すのがあった。先生は此鉄砲の値はと店主に聞くと、幾円なにがしであると店主は答へた。

先生は其の「なにがし」を負けてくれと云はれたら、主人は「先生丈《だ》けにお負致しますから、他人には秘密にしてください」と云った。之を聞いた先生は、言下に「僅かの金で、そんな偽りの秘密を守らんならん様では、不都合である」と云って其鉄砲をお買上げに成らなかった。

これでも先生の性向の一般が伺はれる。又、或時先生は、其のお好きな銃猟に出かけられて、あっちこっちと山から谷々から峰と鳥を探されたが、獲物がなかった。所が殆ど失望して御帰り路につかれた。フト見ると、一羽の鳥が（京都の町はづれの畑中の）木に止まって居る。良き獲物よと勇気百倍、狙いを定めてズドンと一発で射止めた。

勇躍して鳥の落ちた所に走って行った。此の鉄砲の音を聞いて、一人の百姓がツト木陰から現はれた。戦勝の勇士が、敵の首級に手をかくるが如く、今しも先生が其の鳥を取らんとした時に、其の百姓怒って先生を盛んに悪罵した。道理や此の鳥は、其の百姓が飼い置きの大事な媒鳥《おとり》であったとは、先生は之を聞いて平謝りに謝って引きとられたと云ふ。

（『基督教世界』一九二二年七月一〇日）

（四）「同志社山脈・宮川經輝——組合教会三元老のひとり」（本井康博）

宮川經輝は世に言う「熊本バンド」のひとりである。熊本洋学校の生徒、学生たちの一部が、同校教師、ジェーンズ（L. L. Janes）の感化を受けて、キリスト教に関心を寄せ、花岡山で開いた祈祷会で相互に信仰の盟約を行なったのは一八七六年一月三十日のことであった。

このときの誓約書は「奉教趣意書」と題され、全部で三十五人が署名を寄せたが、署名の先頭を切ったのが、宮川經輝である。それればかりか、彼はその後、同書に前書きをつけて永年、大切に保存し、最終的に同志社大学に寄贈した。いまでは同志社の宝として、新島遺品庫に収蔵されている（レプリカを、日本キリスト教団熊本草場町《くさばちょう》教会が所蔵）。

ところで、熊本洋学校でキリスト教に傾斜した生徒、学生が多数生まれたことは、熊本で社会問題化し、署名した生徒、学生たちは家族や市民から「迫害」（指弾）を受けるに至った。そのためついに熊本洋学校は廃校の憂き目に遭った。

ジェーンズは同志社英学校教員のデイヴィス（J. D. Davis）に書を寄せ、関係者（在校生と卒業生）の指導（転入学）を依頼した。こうして「熊本バンド」の面々は、半年前に開校したばかりの同志社英学校に金森通倫を波頭に次々と入学し始めた。

最終的にその数は、宮川を含めて三十数人に及んだ。熊本で学問的にも信仰的にも鍛えられた彼らを受け入れることにより、同志社は初めて学校らしい組織的な内実と体勢を整えることができた。

とりわけ洋学校卒業生たち（第一期から第三期までの）の有志に対しては、同志社は受け入れのために「余科」（英語ではバイブル・クラス）と称するカレッジレベルの神学科を特設した（それ以外の生徒、学生は、いわば普通科に転入）。余科生は学校の規則制定に力を発揮したり、助教として下級生を教えたりした。

おりしも同志社は寺町通り（いわば寺町キャンパス）の仮校舎から旧薩摩藩邸（現今出川キャンパス）に移転し、自前の校舎を建てたところであったので、同志社のラーネッド（D. W. Learned）は、「熊本バンド」を迎えた新学期（九月）、それも校舎の竣工式を挙げた一八七六年九月十六日を同志社の実質的な開校日とさえ見なすほどである。

「余科」に入学した宮川始め十五人は、いずれも熊本洋学校卒業生であるだけに、実力の持ち主で、俊才揃いであった。三年後の一八七八年六月に同志社が世に送り出した最初の卒業生（十五人）は彼らが独占した。彼らこそ狭義の「熊本バンド」と言ってよい。

そのうち三人（山崎為徳、森田久萬人、市原盛宏）は英学校に、そしてふたり（宮川、加藤勇次郎）が女学校に教師として残った。小崎弘道や海老名弾正、横井時雄、不破唯次郎、金森通倫などは日本各地に派遣され、開拓伝道に従事した。残る数名は、進学その他、独自の進路を選んだ。

宮川は「余科」を出る時、「女子教育論」と題する卒業演説を披露したことが高く評価され、校長の新島襄から「論文の通りにやればよい」と勧められて同志社女学校幹事（教頭）となった。同校における最初の日本人専任教員である。

三年後、宮川は大阪教会牧師に転じた。同時に新島の紹介により、同志社女学校生徒の朽木次子（福知山出身）との婚約が成立した。結婚は一八八六年で、新島が司式した。

宮川は以後、大阪教会牧師の職を四十三年間にわたって忠実に勤め上げた。その間、会衆派系（同志社の教派）の基督教学校である梅花女学校や泰西《たいせい》学館の校長も兼務した。泰西学館へは内村鑑三を教頭に招いたこともあった。

また、同じく会衆派系の日本組合基督教会会長（九回）や日本基督伝道会社議長（十回）などの要職にも何度も就き、日本組合基督教会のために尽力した。その結果、小崎や海老名と並んで「組合教会の三元老」と呼ばれるほどの功労者となった。

ただ、小崎や海老名が同志社総長に就任したことがあるのに対して、宮川は総長就任を固辞し（ただ横井総長の海外出張中、総長代理を務めたことがある）、同志社には社員（理事）として経営に協力するにとどまった。ちなみに新島が死去する頃の社員は九人であるが、そのうち宮川を始め「熊本バンド」が五人を占めた。

組合教会三元老は、年齢も接近しており、小崎、海老名、宮川の順に一年続きに生まれているが、逝去したのも一年続きであった。ただその順は誕生とは逆で、いずれも八十歳を越える天寿を全うした。三人は生涯、伝道に献身した点では奇しくも共通する。

略歴

一八五七年二月一九日〜一九三六年三月一日。肥後（熊本県）の阿蘇宮地《みやじ》で神官の子として誕生。一八七二年、熊本洋学校に入学し、一八七六年七月二十七日、ジェーンズから洗礼を受ける。同年八月、同校を卒業し、秋に同志社に入学。第一期生として卒業後、同志社女学校幹事（教頭）を経て、大阪教会牧師となる。同教会の在職は四十三年に及ぶ。一九二一年にはオベリン大学から名誉神学博士を授与された。

参考文献

・加藤直士『宮川經輝伝』（日本キリスト教団大阪教会、一九五二年）
・高橋虔《まさし》『宮川經輝』（比叡書房、一九五七年）
・阪田寛夫『花陵』（文芸春秋、一九七七年）
・本井康博「新島襄を看取った『熊本バンド』—不破唯次郎」（『同志社談叢』二一四、二〇〇二年一〇月）

（『同志社山脈』）

（五）「牧師列伝・宮川經輝」

一八五七（安四）年一月十七日〜一九三六（昭十一）年三月二日。熊本県阿蘇郡宮地村で誕生。一八七二（明五）年、熊本藩校熊本洋学校に入学。

ジェンズ氏の人格と信仰の感化を受け、一八七四（明七）年洗礼を受く。一八七六（明九）年海老名弾正、徳富蘇峰、金森通倫ら三十数名と共に、花岡山にて「奉教誓約書」〔奉教趣意書〕に連署、献身の決意をなす。

同年九月、同志社に入学。新島、デービス、ラーネッドらの薫陶を受け、一八七九（明十二）年卒業。直ちに同志社女学校教頭として三年奉仕。一八八二（明十五）年、伝道界に身を投ずる決意をなし、大阪基督教会牧師となる。

以来四十数年、生涯の心血を牧会伝道に注ぎ、自ら牧会者として広く日本伝道の業に参与。全国の組合諸教会の発展、拡張に大きく貢献された。

組合教会常議員長、日本基督伝道会社社長、組合教会会長など、基督教界の指導者として内外に重責を負われた。さらに日清、日露戦争で慰問使として活動されたこともある。「雄弁、高潔な人格、熱烈な信仰、強靱な意志の持ち主であった」と鈴木浩二は弔辞でのべた。

一九三六（昭十一）年二月二十三日、南大阪教会創立十周年記念礼拝に出席中、脳溢血症となり、三月二日自宅において永眠。七十九歳。

『ヨハネ伝講義』、『心霊の修養』、『キリスト教十講』、『説教集』など二十数巻の著書がある。

（『天上之友』三）

五、海老名弾正・みや

（一）「新島先生を憶ふ」（海老名弾正《だんじょう》）

「兄弟よ、我なんぢらに示す。我嘗《かつ》て汝等に伝へし所の福音は、人より出るに非《あ》らず。そは我、之を人より受けず、又教へられず、惟《ただ》イエスキリストの黙示に由て受けたれば也。わがさきにユダヤ教にありし時、行ひたる事を汝等聞けり。即ち甚だしく神の教会をせめ、かつ之を亡ぼせり。我また心を人よりも先祖等の遺伝に熱くし、ユダヤ教にありては我が国人のうち、年相ひとしきおほくの人に勝りたり。然れども、我が母の胎を出でし時より我を選びおき、恵をもて我を召し給ひし神その子を、異邦人の中に宣しめんがため、心に善として我心に示し給へる其の時、我直ちに血肉と謀ることをせず」（ガラテヤ書一の一一・一六）

これはパウロが自らの実験と信仰とを言ひ表らはしたものである。歴史がまま似た形に依て繰り返へされる様に、個人の生涯も又似寄った形で繰り返へされることがある。

若しそれ、聖書の中で新島先生の生涯に似たものを求めるならば、昔に於てはヨセフ、近くはパウロを挙げ得やう。私が特にパウロの告白をここに挙げたのも実はその為めである。

新島先生が国禁を犯して海外に行かれた時の状態は、血の湧き肉の躍る青年には静にじっとしては居られない時であった。先生が出発される二年前には、攘夷黨が頭をもたげて来て公使館を焼き拂い、続いて下關の戦争、生麦事件となり、これは又鹿児島湾の砲撃を引き起した。

しかしこれによって多くの日本人は、到底攘夷は実行し得ないと云ふことを感じて来た。こうして海外の抑壓が激しくなるにつれ、青年の血湧き、切歯扼腕《やくわん》、悲歌忼慨する様になって来た。

もとより先生も青年であるから、この時代の強い印象を受け、同じ精神にもえてゐたことは疑ひないのである。その国を憂れい、その国を起こさんとする憂国の志を持つ先生は、国禁を犯して外国へ行かれたのであった。

又米国へ行った時は、恰《あたか》も南北戦争の終りの時で、リンカーンが殺されてから僅か四ヶ月を経た許りであった。それで其の歎きが国内に満ちてゐる時であったが、しかし一方には新英洲（ニューイングランド〕の兼ねての絶叫が実行され、先きにワシントンが独立の志を達した以上に意義ある目的の達せられた、その喜びに満ちてゐた時であった。かかる米国に到着した先生が受けた印象が何んであったかは、容易に知ることが出来ると思う。

先生は米国へ行って不思議にも彼《か》の地の基督者と結ばれたのであった。そしてこの事は、実に先生の生涯にあっては忘るることの出来ない、第二の誕生の原因となったのである。

先生は日本を出る時は国禁を犯し、父母を棄てて出て行かれた。其の時の決心はどうであったか？心には死を決し、前途は実に暗澹たるものであった。途中も実に苦しかった。三等船客とすらなることが出来ずして、水夫となって行った。その苦痛は察すべきである。

尚その上、先生は日本の武士である。そこには傲慢がある。相手は外国人、これに仕へるのであるから、実に忍び難い苦痛である。先生が一度、どうしても船長〔実は自分を殴打した船員〕を殺さうとされたことがあったと云ってゐられたが、其の心状も察することが出来るのである。途中は遠く、四ヶ月もかかる。実に哀れな、如何《いか》んともすることの出来ない、手頼《たより》ない身であった。

それがボストンの基督者に拾い上げられたのである。しかもそれは、只拾い上げられたと云ふ許りではなかった。先生は大なる希望を持ってゐられたが、その希望を達せしめてくれるものが出て来たのである。かくの如《ごと》くして新島先生は、全く見知らぬ国であるボストンで、ハーデー氏に拾いあげられたのであったから、それこそ全くの夢であって、先生を一変せしめる事情となったのである。

其《そ》の時、先生は神のことも多少わかってゐ、祈りもして居られた様であるから、神に対する感謝の念は深いものであったであらう。そしてこの感想は得難いものであった。又心の底から引繰返《ひっくりか》へらねばならなかった。

先生は正直でやさしい人であったから、尚更根抵から変らねばならなかった。実に涙と共に感謝されたことであろう。

而《しか》して彼のハーデー氏が、旧約のヨセフ〔Joseph〕に擬《なぞ》らえて先生の名をヂヨセフ〔Joseph〕と付けられた時、先生はこれを喜んで受けられた。実に先生は、この新らしい名前と共に既に敬虔の深い基督者になられていたのであった。

更にこの名と共に先生の人物が変って来た。それは何であるかと云ふに、即ち自由基督者市民 Free Christian citizen となられたことである。而して、この自由平等の思想は、先生の心の内に実に深く入ったのである。

私はここにパウロの経験に新島先生の経験を比《く》らべることが出来る。

先生は武士である。そして先生はこの武士にして始めて基督者になり得ると信じ、武士を基督者にすることを其の願ひとされた。かく先生は武士を重んぜられたが故に、腹切りと云ふことすら辯護されて、如何に武士に自尊心があり、自重心があるかと云って称えられたのである。

しかし武士も基督の立場から見れば奴隷である。君の録《ろく》を食《は》むものは、君の為めに死すと云ふことは、武士の道徳である。自由でなく、止むを得ず縛られてゐる所がある。それを新島先生が感じて、基督者となることによって自由の人となった、と云はれたのである。

嘗《かつ》て岩倉大使一行が米国から欧州を廻った時、通訳を依頼されたが、先生は〔私費留学生を自覚し、他の国費〕留学生と始終区別してゐられた。そしてそれは先生の考えでは、留学生は政府に買はれたもの、自分は自由民であると云ふのであった。

又、森有禮氏と親しくなった時、森さんが先生に、願ひを出しなさい、政府に許して貰ふように取り計らいませう。又ハーデーが出して下された費用を詳細に書いて出せば、日本政府が支払って日本〔政府公認〕の留学生にしませうと言ったが、先生はこれを断った。そして日本の学生〔国費留学生〕になりたくない、費用も払って貰らひたくない、払らって貰らへば日本政府の奴隷になってしまうと言はれたとのことである。

しかしこの間の消息は、今の人には分からないであらう。先生は自由を持って居た。そしてこの自由を得た彼こそは、本当のFree Christian citizen になったのである。

故に先生は岩倉大使一行に対し、自ら誇って「私は腰をまげない、私はFree man である」と言はれたのある。先生は武士として責任を重んじたから、君に対しては真面目に奴隷になってゐたが、それと同様に又自由になっては真面目に自由を主張して、いささかも軽薄な所はなかった。これはパウロに似ている。

我れはパリサイ人として欠目《かけめ》がないとパウロは言ってゐる。これは彼がパリサイ人として如何に立派であったかを言い表らはしてゐるのであるが、新島先生に於ても同様であるのである。

こんな人であるから、その恩義を重んずる所から非常な親思ひで、ハーデーに対しては、義父として誠に obedient son であった。その情誼の如何《いか》にこまやかであったか、その手紙の如何にあたたかで、やさしくあったかはとても言ふことは出来ない。

私は、英国の画家で其の日の出来事を一つ残らず凡て母君に話したと云ふ、なんとも言へない母子の情のこまやかなことを聞いたことがあるが、新島先生もさうであった。先生の手紙には、一々の事をことこまかに義父母に書き送っている。そしてこれに日本人の親を思ひ、恩義を感ずることの深い所をよく言い表はしている。

しかしながら、先生がかくの如く実にやさしい方であったと云ふことは、人の餘り知らないことである。私はかくの如く恩義を思ふ情の深いのは、これが真の日本人であると云ひたいのである。しかしながら、先生の親を思ふ情の深きは、日本人の特性たると共に又一方、神を父と叫び得る基督教によって養はれたことも多いと思ふ。

最後に先生が日本に帰へられるにあたって、色々なことがあった。どうしたものだらう。日本人になって帰へろうか、米国人として行かうか。これは、先生はもとより友人も考えた。

行く時、国禁を犯した上、更に基督者となって二重の国禁を犯した。いやそればかりではなく、公に基督者として一生を送り、国禁である基督教を日本内で教へようと云ふのであるから、殊に多くを考へたであろう。米国人として日本に帰へるならば、日本政府もどうすることも出来ない。横浜や神戸に居る外国人はそれを勧めた。

しかし先生は、日本の中にあって日本人に大なる感化を与へるには、そんなことでは駄目だ。又米人とても暗殺されるかもしれない。それならば、日本人として日本人の権利を持って帰へろうと決心した。新島先生にはどちらでもよい。彼は既に死んで居るのである。

しかし彼は国思ひである。萬難を排して、政府からも人民からもの迫害を顧り見ず、どこまでもやって行かうと考へたのである。当時には実に困難なことと云はねばならない。

次には伝道の方法に付いて考へた。そして今日の米国内に基督教の精神が深く入って居る原因は、教育である。故に基督教主義の大学を日本に興《おこ》さうと云ふ大なる確信を動かすことは出来ない。これは米国人にすら六ケ敷しいと考へ、米国を去る時、これを米人に訴へる事は、ハーデーすら其の成功を疑った程である。しかし先生は、抑へ兼ねてこれを訴えると、立所《たちどころ》に金が出来た。

かくの如き先生の熱心なる奮闘は政府に対し、同胞の無理解に対して許《ばか》りではなく、宣教師に対しても行はれた。先生は内外に向って戦って行かねばならなかった。先生の心の中には、絶えず何んの為めに生きて来たのであるかと云ふことが考えられた。

パウロは「我が母の胎を出でし時より我れを選びおき」と云ってゐるが、先生も考へた。私は何も分からずに育った。前途は真の闇であった。しかし神は、ハーデーをして助けしめた。ここに使命を感ぜずには居られない。

先生の心の中には、我が同胞に神の国を持ち来たらしめる為め、神が私を選び給ふたのであると云ふことが、秘決として存してゐたものと察しするのである。それで先生は、事にあたり、神に祈りを捧げる時に、あなたはかのことをかうして下《く》ださったからには、これもかうして下ださるに違いないと確信されたのである。

新島先生に取っては、信仰、伝道、学校は人との約束ではない。神との約束なのである。

パウロは、我れ福音を伝へざれば禍《わざわ》ひであると云った。新島先生は、学校をやらねば禍ひであると云ふ深い々々精神があったのである。

（『新人』二六―一、一九二二年三月）

（二）「学界二十名家・海老名弾正」（雑誌記事）

壇上の高姿

日本基督教界四天王の第一人として、海老名先生の名は、遠く海の彼方まで著聞《ちょぶん》して居る。その宗教的熱誠が、満都の青年男女の心霊を覚醒して、神と共にあるの心境に導き入れたことは、頗る多大である。

曾《かつ》て秋季伝道大会が〔神田の基督教〕青年会館に於て開催された時、胸に悩みある青春の男女は、期せずして皆なここに群がり集ふた。

宮川〔経輝〕、植村〔正久〕等の諸牧師の説教が済んで、最後に先生の姿が壇上に顕《あら》はれた。白皙《はくせき》の皮膚に漆黒の長髯《ちょうぜん》、星の如く輝く目、朱の如《ごと》く赤き唇、聴衆は先ずその温《あたたか》くして而《しか》も気高き風采に服した。

説教漸く佳境に進み、聴者は酔へるが如く頭を垂れた時、先生忽《たちま》ち雷光石火、「悔い改めよ」と大渇《だいかつ》一声して壇を下《くだ》ったが、其《その》夜、一団の青年は、新しき生涯に入るべく先生の自宅に襲ふて、その指導を乞ふたと云ふ話もある。

今日に在っては、寧ろ斯界《しかい》の宿将となった。その生涯の事業は、愈愈《いよいよ》圓熟の境に入らんとして居る。そこに昔日の如く華やかな狂熱はないかも知れぬが、その温き人格の光は年と共に、全く人に接して春風の如く、感化教化の偉大なるものあるは、吾人《ごじん》の比《ひ》しく認めて、これに服するところである。

武家の生立

海老名先生の父君〔休也〕は、舊柳川〔筑後〕の藩士であった。其の家庭の厳格なことは、武家中の標本とも云ふべき程であって、先生は十五歳の時まで、この父君の武士道的訓練の下《もと》に養はれて、生長したのである。

勿論、父君は先生を愛しては居たが、武士気質《かたぎ》の常として、軽々しくこう云ふ感情を顕はすことを恥じて居た。それに、自分が是なりと信じたことには、千百の情実も、もののかずともせず、断じて仮借するところがなかった。それに就ては、日常茶飯事《さはんじ》の間の出来事であるけれども、父君の面目を躍動せしめるには、至極適当な一小実話がある。

幼時、先生は多くの子どものするやうに、矢張香物《こうのもの》嫌いであった。けれども、父君は決してこれを嫌ひでは済ませない。戦場にある時の譬へからして、朝の飯には是非ともこれを食べさせやうとした。情けに脆《もろ》い母君などは、この事を非常に心配して、香物の代りに何か他の野菜物を喰べさせやうとするけれど、父君は固くこれを禁じて許さない。

先生は仕方なしに、香物を食べる代りに、食塩を飯に振りかけ、斯《こ》うしてやっと朝飯をおはるのであったが、父君はこれを知って居ても、塩の点までは流石《さすが》に追窮しなかった。

けれども、他の副食物は終《つい》に採ることが出来ず、斯様《かよう》にして居るうちに、何時の間にか五年間、その塩の朝飯が続いたと云ふことである。主義の為めには一歩も譲らぬと云ふ凛乎《りんこ》たる気概が、如何に目に見えるやうな気がするではないか。

新生の動機

先生の母君は、先生の八歳の時に亡くなった。其時分から、人生の悲しき一面を味って、稍《やや》宗教的の気分が萌出でんとしたけれども、固《もと》より其頃の先生の周囲には、一人の牧師も伝道師も居るものではないから、折角の芽生も何時か人々の踵《きびす》に踏まれて、四、五年も経《た》つうちには、其気分は跡方もなく消失《きえう》せて了《しま》った。

十五歳の秋、先生は漸く故郷を去って、熊本の洋学校に学籍を置くこととなった。教師はキャプテン・ヂエンス〔Captain Janes〕氏で、中学程度の諸学科は英語で教える学校であった。勿論ヂエンス氏は基督教国の人で、軍人乍《なが》らも、厚い信仰を持って居た。聖書の研究は、毎土曜日にジエンス氏の自宅に於て催され、生徒中の有志者丈《だけ》が熱心に足を運んで、この新しい文明国の宗教に指を染めかけて居た。

云ふ迄もなく、先生も其仲間の一人であった。常時、先生には、理屈では基督教の倫理を十分に解されたけれども、ここに一つ、祈祷と云ふ邪魔物が挟まって居て、如何にしても胸の奥から宗教的の気分になれない。

祈祷と云ふことは、何となく神に媚《こ》び諛《へつ》らうもののやうに考へられるし、又、神に祈祷して念願を籠めるのは、却《かえ》って自分の卑屈さをさらけだすやうにも思はれてならなかった。畢竟《ひっきょう》、神の実在は解って居乍《いなが》ら、祈祷とすると気が咎《とが》めるのである。

然《しか》るに、ここに不図《ふと》した事から、先生の生涯に鮮やかな一線を劃するに足るやうな紀念多き日がめぐって来た。実に、それが明治八年三月である。年齢から云へば、丁度《ちょうど》先生の十八歳の時である。土曜の晩のことであった。

其夜、例に依ってヂエンス氏の宅で、聖書の講義があった。すると、突然氏は起上《たちあが》って、「これから祈祷をするから、皆様お立ちなさい」と命じた。珍らしいことである。二年間、バイブルの研究は続いて来たが、祈祷するから起立せよと命じたのは、其夜が殆んど最初であったらしい。

生徒のすべては、常からゼエンス氏に畏服《いふく》して居る。先生に於ても、矢張御多分に洩れない方である。だが、その瞬間、一種の精神的苦悶が、突如として先生の胸底を漲《みなぎ》り渡った。立つべき乎、立たざるべき乎《か》、この苦悶である。忽ちそこに争闘が起った。

元来、先生には祈祷すると云ふ心持がないのであるから、命令の儘《まま》に立つならば、結局自らを欺くことになって、これは如何にして良心の許さぬところである。と云って、平生《へいぜい》深く心服し、且つ畏服して居る教師の命令は、また頗る重く、尊い。斯《こ》う思って振返ると、先生の周囲のものは、既に悉く起立し尽した。

先生は尚ほ躊躇して、無限の苦痛を心理に深く刻み込んだが、この一瞬、沛然《はいぜん》として先生の胸中に発したものは、感謝と云ふ一念であった。神に向って祈祷するとか、祈願するとか云ふのではなしに、只感謝をしたいと云ふ心持である。

即ち、この感謝は斯《こ》の天地間に生れ出でたるものが、造物者に対して払ふべき義務である。感謝は人々のなさねばならぬものであると云ふ思想は、咄嗟《とっさ》の間に先生の念頭を支配した。そうして、先生は終《つい》に感謝の意を以《もっ》て、安んじて起上った。

教師の祈祷の声は聞えなかったけれども、先生は此時初めて、感謝の熱情を神に捧げたのである。聖書を読み了《おわ》ってから、ゼエンス氏は、一言祈祷のことに就いて述べると云って、斯う云ふことを続いて語った。――「祈祷は作られたるものが、造物者に対する必然の職分である」――この職分と云ふ一言が、先生の心を動かしたことは非常であった。恰も一条の紫電《しでん》が閃《ひらめ》いて、落雷でもしたやうに、先生の頭は砕かれたのである。

此時、先生の心に味はれたものは、この職分と云ふことであった。神に造られた人間が、人間を造り、天地萬物を造って、これを支配して居る神の大御心を考えて、この一身を処するのは職分である。臣《しん》が君に対すると同様、日常に処すること、それ自身が既にその職分でなければならぬ。

自分が今日迄、この職分を怠って居たのは不見識であった。職分なれば腰もかがむ、平身低頭もする。この職分の為《た》めに腰をかがめるのは、決して屈辱でないと云ふ心になって、先生の頑固な頭脳は、終に破砕するに至った。

併《しか》し、これは真に瞬間の心的状態で、恐らくは先生自身に於ても、その微《かす》かな心の変化を解釈し得なかったであらう。

ゼエンス氏は更に一語、つけ加へて説いた。「祈祷は神との交りである」と。先生がこの一句を耳にした時には、実際、冷たい空の下に、暖かな光線を俄《にわ》かに注がれたやうな気もした。

恐れ慄《おのの》いた心に、只祈祷に依ってのみ神に親しく交ることを教へられた嬉しさは、まことに想像の外にある。先生は歓喜の情に満たされて、其夜早速、寄宿舎に帰り、ここに改めて、生れて初めての祈祷をしたのである。

先生が、真に宗教的生涯に入ったのは、この土曜の夜のことである。吾人は、この先生が新生の動機の不思議さを考えて、何となく一掬《いっきく》の詩的な情緒に耽《ふけ》ることを禁じ得ないのである。

武士魂の発作

信仰の根城《ねじろ》斯《か》くの如く強固になった先生が、その次の年の一月になって、不図したことから、知らず知らずその城を奪はれんとした。それが明治九年である。

正月、熊本鎮臺《ちんだい》の観兵式を見に行ったところ、何かは知らず、性来の武士根性が勃発して来て制し切れぬ。軍人の華やかな生活が、大に羨望されてならない。

かの春の夜の覚醒以来、先生は絶えず伝道のことを考へて居て、パウロがその最大の理想人物になって居た。日本では西行法師のことなども思い合はされて居たのである。

然るに其時、観兵式の壮観を見るに当って、矢張、人生も悪くない。剣を抜き、馬に跨《またが》り、大軍を叱咤するのも、また男児の愉快の一たるを失はぬ。――斯《こ》う考へると、何処からむらむらと名誉心や功名心が湧上って、頭脳がその為にぼんやりとなった。

　併し、また暫時《しばらく》経つうちには、稍々《やや》本心に立ち返った。今の考へは誤って居た。虚栄心と功名心とに、危ふく霊を奪って行かれるところであった、と気がついた。そうして、矢張これ等の華やかな色彩をすてて、純乎たる伝道師となることが、真乎《しんこ》の使命であると云ふ心持が、再び先生の頭脳を充して来た。

　併し乍《なが》ら、三つ子の癖は百までで、子供の時に養成せられた思想からは、容易に蝉脱《せんだつ》することが出来ない。政治家たらんとする野心や、将軍の威容を思ふ心は、不断の影法師となって附纏《つきまと》ひ、或は輝やける雲となって襲ふて来たが、遂に明治九年の夏六月に、ゼエンス教師より洗礼を受けた。

不幸と安心

　先生が同志社に這入《はい》ったのは、同じ年の九月であった。父君はこの京都行に不賛成であったが、先生が再三、懇願した結果、それならば学資を送らぬと云ふ条件で、許されることになった。其時、路金としてやっと五円の金を貰って、先生は出発した。

　其頃の同志社は、不完全なものであって、学校と云ふよりも、寧ろ塾であった。従って、生徒は勝手次第な事をするし、新島先生を除いては、余り立派な先生も居なかったらしい。併し、先生は此間にあっても、真面目な勉強家として苦学しなければならなかった。

　先生が同志社生活を始めて、一年も経つと、その勉強の結果として、不幸にも眼病にかかる運命となった。医師の診断では、トラホームであると云ふ。同時に、今日の所謂《いわゆる》神経衰弱にも既に陥って居たのである。

　併し乍《なが》ら、この肉体の悩みは先生の信仰上に多大の影響を及ぼした。当時、先生の同級生に浮田和民《かずたみ》博士が居たが、眼の悪い間は、常に博士から教科書の音読をして貰って、僅かに学習にあてて居た位である。

　斯くして、月日を経るうちに、医師は先生の眼病が思はしくないので、或は盲目になるかも知れぬ、と云ふような口吻を洩すようになった。先生は覚悟せぬ訳には行かなかった。

　次の一年はまるで勉強を廃し、何事もせずして空しく時間を費した。先生の胸には、勢ひ悶々の情が起って来た。自分はこれから後何《ど》うしたら好《い》いのだろう、何も彼も抛《なげう》って、寧ろ農に帰して了《しま》へば好い乎《か》。

　成程、これは今の時、一番容易《たやす》い方法であるに相違ない。けれども、熟考して見れば、これは一種の疳癪《かんしゃく》と云ふものではなかろうか。世には、一時の疳癪を起して、大事を誤るものが多い。――先生は段々と思案して来た結果、人は分《ぶん》相応に出来るものである。よし伝道上に大事をなすことが出来なければ、小事でも沢山である。分に安んずることが一番大切である、と思った。

　其の年の秋、桜紅葉のはらはらと散る頃、先生は当時開放してあった仙洞《せんとう》御所に遊びに行った。先生は胸に大きな煩悶を抱いて、そこの池の周囲を徘徊して居た。

其時、突然、先生の心に、神は汝に何物の事業も求めない、学者、智者たらずとも好い、伝道師たらずとも好い、只一つ需《もと》めるところは、赤子《せきし》のやうになって汝自らを喜ぶものとなれ。事業や智識を喜ぶのではない。赤子が慈母の膝の上にある如くして、我をいつくしむのが、汝の使命である。事業は他の者がするであらう——と云ふやうな声が聞えた。

先生は初めて蘇生の思ひがしたのである。ここに至って眼病も何の悲しみともならぬ。先生は快闊な声を上げて、御心の儘になし玉へ——と祈った。そうして、神は自分の父であり、自分は神の赤子であると云ふ心持を、強くはっきりと意識するやうになったのである。

先生にとっては、これは慥《たし》かに第二の新生と称してよかろう。これが丁度二十一歳の秋であった。

明治十二年に先生は同志社を出た。その頃には、眼病も大分好《よ》くなって、勇気は百倍するやうになった。先生が牧師としての公生涯は、正に是《これ》より始まらうとするのであるが、これ等のことに就いては、また何《いず》れ諸君に紹介すべき機会があるであらう。

この度《たび》は、これを以て一段落として置く。

（『中学世界』臨時増刊号、一九一一年一一月）

（三）「同志社山脈・海老名弾正——『同志社アカデミズム』の落とし穴」（本井康博）

海老名弾正は「熊本バンド」としては最後の同志社総長（第八代）である。就任は一九二〇年四月。人望と知名度の高さからして、遅すぎる就任であった。すでに六十五歳である。

「同志社総長の椅子が殆ど同志社先輩（熊本バンド）の間を廻り尽して、其のお鉢が将《まさ》に先生に廻り来らん」と（同じく卒業生で後輩の）柏木義円は、冷ややかに見ていた。

柏木は、海老名を「私の恩人」としながらも、あえて海老名の総長就任に反対を表明した。柏木は、海老名が『新人』（一九〇五年七月号）に「同志社は果して存在の価値ありや」との声明を社説として発表するなど、同志社に対して「目立って冷淡」だった、と指摘する。

いまひとつ、財政や募金が苦手なことも総長就任のネックとなった。これらの不満や懸念は柏木に限らず、多くの校友に共通した。

そこで総長選出母体である同志社理事会は、当初から海老名を第一候補とはしなかった。そのため校友会（卒業生組織）と連携して、安部磯雄に白羽の矢を立て、交渉を始めた。が、安部に拒否されたために、浮田和民案が浮上した。

しかし、ここでも拒絶に遭い、「お鉢」は津下《つげ》紋太郎、小野英二郎、児玉亮太郎、横井時雄（横井は二度目の就任である）に廻ろうとした。巷間では徳富蘇峰や新渡戸稲造（同志社社友であった）の名も上がった。

紆余曲折を経て、最後には「熊本バンド」の残された切り札、とでも言うべき海老名に絞られた。が、ここに来ても有力理事の津下などがあくまでも海老名の選出に反対したので、「全会一致」の実現に理事会は苦慮した。原田助《たすく》が総長（第七代）を辞任して優に一年が経過していた。実に難産であった。

けれども、いったん総長に就任するや、海老名の人望は決して悪くはなかった。むしろ長期政権の様相すら呈した。

就任前後、門下の吉野作造の手を借りて、今中次麿《つぎまろ》や中島重《じゅう》、和田武、住谷悦治といった人材を東京大学から確保。法学部を中心に絢爛たる「同志社アカデミズム」を招来したので、大学令による「大学」昇格（一九二〇年）直後の学園の充実振りには目を見張るものがあった。その結果、総長在任は八年をこえた。

そこへ、学内の校舎、有終館の火災（一九二八年）である。たまたま隣接する京都御所には天皇が大典のために「御駐輦中《ちゅうれん》」（滞在中）であった。責任を感じた同志社は、総長、理事、監事が総辞職して、「恐懼《きょうく》の念」を披瀝し、謹慎した。

問題は、この後である。

まもなく、海老名以外のほとんどの役職者は、評議員会でそっくり再選された。独り復職できなかった海老名は、激怒した。彼の復帰を支持する学生や教員スタッフも、少なくなかった。だが、理事会は違った。当時の理事会は、総長選出（したがって退任）の権限を握っていた。

その理事会と海老名との不協和音は、それ以前から限界に達していた。とりわけ、海老名の就任後に理事となった西村金《きん》三郎の反発は決定的であった。

彼はさきに海老名と正面衝突して、一度は辞表を出したことさえあった。西村は海老名がアメリカで募金活動に失敗したことや、彼の財政能力に不信感を募らせていた。そのうえ、岩倉進出（岩倉校地買収）問題でも真正面から対立した。実業家であり、有力理事の津下や小林正直も西村に同調した。

さらに大きいのは、双方の思想的立場の違いである。「陰の総長」とも言うべき西村のコマーシャリズムと海老名のリベラリズムとは、水と油であった。

この点、「同志社アカデミズム」は、諸刃の剣であった。海老名の思想を憂慮する西村は、海老名が同志社に移植した「赤思想の根源を払拭する事」を先方に約束したうえで、後任総長に九州帝国大学総長だった大工原《だいくはら》銀太郎を迎え入れようとした。西村は黒衣として、海老名から大工原への舞台回しを敢行したのである。その西村に有終館火災は海老名攻撃の絶好の材料を与えた。

海老名は同志社を追われる形で学園を去った。海老名は見送りの人たちに対して京都駅で一世一代の雄弁を振るった。

「同志社は教職員、学生のもの。決してひとり理事のものにあらず」と。

略歴

一八五六年九月一八日～一九三七年五月二二日。牧師。筑後（柳川市）で誕生。「熊本バンド」のひとり。熊本洋学校でジェーンズ（L. L. Janes）の感化を受け、受洗。同志社（余科）卒業後は、安中、前橋、東京、熊本、神戸で伝道に従事。雄弁家でも知られる。本郷教会（現弓町《ゆみちょう》本郷教会）では雑誌『新人』、『新女界』を刊行し、帝大生時代の吉野作造らを指導した。同志社総長を三期（八年八か月）務めた後、引退。

参考文献

・『上毛教界月報』三九一（一九三一年六月二〇日）
・岩井文男『海老名弾正』（日本基督教団出版局、一九七三年）
・『同志社百年史』通史編一（同志社、一九七九年）
・『新人』（一九〇〇年～一九二六年）復刻版、（龍渓書房、一九八八年～一九九二年）

（『同志社山脈』）

（四）「キリスト者列伝・海老名弾正」

現住所　東京小石川区林町四十三番地
生国　筑後国柳川
所属教会　本郷教会

父は海老名休也、母はこま。安政三年八月二十日に生る。初め喜三郎と云ふ。十歳にして藩校に入り、在学五年に及びしが、其《その》後、当時細川藩の設立にかかる熊本洋学校に入り、米国人大尉ヂエンス氏の薫陶をうけたり。

之《こ》れより先き、氏は八歳の時、慈母を失ひ、悲観的宗教信仰に入りたりしが、十四歳には無神無佛の一青年と化したりき。然《しか》るに熊本洋学校にて横井小楠《しょうなん》の実学派の感化を受け、更にヂエンス氏の高潔にして峻厳なる人格に接し、且つ天地の神と儒教の上帝と同一なるを知り、豁然《かつぜん》として覚《さと》るものあり。

殊に明治八年の春、一夕、ヂエンス氏の宅に於ける聖書講義の際、天来のインスピレーションに触れて、神に対し絶対奉仕の決心をなし、同窓中、最も初めに斯教《しきょう》に対する信仰の表白をなしたりと云ふ。明治九年一月三十日は、即ち我国基督教史上に逸すべからざる「熊本バンド」盟決の日にして、氏も亦其の一人なりしなり。

花岡山嶽の宣言〔「奉教趣意書」〕の都下〔熊本市内〕に伝はるや、迫害は立所《たちどころ》に起り来れり。而《しか》してそは痛烈にして且《か》つ執拗、実に半年に及びたりき。氏は他藩の人なりしを似《もっ》て此苦衷少なかりしも、金森、横井、其他諸氏のため参謀となりて、答辯の腹案を与へ、奨励、慰籍、救済に努力し、断腸の思ひをなせしこと幾度なるを知らざりしと云ふ。

而して迫害も漸く治まりて、同年夏ヂエンス氏より洗礼をうけ、洋学校を卒業せしを以て、十月同志数名と共に京都に赴き、新島襄氏が創設中なりし同志社を助けつつ神学を研究せり。

翌十年春、上州安中町〔新島襄氏の〔父親の〕生地〕に於ける数名の信者より伝道者を要請し来りしが、氏は新島氏の命をうけて同地に伝道せり。

其後同志社に帰り、十一年二月には再び安中に赴き、三月安中教会を設立し、十二年六月に同志社神学部〔同志社英学校余科〕を卒業し、十二月按手礼を受けて、愈々安中教会牧師となり原市《はらいち》、富岡、高崎、前橋等〔の教会牧師〕を兼牧し、上州地方に基督教の根柢《こんてい》を据えたり。

此間、明治十五年秋に横井時雄氏の妹みや子と結婚しぬ。其後明治十七年、安中を辞して前橋に転任し、在職三年。十九年夏、上京して本郷伝道を開始せしが、二十年九月熊本に赴き、牧会の傍ら熊本英学校及び熊本女学校を設立し、教育と伝道との為《ため》に尽瘁せり。

然るに明治二十三年、組合教会伝道会社々長に挙げられ京都に転じ、独立自給を主張して内外牧師の反対をうけ、然も終に目的を達し、明治二十六年十月、辞して神戸教会の牧師となれり。同教会にては亦氏の新神学思想の為めに大波瀾を惹起《じゃっき》したるも、在職四年、遂に教会をして新思想に一致せしめたりき。

明治三十年、中央の教界不振の極に有りしを以て、同教会を辞して再び東上し、本郷教会を再興したり。然るに氏の新神学は、立所に内外牧師、宣教師の反対をうけ、異端外道として排斥せられ、遂に三十四年五月には福音同盟会を除名せらるるに至れり。

かくて氏は殆んど孤軍奮闘の中に数年を経過したるが、其主張は漸次、進歩を憧憬する青年の共鳴を得、以て今日の本郷教会〔現弓町《ゆみちょう》本郷教会〕の盛大を見るに至り、教会の神学思潮も亦氏の進みし後を趁《お》う外《ほか》はなかりき。

氏は明治四十一年、欧米視察の途に上り、大正五年には亦夫人を伴ひて在米邦人啓発運動に赴けり。雑誌『新人』は氏の言論、教説の発表機関にして、著書としては『基督教本義』、『基督教十講』、『基督教新論』其他数種あり。

（『信仰三十年基督者列伝』）

（五）「キリスト者列伝・海老名みや（弾正氏妻）」

現住所　東京小石川区林町四三

生国　熊本市

所属教会　本郷教会

父は横井平四郎（小楠《しょうなん》）、母は津瀬。文久三年九月十五日に生る。横井時雄氏はその兄なり。父小楠は進歩主義の人なりしを以《もっ》て、自から其の感化をうけ、熊本洋学校の設立さるるや、英学研究のため之れに入学せんことを請へり。

ジェンス校長は、反対の声ありしにも拘らず女性の入学を許可したりしが、其《その》時男生の間に伍して研学に余念なかりしは、彼女と蘇峯氏の姉、徳富初子（後の湯浅治郎夫人初子）、この二人なりき。之《こ》れ明治七、八年の事なり。

其後、明治九年東京に出で、築地海岸女学校に在学すること一年にして、明治十年、京都同志社女学校に転じ、十四年まで在学せり。此《この》時も課業は混合教授〔男女共学〕にして、〔横井みや子、〕湯浅初子、山本みね子の三人なりしと云ふ。

之れより先き、彼女は儒教を以て修身道徳の規矩《きく》とせしが、一度其兄、時雄氏より基督教を聞くや、之れ孔孟の精神の完成なるを感じ、明治十年十一月、京都同志社教会に於て新島襄氏より受洗せしなり。

明治十五年秋、海老名弾正氏に嫁し、爾来或は上州に、或は熊本に、或は京都に、伝道者として、教育家として、伝道会社長として活動せる夫を助け、内助者として殆んど遺憾あるを見ず。明治三十年以来、東京に居を定め、専ら伝道のため協力尽瘁せり。

文筆に長じ、雑誌『新女界』を発行し、毎号執筆す。大正三年、夫と共に渡米せり。二男二女を挙ぐ。一雄、みち子、あや子、雄二という。

（『信仰三十年基督者列伝』）

六、浮田和民

(一)「新島先生没後二十年」(浮田和民)

新島先生没後、既に二十年を経過し候事、実に今昔の感に堪え不申《もうさず》候。小生此際、余り多く申述ぶる言も無之《これなく》は、実に慚愧《ざんき》の至りに御座候《ござそうろう》。

唯だ小生は、同志社を去りて以来、爰《ここ》に十三年。一日も先生の厚誼、及び同志社の教育を受けたる歴史を忘れざらんことを念頭に置き来り候へども、往々事、志と違ひ、若《も》し自から先生に再会することもあらば如何、と屡々《しばしば》自問自答致すことも有之《これあり》候。

願ふに、先生の事業は、同志社と共に限りなきものにして、過去及び現在の同志社は、同志社の全体にあらず。同志社には将来あること、是《こ》れ吾人《ごじん》の忘る可《べ》からざる所に御座候。過去及び現在の同志社を以て、同志社の成敗を論ずるは、大早計なるべく候。

将来の同志社を見ずしては、新島先生の事業の全斑《ぜんぱん》は、未だ評定す可き時機に非ずと愚考仕候。然れども、過去及び現在の同志社を以てしても、新島先生は明治年間に於ける一大宗教家、又た教育家なりしこと、世評の既に確定せる所に御座候。

唯だ同志社の成敗は、今後日本の成敗、又た世界に於ける文明の消長如何に関する事に御座候。

小生如《ごと》きもの丶、一生中に於ける成敗如何は、以て先生及び同志社の運動を左右するに足らざる可く、と達観することも不可なかるべく候。然れども、目下の同志社、及び其の状態に就ては、甚だ遺憾に堪へざること多く御座候。

願くは、内外の有志、及び同窓の先輩後進、一致協力して母校の発展に助力し、以て永遠に先生の感化を伝へんことを。是《こ》れ、小生の祈請して止まざる所に御座候。

一月六日　浮田和民

(『同志社時報』二六、一九一〇年一月二五日)

(二)「新島先生廿五年追悼記念会〔でのスピーチ〕」(浮田和民)

次に浮田博士起ちて、「自分は実は先生御在世中に、未だ充分に其眞を知らざりし一人なり」と前置して、謙遜真摯なる態度を以《もっ》て、大要、左の如く演説せらる。

明治廿三年一月は、余の一家に取ても此《この》上なき不幸に遭遇せし時なるを以て、常時を追想する毎に、今も猶、思はず不覚の涙を落さゞるを得ず。

随て余の立場より云へば、本日の記念式は之《これ》を追悼記念会とせずして、寧《むし》ろ誕生記念会に改めて貰ひ度《た》きものなり。

彼の羅馬《ローマ》〔カトリック〕教会も、最初は基督受難の年を以て紀元と定めしが、後其《その》降誕の年を記念する事に改めしより、教勢頓《とみ》に揚《あが》り、今日は津々浦々、世界の果てに至るまで、クリスマスを祝せざる無き盛運を見るに至りぬ。

正直に云へば、余等は元来、新島先生の弟子を以て任じ居らざりし者なり。之《こ》れ蓋《けだ》し辨舌に於ては宮川君、海老名君の如《ごと》き遥かに先生より優《まさ》り、学殖に於てもラーネッド博士の方、更に深遠なるもの存し、学校創立の事に関してはデビス博士与《あずかっ》て力ありしが故なり。

而《しか》も猶、内外人皆等しく先生に一籌《いっちゅう》を輸《ゆ》せざる可《べか》らざりし所以《ゆえん》は、他なし、先生が高潔なる品性と崇高なる人格とを備え給ひしが故なり。而も此品性、此人格たるや、決して教育の効果、学問の力などに依り、他より賦与せられしものに非《あら》ず。真に之《こ》れ、先生自ら刻苦励精して磨き上げられし、貴き一種の美術品と云ふも可なり。

抑《そもそ》も新島先生は、維新前の旧日本に於て最も完全なる武士的教育を受け、加ふるに孤身脱藩、具《つぶ》さに艱苦を嘗《な》めて米国に渡り、南北戦争後、士気横溢《おういつ》せる自由の天地に、信仰燃え立つピルグリム・ファーザース〔巡礼始祖〕の純潔なる精神を継承して、欧米文明の精髄を握り、以《もっ》て此精巧の美術品を造り上げられしものなれば、今日の時世に在ては、我等が如何に之を望むも、殆ど得可らざる程のものなり。

思ふに日本武士の長所は、強固なる意力を以て激烈なる感情を抑制せしに在り。新島先生が欧州随行中、岩倉大使一行と〔別行動をとって〕離れて迄も、独り日曜日を厳守せられし如きは、実に此克己自制の致す所に外ならず。而して、米国教育の長は、思ふ所を腹蔵なく言ひ明はして秘せざるに在り。

先生は其経歴より、自ら此二大長所を併有せられしかは、常によく沈黙の美徳を守り、而も云ふ可き時には憚らず臆せず、よく天真を流露せられ、今日邦人通有の欠点たる陰険の弊《へい》、豪《ごう》も存せず。此の如き人格は、同志社の寶、否《いな》実に我日本全国の至寶にして、之れこそ誠に紳士の典型と云ふ可けれ。

されば要するに、先生の長は其事業に非ず、辨舌に非ず、将《はた》又、学問に非ずして、実に其人格に在り。米人ペリー提督の記念碑は、我浦賀に設けらると雖《いえど》も、日本人の銅像にして米国に建てるは、独りアーモスト大学に於ける我が新島先生〔実は肖像画〕あるのみ。高田〔早苗《さなえ》〕博士の先般ボストン紳士の会合に列するや、彼地《かのち》の人々今も新島先生の徳を称して、日本人排す可らずと言明せしを聞き、米人の美徳を称賛せられしが如き。

偶々《たまたま》以て彼等の如何計《いかばか》り新島先生を国民的に記念せるかを窺《うかが》ふに足るべし。今や内外多端の折から、先生が常に宗派的偏見に流れず、個人の間にも国際間にも一様に基督の福音を拡め、只管《ひたすら》其主義の貫徹に努力せられしを思へば、追慕の念いよいよ切なるものあり。

我等校友亦《また》、此の如き高潔なる人格とならむ事を努めずして可ならんや。

（『同志社時報』一九一六年三月一日）

（三）〔「日本民間教育史における新島襄」〕（浮田和民）

維新以後、民間教育者として攻栄ある者枚挙にあらず。其《その》最も独立不羈《ふき》にして、天下の待望を博したるもの、福澤氏を外にしては指を新島襄に屈せざるを得ざる可し。

氏は上州安中《あんなか》の人にして、元治元年（一千八百六十四年）二十一歳の時、国禁を犯し、窃《ひそか》に米国の商船に投じ、水夫となりて労役すること凡《およ》そ一年。義侠なる米国ボストンの紳士、アルフェアス・ハルデー、其船主なりしかば、大に新島氏を信愛し、終生彼の事業を賛助したり。

〔アーモスト大学〕在学中、維新の変革に遭遇し、〔アンドーヴァー神学校在学中の〕明治四年（一千八百七十一年）より岩倉全権大使一行の欧米諸国を巡回せるに際し、氏は其通訳官として之に随行し、先づ合衆国中、著名の大、中、小学校を視察し、次に欧州に赴き、英、蘇、佛、瑞西《スイス》、荷蘭《オランダ》、丁抹《デンマーク》、獨逸、露国等を経歴し、後一行に別れて更に米国に帰り、〔神学校の〕学業を終へて、明治七年（一千八百七十四年）の末、始めて本邦に帰着したり。

氏は元来、日本武士の教育を受けたる上に、在米中、ニューイングランド清教徒の威風を欽羨《きんせん》し、日本に於て基督教主義の私立学校を設立し、以て西洋文明の精神的教育を邦人に伝へんとの意志を齎《もたら》して帰朝し、翌年京都に同志社英学校を設立したり。

此時に當り、熊本旧藩の洋学校に雇教師、米国大尉ジェーンスありて、青年に対する感化力甚だ強く、且つ聡明なる基督教信者なりしが故に、該校の中より一團の青年基督教徒起り、明治九年（一千八百七十六年）熊本洋学校閉鎖せらるゝに及び、彼等は同志社に入校して、其成功の基礎を為したり。

（浮田和民「民間教育」、副島八十六《そえじまやそろく》編『開国五十年史』同史発行所、一九〇七年一二月）

（四）「浮田和民先生の新島伝に就いて」Ⅰ〜Ⅲ（旧門下・園田重賢）

『国民之友』第二号に英雄崇拝論を掲げて一躍明治筆陣の驍《ぎょう》将《しょう》と仰がれ玉ふた我が浮田先生は、約半世紀の後、新たに新島襄伝を著はして、以《もっ》て大に天下に教ふる所あらんとせらる。先生の文壇生活、実に始あり。亦《また》よく終ありと云ふべきである。

五十年を通じて前後一貫、雄魂巨□にあらずんば、畢竟《ひっきょう》、天下人心に裨益《ひえき》する所なきを明にし、機械的、統計的、打算的の現代病に対して、最適の対症案を投ぜんとせらるのは、実に主題其人を得、筆者其人を得、時又、正に最適と称すべきである。素《もと》よりセレーの喝破《かっぱ》せる如く、雲雀《ひばり》は唱はんが為《た》めに唱ひ、雲は浮ばんが為に浮ぶのであって、結果論、実用論より逆算して、先生大著の動機を云々《うんぬん》するのは、寧ろ評者其人の功利的性癖を暴露する迄の事で、先生は唯其旧師、新島先生に対する、止むに止まらぬ一片の耿々《こうこう》の心より、筆を執らるゝに外ならないと信ずるのであるが、第三者が唯此名著とは時代精神との交渉とを想像する時、適時適書の礼讃を献ぐるを禁じ得ないのである。

先生、謙虚学者を以て自ら居り、敢て世道、人心の覚醒を以て自任する自称予言者ではないが、先生は断じて死火山ではない。関ヶ原の役、東軍を原頭に迎へて交戦するを以て下策となし、軍を奮然濃尾の間に進め、一挙雌雄を決せんと主張したるは、実に快傑、浮田秀家である。

高邁《こうまい》雄剛、彼の如き秀家の血を引かるゝ先生が、いかで時事に無限の感情を抱き玉はぬ道理がない。大磯の百足屋《むかで》旅館の一室に、救世の雄図と共に空しく逝き玉へる我が襄先生の心血を汲み来って、現代の人心をバプタイズする〔洗礼を授ける〕もの、蓋《けだ》し先生を措いて他に多く適者を見ないのである。

スコットは『赤小手』の一書を公にして、十八世紀以来型式化し固定し理屈化したる当時の英人に対して、大声叱咤して公業に□ぐ所、唯一語、即ち熱誠！と叫んだが、襄先生も甦生《そせい》して其門下を見玉はゞ、恐らくは卿等《なんじら》は予にアウトグロウ〔outgrow〕した。唯惜む、熱誠の稍《しょう》、当時に比して降るものなきかと。先生の大志の存ずる所をよく掴《つか》み来りて、之を天下に示さんもの、我が浮田先生にあらずして、誰れか之をよくせんやである。

併し英の兼好法師、ハズリット〔William Hazlitt〕は「予が見んことを欲する諸賢」と題する名文をものしたが、私も亦、切に見んことを欲する二書がある。其一。即ち先生の新島伝で、他は即ち早晩、蘇峰先生の筆にならんとする同伝記である。

マコリー〔Thomas B. Macaulay〕がギッボン〔Edward Gibbon〕を讃美して、彼は国会議員として立法に参与し、更に亦、義勇軍の士官として、兵馬の事に関与したもので、よく政治の運用の実際に精進したので、彼のロマ史が出色の名著なるを得たのである。

単に書斎に閉籠《とじこ》もる研究的史家であったなら、史実の性格は一段の光を放ったであらうが、併し活きた、否日本国民史丈《だ》けではない〔以上、I〕。

＊　＊　＊

私は僭越ながら蘇峰先生崇拝党の一人で、先生の著書は大抵読んでおる。現に先生の漫興雑記中にある「吾友浮田」の名文を御當人の浮田先生に申上げたら、御當人は自分を批評したる蘇峰先生の此文章を御承知なかった様である。是は浮田先生の御テヌカリを素破《すっぱ》抜く為でなく、我が蘇峰宗の信者であることを告白する為である。

歴史は決して書けなかったのであらうと（マッキントーシ伝）或る意味に於て官職に在った彼の自家自讃をやっておるが、蘇峰先生の日本国民史を愛読する。私は、流石に先生は一時政府の枢機に参与せられたので、政治の動き、社会の動きに対する無双の観察眼を有して御座る。

〔新井〕白石先生が、六代将軍の顧問であり、又一面、政治の枢軸を運転したる人として、其史筆、其史眼の超越せる勿論であるが、鎖国時代の白石先生と開国後の蘇峰先生とを対照して批判するは、聊《いささ》か倫を失する様であるが、私は決して好む所に阿《おも》ねる鄙心《ひしん》は毛頭懐いていないけれども、史家としての価値は云はずして、金鋼自ら区別のあることを、何人も否み得ないであらう。

さらば蘇峰先生の新島伝は、異りたる意味に於て、ボズエル〔James Boswell〕のジョンソン伝の如く、後世必ず之に及ぶものなく、完備して之に加ふる所ないものである事は明である。

浮田先生は則ち然らず。教授を以て終始され、畢生《ひっせい》、書斎と教壇の人であった。カーライル〔Thomas Carlyle〕も数学の教師であり、書斎の人であり、晩年推されてエデンバラ大学総長となったが、其就任演説は徹頭徹尾、名著の批判であって、教育行政の抱負など片言隻辞《へんげんせきじ》も之に及んで居ない。

書斎の人、教壇の士が終局は世道人心の帰趨《きすう》をよく教示し得るのである。ルッソウ〔Jean-Jacques Rousseau〕一人の叫びが、終《つい》に欧州の革新を促成したのも、〔賀茂〕眞淵、〔本居《もとおり》〕宣長、〔平田〕篤胤《あつたね》諸碩学が明治維新の原動力となった如き、著しき実例である。

カーライルがマコレーの英国史、及び其他の小説と十把一束《じっぱひとからげ》に片附けておるのは、政治の実勢に當ったマコレーが、必しも本当の歴史が書けるものではなく、書斎の人カーライル自身が、却て歴史なり伝記なりに於て、傑出しておったと同様、学者たる先生の新島伝が不朽の名著たるべきは、疑を容《い》れない、

先生の謙遜なる、新島完伝の出版までの應急的著述であると仰せらるゝけれども、私は何処までも、先生の新島伝が天下後世、本當の襄先生を現はして、天下を指導、祝福するものであることを疑はない。

但し、新島伝に限らず、苟《いやしく》も伝記を書かんと欲するものは、其遺伝力の大なるを先づ認めねば駄目である。今日、或る方面にやかましく宣伝さるゝ優生学の如きも、主として遺伝の力に重きを置いておるのである（サンダース優生学、一三頁）。此本質的のものを見逃して、唯人生、一、二重大事件を挙げ来《きた》って、其人を伝せんとせば、必ず失敗である。或は誤謬である。

ポーロ〔Paul〕を描いてダマスコの異象事件を以て、彼の使徒的一代記を作らんとするのは、全然失敗で、又彼の書翰を本當に解し得ることも出来ない。

彼はどこまでも、パリサイの子であることを認めねば駄目である。欧米の学者がマラキと馬太《マタイ》の間に幾世紀かのギャップを置い

て、ヨハネ洗者や主エス〔イエス〕が、ヒョコリと世に現はれた様に考へたのは、全然間違いであったから、ヤット此頃は、エス出現前〔BC〕二世紀間を最も熱烈なる宗教運動の時代と認める様になった（剣《ケンブリッジ》大学出版二十九年版、「ユダヤ人と其信仰」八十頁）。

遅蒔きではあるが時勢でも、一個人でも、皆過去の発展であることを考へねばならぬ。ブラウニング〔Robert Browning〕が「将来は過去の進展である」と唱ったのは、即ち是である。

故に襄先生を伝する方も、大に思ひを此点にいたされんことを望む。私は襄先生〔を〕基督教信仰　五分、武士気質　三分、上州長脇差気分　二分、位の合成品だと考へておる。特に第三の点は、在学時代、其の事件〔「自責の杖」事件〕では先生がチャペルで叱咤《しった》された時、私はハハー、矢張長州気分だなと痛感した私の強い印象に基いておる〔以上、Ⅱ〕。

＊　＊　＊

第二は、先生を洋行に決心せしめたのは、先日湯浅半月〔吉郎〕先生も御記述になった様に、安中三萬石の城主で、又幕府の大官であった板倉侯と安中藩の空気である。

先年、上州の某の理髪店で、偶然佛の画伯ミレーの真筆の額を発見したとのことであるが、其真偽は確言し得ないが、ミレーは廣重などの錦繪にアコガレたが、家貧にして如何《いかん》ともし難いので、自分の画を当時巴里《パリ》に駐在中の日本人の許に携へ来って物々交換を申出でたのが、転々して当時、幕政当局の一人、板倉侯の藩中に伝はり、以て今日に及んだものあらうとの事を聞いた事がある。当時、板倉藩の進歩分子中には洋行熱も外国智識渇望病も相当流行しておったと考へるのが至当である。

気運の熟しておった事を認めねば、歴史の進展も偉人の出現も理解されない。ストーバルトの「ワーヅワース時代」は、一小冊子に過ないので自然詳細には叙述していないが、ワ詩宗《しそう》の出現が必然の勢、必至の数であると断言して、其経路を簡明に記述しておる。

要するに、市内の庭園に松茸がはえた様な描写法ではダメで、当然、松茸山に松茸がはへたのだと読者にウナヅカセル様に書かねばいけない。乍残念《ざんねんながら》、今日迄の新島伝も、亦多くの伝記も、此点に於て失敗してをる様に思はれる。襄先生を生み出すために、神がどれ丈《だ》けの御準備をなさったか、偶然藪から兎が飛出す様な書き方や、歴史の見方は全然ナッテ居ない。

私は襄先生伝の出現が、やがてエス伝でもポーロ伝でも、オーガスチン伝でも、ルーテル伝でも、全然かき直さねばならない、見直さねばならない、その暗示を少くとも日本の基督教会に与へて下さったならば、教会丈けに及ばず、好感化は実に絶大であると信ずるものである。

アノ白眼で萬事を眺める佛のボォルテール〔Voltaire. 本名はFrançois-Marie Arouet〕も『「チャールス十二世伝』を著して彼に欣倒《きんとう》の赤誠を発表した。獨人の英雄は、瑞典《スエーデン》王アトファスとルーテルであるとの事。皮肉屋の隊長ボルテールがアドルファスの血につながる瑞典《スウェーデン》王チャールス〔カール十二世〕を伝したのは、ヨクヨク彼に心酔したものと思はれる。

　英国労働党首領の一人、ジョン・バーンスは、英訳チャールス伝の巻頭に自分の一生を励ましたものは、実に三十年前一ペンスで手に入れたチャールス伝だと大々的礼讃のラッパを吹いておる。

　浮田先生の新島伝の第幾十版かの巻頭に、バーンスの礼讃文に幾層倍光りを放つ雅頌《がしょう》の辞を顕する偉人は、誰であらうか

　浮田先生、最近更に一書を賜ふ。其説に曰く、「教育革新意見」を新島伝の附録として出版する預考であったが、故あって切りハナシて、先づ右革新意見を発表する積りでソレに一時、力を注ぐから、新島伝の出版は、多少時期後《おく》れるであらう。更に仰せらるには、『英文満州問題』を近く出版する考えであると。

　先生の英文の洗練された妙文であることは、世に定評がある。拝読の上は、本紙上に其一班を紹介する機会を得んことを望んでおる〔以上、Ⅲ〕。

（『基督教世界』一九三四年五月三一日、六月七日、六月一四日）

（五）「私の新島先生観」（浮田和民）

（熊本バンドの一人、明治十二年六月同志社英学校余科卒業、法学博士、欧州文明史専攻、同志社教授、早大教授、昭和二十一年十月二十八日永眠）

〔同志社に入学するまで〕

　私は明治九年に始めて京都に来たのであるが、其時はまだ新島先生が如何なる人物であるか、又同志社が如何なる学校であるか、実は知らなかったのである。

　が、先に来ていた金森通倫君は先輩の一人であったが、別に先生のことも学校のことも悪く云ってゐなかったので、彼の入ってゐる学校に自分も行くと云ふ気になったわけである。

　当時、私には既に両親はなく、東京に長兄がいたので、九年の八月頃、兄に同志社に入学したいと云ってやったところが、一先《ひとま》づ東京に来いといって来たので、小崎〔弘道〕、宮川〔経輝〕、下村〔孝太郎〕君等と郷里を出発して神戸まで同行し、そこで諸君と別れて私だけ東京に行ったのである。

　ところで兄、此時私を開成学校（後の帝国大学）に入れる積りであったのだが、私としては自分の実力を考へて、何《ど》うも入学試験が通れるといふ自信がなかった。

　それで私は兄に、自分は将来独学でやって行く積り。幸ひ京都には新帰朝の新島といふ人物も居るし、それに西洋人もついてゐるから、私にとっては京都の学校に入る方が一番好都合である。今後、決して兄の世話にはならぬからと主張した。こんなことで兄の意見も訊《き》かないで、東京から一人京都にやって来たやうなわけである。

〔ジェーンズの助言により同志社総退学を翻意〕

さて私は、大いなる希望をもって、遙々《はるばる》京都にやって来て同志社を見ると、実はまだ同志社は、私が想像した程、外形的にも整ってゐない。それに〔先に入学していた〕先輩の連中に会って見ると、之また不平満々たる有様である。彼等は何《いず》れも学校を去らうかとさへ云ってゐる。

尤《もっと》も小崎、宮川、下村などは、学力の点では何処の学校にでも入られる実力を有《も》ってゐるから、学校を何時去っても差支へないが、私は其の実力にも自信がないし、のみならず兄の意見に従はなかったので、今更何《ど》うにもならぬ。皆が去って行けば、私一人が残らなければならぬことになるので、非常に困惑して、まさに進退谷《きわ》まるといった状態であった。

然るに此時、嘗《かつ》て私等が熊本洋学校で教へを受け、洗礼を授けられた米国人ジェーンスが、恰度《ちょうど》大阪〔英語学校〕に来てゐて、私等のことを聞いて上京〔上洛〕し、大変に憤慨した。そして彼は、私等に云った。

「自分が諸君を京都によこしたのは、学校が完全であると思ったからではない。自分は新島、ゴルドン〔M. L. Gordon〕、デヴィスの諸氏を信じた故である。諸君は各々、自分の学校だと考えればよいではないか。

これから如何様《いかよう》にもなる訳だから、自分の学校と思へばよい。何も人に頼るには及ばぬ。そんなことでは私の本意に反する。旅費だけは自分が払うから。皆帰るがよい」と断言した。

此時の不平党は、小崎が筆頭で、市原盛宏なども矢はり其一人であったと思うが、ジェーンスの意気とその説論には全く一言も無かった。斯《か》くして、一同は兎《と》にも角《かく》にも、意を決して踏み止まることになったのであるが、これは実にジェーンスの力であった。

〔在学中は新島先生を過少評価〕

新島先生について当時、私の観たところを率直に云へば、先生は中々親切なお方であったが、当時私共は、所謂学問の師としては先生を信じてゐなかった。それで皆が随分其方〔授業〕では、先生をいぢめたものである。

然し先生の誠意、親切は我々も深く感じたわけで、此点先生の人格については、勿論深く信頼を有ってゐたのであるが、実際は後年の様な声望は其時はなかった。

熊本洋学校ではジェーンスの外に野々口為志と云ふ人が、実際監督の任に当ってゐたのであるが――其頃私の学才が余り劣等なので、私は語学の才が無いから、寧ろ漢学をやらせて呉れと一度、父兄に相談したことがある。

すると兄は野々口氏に面談し、見込みがなければ退学させてもよいが、御見込に従ひましょうといったので、野々口氏は、見込みがない訳ではないから退学しない方がよい、との事で、お蔭で私も洋学校を卒業することが能《で》きたのだが――新島先生は何《ど》うも此人に良く似た方だと思った。

一体、明治初年頃の我々といふものは、中々気魄《きはく》が高くて、あの神風連《じんぷうれん》の如きものさえ出た処ではあるし、洋学校を起したのは横井小楠の甥で、それは彼が米国へ洋行中、病気で帰朝して起したのである。津田静一なども、私が熊本在学中、米国から帰朝したのである。だから、亜米利加に行った人であるといっても、実はそれ程偉いとは思ってゐなかったのである。

尤も彼等は藩の保護で洋行し、新島先生のそれとは甚だ異《ちが》ふのではあるが、当時の自分等にとっては、何もそんな事など勿論分からなかった。従って新島先生に対し、私どもに理解のなかったのも、無理のないことであったと思ふ。

〔山崎、横井が帝大から転入〕

確か明治十年の九月であったと思ふ。東京開成学校（其頃の帝国大学）の本科生であった山崎為徳《ためのり》、横井（伊勢）時雄、和田正《まさ》幾《ちか》の三氏が開成校を退学して、わざわざ京都の同志社にやって来た。この山崎や横井が東京開成学校を去って同志社に入学したので、新島先生は益々熊本バンドに重きを置かれるやうになったのではないかと私は考へている。

和田正幾は熊本バンドの一人ではなかったが、山崎、横井と親善の関係で、同志社に来たのだから、矢張りジェーンスの感化であったが、三人とも洗礼は東京で、外国宣教師に授けられたのであらう。

金森通倫は、固《もと》より熊本バンドの随一で、最も先きに同志社に来たのであったが、ジェーンスから洗礼を授けられて居らぬ。それは、父兄から迫害されて、ジェーンスより洗礼を受けることが能《で》きなかったので、郷里を脱し京都に来て、新島先生に洗礼を授けられたのであった。

山崎や横井が同志社に来たのは、明治十年の九月であったが、恰度其の翌々月、学校の中に一つの事件が起った。当時は学生の寄宿舎と教室とが一つ棟〔第二寮〕の下にあって、そして毎朝教室で礼拝が行はれてゐたのである。

〔海老名事件〕

当時、英学校余科生は「バイブル・クラス」と称せられ、他の学生とは特別の資格を有し、朝拝の時は教師席、バイブル・クラス席、及び普通生徒席の三席があった。そして教師達はバイブル・クラス中の先輩と交替に、朝拝奨励の話を勤むる習慣があった。その朝拝も、米国の例としては当然の事であったろうが、教師達は何時とはなしに形式となり、聖書朗読と祈祷のみであった。

海老名〔弾正〕は之に大不平であったので、自分の当番となり、演説、いや演説ではなく新島先生始め教師達に対する警告をやり出したので、教師も生徒も実は大いに驚ひた。彼は平生、胸中の鬱憤《うっぷん》を露骨に披瀝し、左の二要点を指摘した。

〔新島〕先生には、折々上京せらるゝに付ては、その土産話が承《うけたまわ》りたい。近時東都の思想は、何方に波濤《はとう》に揚げて流れつつありや。政界の風雲は如何に見るべきか。我々学生は、いかなる覚悟を有すべきか、先生たるものは、天下の形勢を洞察して、我々学生を警醒《けいせい》し、鼓舞《こぶ》せられるべきである。然るに、何等その消息を示す所もなく、単に聖書朗読と祈祷のみにては、飽き足らない。

二には、宣教師達に学生を訓練する見識なく、熱誠乏し。若《も》し学生中、洗礼を受けたいと申出るものあれば、その発心の動機をつきとめ、時あってはその発心の不誠実を看破して貰ひたい。

之に反して、唯々諾々《いいだくだく》として喜び、豪《ごう》も厳格なる訓誡を与ふることがない。況《いわ》んや伝道に志すと申出るものは、何等本人の断乎たる確信を突きとむることなく、鬼の首でも取ったやうに、唯々歓迎するのみである。

キャプテン・ゼーンスの如きは、是の如く申出たる者共を叱咤《しった》して、反省させたことがある、云々《うんぬん》……と極論したので、デビス教師の如きは大に怒られて〝亜米利加に帰る〟といって其場を奮然と立ち去られた程である。横井、山崎など何《いず》れも東京から来たばかりの時で、唯呆気《あっけ》にとられると云ふ有様であった。

が、此事で一番困ったのは、新島先生であったと思ふ。先生も固《もと》より海老名の述べたことに対しては、心中決して快くはなかったであらうが、非常に困られたと云ふのは、彼が学生の前でしゃべったことである。

後年、海老名の語る所によれば、これは海老名一個の了見で発言したとの事で、問題は鎮静し、横井などがその調停に奔走したらしい。

新島先生は大変困られ、自身親しく海老名の所に来《きた》って「此の如きことは、公衆の前でなく私に直接言って下さい」と言はれたそうで、デビス教師の帰国〔したいと〕の声に畏嚇《いかく》されたようであった。

兎に角、新島先生は責任の当局者であったが、自分の面目を顧みる遑《てい》なく、両者の間に立って、首尾よく裁断されたに相違なかった。その詳細は先生の胸中にあって、外部から窺い知られることでなかったが、其後、海老名も放校されず、デビス教師も帰国を思い止まられたことは事実であった。

新島先生も、一時は海老名の無鉄砲を憤慨されたに相違ないが、此の難物を疎遠にしないで寛容されたことは、海老名も終生忘却しなかったやうであった。それでこそ、在学中から安中に伝道し、安中教会最初の牧師となったものと思われる。

〔「自責の杖」事件〕

私は想うに、此の事件が抑《そもそ》も明治十三年に起った他の事件、即ち先生が自ら朝拝後、携ふるステッキを以て自責されたという〔自責の杖〕事件の基礎になったのではないかと考へて居る。

あの時は、私は〔すでに卒業していたので〕目撃者ではないが、先生は最初からステッキを持って行って、これで一同の者を警告してやろうと云ふ確信の下《もと》に、朝チャペルの礼拝に臨まれたのだと私は思ふのである。

若し此時、海老名事件の経験が無かったなれば、先生にしてもあれだけの落付は見られなかったであらうと思ふ。要するに、最初の経験が基礎になっていたので、後の経験にあれだけの態度とその確信とが出来ていたわけである。

明治十年の時は、十三年の事件以上に、先生は苦心されたと思ふが、十三年の時は、先生の胸中に既に成算があって壇上に立たれたので、此点、先生の苦心も先年の場合に較ぶれば、それ程でなかっただろうと私は思って居る。あの時の海老名に付ての考へなど、先生の日記を見れば判明することだらうと私は竊《ひそか》に思ってゐる。

〔同志社とミッションの分離問題〕

次に思ひ起すことは、アメリカン・ボールドと同志社の分離問題に付てである。此問題は、明治三十年に大問題となって表面に現れたが、それは私共が在学中、既に起ってゐた問題であるが、それが何《ど》れにも書かれてゐないやうだ。

あの時は、デヴィス先生と意見を異にした米国宣教師、レビット〔H. H. Leavitt〕と云ふ人が大阪にいて、同志社とアメリカン・ボールドを分離したほうが両者の為めによい、同志社も何時迄も伝道会社に頼ってゐてはよくないと主張した。然し、デヴィス先生、新島先生は此の意見に全然反対であった。

私達〔学生〕は、宣教師の間に此問題が論議されてゐることを知ってゐたのだが、私としては、これは宣教師間の問題であるといふ位に考へたものだ。そして私共の卒業後まで、此分離論が続いてゐたけれども、然し、たいした問題にはならなかった。

明治十二年、同志社卒業後、私は大阪に行ったので、其時レビットに会って意見を訊《き》いて見たが、其時は私の考もはっきりしてゐなかった。日本人の間では沢山保羅《ぼうろ》、成瀬仁蔵《じんぞう》両氏の如きは、分離独立を主張し、同志社は何時までも外国に頼ってゐてはいかないと云ふ意見であった。

要するに此頃、宣教師中に分離論が有力であったのだが、若しその時、思ひ切って彼等の主張するがままに分離してゐたならば、或は後年であれ程、日米人を騒がした問題は起らずに済んだのではないかと思ふ。

私共は殆どそんな問題は関せず焉であった。小崎、海老名其他の諸氏も、格別注意してゐなかったようだ。此時は宣教師間の不一致で分離が成功せず、又明治三十年に至っては、日本人間の不一致で其事が到頭失敗に帰したのである。

〔第一回卒業式の校長式辞に脱帽〕

もう一つ述べて置きたい事は、明治十二年に於ける私等の卒業式、即ち同志社第一回の卒業式のことである。之は実に新島先生の大成功であり、凱旋式と云ってもよいと私は思ってゐる。あの時卒業したばかりで、小崎や海老名や宮川、其他も同志社の出身者となったのである。

　ところで此第一回卒業式の時の先生の演説は、また実際によく出来たものであった。卒業生の〔卒業演説の〕中で最も目立ったのは山崎為徳の英文朗読であったが、之は当時、アメリカの或る新聞〔アメリカン・ボード月刊誌、*Missionary Herald*〕にも掲載せられ、宣教師達も感心した程のものであった。

　新島先生の演説の内容を、私は判然と記憶してゐないが、兎に角「請《こ》ふ、隗《かい》より始めよ」と云はれた言葉だけは、今でも覚えてゐる。基督教で云ふなら、お前方はよろしく世の救済者となれ、自分は洗礼〔者〕のヨハネの積りで諸君を世に送るのである、といった意味で、確かに其は名演説であった。

〔新島伝作成のために資料収集〕

　先年私は改造社から頼まれて、先生の伝記を或は書く積りで資料を蒐《あつ》めかけたこともあるが、其時先生の演説について海老名の記憶を訊いたところが、海老名は彼の記憶を次の様に手紙に書いて送って呉れた。

　〔前略〕第一。同志社設立の始末を陳《の》べられ候。之は後日、〔新島の甥、〕新島公義《こうぎ》君が綴りたる同志社設立始末の小冊子と相成候。米国伝道会社〔アメリカン・ボード〕年会〔一八七四年、ラットランド〕に於ける演説〔大学設立募金アピール〕に対する反響、殊に田舎の農夫が、その〔帰りの〕汽車賃を寄附したるが如き、先生も泣かれ、会衆も袂《たもと》をしぼり申候。正しく小冊子にある通りにて、茲《ここ》に陳ぶる必要なしと存候。

　第二。一転して自分に説き及ぼし、〔古代中国の〕燕《えん》の昭王《しょうおう》が、その国を興さんと熱中し、卑身厚幣、以て賢者を招かんと欲し、之を郭隗《かくかい》に謀った時之問答を語り、郭隗終に請隗自始よと結び、多数隗より賢なる人物来り中に楽毅《がっき》を得て、昭王その目的を達したる史的物語を熱涙を流しつゝ語り、私は隗であり、諸君は楽毅である。私は隗の事業を為し、諸君は楽毅の大業をなすべし、といって熱涙に咽《むせ》ばれたのである。

　小生は由来、先生の志を酌取《しゃくと》り、常に楽毅の任を果すべく努力して、果し能《あた》はざるは、実に慚愧《ざんき》に堪へざる次第にして、浅からぬ感を有し来り候云々。

　それで海老名も、その他の先輩も、新島先生の門下生となった訳で、先生の忍耐と誠意がいかに力強きものであったかを事実に物語るものであると思ふ。

〔中略。以下、新島の偉さは同級の和田正脩《まさなが》から教えられるまでは、ほとんど認識していなかったとの記述が続く。原文は、本書一四八頁以下を参照〕

〔教会合同運動は同志社の死活問題〕

さて爰《ここ》に、新島先生存命中に起った大問題につき、一言しなければならぬ事がある。

それは明治二十年の春、一致〔長老派〕、組合〔会衆派〕両派合同の論議になり、同志社出身の老練なる牧師達が先生と意見を異にし、両派合併の運動に賛成したとき、先生は病中ながら、その草案が組合派の自由主義を犠牲にする所多しとして、遂に反対を主張せられ、予《かね》て先生の信任された宮川、海老名、横井、金森、湯浅（治郎）諸氏にあて、甚だ激越なる書面を送られたが、当時私は之を以て純然たる教会の事件となし、同志社として、成るべく此の問題に直接介入しない方がよいと思ったのである。

然るに先年、海老名氏より先生の書面を示され、一読して始めて先生の苦心の存する所を発見したやうに思った。先生の此の書面は、未だ世間に知られて居ないやうだが、発表しても何等差支がないから、私の責任で、先生の書翰集に之を発表することになした。

その当時から私は、学校と教会、教育と宗教とを成るべく混同しないようにしなければならぬと考えたので、当時先生の苦心を全く知らない訳ではなかったが、直接先生に就て御意見を伺ったことはなかった。

併し先生としては、教育及び伝道一如《いちにょ》の主義に就て、固き信仰を懐かれてゐたことだから、教会問題即ち教育問題として考察されたことは当然であった。先生は自由教育、自治教会を標榜し、同志社を自由教育、組合教会を自治教会の揺籃《ようらん》と確信された。

それを私は、単に教会問題と考へて平気であったが、先生に取って、それは実に同志社の死活問題とされたことが、先生の書翰を一見して愈々明瞭なことを痛感した。

教会合同問題は先生の反対と、他にも種々の故障があって実現されなかった。先生の反対は、今に有効として存し、先輩諸氏の意見も、意見として今に対立し、或る意味に於て「死せる孔明、生ける仲達《ちゅうたつ》を走らす」の概があった。

〔宗教の果たす役割〕

併しそれは、必しも先生及び先輩両者の成敗のみとして考ふべき事ではない。既に半世紀に近き年月の距離があって、最早《もは》や歴史上の大事件として判断しなければならない。唯だ、現今の時勢は四十余年前とは全然変化して居るから、現今の問題は、現今及び将来の事を考へて判断する必要がある。

宗教は主観的信仰の発露であるから、無限に分離し、無限に派生する傾向がある。唯だそれのみでは、世を救ひ、人を済度《さいど》することは出来ない。世界大戦前後の事実を言へば、宗教は戦前に戦争を予防すること能《あた》はず、戦中に戦争を緩和すること能はず、又た戦後に戦争を終熄せしむることが出来なかった。

事実をいへば、宗教がいかに分離しても、いかに併合しても、人類全体の上には余り関係がなくなった。世に誠実なる基督教者は沢山あるが、基督教国といふは世界中に未だ一国もないといふのが現状である。

伝道及び教育の方法も、前世紀とは全然その動機と方法とを異にしなければならぬ。此の問題は、新島先生及び先輩の意見やその事跡を基礎にして、解決されるものではない。唯だ、過去に於ける新島先生及び同志社教育の効果には、一大特色があった。

それは先生一人の効力に帰すべき特色ではなかった。何故ならば、同志社教育の一大特色は、その教育に参加した種々様々の要素から発生したので、新島先生とは全然特色を異にする卒業者、若くは退学者を輩出せしめたことである。

〔新島先生の独自性〕

元来、新島先生の人格は、維新前に於ける日本の武士的教養によってその根本を培養され、それがアメリカに渉《わた》って、当時まだ純然として存在して居った新英州清教徒の精神に接触し、更に光沢を加へて出来上がったものである。

従って先生の人格は、アメリカ人より見れば真にアメリカ人と思はれたであろう。それで先生は、米国伝道会社〔アメリカン・ボード〕の宣教師として派遣された訳で、先生がいかにその資格に対して忠実であったかは、前述の書翰にも顕《あら》はれている。

併し先生の人格には、米国清教徒の精神に吻合《ふんごう》すると同時に、それに超越するものがあった。畢竟《ひっきょう》先生は、日本の為めに日本を脱して渡米し、また日本の為めに宣教師として帰国されたので、先生以前に先生はなく、又先生以後に先生は、あり得ない機会と境遇とに活躍されたのである。

此の意義に於て先生の行動は、余人の模倣を許さず、その蹤《しょう》跡《せき》は、他の追随すること能《あた》はざるものであった。故に、同志社出身者の性格が、大に先生と異なっていることも自然であり、また当然であると見るべき理由がある。

（『新島先生記念集』）

（六）文献紹介・『浮田和民先生追懐録』（本井康博）

浮田和民（一八六〇年～一九四六年）には自伝がない。本書は永眠直後の一九四八年に、故浮田和民先生追懐録編集委員会の編集により、後進・同門の者や遺族らおよそ百二十人の追悼文を収めて、同会から出版された。

寄稿者の顔ぶれは、編集委員長の日高只一を始め、安部磯雄、姉崎正治、煙山《けむやま》専太郎、大山郁夫、麻生正蔵、阿部賢一、小汀利《おばまとし》得《え》、徳富猪一郎（蘇峰）など、実に幅広い。なお、本書は、一九九六年に大空社から復刻版が出た。

さらに、本書を補完するものとして、早稲田大学校史資料室編『浮田和民博士年譜と著作目録』（早稲田大学総長秘書室、一九六六年）がある。また、代表的な研究書には、松田義男『浮田和民研究――自由主義思想の展開』（私家版、一九九六年）、姜克實《きょうこくじつ》（ジャン・クーシー）『浮田和民の思想史的研究――倫理的帝国主義の形成』（不二出版、二〇〇三年）がある。

浮田自身の著作は、この『浮田和民先生追懐録』ではわずか二十二点（と未完の遺稿三点）が挙がっているにすぎないが、ほかにも同志社英学校での恩師、D・W・ラーネッドの講義録を訳した『経済学之原理』（東京経済雑誌社、一八九一年）を皮切りに、上梓された著作は生涯で軽く七十冊を超える。

カバーされた分野は、経済学、西洋史、社会学、倫理学、政治学、文明批評、時事など、実に広範囲にわたる。

浮田は、同志社政法学校や東京専門学校（早稲田大学）などで教鞭を執る傍ら、『六合《りくごう》雑誌』や『国民之友』、『実業之日本』などの雑誌にも数多く寄稿している。そればかりか、ついには、総合雑誌『太陽』主幹として、毎号、巻頭論説を掲載するなど、ジャーナリストとしても健筆を振った。

大正デモクラシー運動でも幅広く論陣を張り、その感化は吉野作造や大山郁夫らにも及んだ。

浮田の見識はバランスがとれた点に定評があり、大隈重信からも信頼された結果、「大隈の知恵袋」とも称された。

さらに「熊本バンド」の一員として、早くからキリスト教への理解も深く、丁酉《ていゆう》倫理会や帰一《きいつ》協会などの倫理・宗教活動をも熱心に支援した。

（『近現代日本の社会運動家　自伝・回想録　解題』）

七、市原盛宏

（一）「新島先生の教育と実業家」（市原盛宏《もりひろ》）

（此《これ》は市原盛宏氏の談話として『実業之日本』に掲げられたるものなり。氏は同志社を出て、同志社の姉妹校として新島先生を校長に戴く仙台東華学校の副校長となり、北米エール大学に遊んでドクトル・オフ・フヰロソヒーの学位を受け、同志社政法学校の教頭となり、日本銀行名古屋、大阪等の支店長を歴任し、横浜市長より転じて、今や第一銀行韓国支店総支配人として京城に在り。氏の夫人は安中、江場氏なり）。

先生の感化は、楷書を習った如《ごと》きもの

新島先生に最も親しく、且《か》つ長く接して居たものは私共〔バイブル・クラスの者〕であらう。先生には非常な厚恩を受け、高尚な理想を鼓吹せられ、今日斯《こ》うして大過なしに居られるのも、つまり先生の薫陶を受けたからである。

併《しか》し、私の現在の位地と当時鼓吹された理想とは、方面も異《ちが》ひ、流儀も同じでないから、其《それ》を今日の位地に当て嵌《は》めることは、容易でない。

実業界に入り、多くの人に交際することとなると、先に学校に在て先生の許で薫陶されたことが、其儘《そのまま》には行れぬ。例へば、先生の許に居た時は、楷書を習ったやうなものである。世の中で滔々《とうとう》たる一種の風潮ある所に入るのは、楷書を崩して行書《ぎょうしょ》とし、草書とする様なものである。

書体は変化しても、楷書で習った筆法は、何処《どこ》までも保存して行かなければならぬ。私が実業界に入った後でも、当時、先生から与へられた精神は、何処迄も体《てい》して行かねばならぬ乃《の》で、実業界に入ったる楷書を何位崩して、行書か草書にしたらよいか、其標準を定めることが中々困難である。

予は如何にして同志社に入りたるか

私共は同志社に行く前、熊本の洋学校で中学程度の教育を受けた。

校長はジエーンス先生と言ふ米国の歩兵大尉〔キャプテン〕で、厳格な軍隊式教育を授けた。先生は非常な人物で、単純な教育者でなかった。

　私共が先生から受けた感化は、少なからぬものがある。基督教信徒になったのも、又先生のお陰である。それで、愈々《いよいよ》同校を卒業した時に、更に神学を研究し、自分の目的を達するには何校に入ったがよいかを種々研究した。

　基督教も幾多の宗派に分れ、互に其説を主張して居たから、私共は斯《かく》の如くなれば、基督教の敢《あえ》て佛教と選ぶ所なしと思て居た。当時、京都に同志社が出来、私共の目的にも適して居る様なので、私共は同志社に対し、宗派の事彼是《かれこれ》喧《やかま》しく言ふか否《いな》かと照会したが、其様な事はないとの返事を受け、愈々同志社に入ることになった。

先生は如何に予等を教育せられしか

其頃の同志社は、創立後間もなく、半分は教員、半分は生徒と言ふ風で、相互の間が非常に親密であった。

　而《しか》し、〔新島〕先生の教育は非常なる厳格な主義で、実践躬行《きゅうこう》を文字通りに実行し、苟《いやしく》も口にした事は、必ず之を実行しなければならぬ。

　口に言て行はぬものがあれば、それは非常な恥としてあった。而して先生は、常に高尚な理想を生徒に吹込み、自然に生徒の思想を向上させ、次第次第に理想を実行させる様に卒先して勉められた。

　学校の所在地が京都で、山紫水明の別天地であるが、又世俗の濁流滔々《とうとう》たる所でもあつた。私共が熊本から出て来た時は、此京都の一隅に在る同志社は、恰《あたか》も天国の殖民地見た様な所で、愉快な感情も懐いたが、又随分世間と隔絶して居た。

　私は同志社に居た時は、大分精神上の利益を得、親しく先生に接して多くの感化を受けた。私ばかりではない。同志社を出た人は、都《すべ》て先生の感化を受て居るに相違ない。

　併し、教育の方針が言ふ迄もなく宗教的で、教育、宗教に従事する者には便利であったが、実業家として実際の場合に逢ては、此等の薫陶は間接になり、之を実行するに困難であった。

学校にて受けた感化は如何に変化するか

新島先生の素志は、決してそうでないと信ずるが、当時同志社の教育方針は、人物の異同、大小を問はず、総て同一型に作り上げんとしたのである。先生は誠心誠意を以て進まれた。

　其誠実と言ふ事、誰しも感ぜぬ者はなかったであらう。丁度親鶏が卵を孵化《ふか》する様なもので、卵から雛《ひな》となり、育まれて居る間は鶏でも家鴨《あひる》でも同様である。

　当時我々が、先生に薫陶されて居たのは、孵化して貰ふた様なもので、何《ど》れも此れも雛にされたのであった。一時必要の場合丈《だ》けは別として、人は性質に適合しない職業には、何時《いつ》迄も従事することが出来ない。

早晩心の欲する所、気の向いた方面へ向ふに相違ない。先生が誠心誠意を以て我々を薫陶された其理想は、深く脳裏に染み込んで居るけれども、追々には其性質に従ひ、分化し始める。

雛鳥《ひなどり》時代には一緒に遊び居ても、生育すれば、家鴨《アヒル》は何時しか水中に入て遊泳する様になり、鶏は陸上に遊ぶやうになる。此は性質に従て、如何しても免かるゝことが出来ぬ。

予は何故実業界に出たか

私は同志社卒業後、洋行したい考であった。

併し此時、富田鐵之助〔日銀副総裁〕、松平正直〔宮城県県令〕、遠藤敬止〔第七十七銀行頭取〕等の諸氏が発起人となって、仙台に「東華学校」と言ふ同志社風の学校〔同志社分校〕を立てたいから、何分の指導を仰ぎたいと先生の許まで依頼があった。

併し、先生は学校〔同志社本校〕で多忙な為め、到底直接に校務を指導することが出来ない。私に行けと言ふことであつた乃《の》で、私も三年間を経《へ》たら校務も整理するであらう。其時には相当な後任に託して洋行〔留学〕する。それを承知ならばと言ふ条件で、副校長と言ふ名義で、〔J・H・デフォレストら〕三、四人の宣教師を伴て赴任した。

明治十九年より廿二年迄勤め、校務も整理したので、同年の秋、米国に留学し、エール大学に入て、経済学、社会学を専攻し、満三ヶ年で帰朝した。此間、東華学校は財政上の都合で閉校になったから、私は同志社の政治経済科〔同志社政法学校〕の教頭となって教鞭を執ることになった。

併し、考へて見ると、教室に籠《こもっ》て子弟を教育するのと、実業界に出て自ら事に当るのとは、自分の為め、将又《はたまた》国家の為に何《いず》れが便利であるか、私は種々と考へて見たが、結局、後者が適当であると言ふ確信を得たので、愈々実業界にでたのである。

予は今日先生の薫陶を如何にしつつあるか

実業界に入ったものの、同志社出身の先輩がない。他の方面には夫々の先輩があったが、実業界には一人もなかった。

大抵の学校ならば、相当な先輩があって後進を引立てて呉《く》れる。実業界に入ても非常な便利である。併し、同志社出には其れがない。自分の力で自分の進む路を開かなければならぬ。荊棘《けいきょく》を開かなければならぬ。

此は私に取て非常に不便であった。併し、私は先生の感化を受けて居る。先生の誠実で献身的――利欲や虚栄を排した――な精神は、深く私の頭に染み込で居る。金さへ取れることなれば、其手段、方法を選ばぬと言ふ卑劣な心は、起こさなかった積《つもり》である。

今日迄、少しでも斯る問題があれば、自分では躊躇せずに正を守て来た積である。少しでも国の為にしたいと言ふ精神は、心の中に消へて居らぬ。

　実業界に処しては誘惑も多く、曲がった事をすれば金を儲ける機会もないのではなかったが、幸い誘惑に迷されず、不正の事を敢《あ》えてしなかったのは、当時先生から受けた薫陶が実際に現はれたのだと信じて居る。具体的に御話することは憚《はばかり》あるが、斯る事のある毎に、自分は深く先生に感謝して居る。

常に予の脳裡を去らざる同志社時代

　富士に登れば、関八州《かんはっしゅう》は双眸《そうぼう》の間に収まり、得《え》も言はれぬ風景がある。富士に登ったものでなければ、想像もつかぬ。

　我同志社時代に先生に鼓吹された高尚な理想は、今も尚ほ頭脳の中から消へて居らぬ。常に往年の「天国の殖民地」を想ふては、あの地に行けば、高尚なる人生の理想が磅礴《ほうはく》して居ると思ふ。

　一度富士に登て、天下の大景に接した者は、下山後、境遇一変しても、山上の光景は脳裡《のうり》を去らぬと同じく、少なくとも高尚な理想が、ある地にある事丈けは、常に忘れずに居る。

　併し、此理想を実際社会に行はんとすれば、腹も立ち、失望もする。結局、山中に隠遁《いんとん》して、独りを善くするより外に途がないことになる乃《の》で、私は先生から鼓吹された高尚な理想は、今尚、心裡《しんり》に存して居るが、社会の事は一足飛びに富士の山嶺に昇れぬと同様であるから、漸進して理想の地に達す可きものと観念して居る。


（『上毛教界月報』一九〇九年一月一五日）

（二）〔「新島先生没後二十年に想ふ」〕（市原盛宏）

　回顧すれば歳月流るゝが如《ごと》く、新島襄先生の大磯湾頭に永眠せられてより、已《すで》に満二十年となりたり。先生逝去の当時、余は北米合衆国に留学中なりしが、今や〔朝鮮銀行総裁として〕韓国京《けい》城《じょう》〔現ソウル〕にあり。

　熟々《つくづく》往事を追想するに、大は世界の形勢、及我島帝国の状態より、小は自己、及同窓生の一身上に至るまで、世事の変遷、甚大《じんだい》複雑にして、恰《あたか》も浩瀚《こうかん》なる史書を通覧するの感あり。

　然《しか》れども先生の英姿は、今尚髣髴《ほうふつ》として眼前に在るが如《ごと》く、其精神は曾《かつ》て同志社に修学せし幾百の健児の心裡《しんり》に存し、隠微の間に、其行動を奨励、指導せられつゝあり。其遺業たる同志社の事業も、幸に後継者〔原田助《たすく》社長〕其人を得て、漸次発展の域にありと聞く。

　嗚呼《ああ》、先生の如きは、死すとも尚生きて長《とこし》へに其精神的感化を天下の人心に及ぼすの偉人なりと言ふべし。

　遙に蕪辞《ぶじ》を寄せて、紀念会の盛況を祈る。

明治四十三年一月　市原盛宏謹誌

（『同志社時報』六二、一九一〇年一月二五日）

（三）〔「新島先生のソバ好き」〕（市原盛宏）

古来英雄、蕎麦《そば》を嗜《たし》むとの伝説あり。新嶋先生も亦其《その》一人なりと見へ、大に之《これ》を好まれたり。

先生最終〔二度目〕の洋行前なりしと思ふ。一日《じつ》告別、旁《かたがた》余の茅屋《ぼうおく》に駕《が》を枉《まげ》られたるにつき、送別の微意《びい》を表《ひょう》せんため、御好物の蕎麦を呈しては如何《いかん》と申出でたるに、忽《たちま》ち快諾せられたれば、先生と対座して、且《か》つ食ひ、且《かつ》談じたることあり。

食後、座前に堆積せる蕎麦盛器具を見れば、殆んど額《ひたい》に達せんとす。相見て哄笑《こうしょう》し、先生は嬉々《きき》として辞せられたり。

蕎麦を嗜好《しこう》するもの、果して英雄なりとすれば、余も亦其末班《まつはん》に列し得《う》べきか。呵々《かく》。

（『基督教世界』一九一三年七月一〇日）

（四）「同志社山脈・市原盛宏――新島襄の右腕」（本井康博）

それは「或《あ》る教師に対する不満から始まった」と山室軍平は伝える。開校五年目に発生した同志社英学校初の学生ストである。

「或る教師」とは誰か。「後に朝鮮銀行の総裁になった若い先生」との証言（堀貞一）があるので、市原盛宏である。

ストは周知の新島襄「自責の杖」事件（一八八〇年四月十三日）でひとまず収拾を見た。当局に対する学生たちの不満が、あれほど爆発した裏には、若い三人の日本人教師（市原、山崎爲徳《ためのり》、森田久萬人）に「不都合」があったため、と新島校長も認める。ただし「不都合」の詳細を彼は語らない。

が、「学生は教師にはだまって服従すべきもの。批判はけしからぬ」と市原が言い放って、学生の怒りを買ったことは、確かなようである。

こうした高姿勢に対して、「ついこの間まで学生であったものが、教師になったとたんに威張り出す」と、反発を強めたのが、熊本洋学校以来の後輩、徳富猪一郎（当時、五年生。のちの蘇峰）である。学園紛争は「熊本バンド」内、すなわち市原対徳富の対決でもあった。

紛争後、徳富は同志社を去る。学園だけでなく、教会（教界）からも、である。

市原は同志社英学校（余科）の第一回卒業生十五人（バイブル・クラスの面々で、全員が「熊本バンド」である）のひとりとして、同期の森田、山崎とともに前年秋に初の日本人教師（月給十五円）に抜擢され、同志社に残った。市原は新島校長を校内で補佐するばかりか、新島牧師に代わって西京《さいきょう》第二公会（今の同志社教会）の仮牧師をも兼任した。

新島が二度目の欧米旅行で学校を留守にした間、校内で校長代理を務めたのも市原であった。市原が最初に同志社に勤務した七年間をとれば、新島は延べで半分近く（四十五％）の間、同志社（教会）を留守にしている。市原はまさに校長の代理であった。

ところが、こと学生指導に関しては、両者は好対照なのである。まるで太陽と北風である。

市原はあくまでも高圧的で「市原の一言から間違いが起きる」とまで言われた。一方、新島はどこまでも丁重である。最後は涙にむせびながらの説諭である。いわば「涙徳」（浮田和民）で迫るのである。前出の紛争の場合も、結局、ストを敢行した当事者（二年上級組）の学生たちは、新島校長の「涙に敗けて」（徳冨蘆花）ストを解いている。

その四年後（一八八四年）に校内を吹き荒れたリヴァイバル（信仰復興）の時も、そうである。異常なまでの宗教的興奮状態に陥った学生たちは、近づく期末考査を無視して、大挙して地方伝道に繰り出そうとした。当局は必死に学生たちを説得した。

その折りの集会に出た一学生（池袋清風）は教師の対照的な対応振りを鮮やかに日記に記す。

「市原氏激シテ話サレ、新島先生泣テ話サル」と。

同志社での働きと実績が買われ、一八八六年に同志社が仙台に建てた分校（宮城英学校、翌年に東華学校と改称）に市原は新島（分校校長）の代理（副校長）として仙台に派遣された。

この人事に対しては、同志社教員のデイヴィス（J. D. Davis）が、「市原を失うくらいなら、外国人教員（宣教師）ふたりを手放すほうがまし」と難色を示す一幕もあった。市原の抜けた穴はそれほど大きかった。

市原は仙台で学校を軌道に乗せると、赴任三年後にイェール大学に留学し、経済学を学んだ。アメリカ留学の件は、赴任の時の約束（契約）でもあった。帰国後、同志社に復帰して、新設の政法学校の教授、ついで（後輩の小野英二郎教頭に代わって）教頭に就任した。

しかし、まもなく金融界と市政（横浜では市長にも就任）に転じ、最後は朝鮮銀行総裁（初代）となった。現職のまま、京城《けいじょう》府（現ソウル）で死去した。

現地での葬儀で、故人履歴を朗読したのは、後輩の徳富蘇峰であった。この日より三十五年前の学生時代、故人と正面からぶつかり、同志社から「追われた」苦い記憶が、蘇峰の脳裏に蘇らなかったはずはない。

略歴

一八五八年五月一七日〜一九一五年一〇月四日。肥後国阿蘇町に生まれ、村上家から市原家に養子に入る。熊本洋学校のジェーンズ（L. L. Janes）から受洗。一八七九年、同志社英学校を卒業後、同志社、東華学校で教鞭をとる。

留学を経て、同志社に復帰したが、一八九五年、日銀に入行。第一銀行横浜支店長、横浜市長を歴任して、新設の朝鮮銀行初代総裁に迎えられたが、現職のまま、京城で死去。

参考文献

・『故市原盛宏記念』（私家版、一九一六年）

・田中良一「蔵原惟郭《これひろ》と市原盛宏」（『熊本バンド研究』みすず書房、一九六五年）
・本井康博『京都のキリスト教──同志社教会の十九世紀──』（同朋舎、一九九八年）
・本井康博『新島襄と徳富蘇峰』（晃洋書房、二〇〇二年）（『同志社山脈』）

八、横井時雄

(一)「故新島先生を懐《おも》ふ」(横井時雄)

明治九年の晩春、余郷里、熊本を発して東京に行かんとして、途に京都に到り先生に見《まみ》ゆ。

是《これ》より先き、余熊本洋学校にあり、同窓諸友と共に基督教を信じ、花岡山頭の盟会を以て一団体を組成す。遥かに書を〔新島〕先生に寄せて、同好の諸友、相携へて同志社に学ばんとするの志を告げたり。故に先生、余を見て欣然《きんぜん》接待、頗る慇懃《いんぎん》なり。

余を伴ふて同志社を見せしむ。当時、一、二校舎〔第一寮と第二寮〕、漸く成って、未だ授業を始めざるの日にして、新築の校舎、茫々《ぼうぼう》たる草奔《そうもう》の中に屹立《きつりつ》するを見たり。

昼はデビス先生の宅に於て食事し、夕は先生の家に於て食事し、匆々《そうそう》にして辞し去れり。

これ実に余が先生に見《まみ》ゆるの始なり。此時先生と偕《とも》にある、僅々《きんきん》数時間に過ぎざりしと雖も、温良恭《おんりょうきょう》〔倹《けん》〕譲《じょう》たる其風采、既に記憶に銘じて、永久忘る可らざることとはなれり。

これより後数月にして、熊本の諸友、踵《きびす》を接して上京〔上洛〕し、其数三十名の多きに達せり。

翌年九月余、故山崎為徳《ためのり》、及び和田正幾《まさちか》両氏と共に東京大学〔の前身、開成学校〕を辞して、同志社に行く。蓋《けだ》し神学を学ばんと欲せしが故なり。これよりして以後、十有餘年間、常に先生の眷顧《けんこ》を蒙り、恩遇浅からざりしなり。

昨年〔一八九〇年〕の二月二十日、余香港に到着す。直ちに日本領事庁に行ひて、本邦の新聞紙を見る。豈《あに》計らんや、時事新報上、先生逝去の報あらんとは。始め之《これ》を読下して、我眼視《がんし》の誤りなきかを疑ふ。再読して新聞報知の誤なきかを疑ふ。

更に後日の新聞を捜索して、新嶋未亡人の謝辞広告あるを見て、終《つい》に信ず。嗚呼《ああ》、先生遂に逝く。余先生の死に後《おく》れたること一ケ月餘。之を思ふて、悵然《ちょうぜん》たるもの、稍《やや》久ふす。

余、便船を待って香港にあること四日間、時に霡雨濛々《ぼくうもうもう》として、殆んど天日を見ず。為に旅懐の凄愴《せいそう》たるもの、一層の深きを加へり。

是より十日餘にして、横浜に到着す。細雨濛《もう》々《もう》として寒風肌を刺す。益《ますます》感す、日本の宗教界愈《いよいよ》困難多事の時機に到れるを。

歳月矢の如く、有名なる明治廿三年も亦《また》、端《はし》なく過去って、茲《ここ》に先生の一周回忌に遭ふ。且《か》つ、デビス氏著新嶋先生伝、亦世に出づ。余輩は懐旧の情、実に禁ずる能《あた》はざるものあるを覚ゆ。

人は云ふ、先生の功業は同志社大学設立の計画に在り。然《しか》れども、余を以《もっ》て之を見れば、先生の功業は実に同志社の校長として、日本基督伝道会社の事務委員として、其全幅の精神を注き、以て幾多《いくた》の後進の徒を感化せしに在るか如し。

蓋《けだ》し、先生か教育の事、及ひ伝道の事に任し、其全霊全身を犠牲にせしは、先生に親炙《しんしゃ》せしもの丶、尤も感激せられし所以《ゆえん》なり。先生、説、高かりしに非《あら》ず。識、博《ひろ》かりしに非ず。才、聳《そび》へしに非ず。

然れども、先生か基督教を信ずるの厚き、基督教主義教育の必用を感ずるの切なる、一見して人、之を感ぜざるを得ざりし也《なり》。

先生の生涯を譬《たと》へば、エレキ器械の如く時々《じゞ》刻々、其志を以て満ちて、其勢を四方に発《はな》てり。先生は至誠の人なり。何事をなすに当っても、尊意《そんい》を以てす。先生は主義の人なり。生涯、其初志を改めす。先生は忍耐の人なり。至困《しこん》、至難の時に於て、苟《いやしく》も屈するの色を示さず。先生は謙譲の人なり。汎《ひろ》く衆説を容《い》れ、能《よ》く士に下る。

然れども、先生か実に斯の如くありし所以《ゆえん》のものは、一に先生が基督教の拡張と基督教主義教育の発達との為に、身命を犠牲にせしに職因《しょくいん》せずんはあらざる也。故に余は先生を目して、日本伝道の使徒と称するを憚《はばか》らざる也。

世人は動《や》意《ゝ》もすれは、先生が長逝に先たつ二、三年間、大学事業の計画を懐ひて、天下に一騎打《う》ちに打て出で、而して天下人士の協賛を博せし時を目して、先生の全盛の時となす。

然れども、余を以て見るときには、先生全盛の時は実に同志社窓裡《そうり》にあって、日に細事に労し、心を寛《ひろ》くして、有為活激《ゆういかつげき》の後進を容《い》れ、自説を押へて能く衆説《しゅうせつ》の帰する処に従ひ、而して其心は実に其無名の朋友と共に、其伝道事業を共に埋没して、復《ま》た天下の功名の何たるを知らざりしの時に在りと云はんとす。

余の如き実に当時の先生を思ひ、熊本より迫害の火炎を脱して京都に来たりし諸友と同しく、先生より受けし覆育《ふくいく》の恩を思ふ毎に、未た嘗《かつ》て先生に負へる処の恩義の深、且大なるを感ぜずにはあらざる也。先生、千載の栄は、実に此間の事に在って存すと思惟する也。

先生未た其事業の成るを見ず、空しく其志を懐《いだ》ひて死す。豈《あに》遺憾なきを得んや。然りと雖《いえど》も、先生常に云ふ、其志はこれ神の志にして、其事業はこれ神の事業なるを。先生を以て見れば、其身は宛《あたか》も是《こ》れユダヤの荒野に大叫《だいきゅう》せしパプテスマの約翰《ヨハネ》なり。此生に恋々たるが如きは、決して先生の志にあらざりしなり。凡俗の情を以て先生を見る故に、遺憾なき能《あた》はす。然れども、今キリストと共に神の許《もと》にある先生の霊、豈毫末《ごうまつ》の私心あらんや。

余は謹んで祈る。先生の友人たるものは、此一周回忌に於て、能く先生の精神と志の在りし処を考へ、以て其志を天下に伸暢《しんちょう》せんことに益勉励するに至らんことを。余や中宵《ちゅうしょう》、先生を回顧し、其遺業を思ふ毎に、深く己れの無精神なることを愧《は》ぢざるを得ざる也。

先生の霊、もし我心に通ずるあらば、願はくは我が不敏の罪を赦《ゆる》せよ。余請《こ》ふ、今日より一層の鞭撻《べんたつ》を加へて、前途に向って進まん。

（『基督教新聞』一八九一年一月二三日）

（二）「新島先生の歴史上の位置」（横井時雄）

（この文は去る日曜日、東京青年会楼上に於ける新島先生紀念会席上演説の主趣に従ひ、起草したる者なり。横井時雄）

歳月匆々《そうそう》去りて、水の逝《ゆ》くが如し。早や新島先生の七週紀念会を催ほすに至りぬ。棺を蓋《おお》ふて而して後、論定《さだ》まると古人は云へり。

先生世を逝《さ》りて後、已《すで》に七星霜を経たり。而《しか》して、若王子山頭の墓碑苔色《たいしょく》、稍《や》ゝ蒼然《そうぜん》を加ふ。豈《あ》に先生を論ずるの時、漸《ようや》く将《ま》さに来らんとしつゝありと云はざる可けんや。

吾人《ごじん》は各地に於て催ほされたる紀念会に於て、奈何《いかん》の説論ありしやを詳かにせずと雖も、去る日曜日午後、東京青年会楼上に於ては、稍蓋棺論定《がいかんろんてい》の趣ありしを見たり。

蓋し、歳月を経《ふ》るに従ひ、激烈なる感情的の分子は次第に消《しょう》磨《ま》し去られ、先生を讃美するの声も、先生を非難するの声も、共に次第に低減して、昔日の如く高調ならず。

然《しか》れども、之《これ》と同時に天下の具眼者《ぐがんしゃ》は、漸く方《ま》さに公平《こうへい》なる眼《がん》眸《ぼう》を放って、以て先生を観察するを得るに至れり。真正の美人は、粉黛《ふんたい》の装《そう》を假《か》らずして美なり。先生の如き、是《これ》より将《ま》さに其の真価を示さんとするものに非ずや。

新島先生の歴史上の位置は、何ぞや。先生は如何なる種類の人物中に伍し、如何なる楷段《かいだん》の人物中に加はるべきか。これ問題なり。夫《そ》れ毀与褒貶《きよほうへん》、交々《こもごも》至り、殆んどその反対、声裡《せいり》に埋没せられんとする者は、偉人の概《おおむ》ね免る能《あた》はざる境遇なりとす。

先生の人物、亦たこの通患《つうかん》に遭遇せざるを得ざりき。時としてその非難者の言よりも、却て其の讃美者の声は、先生の真相を韜《とう》晦《かい》したることもありしか如し。吾を我友より救へとの悲しむべき声は、亦た時として先生の紀念により発せられぬ。

然れども、歳月は凡ての作為《さくい》を掃除し去り、凡ての仮装を洗《せん》滌《じょう》し去る。先生の真友は、是より増々先生の真相が放たんとしつゝ、あるを喜ばざる可らず。

吾人思ふ。新島先生は到底、一個の英雄たるを失はすと。抑《そもそ》も英雄とは何ぞ。吾人はカーライル〔Thomas Carlyle〕か之に何と定義を付せしかを知らず。然れども、若しも吾人をして敢《あえ》て定義を付せしめは、吾人は云はんとす。英雄とは一世を聳動《しょうどう》すべき一個の想見に忠誠なるの人（A man of one idea）なりと。

世の平々凡々の徒は、終《つい》に当代を聳動《しょうどう》すべき一大想見に到着する能はず。これ素《もと》より普通以上の知見を要す。

然れども、英雄は識者には非ず。もし識者たるの理想より見《みれ》は、英雄には寧ろ種々の欠点あるを見出さゞるを得ざるべし。然れども、茲《こゝ》にこの一個の大想見を持《じ》して立ち、之を天下に唱へて倦《う》まず、十有餘年、一日の如くなるを得るものあらんか。

これ即ち、一世の英雄たらん。之を本邦の近世史に付き観《み》れば、林子平の如き、高山彦九郎の如き、吉田松陰の如き、西郷隆盛の如き、是れなり。

読者は以上数子の如き各奈何《いか》なる想見の代表者たりしを知らん。而して、新島先生に至りては、基督教と基督教的教育を以て自任し、畢生《ひっせい》の力を尽して、此主義を天下に貫徹せんと勤めたるの人なり。豈に以上の数子と伍《ご》を同《おな》ふし、本邦近世史上に於ける英雄の一人として数ふべきに非ずや。

新島先生は、完全無欠の人に非ず。若《も》し、学問を以て論ずれば、恐らくは学者なりと云ふを得ざるべし。蓋し、先生と雖も、普通以上の学者たる才力なかりしと云ふに非ず。

但し、其の事業の念、鬱勃《うつぼつ》として禁ずる能はずして、学問上の志を立つるに暇《いとま》なかりし耳《のみ》。

又もしも思想家の理想より見れば、先生は思想家に非ず。其の神学論として聞くに足るもの多からず。其の説教の如き思想を以て、人を感動せしに非ず。もしも其の説教草稿を世に公けにせは、感服すべきもの果して多きや否《いな》、寧《むし》ろ疑ふべし。先生の説教が、人を感動せし所以《ゆえん》のものは、其の品性の感化にして、其の説の勢力に非ず。

更に又た、もしも道徳の理想より見るも、先生は蓋《けだ》し完全の人に非ず。其の人に交はる温良、恭謙、譲、時に古賢者の風ありしと云ふも不可なし。然れども、もしも仔細に観察し来れば、感服し得べからざるの行為、なきにしもあらざりしなるべし。

然れども、今日となりて先生を見る吾人は、先生の凡ての欠点を枚挙し尽くすも、決して先生の真価を落すに足らざるを知るなり。蓋し、先生の真相は是等の点に於て存せずして、寧ろ他の方面に於て認むべければなり。

回顧すれば、維新革命の後に於て、天下騒然、徒《いたずら》に西洋の唯物的文化を謳歌し、兵制、経済、法律等、争ふて西洋に模《も》さんと欲す。

此の時に当り、新島先生は独り欧米文化の神髄に着眼し、若しその神髄を我邦に輸入せざれば、文化の形骸《けいがい》は終《つい》に一大死塊《しかい》たるに了《おわ》らんことを思ひ、薪然《たんぜん》志を決して身を宗教の伝播に任じ、百万より来たる誘惑を排斥して、一心不乱其の事に任ず。

是、豈《あ》に世の名利に左右せらるゝもの、、能く敢てする処ならんや。必ずや非凡の胆力を有し、又其信ずる処に詢《じゅん》して、他を顧みざるの至誠を有する者に非《あら》ずんば、為すこと能はざる処なり。吾人は基督教が新来の宗教として、非常激裂の反対に遭遇せしに関《かか》はらず、其今日あるを致せるに付ては、新島先生の功の甚だ大なるを想《おも》はずんばあらず。

今や先生逝《ゆ》きて、已《すで》に七周年。世は実業熱に浮かされて、狂《きょう》癲者《てんしゃ》も啻《ただ》ならず。国務大臣を初め三百の代議士、金銭を以て買収し得べからざるもの、果して幾干《いくばく》ぞ。上下《しょうか》交《こもご》も利を征して、国《くに》危矣《あやうし》とは豈《あ》に今日の状態に非ずや。奇傑の士、日々に失せて、主義本領の文字、将《ま》さに紙上の空《くう》文字たらんとす。

古来、名節を重んじ、操守《そうしゅ》を尊しとしたる士風は、殆んど将《ま》さに地を払はんとし、而して、天命を畏《おそ》れ、正義を重んずる清教的道徳、未だ起らず、本邦の精神界は日に落莫《らくばく》として、転《うた》た凄愴《せいそう》の情に堪へざらんとす。

嗚呼、吾人は今の時に当りて、新島先生を追懐し、真《まこと》に情の切なるにたへざるなり。

（『基督教新聞』一八九七年二月五日）

（三）「明治教育界と新島先生　六大家追頌《ついしょう》会に於ける演説の大要」（横井時雄）

新島先生を完全に知らんと欲せば、其《その》教育界に於ける事業の外、宗教界に於ける活動を併せて観察せざるべからず。先生は一面に於て熱心の伝道師たり。

而《しか》して先生が、宗教家にして教育家を兼ね、教育家にして同時宗教家たりしより、其両方面の事業中、孰《いず》れが主、孰れが従たるかに疑問の生ずべきは当然なるも、只露骨に余の信ずる所を云へば、先生は教育の方便として宗教を説きしに非ず。又宗教の方便として教育事業を起せしに非ず。

宗教と教育とは、先生の眼中宛も鳥の両翼の如く、又人の両手の如く、甲乙なく主従なし。

先生の眼中、最終の目的は日本国民を救ひ、且つ教へ、以て世界最上の文明の国民たらしめんとするに在りしなり。因《よ》て此大目的に対しては、宗教、教育両《ふたつ》ながら方便たり。要は新たなる大日本国家を作り出さんとするに在り。

今先生の教育界に重きをなす所以《ゆえん》を知らんと欲せば、当時の教育界の状態と新島襄其人の人物とを対照して研究するを要す。

先づ教育界に就て観察せんに、明治初年の教育界は、之を維新前の教育界と比較すれば、別天地に対するの感なき能ず。

抑《そもそ》も明治維新は、一面王政の復古にして、萬世一系の皇室が、其本来の主権を回復遊されたるに在るも、其実質に附て論ずれば、之を我邦有史以来の大革命と謂《い》ふを至当となす。而して此革命の結果、其以前の社会の状態と其後の状態とは、殆ど全然区別せられて、前後を対照すれば、水と油との相異するが如き観あり。

殊に教育の状態に就て之を云へば、前者は漢学、後者は洋学、前者は詩文を作らんが為なりしも、後者は所謂実学にして実用を主としたるが、此になほ、一の大なる差違在り。

旧日本の教育は、主として身を修むるを以て其目的とし、維新後の教育は其目的とする所、専ら藝術に在り、殊更に道徳を無視せりといふに非らざるべきも、工芸技術の応用上、欧米諸国に比して三百年も後《おく》れたる所をば、一躍して追付かんとするより、其藝術に専なるに至りしも餘儀なかりしならん。

兎《と》に角《かく》、万事革新を事とし、古風を一掃するを風とせし。当時の人情は、道徳をチョン髷と同一視して廃棄したり。而して維新後、尚道徳の存するもの、概して維新前修養の惰力に由るに外ならず。

近頃、人はよく旧日本の道徳の武士道に在りしことを称説す。成程、然らん。然れども、武士道なるものは、何に淵源したるや。必ず基く所あらん。余は之を以て、我邦の儒教の産物なりと断言するを憚らず。

〔中江〕藤樹、〔熊澤〕蕃山、〔伊藤〕仁齋、其他爾《しか》く有名ならざるも、全国到処《いたるところ》に此の如き人ありて、斯教《しきょう》の為に全力を尽したるなり。蓋《けだ》し金鵄《きんし》勲章の為めに、身命を抛《なげう》つは易《やす》し。賊と呼ばれて忠を為し、不孝と呼ばれて孝を全うするが如き、殆ど企及《ききゅう》すべきに非ず。

要するに、儒教は心術の教育なり。俯仰《ふぎょう》天地に愧《は》ぢざる心術を養ふの教育なりしなり。此の如き源泉ありて、流れて当時の封建社会に触れ、此に武士道といふ形式を取りたるなり。別語之を云へば、カントの所謂善良なる意思を作出するは、実に此教育の大眼目なり。発しては忠となり、孝となり、何れに向ふ所として八方可ならざるなし。

然るに、明治革命と共に此の教育は一掃せられて、道徳は人の之れを説く物ものなく、功利一辺にて世の中は渡れるものと思ひなさるゝに至れり。民約説、進化説は必ずしも可ならざるに非《あら》ずと雖も、当時の人は此の説を取て、何を破壊するも勝手放題なり、自由なりと解して、道徳上にも将《はたま》た政治上にも、オーソリチーのなかりしは、是れ実に明治七、八年の教育界の現状なり。

此時、新島先生は米国より帰れり。其外国に在ること十一年〔十年〕。此間に於て、我邦は一変したるが、先生も亦変じて帰れり。先生は外国に在て、多くはアングロサクソン文明の精華たる米国新英洲に在り、其最善良なる家庭と高尚なる人物の陶冶を受け、親しく西洋文明の由来する所を察して、其教育の基く処を知れり。

又岩倉大使一行中、木戸〔孝允〕公〔ならびに田中不二麿〕が特に教育調査を為せるに際し、先生は其〔田中の〕補佐として、米国は固《もと》より汎《あまね》く欧洲を巡回して、深く英米の学風に感服したりと思はる。

此の如くにして先生は、帰て教育に志したり。其志す所は、知徳兼備の教育を施するに在りたり。

先生は福沢先生の如き知力の人に非ざりしも、非常なる熱情の人なりし。古人の所謂憤《いきどおり》を発して食を忘るといふが如き精神を以て、道徳を慕《した》へる至誠なる人也《なり》。而も謙譲の人、礼節ある模範的紳士なりし也。

同時に宗教より得たる大なる敬虔の心ありし人也。之が事に現はるゝ時は、学生に対する友情となり、真面目に熱心に、而して又寛大なりし。此人を中心として、同志社の学風は起れり。

一方には、恰《あたか》も道徳、地を掃《は》へるの時、福沢先生の如きも晩年に之を唱道したるが、当時新知識の普及に忙はしくて、未だ此に及ぶの暇なき時、新島先生は独り起て、アングロサクソン的道徳を教育界に布《し》けり。

世間は如何に腐敗するも、賢人、君子の屹然《きつぜん》として教育に中心たるあれば、之に依て善く一代の道徳を維持するに足る。即ち英米の教育は、組織の整理せるを長所とせざるも、一代の木鐸《ぼくたく》と云ふべき賢人、君子の屹然《きつぜん》強化を施けるより、其長所を示せり。

例せば、英国に在りてはアーノルト〔Thomas Arnold〕のラグビー中学に於ける、シーリー〔Sir John Robert Seeley〕、シジウイキ〔Henry Sidgwick〕のケームブリヂ大学に於ける、グリーン〔Thomas Hill Green〕、ヂヨーウエット〔Benjamin Jowett〕、ラスキン〔John Ruskin〕のオクスホルドに於ける、米国に在りてはホプキンス〔M. Hopkins〕のウイルリヤムス大学、シーリー〔J. H. Seelye〕のアムホルスト大学〔Amherst College〕に於ける一代の木鐸《ぼくたく》たり。シーリーは即ち先生の師事せし人、ホプキンス亦先生の親炙《しんきゅう》せし人なり。

近時、我邦漸く人格教育の必要を説くものあるも、由来人格は言説を持って之を作る能はず。先生が当時、道徳のオーソリチーとして汎《あまね》く認められしは、宜《うべ》なりと云ふべし。

畢竟人格は、人格より生まる。今日の我が教育界は、正に大人物の起るありて、之を率ゐるの必要あるを信ずるなり。

（『同志社時報』三二、一八九七年五月二五日）

（四）「新島襄先生」（横井時雄）

一体、新島先生は安中藩の人で、関東人であります。それで、先生の気風にも其の趣が出て居りました。非常な熱誠家で、真面目で、感情的であった。或る意味に於て、宗教上の高山彦九郎と云ふて宜しいかと思はれます。

学問の範囲が多方面に渉り、知識力が高邁であり、而して人格が豁大《かつだい》であった。福沢先生などとは趣を異にして居られた。哲学者とか、文学者とか、乃至《ないし》学者として社会に大勢力があった訳ではない。

勿論《もちろん》、十数年海外で研学せられたのだから、彼の時分の日本にありては、誰れにも後《おく》れを取らぬ。学者としても立派な人物ではありましたが、先生の主として一世の感化を与へられたのは、熱心であり、至誠であった。先生其の人の人格であったのです。

先生は実に熱誠の人であった。従って感情的でもあった。書生などに対しては、非常に憐愍《れんみん》の情が厚かったのです。が、其の裡《うち》には言ふべからざる一種の威力が、籠って居る。それは教育家としても、宗教家としても然《そ》うであった。

この風であるから、宗教上の学説、高遠なる談理などよりは、躬践《きゅうせん》実行を尊ばれ、己の信ずる処を他に伝ふるに当りては、至誠の感情直下、惻々《そくそく》として迫まるが如き概《おもむき》があった。感極まって涙を垂るゝなどは、屢々あったのです。高山彦九郎は上州の産でありますが、先生も矢張り上州。私はそれで先生を追想する毎に、高山彦九郎を聯想する。

高山彦九郎と云へは有名なる奇行家である。其の人と先生と似て居るのは、熱誠で在った点丈《だ》けで、先生は奇行など敢《あえ》てせられなかった。先生は何《ど》う見ても、堂々たる紳士と云ふ格で、礼儀を尊ばれた方である。

貴顕《きけん》の人に対しては、相応の礼を取られたのは言ふに及ばず、目下の者に向かっても、極く謙遜の態度を以て接せられた。衣服及び其の他、日常生活に於ても奇を衒《てら》ふなどの風は、少しもなかった。感情一片に偏した高山彦九郎などとは、大分違ふ。

宗教家としては頗る自信が強く、信ずる処は容易に動かなかった。此の点は、寧ろ頑固と言ふべき位であったが、それと同時に、如何なる人の説にも傾聴するを惜まなかった。一寸矛盾の様だが、先生は実に他の説には謙遜の態度を取られながら、自説に到っては仲々枉《ま》くる事を肯《がえん》せない。

或は先生のかゝる態度を評して、頑固を衒《てら》はんか為めに過ぎず、など誤つた解釈を施した人々もあった様だか、それ等は皆間違で、自信と謙遜の二つが、先生と云ふ一人格の上に結ばれて存した結果である、とするのが正しいのです。

また教育家としての先生を見れば、単に教授すると云ふ能力にありては、凡《すべて》を抜いて優れて居たとは思はれません。たゞ、長所ある人物を収攬《しゅうらん》して、己れの用をなさしむるとの様な事には、他人の企て及ふべからざる或る力があった。

一旦採用した人物には、自在に其の長所を発揮せしめ、手腕を延ばさしめたものですから、何《いず》れも楽しんで其の下に力を尽くしたものです。そばから見れば、餘りに放任過ぎはせぬかと思ふ位、各教授を勝手に働かせた。

それで其の人々も充分遣《や》り度《た》い丈《だ》けの事は遣ったのではあるが、振り返りて今日より見るに、益々新島先生の卓然として偉いのが分る。徳望、感化、威信に於て、それ等の人々は、先生の膝下に跪《ひざまず》くにも足らずと云ふ有様で、詰り、先生の人格か偉かったからでせう。

先生は謙遜であったから、何人も親んで近づく事は出来たが、狎《な》れ近ついて居る内にも、犯すべからさる威厳、侮るべからさる森然たる感じを、常に其の四囲の人々に与へられたのです。殊に其の身か怠慢であるとか、不都合な事でもしてある時などは、先生の顔を正視せられなかったものです。

先生の紀念として残って居るのは、京都の同志社であります。今日の同志社は、早稲田や慶応の様に盛大でない為め、先生の残されたる事業の甚た振はざる観あるは、遺憾の至りです。

併し、同志社に就きては色々の事情があって、斯《か》くなって居るので、先生の養成せられた人物は、今や社会に漸々《ぜんぜん》頭角を現はしつゝあるのですから、遠からず同志社の一飛躍する時期のあるものと信ずる。

今日の同志社の振はないのを以て、軽々しく其の価値を断じては貰ひ度《た》くないのである。先生の感化を蒙った人物は、今後如何なる事業を社会に貢献するか、同志社の将来は如何に発展するか、願はくは注目して居て貰ひ度《た》い。

今日の同志社を以て、吾々は決して最後の進歩とは思うて居ない。聊《いささ》か期する処があるから、世間の誤解なき様、此処《ここ》に言ふて置く。之れは私一個の意見ではなく、吾々同志社出身者の一般に抱懐して居る所のものである。（談話筆記）

（『中央公論』一九〇七年一一月）

（五）〔「開成学校から転校」〕（A・J・スタクウエザー）

同志社女学校の前身にあたる私塾を（男子校の同志社英学校開校のほぼ一年後の）一八七六年秋に立ち上げたのは、独身女性宣教師のA・J・スタクウエザーである。場所は彼女が寄宿していたJ・D・デイヴィスの借家（柳原前光《さきみつ》邸）で、純然たるミッション・スクール（京都ホーム）であった。

翌年春、新島襄はこの私塾を同志社に吸収して校名を同志社女学校（申請時は同志社分校女紅場）と改称し、自ら校長に就任した。二条家の敷地（現在の同志社女子部今出川キャンパス）に移転するのは、その翌年、一八七八年のことである。

この間、終始、女子教育の中軸を担ったのが、スタクウエザーで、横井時雄の妹（みや）の恩師ともなる。みやの転入学は時雄と同時である。その間の消息について、スタクウエザーは、本国にこう伝える（以上、本井康博）。

「私たちは〔つい先ほど〕熊本のキャプテン・ジェーンズの生徒だった伊勢氏〔横井時雄〕が東京の「開成学校〔東京大学の前身校〕」からやって来たことを知りました。彼は、全身全霊を打ち込む誠実な信徒です。

伊勢氏と〔いっしょに来た〕他の二人の『兄弟たち』〔山崎為徳と和田正幾〕は、日本で最高の学校で学んでいました。国内の重要ポストは、同校の卒業生で占められているのですが、彼らは京都の『同志社』に入学するためにそこを辞めて来ました。

彼らは私たちの女学校に姉妹たちや友だちを〔東京から〕連れてきました。彼女たちは、極めて珍しいことなのですが、すでに四年間勉強を積んできたようで、英語はかなり上手に話したり、読んだりします。ただしそのうちのひとりは、それほどではありません。

今の施設〔柳原邸の一角で開いた私塾〕では収容能力に限りがあります。そのため以前から、私たちの必要を満たすような土地を一区画、購入できないかと大きな関心を払ってきました。

伊勢氏が嘆くには、東京の開成学校では三百人の学生がいるのに、信徒は四人だけです。私たちのところに来た三人を除けば、残るのはたった一人にすぎないといいます。

同校のクリスチャン教授〔お雇い外国人〕は、信仰のことは話したがらないし、日本人教授たちも外国のものは信用しないという考えに徹していて、教会から二マイルも離れた場所に住む有様です」（A. J. Starkweather to A. B. Child, May 16, 1877, Kyoto）。

（六）文献紹介・『故横井時雄君追悼演説集』（本井康博）

アルパ社書店から卜部《うらべ》幾太郎編で、一九二八年六月一日に出版された講演集。同年四月十四日に東京の青山会館で開会された故横井時雄君追悼演説会で披露された演説の筆記録（本文五八頁）である。

巻頭に付された演説会次第によると、司会は小崎弘道（霊南坂教会牧師）、奏楽は森本縫子、聖書朗読は額賀《ぬかが》鹿之助《かのすけ》（本郷組合教会牧師）、祈祷は野口末彦（巣鴨教会牧師）、祝祷は綱島佳吉（番町教会牧師）が担当した。純然たるキリスト教（旧組合教会）に基づいた追悼記念会である。

出演した講師は、徳富蘇峰、小崎弘道、浮田和民、綱島佳吉、それに内村鑑三の五人で、いずれの演説も本書に収録されている。なお、編者の卜部は今治出身で、青年時代に同地で牧師の横井時雄から洗礼を受けた信徒である。

（『近現代日本の社会運動家　自伝・回想録　解題』）

九、下村孝太郎

（一）「下村孝太郎略歴」（故先生自ら生前に書き遺されたるもの）

文久元年九月廿六日、熊本市に生る。八歳にして附近の漢学塾に入門。明治五年、十二歳にて熊本藩主細川侯の創立に係る熊本洋学校に入学。三年にして卒業。

同校にてゼンス教師より究理学（現代の物理学）、及び舎密《せいみ》学（現代の化学）を学ぶ。ゼンス教師、思う仔細ありて生徒の或部分に耶蘇教を教ふ。余は其中の一人なりき。

明治九年、十六歳、京都に上り、新島氏の設立に係る同志社〔英学校余科〕に入学し耶蘇教を学ぶ。幾許《いくばく》もなく父死し、余は遺族教育の責任を負ふに至る。

明治十二年、十九歳、〔同志社卒業後〕岸和田藩主岡部〔長職《ながもと》〕氏の設立に係る時習舎に英語教授を担当す。時習舎廃校の結果、郷里熊本に帰り、私立英学校を創立す。該校、維持困難に陥り、廃校するに至り、田舎に引返す。

明治十四年、二十一歳。京都同志社英学校より物理、化学及び数学の教員として聘《へい》せられ、該校《がいこう》に於て四年間教授す。

明治十八年、二十五歳、米国に渡り、Worcester, Polytechnic Institute, Worcester, Mass.〔ウースター工科大学〕に入学し、化学を専修し、B. S.〔理学士〕の学位を授かる。続きてJohns Hopkins University〔ジョンズ・ホプキンス〕大学院に入院。レムゼン〔Ira Remsem〕教授に就き、有機化合体研究の仕事に従事す。

時恰《あたか》も米国富豪ハリス〔J. N. Harris〕氏、理科専門学校設立の為め米貨拾萬弗を京都同志社に寄附される。余は明治廿三年、寄付者の意を受けて帰朝し、該学校設立に従事す。此校命名して、京都同志社波理須《ハリス》理科〔理化〕学校と云ふ。

此時代には、理科学校専修の学校、甚だ少なく、京都に於て斯《かか》る学校の設立は、大に異教〔在来伝統宗教〕に敵視されたり。余は化学教育の事業を以て終身の事業と心得、此校の発達に尽瘁せしが、五年経過するに至り、寄付行為の実施上、同志社理事と意見合はず遂に職を辞せり。〔後略〕

（『同志社新報』一九三七年一一月一五日）

（二）「キリスト者列伝・下村孝太郎」

現住所　〔空白〕
生国　熊本市
所属教会　同志社教会

熊本藩士、下村五平氏の長男にして、文久三年九月二十六日に生る。父五平氏は、王政復古に際し、家禄《かろく》奉還後、事業に手を出して失敗に失敗を重ねしを以て、〔孝太郎〕氏に学業を修めしむること能《あた》はず。農業に従事せしめんとせしが、熊本洋学校教師、野々口〔為志〕氏は氏の才学を惜しみ、学校より補助して勉学せしめたりと云ふ。

校長ジェンズは初め、宗教に対しては極めて無頓着にして、豪《ごう》も之《こ》れを口にせざるのみならず、性質磊落不撓《らいらくふとう》にして、日夕之れに接する青年等も、宗教などを奉ずる人とは思ひ及ばざりき。

然《しか》るに、洋学校を去る前年〔一八七六年〕の冬に至り、聖書を生徒に配布して、自宅に於て〔聖書〕研究会を開き、之れを講義すべきを以てせり。氏は最年少者なりしを以て、其故を知らず。氏は何事を講究する会合なるやと問へり。一友は、「こは切支丹宗を修むるためなり。兎に角、英語練習ともなれば、来らずや」と答ふ。

氏は嘗《かつ》て、切支丹を修むる時は、天に昇る術を得ると聞きたる事あり。理化学に於ても不可能なる昇天術を習得せんは、此上もなき幸なりと、内心喜びつつ其会に列したり。氏は其の頃より、理化学に深き趣味を有したりと云ふ。

会に至れば、ジェンズ氏は先づ天を仰ぎ、眼球を転じて白膜を現はし、何事かを唱へたり。氏は之れを見て。眼球の転ずる所に何か秘密あらんと注視せりとぞ。之は祈祷にして、眼球を転ずるはジェンズ氏の癖なりしなり。

斯《かか》る間に師の懇篤なる教導と其平素の人格的感化により、彼等はかの花岡山の奉教盟約となり、惹《ひ》ひて大迫害を受くるに至りたるは、世人の知る所なり。

即、彼等の信教と聞くや、儒者たる竹崎〔律次郎・茶堂〕、野々口の諸教師は、生徒の父兄を訪問し邪宗の害毒を説き、一刻も早く其信仰を防遏《ぼうあつ》すべきを勧奨せり。

氏の父は、竹崎氏の訪問をうけたりしが、之れに答へて「師は父母に代りて子弟を教訓するものなれば、最早、父母同然なり。又、拙者は師の教ゆる所には、決して悪しきことある筈なしと信ず。一旦お預け申せし上は、如何なることを教へらるるも、差支なし」とすげなく断りしと云ふ。

その為めに氏は、学資の補助を絶たれ、ジェンズ氏の扶助をうけて、其の邸内に自炊生活をなしたり。

斯《か》くて明治九年三月、ジェンズ氏より受洗し、ジェンズ氏、満期帰国後〔大阪英語学校に転勤後〕、同志と共に京都に出《い》で、新島襄氏の同志社〔英学校余科〕に入り、明治十二年、第一回卒業生として同校を出でたり。

其の後、米国に留学して理化学を専攻し、爾来《じらい》、化学工芸の研鑚に一身を任《ゆだ》ね、先年、工学博士の学位を授けられたり。現時は大阪舎密《せいみ》工業株式会社取締役兼技師長、大阪瓦斯《ガス》株式会社、日本染料株式会社各技師長たり。

夫人は北垣〔国道〕男爵〔元京都府知事〕の伯母《おば》に当り、明、孝次、清子等の子女あり。氏の妹は、一人は法学博士・浮田和民氏〔下村の同志社英学校同級生〕に、一人は薬学博士・小野瓢《ひさご》郎《ろう》氏に嫁《か》せり。

（『信仰三十年基督者列伝』）

十、森田久萬人

（一）「同志社校卒業証書授与式祝辞」（森田久萬《くま》人《と》）

（左の演説は、京都同志社英学校の教師、森田久萬人氏が生徒卒業式の時に述べられたるものなり）

校長、教授、並紳士諸君に告ぐ

余が親愛する同志社校も、今は其歴史を有するものとなりたり。開校以来、其《その》卒業式に遇ふ、已《すで》に五つたび。卒業せしもの五拾名。今回また卒業するもの数名に及べり。〔中略〕

此《この》席に於て自由教育論（リボラル・エジュケーション）を述べて祝辞に代えんと欲す。方今、我邦学校の夥《か》多《た》なる新開の国においては、他に其の比類なかるべし教育の道は、実に盛大なりと言はざるを得す。

思ふに今より後、日本将来の問案となるものは、数多あるなかにも、教育者の最も緊要なるものは、今日漢学を再興して支那古文を修むべし、否《いな》和学を振起して、皇典を究むべしと言ふにあらず。又西洋の学術を研《きわ》むるには、独逸語を究むべし、否英吉利語にて足れりと言ふにもあらず。

その問案は取りも直さず、如何なる教育法を以て日本将来の文《ぶん》学《がく》を誘導《ゆうどう》するや。語《ご》を変《へん》すれば、日本《にほん》にては如何なる学風を興して、普通教育を推奨《すいしょう》すべきやと云《いう》に在るなり。

是《こ》れ日本にのみ事新く始めるにあらで、萬国文学の起源を尋ぬれば、皆同一轍《どういってつ》の順序を経過したることにて、英国に独逸国に聞く処によれば、晩近《ばんきん》米国に於ても各々独箇の学風を有し、大学小学の組織より公衆の論説及感情に至るまで其の中に貫徹して、大に各国各自の教育を上進せしむるものありといふ。〔中略〕

爰《ここ》に教育論者あり。曰《いわ》く、近来、我国の子弟は其品行漸く軽薄に赴き、父兄の言を用ひず、長上の警戒を顧みず、これ畢竟《ひっきょう》、学校教育不完全なるが故なり。これ周公、孔子の道を忘れ、漢土《かんど》聖人の教を教へざる、不完全なる教育法に由るなりと。是《こ》れ方今、道徳の衰頽《すいたい》を嘆して、之《こ》れか挽回を漢土聖人の法に謀らんと欲するものなり。

又或る論者は、右の論旨を冷笑す。但し、其の言ふ所を聞けば、今日の教育法は、学校を変革するも迂遠なり。宜《よろし》く世態の大教場を変革すべし。曰く、天下の公議輿論《よろん》に従って之を導き、自然に其行く所に行かしめ、其止る所に止まらしめ、公議輿論と共に順に帰せしむる云々。

或ひは、自主独立、我身を金玉視する云々《うんぬん》（福沢氏教育論）。其の旨《むね》とする所を察するに、輿論《よろん》とは今日舶来の新説ならん。その説を基とし、我身大事に自愛を務めよと言ふ忠告なるべし。これ甲の論者と大に見る所を異にしたれども、惜《おし》いかな、眼力未だ微弱なるにや。〔中略〕

心智の教育に於て、齊鈞を失せざることは、教育の主意とする所なれば、幼稚なるものの小学に在るときも、青年には大学にあるときも、最も大学の科を終へて専修の科を究むるものは、圓満なる教育を要するものなり。某《それがし》が所謂自由教育も、圓満なる大学の教育を言ふのみ。

この大学の教育は、専修の教育に相対したる意義なり。それ大学の教育は、専修の如く一科の学を修めず、百科の学を修めて、識見の狭溢なるを戒む惟一《ゆいいつ》の能力を開発するにあらで、諸能開発の齊鈞を専《もっぱ》らとす。この時代とて、利用を顧みさるにあらず。職《もっぱ》ら修練に力を尽すにあり。

学をなすは、学のために学を好むの心を以て為すべし。学を為すは、利のために利を好むの心を以《もっ》て為すべからず。故に、法を学はさるにあらず。物理学を修むれども、哲学を学はさるにあらず。科学を好みて、神学を疎《うとん》するにあらず。論議を嗜《たしな》むて、道徳を傾とするにあらず。

斯くして智徳の両全を旨とするが故に、完具なる教育を要するなり。左れはこそ、日進の学問と併行し能《あた》はさる周公、孔子の教は無効なり。開明の人心を維持し能はさる無神説の道徳は、無力なりと言ふなり。

獨り改進の精神ある基督教を以て、日進の学術と相伴はしむべし。獨り人心の腐敗を矯正《きょうせい》し得るの基督教を以て、教育と相連帯せしむべし。

左すれば、輿論を天地の公道に帰せしむること、流に従って水を治むるが如く、自主独立、我身を金玉視し、不正不義の行を以て、我心身を傷け、父兄の心慮を痛ましむるものなかるべし。

〔中略〕

臨場諸君よ、今や此学も年毎に生徒の増加、学事の進歩、心育の緻密なる等を以て、漸次進みて退かずんば、七年を出てずして〔一八九〇年に〕大学の境域進まんことは、同志社々員〔理事〕諸君の希望なりと承はる。一挙して大学の境界に進むこと難けれども、漸次、学科を高ふせは、早晩其の期するところに達することは、疑ひなし。

左すれば、社員諸君の満足なるのみならず、我邦家の満足なり。望むらくは、其の期日の近からんことを。余は終に臨み、卒業生諸子に告ぐるところあり。

諸子は此校の教育を以て満足とせす、今より後、復愈々《またいよいよ》学を勉め、益々学を精《しらげ》たし。重ねて徳を修められ、インテルレクチュアル・アンド・スピリチュアルマンフッド（智徳兼備の大丈夫《だいますらお》）を養成せられんことを希望す。

諸子が此学を出て他に行くも、此学の名誉を汚さず、尚ほ我学の盛大、善良ならんがため、此校を諸子のアルマメートル（恩母）〔母校〕として記念せられんことを希望す。

諸子が此学にて得しところの学識、品格、材能を以て、惜まず邦家のために、皇天、上帝のために用ひ、諸子の生涯は忠愛の二字を以て貫かんことを希望す。

（『六合雑誌《りくごう》』三六、一八八三年八月）

（二）「森田久萬人博士履歴」（湯浅吉郎）

森田久萬人博士は幼名を熊童と称し、安政五年七月十八日、熊本県肥後国山鹿《やまが》郡上長野村といふ熊本市より八里程隔たりたる村落にて出生す。父君を森田彌兵衛と言ひ、母君を加嘉子と言ひしが、母なる人は志方家より入れる人にて、今尚、健にいまし玉ふ也。

兄を鈴木十郎と言ひしが、十一年前、みまかりぬ。姉いと子は林通之氏に嫁し、妹とり子は谷田文衛氏に嫁す。

明治十五年九月、伊豫国越智《おち》郡今治町、重松栄順氏の女、始子《もとこ》と結婚し、女子四人、男子一人を挙《あげ》しが、此《この》七歳の男児なる森田敬こそ博士の続人なれ。尚、家庭の上につきて種々記すべきものあらんも、今は略しつ。

是《これ》より博士の学校生涯につきて、いはんに、抑《そもそ》も学問と言は、元治元年に始め、慶應二年まで父君の下にありて習字と和漢学等を修め、慶應三年より明治元年迄、熊本藩立時習館に於て習字、和漢学の上に武芸を研《みが》き、明治二年より同三年迄、該館の教授、兼坂淳三郎先生の門に入り、尚、和漢学および数学を習はれし也。

其後、明治四年九月より熊本県立洋学校に入学して、北米合衆国砲兵キャプテン〔大尉〕、エル・ゼンス氏につきて英語を以て普通教育を受け、遂に明治八年七月卒業す。

此時初めて基督教をききしが、所謂宣教師の伝道法にあらずして、ゼンス氏の教育的感化によりて、却《かえっ》て早く基督教の真理を認むるに至れりといふ。其れ故にや、同志と共に父兄の迫害なりしにも係らず、花岡山上に於て信徒たることを発表するに至れり。

是《ここ》に基督教主義の学校に入るべき必要を感じ、ゼンス氏の周旋に由て、明治八年九月、京都なる同志社英学校に入り、神学生となり、デビス、ラルネッド、及び新島先生の教を受け、傍ら〔助教として〕普通学校の教授を助けつつ、明治十二年六月、卒業せり。

明治十二年九月より同廿二年迄十年間、同志社にありて教授となられ、英語学、地理学、歴史、算術、代数、幾何等の数学、地質学、地文学、心理学、論理学、修辞学、及び倫理、哲学、宗教学、神学等を教授し、且《か》つ英文学、幷《ならび》に独逸語学を独習せられし也。

明治廿二年九月より同廿五年六月迄三年間、兼ての希望により北米合衆国カ子《ネ》クチカト〔コネチカット〕州エール大学文科の研究科に在りて、専ら哲学、心理学、及び倫理学を彼《か》の有名なるラッド〔Ladd，George Trumbull〕博士より学び、傍ら経済学、社会学、及び生理学を学ぶ。

其時、アムフォールスト〔Amherst〕大学に開かれたる夏期学校に赴きて、仏語をも修む。明治廿四年九月より同廿五年六月迄、エール大学に於て東洋哲学史の講師となりしが、こは空前絶後のことにして、博士自身の名誉のみならず、実に我国の名誉と言ふべかりし也。

且《か》つ明治廿五年六月、東洋哲学につき一大論文を草し、エール大学よりドクトル・オブ・フィロソフィーの学位を受く。

帰朝後、二《ふた》たび同志社に於て教授をなし、神学校の教頭として、普通学校の教授として、生徒を薫陶し、神学校の教頭と辞して遂に文科学校を創立し、哲学及文学の専門部を同志社に於ける政法、理科、神学と共に起さんことを希望しつつ、今日に至らせ玉ひしなり。

さて神学校の方針につきては、

一、神学校に於ては、学理研究と実地伝道師とを養成すること、

二、神学校は会派〔教派〕の教理を代表せず、研究の自由を維持すること、

三、神学校と教会の信仰箇条とは関係なきこと、

而して生徒に対しては

一、キリストの精神を精神とし、神の王国建設に基督の如く一生涯を尽せよと言ひ、

二、聖書及神学を学ぶの外、歴史に目をつけ、十九世紀の学問をせよとすすめ、

三、全国の寺院七萬以上、僧侶殆んど拾萬人、且つ小学教員九萬以上に代りて精神上の教教《ママ》をなすものは、伝道師ならずやと呼びて、今後神学生の如何程多く出るも差支えなしとし、且《かつ》、ロボルソンの真実、ブルックスの純潔、ビーチヨルの勇気、フィニー〔C. Finney〕の熱信、澤山保羅《ぼうろ》の信仰、新島先生の伝道心を見よと言ひて、生徒を奨励せられたり。

普通学校、及び大学の自由独立に於ては、最も主張したる所にして、サウィーニ氏曰く「パリス大学をして畏《おそ》るべき強大なる勢力あらしめたるは、其貧困なると精神的なるにあり」と言ふに、同志社の現状、たとへ資金は不足なるも、精神さへあれば、必ず我国の一大勢力となるべく信じ居られし也。

又、自己の専門なる哲学を弁護するに、「哲学を冷評して無用の学といふものは、恰《あたか》も胃腑《いふ》の手足の如く、其働《はたらき》の見えざる為め、之を冷評するが如し」とベーコンの云へることを屡々繰り返されし也。

神学校の教頭をやめて文科学校のみを担当することとなりて、教授時間の少しく減せしより、是《これ》迄十年来、教へ来りし講義を更に書き改めて著述せんと、毎夜十一時過まで筆を執られ、大に勉強し居られしが、ふと眼病の様にて眼光の朧気《おぼろげ》になり、益々見

えずなりしかば、其療治の為、明治三十一年十一月十二日、京都なる河原町の〔京都〕療病院に入る。

然るに、眼よりも身体一体に疲れ居られしかば、内科の診察を受け、殊に坪井医学士は其病気の安易ならざるを発見せられたり。即ち肝臓の療治より始まるとて、暫く入院して居られしが、十二月四日に自宅に帰りて、療養することとはなりぬ。

然るに思ひしよりも能《よ》くなりて、見舞に来れる人を引とめ、高らかに談話せられ、余か訪問せし時などには、殊に病苦も打忘れ「遅くも四月には学校に出でんと思うか、其迄は講義録を生徒に写させ、尚足らざる処は此床の上にて話すべし。生徒は我宿に送りてもよし」と申されたり。其教授に熱心なること、推して知るべし。

また博士は時を守り、義務を尽くすに厳重なる人にて、十人の内八人まで欠席しても、残る二人の生徒を前にをき、詳細なる講義を一時間、筆記さする事あり。其他、道理ありと思ふ時は、実際はいかにありても之を主張し、行れざる事は知りつつ、猶真理を主張するの風ありき。また萬事倹約にして、他人は車にて行処も、一人徒歩したまひしが、こは無益の費をつみて、有用の書を買ふが為なりし也。

書を求むる事は、博士の清癖にて、市中に行くときは必ず古書一、二冊を買ざる事なかりしと云。余は博士の書斎に入りて、和漢書の古きものに読まれて跡の残れるをみるよりも、数十巻の洋書の米国より着したるまま、一度も開かせ玉はざるをみ、猶かなしく、一人落涙せり。

余は最後に博士に会し時も、「古今集はありますが、万葉はまだみませぬ。何かよきものあらば、市中に行し時、買ふて下され」との仰せ故、余は書物屋に依頼しをきしか、今は博士にみせんよしなし。

博士はむかし池袋〔清風〕氏につきて和歌を学はれしものの一人なるか、此度病の床のつれづれなるまに歌を作り、令嬢をして記さしめたる其歌題を見るに、博士が病中、如何なることを考へ給ひしかは、知るに足る。今其一、二を記さんに、

ウェリントン、ナポレオンに勝つ、華聖頓《ワシントン》大統領をやめて故郷に帰る、楠正成《まさしげ》帝命を奉して湊川に行、同正行《まさつら》色欲に勝ちて戦場に赴く、常盤御前子供を連れて雪中を逃げ行、豊太閤、伊藤仁齋、貝原益軒、ルーテル死を決してウオームスの大会に赴く、画工ラフヮエル生涯基督を画く、盲詩人ミルトン失楽園を著して志を述ふ、コンスタンチン大帝戦場にて空中に十字架を見る、ヨセフ女の誘ひに勝つ、ダニエル酒を拒む、基督法庭に出てて口を開かず、自由、真善美、神の愛、其他富士の山、琵琶の湖等風月を歌ひしものも少なからず、凡《すべ》て百五十七有首。其中の一、二を記さんに、

◎病の床につきて

かねてより定めありとも白衣の　床につくこそ悲しかりけれ

◎又

人の子の枕する夜もなかりしを　思へはなとか忍ざらまし

◎眼病
秋きぬと人はいへとも山紅葉　みさる眼りはあらしとそ思ふ
◎フランクリン成功の秘訣
早くいねはやく起きない誰もみな　強く賢く富み栄ふ也
◎新島先生の墓に詣てたることを思ひ出でて
今まさは語ふこともさわなるに　苔の下なる君そこひしき
◎ロッキー山にて
行汽しやの高根の雲にいる時は　龍に乗りたる心地こそすれ
◎自然淘汰
親知らす子もまたしらぬ荒磯を　すきて後こそ嬉しかりけれ
◎善悪の差別
山陰の茨の中に匂へとも　いはらはいはら花は花也
◎死
尊きと朽ちさることのなかりせは　死出の旅路もさむしからまし
◎志を言ふ
花ならぬ我身なれとも吉野やま　ちるも散らぬも神のまにまに

かく歌など読み、人と話しすることを好み玉ひしが、二月五日より病、再び重くなりて、遂に廿二日の夕刻は坪井氏の来診あり。愈々危篤なりしかば、注射を行ひ、滋養灌腸をなし、同夜は近藤氏の来られしに、「御陰で今迄いきのびました」と云ふて謝し、又家の人々には看護も医師も申分なく、心残りはなしと申されぬ。且つ「他人に金一つ借りたることなければ、今眠るも安心なり」と云ふ。

愈々廿三日午前二時となりては、頻りに眠を催せしに、「眠らば永眠となるやも不知《しれず》。いそぎ医師をよびて、眠りても宜敷《よろしき》や否やをとへ」と云ひ、眠りてもよしとのことにて、八時頃より暫く眠り、時々「油谷《あぶらだに》〔治郎七〕氏はまたか、またか」と呼びたまいぬ。

漸く油谷氏〔牧師〕の来りて「如何にあらせたまうや」と問うに、「肉体に苦痛はありませぬ、有難う」、と「また心にかかる事は何もあらず」やというに「何もありませぬ、有難う」、とまた熱の高かりしかば、冷き水を以て唇を湿し奉りしに、「有難う」「うまい」と云ひ玉ふて、終まで礼節を失はず、午後四時廿分、烈しき痙攣《けいれん》の起るありて、近藤氏に使を送りしが、最早やまに合わず、其苦痛の中にありても口を閉じて、一言の苦声を発せず、油谷氏の手を握りて離さず、母君始め夫人、子供に囲まれ、油谷氏の祈祷に絶息し玉ひぬ。

此時まで博士の心にかかりしは、枕邊近く立させ玉ひし七十三にならせ玉ふ母君を跡に遺《のこ》して逝くことなりしならん。半ば昏睡の時までも、尚母に心配を掛けましとて、やせほそりて動かぬ御手を動かし玉ひて、「母上、まだ手を動かすだけの力はありますよ」と申されしぞ。悲しきことの限りなりき。

かくも博士が母君を残し、夫人を残し、多くの子女を残し、四十二歳にして世を去り玉ふこと、かなしとも悲し。

去れど廿五日午後一時より、同志社礼拝堂に於て葬儀をなし、直に若王子山に送り奉りて、雪猶残る東山松風寒き新島先生の墓畔に葬りぬ。

明治三十二年二月廿五日

聖山　湯浅吉郎誌

（『基督教新聞』一八九九年三月一〇日）

（三）「博士森田久萬人氏逝く」（報道記事）

森田博士は宗教上より言えば、熊本花岡山同盟者の一人にて、教育上より言えば、余に率先して英書を究め、嘗てエール大学にあるや哲学を専攻し、同学に於ける東洋哲学の講師たりき。更に同志社教授としては十年一日の如く、身と識と心とを之《これ》が為に尽くされたりき。

然《しか》るに博士は、去月廿三日、この世を辞するに至りぬ。余輩は同志社今日の現状を鑑み、博士の遠逝《えんせい》を痛く悲まずんばあらざるなり。

余輩の同志社にあるや、博士の教を受くる多く、博士の身を以て同志社に尽さるるを目撃して、志竊《ひそ》かに同志社の強きを感じたりき。然るに星移り、物変りて、同志社は幾多の変遷を経由し、更に本年は同志社未曾有の改変に際し、人物僅少の嘆、少からざる。

今日、博士の如く謹直にして忍耐なる、不撓《ふとう》にして屈せざる、苟《いやしく》も知識のある所は、艱《かん》と難とを厭《いと》はず、道理のなる所は危《き》と殆《たい》とに関せず、愈々《いよいよ》進み、愈々治めて止まざるが如きは、一家の学者として余輩の欣羨《きんせん》措《お》く能《あた》はざる所なりき。

然《しか》るに、この人にして多難の同志社を後に残す。余輩、同志社隆昌の一要素として、博士の遠逝《えんせい》を悲まざらんと欲するも、又得可らざるなり。適々《たまたま》博士の訃音に接して、その長逝を痛む。

（同前）

十一、岡田松生

（一）「現代教会の欠陥」（岡田松生《まつお》）

（岡田松生氏は霊南坂教会執事、岡田商会主）

私が東京に出たのは明治十二年の六月で、〔同志社で共に学んだ〕中嶋〔中島〕力造君が洋行するため、之まで出て居った津田仙翁の学農社を辞したので、其後任として同志社から上京したのであった。

其頃、小崎〔弘道〕君も上京の志望があったので、私が之《こ》れを津田先生に話すと、先生も大に賛成せられ、小崎〔弘道〕君は其年の十二月に上京せられたので、そこで其以前から我々同志〔群羊社〕のものが、数名で小さな集会を営むで居ったのを幸い、小崎氏を主任として、京橋新肴町《しんさかなちょう》に伝道所を開き、新嶋先生が上州に来られたる時、先生を聘して其設立式を挙げたのであった。之れが即ち今の霊南坂教会の発端である。

夫《そ》れ以来、私は教会とは切っても切られぬ密接な関係を結び、今日まで先《ま》づ何の変遷もなくやって来たので、何等教会のため尽したと云ふ訳ではないが、唯だ教会の古顔で、三十年一日の如く教会に出席して居ると云ふことは、私自身の感謝であり、光栄に感じてをる処である。

そこで、私の教会に対する観察も批評も注文も、皆此の古顔と云ふ私の特権を根拠としてをるのである。

私の現代教会に就《つい》て第一に感ずる事は、会員が新陳代謝することである。今日の教会、殊に都会の教会は、青年学生が多いからでもあらうが、五年、十年、或は十五年たって仕舞へば、全く会員の顔が一変して、古い会員は段々其影を没し、新しい人が代って来る。

二十年、三十年変らない人は殆んど稀で、さう云ふ人があれば、誠に珍しいと云って、驚くやうな次第である。之は果して教会にとりて、良い事であらうか。私をして忌憚《きたん》なく云はしむれば、現代の教会の不振なる原因の一は茲《ここ》にあると思ふ。

元来、教会の基礎は信仰であると云ふことは、議論のない処であるが、しかし如何に信仰々々と云っても、教会は物質的の基礎がなければ、健全なる発達は望まれないと思ふ。余り実際的に解釈を施す様であるが、教会の基礎は矢張り、一面には財政の充実である。

故に、此方面よりすれば、どうしても教会は青年学生よりも既に一家をなし、職業を持った会員が多くならねばならない。青年、学生を軽んずる訳ではないが、青年時代は誠に変化の多い時代であるから、昨日は東、今日は西と云ふ風に、同じ所に定着していない。

従て、教会の要素としては、甚だ薄弱である。されば教会は、永く教会に属し、其土地に永住すべき性質の信者を作ることに力を尽さねばならぬ。

之《これ》に注意を傾けない時は、此種の信者は段々減少し、教会の財政は、少数の人に依《よ》りて負担せねばならぬから、其額は重くなり、従て始めは熱心な会員も、自然教会に遠ざかりて来るのは、人情の已《やむ》を得ざるところである。

然らは、如何《いか》にすれば、此種の堅実なる家族的信者を作ることが出来ようか。之は今日、伝道法にも欠陥があると思ふ。私の見るところでは、集中伝道の如きは、教会の存在を知らしむるには必要であるが、真に教会を発展せしむには、更に今一歩を進めねばならぬと想ふ。

夫《そ》れは即ち、牧師、伝道師は元より、信徒各自が、個人より個人に基督教の真髄を伝へるにある。特に信徒は、生活其物を以て周囲の人々に伝道せねばならぬ。特別伝道、集中伝道の如きは、青年や学生や、閑人《ひまじん》にあらざれば、実際事業に従事する多忙なる人々を此種の一時的の会合に誘致する事は出来ない。

故に、実業家や其他多忙の職業に従事する人々は、信徒の家族が、彼等の家族に接して、人より人に、家より家に教へを伝へねばならぬ。茲《ここ》に家族的信徒を得るの秘訣があると思ふ。

又、教会員の新陳代謝と云ふことも、一に信徒各自の決心に待たねばならぬ。元来、信徒をして教会生活を楽しましむると云ふことは、牧師の責任であるやうだが、一面に於て之れは信徒、特に先輩信徒の担ふべき責任である。

牧師は主として説教を以て、来集せる信徒に霊的満足を与ふるは、云ふまでもないが、しかし、夫れのみが信徒を引付ける唯一の方法ならば、教会は決して健全に発展することは望まれない。何となれば、牧師の説教とても、出来、不出来もあり、又甲《こう》には満足を与へるも、乙《おつ》にはそうでない場合もあるからである。

故に教会は、会員をして教会に集まり、共に神を讃美し、神に祈る事夫れ自身が、信徒のなすべきこと、否《いな》なさざる可《べか》らざることとなり、との習慣を作らしめ、教会生活を楽しむに至らしめねばならぬ。

夫れには、古き会員が大に任じて教会を愛し、進んで教会に出席して、入り来る新しき会員を迎へねばならぬ。五年、七年、他行して帰り来り、教会に来て見れば、牧師の外に古い会員が居なかったとか、自分と同時代の信徒は、今は散じて仕舞って一人も来ないとか云ふことは、よく聞く所《とこ》ろである。

古い会員が、十年一日の如く教会に出席すると云ふことは、或場合には、牧師の説教にも劣らない効能がある。故に、教会員が大に覚醒して、教会生活を楽み、始終一日の如く教会に出席して、後進信徒の誘掖《ゆうえき》に勤むると同時に、自身は元より、其家族全体が基督教を生活の上に実現して、周囲に共感化を及ぼし、以て堅実にして有効なる伝道を試みるべきである。

斯《か》くて初めて、現代教会の欠陥たる会員の新陳代謝を防ぎ、一面には教会の財政を充実して、真に堅実なる発達を見るに至り、教勢不振の声を一掃することが出来ると思う。（談、文責在記者）

（『基督教世界』一九一四年一一月一三日）

（二）「キリスト者列伝・岡田松生」

現住所　東京市外下渋谷四一五
生国　肥後国鏡《かがみ》町〔現八代市〕
所属教会　霊南坂教会

父は岡田宜、母は末子。安政五年五月二十六日を以て生る。氏は彼の熊本バンドの一人にして、明治六年八月、熊本洋学校に入り、同九年一月、同校教師、米国人カプテン・ゼーンス氏に洗礼を受け、同年九月、同志と共に東上し京都同志社に入れり。

而《しか》して明治十二年六月、卒業し、七月上京し、東京麻布、学農社々長、津田仙氏の聘に応じて、其教員となれり。

同年十二月十二日、小崎弘道氏外有志と謀り、京橋区新肴《さかな》町十四番地に教会を設立せり。是《こ》れ則ち、今の霊南坂教会の前身なり。其他、東京基督青年会創立に際しても、氏は小崎氏等と協力せしなり。

明治十四年、暫く郷里、熊本県鏡町に帰り、鏡英学校を設立して地方青年の教育に力を致せり。其後十七年、熊本県会議員に当選し県治に尽力せしが、十九年上京して海軍省に奉職し、二十九年二月農商務省に入りしも、九月職を辞し、京都関西貿易会社支配人となり、三十一年同組育《ニューヨーク》支店支配人となり、在米五年。

三十四年十二月帰朝し、同三十五年二月、岡田商会を設立して外国貿易業に従事して、今日に至る。

現に霊南坂教会の執事として、始終一貫、教育のために尽力せり。古き会員は毎日曜日、教会に出席する事夫れ自身が、尤も大なる奉仕、大なる伝道なりとはその持論にて、氏は之れを実行しつつあり。

明治十六年十二月、岩崎金吾氏の三女、喜佐を嫁る。嗣子を岡田千里といふ。

（『信仰三十年基督者列伝』）

十二、亀山昇

（一）「親心の教育」（亀山昇《のぼる》）

（熊本バンドの一人。明治十四年六月、同志社英学校卒業。明治十七年、同志社英学校余科卒。昭和十八年一月七日永眠）

私は熊本洋学校の一年生を了《お》へて、同志社に入学したのであるが、其《その》当時はまだ教科書というべきものもなく、暫くの間は宣教師が持合はせている色々な書物〔伝道用小冊子、トラクト〕、例えば“Line upon Line”、“Peep of Day”、“Here a little, There a little”といったやうなものを用ゐて居《お》ったような有様であった。

其中に暫く亜米利加《アメリカ》から“Macgofe”のリーダー〔英語読本〕が着いて、それが始めて教科書として使用されるようになった。何しろ初期のことで、万事が不整備であったので、歴史の如きもウイルソン〔Marcius Willson〕の万国史が最初に使用せられ、次でスイントン〔William Swinton〕の万国史を教はったものである。

然《しか》し其後になって、だんだんと各教科書が揃って来た。勿論《もちろん》、悉く英書であったので、中々六ケ敷《むずかし》くて可成《かな》り苦しんだ。神学の方でも大底皆、原語のままでやらされたのである。

当時の生徒で小崎弘道君の弟〔成章〕など随分理屈屋で、得心のゆくまでは教師に質問の連発をやった。大西祝《はじめ》、原田助《たすく》両君などは、余り理屈を云ふほうではなかったと思ふ。

ドクトル・ゴルドン〔M. L. Gordon〕は我々に生理を教へてくれたり、又地質なども教へてくれたものだが、元来ゴルドン氏は〔医師で、〕地質が専門という訳ではないので、質問に対する答へも明瞭でない。

そこで遂には、先生のやうな答弁ならば、殊更《ことさら》訊《き》く必要もないから、めいめい研究しやうではないかと一同学課を休んで、新島先生に教師をとりかへて下さいと申込んだものである。

が、地質学を教へる先生が他に居なかったので、妥協案として、ゴルドン氏を指導教師として実地について研究すること、そして其費用は全部学校のほうで出すといふ事に決まった。

それから我々は、ゴルドン氏と共に大津と京都との間にあった堀割〔琵琶湖疏水〕を見に行ったり、或は又、〔琵琶湖畔の〕石山の辺までも足を延ばして実地を見学したりなどして、其でどうにか辛棒《しんぼう》したものである。大西祝博士の如き頗るおとなしくて、斯《こ》うした行動を黙って共にしては居たが、然し彼は常に、一学期先のことを勉強して居ったのである。

新島先生に対しては、例の「バイブル・クラス」と称する連中は、余り偉い方だとは思って居なかったらしいが、然し私共一年生から教へられたものにとっては、決してそうではなかった。いつでも先生が教壇に立たれると、何となく頭が下るように感じた。所謂人格の自然の力とでも云ふべきであろう。普通の教師の如くには思へなかった。そして先生が何か一口でも云はれると、心に泌み込んだものである。

あの有名な話〔「自責の杖」事件〕として伝へられている、先生が鞭〔棒〕で手を打たれた時には、全校の生徒が最も深く感激したものであるが、実は其前に私の従兄《いとこ》、上原方立《まさたつ》などが、先生のお留守中〔実は在校中〕に生徒の中に不穏《ふおん》の事をやったものがあるが、之は黙過せられる積りであるか、若《も》しそうだとすれば、校則が行はれぬやうになりはせぬかと、先生に詰問したのである。

何しろ、咎《とが》めたほうは校内でも精神的のものが多く、また、咎められたほう〔二年上級組〕には、湯浅吉郎君、新島公義《こうぎ》君など所謂才子が多かったものだから、先生も非常に困られた訳である。其結果、先生には遂に〔全校集会の席上〕鞭で御自身の手を撃って、自己を責められたのである。其時は双方共に頭を下げて、暫し涙に咽《むせ》んだ。元来、上原と云ふ男は非常に精神家で、誰にでも忠告したもので、先生にでも屡々《しばしば》忠告に出かけて居ったそうだ。何でもゴルドン氏が或時、教室で欠伸《あくび》をしたとかで、早速忠告に行ったこともあった。

又、クラスで金品が若《も》し紛失でもするやうなことがあれば、いつでも彼は其裁判官になったものだ。殊に面白いことには、彼は必ず手の脈をとって之を判断したのであるが、而《し》かも不思議にそれが良く適中した。

新島先生と我々の間柄は、丁度親子のやうであった。私が三年生の時、今日で云ふ肋膜炎に冒《おか》されて発熱すると、先生のお姉さん〔美代〕が、之《これ》を聞かれて、私の為に胸を冷やしてはいかぬとネルの胸当を作って下さった。

すると、先生はそれを聞かれて、そうする事も勿論《もちろん》よいことだが、然《しか》しもう少し積極的に方法を講じたら何《ど》うか、自分も君位ひの時分に同じやうな経験がある。

〔神田に住んでいた頃、〕医師に診て貰っても駄目だったので、一《いっ》そ気を晴らすに限る、気を養ふに如《し》くはなしと思って、上野に行って桜を観ることにした。ところが、其処《そこ》に一本の立札があった。其文句がけしからぬと思ったので、忽ち其を抜き棄て、盛んに桜を斬《き》って歩いた。すると役人が出て来て、非常に咎《とが》めたことがある。

これは甚だ乱暴なことで、今日こんな真似は、決して奨《すす》められないが、君は寧ろ郷里に帰って、屡々《しばしば》山野に猟にでも出かけたほうが良いかも知れない。一学期ぐらひ遅れたとて、心配することはない。薬など服《の》んでブラブラして居るよりも、家に帰って大ひに気を養って来るがよいと、先生は頻りに私に奨められた。

　そこで私も先生の忠言に従って郷里に帰り、父について山野に猟に出かけたりなどして、大ひに気を養っていると、いつしか病気も癒《なお》って了《しま》ったことがある。これなど、ほんとの親心とも申してよいものであらう。

　次に先生について想い起こすことは、先生は誰にでも、決して呼び棄てになさらなかったことである。〔松本〕五平と云ふ小使《こづかい》〔用務員〕にでも、いつもやさしく「五平さん」と呼ばれた。

　此男は特別に小男で、面白い性質を持っていたので、当時生徒は彼のことをエスキモーと云った。すると五平曰《いわ》く、「新島先生でさえ、俺を五平さんと仰言るじゃないか…」と。彼が世の中で最も尊敬してゐた人物は、先生であったらしい。

　曾《かつ》て札幌農科大学〔札幌農学校、現北海道大学〕に聘せられた〔W・S・〕クラーク博士が米国〔アーモスト〕に帰る前であったか、一度同志社にやって来たことがある。

　其時彼は、先生のことを「マイ・ボーイ」と呼んでゐた。彼はアーモスト大学で植物学〔化学〕を教えてゐたそうだが、新島はアーモスト在学時代には非常に真面目な青年〔受講生〕であったが、今でも真面目であるかなど云って、全く先生を親しいボーイ扱ひにしていた。其時彼は、先生に案内せられて、校内を巡覧しながら、一つ一つの建物に、少し宛《ずつ》の金を寄附して行ったと云ふことである。

　最後に先生の説教は、勿論、世間で云ふやうな雄弁であったと云ふことは出来なかった。然し先生の説教は、耳で聴く説教と云ふよりも、寧ろ先生の人物を通じて感ずる底《てい》の説教であったと思ふ。先生が講壇に立たれると、先《ま》づ何となく神々《こうごう》しい感じに我々はうたれたものである。

　これこそ実に、真の説教と云ふべきではなかろうか。往年のお姿を偲んで、まことに感慨無量なるものがある。


（『新島先生記念集』）

（二）「亀山昇の生涯」（髙《たか》田《た》太《たい》）

一八九〇年七月十一日、「日本組合大津基督教会」設立の日である。既にこの地に存した「一騎当千」の若者たちによる信仰の集いは、その日、亀山昇を牧師として迎えることで、正式に「教会」として設立された。

　ところが、〔大阪の〕浪花教会は五日前の七月六日に、彼を「大津教会」に転出させている。牧師を持たない集いを教会と認め、そこに一会衆として亀山を送ったのである。彼は十一日に按《あん》手《しゅ》〔正規の牧師になるための儀式〕を受けてこの集いの牧師となるが、この些細な一事に組合教会の精神が現れているといえよう。

　一八六二年、肥後国八代に武士階級の子として生まれた亀山は、熊本洋学校でアメリカ人教師、ジェーンズの感化を受けて、十五才にして「花岡山」の誓いに加わった。三十五名の若者が、そこでキリスト教をもって「人民の蒙昧《もうまい》を開く」旨の誓約を行ったのである。〔この中から〕後に同志社英学校に入学した一群を称して「熊本バンド」という。海老名弾正や徳富蘇峯らが名を連ねるこの信仰連帯集団において、亀山は最年少であった。

同志社では校祖新島襄の人格に深い感化を受け、一八八四年にこれを卒業した後は、在学中からの伝道地であった倉敷に天城《あまき》教会を設立し仮牧師を務めている。その後、一八八六年、沢山保羅《ぼうろ》〔牧師〕辞任後の浪花教会で仮牧師に就任。教会を牧しつつも、枚方《ひらかた》などでの伝道活動に参加。翌年に安田サイと青年会館（大阪YMCA）で結婚する。

しかし、その翌朝に沢山保羅の死の知らせが教会を襲い、その後も自身の病といった試練の時を経て、彼は一八八九年四月に浪花教会を辞している。そうして彼は、一八九〇年の大津教会設立の年を迎えたのである。ここで彼は、大津を拠点としつつも、長浜、彦根、綾部〔京都府下〕などで伝道活動を行ったと言われている。

大津教会での亀山牧師を巡るエピソードとしては、「ひげそり事件」が記録されている。若者たちが熱心の余り、亀山牧師の髭《ひげ》が貴族的であると勧告した。亀山牧師はこの勧告を深く省みて、かりそめにも信徒を躓《つまず》かせてはならないと、その美髭《びぜん》をすっかりそり落とされたのである。この事件は当時の教師〔牧師〕の間に広まり、大津教会の熱心を伝えるところとなったという。

浪花教会から独立した堂島教会から請われたのであろうか、牧師就任後一年を待たず、亀山は大津教会を山田兵助に任せて、堂島教会に転任している。一年ほどこれを牧した後、彼は再びそこを離れ、岡山を始め各地で伝道に従事していったが、一八九六年、この年に浪花教会から独立した尼崎教会に転入。しかし翌年には妻を喪《うしな》い、一八九八年には伝道界を去って教育界に移る決意を固める。

同志社卒業からこの転向までの十四年の歩みを振り返るならば、彼はひとところで羊を牧する牧者というよりは、各地に福音の種蒔く伝道者であったといえる。大津の若者という良き土壌に蒔かれたその種が、やがて根を張り、今日の私たち大津教会のルーツとなったのである。

伝道界を去った亀山は、一八九九年に教職にあった小島こうと再婚し、その後も夫婦共に教育者としての歩みを重ねたという。奈良県立郡山中学〔現県立大和郡山高校〕を始め各地で教えたが、大阪府立梅田高等女学校〔現大阪府立大手前高校〕在勤中の一九一四年、尼崎町立実業補修学校が創設〔再開校。一九三五年に廃校〕されるにおよんで、彼は招かれて校長となり、ここに落ち着いた。

また、一九四三年に八十才で没するまで、尼崎教会員として家族をあげて歴代の牧師を助け、教会の発展に寄与したと伝えられている。彼はその生涯を回顧し、「わたしは名のとおり、亀が山に登るようにしか進めない。スロウ・アンド・ステディだ」と語った。

彼の教育界への転向の真意はわからない。しかしそこには、当時の組合教会を覆っていた国家主義の影が見え隠れする。日清戦争から日露戦争へと進み行く時代、熊本バンドの俊才たちは講壇から「皇国日本のキリスト教」を説き、戦意向上のために熱弁をふるった。亀山もまた日清戦争を支持してはいたが、内村鑑三のごとくに、日露戦争へと進み行く日本の歩みに疑問を覚えたのであるまいか。

彼は講壇から「露国討つべし」と語る道を選ばず、教育者として神と人に仕える生き方を選んだのだ、とその転向の意を解釈するのは、大津教会から旅立ったもう一人の亀、亀田正己牧師である。

（『プニューマ』一一五、日本キリスト教団大津教会、二〇〇九年二月）

（三）「キリスト者列伝・亀山　昇」

現住所　兵庫県尼ヶ崎市別所村八百三十二番地
生国　熊本県八代町百八十七番地
所属教会　尼崎組合教会

父は亀山紀、母は光子。文久二年十月十七日に生る。幼にして郷里の小学校を卒《お》へ、熊本に出で、当時設立せられたるキャプテン・ゼンスの熊本洋学校に入れり。

而《しか》して氏も亦《また》、ゼンス氏の熱烈なる信仰と高潔なる人格の感化によって信教を決心し、同窓と共に明治九年一月の花陵山（花岡山）上に於ける奉教誓約者の一人なり。

其後氏は、家庭に引取られ座敷牢に入れられ、有《あら》ゆる迫害をうけたるも、遂に帰校し、同年六月キャプテン・ゼンスより受洗せり。

同年九月、京都同志社に入学。普通科を経て、明治十七年七月、英語神学科を卒業し、直ちに備中倉敷に赴きて伝道せしが、十九年、大阪浪花教会の聘《へい》に應じて赴任。居ること四年にして大津教会に轉じたり。

其後明治二十七、八年まで各地に伝道したるが、三十一年、伝道界を去りて教育界に入り、同年四月、奈良県立郡山中学校教授となり、夫れより熊本県立中学校、山口県立萩中学校等に歴任し、大正三年より尼ヶ崎市実業補修学校長として今日に至れり。

明治十九年三月、安田満子と結婚せしが、三十年に永眠せり。其後三十二年六月二十三日、小島こうと再婚せり。襄治、丈夫、克己、（小島）四郎の四男と、初恵、光枝、浜千代の三女あり。

（『信仰三十年基督者列伝』）

十三、山崎為徳

（一）「信仰之歌（山崎為徳《ためのり》）」（柏木義円）

此《これ》は明治十四年一月廿九日、同志社に於て熊本花岡山同盟の一列が、催ふしたる奉教記念会の席上、故山崎為徳氏が朗吟せられたるものなり。

山崎氏は今の後藤〔新平〕逓信《ていしん》大臣、齋藤〔實《まこと》〕海軍大臣と共に水沢の三秀才として知られ、共に大なる抱負を懐いて郷関《きょうかん》を出でたるものなるが、氏は大学〔開成学校〕在学中、感ずる所ありて、日本の根本的改造の業は実に基督教の宣伝に在りと為《な》し、決然、大学を去て京都の同志社に入り、基督者として日本の学界に大に馳駆《ちく》す可き偉丈夫なりしに、惜しい哉、早世せられたり。

故大西〔祝《はじめ》〕博士等は最も氏に私淑せられたるものなりと言ふ。

〔以下、信仰之歌の歌詞、省略〕

善須《ゼンス》〔L. L. Janes〕氏は米国の軍人。熊本藩学に聘《へい》せられて、育英の事に任じ、大に基督の精神を発揮して其学制を薫陶したる者。金森は今の金森通論《みちとも》氏。基督教を信じて父の怒に触れ、学校を退て労働せしめらる。伊勢は即ち今の横井時雄氏。其母堂、氏の外教〔キリスト教〕を信じて家名を汚すをなげかれ、自害して以て祖先に謝せんとす。時雄氏、為す所を知らす。只深く一死を決せらるる。

吉田は、今の暹羅《シャム》国〔現タイ〕全権公使、吉田作彌《さくや》氏。父君、氏の邪宗門を信じたるを憤り、之《これ》を斬《きっ》て棄《す》てんと曰《い》ふ。氏、些《いささか》も動ぜず庭前に座し、頭を延べて、刃を持つ父君、刀背を持って氏の背を打ち、此の馬鹿野郎と云て蹴倒して去られたりと。

熊本大迫害の当時、諸子は何《いず》れも十六、七歳の少年なりし。今にして此歌を誦《しょう》し来れば、実に今昔の感に堪へざるものあるなり。

（『上毛教界月報』一八九八年一一月二一日）

（二）〔「山崎為徳の最期」〕（宮川経輝《つねてる》）

〔前略〕私の友人に山崎為徳と云ふものがあった。彼は東北の水澤の生まれで、前の齋藤〔實〕海軍大臣や前の逓信《ていしん》大臣、後藤〔新平〕男爵と共に、水澤の三俊才と云はれた人であった。

私は山崎とは〔同志社英学校で〕同級生であった。一夏、相携へて有馬に遊んだことがあったが、其時彼は、風邪の気味で打臥《うちふ》したが、幾日を経ても癒《い》えないので、籠に乗せて六甲山を越え、住吉より汽車にて連れて帰った。寄宿舎にては如何とも仕方がないので、新島先生の宅に頼んで静養させたことであった。

追々病勢が進むので、ドクトル・ベレー氏〔J. C. Berry〕と言ふ米医〔同志社病院長〕を聘して診て貰った所が、頗る重患で、一週間位の生命かも知れぬと云ふことであった。そこで同級のもの相談の上、ドクトルに向って病人にその事を知らせて下さいと頼んだ。

ドクトルは、よしよし私が山崎さんに言ふて聞かせますと云ふて、あなたは肺病に罹りました、そして中々重い、一週間は六ケ《むつか》敷《し》い、最早死ぬる者と覚悟をせねばなりませぬとの宣告をした。

私共は、山崎が死の宣告を受けたのだから、どんなことになるかと内々心配もし、又全く失望して居るかも知れないと思ふて、病室を覗《のぞ》いて見ると、山崎は少しも失望もせず、又心配もせないで、己は最早死ぬるのだそうだ、然し今、非常に睡《ね》む度《た》いから、皆彼方に行けと云ふので、次の室に避けた所が、山崎はグウグウ眠て仕舞った。

大胆と云はんか、不敵と云はんか、少しも死を怖れて居なかった。〔後略〕

（宮川経輝『基督教十講』北文館、一九一五年）

（三）「山崎為徳氏」（岸本能武太《のぶた》）

私が初めて〔同志社英学校〕二年生編入の試験を受けて失敗した時に、其失敗の宣告を受けたのは、第一寮の階下東南の窓の下であった。

晩に其辺の芝生で遊んで居たら、半開いた窓の内から、滝さん（私は其頃、滝の姓を名乗って居った）と云ふ声が聞こえたので、其処へ行ったら、内から非常に強度の近眼鏡をかけた、頭の小さい、顔の長い、顎の前に突き出た、色が黒くて黒光りに輝《て》って居る様な、一見阿房《あほう》と思はれる人が、突然大きな声で、「あなた落第」と云ふたので、私は大変腹が立つやら残念で、心の中で此馬鹿野郎と思った。

処が一年〔生クラス〕の稽古に出て、スペリングを教へるのは此先生であった。其教え方の活発な、其問答の明白なのには実に感心したが、是《これ》が彼《か》の有名な天才、山崎為徳先生であった。

先生は水澤の人で、〔帝大前身校の〕開成学校で天才と云はれた人である。〔水沢から〕熊本に行って〔熊本〕洋学校に入り、クラスの最優等者であったと云ふ。

同志社卒業後も、皆なに推されて同志社の教師になった。故大西〔祝《はじめ》〕博士の如きは、最も此人の感化を受けられたので、余は屢々《しばしば》大西君がセイクスピアの著書を持って、山崎先生の部屋に居られたのを目撃した事を憶へて居る。

先生は非常に近眼であったのみならず、不健康であった為に、明治十四年の夏、永眠せられた。

其年の秋、追悼会があった時、新島先生が、一つの山崎君は死んだけれど、此処《ここ》に居る諸君が皆山崎君になりさえすれば、決して損は無いから、皆山崎君になれと云はれた。

其時私は、山崎先生の如き人になれるか如何《どう》かは、判ら無いが、私も一つやって見やうと決心をした。私が徹頭徹尾、教師として目的を換へ無かったのも、又、教師となって物事を徹底的に考へ、活発に教へる様になれたのは、山崎先生の感化であらうと信じて居る。

天地大原因論と言う小さな書物があるが、之れは山崎先生がデビス教師と二人で、基督教証拠論として著はされたもので、当時の著書としては、其学識の広大な事と、其立場の公平なのには、読者の感心して居る書で、私も之れを読んで、大に心を強うした者の一人である。

（『創設期の同志社』）

十四、吉田作弥

（一）〔「同志社時代を想ふ」〕（吉田作彌氏口述）

同志社に来る

明治九年十月、不破唯次郎、亀山昇と共に同志社に来る。熊本を発する時は、〔熊本〕洋学校教師、ゼンスと一緒であったが、長崎に至って分かれて別々の船で、大阪川口《かわぐち》に着き、淀川を舟で上り、伏見に上陸し、徒歩で京都に這入《はい》った。

一行は京都に入り乍《なが》ら、それが京都であることを知らず、三条小橋《こはし》まで來った時、「ここより京都まではまだ遠いか」と人にきひた。――当時、大阪京都間には已《すで》に汽車があったが、汽車賃が高いので一行は舟によったのであった。浮田和民の如《ごと》きは、汽車で来た一人で、得意であった。

同志社の設備

同志社の建物は洋館が二〔棟〕、食堂〔と台所〕にあてられた平屋が一つあるのみであった。井戸が一つあって、毎朝そこに集って顔を洗った。

八時になると授業がはじまったが、設備万端、甚だ不整頓であって、期待を抱いて来た者には心細いことのみが多かった。

熊本でゼンス〔教師〕は、洋学校廃止後は京都同志社に行けとすすめ、同志社に行けば其處《そこ》には、人格高尚なる新島が居り、宣教師にデビスが居り、大阪にはゴルドンが居ると云ったが、実際違った。

それらの人々は、ゼンス程にインプレッシヴでなかったので、青年たちは一途《いちず》に失望して、不平を起した。

然《しか》し、当時大阪〔英語学校〕に来ていたゼンスは、之を慰め、はげまして、同志社にとどまらしめた。

同志社での生活

余は宗教上の関係から、学資を送って貰ふことが出来なかった。京都までの旅費も、母の懐から出た位であるから、学校では苦学して自ら支えなければならなかった。

然し、同級生の内には同様の者が少なからずあって、或る者は〔助教として〕下級生に授業を爲し（吉田氏は英語を教授した）、或る者は時間を知らせる版木《はんぎ》を叩き、又或る者は雑巾《ぞうきん》がけなどの労働にあたった。

同級生中にはいろいろの逸事があった。下村孝太郎の如きは、多くの逸事を作ったであろう。下村は年少で、幾分常規を逸脱した性格をもっていた。海老名禅正はこれに反し、極めて常識的であったから、之《これ》を「ワイズ」とよんだ。

小崎弘道はどもるので「スタムマア」〔stammer〕、宮川經輝は「ひげ」（髭が多い故に）、金森通倫は「ジャガワラン」（熊本弁で薬鑵《やかん》のことで、喋る時の聲がグワングワン響く故に）、岡田松生《まつお》は「黒ん坊」等のニックネームがあって、互にそれを以《もっ》て呼び、呼ばれた方でも平気で返事をした。

同志社卒業後の経歴

明治十二年、第一回卒業生として、同志社を出て大阪に至り、デフォレストよりギリシャ語を学んだ。後神戸に至り、神戸女学院教師として、同校第一期生が卒業するまで、其處に留った。

十七年に外務省に入り、十八年にはオーストリア公使館付として、西園寺〔公望〕公に従って同国に行った。爾来、今日まで外交官の生活を続け来り、同志社と事実上の関係は全く絶えてゐたのであった。

新島先生のこと

新島先生は高尚な性格の人であった。余は先生の没後、殆んど先生の様な人を知らないと云ってもいい位である。

先生について、殊に感じてゐることは、先生が完成された日本人であったことである。と云ふのは、先生があれ程、永くアメリカに居られ、あれ程深く西洋風の教育をうけ、基督教徒となって居られたに拘らず、決して日本的道義観念を失っては居られなかったことである。

日本的道義観念とは、孔孟の教によって培はれた、日本独特の道徳観のことである。即ち先生に於いては、儒教的素地と基督教的教養とが調和されてゐたのであって、あの様な過渡的時代には、最も適当な人であったと信ずる。

余談〔明治天皇からタヌキの話を聞く〕

相国寺《しょうこくじ》の藪は当時、非常に廣いものであって、同志社はその藪に包まれてゐた。藪から猫や犬が出て来るので、ワナを作ってそれを捕らへた。捕獲した動物は解剖して喰った。

明治四十年頃、余が明治天皇に御陪食を仰せつかった際、余が同志社出身である話が出て、明治天皇は相国寺の藪の中に非常に人を化かすことのウマイ狸がゐて、狸だと云ふことを知り乍《なが》ら、人々は化かされたと云ふ様な話を、落ちついた調子でボツボツと語られたのであったが、余は同志社時代に、あの藪から狸が出て来たのを見た記憶をもたぬ。（大正十四年七月十七日、能勢記）

（『同志社時報』一九二六年一〇月一日）

（二）「故吉田作彌先生に就《つい》て」（神戸女学院）

故吉田作彌先生は、〔神戸女〕学院が未だ神戸英和女学校と称された明治十二年の昔、母校に御就職になり、御在職は僅かに一ヶ年半の短きでありましたが、外人教師の多くして、邦人教師の稀であったその頃、我が国情に疎《うと》い当事者を助けて、課目の取捨撰擇を始め、学校の組織化する事を計られて、我が学院今日あるの基礎を作られし恩人でいらっしゃいます。

左に雑誌『道』に記載せられた法学博士、浮田和民氏の追悼文〔による〕を掲げます。

「吉田作彌兄を憶う」（浮田和民）

故吉田作彌君は、私の先輩であり、又旧友でありました。君は安政六年五月十三日、熊本城下に生まれ、私は同年十二月二十八日、同所に生まれました。私が君に始めて会見したのは、明治四年九月、熊本洋学校入学試験の当日であったと思ひます。

年齢に於いて左程の懸隔はなかったのでありますが、君は漢学の素養に於いて、遙かに私の先輩でありました。家柄も肥後藩武道指南番で、従て武術の達人、又碩学《せきがく》の士を出せる名家でありました。

君は事故の為、一年後《おく》れて明治九年六月に卒業されましたが、私も病気の為一年後《おく》れて同年同月に卒業し、それから明治十八年まで私は君と殆ど苦楽を共にし、且つ所在を共にし、窮通《きゅうつう》相依り相助けられたのであります。

明治九年九月、相携へて京都同志社に入学しましたが、是《これ》より先き〔の熊本洋学校時代〕私共旧友は、一同決心して基督教を奉ずることになりました。

君には嚴父あり、長兄あり、次兄ありて、交々《こもごも》君の異端を責め、且つ外間《がいかん》有力者の反対甚だしく、君の出所進退は頗る困難でありました。君が一命を賭《と》して其の窮地を脱し、盟友と共に〔京都へ〕出発されたことは、如何に私共を激励したか、今に忘れない所であります。

同志社在学中も、君は最も勉強家であり、大冊ミル〔John Stuart Mill〕のロジク〔*A System of Logic*〕なども読了されたことを記憶して居ります。

明治十二年秋、〔同志社を共に出るや〕君は大阪に出で、一時宣教師〔J. H. DeForest〕に就いて古典希臘《ギリシャ》語を研究されましたが、私も同時に大阪〔天満教会〕にありて〔伝道中だったので〕、君と常に相往来して居りました。

明治十三年、君は神戸英和女学校〔現神戸女学院〕教師となって、熱心、教育に従事されましたが、翌年私も亦《ま》た神戸に赴き、君と同宿することになりました。当時、君が養成されました女学生の中には、後年社会に出でて頭角を顕《あら》はし、今日に至るまで猶ほ活動して居らるる方があります。

明治十六年、君は東京に出でられ、私も続いて上京しましたが、明治十七年六月、外務省御用掛となるまで随分困窮を凌《しの》がれました。私も同様でありましたが、君は常に一歩を先に出るだけの才学がありましたから、常に阿兄《あけい》の如く私に同情されました。その親切は、今に感銘措く能《あた》はざる所であります。

明治十八年、外務書記生となり、墺國《おうこく》〔オーストリア〕公使館に勤務され、在任の儘《まま》、独逸ボン大学に入学。二十二年、首席にて卒業。「ドクトル・ユーリス」学位を受け、和蘭《オランダ》、露西亜《ロシア》の公使館に歴任し、二十三年には墺匈國《おうきょうこく》〔オーストリア〕皇帝より「フランツジョセフルイテル・クライツ〔クロイツ〕勲章」を贈與せられ、明治二十五年帰朝。

翌年、帝国大学法科大学講師嘱託として国際法を講ぜられ、明治二十七年、京都第三高等中学校〔後三高。京大の前身校〕教授、法学部主事に就任されました。

明治三十一年四月、再び墺國公使館に赴任し、明治四十一年、特命全権公使として暹羅國《シャム》〔現タイ〕駐劄《ちゅうさつ》を命ぜられ、大正三年退官せらるるまで、外交官として忠実に其の任務を竭《つ》くされました。

君の性格は、一面外交官にも適任でありましたが、君の趣味は終始一貫して学問の上にありました。

君は性来、名利の念、頗恬淡《てんたん》で、親戚故旧に厚く、最後まで私は君に多少の遺産あることを信じて居りましたが、死後に至り、殆んどそれの無かったのには、今更の如く驚き入りました。それは君が、常に自己の資力以上、他人に竭くす義侠心、又た同情心のあったことを承知したからであります。

退官後は読書文筆に親しみ、専門は国際法でありましたが、精神科学に興味を有し、晩年には心霊研究にも熱心でありました。

君は英、独、佛の三国語に通じ、著述には『現代政治の社会化及産業化』、『他界に在るジュリヤの音信』、また雑誌『道』其他への寄稿があります。

君の趣味は狩猟、釣魚《ちょうぎょ》、謡曲、書畫、刀剣等頗る多趣味。漁猟にかけては、全く玄人《くろうと》の域に達して居りました。

大正十年秋頃より狭心症の発作あり、入澤〔達吉〕博士は其の重大性を予告されたそうですが、君は平静常の如く、或は心霊研究に従事し、或は断食療法等を決行されたので、入澤博士の予告以上、長く存命されたのであります。

君の性行は、前述の如く名利両《ふた》つながら恬淡《てんたん》で、何事をなすにも忠誠無二《むに》、決して其間に他の野心を挟む所ありませんでした。他人の事を談ずるにも、批評に渉《わた》ること少なく、適々《たまたま》私が批評を試みても、君はいつも辯護するといふ性格でありました。

私は其の性格を尊重し、君に対しても批評試むることを避けたいと思ひます。

唯だ一言申したきは、君にして今少しく野心があったならば、君の才能は君をして、大に世上に進出せしむるに足るものが優にあったと思ふ事であります。併《しか》し、そこが君の長所であり、又美点でありました。

昭和五年二月十日

茅ヶ崎何求庵《なんぐうあん》に於て　後進　浮田和民記

（『めぐみ』一六、神戸女学院同窓会、一九三〇年）

（三）「吉田作哉履歴書」（自筆）

〔以下は、吉田の孫、榊原美穂子氏提供のもので、表紙を除いて罫紙四枚から構成されている。吉田自身が自己の官職・受勲・俸給歴を墨書したと思われる。なお、これ以外に関連する三通の証書が添付されている〕。

履歴書

明治十七年六月廿日　御用掛申付候事　外務省
但身分取扱准判任月俸
金四拾円被下候事

仝十八年三月廿七日　任外務書記生　仝
墺国〔オーストリア〕公使館在勤申付
候事
但年俸英貨三百二十磅被下候事

仝十九年三月廿五日　任交際官試補
叙奏任官六等

七月八日　叙正八位

仝十二日　下級年俸英貨三百
弐拾磅下賜　外務省

仝廿一年三月十三日　在海牙〔ハーグ〕公使館在勤ヲ命ス　仝

七月十一日　中級年俸下賜

仝廿二年十一月廿一日　比徳堡〔ハイデルベルク〕在勤ヲ命ス　仝
中級年俸下賜

仝廿三年十月十日　陞叙〔しょうじょ〕奏任官五等
下級俸下賜　仝

仝廿四年三月三十一日　公使館領事館費用條例公布〔朱筆〕

四月二日　下級俸下賜　仝
七月一日　上級俸下賜　仝
八月廿六日　賜一級俸　仝
十二月廿一日　叙正七位
仝廿五年十月廿日　高等官官業俸給令実施ニ依リ高等官六
等相当〔朱筆〕
仝廿六年五月四日　任文部大臣秘書官
叙高等官六等
六級俸下賜　文部省
五月十日　帝国大学法科大学講師嘱託〔異筆。黒
インクペン書きで補筆〕
十一月九日　任文部省参事官兼文部大臣秘書官
叙高等官六等
六級俸下賜　文部省
仝月三十日　任第三高等中学校教授
叙高等官六等
三級俸下賜　仝
仝廿七年九月十一日　法学部主事ヲ命ス　仝
仝廿八年十二月十二日　陞叙高等官五等
仝廿九年一月三十日　叙従六位
仝三十年四月　文部省直轄諸学校高等官
官業俸給令改正〔朱筆〕
五月廿四日　四級俸下賜

仝三十一年三月四日　陞叙高等官四等
四月九日　任公使館一等書記官
叙高等官四等
賜三級俸　外務省
墺国在勤ヲ命ス　仝
仝三十日　叙正六位
六月廿八日　叙勲六等授瑞宝章
十月廿五日　任公使館一等書記官
叙高等官四等
賜三級俸　仝
仝三十二年九月三十日　賜二級俸　仝
仝三十三年十一月十五日　和蘭〔オランダ〕国在勤ヲ命ス　仝
仝三十四年六月十二日　墺国在勤ヲ命ス　仝
九月三十日　賜一級俸　仝
仝三十五年十二月廿八日　授単光旭日章
明治三十二年清国事変ニ於ケル功ニ依
リ単光旭日章ヲ授ケ賜フ　賞勲局
仝三十六年十二月八日　陞叙高等官三等
賜一級俸　外務省
仝三十七年十二月廿九日　叙従五位
六月廿八日　叙勲五等授瑞宝章
九月十六日　墺国在勤ヲ命ス　仝
臨時外務省事務ニ従事スル事ヲ命ス

　仝

　本俸全額ヲ賜フ

仝三十九年四月一日　叙勲四等授瑞宝章
　明治三十七八年事件ノ功ニ依リ勲四等
　瑞宝章及金八百円ヲ授ケ賜フ

仝四十一年三月三十一日　臨時外務省ノ事務ニ従事スルコトヲ命
　ス　仝
　待命中本俸全額ヲ賜フ

六月十八日　任特命全権公使
　叙高等官二等
　暹羅国〔シャム〕駐箚被仰付　内閣

仝四十三年四月一日　高等官々業俸給令改正ニ付三級俸〔朱
　筆〕

仝四十四年六月廿八日　叙勲三等授瑞宝章　賞勲局

大正元年十二月廿六日　賜二級俸

仝二年九月三十日　叙従四位

仝三年六月廿六日　陞叙高等官一等〔証書あり〕
　賜一級俸　外務省
　依願免本官〔証書あり〕

仝年七月十日　叙正四位〔証書あり〕

十五、加藤勇次郎

（一）〔「加藤勇次郎」〕（宮澤正典《まさのり》）

私の座右の書のひとつに『同志社歳時記』がある。直接存じあげる幾人かを除いて、登場する大部分の人物は、私にとって史上の人であったり、この書ではじめて邂逅《かいこう》する未知の人びとである。

それらのなかに熊本バンドの一人、同志社第一回卒業生、同志社女学校教師としてだけ知っていた加藤勇次郎がいる。同書の記事はそうした私の記号的な知識に、血をかよわせてくれる唯一の印象となっていた。

それは、加藤は牧師になるためにL・L・ジェーンズに「連れられて渡米」したが、電気のとりこになってしまい、日本最初の電気技師の一人となった。アメリカでクリスチャンを廃業するとき、まず新島襄に相談したところ、かれは「電気の道に進みなさい。あなたを神の道に結べなかったのは、すべてこの新島襄の責任ですから、神様には私からも深くお詫びしておきます」とこたえ、それで加藤は勇気百倍したという、ご子息、茂生氏の随想であった〔生島《いくしま》吉造・松井全《あきら》編『同志社歳時記』一〇頁、同志社大学出版部、一九七五年〕。〔中略〕。

加藤の同志社卒業は一八七九年。卒業するとすぐ、草創期同志社女学校の教員となり、英語、物理、算術を担当した。ジェーンズは前年の一八七八年に帰国しており、そうだとすると加藤がジェーンズに「連れられて」渡米するのは、在学中でなければならない。

卒業前年に「アーモスト、オベリン、さらにボストン工科大学に学んで電気技師になった」というような時間的余裕は考えにくい。またジェーンズの再来日は一八九三年だから、かれとの渡米の可能性は崩れる。

「同志社記事」〔『同志社百年史』資料編』一、同志社、一九七九年〕によると、一八八二年末に加藤は「顧家ノ義務ト又他ニ云ヘカラサル事情アリ、今回女学校ヲ辞シ去ランコトヲ望」んで帰省したが、翌八三年、増俸のうえ再聘された。この短期間にも、渡米はしまい。復帰後は同志社の普通学校、予備校などに勤務した。かれが渡米留学するのは、一八九〇年六月以降であろう。

この年の三月三十一日、社員会（理事会）は「加藤勇次郎氏ヲ応用物理学修ノ為ニ洋行セシムル事。但シ本社会計ト宣教師ノ周旋トノ成期ヲ待ツ」と決め、さらに六月二七日の社員会で、「加藤氏洋行ヲ可決シ、其旅費トシテ弐百円ヲ給与スルコトニ決」している。

じつは、翌年四月正式に開校する同志社波理須《ハリス》理科〔理化〕学校の物理学教授に就任すべく派遣されたと解してよいだろう。牧師になるためではあるまい。そして一八九二年一〇月、「電気学の専修を終わって」帰朝したのであった。

周知のように新島の逝去は一八九〇年一月である。加藤の渡米決定そのものが新島没後であり、「米国でクリスチャンを廃業する時、まず新島先生に御相談申しあげ」、この世の新島から「御返事を戴《いただ》」くころは、どうしても時間的に無理だということが次の問題である。

（宮澤正典『同志社女子部点景――そしてユダヤ論、ラグビー讃――』私家版、二〇〇四年）

十六、和田正脩

(一)「和田正脩《まさなが》」(本井康博)

和田正脩は、熊本バンド(バイブル・クラス)の中でおそらくもっとも知られていない人物であろう。そのため、横井時雄や山崎為徳と共に帝国大学から転入してきた和田正幾《まさちか》と誤認されることも多かった。

その生涯については、近年、西田毅《たけし》氏の論考(拙著『徳富蘇峰の師友たち』二九四頁以下に再録)によりようやく全貌が判明した。政財界のほかに、初期の卒業生の中では吉田作哉同様に、珍しく外務省にも出仕した人物である。

同志社在学中は、いわば助教として市原盛宏や山崎為徳らと同様に下級生の授業を受け持ったり、例の「知徳論争」でも金森通倫や海老名弾正らと弁論を繰り広げたりした。

智論派の立場で徳論派に応戦して、熱弁を展開した一人である。卒業演説の論題は「法律と道徳の区別」であった(『創設期の同志社』一〇六頁、一〇八頁、二九六頁)。

和田について特筆すべきは、後輩の徳富蘇峰に関する人物評価と同様に、早くから新島の真価を見抜き、周辺にそれを公言し、周知させようとしていたことである。

たとえば、海老名弾正に向かっては、「新島は偉い奴ぢゃ。我々の中で到底及ばぬ所がある」と宣告する(『徳富蘇峰の師友たち』二九五頁)。こうした和田の提言を受け入れて、新島観を一変させた旧友がいるが、バイブル・クラス中の典型は浮田和民である(以下を参照)。

(二)「私の新島先生観」(浮田和民)

有体《ありてい》に云へば、私は在学中、格別、〔新島〕先生を偉いなどとは思ってゐなかった。

先生の偉いと云ふ事は、実は卒業後に於て始めて知ったわけである。それも同窓同県の和田正脩(和田正幾とは別人)が先生の偉いことを私にしみじみ教へてくれたやうな訳である。

あの男は、才能は平凡で、あまり実力の有る男とも思はれなかったが、然し感激して演説したり、談話することを善くしたのである。

そこで私は、つい彼の云ふたことには、一種の興味を感じたわけである。

最初に徳富蘇峰の奇才を知ったのも彼で、熊本在学中から徳富〔猪《い》一郎〕は偉くなるぞと予言したのは、彼であった。

当時、我々の中には誰も、徳富の将来について彼のやうに考へていたものは無かったが、彼だけは徳富の漢学の才に対して、〔早くから〕そう云う見方をして居った。

ところが此和田が、明治十七、八年頃、東京にゐて、外務省に勤めてゐたとき、一日、私が彼を訪問した折、私に向って、我党は皆自分が最も偉いやうに思ってゐるが、将来新島に及ぶものは恐らく一人も出ないぞ、と彼れ一流の予言をやりよった。それまで私の頭には、先生の偉さなど問題でなかったのである。

というのは、先生は人格に作り飾りが無く、普通の人と同じ様で、狼狽《うろた》へる時には狼狽へ、煩悶する時には煩悶せられるといふ風で、全く人間味たっぷりの人であったから、私の如きものには、先生と常人との差別が、何処にあるのか解らなかったのである。

私は和田が頻りに先生を称賛するのを聞いて、大に共鳴する所があって、何時《いつ》しか彼れの言ったことを心に留めるようになった。そして明治十九年に同志社に来って、教職を奉じたわけであるが、其後間も無く先生は永眠せられた。

それで私も、同志社を背負って立つと云ふ自覚をもって、一生同志社のため働く積りであったが、思はざる種々の難問題に逢《ほう》着《ちゃく》し、同志社を去ったやうなわけである。

（『新島先生記念集』）

Ⅲ　熊本バンド（同心交社）

一、同心交社（本井康博）

新島襄の教え子たちの中では、知名度の高さで言えば「熊本バンド」は突出している。

しかし、このグループはけっして一枚岩ではなかった。熊本洋学校を卒業してから同志社に入学した者たちと、在学中に洋学校が閉校したために同志社に移った（いわば転入学した）者に大別されるからである。

前者が、同志社第一回卒業生である「バイブル・クラス」（十五人）であるのに対して、後者は人数もおよそその倍であるうえに、統一性もないので、とても一括《ひとくく》りにはできない。けれども、「熊本組〔バイブル・クラス〕の先輩に対する反抗心」（『同志社五十年裏面史』七四頁）という点で、目立つのが「同心交社」と呼ばれる下級生グループである。

「この団体は、〔年齢の点で〕バイブル・クラス以下のものが主《おも》なる者」であるというのが、要点である（『蘇峰自伝』九八頁、中央公論社、一九三五年）。ただ、例外がひとりいた。大久保真次郎である。彼は年齢的に「バイブル・クラス」とほぼ同期であった。

熊本医学校から帝国大学に進むも、そこから同志社に転じてきた大久保真次郎は、やがて同心交社を牛耳るにいたった。彼の転入学を歓迎した徳富蘇峰は、「彼を味方に得て、大にバイブル・クラスに対抗する論陣を張った」と回顧する（同前、九九頁）。百万の味方を得た気分なのである。

「論陣」とは、「知徳論争」での対抗戦である。後述するが、先輩のバイブル・クラスが押しなべて「徳論」を主張するのに対し、後輩たちは「智論」に立つものが多かった。しかし、年齢や学識や経験上、とかく劣勢であった。そこへ、強力な指導者の登場である。

大久保が帝大から同志社に移り、彼らの首領となってからは、この集団は「大久保派」とも「大久保党」とも見られるようになる。「全く大久保の言説に魅せられてしまひ」、「その配下になった」学生は、二、三十人に上ったとも（『同志社五十年裏面史』七九～八〇頁）、「〔全校〕百人の生徒の三十人までを部下に引き込み」とも言われている（拙著『徳富蘇峰の師友たち』三四五頁）。

ほかにも、大久保は同志社から「下級生数十人」を引き連れて学園を飛び出し、同志社とは別に私塾を開いたものの、経済的に成り立たず、塾をたたんで京都を去った、ともいう（拙著『新島襄と徳富蘇峰』九一頁、注二〇）。全校の学生が百人内外であったことを考えると、「数十人」は、さすがに過大すぎると言わねばならない。

人数の上限は、「彼は一時、三十余名の塾生を置き」と伝わる一方で、下限は「生徒中、有望の青年、十数名を説き付け」校外に私塾を設けた、というあたりであろう（『徳富蘇峰の師友たち』三四六頁）。

正確な人数はともかく、たとえ十数名でも学内では一大勢力であった。こうした学校への不満分子を舎弟に持つ首領の大久保は、当局にとっては「目の上の瘤」であった（同前、三四四頁）。

この派の幹部について、メンバーだったある学生（高野重三）はこう証言する。

「総大将は、先年〔一九一四年、カリフォルニアで〕物故した大久保真次郎君、同志社切っての豪傑と人も許し、自らも許した。之《これ》が左右の副将軍は、チャキチャキの智慧《ちえ》袋、徳富蘇峰君と、今尚、英語演説でロッキー山下を徘徊の家永豊吉君」（同前、三四〇頁）。

今ひとり挙げるとすると、蔵原惟郭《これひろ》である。

とりわけ同心交社の発足時には、いまだ大久保が帝国大学から同志社に転入してくる以前であったために、発足の中軸であった。そのため結社人として名前が知られているのは、蔵原、蘇峰、それに上原方立《まさたつ》の三名である。

「同心交社（最初の名称は、同心怒《こう》社）」という結社名も、蔵原の発案であった。「怒」は「今日は活版屋泣せの文字」であるが（『同志社五十年裏面史』九一頁）、蘇峰によれば、「斯《か》る変手古《へんてこ》な名前をつけたのは、蔵原惟郭氏が字引をひいてつけた」からだという（『蘇峰自伝』九八頁）。

蔵原は、後年には雄弁家として知られるが、早くから同心交社においても「論客として認められてゐた」と蘇峰は認める（同前）。ただ、なぜかサークル発足後しばらくして活動から遠のいている。あるいは、知徳論争で蘇峰や大久保といった主流派とは、見解を異にするに至ったことが要因かもしれない。そうであれば、論争に関する限り、この集団にも亀裂が生じていたことになる。

同心交社の面々は、しだいに学校当局に対する不平や不満を漏らし始めた。その典型ともいうべき蘇峰は、やがて学内の寄宿舎を飛び出して、学校近く〔現左京区元田中〕にあった「或る水車の二階」を借りて移り住んだ。そこへ大久保や家永も乗りこんで来て「合宿」を始めた。

ほかの同志も暇を偸《ぬす》んでは駆けつけたので、そこがあたかも「同志社に於ける異分子の一の倶楽部」となった（同前、一一四頁）。当局から見れば、学校に対する不平分子の巣窟にほかならなかった。

最終的に大久保や家永は、同志社に失望して同志社を去り、東京に転じたので、蘇峰は再び寄宿舎生活に戻った。そこへ「自責の事件」である。

教育者新島をめぐる最大のエピソードであり、蘇峰の同志社中退の遠因ともなった重要な出来事である。これに関しては拙著『新島襄と徳富蘇峰』（晃洋書房、二〇〇二年）で七十余頁（二三～九三頁）にわたって詳述したので、ここでは繰り返さない。

見逃してはならない点は、この出来事と同心交社との秘められた繋がりである。事件の背景には、「知徳論争」という同心交社がバイブル・クラス（徳論派）に仕掛けた学内論争（本書一七三頁ほかを参照）が潜在していることからも、事件は時に「大久保事件」と極論されるほど（同前、七六頁）、同心交社の旧人脈の動向が無視できない。要するに同心交社抜きには理解できない事件である。

こうした分析は、同心交社の存在を初めて明示した『同志社五十年裏面史』による。同書は、大久保や蘇峰の「謀反」と「新島先生の自責」、ならびに蘇峰の「東上」（中退）の三つの出来事を三位一体的に取り上げるばかりか（七三頁以下）、「同心交社」を独立した項目（九一～九二頁）として立ち上げているのは、卓見である。

これを受けて、拙著『徳富蘇峰の師友たち』でも、「熊本バンド」（バイブル・クラス）の項目のほかに、「同心交社」の項目を独立させて、五人の関係人物（蘇峰、家永、蔵原、大久保、上原方立《まさたつ》）を個別に論じた。

要点を繰り返すと、「熊本バンド」は、けっして一枚岩ではないのである。同じ洋学校の同窓生でありながら、先輩連（卒業生たち）に対する後輩たち（元在校生）の対抗心や反発は、けっして小さくはなく、しかも消えることはなかった。

同志社にあって、前者は概して「ジェーンズ派」（したがって「反同志社派」）であり続けたのに対し、後者はジェーンズを評価しない分、新島の肩をもった。

それでも最終的には、主力の後輩たちが同志社を見限って退学におよんだために、同心交社は自然消滅に及んだ。

しかし、一説には、逆に両者の抗争が同心交社の終焉をもたらしたという。卒業後すぐに同志社の教師になっていた先輩連中が、同心交社の隠然たる勢力を嫌ってこれを潰した、との伝承がある（『同志社五十年裏面史』九二頁）。

同心交社の幹部たちは、同志社に失望のあまり、中には新島校長の慰留を振り切って中退に及んだ。しかし、大久保にしろ、家永、蔵原にせよ、後年、新島の人間性をあらためて再認識するに至り、復学、新島伝の執筆、伝道など、新島派を志向した。先輩たるバイブル・クラスの面々が、終生、総じて新島には点が辛かったことに比べると、この点は特異である。

なお、本章（Ⅲ）では蘇峰、家永、大久保、蔵原らのほかに、原田助をも取り上げる。彼も熊本洋学校に一年学んだ後、地元の学校に三年間、在学した後、同志社に入学した。年齢的には蘇峰や家永とほぼ同年の「熊本バンド」（広義の）ではあるが、「バイブル・クラス」でも、「同心交社」でもない。しかし、蘇峰たちと同年輩という都合上、ここに収録した。

二、徳富蘇峰

（一）「時艱思偉人——新島先生三十八年忌——」（徳富蘇峰）

例年一月の下旬に近《ちかず》く毎に、無量の感慨が湧く。そは明治二十三年一月廿三日、大磯に於《おい》て新島先生を亡《うしな》うたことが憶起せられて、先生の永眠と我が国民新聞の出生とは、間髪を容《い》れなかった。実を言えば、先生は我が国民新聞創立の計企に、最も同情を表したる一人であった。予は新島先生の力を借るつもりは無かったが、其《そ》の同情は無情の至宝であった。

明治二十三年一月廿一日の午後、予は同夜、芝公園三緑亭に、国民新聞創立披露の為《た》めに吾社と交際ある、若《も》しくは新聞に関係ある人々を招待したれば、主人側として出席前、フロックコートを着け、面《つら》を剃《そ》る可《べ》く、瀧山町の床屋に赴き居たるに、危篤の急電が大磯から到着した。

予は来賓接待の事は、湯浅治郎君に託し、大磯に馳せつけた。但《た》だ、此《この》事を牧師、小崎弘道君に通知するだけは忘れなかった。何となれば、予は所謂基督者でないから、先生の最後に立ち合ふには、牧師の必須に気付たからだ。

爾来《じらい》、床の側にて夢の如《ごと》く過した。斯《か》くて先生の遺骸は京都に去り、予は東京に還《かえ》り、国民新聞の第一号は、同年二月一日を以《もっ》て発刊せられ、今日迄、依然として持続している。

先生は天保十四年正月十四日、江戸にて生れた。明治二十三年一月の永眠は、数へ年で四十八であった。人生五十と言ふも、尚ほ二年余を剰《あま》した。

若《も》し今日迄生存するとせば、八十五歳である。八十五歳以上の人にして、即今、世の中の為めに働いてゐる人は、決して少くない。それを思へば、先生は全く寿命に貧しかった。

記者の一生を顧みて、自から幸福としたるは、

第一、明治の聖代《せいだい》に成長したる事。

第二、我が父母の子と生れたる事。

第三は、善き師友を得たる事。

而して其中でも、新島先生と勝〔海舟〕先生とには、今にも感激の情が新たである。

誰しも年齢と共に、其の接触したる、若《も》しくは私淑したる人の

相場が高下するものだ。年少気鋭の際に崇拝したる人も、老大となりては、頓《とみ》に其の興味と愛着とが、消失するものがある。

されど新島先生の如きは、今にも記者の胸中に活《い》きている。記者には、先生は到底故人とは思へない。

先生に就て語る可《べ》き機会は、他日にあると信ずる。但だ、記者は先生に対して、聊《いささ》か他と見解を異にするかも知れない。先生の永眠後、長き人生の行路に於て、若し先生にして在《いま》さばと思ふたこと幾度《いくたび》ぞ。

先生の墓銘を書したる海舟翁も、今は洗足《せんぞく》池畔の五輪塔下に眠っている。

時も変れば世も変る。白頭の門生、遥かに洛東若王子山頭の一片の石を望み、斯文《しぶん》を献ぐ。

昭和二年一月廿三日　徳富蘇峰

（徳富猪一郎『人間界と自然界』民友社、一九二九年）

（二）「蘇峯先生談筆記」（田中良一）

（蘇峰先生談話：昭和廿二年十一月廿二日午前九時から十一時半迄、熱海市伊豆山押出、徳富家書斎に於《お》いて）

〔三つの悲願〕

〔前略。私の悲願は、次の三つである。〕

第一。

私はもう一度同志社へ帰りたい。私は明治十三年五月に同志社を飛び出した。当時十八歳であった。今は後《あと》二年で八十八歳を迎える。丁度《ちょうど》、中間七十年を隔てて八十八になれば、同志社へもう一度帰り度《た》い。其《その》時、同志社は私を迎えてくれるか何《ど》うか。これをお伺いしたい。

御承知の通り、今〔戦争直後の占領期〕、日本全国には追放〔公職追放〕者と云うものが沢山居り、私もその一人である。だから、同志社で重要な地位を与えられることは、むつかしいかもしれぬ。

然《しか》し、何著〔何等《なんら》〕かのかたちに於いて、私を同志社なる団体の身うちへ入れてほしいと切望しているのである。十八歳の時飛び出して、八十八歳になって帰ると、丁度一生涯のけりが附くと云うわけである。

第二。

若《も》し同志社で私が――同志社出身の一人として、敢《あえ》て誇る程の出身者でないとしても――日本の文化に相当貢献した者であることを認め、その貢献を記念する蘇峰記念館とでも云うものを設けてくれぬだろうか。

その記念館に納めるものについては、私の力の及ぶ限り、内容充実をはかりたいと思う。新島先生の御用いになった聖書、先生の書簡、『近世日本国民史』の原稿全部、其他の私に関する重要書類、日本の政治、文学、新聞界、其他各界の知名の士と取り交わした書簡類の重要なものをそれに納め度《た》い。

それから私は予《かね》てから、八十八歳になったら修道館を建て、そこには自分の恩人、横井小楠、勝海舟、新島襄三先生の記念品と、この三先生には及ばぬが、父淇水《きすい》翁の遺品を納めたいと計画していた。然しその予定地であった山中湖の双宜荘《そうぎそう》隣接地が、進駐軍〔占領軍〕に接収されたので、此《こ》の計画は不可能になった。

それで、同志社に計画してもらう蘇峰記念館に、お客様としてこの計画を併《あわ》せて加えてもらいたいと思う。そして此の計画に、同志社が賛成して呉れれば、その上で又、此の記念館の利用、運用について協議したいと思う。

第三。

私は新島先生とは切っても切れぬ縁がある。今でも個人的に誰が一番親しいかと云えば、先生である。先生ともう少し付き合いをしたかった。然し、それは叶わぬことであったから、せめて死後、地下に於いてお付き合いしてみたい。

それで、私の骨の一部を若王子の墓地〔同志社墓地〕に埋めてもらいたい。同志社で墓地を選定し、葬式をし、受理をしてもらえば、本望である。坂上《さかのうえ》田村麻呂が将軍塚から皇城を守っている如く、私も新島先生のお側に在《あ》って同志社を守りたい。

以上三つのことが、私の悲願である。

〔同志社入学〕

私と新島先生との間柄を知らぬ人は、虫の好《よ》いことを云うと思うかも知れぬが、客観的に見て、私の希望は同志社に迷惑をかけるものではなく、私もこの計画の成就を有難く思い、同志社もこれをよいことに思って、然《しか》る可《べ》きものと思うのである。〔中略〕

私と新島先生との関係は、改めて申すと、私は先生から可愛がられたから、先生を世に推しひろめたのでは無く、私の方から先生を可愛がったのである。私の方が積極的であった。

私は先生を好いたものであるから、先生は私を可愛がったので、弟子の方が積極的に師を愛敬したのであった。この間の事情は、世間の者は知らぬが、私は先生の前に立って、はっきり申してもよいことである。

私は明治九年に同志社に来ました。――牧野〔虎次〕先生はいつお生まれになったのでしょうか――（牧野曰《いわ》く、「明治四年に生れ、十八年に同志社に来て、四年間新島先生のお世話になりました」）――それより前に、佐々木信綱の夫人の実家の藤島に居て、横井〔時雄〕は開成学校に、私は東京英語学校（第一高等学校の前身）に居た。

（当時新渡戸〔稲造〕とか内村鑑三とかは、何《ど》うやら同級に居ったものらしい。その証拠に内村が、私が級で下位の方に居たことを証する珍しい文書があるからやる、と云っていたが、その内、

内村も亡くなり、遂にその文書は見ずじまいである。〕

其の当時、金森〔通倫〕が京都の同志社に行っていた。そして新島と云う珍しい名前も、金森を通じて聞いていた。其処《そこ》で私は、菅正敬《しょうけい》と云う名前を用いて、金森に度々《たびたび》同志社のことを聞いた。

横井の在学した開成学校と、私のいた英学校とは、地域が鍵の手になって隣りあっていたので、毎日のように、東京はつまらぬ、と云って横井と話し合っていた。

そのうち、到々〔到頭〕東京をやめて同志社へ行く決心をし、藤島夫人に預けてあった参拾円を引き出し、叔父に当る人に、これから京都へ行くと挨拶した。叔父は非常に反対した。引き留められて正午になり、そばなど御馳走になったりしたが、遂《つい》に〔人力〕車に乗って新橋駅に行き、京都へ向った。

京都では直ちに金森を訪ねた。

その時分、デヴィス先生が御苑の柳原〔前光《さきみつ》〕家の館に住み、金曜日には祈祷会があったので、金森につれて行ってもらった。祈祷が終ってから、各々感想を述べるので、私も述べた。何故に京都へ来たか、と云うことを述べた。

それをお八重さん、新島夫人が聴き、先生に報告があったと見え、その翌日、先生に会うことになった。今残っている新島邸〔新島旧邸〕ではなく、〔最初に夫妻が住んだ〕新烏丸《からすま》頭《かしら》町の元の家であった。その時、先生から、薩摩芋で作った羊かんを二つふるまわれた。寒い時であるのに、夏の着物を着て、ふるえていたものだから、紀州ネルのシャツを二枚もらった。

先生と私は、二十歳年がちがっていた。先生はストーブをたいて、ガウンを着て居られた。初対面早々、此の人こそ私、師と仰ぐ人だ、よい所へ来た、と感じた。その印象と考えが、今日迄残っている。

先生は私をえらい人間だと見られたわけでは決して無い。東京から飛び出してきた、変わった青年だと見られたのみである。其《そ》れから五年間、同志社に居た。先生には満足であったが、同志社そのものには失望禁じ得なかった。

〔先生にした失礼なこと〕

大分話が長くなったが、今少し追加して申せば、先生に対して非常に失礼なことをした。

その一は、先生の夫人を攻撃したことであった。演説会などで、盛んに攻撃した。今から考えると、少年活気で失礼なことをしたと思う。

然し攻撃するに就いては、当時の私にも、言い分があった。私は当時先生を非常に尊敬していた。所が夫人は先生のことを「ジヨウ」と云ったり、又時には手を先生の頭にやって、撫《な》でたりする。私にとっては斯《か》かることは夫人、先生を冒涜するものとして、大いに攻撃したわけであった。先生にはそれがわかっていたか何《ど》うか、何うやらわかっていたようであった。

その二は、同志社を出る時、旅費が無いから、借用を申し込んだ。先生は非常におこられた由である。徳富の顔は千枚張りである。同志社を踏みつけて出て置いて、更に旅費の借用迄申し込もうとは――。

この話は先生の甥、公義《こうぎ》から聞いた。当時の私は、新島先生は、先生に謀反《むほん》して去るような者にも、旅費を貸すほどの雅量のある方と、先生を高く買っていたのである。尊厳を冒涜して申し込んだのではない。むしろ先生を買いかぶってしたのである。先生は許さなかったが、然し梢々《やや》これに近いことをした。

それは、京都を発つ前日、先生に御別れに行った。先生から写真を貰った。その写真はこれである。（と現物を湯浅〔八郎同志社〕総長に示し、更に牧野前総長へ――）。

翌日、愈々京都を去る。荷物をもって朝早く先生の邸前を通った。せっかく通るのに素通りと云うこともあるまい、と思って立寄った。

先生は一寸《ちょっと》上がれ、と云う。応接間に通った。すると先生は、東京行きは思い止まれと熱心に勧める。私は、これはとてもいかぬ、と思ったが、先生の言葉に対し、反対するわけにはいかぬので、友人の川辺〔河辺久治〕のやり口などを丈〔楯？〕に論難して防御線を張った。

こんなことに永い時間がかかり、到々〔到頭〕正午近くなって、三条大橋のたもとへ行ったら。正午になったから飯を食った。愈々代金を支払おうとすると、見送って来た新島公義が支払うという。公義が云うには、ああ云って飛び出して行くが、せめて飯の一杯でもふるまってやれ、と伯父が金を呉れた、と云うのである。

私もその時は、先生はえらい、東京行きは断念してもう一度同志社へ帰ろうかと思った。然し、やはり飛び出した。

斯くて同志社を飛び出したが、先生には一点のうらみも無い。ただ感謝あるのみである。新島先生は、私のみ特別に可愛がられたのでは無い。何《ど》の生徒をも同じように深く可愛がられた。それで誰もが皆、自分が一番可愛がってもらった、と思っている。

先生が嘱望せられた人は、横井時雄、下村孝太郎などであろう。私は何か毛色の異なった人間で、脱線さえしなければ、何か御用に立つ人間になるだろうと、目をかけて下さった程度である。

さきにも述べたが、先生が私を可愛がったのではなく、私が先生を思ったのである。私が先生を十思うと、先生は私を三思った程度であろう。

私はいつも先生に対し、一目《いちもく》どころか幾目《いくもく》もおいていた。そして先生に対し、未だ曾《か》つて敬意を失したことは無いのみか、先生には済まぬ、と云う考をいつももっていた。

湯浅〔八郎〕総長の叔父、〔湯浅〕吉郎は、私の謀反の時の仲間の一人であった。私と共に〔同志社を〕飛び出して東京へ行き、安中《あんなか》へ帰ったが、二日も経《た》たぬうちに、当時下谷《したや》の練塀《ねりべい》町に居た私を訪ねて来た。

そして曰く、「安中へ帰ったら、兄貴〔湯浅治郎〕にひどくしかられた。お前は徳富にだまされとる。早く同志社へ帰れ――、と兄貴が云う。君に離反してすまぬが、自分はすぐ京都へ行く――」と。そんなことで、湯浅は同志社へ帰った。

然し私は、その後も上方《かみがた》へ行くと、必ず先生のところへ立寄った。明治十五年には先生の宅に泊まり、更に湯浅〔吉郎〕、横井〔時雄〕と共に、先生のお供をして、中山道を下ったことがある。その時でも、横井だけは先生から特別待遇を受けていた。

今から思うと、横井などはもう少し先生に尽してもよいだろうと思う。それでも、キリスト教の一点に関しては、私も特に注意を受けていた。

横井は実に可愛がられた。横井が余り可愛がられるから、少し焼く気持ちも起る程であった。奥亀太郎などは、大いにそうであった。中山道の旅でも、横井のみは先生と共に馬に乗るが、私共は歩くのである。

中山道の旅の話で思い出すのは、宿を取って風呂に飛込んだ。すると突然、湯気の中から先生が、「徳富君」と云われたのでびっくりして、裸のまま風呂から飛び出した。その時は随分おかしかったと、湯浅がよく覚えていて、いつも話していた。

先生と御飯くらいは共に食べるが、裸になって御湯を共にすることは、考えもつかぬことである。私は先生を尊敬する一方で、からかったりすることなどは一度も無かった。

私が同志社に在学した五年間、及び飛び出した時のことは、先生の御心を非常に悩ませたと思うと、悔恨の情禁じ得ない。先生には、何とかして報ずるところが無ければならぬと思っていた。

〔同志社大学設立運動を助ける〕

ところが、先生は同志社大学設立の運動を始めた。当時私は、『将来之日本』を出版して、日本の文壇に一の地位を得、又『国民之友』も湯浅総長の父君、治郎君が満幅の支持をしてくれて、うまく行っている時であった。私も及ばず乍《なが》ら、先生の運動を支援する事になった。

当時先生は、日本での募金運動に失望して、アメリカへ行こうとした。私は先生に勧めて、もう一度東京でやってはと云った。それから三ヶ年、衷心より先生を愛敬し、先生に奉仕した。先生も私の気持ちを知られたと思う。

失礼な言い分であるが、私は始めから先生に奉仕した。先生は十数年経《た》って始めて、私の奉仕を知られたのかもしれない。私には何か報いたいと云う考があり、それが最後に私を同志社へ帰えらしめようとするのであるから、先生も此の度《たび》の私の同志社復帰の悲願を喜ばれるだろうと思って、皆さんに今日の御願いをすることになった。

私は名誉も何もいらぬ。御恩報《ほう》じのため同志社へ復帰したい。何《ど》んな役名でもよろしい、名誉小使でもよろしい、同志社の団体の中へ帰ることが出来ればよい。〔中略〕

私は新島先生によって、世に紹介せられたのではない。私は私を自ら紹介した。寧《むし》ろ私が先生を世に紹介したと思っている。

私は随分、先生を教育した。読む本なども私が選んで先生に読ませた。浮田〔和民〕翁などは、徳富が先生を堕落させた、と云う。無論よい意味で云うので、私が先生に色々なことを教えたことを云うのである。

私は先生の風格が、気に入っている。人はああ云う風にありたいものと思ってる。あの風格の先生の門人であることは、非常に光栄なことである。

私は先生の門人として、十二の使徒の仕事はしなくとも、ポーロ〔パウロ〕程のことはしてみたいと、いつも思っていた。先生は、自分の後継と思っていた人々からは裏切られたが、手におえんと思った人からは、随分恩返しを受けている。

私の先輩中に、ほんとうに先生のことを思っていたのは、浮田翁位であろう。後輩中には、先生與《くみ》し易《やす》し、と考え、到々〔到頭〕先生を理解することが出来ず終った人が多い。

私は、〔かつて同志社を退学する際〕いつ迄も後をかえりみ、三条の橋のたもとから〔いっそ学校に引き返そうかと思ったあの日から、今回〕七十年目に帰えることになるのであるが、それも先生の感化力である。

私が先生ともっと長く共に居たら、私は先生にもっと感化を与え、私も先生からもっと感化を受けたであろうと思う。このことは先生に対して、のみでなく、他の政治家連中に対しても云い得る。然し、勝海舟先生にだけは当てはまらぬ。

内村鑑三と〔新島〕先生は、相当交渉があった。先生が度々同志社へ呼ぼうとせられた。

皇室の純潔と云うことに付いては、先生は大いに貢献があると思われる。先生は、一夫一婦は先ず皇室〔天皇〕から始めねばならぬと、井上馨さんに勧めた。

当時、井上は非常に勢力があった。他の何《ど》の政治家よりも勢力があった。それが大正天皇に於いて実現し、現在はあのように立派な御家庭を御持ちになるようになった。先生は信ずるところを実に勇敢に云った。

私は先生の短所を知っている。然し、それを差引しても、先生の長所は尚お残る。先生は世界に誇るに足る人物であった。クリスチャンとは斯様《かよう》の人をや、云う。伝道心の旺盛なるは、実に世界第一と云える。以上。

（伊藤彌彦「徳富蘇峰関係資料」二、『同志社法学』三七一、二〇一四年一一月）

（三）文献紹介・徳富猪一郎『蘇峰自伝』復刻版（本井康博）

本書は中央公論社から一九三五年に刊行された原書の復刻版（同朋舎出版、一九九五年）である。

原書は出版三か月後に、はやくも五十版を重ねるほど読まれた読書界の話題作であった。けれども、さすがに戦後は徳富蘇峰（一八六三年～一九五七年）の評価や知名度に陰《かげ》りが生じ、重版されることはなかった。

したがって図書館や古書店以外では入手することが困難となった。さらに、旧字体や難読漢字が多用されるなど、読み辛い文体であったことも、現代の読者を遠ざける一因であった。

そこで、蘇峰ゆかりの同志社大学が蘇峰生誕百三十年を記念して、「徳富基金」の一部を用いて一九九四年（予定より二年遅れ）に本書の復刻版を上梓するにいたった。若い読者のために、新漢字やルビを採用した。復刻版ではあるが、ページが一ページずれているので、厳密に言えば、改訂版でもある。

蘇峰の自伝的作品としては、『我が交遊録』（中央公論社、一九三八年。『蘇峰夢物語――我が交遊録――』と改題され、中公文庫として一九九〇年に再出版）や『三代人物史』（読売新聞社、一九七一年）が知られている。本書はいわばその魁《さきがけ》となった作品なので、自伝的要素（記述）はもっとも高い。

扱う時期は、著者が少年時から古希に達した一九三二年までで、蘇峰自ら秘書の東香（八重樫祈美《きみ》子）に口述筆記させた。前書きの日付は一九四二年七月二十五日で、「蘇峰七十三叟《そう》」との署名が入る。

七十年に及ぶ回顧は、もちろん多岐にわたる。けれども、驚くべき早熟であり、時代を読むに敏であった著者の面目は、やはり青少年時代がもっとも躍如としている印象を受ける。

すなわち、熊本（中でも兼坂塾や熊本洋学校）での修学、同志社英学校（とりわけ生涯の師となった新島襄との出会い）、帰省後に立ち上げた大江義塾、ジャーナリストとしてのデビュー（『将来之日本』、『国民之友』、『国民新聞』の創刊や出版）を扱った時期である。

後半生では、日清・日露戦争を契機に政界にも足を踏み入れ、桂太郎のいわば顧問格として隠然たる勢力を築くにいたった。そして最後は関東大震災罹災、ならびに国民新聞社退社という不幸な出来事をめぐる回想である。

巻末には付録的に著作・書籍愛好趣味、ならびに「自らを解剖す」と題する総括めいた自己分析が三章にわたって収められている。とりわけ後者は、人生観や金銭観、性格分析、宗教観の一端が吐露されていて興味深い。

（『近現代日本の社会運動家　自伝・回想録　解題』）

三、家永豊吉（その一）

（一）「家永豊吉」（本井康博）

家永（辻）は、蘇峰と同じく「花岡山バンド」の一員である。齢は家永の方が三か月ほど上ではあるが、「奉教趣意書」（一八七六年一月三十日）に署名した三十五人中、二人して共に最年少組（十二歳）であることに変わりはない。

蘇峰が自身、「花岡山の申し合わせ」では、「陣笠の一人」として、六、七歳上の上級生幹部に「附和雷同」したに過ぎないと後年、告白する（『蘇峰自伝』六四頁）。おそらく、家永（署名は辻豊吉）とて同じ想いであったはずである。

花岡山で「奉教趣意書」に連署した中に由布《ゆふ》武三郎がいる。彼は熊本洋学校から同志社に進まなかったので、「花岡山バンド」であっても、「熊本バンド」ではない好例である。

家永とは同郷（柳河）で、開成学校、帝国大学へと進み、最後は高等商業学校（現一橋大学）校長となる。彼は文部参事官の時に、家永を高等商業学校講師に招いたことがある。

由布は受洗でも家永と同時であった。花岡山での連署から四か月後の五月五日、ジェーンズから洗礼を受けた時、二人は同期であった。ただ、由布は熊本洋学校以後には、信仰生活は継続しなかったのではなかろうか。

一方の家永は、同志社に進み、京都では西京第三公会（現平安教会）に属した。しかし、同志社中退と同時に第三公会を退会したばかりか、キリスト教とも距離を置き始めたと考えられる。

そうした彼が信仰を復活させるのが、七年後のオベリン大学卒業時である。一八八七年七月にオベリン第一会衆派教会に入会（転入会か）を果たす（太田雅夫『新島襄とその周辺』二六頁、青山社、二〇〇七年）。大学院進学にあたって、オベリン大学学長からジョンズ・ホプキンス大学学長に宛てた推薦状には、「真のクリスチャン紳士」との褒め言葉が見られる（太田雅夫編著『家永豊吉と明治憲政史』四二頁、新泉社、一九九六年）。

大学院時代の家永の教会生活については、詳細は不詳である。それを窺うものとしては、恩師新島への五通の英文書簡（一八八八年八月二十二日～翌年八月二十六日。同志社社史資料センター蔵）、ならびに著名なエヴァンジェリスト（伝道者）のムーディ

（M. L. Moody）が夏季休暇にショートカ（Chautauqua, NY）で開催する夏季学校に二度にわたって参加したことが挙げられよう。

　夏季学校中に新島に宛てて認《したた》められた最初の書簡には、自身のことを聖書に登場する「放蕩息子」（a projical son）になぞらえ、長年の彷徨と放浪のすえ、ようやく「神の御手《おて》」（His Hand）に捕まえられたことを報じている。

　その二か月後の第二信（同年十月十八日、ボルチモア）には、新島に関する伝記的資料の送付を依頼に及んでいる。大学の学内組織（クリスチャン・アソシエーション）から要請された講演で、「ザビエルと新島」について語りたいから、というのである。

　家永にとって、ザビエルは十六世紀のカトリックを、そして後者は現代日本のプロテスタントを代表する人物であった。すなわち、新島こそ「プロテスタンティズムのチャンピオン（闘士）」だというのである。

　なお、家永と新島との交流については、以前、拙著『徳富蘇峰の師友たち』（三三八～三四三頁、教文館、二〇一三年）で取り上げたので、参照いただきたい。

　晩年の新島が家永について祈り求めたものは、信仰の復活であったはずである。アメリカで再燃した信仰が、新島死後にどのような形をとったのは、不明である。

　一八九九年の時点では、キリスト教から離れていたようで、家永と同時に渡米した内村鑑三から、無信仰を指弾されている。内村は、「熊本バンド」を始めとする総勢四十人の「キリスト教を棄《す》てた著名な日本人」のひとりに家永を挙げ、こう冷評した。

「文学博士、家永豊吉教授。同志社の卒業生で、オバーリン、ボルチモアで経済学を学んだ。今は福澤氏の大学の教授となり、キリスト教ともその他の宗教とも一切、関係をもたない」（『万《よろず》朝報』一八九九年五月二十二日）。

　なお、家永の帰国後の動向であるが、東京専門学校で教鞭を執った。研究者としての働きの中で特筆すべきは、アメリカで学んだ最新の政治学を日本の学界（とくに早稲田大学）に初めて導入したことで、高田《たかた》早苗らに大きな影響を与えた。その点については、本書（二三五頁以下）で再論する。

　早稲田以外にも、慶應義塾大学部や高等商業学校（現一橋大学）で教授を務めたが、その後、外務省に入省し、外交官としても活躍した。これらはいずれも、新島の教え子たちの中では、きわめて異色の経歴である。

四、蔵原惟郭

（一）「元代議士・藏原惟郭《これひろ》氏」（柏木義円《ぎえん》）

予《よ》を同志社に連れ出したのも、又予を初めて新島先生に紹介したのも〔藏原〕氏であった。前橋傳道の草分けをしたのも亦氏で、今の古川鑛業会社〔現古河機械金属株式会社〕の重役、工学博士小田川全之《おだがわまさゆき》氏は、当時前橋に在《あ》りて氏の傳道を助け、予が更正の告白をしたのも、実に小田川邸の集りであった。

氏は渡米に先だち、安中《あんなか》で演説し、他年、国会開設の暁には、予は諸君の代議士となると云はれたが、果して異日《いじつ》、東京市選出の代議士となられた。

氏が米国に在て苦学中、〔新島襄〕先生再度、米国に遊ばれ、氏の窮《きゅう》をみて、いろいろ親切に世話せられ、往年、岩倉全權大使一行に随行して、欧州歴遊中、伯林《ベルリン》で御作りになって爾来《じらい》着用して居られたフロックコート、其《そ》れに添へて他の一着の古洋服も共に氏に与へられ、流石《さすが》豪邁《ごうまい》なる氏も、談このフロックコートの事に及べば、眼中に露が見へる。

氏の夫人は、北里柴三郎博士の令妹〔しゆ〕で、露西亜文学者、蔵原惟人《これひと》氏は其令息である。〔以下は、柏木が蔵原からの手紙から抜粋したもの〕

——〔過日、柏木主筆が『上毛教界月報』紙上で紹介された新島〕先生の詩を読み、感慨無量。追懐情に不勝候間、左の拙歌、口を衝《つい》て偶成《ぐうせい》候に付、入御一覧候。

固《もと》より即吟未定稿にて、何の興も無之、只追慕を表する而已《のみ》に候。

思ひやる君がこころにほとばしる
　血潮の涙やる方なきを
神やしる此君ゆきて闇《くら》き夜を
　誰によりてかまたてらさなん
血染めなる君が言の葉今も尚
　涙にむせぶ声ぞくもれる
◎先生より賜はりし古衣《ふるころも》、独逸製のフロックコート、
　一月二十三日忌日に思出て、轉《うたた》懐旧の涙に咽《むせ》びつつ
君がきし形見の衣《ころも》とりいでて

四十《よそ》とせ昔しのぶ我かな
◎先師の衣を賜いし時の〔新島先生の〕歌
十年《ととせ》ほどきてはぢなれし古衣
　おくる我身のこころばせしれ
◎御返しとて
古衣おくりしこころきてあれど
　うらはづかしき我にもあるかな
古衣おくりし君がこころばせ
　くめばくむほど涙なりけり
古衣返す返すも偲ぶかな
　君の形見のこころつくしを
父と呼び神と思ひし我君の
　四十《よそ》とせ昔し偲びてぞなく
◎先師の写真を拝して
くろがねのもえたつこころ胸にひめ
　匂う春日の影かとも見ゆ
足の塵濯《ちりそそ》ぎし人の姿かも
　偲ぶも哀れ君がうつし絵
面影もこころも愛のしたしみと
　ながくも匂ふ君にもあるかな
神の智慧《ちえ》こころにもえてめぐりあふ
　人をてらせる光なりけり
国を憂ふやたけ心〔弥猛心〕のそれにまた
　愛てふ花の匂ふ君はも

（「反響余韻」の一部、『上毛教界月報』一九三〇年二月二〇日）

（二）「同志社英学校時代〔の蔵原惟郭氏〕」（松尾音治郎〔音次郎〕）

〔前略〕私が〔一八八一年〕初めて、〔官許〕同志社英学校と記せる木製の懸《かけ》看板を左手に眺めつつ、其門内に足を踏み入れて、先《ま》ず驚かされたのは、毛髪蓬々《ぼうぼう》、衣服穢々《わいわい》、満面にニキビをはびこらせて、之れを掻きむしりつつ、英書を前に控えて嘯《うそぶ》き居る門番であった。

これは入学直後、上級の某氏より聞けば、熊本県阿蘇郡阿蘇の宮の神主の伜で、蔵原惟郭と云ふ英雄を気取って居る荒武者であった。

当時彼は、既に五年生のほやほやで、翌年の六月には同志社英学校を卒業する上級生であるが、尚ほ門番を兼ねて、時鐘打役を勤めて、学費を儲けつつ在学して居るのである。

彼は非常なる雄弁家であったが、果して後日、衆議院議員に当選し、日比谷原頭に於て、一時、赤ちょっきで雄名を馳せた。

今尚ほ健在なりや、杳《よう》として消息を聞かない。想起せば、一蔵原のみならず、満校の学生は、悉《ことごと》く是《こ》れ、同様の荒武者であったのである。〔後略〕

（『同志社校友同窓会報』一九二七年九月十五日）

（三）「蔵原惟郭　略年譜」（岡林伸夫）

一八六一年七月六日（旧暦）　肥後（熊本県）阿蘇郡西町村（のち黒川村→阿蘇町→阿蘇市）、豪農蔵原文左衛門惟元の三男として出生。幼名は三治兵衛。幼少時は近在の寺子屋・漢学塾・小学校で学ぶ。

一八七五年八月　父の勧めで熊本洋学校に入学。

一八七六年一月三〇日　花岡山にて「奉教趣意書」に署名。九月、同志社英学校に入学（一八八三年九月まで在籍）。

一八八二年二月三日　病気を理由に帰郷。

一八八三年　伝道会社より前橋伝道に派遣される（〔期間は〕一八八四年七月まで）。

一八八四年四月九日　渡米。サンフランシスコを経てボストンへ（九月三〇日、新島襄もボストン到着）。スクールオレトリー雄弁学校で英語と演説を学ぶ。当初は農業労働、魚加工店（乾鱈屋）のほかコック、薪割り、牛肉配達などに従事する。

一八八五年　新島の紹介でムーデーの学院（マウントハーモン少年学校）にしばらく学んだのち（本人いわく「馬鹿らしくて辛抱が出来ませぬ」）、再度新島の紹介で九月、メーン州のバンゴー神学校に入学。宿屋の手伝いなどで学資を作る。十月、新島は帰国を前にして古着二着を蔵原に贈る。

その後、しかし寒気が強く、修学の便宜も考えてアンドーヴァ神学校に移るが、神学上の意見が合わず、哲学を研究するとの条件でニューヨーク州のオーバーン神学校に転じる。演説で学資を稼ぐようになり、一回の演説旅行で百から百五十ドルを稼ぐ。演題は日本の風俗、習慣や政治、社会、宗教、文学など日本紹介のものが多く、たとえばボストンの音楽堂を借り切って、日本の条約改正問題について演説したのは評判を呼んで、新聞、雑誌でも紹介され、このときの入場料収入をオーバーンの学資にしたという。

一八八九年　卒業論文として「涅《ね》槃《はん》論」を書く。それによりニューヨーク大学から六百ドルの奨学金を受けて、その大学院に進み、哲学・比較宗教学を学ぶ。

一八九〇年　Ph.D.を取得。費用を演説で作って渡英し、スコットランドのエディンバラ大学大学院に学ぶが、翌年病気になり「三、四ヶ月」入院生活を送る。

一八九一年一二月　海老名弾正の勧めを受けて病後静養の必要もあり帰国、熊本英学校・熊本女学校の校長に就任。帰国の旅費は生徒のカンパで捻出する。

一八九二年一月一五日　新校長歓迎会式場で「奥村禎治郎事件」起こる。その後、英学校は分裂。

一八九三年四月　「不敬事件」（九一年一月）後に内村鑑三を教師に招くが、内村は七月に教師断念。十一月、北里柴三郎（同じ阿蘇郡の出身）の妹、しゅ（脩子）と結婚。

一八九五年　西園寺公望文相の推薦で岐阜県から招聘され、岐阜、大垣、飛騨、御嵩《みたけ》の四中学校長を兼任。
一八九七年　知事と意見が合わなかったらしく辞職。上京して大国教育会（近衛篤磨会長）の主幹となり全国巡回講演や図書館普及に尽力。また東京美術学校講師となり教育学を講じる（どちらも一九〇二年まで）。
一八九八年　憲政本党本部幹事となり、尾崎行雄、犬養毅らと党の要務を担う。
一九〇〇年　憲政本党を離れ、伊藤博文を説得して立憲政友会の結党に尽力し、その政務調査委員となる。また早稲田大学講師となる。
一九〇二年　政友会の推薦を受けて、衆議院議員選挙に東京市選挙区から立候補するも落選。またこの年から翌年にかけて、普選運動に活躍、演説会にしばしば登壇する。
一九〇三年　対露同志会に加盟。
一九〇四年　衆議院議員選挙に再度、落選。慶應義塾大学教授に就任。
一九〇六年　日露戦後は島田三郎の政界革新同志会に所属して、軍縮運動、増税反対運動に活躍する。大隈重信を名誉会長とする社会教育会を結成して幹事となり、その機関誌『新時代』（七月創刊）の主幹となる。
一九〇八年五月　衆議院議員選挙に東京実業連合会の推薦を受けて、東京市選挙区から立候補、二位で当選する。

以後（一九一二年再選）、新政党、又新会《ゆうしん》・立憲国民党・立憲同志会に所属し、院内最左派の代議士として移民問題、外交問題、社会政策、物価問題、国定教科書問題、普選問題、シーメンス事件追及などで活躍する。
一九一五年三月　衆議院議員選挙落選。以後議席を回復できず。
一九一九年七月　立憲労働義会を創立。さらに翌年には『世界改造』を創刊して、普選運動と労働運動を結びつける新たな政治活動を展開する。
一九二八年二月　普選法施行後初の衆議院総選挙に最後の立候補、落選。
一九三一年一〇月　中央公論に『我が児を誇る』を公表、現在の自らの思想が次男の惟人《これひと》（一九〇二年生、東京外国語学校ロシア語科卒業後、『都新聞』特派員としてソビエトに滞在。一九二七年、『文芸戦線』同人、二十九年、日本共産党に入党し地下活動）と同じ、すなわちマルクス主義であることを表明する（「ただ悔やむ所は、私が次男惟人の如き児を、なほせめて二、三人儲けて置かなかったことである」）。しかし惟人は翌三二年、逮捕され、四〇年の恩赦まで非転向のまま獄中生活を送る。
以後、「極東平和友の会」発起人、「労農救援会」会員、「学芸自由同盟」理事として、反戦平和運動にあたる。
一九四九年一月八日　死去。八十七歳。
（同志社大学人文科学研究所研究会での「発表レジュメ」、二〇〇七年一二月七日）

五、大久保真次郎

（一）「故大久保師の葬儀」（報道記事）

〔一九一四年〕五月十五日午後二時、王府〔オークランド〕米人組合教会に於《お》いて執行す。

朝来、降ずふりずみの〔降りみ降らずみの〕陰鬱《いんうつ》なる空模様、時に細雨《こさめ》霏々《ひひ》として到る。

午後二時十分、哀しみの曲と共に柩は、師の生前の親友、安孫《あび》子《こ》久太郎、其他十氏に護られて、正面に安置せらるる。数個の花環は霊前に供えられたり。

小平國雄氏、式を司り、宮崎小八郎氏、約翰《ヨハネ》傳第十四章を朗読し、田中義一氏、祈祷の後、司式者小平氏、式辞を述べ、早川萬氏、履歴を朗読す。

大久保牧師略歴

故の傳道團巡廻教師、大久保眞次郎氏は熊本県士族、大久保萬次郎氏の長男にして、安政二年三月十日、郷里熊本県鹿本《かもと》郡米野《めの》岳《だけ》村大字岩原に生る。

七歳にして藩立〔熊本〕醫学校に入る。同七年、同校を卒業するや、北里柴三郎、中島幸次郎の両氏と同じく、選ばれて特待生となり、東京帝国大学醫学部に送られしが、十年、西南戦争の起《おきる》に及び、感ずる所あり中途退学す。

同年、京都西本願寺に遊び、佛典を研究し、翌十一年、転じて京都同志社に学び、新島襄氏に就き受洗、基督信徒となる。十三年、故あり同校を退くや、深く我邦海運業の不振を慨し、汽船会社の設立を画策し、東西奔馳《ほんち》、大に竭《つく》す所あり。

而《しか》して事、遂に成らず、十五年より十九年に至《いたる》の間、或いは東京に、或いは京阪地方に、或いは熊本県下に於いて政治の事に奔走し、頻《しき》りに自由民権の主義を鼓吹す。

二十年一月十一月、備後国尾道町に客寓中、信仰俄然《がぜん》として復活し来たり。余生挙げて、之を伝道事業に投ぜんと決心するや、其年九月、再び同志社に帰校〔復学〕し、一意神学を修む。

廿二年七月、新島社長の意に従ひ、其援助に頼り、武州秩父郡大宮町〔現秩父市〕に伝道を開始し、苦闘すること五年。廿六年秋、上州藤岡町〔現藤岡市〕緑野《みどの》教会に就任し、廿八年、更に武州高崎組合教会に轉す。三十年十月五日、同教会に於いて按手禮を受け、牧師となる。

卅五年九月、米領布哇《ハワイ》ホノルル府ヌアヌ日本人教会に赴任し、牧会三年、独立自給の基を作す。卅七年、王府〔オークランド〕日本人組合教会の創設に當り、之が招聘に応じ、同年九月来って同教会を牧するや、爾来《じらい》萬難を顧みず、内は心を会員の霊性の修養に砕き、外は力を独立自給の基礎を作るに竭《つく》し、奮闘七年、時に寝食を忘るるに至る。

四十四年、基督教伝道團の組織せらるるや、独立事業の方《ま》さに完成を告ぐるを以て、推されて同團の巡廻教師となり、暫く福音を太平洋沿岸に宣伝す。

大正二年五月暇を得て、郷国に帰省し、深く同團及び在米同胞の前途に謀《はか》る所あり、広く朝野名士の間に奔走し、熱誠誘説《ゆうぜい》して在米同胞後援会を組織し、纔《わず》かに成る。

而して不幸、脳溢血症に罹《かか》り、病を養ふ數旬、病勢の稍々《やや》退くを見るや、親戚、知友の諫止《かんし》を省みず、十二月卅日を以て帰任、大に爲す所あらんとす。

然るに病痾《びょうあ》、日を追ふて悪しく、荏苒《じんぜん》臥床、復《ま》た起《た》つ能《あた》はず。五月十日午前二時十分、王府第二十街邸に在りて、遂に蓋焉《がいえん》として簀《さく》を易《か》ふ。享年、方《ま》さに六十歳。

夫人〔旧姓・徳富〕音羽子。

（『基督教世界』一九一四年七月十六日）

（二）〔「親分肌の快男児」〕（青山霞村《かそん》）

抑《そもそ》もこの謀反組〔「自責の杖」事件に至った学園紛争〕の首領、大久保真次郎〔牧師〕は、卓犖《たくらく》奇偉の士で、人心を収攬《しゅうらん》するに妙を得てをった。年齢も〔バイブル・クラスの〕山崎〔為徳《ためのり》〕、海老名〔弾正《だんじょう》〕とは一歳上の安政二年生《うまれ》。徳富〔蘇峰〕など、その時の配下とは六、七歳も年長であった。一つの物を乾児《こぶん》と共に分け食ふといふ親分肌の快男児であった。

彼もまた熊本県人であるが、洋学校出身ではなく、洋学校と対立してをった〔熊本〕医学校出身である。

明治七年、医学校を卒業し、特待生として細菌学の泰斗《たいと》、北里柴三郎博士、産科学の大家《たいか》、濱田玄達《げんたつ》博士、衛生学の権威、緒方正規《まさのり》博士等の同窓と共に、熊本から東京帝国大学の前身であった開成学校へ送られたのである。

然《しか》るに彼は、婦人や小児の脈をみたり、薬の匙《さじ》加減をしたりする医術を陋《せまい》とし、国家社会の病を癒《いや》す抱負から、明治十年、開成学校をやめ、仏教によってその抱負を実行しやうと〔京都の〕本願寺へきた。

本願寺へきたが、用ひられず、また仏教にそれだけの力がなかったから、矢張、基督教によらねばならぬと思ひ、十一年、同志社へきたのである。そして同志社でも、医者坊主の同窓を盛に罵《ののし》ってをった。

医学を学んだ大久保は、独逸語がやれたから、英語もすぐ上達せられるやう思ひ同志社へきたが、四、五年も前から英語をやってをった神学予科〔余科、バイブル・クラス〕の者と肩を比べてゆくことは、不可能であった。

　すると、同年輩、若《も》しくは自分より年少の熊本組〔熊本バンド〕が威張ってをるのが癪《しゃく》に障《さわ》り、演説するとテーブルの上へ胸から上しか出ないやうな年少の下村〔孝太郎〕にさへ、その下位に立たねばならぬ苦痛を感じた。

　それがため、落ちついて学問がしてをれず、寧《むし》ろ実社会へ乗出して金儲《かねもうけ》をしたがよい、といふ考を起した。

　そして、年少の者に伝道ばかりに熱中してゐる同志社は、君等の才力を伸べる処ぢゃないと巧《たくみ》に謀反の仲間入をさせた。同志社は基督教の伝道ばかりやるが、世の中は道徳ばかりで立ちゆけるものでない。智術も人に必要だと〔知徳論争を起こして、智論派の主張を吹きかけた〕。

　丁度《ちょうど》、熊本組〔徳論派〕の運動に反抗心を抱いてをった少年達は、君等のやうな才子が、と煽《おだ》てられたから、全く大久保の言葉に魅せられてしまひ、二、三十人もその配下になった。全校百名内外の生徒の中、それだけ謀反に与《くみ》したのであった。

　この〔同心交社〕中、今までその名を記憶されてをる者は、大久保の外に徳富猪一郎〔蘇峰〕、家永豊吉（Ph.D.、博士）、奥亀太郎、河辺久治、湯浅吉郎（Ph.D.）、新嶋公義《こうぎ》、津田元親《もとちか》等で、津田はまだ小供上りであった。奥亀太郎は、女大〔日本女子大学〕教授の奥太一郎〔や〕梅花女学校校長の伊庭《いば》菊次郎の兄である。

　大久保は、明治十一年に同志社を東京へ移さうとして成らず、また宇治辺に実業学校を起す計画もしたのであるが、最後に西南戦争に海運で大儲をした三菱に対抗する内海航路の船舶業を目論んだ。

　大久保が退校して、海運業をやった時は、徳富は彼から離れ、学校に留て学てをったが、後に寄宿舎を出て、下鴨に下宿した。東京行は、新嶋先生が自らを鞭《むちう》たれた翌月に起った事件である。

（青山霞村『同志社五十年裏面史』七八〜八〇頁、からすき社、一九三一年）

（三）大久保真次郎に関する拙稿（本井康博）

・「新島襄と大久保真次郎──『黒い目』と『赤鬼』──」（『新島研究』七八、一九九一年五月）
　拙著『新島襄と徳富蘇峰──熊本バンド、福沢諭吉、中江兆民をめぐって──』（晃洋書房、二〇〇二年）に再録。

・「大久保真次郎──回心した放蕩息子」（『同志社時報』一〇九、同志社、二〇〇二年三月）
　拙著『徳富蘇峰の師友たち──『神戸バンド』と『熊本バンド』──』（教文館、二〇一三年）に再録。

六、上原方立

（一）「牧師列伝・上原方立《まさたつ》」

上原方立君は萬延元年六月五日を以て肥後八代に生る。父は魚住眞人、母は春子。八歳にして父を失ひ、九歳にして藩校伝習堂に入る。

幾《いく》ばくもなく、該校《がいこう》の廃せらるるや、角田氏の塾、及び愛日堂に通学す。熊本県令、安岡某〔良亮《りょうすけ》〕の愛日堂に来たりて試験を執行するや、君選まれて博物新編中、地球廻転の説を講じ、賞与を受く。

明治八年、和田正修〔正幾か〕氏の勧誘によりて、熊本洋学校に入る。此頃より母方の伯父、上原正求の養子となる。同年四月、始めて斯教《し》〔キリスト教〕を宮川経輝氏より聞き、後ちに之《これ》を信奉するに至る。

君の父兄、之を聞いて大に憤り、君を伴ひて帰郷す。校を辞するに臨み、教師ヂェーンズ氏に別を告ぐるや、氏涙を揮《ふる》って奨励し、且《か》つ贈るに地理書、及び天路歴程を以てす。

君、帰郷するや議論沸騰、父兄叱《しっ》し、母氏は泣き、如何《いかん》とする能《あた》はず。為《ため》に切腹せんと思ひし程なりき。

一夜、此事を思詰めて座敷の縁端に立ち乍《なが》ら、熱祷せしに、恰《あたか》も基督を面前に見るが如き心地《ここち》して、非常の喜楽を覚へぬ。暫くして父兄の意和《やわ》らぎ、再び洋学校に赴く。九年九月、ヂェーンズ氏に伴はれて、京都に入り同志社に投ず。

明治十年の夏、君若狭《わかさ》〔福井県〕に伝道に赴く。一日山上に登り、切《しき》りに伝道の必要なることを感じ、父兄の意思如何《いかん》に拘《かか》わらず、伝道者たることを決心す。

其《その》後同志社にありて、「同心交社」なるものを結び、幼年生徒の為に尽し、又た夏期休暇毎には必ず伝道に出馬せり。その場所は、摂津、高槻〔以上、大阪府〕、備中、笠岡〔以上、岡山県〕、越前、福井等なりき。

明治十四年六月、普通科を卒業し、卒業式に「真正の品格」と題して演説す。次で神学科に入る。翌年一月より、大阪嶋之内教会の仮牧師に就任し、毎月二回、下阪することとせり。

同年三月、山岡登茂子〔とも〕と婚約を結ぶ。

十六年五月、全国基督信徒大親睦会の東京に催ふさるるや、君之《これ》に列席し、「基督信徒の修行」と題して演説し、爾後、心霊上著しき進歩を覚えたりといふ。

十七年六月、デビス氏より按手礼を受け、同時に十八人に授洗す。同月廿七日、神学科を卒業し、「一事を務む」と題する〔卒業〕演説をなす。

翌月六日、始めて卒業後の説教をなす。その題詞は、約翰《ヨハネ》伝〔ヨハネによる福音書〕第八章卅二節「且《か》つ真理を知らん、真理は爾曹《なんじら》に自由を與《あた》へん」にてありき。

九月、山岡登茂子と結婚の式を挙ぐ。十月上旬、河内《かわち》伝道に赴き、腸チブスを獲て帰り、臥床《がしょう》僅に五、六日、十月十四日を以て永眠す。享年二十五歳。

有為なる君の夭折《ようせつ》は、当時衆人の深く悼惜《とうせき》する所となれり。〔中略〕

新嶋先生が杖を以て己が手を強打せし事〔新島襄「自責の杖」事件〕は、世人の知る所なるが、〔従兄《いとこ》の亀山昇によると〕先生をして爰《ここ》に至らしめしは、君が追及の急なるその一因なりしが如し〔本書一三二頁参照〕。而《し》かもその折、後《うしろ》より先生を抱き留めて杖を奪ひ取りたるも、亦《ま》た君なりしなり。〔後略〕

（『天上之友』一）

（二）「同志社在学中の上原方立」（本井康博）

若くして亡くなった上原には、著述がない。同級生たちの回想などに頼るしかない。『創設期の同志社』に残されたそれらに共通するのは、雄弁家としての印象が実に強いことである。以前にもその消息は明示したが（拙著『徳富蘇峰の師友たち』三五二頁以下）、改めて二、三、紹介したい。例えば、河辺久治である。

「氏は〔留年を余儀なくされ、〕学才は余り無かったが、非常に熱心な基督教信者で、且《か》つ大雄弁家であった。〔熊本バンドの先輩にあたる〕市原〔盛宏〕君、金森〔通倫〕君、海老名〔弾正〕君等も可成《かなり》上手に演説された。大西〔祝《はじめ》〕君は是等《これら》の人達より遥に上手だった。

然《しか》し、上原君には到底及ばなかった。年に二度ずつのプライド・スピーチがあった、此の時の上原君の雄弁の演説は、何時《いつ》も拍手喝采裡に終った。思想は浅薄であったが、実に上手な雄弁家であった。

此頃は皆、俸給を得て、宣教師〔牧師、伝道師〕をしたものであるが、上原君ばかりは、唯衣食が出来れば俸給は要らないと云ふて、熱心に布教された。後、大阪〔の島之内教会〕に宣教師になって行った。肥後国八代《やつしろ》の人である」（四三頁）。

上原は、土曜に校内で開催された演説会出演者の常連で、しかも「一番演説の上手であったのは、蔵原、上原の両氏」であったという（六四頁）。議論の主たるテーマは知徳論をめぐるもので、蔵原と上原は智論派の蘇峰や大久保を向こうに回して、徳論派の主張を貫いた（一〇六頁）。

類まれな雄弁術が学内でもっとも発揮されるのが、演説会、とりわけ「同心交社」の集会で徳論をとうとうと弁じる時であった。まさに花形スターであった。

一方、上原は、校則違反などに関しても厳格派とでもいうべき立場に立ち、厳重な処罰を当局に申し入れることがあった。クラス内で問題行動が起きた時、早朝、友人（綱島佳吉）と共に新島を自宅に訪ねて、注進に及んだことがある。

話を聞いた「先生は非常ニ心配せられ、顔色をも替へられたので、これからは先生には一寸《ちょっと》した事は、申し上げられない。自分達で処置しなければならぬと思ふた」と、二人して反省したという（二一八頁）。

こうした上原の対応は、例の「自責の杖」事件でも見られたようで、新島を事件に追い込む一要因となったとも言われている。事件当日、掌を棒で打ち付ける新島を背後から羽交い絞めして止めたのも、上原であった（拙著『徳富蘇峰の師友たち』三五四～三五五頁）。

（三）「〔新島の歌唱力〕」（新島八重）

一九二四年一月二十日、クラーク神学館（現クラーク・チャペル）で開かれた新島記念会で、新島八重は次のような回想を披露している（本井）。

未亡人は次に古き讃美歌を取上げて、

「これは〔明治〕十七年頃に出来たもので、廿二年十二月十六日、襄が此処〔死への旅路？〕を立つまで常に持参しました讃美歌集で御座いますが、これに就て思ひ出しますのは曽て、大津のさる漢学塾〔晩年速成義塾〕で、伝道致しました際に、讃美歌を唱ふ段となって、同行のジョン・ギューリック、上原〔方立〕両氏はよう唱はれず、同席のある陸軍将校の御夫人唱ひ兼ねて、襄やむを得ず、讃美歌廿五番

あめつちのかみへ　わがいのりをきゝたまへ
わがおかせし　つみをくやみ
あらためんやう　させたまへ

を唱ひましたが、之れに和するのは、漢学生ばかりでありましたので、恰も詩吟のやうで、上原さんがおかしさに堪へ兼ねて、御自分の臑《すね》を一生懸命で捻《ひね》られ、笑ひを止めんとせられたといふことであります。

襄もこのことは忘れられないとみえて、その廿五番の上に△印をつけております。

襄が教会で唱ひます時も相変らずで、いつか私が注意致しますと、襄は、神に向って讃美してをるのだ、人に向って唱ってをるのではないと、平気で語りました」とて、今度はその讃美歌集を一葉の旧式の写真と取換へられて、未亡人は尚語り続けられた。

〔後略〕

（『追悼集　Ⅱ』）

七、原田助

（一）「新島先生二十年忌の感懐」（原田助《たすく》）

予《よ》が先生の訃報に接したのは、エール在学中であった。ボストンの〔N・G・〕クラーク博士から書面にて、本邦から電報の達せしことを通知せられたので、当時同窓の我校出身の先輩諸氏と神学館の一室で、追悼談に時を移したのは、思へば二十年の二昔となったのである。

が、図らざりき、今は自ら先生の遺業を〔同志社社長として〕紹《つ》ぐべき重任を辱《はずかし》むるの身となり、唯だ神の摂理の不思議なるを思ひ、感慨恐懼《きょうく》の念、切なるを覚ゆるのである。

二十四年の末、帰朝後、東京の我同窓会の席上、予は日本人にして海外に名を知らるる人士の真に稀《ま》れなることを語り、独り我新島先生の名声が、英米宗教家の間に喧伝《けんでん》せらるる次第を語り、門下生たる我等の誇りとすべき旨を演《の》べたことがある。

爾来《じらい》〔A・ハーディの三男、A・S・〕ハーデー教授〔ダートマス大学〕、デビス博士、ミス・マクレーン〔P・F・マッキーン〕諸氏の大小の新島伝刊行せられ、先生の人物と精神と事業とは、ますます廣く英語世界に伝はったのである。

近年に至り、先生の伝記は支那《しな》、印度にても出版せられた。近世の基督教伝道史を窺う者で、先生の名を知らぬ者はないと云ってよいと思う。

ヘンリー・マーチン〔Henry Martyn〕、ウィリアム・ケレー〔William Carey〕、デビド・リビングストン〔David Livingstone〕等と共に其英名は、史上に赫々《かっかく》たる者である。先生は独り我邦の人物ではない。世界の偉人伝中の人である。

先年米国で古来、世界に於ける会衆派の俊傑十六大家の投票を試みたことがある。

其時撰に入ったのは、ジョナサン・エドワーヅ〔Jonathan Edwards〕、ビーチャー〔Henry Ward Beecher〕、ブシュ子《ネ》ル〔Horace Bushnell〕、ムーデー〔Dwight Lyman Moody〕等を始め、クロムウエル、ミルトン等も其内である。

第二十二次の投票数がリビングストン〔David Livingstone〕、二十三がロボルト・ブラウニング〔Robert Browning〕、第二十四がハリエット・ビーチョル・ストウ〔Harriet Elizabeth

Beecher Stowe〕、二十六が新島先生で、其次が有名なる国際公法家ウルシー〔Theodore Dwight Woolsey〕博士であった。

然《しか》るに我国では、却《かえっ》て先生の真価は認識されなかった。社会一般は勿論《もちろん》、教育家、宗教家の間にすら夫《それ》程に重んぜられなかった。が、年を経ると共に其の崇高なる人物は、我等の頭上に聳立《しょうりつ》するやうな心地がする。

一昨年、帝国教育会は、先生を明治の六大教育家の一人に僂《かがな》へて、其遺徳を頌《たたえ》、本年は其遺業たる本社同志社に対して功牌《こうはい》を贈り、本社が我帝国に対する教育上の効果を認識したのである。

先頃、〔同志社〕校友会席上、浮田和民博士は、同志社主義教育の必要なる、今日より大なるはなしと申されたが、誠に同感である。

予は個人を重じ、良心を貴び、愛国の至誠と共に世界的思想を鼓吹し、信念に基きて人物の練磨を主眼とせる、広大なる修養を主義とせる、我黨教育の必要なる、今日に於てますます切なるを思ふものである。

邦家百年の大計を思ふ者は、今に於て、先生の鼓吹せられたる精神的教育主義に思ひ至らざるを得ないのである。

先生の事業は悲しいかな、中道にして挫折し、爾来《じらい》、幾多の情実纏綿《てんめん》し、不幸、本社の発達を障害したのである。二十年の間、我等は何をなして居ったか。

先生の遺徳に対して恐懼《きょうく》措《お》く所を知らない。将《はたま》た社会に対して面目ない次第である。只一片、耿々《こうこう》の志全く消亡せざるものあり。敢《あえ》て努力を致さんと思ふのみである。

我校千三百の校友、六千の同窓生諸氏、希《ねがわ》くは蹶起《けっき》して先生の遺業を完成し、恩師の英霊を慰め給はんことを切望する次第である。云ふべきこと多けれど、感余りて言足らず。余は不言実行を期したいと思ふ。

（『同志社時報』一九一〇年一月二五日）

（二）〔「新島先生にもキツイ一面が」〕（原田助）

新島先生は温厚柔和なる裡《うち》に、儼然《げんぜん》犯すべからざるキツイ方面を有せられた。

或時、伊予今治にて基督教反対者が、信徒に対し迫害を加へたるに際し、警察官が正当の保護を与へなかった報知が達した時、先生は憤然、其不都合を譴《せ》めて、厳重の処分に及ぶべしと叫ばれた事が有《あっ》た。

予は其時、始めて先生のキツイ一面を認めた事を記憶して居る。

先生は一面、英国風の好紳士であったが、他の一面は、宛然《えんぜん》古武士の面影を偲ばしむる点があった。其偉大なる人格は、畢竟《ひっきょう》此の両者の調和に有ったであらうと思ふ。

（『基督教世界』一九一四年七月二四日）

（三）「キリスト者列伝・原田助」

現住所　京都市上京区室町上立売下《かみだちゅうりサガ》ル
生国　熊本市下坪井町
所属教会　同志社教会

父は鎌田収、母は亀尾。文久三年十一月十日に生る。次男なりしを以《もっ》て、出でで父の実家なる鈴木氏の分家、原田氏を襲《つ》げり。十三歳にして父を失ひ、時恰《あたか》も維新の後なりしを以て、士族の常禄《じょうろく》を奪はれし氏の一家は、非常に困難し、四人の幼児と老父とを残されし母堂は、具《つぶ》さに辛酸をなめたり。

氏は此間にありて、竹崎茶堂《さどう》〔律次郎〕の門に通ひ、漢籍を学び、更に熊本洋学校に入りて苦学をなし、〔一八七六年〕同校の廃校後は嘉悦氏房《かえつうじふさ》氏（孝子女史の父）の英語学校〔廣取黌、もしくは廣取英学校。開校は一八七七年、閉校は一八八二年〕に入り、内田康哉《こうや》、林田亀太郎氏等と共に〔三年間〕英語を修めたり。

明治十三年春、京都に出で、同志社普通部に入学せしが、学友、先輩の感化によりて、明治十四年五月一日、ゴールドン氏より受洗したり。

而《しか》して伝道者たるの決心をなし、同校の神学部に学び、明治十七年六月卒業後、松山高吉氏の後を襲いて神戸教会牧師となれり。

其後、明治二十一年、米国留学の途に上り、エール大学に入り、二十四年卒業。神学士の称号を得て帰朝し、東京番町《ばんちょう》教会牧師となりたり。其後二十九年には、京都平安教会に転じ、三十一年には再び神戸教会の牧師に就任せり。

かくて三十三年には欧米視察に、三十八年には印度基督教青年会の招聘をうけて、講演旅行をなし、三十九年には挙げられて同志社大学社長〔後、総長〕となり、以て今日に至れり。

而して四十三年には蘇国〔蘇格蘭《スコットランド》〕エデンボロに開かれたる世界宣教大会に日本を代表して出席し、LL.D.〔名誉法学博士〕の学位を送られ、四十四年には米国アーモスト大学より神学博士を送られたり。

日本組合教会の重鎮にして、同会の会長たりしことあり。又日本聯合共勵会の会長たりしこともありき。日本固有信仰、及思想に関する英文の著述あり。其他、著書、訳書少からず。

夫人は神戸、川本恂蔵《じゅんぞう》氏の令妹にして、五男五女あり。長男、健は法学士にして、第六高等学校〔現岡山大学〕教授、三宅亥《がい》四郎氏〔旧姓鎌田、同志社卒〕は其〔原田助の〕実弟なり。

（『信仰三十年基督者列伝』一）

Ⅳ　邦語神学科（別科神学）

一、邦語神学科の誕生（本井康博）

誕生の経緯

同志社神学校は「余科」（バイブル・クラス）が発足（一八七六年秋学期）して以後、伝道界に有益な人材を数多く送り出して来た。その中には英語で授業を授けた「本科」と共に、「別科」と呼ばれた日本語神学科コースが含まれる。本流とも言うべき本科と並んで、別科もまた多士済々の卒業生（修了生）を生み出した点で、組合教会史上、無視できない存在である。

別科は、まず三か月コースの「速成邦語神学科」として本科に遅れること四年の一八八〇年の春学期にスタートを切った。発端は、同志社（アメリカン・ボード・ジャパン・ミッションの京都ステーション）以外の他ステーション、すなわち大阪と神戸のステーションの宣教師たちが提唱した同志社大阪・神戸移転案に伴う移転論争にある。その意味では別科はこの論争の派生物、もしくは副産物でもあった。

さらにその背景には、一八七九年六月に英学校（神学校）から十五名の第一回卒業生（全員がバイブル・クラス、余科生）が巣立った後には神学生が不在、という特殊で異常な状況が生まれたことが挙げられよう。

ここから、「それでもトレーニング・スクールか」との批判がジャパン・ミッション内で生まれるに至った。急先鋒は神戸のO・H・ギュリックと大阪のH・H・レヴィットであった。前者は、次のようにミッション本部（ボストン）に訴える。

「正当にトレーニング・スクール（神学校）と呼べるような学校が私たちには全くありません」。キリストのために働きたいという若者は大勢いる。現に地方の諸教会には、「トレーニングさえ受ければ」立派な働き手となる者が全部で「二十七名」もいる。彼らには「英語で勉強する四、五年間のコースを待たずに」早急に伝道の準備に当たらせる必要がある。彼らはおそらく京都へは行きたがらないであろう。彼らのほかにも「トレーニング・スクールがないばっかりに」迷い出て、伝道師になる機会を喪失する者が大勢いる、と（O. H. Gulick to N. G. Clark, Jan. 13, 1879, Kobe）。

これに対して同志社（京都ステーション）のD・W・ラーネッドは反論して言う。「ギュリック氏は今年度、当校には神学生が皆無（これは簡単に説明がつく事実ですが）、と見る一方で、神学を学んだ方がよい青年が『二十七名』もいる、と見ます。そして性急にもこういう結論を下します。彼らが神学校に入って来ないのは、入るべき神学校がないからである、と」（D. W. Learned to N. G. Clark, Dec. 5, 1878, Kyoto）。

同じく同志社のJ・D・デイヴィスは、一層、強硬に反駁する。「当校にとってこれ以上不当なものはなく、この件に関しこれ以上の事実誤認はありません」。

デイヴィスによれば、創立からこの四年間、「ミッション公認の、短期の日本語神学コース」は存在したし、学生も絶えず在学している。教師と同志社カンパニー（理事会）とは今年の夏、ミッションから出された批判に答えるために六月にこのコースの改革案をミッションに提出した、と主張する（J. D. Davis to N. G. Clark, Nov. 20, 1879, Kyoto）。

デイヴィスがここで言う「短期の日本語神学コース」の実態は不明である。

ギュリックからの批判を側面から援護射撃した格好になったのが、レヴィットの同志社大阪移転論である。新島が十一月にわざわざ大阪に出向いて直接に彼と面談し、説得を試みさえした。同志社に帰校した新島は早速、教員会議で善後策を協議した。

その結果、決議されたのが「速成邦語神学科」（同志社の宣教師たちはこれをSpecial courseと呼んだ）の新設である。学校の記録、「同志社記事」には「大坂ノレベット氏、神学校ヲ大坂ニ設クルヲ企タルニヨリ、遂ニ此ノ協議ヲ為タル也」とあるが（『新島囊全集』一、三一三頁）、ギュリックの提案封じの意味も同時に込められていたはずである。

この時の会議で決議された事は全部で三つあった（同前）。

(1) 同志社では普通科以外に必ず神学科を教授すること（すなわち神学科の分離には反対）。

(2) これまでの神学科のほかに「速成神学科（三か月コース）」を（翌年三月に開設すること。

(3) 外国人教師は普通科から手を引かないこと。

ところでこの時の会議の日時を「同志社記事」は十一月十八日としているが（同前）、新島は先の三項目の決議をすでに十三日にボストンに報告しているので（『新島襄全集』六、二〇五頁）、十三日と見るべきである。

デイヴィスも会議を十三日とする（J. D. Davis to N. G. Clark, Nov.18, 1879, Kyoto）。となれば、新島・レヴィット会談のちょうど一週間後であり、素早い対応と言えよう。

この時の会議はデイヴィスをして「かつて経験したことのない程の熱の入った会議」と言わしめた。九月に教師に就任したばかりの三人の日本人教師たち（市原盛宏、山崎為徳、森田久萬人）も、神学科が分離されるならこの学校にいる意味がない、と主張し、余分な仕事を買って出る覚悟を示した。教師全員は、たとえ三人の学生しか来なくても、翌春からこのコースを始める覚悟であった（同前）。

デイヴィスは速成科の設置が「この学校を変えようとしたり、ほかに学校を開こうとしたりする〔京都以外の〕ミッション全員の口を塞ぐこと」に役立つ、と期待した（J. D. Davis to N. G. Clark, Apr. 13, 1880, Kyoto）。

ボストンの本部（N・G・クラーク）も新コースの設置に対して好感をもって受け止めた。京都からの報告を「よき便り」と見なし、大阪や神戸のステーションがよき人材をこのスペシャル・コースに送り込んで、京都の学校を「勢力の中核」にするように、と望んだ（N. G. Clark to W. C. Jencks, Dec. 17, Boston）。

年末のミッション会議で設置の承認を得た同志社は早速、学生募集に取りかかった。年が明けた一月には早くも新島の筆になる諸教会宛の依頼状が出来上がっている（『新島襄全集』一、一七頁）。二月に新島が出張した岡山伝道は、同時に学生募集の旅でもあった。その甲斐もあって、岡山からは（新入生二十名中）五名の学生が確保できた。

第一期生を迎えてラーネッドは言う。

「今週、春学期が始まり、特別な短期コースに二十人を受け入れる事が出来てとても喜んでいます。ほぼ全員が伝道を生涯の仕事としたいと考えており、すでに数名は伝道に従事しております。すばらしい集団です。できることを皆が学びたがっています。彼らを教えられるのは特権です。聖書の授業をできるだけ多く受講することを望んでいますので、コースを少し変更しました。デイヴィス氏が現在、神学を教え、M・L・ゴードン博士が説教法と音楽とを、そして新島氏がヨハネによる福音書を、私が使徒書簡を教えています。金曜の午後には集会があり、授業中に出食わした理解困難な事柄を説明する一種の『質問箱』の演習もあります」（D. W. Learned to N. G. Clark, Apr. 10, 1880, Kyoto）。

新入生は二十人

歴史的な新入生二十名の姓名（少なくとも姓）は最近、ようやく判明した（拙稿「同志社速成邦語神学科の第一期生たち」、一七二～一七三頁、『潟』一一、日本キリスト教団新潟教会、一九九四年）。以下、列挙する。

須田明忠
田中（勝三？）
島田
蜂谷芳太郎
川越義雄
二宮邦次郎
三宅荒毅
長田時行

山崎（良衛？）
降屋基盛
渡辺源太
二階堂圓造
山田良斉
川本政之助
村上太五平
伏見通
三輪振次郎
田中伝吉（伝次）
中尾繁太郎
上代知新

ここには後に組合教会の指導的な立場に立つ人物が、何人も名前を連ねている。その意味では「速成」とはいえ、まことに豪華な顔触れである。

さて、六月の修了時にラーネッドは、このコースを振り返り、質量ともに「確かな成功」と総括する。数名が途中で脱落はしたものの、十五人が修了に漕ぎ着けた（D. W. Learned to N. G. Clark, June 12, 1880, Kyoto）。

自他共に好評であったこともあり、翌年も継続された。初年度の形式は、翌年四月にも引き継がれた。入学者も増え、二十八人を数えた（『新島襄全集』三、一九八頁）。

しかし、「速成」（三か月間）はやはり時間的に十分でなかったために、三年目の一八八二年からは課程（期間）が一か年（通年）に延長された。かくして、「邦語神学科」は同志社（神学校）にしっかりと定着し、以後、有為の人材が輩出するコースになるのである。

少し時代は下るが、それより数年後になると、本科（英語神学科三か年課程）と並ぶ三年課程として、すっかり定着するに至った。学校内外でその重要性も十分認知されている。一八八八年三月、新島は熊本で教会と学校経営に腐心する海老名弾正に宛てて、学生募集の協力要請をこう伝えている。

「御地信徒中ヨリ別科神学ニ入ルヘキ、チト骨ノアル人物ヲ御見立テ置キ被下度候」（『新島襄全集』三、五四五頁）。

一八九〇年五月の時点での同志社神学校の在籍者数は、本科神学生が三年生（二人）、二年生（五人）、一年生（五人）に対して、別科神学生は、四年生（八人）、三年生（二十一人）、二年生（十八人）、一年生（十一人）、特別二年生（七人）と圧倒的に別科が本科を凌駕するに至っている（『同志社百年史』資料編一、六一〇～六一一頁）。

（『基督教世界』一九九六年一〇月一〇日）

二、二宮邦次郎

（一）「同志社山脈・二宮邦《くに》次郎――松山東雲《しののめ》学園の設立」（本井康博）

一八八〇年十月十三日。岡山教会の設立式で二宮邦次郎は新島襄から洗礼を受けた。以後、二宮は信徒、伝道者として教育と伝道の世界をひたすら駆け抜けた。

新島と二宮との出会いは、受洗に八か月先立つ同年二月二十日のことであった。岡山伝道に出張した新島は同日、高梁《たかはし》の結社、「人心改良社」の親睦会で、柴原宗助や二宮と共に演説を行なった。新島の出張は学生募集をも兼ねていたので、小学校教員の二宮から「四月から同志社で学びたい」と打ち明けられると、「ぜひぜひ」と奨励した。

二宮が同志社で学んだのは新設の速成邦語神学科である。本科の神学科が英語を用いて三年間学ぶのに対して、一学期（四月から六月までの三か月）で神学の基礎が学べる課程で、英語が出来ない学生でも入学が許された。神学校が近くにないために、本格的な神学教育を受ける機会に恵まれないまま、必要上、牧師や宣教師の手助けをしていた地方の青年にとっては、願ってもないコースであった。

第一期生二十人中、二宮を始め長田《おさだ》時行ら岡山県出身者が五名を占めた。二宮は翌年の四月にも同じコースに再度入学している。やはり期間が短すぎたのである。

このコースは神学校本科（英語三年コース）に対してまもなく別科（日本語一年コース）として拡充され、岡山で言えば高梁の留岡幸助を始め、有為の青年が多数、入学するようになる。

二宮も高梁の出身で、小学校教員の傍ら自由民権運動にも熱中していた。ところが一八七九年六月に金森通倫《みちとも》が同志社英学校余科（神学本科）を卒業して岡山に赴任し、高梁でも開拓伝道を始めると、二宮はかねてからのキリスト教への関心を一層深めた。翌年二月の新島との出会いは、二宮に教員や政治家ではなくて、伝道者として立つ決意を固めさせた。

二宮は高梁教会の設立（一八八二年四月。県下では岡山教会に次いで二番目の教会）に尽力したあと、同教会の信徒で医師の堀俊造（後に同志社病院医師）が自宅で始めた美作《みまさか》落合教会（落合町）の二代目牧師に就任した。

その後、今治に転じて横井時雄牧師を助ける一方で、西条、小松、大島、波止浜《はしはま》、松山などの周辺伝道にも力を注ぎ、小松教会（現日本キリスト教団伊予小松教会）の設立などにも貢献した。

さらに一八八四年一月に松山に転出し、一年後には早くも松山教会（現日本キリスト教団）を設立して、初代牧師に就任した。

彼は同地にピルグリム・ファーザーズの心意気に倣《なら》い、「新日本も宗教と教育によるべし」と一八八六年九月にキリスト教主義に基づく松山女学校（現松山東雲《しののめ》学園）をも設立した。四国で最初の女学校である。当初の生徒はわずか三名。それだけに経営には腐心が大きく、二宮は私財をなげうって奮闘した。

初代校長の二宮を側面から助けたのは、峰谷芳太郎（松山教会員）や松浦政泰《まさやす》（同志社学生）、増田シゲ（神戸女学院の卒業生）などであった。後には吉田清太郎（同志社卒）も教師として二宮を支えた。

一八九一年、松山女学校教師（後に同校二代目校長）でアメリカン・ボード（拠点はボストン）から松山に派遣された女性宣教師、ジャドソン（C. Judson、松山では今も「ジャジソン」と呼ばれて敬愛されている）が苦学生のために普通夜学校（後に松山夜学校と改称。現松山城南高校）を開校すると、二宮も松山教会役員の西村清雄《すがお》（初代校長。同志社卒）などと協力した。

一九〇一年、松山教会は十数年に及ぶ二宮の働きを評価して、一年間の特別休暇（翌年、さらに一年延長）を与えた。彼はこの休暇を利用して、日本基督伝道会社の巡回牧師となって地方教会（函館、土佐、熊本）の自給独立に取り組んだ。

ところが、二宮は二年間の休暇が明けても松山に戻らなかった。松山在住の女性宣教師との間で教育理念上の確執があったうえに、東京の信徒から下町での開拓伝道を熱心に懇請されたからである。松山での牧師と校長の座を明け渡し、彼は東京に転じた。

その成果はすぐさま京橋教会（現日本キリスト教団行人坂《ぎょうにんざか》教会）の設立となって現われた。以後、一九一〇年に後任牧師を迎えるまで、彼は同教会で伝道に粉骨砕身した。

その功績を讃えて、教会は東京美術学校（現東京芸術大学）教授の和田英作（父親は牧師の和田秀豊）に肖像画の作成を依頼し、二宮に贈呈した。

略歴

一八六〇年一月二四日～一九二六年九月七日。高梁で片貝正倫・ヨシの子として生まれ、のち藩医の二宮英順の養子となる。高梁学校を経て岡山県師範学校に学び、卒業後は小学校教員、自由民権家として活躍。

後、金森通倫や新島襄の感化でキリスト教に入信し、同志社で神学を学ぶ。卒業後は伝道者の道を邁進する。永年にわたって高梁、今治、小松（愛媛県）、松山、函館、高知、熊本、東京などで教会の設立や自治教会の形成に尽力した。

参考文献

・『天上之友』二（日本組合基督教会教師会、一九三三年）
・唐澤富太郎『図説　教育人物辞典』下（ぎょうせい、一九八四年）
・『松山東雲学園百年史』資料編、通史編（同学園、一九八九年、一九九四年）
・『高梁教会百二十年史』（日本基督教団高梁教会、二〇〇二年）
・八木橋康広『備中高梁におけるキリスト教会の設立――新島襄の伝道と新しい思想の受容』（ミネルヴァ書房、二〇一六年）

（『同志社山脈』）

（二）〔「新島先生の人格」〕（二宮邦次郎）

余は信仰の初めに於いて、新嶋先生の人格に接した。時恰《あたか》も国会開設願望の運動に熱し居《おり》し際にして、先生の熱烈なる愛国心に動かされ、吾國を救はん者は、それ基督教乎《か》と、直ちに伝道者となったのである。

三十余年を経たる今日、當時を回想すれば、自ら心の熱するを覚ゆるのである。先生がステッキを以て、自ら手掌《てのひら》を撲《う》ちたるの

事實（「自責の杖」事件）は、世に伝へらるる所なるが、余もその席に在りて、親しく目撃したるもの。先生を追想する毎に、必ず心頭に顕《あら》はれ来たり、慄然《りつぜん》として自ら戒むる所がある。

愛媛（今治）にありし時、所用ありて京都に出で、先生の門を叩《たた》きしに、明日のメール（郵便）に出すべき書翰を認《したた》め居《お》らるるが故に、面会を得ずとの事にて、適々《たまたま》の出京頗る遺憾を感じて去りしに、翌日は先生、余が旅宿を訪はれ、昨日は誠に失礼したとて、親しく物語して帰らる。その謙徳には、いたく感化を受けたのである。

（『基督教世界』一九一三年七月一〇日）

（三）「牧師列伝・二宮邦次郎」

二宮邦次郎君は、萬延元年正月二日、岡山県高梁《たかはし》藩（備中松山藩）士、片貝家に生れ、後に二宮家の養子となった。

明治四年一月、荘田賤男氏に就て漢籍を学び、次いで高梁学校に入って、普通学を修めた。同八年八月、岡山師範学校に入り、翌年四月卒業した。爾來《じらい》、小学教育に従事する傍《かたわら》、政治に興味を懐き、国会開設の議が起こったときなどは、これがために大に奔走した。

同十二年、金森通倫氏が岡山に伝道を開始すると、君は其教を聞いて、直ちに信念を起し、同十三年十月、新島襄氏から受洗した。同時に、其演説に感激して断然、伝道者たらんことを決し、

前後二回、同志社神学校〔速成邦語神学科〕の短期〔三ヶ月〕講習を受けた。

高梁に帰って、幾多の迫害と戦ひながら、伝道に猛進した結果、遂に同十五年四月二十六日、高梁教会を組織し、二年間の努力の結果、独立自給の基礎が据《すわ》った。そこで、上代知新《ともよし》氏を主任者に招き、君は愛媛県今治教会に赴き、横井〔時雄〕牧師を助けて専心伝道に尽し、兼て小松教会の設立に参與《さんよ》した。

同十七年三月、松山伝道に着手し、同十八年一月二十八日、教会設立と同時に按手禮を領した。翌十九年、一大家屋を購入して、会堂とし、今日に及んでゐる。同年、非常な反対に対抗して松山女学校を創立したのは、全く、君の達見であった。併《しか》し、其経営の苦心惨憺《さんたん》たることは、知る人ぞ知る。

高梁以来、君の養家には、幾許《いくばく》かの資財があったが、今や非常の苦心と共に、資財の全部をも献げ尽して、辛《かろ》ふして同校の基礎を全ふしたことは、大なる功績であるといはねばならぬ。

同三十四年、教会は君に休養を與《あた》へた。君は之を善用して、日本伝道会社の需《もと》めに応じ函館市に赴き、教会創立のために努力し、同三十五年には、土佐、熊本両教会を応援して、自給独立を完了せしむるに至った。

かくて、松山教会牧師たること約二十年に達し、同三十六年一月、辞任の上、直ちに東京に出て、特に下町を選んで京橋教会を興《おこ》し、努力五年で自給独立の實《じつ》を現し、拮据《きっきょ》十八年の後、君は、教会の真の発展は牧師と同心一體となって奮闘する役員を得るにあるとし、自ら之に當らんとて、大正九年一月、牧師を辞し、新たに高橋牧師を迎えて、其所志を實行した。

同十二年九月一日の〔関東〕大震災には、会堂を灰燼《かいじん》に帰したので、新たに地を卜《ぼく》して、目黒行人坂《ぎょうにんざか》に教会を移転し、新会堂を完成するまでには君の努力は非常なものであった。

君は辞任後、子女たちの奉養《ほうよう》にて、比較的裕《ゆた》かな生活をつづけ、歓喜と感謝との内にあったが、同十五年八月、病を得、遂に同九月一日永眠した。享年六十七。

君は明治十三年、うの子女史と結婚し、二男（謙、順）三女（やす子、天以子、敬子）を挙《あ》ぐ。長女は、松山、神戸の両女学校を卒業後、ロンドンに外遊したが、其他の子女は、盡《ことごと》く欧米の学窓で教育を受けさせた。

君が教育家であったほどに、子女の教育には全力を注いだことを見ると共に、君の達識の偉大さをも見逃すことは出来ぬ。

君は、忍耐と克己とで有名な人で、決して不平を洩らしたことなく、いつも莞爾《かんじ》として人々に接した。君は、決して派手な働手ではない。只、屹々《きつきつ》として辛抱強い成功家であった。

君は、神学者でもなく、世の所謂学者でもない。信仰の人、祈祷の人、神に生きた人であった。君の長女がいったやうに、君は真の幸福の人であった。これは、涙と共に播《ま》いて、喜を以て刈取ったのであるといふことが出来る。

君は伝道に先だち、同志社神学校〔速成邦語神学科〕に聴講すること三ヶ月にて、ヘブル書を学んで帰り、次回〔翌年〕も同じく三ヶ月にて、ヨハネ伝の講義を聞いて帰り、また来るといふて帰ったが、それっきりとなったといふ。

君は、自己の進退を決するに、一つの標準があった。自分は、教会に自らを與《あた》へたものである。教会が、自分を要しないならば、いつでも去る。けれども、自分を是非とも要望するならば、たとへ飢えても動かないといふのである。此《これ》は凡《すべ》ての教師の心事であるが、君は此點に於いて、特に著しかった。

君は、教会設立の當時から、自給の實行者であったから、其《その》報酬が、一ヶ月僅かに三圓で、二十年後でも、尚十七圓に過ぎなかったことを考へると、君の独立自給には、實に血の出る様な真剣の克己が伴ふてゐたことを見逃すことが出来ない。

茲《ここ》に君の逸話がある。慶應義塾の創立者、福沢諭吉氏の存命中、君の松山に於ける伝道と女子教育に対する態度とを、何人から聞いたか、そのことを『時事新報』に詳しく報道したことがあった。それは、非常に読者を動かしたものと見え、ドイツの新聞にまで転載したといふことである。

宗教に淡泊であった福沢氏が、之《これ》を自家の新聞で吹聴したといふのは、よくよくのことであったといはなければならぬ。此新聞を読んだメソヂスト教会の或牧師は、非常に感激して、自家教会の独立断行に資するところがあったといふ。

君が、京橋教会を辞してから間もない頃、教会は恩赦の意で、和田英作氏〔画伯〕作の、君夫婦の油絵の肖像を贈り、其除幕式を兼ねた謝恩会が開かれた時、君は立って「――私には西洋風に、自分の細君を讃《ほ》めたりすることは出来なかったが、今日まで伝道や教育のために、可なり苦労を甞《な》めて来た家内の内助の功は、非常なものがあるのを認めている。今日この肖像の除幕式があげらるるに當り、更《あらた》めて私は家内に感謝する――」といひ、君も夫人も感涙を流したので、一座感泣したといふ。

これは全く君の哀情の発露であるといわねばならぬ。

（『天上之友』二）

三、上代知新・淑

（一）「上代知新《かじろともよし》と新島襄との出会い」（浜田栄史）

郷里松山から大阪に出て四年後の明治八年七月四日、知新は梅本町公会（現日本キリスト教団大阪教会）において、伏見の医師大村達斎《たつさい》とともに新島襄から洗礼を受ける。

新島がコロラド号でアメリカから帰国し、横浜港に到着したのが明治七年（一八七四）十一月二十六日であり、大阪に到着して川口与力町三番のM・L・ゴードン宅に宿をとったのが、翌年明治八年一月二十二日であるから、知新と新島襄との出会いは、明治八年一月二十二日以後、七月四日までのどこかで実現したことになる。

新島が関西に入っての最初の宿を川口与力町のM・L・ゴードン宅にしていることから推察すれば、知新は、新島の来阪後それほど間もない時期に、彼と初めて出会った可能性が高い。

組合教会派の海外伝道組織であるアメリカン・ボード（American Board of Commissioners for Foreign Missions）から派遣されたJ・C・ベリー（John Cutting Berry, 一八四七年～一九三六年）ら八名の在日宣教師団（主として関西で伝道活動を展開していた）は、新島が帰国する年（明治七年）の一月一日に連名で、当時まだ在米中の新島宛に手紙を送り、帰国後は西日本での伝道活動に協力するように要請していることからもわかるように、在阪のアメリカン・ボード宣教師たちの間では、帰国する一年以上前から、新島のことがかなり話題になっていたと思われる。

したがって知新も、明治七年のどこかで、宣教師の資格をアメリカでとった有能な日本人が、近いうちに帰国する予定であるということを、在阪のアメリカ人宣教師から耳にしていたかもしれない。

欧米各派の宣教師が、あいついで来日するようになるのは、幕府が欧米各国と修好通商条約を調印し、その効力が発生し始めた以後のことである。安政五年（一八五八）、幕府は六月十九日に日米修好通商条約を調印したのを皮切りに、八月十日に日蘭修好通商条約、八月十一日に日露修好通商条約、八月十八日に日英修好通商条約、九月三日に日仏修好通商条約と三か月たらずの間に欧米五ヶ国と次々に通商条約を結んだ。

翌年（一八五九）、条約の効力発生とともに欧米各派の宣教師が来日するが、まず先鞭をつけるのは米国監督教会や米国長老教会の宣教師たちである。

後に新島はアメリカン・ボードの宣教師として帰国するのであるが、アメリカン・ボードから派遣された宣教師が、初来日するのは一八六九年であるから、日本におけるアメリカン・ボードの宣教活動は、他派と比べてやや遅れて始まったことになる。

従って、アメリカン・ボードから派遣された最初の宣教師グリーン（Daniel Crosby Greene, 一八四三年～一九一三年）は、すでに他派による宣教活動が活発に行われている関東よりも、未開拓地の多い関西で活動することになる。

後に新島とともに同志社創立に貢献することになるデーヴィス（J. D. Davis, 一八三八年～一九一〇年）は、グリーンより二年遅れて、アメリカン・ボード宣教師として来日するが、彼もまた、主として関西で活動することになる。

こうして新島が帰国するまでに、アメリカン・ボードの宣教師たちは、神戸、大阪、京都〔実は帰国後の新島が開拓〕を中心として着実に彼らのネットワークを作りつつあった。

そして彼らは、そのネットワークをさらに拡充するために、新島の援助を期待した。アメリカン・ボード宣教師八名が連名で、まだアンドーヴァー神学校に在学中の新島宛に協力要請の手紙を書いていることからもわかるように、彼らの新島に寄せる期待にはきわめて大きなものがあった。

新島の方でも、その年の四月に実施された宣教師志願者に対する試問に合格し、アメリカン・ボードの日本国準宣教師（Corresponding member of the Japanese〔Japan〕Mission）に任命されたから、関西在住のアメリカン・ボード宣教師たちの期待に答えるための条件を十分に備えつつあった。

しかも、正式の宣教師でないにしても、宣教師に準じる待遇を受けることになったから、新島は日本に到着するまでの旅費や日本での生活費や行動費をすべて保証されることになり、帰国後に生計を立てる不安から完全に解放されたのである。

ところで、帰国後大阪に住みつくようになった新島は、半年も立たないうちに、梅本町公会で上代知新らふたりに洗礼を授けたわけだが、彼はそのふたりに興味をもったようだ。

そのことについては、洗礼を授けた三日後に、滞米中〔留学中〕の恩人であるハーディー夫妻にあてて、新島が書いた手紙が残されていて、そのなかで「私はふたりの興味深い人物を我々の教会に受け入れました」と報告していることからも推察される。

一方、知新が宣教師としての新島にどのような印象をもったかを示す資料は、残されていない。しかしながら知新は、新島が安《あん》中《なか》藩の士族であったことを知ったとき、彼に対してきわめて〔深い〕親近感をもったのではなかろうか。

何故ならば、安中藩の藩主である板倉家の本家は、備中《びっちゅう》松山〔高梁《たかはし》市〕の板倉家であり、その幕末の藩主、板倉勝静《かつきよ》は、鳥羽伏見の戦いの折り、将軍慶喜の供をして会津藩主、松平容保《かたもり》、桑名藩主、松平定敬《さだあき》とともに江戸に帰ったひとりであり、そのときの行動を朝廷から咎められて、朝敵処分を受けているからである。

朝敵処分を受けた後の伊予松山藩の苦悩を父の側で見届けてきた知新にすれば、安中藩の出身者というだけで、何か同じ苦しみを背負っているという思いがしたかもしれない。

しかも新島自身も、元治二年〔元年〕（一八六四年）七月に函館から国禁をおかして海外に脱出するに至るまでに、備中松山の板倉勝静《かつきよ》にはいろいろと援助を受けていた。函館に行くための藩主の許可がおりないときに、新島のために安中藩主に口添えをして、許可をとってくれた上、備中松山藩の船〔快風丸〕に乗船させてくれて、函館までの航海を保障してくれたのが、板倉勝静であった。

また新島は、文久二年（一八六二）に備中松山藩の船〔快風丸〕に乗船して、練習航海のために備中玉島〔現倉敷市〕まで来たりもしているから、安中藩の江戸藩邸で生活していた折り、備中松山藩の江戸藩邸にもよく出入りしていたものと思われる。

横浜で押川方義《まさよし》たち三人の松山藩士が、外国人宣教師によって明治五年に洗礼を受けていることから思えば、知新にも大阪で外国人宣教師による洗礼を受ける機会があったであろうことは、容易に想像できる。

しかしながら、外国人宣教師ではなくて、九歳年長の日本人宣教師、新島襄から洗礼を受けたという事実は、知新が新島の人物と経歴について知る機会をもち、その上で、まさに新島から洗礼を受ける決心を固めたのではなかろうか。

知新がその後の宗教活動において、組合教会派の伝道者として、しばしば新島と行動を共にしていることから思えば、彼にとって新島との出会いは、きわめて大きな意味をもっていたといってよいだろう。

（浜田栄夫「上代知新と新島襄」、『上代淑《よし》研究』一、山陽学園大学、一九九六年三月）

（二）「キリスト者列伝・上代知新」

現住所　福島県岩瀬郡須賀川町
生国　愛媛県松山市
所属教会　須賀川町福音教会

父は管五郎左衛門、母はミマ。嘉永五年七月五日に生る。二兄あり。淳一郎、圭馬之介といふ。

明治二年十一月、上代さい子と結婚し、入りて上代家を襲《つ》げり。

明治八年七月四日、大阪梅元〔町〕教会〔後に大阪教会〕に於て新島襄氏より洗礼を受けて、後、伝道者たるの志を起し、先《ま》づ大阪教会を初陣に各地に伝道し、組合教会の初代に於て、伝道上貢献するところ尠《すくな》からざりき。

中道にして一度、伝道界を退き、実業に従事せしが、近年再び伝道界に復帰し、現今、福島県須賀川町福音教会牧師として伝道しつつあり。〔岡山県〕山陽女学校校長、上代淑子《よしこ》は氏の長女にして、外にハナ、千代の二女あり。

（『信仰三十年基督者列伝』）

（三）「上代知新の結婚」（本井康博）

上代知新の結婚は三度に及ぶ。最初の妻（佐伊、さい）が、一八八三年四月二十七日に二十八才で病死したあと（「上代知新と新島襄」一八頁）、一八八九年十一月四日、伊藤てつと再婚した。

伊藤は、梅花女学校卒業生であると同時に、同志社系の京都看病婦学校の卒業生であった。上代との結婚生活はそれほど長く続かず、九年後（一八九八年七月十五日）、離婚した。

その間、上代てつは、梅花学園と関連したり、アメリカ留学したりしている。留岡幸助は、一八九五年四月五日、フィラデルフィア・メソジスト病院で研修していた伊藤てつを訪問したことを日誌に記している（『留岡幸助日記』一、四六六頁。岡山寧子《やすこ》教授による教示）。

三度目の結婚相手は、トクであるが、結婚生活の詳細は明らかではない（中村光男「須賀川時代の上代知新」、『上代淑研究』五参照）。

（四）「キリスト者列伝・上代淑《よし》（上代知新長女）」

現住所　岡山県私立山陽女学校内
生国　伊予国松山市
所属教会　岡山組合教会

父は組合教会の先輩の一人なる牧師、上代知新氏にして、明治四年六月、伊予国松山市に生る。

幼少より信者の家庭に育ち、六歳の時、デホレスト博士より受洗し、私立梅花女学校在学中、リバイバル起り、学校内にも波及し来りし時、大阪教会に入会せり。年十三歳なりき。

同校卒業後、渡米し、宗教の暖かき空気とその精神に充ちたるマウント・ホリヨーク・カレーヂに学び、帰朝後は一身を教育に捧げ、私立山陽女学校校長として、今日に至れり。基督教主義の女流教育家として命名あり。

教会のために熱心に盡瘁《じんすい》し、岡山教会の日曜学校長たり。

（『信仰三十年其督者列伝』）

四、三宅荒毅

（一）「牧師列伝・三宅荒毅《あらき》」

三宅荒毅氏は慶應元年八月二十四日、岡山に生る。父は保之、母はツル子。君幼名を荒太郎と称し、後《の》ち荒毅と改む。

小学校より中学校に至る間、学力常に儕輩《せいはい》を抜き、大西祝《はじめ》氏と共に秀才の誉れありき。

明治十三年、京都に赴き、同志社英学校三年級に入り、十六年を以て卒業す。在学中、常に級の首席を占め、卒業式には同級を代表して告別の辞を述ぶ。

是《これ》より先き、君既に基督教を奉じ、十四年五月、ゴルドン教師より洗礼を受く。十六年の夏期休業中、井手義久氏と共に越前福井に伝道し、聖書売〔コール・ポーター〕、松浦某の宅にて日、水、二曜に説教せり。九月、更に進んで神学校に入りしが、故ありて十二月、帰郷す。

翌十七年二月、東京に上り、滞留一年余、十八年三月帰郷す。蓋《けだ》し、米国遊学の道、開けたるに由る。

それにより数ヶ月、岡山にありて渡米の準備をなしつつありし間、ペテー氏〔J. H. Pettee〕と共に後月郡《しつきぐん》井原に伝道し、帰途笠岡に立ち寄り、該地信徒の請に従ひ、滞在二ヶ月余に及べり。その間、福山に赴き、再び井原を訪ねり。八月、澤山雄之助氏と共に横浜を出帆し、九月、米国に着す。

着米後、君はニュー・ジャージー州ニューブランスウイック市の神学校に入学し、勉学三ヶ年。明治二十一年五月、同校を卒業し、七月四日、同地リフォームド教会にて按手礼を受け、十二月を以て帰朝す。

帰朝後、直ぐに仙臺に赴き、二十二年一月より宮城教会〔現仙台北教会〕の牧師となり、傍ら東華学校〔同志社仙台分校〕の教授を助く。十一月五日、神戸に於て川本夏子と結婚す。

同年中の事なりし、米国聯合青年会幹事、ウィシャード氏〔L. D. L. Wishard〕が来朝して、我邦の各地に轉戦するや、君之《これ》に随行して、通訳の任に当りしこと屡《しばしば》なりき。

二十四年十一月、大阪天満教会の招聘に応じて赴任し、爾来《じらい》、同教会の牧会に当ること十二年の久しきに及べり。

（『天上之友』一）

五、渡邊源太

（一）〔「新島先生」〕（渡邊源太）

明治十年九月、我三田《さんだ》教会堂新築落成の際、余《よ》は初めて新島先生に近付き、親しく其《その》御高説を拝聴し、実に其《その》の高徳の御人格を慕へり。

其後予は、同志社神学校の一生徒として学びしとき、校長たる先生は身、常に謙遜と穏和と言ふべからざる徳と人格を以《もっ》て、余の如《ごと》き者をも伝道者の一人として敬い、且《か》つ愛し、親しく教へを垂れ給ひき。

又途中にて出会せし時の如きも、「アア、何某《だれそれ》さん」と一学生たる余等に向かってすら「さん」付けを以て、先きに声をかけ給へり。

余は幸にも、先生より受けたる書翰《しょかん》あれば、其二、三通を十数年前より幅《ふく》となし、書斎にかけ、常に自己の修養の大助となし居《お》れり。

（『基督教世界』一九二三年七月二四日）

（二）「牧師列伝・渡邊源太」

渡邊源太君は、弘化四年三月二十日、兵庫県三田《さんだ》町に生れた。明治九年四月四日、三田教会に於て宣教師オ・エチ・ギュリク氏から領洗した。

間もなく、伝道の精神に燃え、断然献身を誓い、其準備として、同志社神学校に数ヶ月聴講したが、教会の必要に迫られて、間もなく帰郷し、同十一年十月、三田教会の主任者となり、大に活動した。

後に、〔岡山県で〕西大寺、落合両教会の伝道師となったが、同十九年九月、一時休養の身となった。同二十五年十一月、再び三田教会主任伝道師に就任し、同三十三年三月、辞任した。

其《その》後、九州東北部に寓居《ぐうきょ》した為、日本基督教会〔長老派教会〕の依頼を受け、小倉、若松等の伝道に従事し、同四十三年四月、三たび三田教会の主任者となったが、大正七年十月、辞任の上、居を尼崎に移し、同教会のため、直接に間接に尽力することが、多大であった。

同九年七月、日本組合教会伝道師の承認を受け、昭和元年一月、老齢のため退職し、晩年を朝鮮京城《けいじょう》府にある女婿《じょせい》の許に、安かに余生を過ごし、昭和六年一月十四日、同地に於て永眠した。享年八十有五。

君は資性温良、長者の風あり。物に拘泥せず、往《ゆ》くとして可《か》ならざるはない人であった。君の女婿、丹羽清次郎、今泉眞幸《まさき》両氏は、共に精神界の長老であり、其愛孫中にも、丹羽巌、今泉隼雄《はやお》両君、及野口末彦夫人が、伝道界に献身して、君の意志を継がれたことは、君にとってまたなき満足であったらふ。

君は三田に生れ、三田教会で受洗し、遂に三田教会の伝道師となったことも、稀有《けう》の恩恵であったといはねばならぬ。

（『天上之友』一）

六、長田時行

（一）〔「新島先生の思い出」〕（長田《おさだ》時行）

新島先生、空海の詩を愛唱

小生東京に居りし頃、新島先生御上京相成りしゆえ、旅館山城軒に御訪問致し、種々閑談の後、何か先生の御近懐はと御尋ね申せしに、先生は手帳に書きつけありし左の某僧〔空海〕の句を示されて、是《こ》れ私の近頃の座右の銘なりと申され候。

経寒経暑　不否其苦
逢飢逢疾　不退其業

当時、新島先生は〔同志社〕大学設立の為めに、粉骨砕身の最中なりしを以て、此《この》句を以て警語とせられたるならん。
而《しか》して先生は、之《これ》が為めに斃《たお》れられたる儀に候。

〔小事に忠なりし新島先生〕

今一つ申上げたきは、先生が小事に忠なりし一事に候。明治十八年、小生が会津に伝道中、先生に御伴して喜多方《きたかた》に参りしが、風邪を引かれ、宿屋に命じて玉子湯一ぱいを召上がられ候。
然《しか》るに其代金を拂ふ事を失念せられたりとて、米澤より小生にあてて、郵券（当時二銭）三枚を送られ、宿屋に渡し呉れと頼み越され候。宿屋の主人は、御茶代も頂きしに、実に偉い御方ですなあと頻《しき》りに感歎致し居り候。

（『基督教世界』一九一四年七月二四日）

（二）「キリスト者列伝・長田時行」

現住所　新潟市
生国　岡山市
所属教会　新潟組合教会

萬延元年に生る。幼にして藩校に学び、明治八年、海軍兵学校に入るべく、岡山藩より選抜せられたり。

然《しか》るに或事情の為めに中止するに至り、東京に出で、英語を専修せんとして、米国長老派の宣教師カロゾルス氏〔Christopher Carrothers〕の設立せる築地大学に学びたり。

当時同学の士は田村直臣《なおおみ》、石原保《やす》太郎、原胤昭《たねあき》、都築馨六《つづきけいろく》等なりき。氏は初め基督教に対して極めて冷淡にして、毎朝始業の祈祷を可笑《おか》しく感じ、失笑して叱責せられしこともありしと云ふ。

其後、此《この》校は閉鎖となりしかば、氏は横浜に赴き、バラ氏〔James Hamilton Ballagh〕の学校に学び、バラ夫人の熱誠なる信仰に導かれ、求道心を起したり。而して其後、暫《しばら》く上州安中《あんなか》に滞留せし時、湯浅治郎氏の宅にて、安中教会牧師、海老名弾正《だんじょう》氏より受洗しぬ。之《こ》れ明治十四年のことなり。

夫《そ》れより直に東京に出で、菊地卓平、和田正幾《まさちか》、元良《もとら》勇次郎氏等の経営せる耕教《こうきょう》学舎〔青山学院の前身校〕を助け、更に以上諸氏と銀座二丁目に東京英語学校を起し、その幹事として二年間在職せり。

夫れより伝道界に出でんと決心し、〔長老派系の東京〕一致神学校〔明治学院の前身校のひとつ〕に入学し、在学二年にして明治十八年、会津に伝道し、十九年、神戸多聞《たもん》教会の招聘をうけて赴任し、在職十七年に及べり。此間十九年十一月、按手禮を領しぬ。故小林富次郎〔ライオン創業者〕が氏に導かれて信仰に入りしも、此頃のことなり。

夫れより明治三十六年、大阪天満教会に転任し、在職十三年に及べり。有名なる「鬼権」即ち木村権右衛門も、氏に導かれて信仰に入りしなり（明治四十年頃）。

大正五年、新潟組合教会〔現日本キリスト教団新潟教会〕に転任し、以て今日に及べり。

先夫人は、浪花教会牧師、杉田潮《うしお》氏の令妹にして、長女八代子（山岸徳次郎氏夫人）、長男醒《さむる》（農学士）以下十一人の子女を挙げしが、明治四十年、病没せり。

大正五年、現夫人徳袈裟《とくけさ》を迎へたり。


（『信仰三十年基督者列伝』）

（三）「故長田時行翁略歴」（赤川春水、葬儀にて朗読）

長田先生は萬延元年六月九日、岡山藩池田侯の剣道師範、長田三右衛門の長男としてお生まれなさいました。

幼にして剣難の相ありと云はれましたが、長じては戦乱相次ぐ時代でありましたので、旧藩の先輩に奨められて陸軍の軍人たらんと志されました。当時は、海軍は英国に学び、陸軍はフランスに学ぶといふ習慣だった為、フランス語を勉強し、陸軍に進む筈でしたが、日本の国情を深く考へれば、寧ろ英国に似た点が多いことから、十六の年、その志望に燃えつつ、父に伴はれて上京されたのでありました。

直に海軍兵学校に入らうとされましたが、英語の素養を必要とする為、当時築地の明石町に英人カローゾルー〔C・カラゾール〕の経営する学校に入学され、ここで始めて聖書を英語で学ばれましたが、基督教を信ずる迄には至らず、宣教師の片言の祈りを笑ふ程度でありました。然し、同藩の学友が信仰を持ち、マタイ伝第十三章の種蒔《ま》きの誓への処を読み、且《か》つ講じた時の感激は、晩年に至るも忘れ得ないと話されます。

間もなく此《こ》の学校は廃止となり、高松藩主の経営する玉藻《たまも》学校に入学し、松村介石《かいすけ》を先輩として知られましたが、この学校も一年で廃止となり、横浜に於て英国人バラ氏の経営する英学校に、松村氏等と共に入学されました。

介石氏は此の学校で信仰を得、洗礼を受けられましたが、長田先生は間もなく、父上の商売が思はしくなく送金の道が絶えた為、岡山に帰られ、池田藩の勧業課長、中川〔横太郎〕氏の家に書生となられたのであります。

当時、岡山市へ小崎弘道、金森通倫《みちとも》の諸氏が来られて、始めてキリストの教を説かれ、長田先生は多少、その事を知っておられたので、右の方々の接待を進んで引受けられた為か、郷党《きょうとう》からは爾来《じらい》、キリスト教信者と目さるるようになりました。

暫《しばら》くして、神戸女子神学校の設立者だったバロス姉〔Martha Jane Barrows〕やダドレー姉〔Julia Elizabeth Dudley〕も岡山に来られ、長田先生は此の人々に従って四国に渡り、聖書の販売を手伝はれました。

此《この》旅行で長田先生は、始めて「品行論」といふ説教をなさいました。

これらを動機として、岡山市に基督教の伝道が盛となりましたが、同志社の設立者、新島襄氏来られ、同志社〔神学校〕に速成〔短期〕の神学校〔神学科〕が、あらたに設けらるるを聞かれるや、先生も大いに意を動かして入学を志願なさいましたが、新島先生ハ当時、未だ二十歳に満たない長田先生なので、まだ早いといって、上州安中《あんなか》にある海老名弾正《だんじょう》氏の下で修業せよ、との事なので、長田先生ハ安中の湯浅次郎〔治郎〕への添書をもらひ、中仙道を独り歩いて、安中へ赴かれたのであります。

かくて安中に滞在中は、特に農事を手伝ひ、養蚕の仕事にも労苦を尽くされましたが、機熟して海老名弾正氏より洗礼を受けられました。

その頃、同じく安中で病気保養中だった同志社の学生、和田正《まさ》幾《ちか》氏を知り、起居を共にされましたが、和田氏は身躰の恢復《かいふく》をまって上京。元良《もとら》勇次郎氏と計って、同志社の分校を起さうとして居られましたので、長田先生を招いて、その仕事に協力を乞はれたのであります。

先生は乞はるるまま、一年間の安中の生活を棄てて上京され、耕教学舎といふ学校の仕事を手伝はれましたが、後、東京英学校と改名し、銀座四丁目に校舎を設け、和田、元田の両氏を助けて、先生は監事として働かれましたが、此の学校は段々盛んとなり、紺屋町に分校を作るまでになりました。

その学生の中からは、古在《こざい》〔由直《よしなお》〕元帝大総長、長尾半平、幸田露伴、市川〔清次郎〕海軍中将などの知名の士を輩出致されました。これが現在の青山学院の前身となりました。

その頃、長老派によって一致神学校が設立されましたので、長田先生は此所に入学され、勉強しながら小崎弘道氏の霊南坂教会に副牧師として働かれることになりましたが、これが正式に牧会に立たれた始めであります。

明治十八年、小崎先生の東北伝道の後を承《う》け、之を開拓の為、越後から仙台、及び若松に行かれ、伝道に努められましたが、殊に若松市には約半ヶ年も滞在されて、十三人の基督教信者を得られました。会々《たまたま》新島先生が来訪されまして、此の新しき信者に洗礼を授けられました。

次いで明治十九年八月、神戸多聞《たもん》教会の牧師に招かれました。長田先生、御自身では新しく開拓した若松への聖なる野心に燃えて居られましたが、多聞教会が非常に困難な立場にある事を聞かれ、自己を棄てて難に赴く決心を以て、神戸に赴任されたのであります。

多聞教会の仕事、聞きしにも勝る難事業でありましたが、先生は一意専心、祈りを以て戦はれましたので、教会は最も困難な財政の問題を解決し、段々盛になって参りましたので、感謝の意味で長田先生を米国へ送ることになりました。

然《しか》し、旅費とて充分でない事とて、先生はハワイ行きの移民と共にハワイ迄行かれ、暫《しばら》くして漸《ようや》く目的のシカゴ神学校へ赴かれ、其所で一年間、勉強なさったのであります。

かくて多聞教会に二十六歳の時から四十一歳の時迄、十七年間牧会を続けられ、この間に、故人のライオン歯磨〔現ライオン〕の創始者小林富次郎氏や、神戸に於《お》ける免囚保護事業の父、村松浅四郎氏等を神に導かれたのであります。

この後、病気の為、多聞教会を辞され、在任当時から兼任された組合教会の伝道会社の社長となられましたが、二年にして辞されて、大阪の天満教会の牧師に就任されました。

此の教会にも、十二年の永きに亘《わた》って在職され、その間に新島襄、澤山保羅《ぼうろ》氏等によって設立された梅花女学校の名誉校長を兼任なさいまして、幾多の卒業生をお出しになりましたが、牧会に於ても豊竹呂昇《とよたけろしょう》こと、長田仲子姉や、鬼権とまで綽名《あだな》された金融業者の木村権右衛門氏等を基督教に導かれました。

病気の為、天満教会を辞されましたが、癒《いえ》られましてからは、基督教の全国共励会長として一年に亘《わた》り、日本全国を行脚《あんぎゃ》なされ、青年信徒の指導と救霊に努力なさいました。

会々《たまたま》新潟教会を訪ねられまして、伝道の最も困難な事情がある事を察せられまして、進んで此の教会の牧会を決心され、大正三年の晩秋、赴任されました。

始めは十八名の出席者によって聖日が守られましたが、長田先生の熱心な祈りとたゆみなき努力によって、医学専門学校、高等学校等から多くの信者、求道者を得まして、教会は目ざましい進展を見ることになりました。

次いで先生は、巻、出雲崎等の全然基督教の福音を知らない町々にも伝道を開始され、多くの信者を与へられ、又聖友女学校を設立され、五年に亘って基督教々育の方面にも力を尽くされましたが、病気のため大正十三年、新潟教会を辞されて、東京に移り住まれる事となりました。

東京で御静養中も、新潟を始め各地の牧会時代に教を受けられた方々の来訪されることが多く、その人々を中心としてシオン会が誕生しました。このシオン会は、長田先生の御命名によるもので、次第に集るものの敷を加へ、昭和元年、千歳村烏山、現在の地に居を移されると共に、毎日曜、盛な聖日を守ることが出来ましたが、更に奥様〔徳袈裟《とくけさ》〕を中心として、シオン幼稚園の仕事も始められました。老ひたるもの、若きものはもとより、幼児の心にも神の国を来らせんとする先生の聖なる御仕事は、かくて一日も休む日なく、続けられたのでありました。

そして先生の永い間のお祈りと、小西増太郎氏等を始めシオン会々員の熱心な協力が酬いられて、昭和六年には現在の教会堂が設立されました。

今年の〔一九三九年〕七月九日、先生は満八十歳の誕生日を迎へられ、教会も幼稚園もシオン会員も、総《すべ》て恵の中に先生の至《し》上《じょう》の御長寿を祈り、且寿《かつことほ》いだのでございました。

然《しか》るに不幸にして、八月に入りましてから、先生の御健康が兎《と》角勝《かくすぐ》れず、病の床に臥《ふ》さるることとなられました。

長田先生は何時も御心確かに、訪《おと》なう方々に神の国を語って居られましたが、八月十五日、病勢はにはかに革《あらた》まり、御親族はもとより、多くの兄弟姉妹の祈りの中に、八月十八日午後一時四十二分、感謝、感謝、感謝の御言葉を繰り返しつつ、安らかに御昇天なさいました。

昭和十四年八月二十日

紫苑《しおん》会代表　赤川春水

（『基督教世界』一九三九年八月三一日）

（四）「同志社山脈・長田時行――『熊本バンド』を引き継ぐ」（本井康博）

開校直後の同志社を席巻《せっけん》したのは、もちろん「熊本バンド」である。その後を受けて、同志社で重きをなしたのは、主として岡山県の出身者である。そのうち大西祝《はじめ》、山室軍平、岸本能武太《のぶた》、原忠美《ただよし》、留岡幸助、露無《つゆむ》文治、津下《つげ》紋太郎、綱島佳吉《かきち》、青木要吉などは比較的よく知られている。

さらに初期の同志社出身者で名をなした人物が、「熊本バンド」に代表される神学科（当初は余科）、それも本科（英語神学科）の卒業生であることも周知である。けれども一八八〇年四月に発足した速成邦語神学科（日本語コース）は、当初はごく短期の課程（三か月）であったが、しだいに「別課」神学科（当初は一年、ついで三年課程）として整備され、「本課」（英語コース）に劣らぬ人材を次々と世に送り出したことを見落としてはならない。

たとえば、このコースの第一期生である一八八〇年クラスを見ると、全国から集まった二十名の中には、須田明忠、渡邊源太、山田良斎、川本政之助、村上太五平、伏見通、三輪振次郎といった人たちがいる。いずれも初期の組合教会（同志社系教派）の伝道を地方で地道に担った伝道者である。

ところが、さらにここで注目すべきはこれら二十名の入学者中、出身地で見ると岡山県人が最多の五名を占める点である。しかもその中から、「熊本バンド」の次の世代ともいうべき長田《おさだ》時行、二宮邦《くに》次郎、三宅荒《あら》毅《き》、川越義雄といった伝道者が育っている。その先頭に立つのが長田である。

長田は少年時代、岡山伝道の開拓者である中川横太郎、金森通倫、ケーリ（O. Cary）などの手伝いをしたあと、本格的に神学教育を受けるため同志社に入学した。が、中退の憂き目に遭い、修了前に安中《あんなか》教会に転じた。同地で海老名弾正《だんじょう》牧師から洗礼を受け、以後、信徒、教師、伝道師として再出発をした。

牧師としては霊南坂、神戸、多聞《たもん》（神戸）、天満、新潟の各教会の責任を負った。なかでも天満教会で一九一〇年に起きたリヴァイヴァル（信仰復興）は目覚ましく、長田から洗礼を受ける者が一度に百六十二名にも上った。こうした牧師能力の高さが早くから評価されて、彼は組合教会系の日本基督《キリスト》伝道会社社長を二期までも兼務して、組合教会の全国伝道の責任を担った。

それだけではない。彼の貢献は教育の面でも顕著である。その皮切りは東京の耕教学舎（現青山学院）である。彼は同志社の先輩である和田正幾《まさちか》と元良《もとら》勇次郎に招かれて、同塾で幹事兼教師を務めた。その結果、青山学院は今も創立者のひとりとして長田を遇する。

教育面での彼の本領は、実は耕教学舎のような男子校ではなくて、女子・幼児教育の面で最高度に発揮された。まず大阪では沢山保羅《ぽうろ》や成瀬仁蔵が設立した梅花女学校（現梅花学園）の校長に就任した。ついで新潟では聖友女学校と聖心幼稚園とを新潟教会堂内に創立して、自ら校長、園長として働いた。

最後は、病気のために引退して引きこもった東京でも、健康が回復するにつれて伝道と教育事業を再開し、ついには教会だけでなく紫苑《しおん》幼稚園の開園にも成功した。

これらの教育事業はすべて牧師活動と並行して行なわれた。しかも主として彼の尽力の成果である。したがって新潟の女学校、幼稚園のように彼が転出してしまうと、後継者の人選が思うにまかせず、やがて廃止されてしまう。その意味では、長田あっての事業であった。

たしかに彼は三宅荒毅、綱島佳吉、柏木義円《ぎえん》、原田助《たすく》などと並んで「熊本バンド」を立派に引き継ぐ人材であった。

略歴

一八六〇年七月二十六日～一九三九年八月十八日。岡山市生まれ。岡山県立学校を経て、東京・築地大学校、横浜・バラ学校、同志社神学校に学ぶ。安中で受洗後、耕教学舎の創立に関与。その間に東京一致神学校でも学ぶ。霊南坂教会仮牧師の折り、同志社神学校に再入学。卒業後、神戸、大阪、新潟、東京の教会や学校、幼稚園で独自の足跡を残す。その一方でシカゴ神学校へ留学して神学の研鑽を積んだり、日本基督伝道会社社長として全国伝道にも腐心したりした。

参考文献

・『梅花学園百十年史』（梅花学園、一九八八年）
・本井康博「長田時行小伝」（『潟』一〇～一二、日本キリスト教団新潟教会、一九九三年～一九九五年）
・本井康博「同志社速成邦語神学科の第一期生たち——長田時行とその同級生——」（『潟』一一、一九九四年）

（『同志社山脈』）

（五）「新島襄と長田時行」（本井康博）

邂逅《かいこう》

二人の出会いは一八八〇年の冬、岡山であった。長田《おさだ》時行はこの年の二月七日（日曜とある）の日記に「新島襄氏来リ昼説教ス」と認《したた》める（「長田時行文書」B—三、同志社大学人文科学研究所蔵）。七日は土曜であるうえに、新島が京都を出発した日でもあるので、二月八日（日曜）と考えるのが妥当である。

新島はこの時、岡山で開拓伝道に奮闘する卒業生の金森通倫を応援するため京都からわざわざ出張したのである。

当時、長田は十八歳の青年で、「備前の西郷隆盛」の異名をもつ中川横太郎の食客となって、岡山伝道の手伝いをしていた。長田は洗礼こそ受けてはいなかったが（その点は中川も同様で終生、未受洗者で通した）、すでに京浜地方に遊学してキリスト教には触れていた。すなわち、カロザース（C. Carrothers）が校長に就く築地大学校や、バラ（J. H. Ballagh）が主管するいわゆるバラ学校で、宣教師からキリスト教を学ぶ機会に恵まれていたのである。要するに長田の信仰体験は、いわゆる「横浜バンド」や「築地バンド」の中で育まれたのである。

ところが、父親が商売に失敗したために、ほどなく長田は岡山への帰省を余儀なくされた。新島に出会う三年前（一八七七年の夏）のことであった。たまたまその夏に、同志社神学生の金森通倫が夏期伝道のために岡山にやって来た。もともと中川横太郎がキリスト教に理解を示し、自ら伝道にも熱心であったところへ、この金森とめぐりあうことにより、長田も伝道に積極的に従事するようになる。

「其《その》頃金森氏、岡山に伝道に来り、仝《どう》氏とはじめて面識を得、伝道を助く」と長田は当時を回顧する（「長田時行文書」B—一四）。翌春の『七一雑報』（一八七八年六月七日）も「〔岡山〕伝道に就いては中川、長田の両氏最も尽力す」と報じており（〔　〕は本井。以下同）、長田の回顧を裏づける。

新島が一八八〇年に岡山に出張した頃には、すでに同志社を卒業していた金森が、この地に定住して牧会に専念していたというわけである。長田の母親が一八八〇年の冬に洗礼を受けたのも、この金森からであった（『基督教新聞』一八九三年八月四日）。

要するに長田は、岡山伝道の端緒を開いた中川や金森を、もっとも熱心に支援した地元の青年、ということになる。

同志社へ

そうした長田の熱心さを目の当たりに見て、新島は同志社への入学を勧めたに相違ない。金森はもちろん、すでに新島との交流があった中川――新島は前年二月十日に、「先日、訪問してご馳走になった」旨の礼状を出している（『新島襄全集』八、一八五頁）――も側面から奨励したことであろう。

ちなみに中川の息子（堅一）は、この年十月十三日の岡山教会設立式で新島から受洗する（同前五、九二頁。同前八、二〇八頁）。彼ものちに、同志社に学ぶことになる。

おりしも同志社では、この春（一八八〇年四月）から「速成邦語神学科」が新設されることになっていた。[1] 同科は正規の神学科（課程は三年で、授業は英語）とは別に、短期間（三か月間、すなち春学期のみ）で最低限の神学教育を日本語で行なおうとするのが、狙いであった。対象とする者は、主として地方教会ですでに伝道助手として活動中の者や、これから伝道者を志す者、さらに本科に入学するだけの基礎学力（とくに英語力）のない者、地方在住のため神学教育（とりわけ本格的な）を受ける機会に恵まれない者、といった人たちである。

その点、長田はまさにうってつけの青年であった。第一回生は二十人（一説には十九人）を数えた。

四月一日、長田は大志を抱いて岡山を発った。翌朝、神戸に着港。同地をしばし見学したあと、その日のうちに汽車で京都入りした。同志社では、校内の寄宿舎に落ち着いたと考えられる。

はれて同志社の速成邦語神学科第一回生となってからは、「夫《それ》ヨリ色々学を学ヒテ居れり」という充実した日々が続いた。

そこへ降って湧いたように勃発したのが、周知の新島襄「自責の杖」事件である。入学してまだまもない四月十二日の朝の全校礼拝でのできごとであった。長田はこの日の衝撃を次のように日記に認める。

「二年生〔上級組〕ノ不服ヨリ新島氏、己之罪を罰スルとて木ノ杖ヲ持来り、諸人ノ前ニ立チ、己ノ手ヲウチタリシ所、枝ハヲレテ三ツ四ツトナルニまて、止めさるを上原〔方立《まさたつ》、背後より〕止めり。実ニ我輩ノ亀鑑《きかん》なり」（「長田時行文書」Ｂ一三）。

この事件については、当時の一教員（山崎為徳《ためのり》）と一学生（原田助《たすく》）がそれぞれ日記に書き残していることは、これまで知られていたが、この長田の日記も、当事者の生々しい記録として貴重な史料である。

長田は京都では西京《さいきょう》第二公会（現在の日本キリスト教団同志社教会）の礼拝に出る一方で、市内の講義所（伝道所）で説教することもあった。「〔四月〕廿五日日曜日朝、新島〔第二公会〕之説教ニ行。昼三条ニ而《て》、説教ヲナス」と長田は書き残す（同前）。

同志社を中退

ところが、六月下旬の年度修了をまたずに、長田の姿が同志社から消えた。関東へ赴いたのである。「新島襄氏の紹介にて上州安中《あんなか》、湯浅次郎〔治郎〕氏のもとに行く」と長田は書き残す（「長田時行文書」B四）。

安中教会の記録（「安中基督教会録事」）によれば、「同年（一八八〇年）六月日《ママ》備前岡山士族、長田時行来ル」とあり、長田の回顧と一致する。教会記録から（記事の前後関係を考慮した場合）その時期は六月の上旬か、あるいは中旬のことである、と考えられる（『群馬県史』資料編二二、八八三頁、群馬県、一九八三年）。

問題は、なぜ修了直前のこの時期に、新島が上州行を勧めたか、である。あまりにも唐突すぎはしないか、との疑問が付きまとう。

要するに、わずか三か月に過ぎない課程を全うすることができず、中退のまま東行したわけである。その理由について、葬儀のさいに赤川春水が朗読した「故人略歴」（「長田時行文書」D九）では次のように触れる。

「新島先生ハ当時、未だ二十歳に満たない長田先生なので、まだ早いといって、上州安中に在る海老名弾正《だんじょう》氏の下で修業せよ、との事なので、長田先生ハ安中の湯浅次郎〔治郎〕氏への添書をもらい、中仙道を独り歩いて、安中へ赴かれたのであります」（傍点は本井）。

別のところでは、新島から「君は未だ若い。それにまだ素養の方も少し足りないと思うから、〔中略〕海老名弾正のところへ行って、も少し修業せよ」と言われた、と自身、述懐する（『基督教世界』一九三九年一〇月二六日）。

これによっても疑問は少しも氷解しない。「まだ良い」とか「まだ若い」という新島の発言は、長田が修了した後のコメントであれば首肯できるのに、そうでないだけに理解に苦しむ。

実は、「まだ良い」ではなくて「修行せよ」との師の一言で、長田は上州へ追いやられた形跡が強い。その場合の「修業」とは、「伝道見習」と言うよりも、むしろ「改心」という意味あいの方が、濃厚であったはずである。なぜなら、中退はけっして計画的でも、自主的なものでもなく、きわめて唐突なものであった。学校（新島校長）が下した放校処分であったからである。

その間の消息（事実）は、同志社教師のラーネッド（D.W Learned）の書簡だけが伝えてくれている。

「私たちにとって先学期は、かなり辛い学期でした。下級生のうちの二人が、この前の休暇中に罪に陥ったことが判明し、退学処分を受けねばなりませんでした。〔このほかにも〕特別神学クラス〔速成邦語神学科〕の中のもっとも有望な学生のひとりで、他のミッション・ステーションのひとつ〔岡山ステーション〕で〔伝道者として〕働いている信頼すべき青年がおりますが、〔入学前に〕大きな罪を犯していたことが判りました。彼はとりわけ魅力ある青年なのですが、このために伝道師に採用するのは論外、ということになっています。このことは、人間のもつ弱味にとってひとつの悲しい教訓です」（D.W. Learned to N.G. Clark, June 12, 1880, Kioto）。

　後半部に出る青年は、実名こそあげられてはいないものの、長田を指すものと断定してほぼ間違いないであろう。書簡の日付（六月一二日）から判断して、学校の処分が出たのは六月上旬あたりと考えられる。

　「大きな罪」については、具体的にはなにも触れられていない。ちなみに、ほぼ同時に退学となった二名が「登楼の禁を犯して退校」になったことは、判明している（松浦政泰『同志社ローマンス』一一二頁、警醒社、一九一八年）。長田の場合、「入学前」とあるので東京から帰省したばかりの岡山時代に、なにか校則に触れるようなことがあったのでは、と推測できるだけである。

　当時、自由民権運動に意欲的であった中川横太郎の影響（というより指導）で、長田も青年活動家としてさかんに民権家と交流を深めていた。当時の志士に混じって、長田もなんらかの「大きな罪」に身を染めることがあったのであろうか。

　いずれにせよ、それが同志社入学後に発覚——場合によっては本人の告白か——したことは、長田にかける周囲の期待が大きかっただけに、衝撃であったに相違ない。新島とて、退学処分は断腸の思いであったはずである。

　思い悩んだ末、新島は「修業」のために長田を安中の湯浅治郎に預け、海老名弾正（安中教会牧師）の指導を仰がせることにした。長田が「新島氏の紹介にて上州安中、湯浅次郎〔治郎〕氏のもとに行く」と書き残す背景には、実は以上のような経緯が介在しているのである。

　ちなみにこの湯浅は、弟の吉郎を同志社に学ばせている。吉郎は「自責の杖」事件の余波でこの五月に、徳富猪一郎（蘇峰）、河辺鍋《なべ》太郎（久治）とともに同志社を退学して、安中に戻ったばかりであった。が、兄に叱責され、ただちに復学した（徳富蘇峰『蘇峰自伝』一二七頁、中央公論社、一九三五年）。長田はその直後に湯浅のもとに送られたのである。

安中にて

　安中での生活は、「時に農事を手伝ひ、養蚕の仕事にも労苦を尽」す、という日々であった。長田にとっては一種の謹慎、再生の時であったに相違ない。新島も折にふれて書を寄せて、青年を励ましたはずである。一八八〇年九月五日の日記に長田は、「新島師ヨリ一書来ル」と記す（「長田時行文書」D四）。残念ながら現物の所在は不明である。

この地で「修学」すること九か月。一八八一年三月に及んで、ようやく海老名牧師から許可がおりたのか、晴れて安中教会で海老名から受洗し、キリスト者として再生した。時に三月六日のことであった（「安中基督教会録事」八八三頁）。

この直前に海老名は、新島に宛てて、「長田氏之事に付」照会状を送り、新島の意見を求めている。この時の新島の回答は、「長田氏ニ於テ改悔候ハヽ、一ト先《ひとまず》岡山ニ帰県可仕か上等ならんと存候」であった。

海老名はこれと相前後して、岡山在の金森にも照会状を送ったようで、新島は「先般金森よりも一書来り、同人義、真ニ改悔候ハヽ、是迄《これ》通リ交通申度、且《かつ》再ヒ同志社ニ入るも同兄ニハ真ニ妨なしと申来候間、必らず岡山之兄姉ハ、同氏之帰県を拒まさるべし」と書き添えている（『新島襄全集』三、一九三頁）。

新島が「改悔」という以上、ラーネッドが伝えるように長田の同志社中退は、やはり学校の処分であると見ざるをえない。おそらく海老名は「改悔」後の長田の身の振り方について、新島と金森とに所見を求めたに違いない。

受洗により罪の償いがひとまず完了し、晴れて再生の時を迎えることができた、との判断が海老名にはあったはずである。

謹慎がとけたあとの長田の動向であるが、新島は「一ト先《まず》帰県し」たうえで、同志社に再入学するなり、東京に行くなりの進路を選択すべきだ、とする。なんとしても再出発は「帰県」から、であった。新島がこれほどまでにこだわったのは、「万一長田氏も、今尚帰県を嫌候ハヽ、彼之改悔も疑へし」との確信があったからである。その「帰県」の許可は、海老名の判断に委ねられた（同前）。

「帰県」は岡山の信徒たちへの「謝罪」を意味したはずである。とすれば、例の「太きな罪」は、やはり岡山で伝道中――長田の場合、民権運動と一時期、並行して行なわれた――に犯されたことになる。

東京へ――耕教学舎（東京英学校）

さきの新島書簡が安中の海老名のもとに届いた直後、「帰県」の許しが出たのか、長田は安中をあとにした。三月十一日のことで、東京に戻る小崎弘道に同行しての出発であった（「安中基督教会録事」八八三頁）。

ところが、長田は結果的には新島の指導を無視して、東京にそのまま落ち着き、ただちに社会復帰を果たしている。同志社の先輩たる和田正幾《まさちか》に誘われて、耕教学舎（現在の青山学院）の「幹事」に就任したのである。

かくして「まず帰省して岡山の信徒と和解してから」との新島の思惑は、みごとにはずれた。長田は帰省することなく、ただちに第二の人生のスタートを東京で切った。新島としては、不満足な結果になったわけであるが、あるいは海老名に代わって、東京では小崎弘道が新たに後見人になる、という条件でも付したうえで、不承不承許したものか。

それはともかく、長田は後年、この時の出京について次のように記す。

「明治十四〔一八八一〕年三月十二日は、私の生涯に於《おい》て思ひ出深い日である。この日午前二時、ガタ馬車を駆って高崎を発し、午後四時東京萬世橋《まんせいばし》に到着。和田正幾氏の出迎を受けた。是《これ》より先、同氏と私とは上州安中に在《あ》り、地方の有志家にして安中教会の先輩たる湯浅治郎氏の指導下に、身を安中教会員経営の蚕糸工場に投じ、寝食を共にしつつ、専《もっぱ》ら将来の準備に努めてゐたが、十三年和田氏先づ上京し、徐《おもむ》ろに進路の開拓を図ることとなった。然《しか》るに翌年、同氏より懇篤なる書翰《しょかん》来り、私の出京を促すこと甚《はなは》だ切なるものがあった。それは今回、同氏が杉田（後に元良《もとら》）勇次郎氏とともに、美以《みい》教会〔日本メソヂスト教会〕の依頼を受け、耕教学舎の経営を継承することとなったに就《つい》ては、来って協力しては如何《いかが》との慫慂《しょうよう》に外ならなかったのである。

私はこれを披《ひら》いて、その厚意に感激せざるを得なかった。そして早速行李《こうり》を取纏《とりまと》め、上京の途に上ったのである」（長田時行「東京英学校の想ひ出」七七〜七八頁、比屋根安定《ひやねあんてい》編『青山学院五十年史』、青山学院、一九三二年）。

一八八一年三月十二日（教会記録では十一日）は、長田の生涯にとって記念すべき日となった。三月六日の受洗とともに、人生の転機となったからである。この日、彼は安中での謹慎生活に別れを告げ、新生のキリスト者として東京という新天地で大きく羽《は》搏《ばた》こうとする。それを告知することになる和田からの書簡――「幹事」として長田を招聘するとの――は長田には文字通りの「福音」（善き訪ずれ）であった。この朗報の前では、新島からの「帰県」の要請は、吹っ飛んでしまう有様であった。

安中を出た長田は以後、教育者として、また伝道者として、華々しい道を突き進むことになる。その第一歩となるのが、耕教学舎での働きである。

同校は同志社で学んだ和田正幾と元良勇次郎とが、「同志社分校」を東京に建てたい、との志望から生まれたものである。

長田は水を得た魚のごとく、学舎での授業はもちろん、生活指導――彼は学舎（二階が寄宿舎であった）に住みこんだ――や事務全般にも取り組んだ。それは「愉快にして多忙なる日月」であった。

ところで耕教学舎は、ビショップ（C.Bishop）が監督するメソヂスト教会系の学校ではあったが、興味深いことに日本人教師が四人いる中で、三人までもが同志社（組合教会系）に学んでいる。三人は「いづれも新島流のピューリタンであった」から、「自ら持することも謹厳であるとともに、生徒を待つこともスパルタ式で、寄席《よせ》、芝居に立寄ることすら堅く禁じ、校規に違背《ママ》する者は容赦なく退学させた」と長田はいう（「東京英学校の思ひ出」七九頁）。要するに、学校規律の厳しさから見る限り、同校はまるでピューリタン精神が横溢する「同志社分校」であった。

しかし、宗教教育の面では多少の相違がある。校内での礼拝はいっさい無く、日曜日の教会出席も随意であった。そのため日曜礼拝に参加する学生の数は、限られていた。それゆえ学校全体の雰囲気は、同志社とはおのずから違い、キリスト教に対してさして深い関心が払われていたわけではなかった（同前）。

なお、長田は学校（寄宿舎）内に住みこんで学生の指導にあたったと回顧するが、一説には「築地で下宿屋生活」をしたとも伝えられている。あるいは下宿生活は、その後の一致神学校（東京）の学生時代のこととも考えられる。いずれにせよ、身体の不自由な母親〔筆子〕の面倒をみるために、授業の合間を縫って幾度ともなく戻ってきては、食事や茶の世話をした、という。

見かねたいとこがついに母親を引きとってくれた（水野繁樹「温容」三〇頁、小西増太郎編『日夜集』、紫苑《しおん》会、一九三九年）。

これほどの力を傾注した教育事業ではあったが、翌年（一八八二年）六月に及んで、長田とこの学校（東京英学校と改称されていた）との関係は、断ち切られた。東京英学校が横浜神学校と合併したからである（「東京英学校の思ひ出」七九頁）。ただし、和田と元良とは辞職を申し出たにもかかわらず、新校長からの要望で、ひき続き教職を依頼されている（和田正幾「私の回顧」七六頁、『青山学院五十年史』）。思うに長田は「幹事」として有能ではあっても、教師となるには学歴不足——小学校以後の学校はすべて中退——であると判定されたのかも知れない。

けれどもこの件に関しては、長田自身が自ら望んで、方向転換をはかったと見る方が自然ではないか。この点は、項をあらためて次に見ることにする。

ちなみに東京英学校が横浜神学校と合併するおり、和田も一度は転職を考えた。新島はすかさず南山城《みなみやましろ》（京都府下）の南山《なんざん》義塾行を勧めた。理由は定かではないが、和田は六月中旬にこれを拒否している（『新島襄全集』五、一八一頁）。

新桜田教会（東京第一基督教会）に赴任

長田の次の新天地は、古巣ともいうべきキリスト教界であった。すでに東京英学校が横浜神学校と合併する以前に、すなわち一八八二年三月に彼は新桜田教会（現在の日本キリスト教団霊南坂教会。牧師は小崎弘道）の「会長」に選出されていた。

次いで、さきの両校の合併時（六月）には「仮牧師」に選ばれ、小崎弘道とともにこの教会の牧会の責任を引き負う身となった。その意味では、おりしも教育界を引き揚げる潮時でもあった。ここに彼の生涯にわたる伝道者としての第一歩が、印されたのである。

ところで、この教会は小崎弘道を中心に、もともとは同志社の出身者が東京で設立したものだけに、同志社や新島襄との関係が密であることは、言うまでもない。すなわち、東京に組合教会が築いた最初の橋頭堡であった。したがって、長田もここでの牧会中に、新島と面談する機会に何度も恵まれた。

同志社を去って以来の久方の再会の時は、一八八二年の秋に訪れた。九月七日に日本教会と新桜田教会との合併式が、日本教会で執り行なわれた時のことである。新島と長田とは、ともに式典で重要なパートを担った。新島はかねて、式には参加するものの「何卒フリー」に、と小崎に依頼ずみであったが（『新島襄全集』三、二二四頁）、現実にはそうはいかず、当日「教会への勧め」を担当した（全文は、同前二、三九三～三九五頁に採録）。

一方、長田は「合併の趣意と信仰箇条」を朗読した。合併後の教会の名称は、「東京第一基督《キリスト》教会」と決定した（湯浅與三《よぞう》『伸び行く教会』五一～五二頁、教文館、一九四一年）。

恩師とは二年半ぶりの再会であった。この時、両者の間で、いったいどんな言葉が交わされたのか興味あるところであるが、いっさい不明である。

京都へ戻った後、新島は十月二十五日に小崎宛てと同時に「長田時行愛兄」にも書を寄せた。内容は岡山のケーリ（O. Cary）から託された八円を、小崎宛てに送金したので受領するように、との指示である（『新島襄全集』三、二二七～二二八頁）。あるいは小崎は長田の後見人であったのか。それはともかく、岡山ステーションの宣教師が、いぜんとして長田に援助を継続している様子が窺える。

この秋に続いて翌春にも、二人は東京で顔を合わせたはずである。五月（八日～十二日）に東京で開催された第三回全国基督教信徒大親睦会が両者を再び接近させた。京都に帰宅後、新島が、出京のさい「御礼之《の》出来サリシハ違憾」に思う旨の書簡を長田に発信しているからである（同前三、二三九頁）。長田が、在京中の旧師を懇ろにもてなす場面でもあったものか。

さらに一八八三年五月六日にも——親睦会のちょうど一年後である——新島は長田の教会で三名に授洗している（『七一雑報』一八八三年五月一八日）。この時の二人の交渉の消息も不明であるが、比較的に鮮明なのは、翌年の面談である。

一八八四年二月、新島は出京の機会を捉えて、三日の日曜日に東京第一基督教会で説教を披露した。興味深いのはその四日後（七日の午後）に、長田が新島を宿舎の山城軒（京橋）に訪ね（同前五、二四六～二四九頁）、打ち解けた会話を交わしていることである。

長田によれば、その時の「閑談」は次のようである。

「小生東京に居りし頃、新嶋先生御上京相成しゆへ、旅館山城軒に御訪問致し、種々閑談の後、何か先生の御近懐はと御尋ね申せしに、先生は手帳に書きつけありし左の某僧の句を示されて、是《こ》れ私の近頃の座右の銘なりと申され候。

経寒経暑　不否其苦
逢飢逢疾　不退其業

当時新嶋先生は、大学設立の為めに粉骨砕身の最中なりしを以て、此句を以て警語とせられたるならん。而《しか》して先生は、之が為めに斃《たお》れられたる儀に候」（『基督教世界』一九一三年七月二四日）。

長田に示した新島の「手帳」とは、「出遊記」のことである。当時、彼はこれを持ち歩き、備忘録としていた。「某僧」が空海であることは、新島自身が「空海ノ師、恵果《えか》和尚ノ碑文中ニアリ空海之文」と添え書きしていることから明白である（『新島襄全集』五、二二八頁）。

長田もこの空海の文を新島の手帳から書き写し、以後、自身の座右の銘としたようである。そしてある後輩に、自分の写真を贈ったさい、この一文を添え、「古人之句　時行」と認めている（菅井吉郎「長田先生と私」一五頁、『日夜集』）。ちなみに新島のこの「座右の銘」は、デイヴィス（J. D. Davis）の新島伝にも引用されている（ゼー・デー・デビス著、山本美越乃《みおの》訳『新島襄先生伝』補正版、三六〇頁、警醒社、一九一一年）。

新島は長田と「閑談」した後も、なお十日ほど在京した。そして二月十七日の日曜礼拝を東京第一基督教会で守ったあと、十八日に帰宅の途に上った（『新島襄全集』五、二五九頁）。

再び同志社へ

以上のような新島との交流が、なんらかの誘因となったのか、長田は東京第一基督教会仮牧師に在職のまま、再び同志社に入学することになった。期間は一八八四年九月から翌年七月までの一年間で、教会はその間、毎月十円を彼に支給した。

長田が学んだコースは、邦語神学科（一年コース）であった。この科の第一回生として長田がかつて入学した時は、三か月間の速成科であったが、その後一年コースに拡充されていた。あの時は片田舎で伝道を補助する十九歳にすぎなかった青年が、今では東京伝道の一翼を担うまでに成長した、二十七歳の立派な現役の伝道師であった。

しかし、長田にとって不幸なことに二度目の同志社遊学中、新島は渡米（一八八四年四月初旬）のため学校を留守にしていた。長田はそのためこの一年間は、同志社に籍を置きながらも、新島の謦咳《けいがい》に接する機会にはついぞ恵まれなかった。

四月に離日する前に、新島は長田に東京でのリバイバル（後出）の詳細を報告するよう依頼していたので、長田は新島の出発前にその約束をはたしていた（『池袋清風日記』下、一四八頁、同志社社史資料室、一九八五年）。

新島からはこの間、直接の指導を受ける機会はなかったが、その反面、新島と並ぶ組合教会の指導者たる沢山保羅《さわやまぽうろ》と初めて面談する機会が与えられた。その時期は同志社に再入学した直後のことで、一八八四年の秋頃であった。

大阪に行ったおり、横浜時代の学友である松村介石の案内で、沢山を土佐堀の広田という下宿屋に訪ねた。当時、沢山は静養と避暑とのためにひと夏を越後で過ごした直後であったが、いぜんとして体調が優れず、病床に伏すことが多かった。長田が訪問したさいも、沢山は病臥の身であった。

この時、沢山は初対面であるにもかかわらず、「長田さん、私ほど罪の深い者はありません。このごろ病床にあって、絶えず罪と戦っています。実に罪人の首《かしら》とは自分のことだったと思っています」としみじみと述懐した、という。深遠で幽遠な教えを聴くことを心中ひそかに期待していた長田は、意外な発言に一驚せざるをえなかった（生島《いくしま》吉造・松井全《あきら》編『続・同志社歳時記』一三三頁、同志社大学出版部、一九七七年）。

　感激した長田は、同志社在学中に今いちど沢山の謦咳に触れたくて、翌年正月（一月四日）に大阪の浪花教会に出向いて、沢山の説教に耳を傾けた（「長田時行文書」B—一四）。

　この日、沢山は「テモテへの手紙一」六章十二節の聖句「信仰の戦いを立派に戦い抜き、永遠の命を手に入れなさい」をテキストにして、「信仰のよき戦いを戦え」と題する説教を披露したあと、バルナバ病院へ入院した（『沢山保羅《ぼうろ》研究』五、五四頁、梅花学園沢山保羅研究会、一九七六年七月）。病躯を押しての壮絶な説教に、長田はいかなる感慨を抱いたことであろうか。

　このあとも長田は、大阪に留まったようである。というより、その後に続いた出来事こそ大阪行の主目的であったであろう。つまり一月十日に大阪で婚約を交わしているのである。

　相手は伝道者、杉田潮《うしお》とかつての同僚の元良（杉田）勇次郎との妹である杉田真子《しん》であった（「長田時行文書」B一三）。この意味で、短期に終ったとはいえ、長田の同志社生活は彼の人生にとって有意義なものとなった。

　ところで、一方の新島であるが、渡米した彼のもとには、もちろん長田の消息は届いている。新島は滞米中、東北伝道の開拓に異常とも思えるほどの執着を示し、東京の小崎弘道や松山高吉に宛てさかんにその緊急性を書簡で訴えた。

　新島の懇請を受けて、小崎は一八八五年の八月から九月にかけて、視察かたがた伝道のために仙台、福島、米沢、会津若松、郡山、須賀川、白河を一巡した。その結果、福島と会津若松の二か所に定住の伝道師がそれぞれ派遣されることになった（小崎弘道『七十年の回顧』七四〜七五頁、警醒社、一九二七年）。

　この時、会津若松への伝道者として抜擢されたのが、ほかならぬ長田その人であった。もちろん当の小崎の推薦もあったであろう。が、それ以上にものを言ったのは、新島の推挙であったはずである。

　新島の人事構想の中に、長田はしっかりと位置づけられていた。詳しく言えば、新島は東北伝道に着手するにあたって、仙台と福島とを最重要拠点として捉え、前者には長谷川（中島）末治と辻密太郎を、そして後者には長田を送り込むのが最善であり、緊急課題でもある、と考えていた。

　長田について新島はこう論評する。

「彼も今年一年だけで修了する邦語神学科クラスの学生です。英語が少しばかり読めます。第一級の働き手です。彼ならば、早急に福島を押さえることができると思います。〔不安が残るといえば〕東京に病身の母親を残しての赴任という点です。本人と母親のために、なんらかの手段が構じられれば、福島に行くと思います。

本人はむしろ、東京組合教会〔東京第一基督教会〕のために働かねばならない、と考えているかもわかりません。〔しかし〕現在、東京には小崎氏と松山〔高吉〕氏というふたりの強力な〔組合教会系の〕人材がいます。だから、東京の教会は福島のために長田を譲ってくれるのではないか、と思います」（『新島襄全集』六、二四九頁、英文）。

ちなみに長田の母親（長田筆子）について付言すると、身体が不自由なために看護や介護が必要なことは前に見た。一八六八年にリュウマチに罹《かか》って以来、死にいたるまで病床を離れることができなかった。

長田を頼って一八八一年に岡山から東京に移り、息子（時行）の介護を受けていた（『基督教新聞』一八九三年八月四日）。彼女の信仰（おそらく長田の感化で入信）については、当時の新聞、『東京毎週新報』（一八八四年六月六日）や教会史（『伸び行く教会』六五頁）が次のようなエピソードを伝えている。

長田の母親は、身体が不自由なために病臥《びょうが》の身ではあるが、信仰心により精神はたえず安らかであった。かえって見舞う者たちが慰められるのが常である。長田はこの母親について「丈夫で自分を助けてくれるよりも、病床にあって助けてくれる方が、どれだけ益になるかわからない」と証言するほどである。

会津伝道に励む

母親を世話する問題が片づいたのか、長田は一年間の同志社留学後、会津若松へと旅立った。ただし、新島が期待したように「ただちに」赴任したわけではなかった。

実は神学コースでの研修が終ったあと、彼は東京に戻り、それまで通り元の教会の仮牧師として仕事を再開した。この時点では会津行のことは（打診はされていたかもしれないが）未定の問題ではなかったか。奨学金のこともあり、教会としてもそう簡単に長田を手離すことはしなかったであろう。

そこへ新島の帰国である。一八八五年十二月十二日、横浜に上陸するや新島は東京に直行した。翌十三日には「麻布教会」、すなわち東京第一基督教会を訪ね、「九鬼、草間、其外ノ人々ニ面会」した（『新島襄全集』五、二六〇頁）。当然、長田とも面談し、かねての腹案たる福島行を強く奨励したことであろう。

現実に長田が会津若松（新島が希望した福島ではなくて）②に赴任するのは、これよりさらに二か月後のことである。それまでに赴任地を始めとして母親の看護の件、後任牧師の件などをめぐって紆余曲折があったものと推測できる。長田本人にも逡巡があったかもしれない。

会津赴任は一八八六年二月十九日で、任期は五月三十日までのおよそ三か月間にとどまった（河野仁昭『新島襄への旅』二三一頁、京都新聞社、一九一二年)。

しかるに長田は、「約六ケ月滞在し、十二、三人の信者を得、恰《あたか》も新島襄先生其処《そこ》を通られしにより、仝氏《どうし》より洗礼を受けさす」と書き残す(「長田時行文書」Bの一四、傍点は本井)。

ここにも見られるように、会津でもふたりの交流は続いている。新島にとっては二度目の会津訪問である。

この時は、仙台に建てる同志社分校(秋に宮城英学校として仮開校。翌年、東華学校と改称されて本開校)の件で仙台へ出張する途次の身であった。それを伝え聞いた喜多方の有力者、安瀬敬蔵③や会津若松の中島紅蔵、それに長田らが、どうしても会津に立ち寄るよう新島に申し入れをした結果のことである。

新島は彼らの要請を受け入れて、五月二十二日から二十四日までで会津若松に逗留し、二十三日には十四名に洗礼を授けた(拙稿「新島襄とJ・H・デフォレスト――ラットランドから仙台へ――」七一~七二頁、『キリスト教社会問題研究』四二、同志社大学人文科学研究所、一九九三年七月)。

二十三日の夜には上市(上一)の町の講義所(佐藤熊蔵方に五月九日に移転したばかり)で新島と長田がともに説教をした。新島の来会とあって「頗ル盛会」であった(「若松キリスト教会ノ略史」、「湯浅與三関係資料」A三二の二)。

その盛況ぶりを新島は、集る者は二百五、六十人を数え、入り切れずに戸外に佇む者さえ「幾人アルヲ知ラス」と描写している(『新島襄全集』五、二七〇頁)。

翌二十四日、前橋から海老名弾正が駆けつけた(同前)。安中でかつて長田の後見役を務めたことのある海老名にすれば、長田の成長には目を見張ったのではないか。

同日の午後二時、受洗者一同は新島や長田とともに記念写真におさまった。「長田兄ト近々ニモ離別スル」記念でもあった(同前五、二七〇~二七一頁)。新島が言うように、この一週間後に長田は東京に戻っている。

撮影のあと四時に、新島は喜多方に向かった。同地から出迎えに来た安瀬敬蔵の他に、中村と長田が加わって一行は四人となった。この夜、彼らは喜多方で説教会を開いた(同前)。長田も新島とともに登壇したはずである。長田はすでにこの地を前々月(三月十日)に一度訪ね、伝道を行なっているので、未知の場所というわけではなかった(「会津地方伝道」)。

翌朝(二十五日)、新島は一行と別れ、単身、二人引きの人力車で米沢に向かった。しかし、途中で心臓病に苦しめられたために、夕方に三時間ほど「百姓旅店」で休息を余儀なくされた。そのため米沢着は夜の十一時すぎとなった(『新島襄全集』五、二八三~二八四頁)。

実は新島の体調は、それ以前から勝れなかった。喜多方で風邪に罹ったことを長田は明かす。

「今一つ申上げたきは、先生が小事に忠なりし一事に候。明治一八年〔実は十九年〕、小生が会津に伝道中、先生に御伴して喜多方に参りしが、風邪を引かれ、宿屋に命じて玉子湯一ぱいを召上がられ候。然《しか》るに其代金を払ふことを失念せられたりとて、米沢より小生にあて丶郵券（当時二銭）三枚〔実は二枚〕を送られ、宿屋に渡し呉《く》れと頼み越され候。宿屋の主人は、御茶代も頂きしに実に偉い御方ですなあと頻りに感歎致し居り候」（『基督教世界』一九二二年七月二四日）。

この挿話は「玉子湯一杯」と題して、デイヴィスによる新島伝に採録されたので、広く知られるにいたった。そこには今は現物の所在が不明の新島書簡（断片）が引用されている。『新島襄全集』には未収録のうえ、当時の消息が一層詳しく述べられているので、ここにそのまま転載しておきたい。文中の「某氏」は長田時行を指す。

「〇玉子湯一杯

明治十九年、先生の東北に在るや、一夜、説教会を会津の北五里余の一村邑〔喜多方〕に開く。時に先生少しく病気なりしが故に、説教終て直に宿所に帰り、翌朝米沢に向て出発せられたり。後一日を経て、先生書を某氏〔長田時行〕に送り、向来伝道上の方針等を記し、終りに一片の書添へを為して曰《いわ》く、

先夜喜多方にて説教後、兄等は彼《かの》場所に御滞在候間、小生は宿のバヽ様より玉子湯一杯モラヒ申候。然る処、昨日出発の際、右の代価を払ふことを忘れ申候間、貴兄此頃に御越の節は、四銭程御遣し被下候。依《よっ》て郵便切手二枚差上申候。貴兄にて銭と御取替被下度候。早々頓首、と。事、小なるが如《ごと》しと雖《いえど》も、又以て先生が大事に忠なりしが如く、小事にも忠なりしを見るに足る」（『新島襄先生傳』補正版、三六一～三六二頁）。

神戸・多聞基督教会

さて、五月三十日に会津を引き上げた長田は、再度、東京第一基督教会の仮牧師に復職した。が、八月一日にはその職を辞し、九月に神戸に転じた。同地の多聞《たもん》基督教会（現在の日本キリスト教団神戸多聞教会）の牧師に就任するためであった（「長田時行文書」Ｂの一四）。

長田は関西に居を移してからは、各種の集会で新島と顔を合わす機会が増えたに相違ない。とりわけ、新島は神戸へは出張のほかに、同地で保養にもつとめているので、なおさらである。が、記録上では、次のように二、三回の接触が確認できるだけである。たとえば、浪花教会の創立十周年記念会である。一八八七年一月二十日の集会（大阪基督教青年会館）に、ふたりは同時に顔を見せている（『基督教新聞』一八八七年二月二三日）。

多聞教会の創立十周年記念会でも、そうである。同年十月二十日にこの教会で開催されたおり、新島は東京出張の帰途にわざわざ足を運び祝意を表した（同前、一八八七年一一月一六日）。

今は多聞教会の堂々たる牧師におさまっている長田の成長に、さだめし新島も満足したことであろう。

ところで、長田の神戸時代は、新島が同志社大学設立運動を展開した時期と重なる。長田もこの運動、とりわけ募金活動のため

に協力を惜しまなかった。

一八八九年四月初旬に神戸にある七つの組合教会（もちろん多聞教会もそのひとつ）は、春季部会を長田の多聞教会で開いた。その節、部会は同志社大学の設立資金募集のために、遊説委員を関東と関西とへそれぞれ出張させることを決めた。前者の委員には長田が、そして後者のそれには川本政之助が選ばれた。

長田の場合は、前任地が東京であるうえに、安中に一時いたことも選考の理由とされたのであろう。もちろん新島の助けになりたいとの思いは、当人には人並以上に強かったと考えられる。

部会は全国の組合教会に募金趣意書を送付した。文中、「寄附金締切期限ハ将《まさ》に本月〔四月〕を以て終らんとするも、〔中略〕僅々暁天《ぎょうてん》の星の如き」成績しかあがっていない、このままでは「百年の大計を企図せる新島氏の宿志ハ、何時達せらる可《べ》きかと慨嘆するの外無之候」とある（『基督教新聞』一八八九年四月一七日）。事態を憂慮しての決起である。あるいは長田その人の発案であったのではなかったか。

なぜなら遊説委員の人選に関しては、直接に新島と長田とが「協議の上」、兵庫県以東を長田が、そして以西を川本が担当することが、この時決まっているからである。新島はさっそく四月六日に各教会に宛てその旨を通知し、協力を呼びかけている（『新島襄全集』五、四五四頁）。

長田はこの後、四月中旬にゴードン（M. L. Gordon）と連れだって、まず古巣の上州へと向かった（『基督教新聞』一八八九年四月二四日）。二十三日に前橋教会で開いた説教会には、三百人ほどの聴衆が集まった。翌日はいよいよ愛宕座での演説会である。弁士には前橋教会牧師の不破唯次郎も加わった。

「流石《さすが》に基督教会に於ける諸名士」が出演するとあって、千人近い市民が押しかけた（同前、一八八九年五月一五日）。

長田はその後、上州から秩父（埼玉県）へと足をのばした（同前）。四月下旬のことで、茂木平三郎が同行した（『新島襄全集』八、五一五頁）。ここはいまだ組合教会による伝道は、未開拓の地であった。長田の出張に続いて、このあと七月には大宮町へ大久保真次郎[4]が最初の定住伝道師として同志社から派遣されることになる（『基督教新聞』一八八九年一二月一三日）。

長田はそのための尖兵となったわけである。

北関東に比して、東京における長田の活動には不透明な部分が多い。わずかに五月一日に久方振りに東京第一基督教会の講壇に立ったことが、知られているばかりである（同前、一八八九年五月八日）。

翌年（一八九〇年）早々、新島は同志社大学の発足を見ることなく大磯の地で逝った。キャンパス内のチャペル前でもたれた葬儀には、もちろん長田は駆けつけたはずである。一月二十八日の追悼会（同志社チャペル）には、小崎弘道や宮川経輝らと壇上に立ち、師に関する感話を披露した（「新島襄葬儀記録」六八頁、『同志社談叢』一〇、同志社社史資料室、一九九〇年三月）。

長田の語った内容はもとより不明であるが、あるいは前に紹介した「空海之文」や「玉子湯一杯」のエピソードであったかもしれない。

翌月には、多聞教会を会場に神戸教会、兵庫教会、多聞教会が連合した新島記念会が企画されている（『基督教新聞』一八九〇年二月二一日）。三年後の一月二三日にも、同教会で記念会が開催された。が、長田は教会を留守にしていた。当日、故郷の岡山教会での新島記念会に望月興三郎と共に出席して、記念講演を行なったからである（同前、一八九三年二月一七日）。

教会合同問題

最晩年の新島を苦しめた問題に、教会合同問題がある。長老主義に立つ日本基督一致教会と会衆主義の日本組合教会という両教派を合同させようという運動で、一八八六年三月に始動した。

この問題に対して新島はあくまでも慎重、あるいは反対の態度をとり続けた[5]。それに対して長田は、（行論上明らかになるように）合同賛成派のひとりであったと思われる。

その点では長田は、旧師に従うというよりも、小崎弘道や海老名弾正、金森通倫といった「熊本バンド」（メンバーの大半は合同に意欲的であった）に近かったと言えよう。

この運動が紆余曲折の結果、頓挫を来たしたのは新島の消極性によるところが大きかった。当初から彼は、自派にとって合併は他派による「呑併」となりかねないがゆえに、「我党ヨリ一致論ヲ吐キ出シタルモノハ、非常ノ馬鹿モノト云テ苦シカラス」と珍らしく感情をむき出しにしている（『新島襄全集』三、四八七頁、傍点は本井）。彼はあくまでも会衆主義の良き伝統（自治教会主義）を守り抜こうとしたのである。

これに加えて不幸だったのは、新島と一致教会の指導者たち、すなわち植村正久、井深梶之助、押川方義《まさよし》、田村直臣[6]、大儀見元一郎、吉岡弘毅、奥野昌綱といった有力者たちとの交流が、けっして深いとは言えなかったことである。すなわち新島の場合、相手陣営の人脈との繋がりが、皆無ではないとしても不十分であったことは否めない。

新島にとって多少とも交流があったのは、田村直臣や押川方義[7]、井深梶之助[8]ぐらいである。彼らとは合同問題について書簡で自己の所見を述べ合ったり、面談して相手陣営（一致教会）に対する希望や提案を披瀝したりしている。が、どこまで胸襟をひらいて相互に腹蔵なく意見が交換しえる関係にあったかについては、疑問が残る。要するに信頼関係が確固として確立していたとは言い難い。とりわけ、一致教会の総帥ともいうべき植村正久との関係は疎遠であり、したがって不信に近いものを感じさせるほどである。

一方、長田は新島よりもはるかに一致教会（の指導者たち）に近かった。同志社神学校で二度にわたって研鑽（それも通算すれば一年余にすぎない）を積んだとは言え、他方では京浜地方のキリスト教系学校、すなわち築地大学校やバラ学校、さらには築地一致神学校（一説にはこの神学校での修学は二か年におよんだという）にも学んだ。この点でいわゆる「築地バンド」や「横浜バンド」の人たちと同じ世界を共有したことがあるのである。

さらに一時とはいえ、東京を活動の舞台としたことがあるために一致教会の指導者たちとの触れ合いは、新島とは比較にならないほど密である。いくつかの実例をあげよう。

一八八二年、長田が東京第一基督教会で小崎弘道の仕事を補佐していた時のことである。小崎が編集の責任を負う『六合《りくごう》雑誌』の編集、出版ために、長田（同誌の印刷人でもあった）は植村正久などに原稿を依頼する役まわりを務めた。「私が使者に立って、芝から下谷練塀《したやねりべい》町の〔植村牧師の〕お宅まで、足を棒にするほどお願ひに上った」とは長田本人の回顧である（佐波《さば》亘編『植村正久と其の時代』二、五四一頁、教文館、一九六六年）。

さらに翌年（一八八三年）のリバイバルのさいには、植村が牧師を務める下谷教会の祈祷会に、小崎ともども招かれて感話を披露することもあった。

ちなみにこの時の長田の感話は、あまりにも激烈すぎたようで、会衆の中にはその席に堪えられずに会堂の外へ出た者が二、三人いたという。植村も小崎に対し、「長田の話は熱心すぎるので、次の晩からはもっと柔かくやってくれ」と注文をつけるほどであった。「今思っても冷汗を覚える」と長田は述懐するが、彼の熱心が引き金になったのであろう、その後、下谷教会にもリバイバルが起きたという（同前三、六〇頁）。

長田の武勇談はこれだけにとどまらない。当時、長田は宗教心が異常に昂揚して、「四面にお構いなし」の状態であったので、先輩牧師の井深梶之助のところへも押しかけて行き、「キリストを真実に信仰なさいますか」と無遠慮に切りこんでもいる（同前二、五五六頁）。

その井深とは終生、親しい交際が続いた。井深は第一回の海外出張のおり、神戸に帰港（一八九一年九月）するや、多聞教会にふらりと立ち寄った。ひとしきり土産話を披露したあと、「君。何卒《なにとぞ》五十銭、借して呉れ」と交通費の借用を申し入れている（同前四、五六六頁）。

また、長田の結婚式は一八八五年九月九日に安中教会で行なわれたが（「長田時行文書」Bの一四）、媒酌人は義兄の杉田潮《うしお》夫妻、司式者は一致教会系の大儀見元一郎であった（湯浅與三『輝かしき生涯』三二頁、『日夜集』）。

以上のことを考慮に入れると、組合教会にあって、もっとも一致教会に近い位置にいたひとりが長田である、といっても過言ではない。少なくとも新島との差は歴然としている。まったくの仮定ではあるが、かりに新島がこの長田を媒介にして、今少し一致教会の指導者たちと気脈を通じていたならば、合同問題の進展も違った様相を呈していたかもしれない。しかも、次に見るように長田はこの問題では、けっして単なる周辺の人ではなかった。

この合同問題に対して比較的、新島に同情的な田村直臣は、問題の起点に関してこう断言してはばからない。

「露骨に云へば、我が〔一致〕教会に於《おい》て、威勢を逞《たくまし》ふして居《お》った横浜党〔横浜バンド〕と、組合教会内に於て、非常な勢力のあった熊本党〔熊本バンド〕とが同気相通じ、此《こ》の挙を企てたのである」[9]（『信仰五十年史』九二頁）。

田村は「築地大学校バンド」の一員を自負しており、一致教会内では主流派の横浜バンドとは一線を画そうとしていた。彼から見て「組合教会の長田時行君」も、元来は立派に「築地バンド」のひとりであった（同前、二四頁、三五頁）。

横浜バンド主導の教会合同運動に関して、「云ふべくして行はるべき理由なきを看破し、〔主流派とは〕正反対の地位に立って居」たのが、田村その人である。「代議政治〔一致教会〕と会衆政治〔組合教会〕との一致は、主義に就いて不可能」というのが、彼の反対理由であった（同前、一九〇～一九二頁）。

その田村は、自分とまったく同様に、新島も「最初から反対の地位に立って」いた、と断言する（同前、一九八頁）。要するに、この問題に関するかぎり、ふたりは教派を異にしながらも、少数派（反対派）として同じスタンスに立ちえたのである。しかるに新島は直接にも、また間接にも（たとえば長田を介して）田村と気脈を通じて連携する道をとろうとはしなかった（両者の交流については、拙著『新島襄と明治のキリスト者たち』を参照）。

一方の長田であるが、教会合同に関しては何の記録や所見も残していないので真意は窺い難い。しかし、横浜バンドと熊本バンドとの双方に人脈をもつ長田には、両者を結ぶパイプ役としての働きが期待されても不思議ではない。それは次のような動向からも、首肯できるであろう。

一致教会は一八八八年十一月二十三日に大阪の基督教青年会館で臨時大会（総会）を開き、合同問題を協議した。この席で「両教会訪問ヲ交換」することが決議された。注目すべきはそのさいの人選で、一致教会からは押川方義と奥野昌綱とが、そして組合教会からは松山高吉と長田時行とが選出された（『植村正久と其の時代』三、六九一頁）。

これに対して組合教会も同日、同じく大阪（大阪教会）で臨時総会を開催し、この件を討議した。ただし、新島は病気のため会場に姿を見せなかった（『新島襄全集』八、四七九頁）。

看過できないのはこの総会で事務局を務めたのが長田であったという点である。彼はこの直前の十月に、組合教会の「事務委員」を井手義久から引き継いだばかりであった（『神戸とＹＭＣＡ百年』五三五頁、神戸キリスト教青年会、一九八七年）。したがって、全国各地の組合教会へ送られた総会案内状は、「神戸区坂本村英学校北隣組合教会事務委員長田時行」の名で差し出されている（『甘楽《かんら》教会百年史』一一六頁、日本キリスト教団甘楽教会、一九八四年）。

翌年（一八八九年）五月にも一致教会は東京で、そして組合教会は神戸（長田の任地である）でそれぞれ総会を開いて、ひき続き合同問題を協議した。

まず組合教会の総会（五月二十二日から二十七日まで）である

が、会場は神戸教会であった。これにも新島は病欠した（『新島襄全集』四、一三五頁）。総会は「最も喧燥《けんそう》を極めた会議」となり、議長が四人も交替するほど紛叫した。宮川経輝、市原盛宏についで三人目に議長席を占めたのが、長田であった（ちなみに四人目は湯浅治郎）。

次に一致教会大会（総会）も組合教会総会と時期を同じくした。大会は「委員を神戸に派遣するので、閉会を延期されたい」旨の電報を神戸の組合教会総会宛てに打電した。三人の委員――井深、植村、インブリー（W. Imbrie）――は返事を待たずに二十八日に神戸へ発った。が、委員たちが神戸の会場に着いた時には、総会は合同修正案を可決して閉会された後であった。

井深は諦めきれずに旧知の長田を訪ね、組合教会総会の消息をあらためて問い質した。が、時すでに遅く、長田とていかんともしがたかった。ちなみにこの会見時に、長田が井深に伝えた総会の消息は、「今般ノ総会ハ未曽有ノ議論多キモノニシテ、若キ人々ノ中ニハ頗ル激論モアリ、甚シキ修正策モアリ」であった（『植村正久と其の時代』三、六九五～六九六頁）。

「若キ人々」とは同志社教会から代議員として総会に送り込まれた広津友信や花畑健起などの青年を指す。同志社教会では、神戸での総会直前に、合同案に対して四か条の修正決議を行なって、不退転の態度で総会に望むことにしていた。

しかし、総会ではそれらが全部認められたわけではなかった。総会後、広津は神戸から新島に宛てて、「我儕《われら》青年之議論ハ、老実徳望アル方々ト相協《かな》ハズ、甚夕不満」と報告せざるをえなかった（『新島襄全集』八、五一八頁、五二〇頁）。

一方、新島は総会の初日に病床からとくに広津と花畑とに書を寄せ、すべてを主に委ねるとする一方で、組合教会の基本たる会衆主義を「固守」し、合同憲法中に「一大書」させるべく尽力するよう、激励かたがた、重ねて指示していた（同前四、一三五～一三六頁）。広津としては恩師のこの期待に応える働きを十分にすることができなかったことを悔いたわけである。

ところで、長田や広津が伝える総会の消息からは、熊本バンド（とりわけバイブル・クラス）を主軸とする合同推進派とそれに反対する青年たちとの抗争が、相当に激烈であったことが推測できる。たしかに前者の一人、市原盛宏も、新島が不鮮明な態度をとり続けると「先進と後進の間」に軋轢を生じかねない、との危惧を直接、新島に訴えたりしている（同前四、四八六頁）。

新島としても組合教会の分裂は、もとより望むところではなかった。むしろ合同が成立した場合は、一人脱会して北海道行を考えていたくらいである。そこで総会時には、新島は「老人連中」と「若手」連中との「双方ノ仲裁人」たらんことをひそかに期していた（同前四、一四二頁）。

「仲裁人」といえば、年齢からいっても人脈からいっても、両者の中間に位置するわが長田こそ、新島が期待する仲保役として適任ではなかったか。が、現実には長田はその方向を模策するというよりは、かえって「老人連中」の驥《き》尾《び》に付して新島の失望を買った一人となったようである。

最終的には合同運動は、このあと破局した。田村直臣は、その原因のひとつを「組合教会も一致教会も、新島先生を無視した」こと、とりわけ熊本バンドの面々が「多数に依って、新島先生を棚に上げげんとした」ことに求めている（『信仰五十年史』一九八頁）。しかるに先にも触れたように、田村が新島と手を組んで積極的に反対運動をしようとした形跡もうすい。

ただ、新島の死後、彼の伝記作成を依頼されていた柏木義円《ぎえん》は、湯浅吉郎（治郎の弟）から「日基〔一致〕組合合同問題ノ辺リ、田村直臣氏ト新島先生ノ関係ニツキ新シキ事ヲキク。植村氏ノ事モキク」と日記（一九三二年七月四日）に認《したた》める（片野真佐子『孤憤のひと　柏木義円――天皇制とキリスト教――』三〇一頁、新教出版社、一九九三年）。「新シキ事」とは、いったい何であったのか。

新島書簡

最後に世に知られていない新島書簡をめぐる挿話を紹介しておきたい。

行論上すでに明白なように、新島はしばしば長田に書を寄せている。が、一八八三年六月九日付の一通（しかも断片）を唯一の例外として、『新島襄全集』にはいっさい収録されていない。戦前、長田ゆかりの紫苑荘《しおん》（東京・烏山）にはそのうちの一通が額に入れて保存されていたことは、確かである（内川千治「新島先生の書翰とラグビー戦」三五頁、『日夜集』）。

新島書簡に関しては、北垣国道（京都府知事）宛ての新島書簡が、同志社に寄贈されるにあたって仲保者となったという点で、長田は実は功労者なのである。二十五通にものぼる書簡は北垣の死後、北垣家にかつて寓していた画家の高山不染が所蔵するところとなった。のち、高山の親族にあたる白沢済の手に渡った。

白沢はキリスト者であった。長田は浅間温泉で避暑をしたさい、この白沢と相識る仲となった。たまたま同じ湯に浸《つ》かったことが契機となって、両者は近づき、ついには白沢が長田に新島書簡のすべてを託すことになる。長田の人格と信仰以外にも、彼が新島の直弟子であったこと、そしてそれ以上に長田が新島を終生、敬慕していたことが、白沢にこの決断をさせたに違いない。かくして長田の仲介により、新島の貴重な書簡が、同志社に寄贈されることになった（同前、三四頁）。

これらが同志社の所有になる以前のことであるが、新島書簡の収集、筆写に東奔西走した高橋元《もと》一郎は、長田の紹介ですでにこれら北垣宛て書簡の筆写を終えていた。一九二九年の夏、松本に白沢を訪ね、新島書簡の現物に接した時のことである。

それらの筆写は、将来の新島襄全集と新島伝（柏木義円が当時、準備中）とに備えるための準備作業であった（高橋元一郎「新島先生書翰」三二二頁、『追悼集――同志社人物誌――』四、同志社社史資料室、一九九一年）。高橋は「二十数通を見るを得た」

と記すが（同前）、現実に筆写されたのは二十通である（『新島先生遺品庫収蔵目録』下、四二～四三頁、同志社社史史料編集所、一九八〇年）。

ちなみに白沢済は、長田[10]との出会いを次のように回顧している。「〔長田〕先生と何等関係のなかった私までが、友を通して知りまつり、夏毎に浅間温泉に於て語る機会を与へられ、信仰より信仰へと導かれ、講ぜられた聖言《みことば》が今も尚生きて働きつつあることである。其間、新島先生の書簡、森村〔市左衛門〕男爵のことども、それからそれと先生に近づく糸はたぐられて、親子の如き関係にまで置かれし幸福を、泌《し》み泌《じ》み痛感すると共に、神の御摂理に驚くの外ないのである。一度先生の温容に接した者は、皆等《ひと》しく私同様の体験を持たるることと信ずるのである」（白沢済「偉大なる信仰」一四頁、『日夜集』一〇）。

注

① このコース新設の背景にはアメリカン・ボードの大阪、ならびに神戸ステーションによる同志社（京都ステーション）批判が介在していることを見落してはならない。要するに新島（同志社）にしてみれば、コース新設こそ他ステーションに対する同志社の防衛策（対抗策）たらざるをえなかった。そしてこれがひいてはクラス合併決議（あの「自責の杖」事件の元凶となった）の引き金ともなるのである。詳しくは拙稿「新島襄『自責の杖』事件の謎——徳富猪一郎の同志社退学をめぐって——」（上、五五～五六頁、『同志社談叢』一三、同志社社史資料室、一九九三年三月）を参照されたい。

② 定住伝道師として福島に最初に住みこむのは綱島佳吉、ついで白石村治である。一八八九年十月に赴任した白石は、二年後には人事問題のこじれから日本聖公会へ転じた（本井康博・西八條敬洪《よしひろ》『長岡教会百年史』五七～五八頁、日本キリスト教団長岡教会、一九八八年）。なお、その後新島は、郡山にも伝道師を派遣する計画をたてているが、その実現を見ることなく大磯で病没した（拙稿「福島伝道にかける夢——新島襄と松田順平——」、同志社編『新島襄——近代日本の先覚者——』、晃洋書房、一九九三年）。

③ 安瀬敬蔵は喜多方の戸長を務めた豪農で、早くから河野広中と交遊があり、自由民権運動に関心が高かった。一八七七年には同地で有志とともに「愛身社」を結成した。同社はのちに自由党会津部に発展する（高橋哲夫編著『写真図説福島自由民権史』二三頁、歴史春秋社）。

安瀬は同時にキリスト教の伝道にも協力的で、一八八六年二月十三日（新島が訪ねる三か月前）に喜多方でキリスト教演説会が杉田潮、星野光多を迎えて開かれたのも「安瀬敬蔵氏ノ周旋」による（「会津地方伝道」、「湯浅與三関係資料」A三二—一、同志社大学人文科学研究所蔵）。例えて言えば安瀬は長田にとっては岡山の中川横太郎に相当する。

④　大久保真次郎が大宮へ派遣される経緯については、拙稿「新島襄と大久保真次郎──『黒い眼』と『赤鬼』──」（『新島研究』七八、同志社新島研究会、一九九一年五月）を参照。

⑤　教会合同をめぐる新島見解に関する最新の研究は、土肥昭夫「新島襄の教会政治論」（『キリスト教社会問題研究』四二、一九九三年七月）である。

⑥　田村直臣はアメリカで新島（二度目の渡米中）に面談したことがあるので、新島とは「非常に懇意になって居った」と証言する（田村直臣『信仰五十年史』一七九頁、警醒社、一九二四年）。たしかに新島もこの時の面会を「久しぶり」とするので（『新島襄全集』三、三二〇頁）、初対面ではなかったようである。とは言え、密接な親交があったとも言いにくい。

⑦　押川方義と新島との交流については、拙稿「押川方義と新島襄──出会いと仙台伝道とをめぐって──」（『同志社時報』九一、同志社、一九九一年三月）、同「宮城英学校──新島襄と押川方義──」（『新島研究』八〇、一九九二年五月）、同「福島伝道にかける夢」を参照。

⑧　一八八六年五月十八日に東京のインブリー（W. Imbrie）宅で開かれた教会合同の話し合いには双方の教会から井深、押川、新島、松山高吉が顔を出している（『新島襄全集』五、二六三頁）。さらに翌年一月十二日には井深が京都の新島宅を訪ね、合同問題をめぐって意見を交わす。翌日、二人は揃って同志社教会十周年記念会（同志社チャペル）に臨んだ（同前八、三九六頁）。

一八八八年十一月六日にも井深は新島に宛て合同に関する所見を送った（同前八、四七三頁）。それに対して新島は同月十二日付でさっそく私見を書き送った（同前三、六七四頁）。ついで一八八九年五月一日にも井深は英文の合併憲法・規則案を新島に送付している（同前八、五一五頁）。

ちなみに両者の交流は一八八四年に深められたと考えられる。つまりこの年二月四日、十四日と続けて井深は新島を東京の宿舎に訪ねている（同前五、二四六頁、二五六頁）。そのあと三月頃にも東京と京都との間で書簡のやりとりが見られた（同前八、二八六頁）。

⑨　さらにその背景として宣教師の存在が大きかった、と田村は見る。「此の合同一致の相談の起りは、組合教会では、グリーン教師〔D.C.Greene〕、一致教会ではインブリー教師の二人であると耳にした事があった」（『信仰五十年史』一九二頁）。

⑩　なお、長田の生涯については拙稿「長田時行小伝」一～三（『潟』一〇、一一、一二、日本キリスト教団新潟教会、一九九三年一二月、一九九四年一二月、一九九五年一二月）を参照されたい。

（拙稿「新島襄と長田時行」、『潟』一〇、日本キリスト教団新潟教会、一九九三年一二月）

V

早稲田大学

一、早稲田大学への「輸血」（本井康博）

新島襄と大隈重信

同志社と早稲田とは、初発の頃から、すなわち前者が同志社普通学校、後者が東京専門学校の時代から、さまざまな係わりが見られた。草創期からの交流は、今なお現代にも継続する。現行の学生交換（国内留学）制度は、その好例である。要は、空間的には遠距離にもかかわらず、両校間の距離は意外に近い。

私的な経験例をあげれば、二〇〇六年に設置された「早稲田を知る」という自校史科目に、私は慶應義塾大学教授とともに毎年呼ばれていて、「早稲田と同志社」というテーマで講義をひとコマ持たせてもらっているが、すでに十年を超える。

こうした緊密な交流の起点は、相互の創立者同士の交流にある。とりわけ、同志社大学の設立運動（募金活動）の際には、大隈は心から新島の支援者となった（「大隈重信」二四七～二五六頁、拙著『新島襄の交遊――維新の元勲・先覚者たち――』思文閣出版、二〇〇五年）。

この点は、拙稿「新島襄と大隈重信」（拙著『ひとりは大切』一四五～一五三頁、思文閣出版、二〇〇六年）でも再論したように、慶應義塾との差が顕著に表れる同志社の特色である。理由はともあれ、新島と福沢諭吉との距離は、意外なほど隔絶している（拙稿「新島襄と福沢諭吉」一、二、同前ならびに拙著『魂の指定席』、思文閣出版、二〇〇九年。「同志社と慶應義塾」同前、一七九～一九一頁）。

「同志社学風の輸血」

慶應義塾との差は、新島の死後、さらに拡大する。彼の教え子の同志社人五人が、次々と東京専門学校に働きの場を確保し、自分たちの恩師が大隈重信から蒙《こうむ》った恩義を、まるで返すかのように、創設期の早稲田で独自の働きを示したからである（拙稿「早稲田と同志社を結ぶもの」四七～六八頁、『元祖リベラリスト』、思文閣出版、二〇〇八年）。

五人を赴任順に挙げると、家永（辻）豊吉、大西祝《はじめ》、岸本能《の》武太《ぶた》、浮田和民《かずたみ》、そして安部磯雄である。

　最初の赴任、家永の場合は一八九〇年、すなわち新島が永眠した年である。従来は、一八九一年の大西祝が嚆矢《こうし》と考えられていたが、太田雅夫により、家永である事実が判明した（太田雅夫「新島襄と家永豊吉」一二六頁、伊藤彌彦編『新島襄全集を読む』晃洋書房、二〇〇一年）。

　これに対して、最後に赴任したのは安部で、一八九九年の着任である。すなわち、五人はいずれもそろって一八九〇年代に早稲田で新天地を得たわけである（拙稿「早稲田と同志社を結ぶもの」拙著『元祖リベラリスト』四七～六八頁、思文閣出版、二〇〇八年）。その中で在任期間がもっとも長いのは浮田で、実に四十四年間（一八九七年～一九四一年）に及ぶ。ついで安部の二十八年間である。

　彼ら同志社人は、いずれも新島のもとで独自の人格教育を享受したばかりか、全員が信徒であった。なかでも大西、安部、岸本は、在学中に新島牧師から洗礼を受けている。

　そのうえ、大西を除いて、いずれも早稲田赴任前にアメリカへ留学し、プロテスタント系の大学で研修を積んでいる。安部の留学先など、神学校（大学院）である。

　したがって、彼らが早稲田に注入した校風は、おのずからキリスト教的であった。早稲田大学の木村毅《き》教授は、かつて『早稲田外史』（二一九～二二二頁、講談社、一九六四年）の中で、これを「同志社学風の輸血」とか、「いくぶんかニューイングランドの清教徒《ピューリタン》的気風」と捉えた。すぐれて卓見である。

　さらにその後も、同志社史の中に占める早稲田の存在は「無きに等しい」が、その逆は「きわめて重、かつ大である」との（過大評価的な）指摘さえ、早稲田サイドから出る（佐藤能丸《よしまる》「初期の同志社人と早稲田大学」一九一頁、同志社編『新島襄――近代日本の先覚者――』、晃洋書房、一九九三年）。

私学・早稲田の誕生

早稲田サイドから見れば、五人の同志社人は、浮田の言葉を借りるならば、さながら「同志社系早稲田人」であった。彼らが早稲田に印した痕跡で最も顕著なものは、「私学早稲田の誕生」に際して、いわば産婆役を担ったことであろう。私学としての早稲田の基盤形成である。

　そもそも東京専門学校は大隈重信の意向を受けて、鴎渡《おうと》会の面々によって設立された学園である。同会は、小野梓《あずさ》が設立し、高田《たかた》早苗、市島謙吉、坪内逍遥、天野為之《ためゆき》といった帝国大学（現東京大学）出身者がメンバーを占めていた。彼らが一八八二年に東京専門学校を発足させた時は、高等教育機関としては官立では帝国大学、有力私学としては慶應義塾があるのみで、それ以外の格好のモデルが見当たらなかった。

　大隈の盟友、福沢諭吉は陰ながら東京専門学校の開校に尽力したという。それ以前の立憲改進党の結党に、福沢の門下生が多数、結集していたこともあって、鴎渡会による開校にも支援が寄せられた。たしかに、開校式には帝大からの来賓五人（外山正一ほか）に加えて、慶應義塾からも福澤や小幡篤次郎《おばたとく》が招かれている（『早稲田大学百年史』第一巻、四六六頁、同大学、一九七八年）。

それゆえ、東京専門学校は、外から見た場合「帝大分校」、あるいは、「第二の慶應義塾」の側面や性格を持たざるをえなかった。そのあたりの消息を、早稲田史は「大隈は慶應、小野は東大」という項目を立て、次のように記述している。

「この二系統の、いわば人工的と、自然発生的のパターンは、共に東京専門学校、ひいては早稲田大学の性格を作るに、払拭し難い痕跡を残した。官学一辺倒がここに総合せられたわけである。早稲田学苑は、東大の分家、慶応の弟分たる血族的関係にあると言ってよいのである。しかし大体において、鴎渡会以下の東大派が、より多く東京専門学校の出発に、そして矢野〔文雄〕を先頭者とする慶応派（犬養〔毅〕、尾崎〔行雄〕、箕浦勝人《みのうらかつんど》その他）が政党の結成に重きを置いたことは、争われない」（同前、三三六頁）。

そこへ、創立八年を経てから、日本ならびにアメリカの諸大学、しかもプロテスタント系の私学で研鑽を積んだ同志社人（それも信徒や宗教家）が次々と赴任して、宗教色とはまるで無縁の官学や慶應義塾には見られない独自の新しい風を吹かせ始めた。

こうして早稲田は、気風の点でも内面性でもじょじょに官学から独自の私学へと方向転換をし始めた。その結果、同志社の創立理念である新島の「自治・自立」思想や伝統的な「良心教育」（人格教育）の実践が、教え子たちによって早稲田にも移植、浸透し、「私学・早稲田」に当然あるべき意識（私学性）や内実の高揚をもたらした。

同時に、開校にあたって大隈が標榜した「在野精神」、「反骨精神」といった理念が、ここに来てようやく学内に確実に定着するようになったと思われる。とすれば、創立理念から見た早稲田の「帝大離れ」に、同志社からの移籍組が果たした役割は、けっして小さくはない。要するに帝大の出身者が立ち上げた帝大分校という骨格に、同志社人たちが官学にはないスピリット、すなわち私学独自の「魂」を吹き込んだ、と言えないだろうか。

スポーツにおける変革

早稲田の私学化に果たした貢献のほかにも、同志社からの移籍組による重要な働きがある。とりわけスポーツ面と社会科学の両面で顕著である。前者は安部による野球部の創設、後者は家永、浮田、安部らによるアメリカにおける社会科学、なかでも政治学の導入である。

まずは前者であるが、安部が早稲田で野球部を創設し、慶應義塾との定期戦を始めたり、日露戦争のさなかにアメリカ遠征を敢行したりしたことは、すでに周知の事実である。元牧師であるにもかかわらず、あるいは、それだからこそ、安部はスポーツや運動を通しての人間造り（人格形成）を意図したのである。「知識は教室から、人格はグラウンドから」が彼のモットーであって、彼はそれを野球部で実践した。その結果、「日本学生野球の父」と称えられるほど、学生スポーツに深い理解と援助を示したのである。

彼が後年（一九一一年）、大日本体育協会（現日本スポーツ協会）の最初の理事（三人中のひとり）となって、日本のオリンピック初参加に貢献したことも、その延長線上のことである。

早稲田政治学へのインパクト

一方、一八九〇年代以降、早稲田では社会科学に取り組む姿勢にも大きな変化が生じた。その起点を産んだのが、家永である。彼がアメリカで学んだ最新の政治学を早稲田に持ち込むや、それにまっさきに共鳴し、吸収しようとしたのが、高田早苗である。

要するに、高田は一八九〇年代後半にいたって、アメリカ政治学への関心を急速に高めた点で、「最先端的な役割」を果たした人物として定評があるが、その高田にいわば火をつける働きをしたのが、家永である（内田満《みつる》『日本政治学の一源流』六頁、四一頁、早稲田大学出版部、二〇〇〇年）。

家永から刺激を受けた高田は、さっそく「早稲田叢書」（名著翻訳シリーズ）を立ち上げ、次々とアメリカ政治学の最新作を翻訳、出版し始めた。

そもそも東京専門学校が開校された時の学科《コース》は、政治経済学科、法律学科、英語科の三科であったが、創立に係わった人物の顔ぶれを見ても、主軸は政治経済学科、中でも政治学である。

高田は最初から日本初の「政治学の独立」を目指そうとした。「早稲田に於ける政治学（は）、帝国大学の独乙《ドイツ》流なるに対して、英吉利《イギリス》的学風を以て特色となした」と自負もする（『早稲田百年史』第一巻、四九四～四九五頁）。

すなわち、（吉田正が指摘するように）「歴史的に見て、帝国大学のドイツ流政治学は、法学的、国家学的。それに対して早稲田のそれは英米流で、社会学的、実証主義的」と言えよう（『日本政治学の一源流』一二五頁）。

こうした開校時のイギリス流政治学は、およそ十年後、アメリカ流への大胆な切り替えと補強が、家永の赴任を契機に開始されるのである。

早稲田政治学派の源流

要するに社会科学の分野でも、早稲田は当初から帝大との差別化を計ろうとしたが、それをいっそう加速させたのが、家永に始まる同志社人たちの転入である。

家永から刺激を受けたことにより生まれた高田のアメリカ政治学志向は、浮田によりさらに強められた。浮田は、大日本文明協会の会長を務める大隈の許《もと》で、編輯《へんしゅう》部長に任じられ（ちなみに補佐は杉山重義)、高田の「早稲田叢書」を引き継ぐような形で、「文明協会叢書」を立ち上げ、名著の翻訳作業を継続した。

浮田は、早稲田の学派の中では、吉田正『政治科学の先駆者たち――早稲田政治学派の源流――』(サイマル出版会、一九八二年)により高田らとともに「五先達」にランクされているが、彼らに加えて家永と安部をも組み込もうというのが、『日本政治学の一源流』刊行の「第一の目的」(ⅳ頁)である。

安部は初代の政治経済学部長の重責を担うなど、看板教授でもあった。とするならば、早稲田で働いた五人の同志社人の中で、三人までがこの分野での先駆者と見なされているのは、壮観である。

ほかにも、同書がいまひとり、元良《もとら》勇次郎もまた高田のアメリカ志向を深めたひとり、と位置付けているのは、さらに興味深い。元良は家永とは初期同志社の同窓で、帝国大学教授(心理学)の時に、東京専門学校の科外講師をも二年間、務めたことがある。ちなみに、両者は、『万国史綱』(三省堂、一八九二年～一八九三年)を共著で出版している(同前、七～八頁、一〇二頁)。

英語教育の向上

同志社人による四つ目の貢献は、英語教育の質的向上である。開校時に英語科を設置した東京専門学校ではあるが、この領域では苦労が伴った。後発のハンディキャップが常につきまとい、「慶應義塾、東京大学、同志社などに比して劣るとの引け目」に悩まされ続けた(『早稲田大学百年史』第一巻、四九九頁)。

そうした状況にある学校へ赴任した同志社人は、在学中から英語による授業を受けていたうえに、アメリカ留学を経験していた。なかでも岸本能武太は、英語学部(一八九六年設置)の二代目主任として、早稲田における英語教育を飛躍的に改善、向上することに成功した。

初代主任の片山潜がわずか三か月で辞任した後を受けての就任で、訳解、作文、文法、書取、習字、音読、発音、聴取などのほかにも、読本実習、英文練習、英時文研究、音声学などをも受けもった(北垣宗治『複眼の思想』一四一頁)。

家永豊吉と杉山重義

最後に、先に紹介した木村氏や佐藤氏といった早稲田サイドからの指摘には、多少の過誤が見られることを指摘しておきたい。それぞれ取り上げられた関係人物に関して、残念ながら事実誤認がある。

前者は、杉山重義を同志社出身者(実は慶應義塾中退)と誤認して五人の中に含め、後者は正しくも杉山を除外しているものの、対象は四人に限られており、家永豊吉(同志社中退)を欠く。

こうした誤解は、早くから『早稲田百年史』(第一巻、六六八頁)でほぼ定説として定着してきた。そこには、こうある。

「大西の来校は、年を隔てて同志社と連絡する端緒となった。早稲田にキ浮田和民、安部磯雄、岸本能武太らが逐次《ちくじ》迎えられ、早稲田にキリスト教的教養を加え、新しい『同志社学風の輸血』と言われているが、その先駆者は大西である。大西を先例として、京都帝国大学は早稲田、もしくは早稲田出の目ぼしい学者をその傘下《さんか》に聘することと数次に及んだ。〔中略〕

早稲田は慶應義塾の弟であり、東京大学の分家であり、同志社大学とは乳兄弟であり、更に京都大学とは親類筋であるとの評言は別として、大西が図らずも、早稲田と同志社、および京都大学との架橋になったことは、忘れられるべきではない」。

さすがに近年には誤解は是正されている。同志社サイドからの指摘（北垣宗治「早稲田で教えた五人の同志社人」一三五頁、同氏著『複眼の思想――新島襄・英学史とリベアル・アーツ――』晃洋書房、二〇一八年。初出は、『関西英学史研究』二、二〇〇六年）もあって、早稲田から出された『新島襄の弟子たち　早稲田と同志社展』目録（早稲田大学文化推進部、二〇〇八年四月）では、家永を含めた五人をもれなく列挙（しかも赴任順）する。

本章もあらためて五人を対象にする（ただし、浮田和民については、八六頁以下ですでに前述した）。そればかりか、誤認されてきた杉山をも例外的に取り上げる。同志社に学んでいない、したがって新島襄の教え子でもないにもかかわらず、同志社出身者と見なされるのはなぜか、その理由を明示するためにも、その略歴を（夫人と共に）紹介しておきたい。

二、家永豊吉（その二）

（一）「家永豊吉」（早稲田大学）

一八六二年八月一五日、福岡県柳川に生まれる。七四年、熊本洋学校へ入学。外国人教師ジェーンズから受洗。英語で近代教育を受ける。

七六年、同校廃校に伴い同志社英学校に入学。七九年、同志社を退学し、八四年、オベリン大学に自費留学。九〇年、ジョンズ・ホプキンス大学院大学を卒業し、哲学博士を取得した。

政治学形成期のアメリカで最先端の政治学を学び、同年一〇月、東京専門学校政治科講師（当時、同校には教授という職名は不在）に就任し、アメリカ政治学の導入に尽力、高田《たかた》早苗《さなえ》にも影響を与えた。

早稲田における家永の功績は、地方巡回講話会を実施させたことである。大学院在学中にUniversity Extension Movementの先駆とされるRichard T. Ely教授が実施していた地方巡回講義に、講師として参加した経験から、「英米に於《お》ける教育上の一大現象」という一文を投じ、「抑《そもそ》も大学教育普及とは何ぞ。他なし。其《その》措《そ》辞《じ》の示すが如く、高等教育をば一般人民に布《し》くにあり」と論じた。

一八九三年に慶應義塾大学部に転身するが、大隈が外務大臣として入閣し、九七年、高田が外務省通商局長になると、家永は外交官となり、外務省翻訳官と外務大臣官房電信課を兼務した。九九年には台湾総督府に勤務し、西アジア阿片《あへん》調査旅行を行った。

一九〇一年、シカゴ大学から招聘され、政治学担当の教授になり、以後、アメリカで日米の友好に尽力した。三六年一二月、ニューヨーク州オネイダ湖で不慮の事故により逝去。

（『新島襄の弟子たち　早稲田と同志社展』目録、六頁、早稲田大学文化推進部、二〇〇八年四月）

（二）「家永豊吉」（本井康博）

新島襄が死去した一八九〇年から一八九九年までの九年間に、新島の教え子五人が次々と東京専門学校（現早稲田大学）の教員となったが、家永はその先鞭をつけた人物である。

赴任は一八九〇年十月のことで、在職（講師）は五年に及んだ。

担当科目は、「租税論」、「中古史」、「万国史」であった。著編著も数冊に及ぶ（太田雅夫『家永豊吉と明治憲政史』八一～八五頁、新泉社、一九九六年）。

彼の学問上の最大の貢献は、アメリカ留学中に学んだ最先端の政治学の紹介、導入に努めることにより、独自の早稲田政治学の形成に道を拓いたことにある。

早稲田大学教授で、日本政治学会理事長の内田満は、「家永が十九世紀末の形成期現代アメリカ政治学の目撃者として、その動向を生々しくわが国に伝え、アメリカ政治学への関心を刺激し、さらにアメリカ政治学と日本政治学との橋渡しをするといった点」を高く評価する（『日本政治学の一源流』一一七頁）。

この点は、そもそも東京専門学校が法律学校としてスタートした経緯、とりわけ帝国大学を拠点とするドイツ法学に対抗して、イギリス政治学をベースにした政治経済学を目指したという創立背景を考慮すると、家永の功績がいっそう際立つ。彼を迎え入れた東京専門学校は、高田早苗を先頭に、続いて浮田和民や安部磯雄らもまじえて、欧米の社会科学路線を視野に入れることで、政治学の分野で私立の独自性を発揮しようとしたわけである。

家永はその後、一八九三年四月に至って慶応義塾大学部教授（文学科で歴史学を担当）に転身した。同年十月には高等商業学校（現一橋大学。担当は英語）教授を兼任。後者の人事の背景には、同郷、しかも熊本洋学校の先輩で、当時、文部省参事官を務めていた由布《ゆふ》武三郎（後に高等商業学校校長）の誘いがあった（『家永豊吉と明治憲政史』九一～九三頁）。

ちなみに、同書（九二頁）では、由布を「熊本バンド」の一員と認定するが、不正確である。熊本洋学校のジェーンズ（L.L.Janes）から洗礼を受けてはいるが、開成学校、帝国大学に進んだために、同志社とは無縁である。

家永は一八九七年三月、慶應義塾と高等商業の教授をそれぞれ辞職し、四月から外務省に入省し、翻訳官となる。翌年、さらに台湾総督府に転任したものの、一九〇一年にはシカゴ大学から招かれて、再渡米した。在米中、得意の英語と演説を駆使して、同大大学普及部（University Extension Division）や排日運動に対する講演活動などに尽力した。晩年はニューヨーク州の湖畔で隠退生活を楽しんだが、不慮の水難事故で急死した。

二度にわたるアメリカ生活は、合わせて四十年に及んだ。『ニューヨーク・タイムズ』（一九三六年十二月三十日）は、「外交官・講演家として有名な家永博士、氷の間に落ちて溺死す」との見出しで、長文の死亡記事を掲載した。訃報はこう始まる。

「ニューヨーク州オネイダ、十二月二十九日――オネイダ湖近くのフィッシュ・クリークに住む、引退生活を送る元政治評論家、講演者、日本外交官の家永豊吉博士、七十四歳は、今日氷の間で釣りをしている際に、溺死した」（同前、一四五頁）。

なお、同志社在学中の家永、さらには新島襄との交流については本書一六五頁以下を参照されたい。

三、安部磯雄

(一)「安部磯雄」(本井康博)

「安部さん、あなたは本当によくやってくれましたね」。

自分の死後、先に逝った天上の恩師、新島襄と天上界で会えたら、恩師からこう言われるのが、安部磯雄(一八六五年～一九四九年)の生涯の望みであった。

安部が残した自伝草稿には、自分のデータよりも新島伝のメモの方が多い。しかも「死んだ児」ならぬ師の歳を毎年、数え続け、書き代えてもいる。新島との対話は、安部の死まで続いたのである(高野善一『日本社会主義の父　安部磯雄』、『安部磯雄』刊行会、一九七〇年)。

新島と安部との師弟関係は、数多い新島の教え子のなかでも、あきらかに異色で、突出している(拙稿「新島襄と安部磯雄――奇しき子弟関係――」、『志を継ぐ』、思文閣出版、二〇一四年)。

安部は二十八年間、早稲田大学教授を務め、「学生野球の父」でもあった。また、初期社会主義運動の立役者であり、社会民主党、社会民衆党、社会大衆党などの主軸であった。さらに第一回普通選挙(一九二八年)以降、衆議院議員にほとんど連続当選した。

安部のこうした幅広い活動を支える基盤は、「すべて同志社時代に決定した」。それも新島襄の感化による(片山哲『安部磯雄伝』、大空社、一九五八年)。

新島のキリスト教信仰と「平民主義」(新島は学生を「あなた」と呼ぶか、名前に「さん」をつけて呼んだ)とに安部は多大の感化を受け、入学時の軍人志願を放棄するに至った。眼中には「ただ伝道と教育の二者あるのみ」とは、婚約者に吐露した心中の想いであった。若き日の抱負に、新島の生き方に倣う気魂が窺える(『日本社会主義の父　安部磯雄』)。

安部はこの新島から、在学中(一八八二年二月五日)に洗礼を受けた。「西京《さいきょう》第一教会」(現日本キリスト教団平安教会)で十数名と共に、と回想する(安部磯雄『社会主義者となるまで』、明善社、一九四八年)。

実はこの教会は、同志社教員(宣教師)のD・W・ラーネッドの邸内にあり、彼の書簡によれば、当日はたまたま会堂竣工式のために市内の三教会が合同で礼拝を守ったにすぎない。それ故、普段は「西京第二教会」（現日本キリスト教団同志社教会）の同志社学生もこの日に限って、ここで受洗した。教会の記録では、受洗者は九名。そのうち学生は次の七名である。

新原《にいはら》俊秀、岡本（安部）磯雄、瀧（岸本）能武太《のぶた》、山中百《はげむ》、原忠美《ただよし》、澤山雄之助、山田安路（なお、岡本、瀧は後にいわゆる「兵隊養子」のために改姓する）（『新島襄全集』二二）。

安部が「五友」と呼ぶ親しい友人グループのうち、三人（新原、安部、岸本）が、ここに混じる。残る二人、山岡邦《くに》三郎（東京新《しん》栄《さかえ》教会でG・W・ノックスから）と村井知至《ともよし》（横浜海岸教会で稲垣信から）は、同志社入学前にすでに受洗していた。

西京第二教会の記録と名簿では両者の転入会は、前者が一八八二年九月二十九日、後者は翌年二月である。ちなみに、村井、安部、岸本のトリオを「三幅対」と呼ぶのは、村井である（村井知至『蛙の一生』五七頁、警醒社、一九二七年。『新島襄全集』二、三）。

次に、ラーネッドの存在も大きい。安部は彼から「英語」はもちろん、「天文学」から「政治学」、「経済学」、さらには「体操」まで習った。特に「経済学」は、かねての「社会問題」の疑問に決定的な示唆を与えた。いや、疑問は「大部分解決した」。

「精神生活は宗教により、物質生活は経済学によりて」救済すべきもの、だからである。卒業演説の題に「宗教と経済」を選んだのも、ラーネッドの感化の現われである（『社会主義者となるまで』）。

日本に社会主義を導入、紹介したのは主としてキリスト教徒であるが、そこには「五友」の中の（山岡を除く）四人が名を連ねる。単なる偶然とは言えない。ちなみに、残る山岡は伝道師を経て、実業界に転じた（『信仰三十年基督者列伝』警醒社、一九二七年）。

安部がラーネッドから受けた影響はさらに深い。早稲田での授業方法や時間厳守、さらに「実に規律正しき生活」や健康管理への配慮など、ライフ・スタイルは奇妙なほどラーネッドに酷似する。専門外でありながら同志社で最初に「体操」やフットボール（サッカーか）を教えたラーネッドの姿は、早稲田で野球部を創設し、その指導に献身した安部の姿とどこかで重なる。

安部が自叙伝で紹介する健康保持の秘訣（「Dr.Food, Dr.Sleep. Dr.Exercise の三博士の言うことを守れ」）を伝授してくれた「某先生」とは、おそらくラーネッドであろう。

神学生時代、安部は友人たちと外国人教師に反発してストを打ち、結局、安部と村井は中退する（安部はその時期を一八八四年の九月二十六日とするが、下級生の記録、『池袋清風日記』では翌月二十七日）。この時、二人を失う損失の大きさを憂慮して、同僚の宣教師たちに譲歩を求めたのは、ラーネッドである。

後年、安部が渡米してこの老師に再会した際、師は半世紀前の安部の成績を取り出して、見せた（住谷悦治『ラーネッド博士伝』、未来社、一九七三年）。村井も似た経験を持つ。ほぼ四十年振りの再会にもかかわらず、自分（教え子）の名前ばかりか、「経済学」の得点まで老師が記憶していることに村井は驚嘆した（『蛙の一生』四三頁）。

さて、退学後の安部であるが、教師として二度、同志社に復帰する。が、いずれも短期に終わった。

一度目は、岡山教会の牧師就任に伴う退職であり、二度目は徴兵猶予の特典取得のために起きた「綱領変更問題」で、横井時雄総長と共に引責辞任した。この時、柏木義円との間で繰り広げた白熱した論争は、関係者の注目を最も強く集めた（『同志社百年史』通史編一、同志社、一九七九年）。

一八九九年三月二十六日、同志社教会は辞職した横井や安部のために送別会を開催した。翌日、安部は東京に発ち、いったん神田区錦町三丁目の狭陽館に仮寓した。次いで五月に牛込区若松町の外山方に移ったことを新聞広告で報じた（『基督教新聞』一八九九年四月七日、五月十二日）。

なお、彼は同志社に辞表を出す前日（三月十日）に、「難局を逃れて東京にでも出て、楽をする」と語った、と言う（同前、同年三月十七日）。とすれば、見通しのないままの出京か。

その二か月後、安部は同級の岸本や先輩の浮田和民の推薦で、東京専門学校（現早稲田大学）に迎えられた。「愈々《いよいよ》東京専門学校の教師として聘せられ、既に登校、教鞭を執《と》り居《お》る由」と報道されたのは六月である（同前、六月二日）。

かくして早稲田の看板教授にして社会主義運動開拓者への途行きが始まる。ただし、それは同時に、同志社時代の正統的な信仰が、ユニテリアンへのそれへと変容して行く途でもあった。

（『日本「キリスト教」総覧』新人物往来社、一九九六年）

（二）「其時代の先生と学生々活」（安部磯雄）

（明治十七年、同志社英学校本科卒業。同志社教授、早稲田大学教授、社会民衆党総裁。昭和二十四年二月十日永眠）

記者は同志社創立の四年後、即ち明治十二年九月に入学したのであるから、其《その》時代の〔新島襄〕先生と学生生活につき少しく述べて見たい。

先生は旅行其他の故障なき限り、殆んど毎日学校に出席した。学校では毎日、始業前三十分を礼拝に費すことになって居たのであるが、礼拝は僅に十分くらいで、他の二十分は教師の修養講話に宛てられて居た。先生は殆んど教場に於《おい》て教授することにはなかったけれども、差支のない限り、朝の礼拝には必ず出席した。

土曜日は体育のために充てられて居たので、学生は思ひ思ひに遠足や其《その》他の運動を試みた。然《しか》し、日曜日は安息日として、精神修養のため費やすことになって居たので、学生は殆んど全部、学校附近の教会に集まり、礼拝や説教に専念したのである。

学生は上記の如《ごと》き場合に於て、屢《しばしば》先生の謦咳《けいがい》に接する機会を得たのみでなく、先生は時として私共の食堂に来り、食を共にする事があった。

或日《あるひ》、私共は兎狩を催ふた事があるが、先生もこれに参加したのであった。

学生が病床に横《よこた》はるような事があれば、先生は親しくこれを訪問した。私が二年生であった時、疔《ちょう》に病んで臥床《がしょう》した際にも、先生は親しく私を慰撫《いぶ》し、且《か》つ見舞として蜜柑《みかん》一包を贈った。

私の親友であった同級生が、京都府立病院で死亡した際にも、先生はそれが早朝であったにも拘《かか》はらず、早速病院を訪問したのみでなく、棺の中に敷く蒲団《ふとん》を新調して、これを私共に届けた。最後に先生は、此《この》学生のため葬式説教をなし、列席者をして感泣せしめた。

多分、明治十三年頃であったと記憶するが、教師と学生との間に意見の衝突を来《きた》し、漸次《ぜんじ》重大化せんとする傾向が見へた。先生は平常の如《ごと》く朝の礼拝に出席し、教師と学生との紛擾《ふんじょう》に言及し、「これは教師の罪でもなく、又諸君の罪でもない。要するにこれは〔校長たる〕私の不徳のいたす所であるから、私自身が校長を懲罰《ちょうばつ》する外はない」と言ふや否や、携へ来《きた》ったステッキを以てビシビシと左手を打ち、ためにステッキは折れて二つとなった。学生の一人〔上原方立《まさたつ》〕は飛びついて其《そ》れを奪ひ取った。この事件〔「自責の杖」事件〕のため紛擾問題も、忽《たちま》ち解決を見るに至った。

先生が身を以て学生を率ひたのであるから、学生は全部、ピュリタン的生活を送ることを理想とした。食事の如《ごと》きも極めて質素で、当時の食費が一ヶ月二円五十銭であったことを見ても、これを知ることが出来る。外国教師の中には、ゴルドンという医学博士も居たので、食物の栄養価値に就《つい》ては、相当の研究が行はれて居たようである。

一年は三学期に分たれ、一学期毎に二円五十銭の月謝を徴収したのであるから、一ヶ月の費用は平均五円位ではなかったかと記憶する。勿論《もちろん》今日に比して、貨幣価値の高かったことは、其主なる原因であったけれども、其当時に於ける学生生活の質素であったことも、其理由の主《おも》なるものとして考へねばなるまい。

学生は一切、袴《はかま》を用ひなかった。況《いわ》んや洋服に於てをやである。学生は靴の代わりに、雪駄《せった》を用ひた。教師も生徒も袴を着けないで、雪駄をジャラジャラ鳴らして教場に出入したものだ。

飲酒喫煙は規則で厳禁されて居たのみでなく、芝居や寄席《よせ》に行くことさへ、学生に不似合の行為と考へられて居た。これは学校当局が取締るというよりも、寧《むし》ろ学生の自治によりて実行されていた、といふのが適当である。

学生生活の情況を説明するためには、勢い寄宿舎生活の原則に遡らなければならぬ。先生の理想とする平民主義は、自治主義を根底とするものであって、これはよく寄宿生活の上に表現されて居た。当時の学生は、殆んど全部が寄宿生であって、通学生は僅《わずか》に数名に過ぎなかった。

寄宿舎は第一寮、第二寮、第三寮、第四寮と呼ばれて居たのであるが、部屋は大体八畳、六畳、三畳の三種に別れて居た。普通八畳には三人、六畳には二人、三畳には一人の寄宿生を収容することになって居た。

寮長は学校が任命することになって居たが、各寮には更に部屋替委員なるものがあった。言ふまでもなく、部屋には優劣の差があるから、毎学期には部屋替を行ふ必要があった。

寮長と委員は協議の上、公平に部屋の分配をなすのである。其の方針は、大体前期に於《おい》て劣等の部屋に居た者を、優等の部屋に転ぜしむることと、新入生を上級生と共に六畳、若《も し》くは八畳の部屋に配置するといふことであった。

此《か く》の如くして、上級生は自ら下級生や新入生の指導者となる訳である。学生は夜の十時に就眠、朝の五時半に起床といふ校則があるので、若《も》し消燈を怠る者があれば、寮長は警告を与へることになっていた。

明治十二年から十七年まで、私は寄宿生活をしたのであるが、其時代に於ける同志社の自治生活は、実に完全に行はれて居た。学校の周囲には極めて粗末なる竹垣を廻《めぐ》らして居たのであるが、門限に遅れて垣を乗り超へたといふ如き事件は、一度も起らなかった。況《いわ》んや親友間に於てすら、恋愛問題を語るが如きことは、大なる恥辱と考へられた。

当時に於ける同志社の寄宿生活は、全く理想的の自治生活、宗教生活、平民生活であったと言ひ得る。或点に於ては、禅宗僧侶の簡易生活に似通ふた点もあったが、決して彼等《かれ ら》の如き消極的な、脱俗的なものではなかった。

今一つ、同志社の平民的生活の方面に於て述べて置《お》きたい。それは校内の雑務を学生に担当せしめたといふことである。

起床及び就寝の時間は勿論、始業の時間を全体の学生に通告しなければならぬ。普通これは小使の任務であるけれども、同志社に於てはこれを学生に担当せしめ、それに対して相当の報酬を与へたのである。寄宿舎、及び教場の掃除は勿論、後には校庭の掃除をも学生になさしむることになった。

学費に乏しい学生は、これによりて勉学の質を得たのであるから、実に一挙両得の名案であったと言はなければならぬ。寄宿生全体は此等《こ れ ら》の苦学生を侮蔑するどころか、常に同情を以て彼等に対した。これも先生の平民主義と自治主義の発露であると言はなければならぬ。

教師の中には、まだ家庭をもたない人があったから、彼等は多く寄宿舎にて生活して居た。彼等は学生と同様に食堂で食事をなし、又学生と種々なる遊技を試みた。教壇に立つ時でさえ、袴を着けなかった位であるから、教師と生徒の区別は、殆ど出来なかった。殊《こと に》著しいことは、上級生にして学課に優秀なる者〔助教〕が下級生を教授したといふことである。

此点から見れば、初代の同志社には、幾分《いく ぶん》漢学塾の面影が遺《の こ》って居たように思はれる。勿論これは例外であって、屡々行はれたといふ訳ではない。私の記憶する所に拠《よ》れば、学生にして下級生を教へる栄誉を担った者は、大西祝《はじめ》君のみであったようだ。

同君が後年、学者〔東京専門学校教授〕として有名であったことは周知の事実であるが、恐らくは同志社が生み出した最大の秀才であったかも知れない。

私は更に、同志社の学校教育に就《つい》ても、其要点を述べることにする。当時の同志社は、自主独立を標榜《ひょうぼう》して居たのであるから、之《これ》が自然に学科教育の上にも表現されて居た。

学生は何《いず》れも独習することを原則とし、教師は単に学生の質問に答へ、これを指導するのみであった。学生は凡《すべ》て教科書（悉《ことごと》く英語）を用ひ、毎日教師から指定された部分を詳読し、翌日教場に於て教師の質問に答へなければならぬ。換言すれば、毎日教師の前に於て試験を受くるといふ仕組である。

一年を三学期に分ち、三ヶ月を以て一学期とする。故《ゆえ》に夏休暇も殆ど三ヶ月の長きに亙《わた》って居た。而《しか》も、毎週土曜日は体育のため、日曜日は精神教育のため費すことになって居たから、学科教育のため費す時日は、比較的少なかったのである。

然し多く休息し、多く勉強するといふことが、如何《いか》に能率増進の秘訣であるかは、私共が初代の同志社教育により体験した所である。毎日の授業時間は僅《わずか》に三時間であって、学課は普通三科目を以て原則として居た。

学課は凡て英語によりて学ぶことになって居たことは、既に述べた通りであるから、最初の一年は、英語を学ぶため全力を傾注することになって居た。二年目からは英語を語学として学ぶのではなく、英語の教科書を用ひて数学、世界地理、地文学などを学ぶのであるから、学校を卒業するまでには可《か》なり自由に英語を読み得るようになった。

要するに、語学として英語を学ぶことは、僅に一ヶ年であって、二年目からは此英語を利器として、普通科目を修了したのである。今、其学科を挙ぐれば、数学（算術、代数、幾何《きか》、三角）、万国地理、地文学、万国史、文明史、物理、化学、生理、経済、天文、地質、英文学史であった。

此等の学科を修むるためには、多く英語の教科書を用ひたのであるが、政治と経済には恰好《かっこう》の教科書がなかったので、ラーネッド先生は自ら口授して、学生にこれを筆記せしめた。

毎日の授業は、僅に三時間であって、午前中に行はれたのであるから、午後と夜分は全く自習のため費すことが出来た。前に述べた如く、学生は毎日教場に於て其自習したことを試験されるのであり、其成績は学期試験にも影響を及ぼすのであるから、何人も緊張せざるを得なかった。

毎夜、各寮の窓からは一々ランプの光が射て居る。然し、寂《じゃく》として人の声は聞へなかった。これが同志社に於ける自習時間の光景であった。

私が〔新島〕先生の謦咳に接したのは前後十二年であって、決して長いとは言へないが、然も先生の人格的薫陶を受けるには充分であったと信ずる。今日も尚、先生の人格が髣髴《ほうふつ》として私の記憶に存在してゐる。若《も》し幾分でも、これを画《えが》き出すことが出来るならば、それは単に私の幸のみではあるまい。

先生は実に堂々たる風采の持主であった。身長も普通以上であったが、容貌は威《い》あって猛《たけ》からずといふ一言を以て形容することが出来る。

同志社には大臣級の高官が屡々《しばしば》来訪したのであるが、彼等を講堂の演壇に紹介する先生は、其堂々たる風采に於て遥かに優って居た。これは同志社の学生が、等しく誇りとして居た所であると信ずる。

先生は如何《いか》なる場合にも、洋服を着用して居たのであるが、特別の場合の外は、家庭に於ても左様《さよう》であったと記憶する。先生は多く黒色の衣服を用ひ、頭髪を綺麗《きれい》に梳《くしけず》り、少しでも取り乱すといふことはなかった。眼光爛々《がんこうらんらん》、人を射るといふ反面には、何人をも吸引せねば止《や》まぬといふ愛嬌《あいきょう》が溢《あふ》れて居た。

先生が〔アメリカ留学を終え、〕将《まさ》に日本に帰らんとした時、或人はアーモスト大〔教授、後に〕学長、シーリー氏に、先生在学中の成績につき質問したことがあったが、校長は簡単に「純金に鍍金《めっき》する必要はないではないか」と返答したとのことである。これは確《たしか》に事実であったと言へやう。

然し私は、先生のことを思へば思ふ程、先生の人格が、武士道の精神に基督教の磨きをかけたものではないか、といふことを痛切に考へさせられる。先生は日本の武士として教育を受けた。函館を去って渡米の途に就く時にも、日本刀を携《たづさ》ふることを忘れなかった。

船中にて先生に侮辱を加へた者〔アメリカ人船員〕があった時、先生は部屋に帰って刀を取り出さんとしたこともあった。然し武士的精神は、基督教教育によりて漸次《ぜんじ》緩和され、先生は典型的なゼンツルマンとなったのである。威あって猛《たけ》からずといふことは、実に武士とゼンツルマンの調和にほかならない。

先生は一日、学生に対して次のような訓話をしたことがある。滞米中、先生は或時、ボストンの市街を散歩して居たのであるが、一婦人が将《まさ》に街路を横切らんとした時、疾走し来れる馬車はアワヤ此婦人に衝突せんとした。其附近に居た男子は、逸早《いちはや》く婦人を扶《たす》けたので、幸に事なきを得た。

やがて其婦人の夫と思はれる人は、駆けつけて其男子の手を握り、「ユー・アール・ゼンツルマン」と言って感謝した。紳士といふことは立派な服を着け、大層高楼《こうろう》に住んで居る人を意味するやうに考へて居る人があるかも知れないが、ゼンツルマンの意義は、全く人の為《ため》に奉仕するといふことを意味する。

これは約五十四年前、私が聴いた訓話であるが、先生の生涯を明《あきらか》にこれを実現したのである。先生の生涯は、全く平民主義で一貫して居るといふても過言ではあるまい。若し先生に最も嫌いのものがあったとすれば、それは貴族主義と官僚主義であった。先生は如何《いか》なる人を呼ぶにも何々さんと言ふて、何々君とは言はなかった。

これは単に学生に対するばかりでなく、車夫や学校の小使に対しても同様であった。先生の平等主義は、頗る極端であって、或時の如きは「今後自分を先生と呼ばずに、単に新島さんと呼んで下さい」と懇願されたけれども、これだけは学生が承知しなかった。学生の全部は、米国教師や其他の教師を蔭《かげ》では何々さんと呼んで居たけれども、先生だけは面前たると否《いな》とは問はず、凡《すべ》ての学生が先生と呼んで居た。

明治廿二年の春、先生の母校たるアーモスト大学は、先生にLL.D. と称する最高の学位〔名誉法学博士〕を贈ったのであるが、先生は全く当惑して、某《ぼう》宣教師に其苦衷《くちゅう》を訴え「予は之《これ》を如何にすべき」と質問したそうだ。〔日頃から「無位無冠《むいむかん》」を信条とする〕先生は、度々《たびたび》官位を固辞した位であるから、此学位の贈与に対して、困却したのは無理もない。

其頃、先生の健康は既に頽勢《たいせい》を辿って居たので、充分なる活動をなすことも出来なくなって居た。これも学位を受くることを躊躇《ちゅうちょ》した原因の一つであったかも知れないが、其主《おも》なる原因が無位無冠で一生を貫きたいといふ先生の平民主義にあったことは、何等の疑もない。

先生は某近親に次の如き戯言《ざれごと》を吐《は》いたということである。「LL.D. の学位は、私のような Lame Lazy Dog（跂《むつゆび》〔足が不自由〕で無精《ぶしょう》な犬）には似合って居るかも知れない」。先生の眼中に官位や学位がなかったことは、私共が断言して憚らない所である。

前に述べた如く、先生は明治十七年、再度の欧米漫遊を試みたのであるが、先生が各地から学校に送った手紙は、必ず朝の礼拝に於て学生の前で朗読された。其中には、私が今日まで尚記憶して居る一つの話がある。

先生がローマに到着するや、何人かの紹介にて羅馬《ローマ》法王に面会せんことを計画した。然るに法王に謁見《えっけん》する者は、先《ま》づ法王の前に跪《ひざまず》き、其手に接吻しなければならぬといふことを聞き、先生は断然、其希望を撤回した。「何となれば、私の膝は法王の前に曲ぐるには、余りに固いからである」と其手紙に書いてあった。此《この》一句に、先生の真面目が躍如《やくじょ》として現れて居る。

明治廿一年春、組合教会と一致教会の〔教派〕合同問題が起った。同じ基督教新派（プロテスタント）の中にも組合、一致、監督、メソヂスト等の分派があることは、人々の知れる所であるが、一致、組合両派の合同は、当時基督教会の一大問題であった。同志社第一期神学部の卒業生〔熊本バンド中のバイブル・クラス〕は勿論、宣教師の中にもこれに賛成するものが少なくなかった。

然し、先生は敢然としてこれに反対した。勿論、基督教の信仰其ものから言えば、別段両派の間に著しき相違のあるべき筈はなく、且《か》つ博愛を標榜《ひょうぼう》する宗教の立場から見て、合同を反対すべき何等の理由がなかったにも拘《かか》わらず、先生が独り反対を唱へたのには、次の如き理由があった。

其れは、同志社の属する組合派（コングリゲーショナル）が民主的（デモクラティック）であるのに反し、一致派（プレスビテリアン）が階級的（アリストクラティック）であるといふにあった。第一回、及第二、第三回の卒業者は、多く合同論者であったから、先生は殆んど孤軍無援の状態に陥った。

然し先生は、反対論者と正面衝突をなすことは能《あた》ふ限り回避した。何となれば、教会問題のため同志社を犠牲に供することは、出来なかったからである。

先生は古き卒業生の頼むに足らざるを知り、比較的新しき卒業生である私共の同期生には、或は面談により、或は書面により、自由主義のために大に奮闘すべきことを要求した。これも先生が、如何に平民主義に忠実であったかを証明する事実である。

先生は常に学生に接近することに努めて居た。明治十五、六年の頃には、学生数も僅に百数十名に過ぎなかったのであるから、先生は一々学生の姓名と其顔を記憶して居た。

前に記した如く、学生は毎朝礼拝の時、先生の温容に接することが出来たのであるが、学科配当の都合によりては、教壇に於て先生の授業を受くることもあった。私共の級は三年級の時、先生の下に万国史を学んだことがある。

私共は単に学校内で先生に接する機会を得たのみでなく、屡々先生の宅に招かれて愉快なる一夜を過すことが出来た。明治二十年四月、私が同志社教師の職を辞して岡山に赴任した時にも、先生は私を自宅に招いて晩餐を供にした。

然しこれは、決して先生のみに限らなかった。同志社には私共の入学時代から、先生の人気を集めた一人の小使が居た。名は松本五平といふて、実に愛嬌のある一寸法師《いっすんぼうし》であった。彼は何事かを要求するため、先生の宅を訪問したのであるが、先生は彼を応接間に案内して、其要求を傾聴したそうだ。これが先生の所謂《いわゆる》平民主義であった。

明治十六年の春、同志社にはリヴァイヴァル〔信仰復興〕と称する宗教運動が起った。これは外国に於て、敢《あえ》て珍らしきことではないけれども、我国に於ては最初の経験であり、且《か》つ稀有のことであった。運動の起源は、比較的年少者である三年生であったが、恰《あたか》も燎原《りょうげん》の火の如く、忽《たちまち》にして全校に拡がった。

学生は学期試験を控へて居たに拘わらず、熱狂の余り、各地の教会を巡回して此霊火を点ぜんとする意気込みであった。然し先生は、静かに学生の情熱を抑へ、先づ学期試験を終り、試験後の休暇を利用して宗教宣伝に出かくることが、学生の取るべき途であることを説いたので、学生も快く先生の意見に従ふことになった。

然し私の同級生から、不幸にして一人の犠牲者を出したことは、実に千秋《せんしゅう》の恨事《こんじ》であった。同級生中の年長者たるKは、異常の刺戟を受けたため遂に狂人となった。

先生は、先生の宅に於て静養せしむべきことを命じたのであるから、私共は先生の宅の二階に在る一室にKを伴い、同級生の村井〔知至《ともよし》〕と私が其看護の任に当った。

此間に於ける先生と夫人〔八重〕の心尽しに対しては、全く感謝の辞がない。Kの病気は、二、三週を経ても回復の見込みが立たないので、遂に東山の府立病院に入院せしめたのであるが、其当時のことを追想する毎に、私は先生の博愛心に感泣せざるを得ない。

（安部磯雄『青年と理想』、岡倉書房、一九三六年。『新島先生記念集』再録）

(三)「新島襄先生」(安部磯雄)

世には知情意の釣合よく発達して居る人もありますが、亦其《またその》中の一方に偏して居る人も少なくありません。私の見たる新島襄先生は、決して一方に偏して居《お》らるゝ様には見えなかったのですが、強《し》いて何《いず》れの方面に最も多く発達せられて居たかと言えば、温かき優美なる感情ではなかったかと思います。

先生の如《ごと》き涙脆《もろ》き人を私は嘗《かつ》て見たことがありません。先生は説教するにも、演説するにも、非常に熱誠でありましたから、屡々《しばしば》感極まって泣かれたのであります。時には歔欷流涕《きょきりゅうてい》、殆ど語を発することが出来ぬ程でありました。

学生などが死んだ時には、大概《たいがい》先生が追悼の説教をせられたのですが、私は何時も泣かされたのです。学生中には「先生が今日も亦泣いたよ」などいう者もあった位ですが、さりとて先生は、感情一方のお方ではなかったのです。

先生の意志が如何に堅固であったかは、其伝記を読めば明かに分かります。亦、学識に富んで居られたから、決して常識に外《は》づるゝ様な言行はありませんでした。然《しか》し先生の熱情ということは、先生の人格に特殊の光彩を添えて居た様に思われます。

熱情といえば少し意味が廣漠《こうばく》に過ぎるかも知れません。世には学問に対し、事業に対し、国家に対して熱烈なる感情を抱いて居る人がありますが、先生の熱情は、専ら同胞人類に対して注がれたのであります。故《ゆえ》に愛情という語を用いた方が、適当であるかも知れません。

先生が、生前は勿論《もちろん》、死後に於《お》いても尚多くの人々に善き感化を与えらるゝのは、全く此愛情に因《よ》ると申さねばなりませぬ。人を最も多く動かすものは、知力でなくて感情であります。古来最も多く人類を感化したる偉人が、熱烈なる感情を有して居たことは、殆ど疑うことが出来ない様です。

先生は慥《たしか》に慷慨悲歌《こうがいひか》の士であったに相違ない。十数年、米国の基督教的文明に接触せられたため、其《その》人格は一変して所謂《いわゆる》英米の紳士風になられたのであるけれども、尚東洋的豪傑の風は充分にほの見えて居たのであります。換言すれば、先生は慥《たし》かに革命時代に於ける偉人物の面影を有して居られた。

私が先生の事を追懐する毎に先《ま》づ其心に浮ぶのは、先生の涙を含める眼と、少しく顫《ふる》える語であります。今日に於て、先生の如き熱誠を以て演説する人は、一人もありません。これを思う毎に、私は先生の事を一層なつかしく思うのです。

(『中央公論』一九〇七年一一月)

(四)「安部磯雄　履歴書」(自筆)

明治十二年九月　京都同志社に入学し、同十七年六月卒業

明治十九年一月より同廿年四月まで　京都同志社に在《あ》りて助教の任に当る

明治廿年四月より同廿四年七月まで　備前岡山〔岡山教会〕に

在り、基督教布教の傍ら、私立岡山英語学校に於て教授す

明治廿四年九月　北米合衆国コン子《ネ》クチカット州ハートホード神学校に入学し、神学、哲学、社会学等を修め、同廿七年五月卒業

明治廿七年六月　米国を出発し、蘇国《そこく》〔スコットランド〕及び英国を歴遊し、同年八月、独逸の首都ベルリンに達す。同年九月より明治廿八年一月まで、ベルリン大学に於て神学、社会学、経済学を修む

明治廿八年二月　帰朝

同年九月より同三十年七月まで　私立関西《かんぜい》中学校（在岡山）の教師となる

明治三十年九月より同三十二年四月まで　京都同志社に在り、尋常中学部の教頭を勤む

明治三十二年五月より東京専門学校講師嘱任〔この条、別筆——佐藤〕

福岡県筑紫《ちくし》郡住吉村大字《おおあざ》春吉八百二拾七番地平民　安部磯雄
印　　慶應元年二月四日生

（峰島旭雄《ひでお》編『安部磯雄の研究』早稲田大学社会科学研究所、一九九〇年。原文は漢字カタカナ文）

四、岸本能武太

（一）〔「キリスト教、ならびに恩師について」〕（岸本能《の》武《ぶ》太《た》）

基督教信者になる迄の困難

　私は殆ど偶然の如《ごと》くして同志社に行ったので、自分が工部大学〔帝国大学〕に這入《はい》らうと思って居《お》った目的から云へば、今日では御門《おかど》違ひの生涯を送って居る訳であって、時には自分の専門を危〔誤〕まったのではあるまいかと思ふ様な事が、無いでも無いが、それだからと云ふて、余の過去の歴史を遣《や》り直したいとは思って居ない。

　間違があったり、やり損《そこ》ないをしたりしたにしても、自分の生涯を遣《や》り直したいとは思って居ない。自分としては、出来るだけ良い満足な道を歩るいて来たと信ずる。

　同志社は私の為《ため》に建てられて、私の為に教育をして呉《く》れ、又基督教を伝へて呉れたのである。それだけでも、同志社の存在の理由は充分であると、自惚《うぬぼれ》らしく聞えるかも知れぬが、自身は密かにさう思って居るのである。〔中略〕

　私は同志社に行く事になったが、始めは、基督教は何となく厭《きら》ひで、又、日曜日を守ったり、祈祷をしたりするのが、窮屈で馬鹿らしく、こんな学校には居《お》りたく無いと思ふた事もあった。

　漸々《ぜんぜん》と学校の空気に慣れ、又、基督教の悪るいもので無い事が判ったので、続けて学校に止《とど》まって居った。〔中略〕

　翌年〔一八八二年〕二月に、〔安部磯雄を始め〕十四人ばかりの人々と一緒に、新島先生から洗礼を受けて、遂《つい》に基督教信者になった。

　其《そ》の決心が出来る迄には種々の困難があったが、是等《これら》を大別すると、一方は基督教義に判らぬ事が多かったと云ふ事と、又一つには、当時基督教になる事は、何時《いつ》、何処《どこ》から迫害を受けて命を取られるかも知れぬ、と云ふ心配を子供心に感じたので、基督教を信ずる為めに死んでもよい、と云ふ決心が出来なかったのが、主の原因の一つである。〔中略〕

山崎先生

私共の級が、普通科で世話になった日本の教師は、山崎〔為《ため》徳《のり》〕、森田〔久萬人《くまと》〕、市原〔盛宏〕、下村〔孝太郎〕の四人であるが、其中で最も短かったのは山崎先生であったが、自分の心持ちでは、其短い山崎先生の授業から、最も強い印象を得て居る様に思ふ。

短かったからさう思ふのかも知れ無いが、考へれば考へる程、自分は山崎先生の感化を受けて、此《この》人の様の人になりたいと思ふた一念が、三つ児《ご》の魂百迄〔も〕と云ふ様な理由で、今日迄、明々と私の心の中に残って居る。〔中略〕

市原先生と新島先生

市原先生は常にニコニコとして、笑顔の良い快活な人であった。丈《たけ》は小さかったが随分よく肥えて、健康らしく血色のよい人であった。目は極めて細い眼であったが、良く見へると云ふので、自慢であった。

或時、そんな話のあった時に、僕には嵐山の桜の花の中に蜜を獲って居る蟻が見えるが、君等《きみら》には見えまいと言はれた事がある。鼻は全体には高い方では無かったが、低いなりに鼻筋が通って居た。私は市原先生の様な人が、総《す》べて全身是《これ》魂と云ふ人であらうと思ふた。

頭が明晰《めいせき》であり、又教へる事も上手であって、スゥイントンの万国史を習って居る際に、何か差支へて暫時《ざんじ》、新島先生が代りをせられた事があったが、種々質問をして見ても、明白な満足な答を得ないで、新島先生よりも市原先生の方が偉い、新島先生に問ふても駄目だから、いまに市原先生の来校を待って問はうと思った事がある位である。

此《この》経験は市原先生の人望を増したので、幸な様であるが、其後は新島先生に対して自然に信用の幾分を減じて、今日迄そんな感じの続いて居るのは、甚《はなは》だ不幸な事と思ふが、是《これ》も事実であるから仕かたが無い。

要するに、新島先生は頭脳明晰《めいせき》と云ふ方の人ではなかったと、私は今も信じて居る。

（『創設期の同志社』）

（二）「岸本能武太」（早稲田大学）

一八六六年二月一日、岡山生まれ。八〇年に同志社英学校正課に入学。八七年に英語神学科を卒業した。九〇年、ハーバード大学に入学し、宗教哲学と比較宗教を専攻した。

一八九四年、帰国後、東京専門学校に招聘され、比較宗教学や英語等を担当した。英語学部主任として、優秀な人材を育成した。

岸本の薫陶を受けた正宗白鳥は、「岸本氏は我々のために熱心に英語研究の道を開いて呉れた。私は小学校卒業以来、早稲田の文科を卒業するまでに、学校に於ける教師としては岸本氏ほど生徒の為を計って忠実であった人を、他には知らなかったのである」と回想している。

一九二七年七月以来、数回、脳溢血にかかったが、「教師として学校に行くのは、武士として職場〔戦場〕に赴くに均《ひと》しく、自分は授業中に掛る事あるも、元より本望である」と語り、家族の止めるのも聞かず、教壇に立った。

翌二十八年十一月十六日、家族、親戚、友人、教え子らに見守られ、生前愛唱した賛美歌の斉唱される中で、静かに息を引き取った。

（『新島襄の弟子たち　早稲田と同志社展』目録、八頁）

（三）「岸本能武太」（日本女子大学）

岡山藩士の家に生まれる。一八八〇年、同志社英学校普通科に入学。新島襄より洗礼を受ける。神学科に進学して卒業。九〇年、アメリカのハーバード大学神学部に入学。ユニテリアンとなる。続いて大学院に進む。

九四年、帰国し東京専門学校などで比較宗教学を講ずる。一八九六年、姉崎正治《まさはる》と共に比較宗教学会を設立、『六合《りくごう》雑誌』の編集委員・主筆となる。

一八九八年、社会主義研究会の結成にもかかわる。一八九九年、高等師範学校〔現筑波大学の前身校〕教授。一九〇二年、早稲田大学教授となる。日本ユニテリアン弘道会の副会長を長年にわたって務める。

一九〇八年頃よりは、もっぱら英語学者として活躍。本校〔日本女子大学〕にも一九〇七年よりその没年まで出講し、英語、英文法を実生活に結びつけて講義し、好評であった。著作も多い。

〈参考〉「故岸本能武太教授を偲ぶ」（『早稲田学報』四〇六、一九二八年）。茂義樹「六合雑誌における岸本能武太」（同志社大学人文科学研究所編『「六合雑誌」の研究』教文館、一九八四年）

（『日本女子大学学園事典』）

五、大西祝

（一）「大西博士の逝去」（原田助《たすく》、葬儀にて朗読）

　京都文科大学〔現京都大学〕経営の大任務を負へる文学博士、大西祝《はじめ》氏は、かねて神経衰弱症に悩み、静養し居《お》られたるが、不幸遂《つい》に起《た》たず、去月二日を以《もっ》て逝去せられたり。真に惜しむべきの至りなり。

　博士は哲学会創立の際より、本会の為に盡《つく》されたる所ろ、鮮《せん》少《しょう》ならず。嘗《かつ》て本誌〔『哲学雑誌』〕改良の際にも、ソクラテス已前《いぜん》の希臘《ギリシャ》哲学をものして、本誌に連載し、平易流暢《りゅうちょう》の筆もて初学者にも了解し易《やす》からしめたるは、殆《ほとん》と本邦に於《お》ける哲学的文学に一時期を造りたりと謂《い》ふも、過言に非《あら》さるべし。

　其他《そのほか》、博士が我学界に及《およぼ》せる影響は、世人の普《あま》ねく認むる所。亦、吾人《ごじん》の贅言《ぜいげん》を要せざるなり。哲学会にても博士の訃音に接するや、直ちに吊電を発し、後亦、会長より吊辞を送りて哀悼の意を表せり。

　今、左に葬儀の際、原田助《たすく》氏〔同志社における後輩〕が朗読せられたる略歴を挙く。

　君、本姓は木全《きまた》氏。元治元年八月七日、備前国岡山市西田町の邸に生る。十五歳にして、出でて叔父、大西定道氏の養嗣《ようし》となりて、其姓を冒す。父の名は木全正修氏。元備前侯の藩士たり。母かよ子は大西氏の出、即《すなわち》祝君の相続せられし家なり。厳君《げんくん》は、当年七十九歳。慈母は六十三歳。共に健全にして東京に在り。君に二兄あり。長兄は陸軍中佐、木全多見氏にして、目下砲工学校の教官たり。仲兄、岩田善明氏は海軍造船大監、呉鎮守府造船課長の任に在り。

　君は幼少の頃より天性温順にして、父母に孝、兄に悌《てい》。嘗て両親に苦労を掛けられしことなし。母君、常に人に語って曰《いわ》く。祝は従順にして、能《よ》く父母の命に従ひ、又健康にして大病に罹《かか》りしことなく、誠に育て易《やす》き良児なりきと。

　君が幼少より他の児童と異なる所ありし事は、君を知れる老人達の異口同音に語る所なり。君は衆童と共に騒々しき遊戯をなすを好まず。寧《むし》ろ独り静かに書を繙《ひもと》くを喜べり。君は少時より既に大人の風あり。而《しか》して成人の後、その無邪気なる、猶幼時の如きものありき。

六歳の頃より十四歳に至る迄、郷里の小学校にありて学ぶ。其《その》成績、常に優等、斬然《ざんぜん》同輩に超えたり。

明治十年九月、即十四歳にして京都に上り、同志社英学校に入学し、同十四年の夏、普通科を卒へ、十七年、更に其神学科を修了せらる。

君、同志社に在ること前後八年。十余名の同級中、君の耳《み》、齢は若年者の第三位に在りしと雖《いえど》も、学問の點に於て始終、全級の首座を占め、故新島総長を始めとして全校の職員、生徒皆、君の前途に望をはせざるものはなかりき。

在学中、君に最深最大の感化を與《あた》へし人は、故山崎為徳《ためのり》氏なりき。山崎氏は陸前水澤の人。元東京大学（その頃は開成学校と云へりき）に学ばれしが、遙かに同志社の学風を慕ひ、〔同じ熊本バンドの〕横井時雄氏と共に茲《ここ》〔同志社〕に来らる。

山崎氏は実に有数の人材なりしに、去る明治十四年、二十七〔二十四〕歳を一期《いちご》として逝きぬ。祝君の此人に私淑するや、極めて深く、殊《こと》に同氏の永眠後は、私《ひそ》かに「第二の山崎」を以て自任せられたる程なりき。

君は何《いず》れの学科に於ても、人後に落ちし事なかりしと雖も、就中《なかんづく》愛好せられ、又、長せられしは数学、論理学、文学等なりき。君夙《つと》に故新島先生の推薦によりて、数学科の教授を受持たれたり。

後、哲学を以て自己の専門を定められたれども、若《も》し仮に君をして文学、若しくは他の学科を選ばしむるとも、君の能く成功したらん事、疑ふ可《べ》からず。

同志社に業を了《お》へられる年の秋、君初めて東京に上り、受験の準備に数月を費し、翌明治十八年一月、優良なる試験成績を以て、大学予備門の最上級に入学を許さる。当時、他校より来りて、直ちに此の如き高級に入りしは、君を以て破天荒となすと云ふ。

君、予備門に留まる事、僅に半年にして、十八年九月、大学文科に移る。同年十月十二日、褒賞《ほうしょう》給費を附与せらる。

入学後、未だ四旬を経《へ》ずして此特典に与《あず》かる君か、学力の進歩、赫著《かくちょ》なる者、有しに由《よ》らずんば有らず。十九年、文科大学特待生を命ぜられしより、同二十二年の卒業期に至る迄、君は此の栄誉ある待遇を蒙れり。

而《しかし》て其卒業式に於ては、卒業生総代として答辞を述ぶる任に当たりし者も、亦君なりき。

二十二年七月、文科大学哲学科を卒業すると同時に、大学院に入学を許可せられ、夫《そ》れより三ヶ月の後、更に文科大学研究生を命せられ、給費を附与せらる。

二十四年の秋、東京専門学校〔現早稲田大学〕文学科講師に聘せられ、爾来《じらい》八年間、同校に在りて哲学、心理学、倫理、論理学、美学等に関する講義を担当せらる。

二十六年七月に文化研究科を卒《お》え、翌年七月に大学院を卒えられし後は〔東京〕専門学校の教授の外《ほか》に、先進学院の教頭を兼ねられ、尚ほ其上に『六合雑誌《りくごう》』の編輯《へんしゅう》を負擔せられし事あり。

当時、君の励精《れいせい》勤勉、実に驚く可《べ》き者、有き。早稲田専門学校の文化生が、君の講義に感佩《かんぱい》し、其為人を敬慕せし事は、嘗て君に親炙《しんしゃ》せし者、能く記憶する所なり。

顧《おも》ふに大西君の性質は、既に其の家庭の温室に於て其発展の蕾《つぼみ》を開き、其知能、品性は、同志社に於ける八ヶ年の学校生活に於て漸く其基礎を置き、其学殖と知力とは、大学に入られし後の数年間に於て、長足の進歩を為しが如し。

二十四年、早稲田専門学校の講師となられし以後、三十一年の二月、独逸留学の途に上らるる迄の八ヶ年間は、蓋《けだ》し君が三十七年の短かき生涯中、最も多忙多事の時期なりしなり。

君は六才の時より二十八才の時に至る迄、二十二ヶ年間に修身蘊蓄《うんちく》したる一班を世に示しつつ、将《まさ》に是《これ》より大に其技術を顕はさんとせし間際に、世を去れり。君の遺憾、吾人の哀惜、将《はたま》た我邦学界の失望、実に言語の能く及ぶ所にあらず。

君が旭《あさひ》の海波に映するが如き輝ける希望を抱きつつ、少数の家族、親戚、朋友と三年後、再会の日を契《ちぎ》りつつ、勇ましく横浜を解纜《かいらん》したるは、一昨年二月十八日なりき。

君が前途の生涯を予言すらん悠渺《ゆうびょう》として水底深き印度洋を打ち渉《わた》りて、仏蘭西マルセーユ港に到着されしは、三月の晦《つごもり》にして、夫より直ちに独逸に入り、首府ベルリンに逗留せること両三日。後イエナに赴きて、始て征衣《せいい》の塵を拂はれぬ。

イエナ大学に在ること三ヶ月の後、即三十一年八月、ライプチヒに移らる。

是より先き明治二十二年、文科大学寄宿舎一たび火を失し、君の同窓生にして惨死の最後を遂げし者あり。君は時に二階の窓より飛下りて、甚《いた》く身体を激打せしかば、是より健康前の如くならず。且《か》つ多年、克苦勤勉の結果、重病に罹《かか》りしこと、一再のみならず。

渡欧の翌年三月、不圖《はからず》インフルエンザに冒《おか》されしが、病余の健康、兎角《とかく》勝《すぐ》れず、或る友人の勧めによりて保養旁々《かたがた》、墺太利《オーストリア》、匈牙利《ハンガリー》等を漫遊して、独逸に帰られしが、其結果却《かえっ》て良からず。

三十二年七月、京都帝国大学は君に嘱託するに独逸に於る文科大学の学課、及び其組織の取調を以てせり。之れ、或は君が将来、京都帝国大学に増設せらる可《べ》き文科大学長に任命せらる可き前提には非《あ》らざるか。

好運は君を迎へぬ。而《しか》も病魔の無情を如何にせん。二、三の名醫に診察せしめしに、何れも帰朝を促しける程に、君も本意なく其事に決心し、同年七月下旬、独逸を発し、和蘭《オランダ》国アントウエルブ港より乗船して、九月二十四日、無事神戸に帰着せられたり。出迎せられし夫人、及び友人等は、案外に君が病状の軽快なるを見て、安堵《あんど》されたりき。

神戸一、二泊の後、夫人同道にて東京赤坂なる寓居《ぐうきょ》に入られ、其後ち、病状追々良かりしが、猶一層、懇《ねんご》ろに保護せんが為め、鎌倉に移られしは、同年十二月上旬なり。

鎌倉逗留中、少しの故障は有しも、左《さ》したる悪しき徴候とては、なかりき。自分も健康の恢復に稍《やや》安堵せられしにや。独り飄然《ひょうぜん》として京都に来られしは、本年三月上旬なりき。木下〔廣次《ひろじ》〕総長〔京都帝国大学〕始め、其他の友人等は、皆君が入洛を歓び、全快の一日も早からん事を願へり。

同月、京都帝国大学は君に嘱《しょく》するに、理工科学の為に教育学に関する課外講義を開く事を以てせり。然れども君の病勢、益々悪しかりし為に、一回も其講義に臨まれしことなかりき。

神経衰弱症は音響を避け、睡眠を安からしむるを第一要とす。然るに入洛後、君が寓所の都合よろしからず。屢々《しばしば》其下宿を替へられしが、後には交《かわ》る交《がわ》る友人の家に住はれたり。

五月、君の家族の東京より〔京都に〕来られ、居を下鴨に卜《ぼく》されし後は、晩春の気候悪かりし為にや、病勢俄《にわか》に募《つの》りて、医術、薬石の力に頼むも、猶ほ殆んど睡眠を缺《か》きし夜もありし程なりき。三、四週間許《ばか》り、病院に入られしが、夫《それ》さへ物の障ありて思はしからず。

六月半頃《なかば》、終《つい》に友人村田〔勤《つとむ》〕氏の座敷に移られき。夫《それ》より神経、稍《やや》鎮静に赴きて、烈暑《れつしょ》の候にさへも、格別に障なくて過しぬ。八月下旬、自宅に皈《かえ》られし後も、漸次良き方にのみ向ひしが、京都の冬の凌難《しのぎがた》き事を慮《おもんぱか》りて、郷里岡山に転地せらるる事に決し、医師島村氏も其旅行の害なかる可きを確められければ、去る十月二十六日午前十時、七條〔京都駅〕発の汽車に乗りて、夫人及び看護婦同伴、帰省の途に上られたり。

此日天気いと穏やかに、夫人と共に車窓より旧知の山川を眺つつ、須磨舞子《すまいこ》あたりの美はしき海浜の景色を賞しつつ、夕陽西に沈む比《ころ》に岡山に着せられしといふ。

来年の春は、身体すこやかに病をのみ操山《みさおやま》の辺《あたり》に残して、京都に登らんと朋友も望み、親戚の方にも予期され、又た自分も私《ひそ》かに楽《たのし》まれし。此度《このたび》の帰省が、生れし国に最後の呼吸を引かんが為ならんとは、神より外《ほか》に知るものなかりき。

叔母きぬ子が卜《ぼく》し置かれし寓所も、能く君の心に叶《かな》ひ、夜間の眠りも安らかに、一夕の如きは珍しく薬を用ひずして眠られし程なりしに、三十一日夜半《やはん》、俄に劇《はげ》しき腹痛を生じ、直に医師三町氏の診察を乞ひ、尚、菅医学士にも来診を乞はれしに、病症は急性腹膜炎にて、頗る危篤とのことなれば、夫人及びきぬ子は、驚きの中に親戚、並に重《おも》なる朋友へ電報を発せられしが、ことの余りに急卒なりしと、居所遠隔の為め、唯一人も君の生前に到着し得たるは、無かりき。

噫《ああ》、我等の敬愛する文学博士、大西祝君は本年本月二日午前八時三十分、三十七歳を一期《いちご》として瞑《めい》せられぬ。

君、死に至るまで精神確実、意識透明なりき。夫人の遺言を求めらるるや、君泰然《たいぜん》、謂《いい》て曰《いわ》く。何《いず》れ人は、一度死すべきものなれば、我れ此期《このご》に及んで、何人の恨む所なし。唯、天の我れに今、数年を藉《か》して、我為し遂《と》ぐべき使命を遂げしめざりしを遺憾とす。

幸に我、記録せし原稿の筐底《きょうてい》に在るあり。願くば友人等に嘱して、之を世に公にせよと。夫人更に一家の後事を問はれければ、君はそは何事もおんみに一任すべし。又此種の鎖事を尋ねることも勿《なか》れと、溘然《こうぜん》として逝く。

君明治二十六年、麻布英和女学校卒業生、松井幾子を娶《めと》り、一男二女を挙ぐ。長女みつ子六歳、二男定彦は四歳、二女やす子は二歳。東京に在りしみつ子、定彦の両児が、父の急を聞いて岡山に馳せ付けし時は、既に亡かりき。嗚呼《ああ》断腸の感なきを得んや。

君、温良恭謙、寡言堅忍、既に衆に過ぎたるの天才を有しながら、又更に常人の企て及ぶ可《べか》らざる勉勵忍耐を有せり。然《し》かも君や、世に所謂才子風なるものを喜ばざりき。況や世に阿《おも》ねり、輿《よ》論《ろん》に媚《こ》び、博識を誇らんとするが如きは、君の最も悪《にく》みし所なり。

大学院を卒《お》へしとき、長編の論文を草せられしが、我が意に満たざる所あればとて、遂に提出せずして止みしが、本年五月、博士会の決議に依《よ》りて、文部大臣は君に授与するに文学博士の学位を以てせられき。

君、煩雑無益なる時間を浪費することを好まず。夫人愛児を伴ふて遊山に出たることさえ、最と稀なりき。少時より英語に熟達し、次で独逸語に通じ、又羅典《ラテン》語、佛蘭《フランス》語にも通ぜり。近年は又、伊太利語を学び始めしが、学問の外に何等の娯楽をも有せざりしものの如し。

性、淡泊寡慾、其生活は最規則正しく、世俗の交際を避け、一家の私事を顧みざる等、あらゆる点に於て、君は学者らしき学者、真個の学者の模範なりき。

故外山〔正一〕博士、君が〔帝国〕大学在学の頃より大に君を推重せり。君が留学は、同氏斡旋の力多きに居ると云ふ。其独逸留学の送別会を大学内に催せし時、外山博士懇切なる別辞を述べ、之れにて予も始めて本望を達したとの語に至りて、想わず双眸《そうぼう》に涙を濕《うる》ほされしと云へり。

木下〔広次京都帝大〕総長、君の訃《ふ》を聞くや、先着の森書記官に打電して曰く、大西氏遂に逝く。落胆々々文学〔科〕の事、之れより一頓挫《いちとんざ》と。君が本邦の学者間に重ぜられしこと、推して知べきなり。嗚呼　哀《かなしい》　哉《かな》。

（『哲学雑誌』一五の一六六、一九〇〇年一二月）

（二）「大西祝君を憶う」（松波仁《じん》一郎）

〔大学予備門を受験〕

私が明治十九年六月末、同志社を卒業し、七月始め大学に入学する積もりで東京へ行きまして、其時には大学予備門であったから、夫《そ》れに入学願書を出した。最下級は四級だから、志願者は皆、四級を志願する。其《その》時の数は二千百人程であったが、私は一足飛びの二級を志願した。之《これ》には故《ゆえ》ありです。

私共の先輩卒業生中に、大西祝《はじめ》というお方が居られた。大西君は、同志社英学校を卒業して、更に其上の神学科を三年やって、夫《そ》れをも卒業されたが、世上稀に見る秀才で、恐らく同志社で空前絶後――絶後と云ふ文字は使へないが、先《ま》ず同志社に於て極めて稀に見る秀才であった。其の大西君は、同志社に八年間居りて後、上京し、大学予備門へ入学することになった。

　同校は前述の如く、二千百人の四級志願者中、二百人位しか及第せず、即ち十人に一人しか這入《はい》れないに、大西君は一級を志願した。四級を越え、三級を越え、二級を越えての一級であるから、大学の職員達は大西君の一級志願に皆驚いた。

　して又、大西君が試験をパスして一級に入ったには、大層驚いた。東京の学生は、千人も二千人もごろごろ四級に落第するに、同志社からは何《ど》うして斯《こ》んな偉い人が出たのだろうかと感心した。

　大西祝君が昨年、此《こ》んな偉いことをやったと聞いて居たから、後進の私は、盲《めくら》蛇に怖《お》ぢずで、無鉄砲にも猿の人真似しようと試みた。大西君は神学校を卒業して、八年掛かって一級であるから、俺は五年間の卒業生として一つ二級をやって見やうと言ふ気に為《な》ったのです。

　然《しか》るところ、其《その》頃同志社の卒業生は澤山、大学予備門に入らんとし、屡《しばしば》四級の試験で落第して居るのだから、私が後から行って、二級をやって見やうとするを聞いて、親切に注告し、夫《そ》んな無謀は止《よ》し給へ、我々は前年から来て準備し、夫れで四級を落第するのだから、二級と言ふ様な突飛な事をやるなと言って呉《く》れた。

而《しか》し私はやって見た。

　先ず四級を及第し、次で三級を受けて及第したが、而し、之《これ》から愈々《いよいよ》二級と言ふとき、学校では中々試験をして呉れない。四級は二千百人の志願者中、二百人入った。そうして三級へは二十四人這入ったが、其中二十三人は、資格があって無試験で入学し、試験を受けたのは私一人であった。そうして二級への志願者は、他に一人もなくして私丈《だけ》だ。

　試験の催促をするも、学校では中々試験して呉れない。来週の月曜に来い、と言ふから行くと、此次の火曜日に来いと言う様な有様である。試験課目が十八程あるに、冬休みまで掛けて、漸《ようや》く五課目程しか済まない。

　九月から冬休みまで試験ばっかりで済ませ、一月、二月も試験を待って居ると、学校では、アンタ独りの為に試験に掛かって居られない。だから、不取敢《とりあえず》アンタは三級に腰をすゑて、暫く待って居なさいと言ふから暫く待って居ると、其中に時が経って二級になった。

　此んなことをやり、四級、三級を越えて二級に入ったのは、全く先輩に大西祝と言ふ偉い秀才が居たからです。其際、大西先生からして色々御指導に預かったのであって、私は今でも此んな立派な先輩を有《も》ったことを喜んで居ります。

〔漱石、子規と渡り合う〕

其後、大西君も第一高等中学校（大学予備門の改名）に居《お》れば、私も其下の級に居る。大西君は素《もと》より確《し》っかり勉強をし、私も確っかりやって居る。自分でしっかりやって居ると言ふのは変ですが、兎《と》に角《かく》大に努力し、殊に英語には力を注いだ。

　而して大西先輩を合わせ、同窓五人でグループを作って、英文学の研究をやった。

グループ五人中の一人の名は忘れたが、四人は皆克《よ》く覚えて居る。一人は鹽原金之助と言ふ男で、他の一人は正岡子規だ。其外は大西君と私である。

大西君と私の同志社連は、東京の奴《やつ》に負けないようにやらうぜと言って努力したが、相手の東京組の二人も中々出来る。夫れで大西君と窃《ひそ》かに、此人達は同志社卒業生位出来るねと言って居ると、向こうは我等両人を評し、彼奴《あいつ》等《ら》は上方《かみがた》〔関西〕の学校から来ながら、妙に出来るぞと言って居た。

大西君は操山《そうざん》と言う雅号を有し、英文学でも有名だが、殊《こと》に倫理学では日本一と言ふことに為《な》った文学博士である。

又、東京在来の競争者二人中の一人は、小説家になり『吾輩は猫である』と言ふ小説を書いた夏目漱石である。又他の一人は、正岡子規といふ俳句の宗匠に為った。

そうこうする中、銘々《めいめい》大学を卒業し、其後十年、二十年を経て、大西先生も夏目漱石も正岡子規も皆亡くなり、残るはグループ中、一等不出来だった私であります。

そこで負け惜しみに、偉くて死ぬよりも、摑《ま》づくて生きて居る方が善《よ》いとケチなことを言って居ります。（笑い声あり）

（松波仁一郎『同志社英学校卒業五十年に関して』同志社、一九三七年二月）

六、杉山重義・恒

(一)「平信徒伝道団に就《つい》て」(杉山重義)

(番町教会執事、早稲田大学教授)

平信徒の奮起と言ふ声が高くなって、平信徒伝道団が組織されたる事は、沈滞せる基督《キリスト》教界に覚醒の機運を喚《よ》び起こす点に於《お》いて、非常に欣《よろこ》ぶべき事と思ふ。

併《しか》し乍《なが》ら、私の考ふる所では、天主教や希臘教《ギリシャきょう》はいざ知らず、苟《いやし》くもプロテスタント教に於ては、特に平信徒とか、牧師、伝道師とか、劃然《かくぜん》たる我が会衆派教会に於ては、一個のチーチング・メンバーである。専門の智識を以て、牧会とか、説教とか、聖書の講義を担任するのみで、矢張《やは》り一個の会員なのである。

故《ゆえ》に余《よ》の見《けん》を以《もつ》てすれば、牧師以外の人を平信徒と称し、之《これ》を裁然《さいぜん》区劃するのは、今更僧俗の区別をなす旧教の愚を学ぶのであって、之《これ》と戦ひ、之を打破して来たプロテスタントの精神に反するやうな心地もする。

而《しか》して教会は、牧師のみの教会にあらず、実に信徒の教会である。信徒が任じて起《た》たねばならぬと云ふ事の如きは、当然の話で、何も事新しく云ふの必要はないかと思ふ。

斯《か》く云へばとて、余は平信徒伝道団に反対するものではない。余も大に之を賛同して居《お》るのであるが、此際特に注意を喚起して置きたい事は、平信徒が奮起して直接伝道に従事し、牧師の相棒となりて教壇に起《た》ちて説教もし、演説もすると云ふことは、確かによい事に違ひないが、其間には一般信徒の誤解を招かないとも限らない事があると云ふ事である。何《なん》となれば、演説とか説教とか云ふ様な事をしなければ、平信徒たるの責任が尽されない、とも解せられる恐れがあるからである。

従って演説、説教も出来ず、役に立つほどの金銭も寄附することの出来ない微《かすか》な信徒は、信徒たるの責任を完ふする能《あた》はざるかの感を、抱《いだ》くに至らないとも限らない。余は、我等信徒は所詮《しょせん》、全国皆兵と云ふ覚悟でありたいと思ふ。

夫れには我等信徒全体が、切実に之《これ》を感じて、口舌《こうぜつ》の伝道にあらず、我等の生活其物《そのもの》が伝道であらねばならぬ。基督教を実生活の上に実現して、生活其物を以て人に伝道せねばならぬ。之れが平信徒の最良最善の伝道法である。

余は多くの青年学生に接して居るものであるが、青年のクリスチャンに就《つい》て見るに、学科を抛擲《ほうちゃく》して熱心に教会のため、或《あるひ》は青年会とか其他基督教の運動のために尽して居るものと、然《しか》らずして、先《ま》づ我が学科に精力を傾けて、教会は日曜日の礼拝位に止《とゞ》めて居るものとがある。而して前者は元《もと》より学力劣等にして、後者は良好である。

今、此両者を何《いず》れが真《まこと》のクリスチャンなりやと云へば、何人《なんぴと》も後者なりと云ふに躊躇《ちゅうちょ》しないであらう。之《こ》れ後者は、宗教を生活しつゝあるからである。一般信徒の心掛けも、正《まさ》に茲《こゝ》に有べきものと信ずる。即生活其物が伝道とならねばならぬ。説教や演説は末で、本《もと》は信仰を自己の生活に実現することである。

併し乍《なが》ら、余は決して平信徒伝道団其ものを批難するのではない。説教もよろしい。演説もよろしい。又金銭を寄与し、労力を捧ぐるは、大によろしい。

然し之等《これら》の説教、演説の能力なく、金銭や労力を捧ぐる余裕なき信徒も、尚平信徒として十分に其使命を成し得る事が出来る、と云ふ事を云はんとするに過ぎないのである。

即ち全国皆兵的の覚悟を以て、全信徒が切実に其責任を自覚し、各自の生活其ものを以て分に応じて、神の国の建設に参加するを得ることを、所信に従ひて発表したまでゞある。（談話筆記文責、記者にあり）

（『基督教世界』一九一四―一一月一三日）

（二）「杉山重義氏略歴」（報道記事）

杉山重義氏は、安政四年六月二十六日、愛媛県松山市に生まれた。幼い時から学問を好み、松山藩の神童と謳《うた》はれた藩主、久松〔定昭〕公が藩塾明教館に臨まれた時に、当時十一、二歳であった君は、論語の御前《ごぜん》講義をして、その鮮《あざや》かさに一同を驚嘆せしめたといふことは、今も尚語り伝へられて居る。

明治八年、選ばれて東京に出で慶應義塾に学んだが、病を得て卒業間際に退学するの已《や》むなきに至った。後、大阪に行き米国人ゴールドン氏〔M. L. Gorden〕に就《つい》て洋学を修めたが、この頃、既に基督教を信じて宣教師アッキンソン氏〔J. L. Atkinson〕等とも交り、又自由党の人々とも交りを深くし、新聞記者となって近事評論、東京政論等に筆を執《と》るに至った。

間もなく福島に走り、攪民《かくみん》新誌に執筆して居たが、明治十五年の春、所謂《いわゆる》福島事件が起るに及んで、君は大に自由民権の思想を鼓吹して、熱心に郡民結束の必要を力説すると共に、理非曲直を明らかにして軽挙を戒めたが、不幸にしてその翌日、弾正《だんじょう》ヶ原《がはら》騒動起り、君も自由党員と共に捕へられて若松に護送され、深夜に格子《こうし》戸の間から降り込む雪に、夜具が埋められることも度々《たびたび》あるといふ監獄生活の苦痛を味った。

尋《つ》いで十六年二月、河野廣中《こうのひろなか》氏等と共に雪深い途を徒歩で東京に移され、鍛冶橋《かじばし》監獄に収容された。四月、予審終結と共に、其《そ》の多数は免訴となったが、君は教唆罪《きょうさざい》の嫌疑を受けて、更に又、福島裁判所に移されることゝなり、縛《いまし》めのまゝ駅伝護送されることになった。

其の時、上野の山を仰げば、満山桜で埋められ、都人は花の下で遊楽をほしひまゝにして居る中に、如何《いか》に国事の為とはいへ、君はこの三春の行楽に代ふるに、囚徒の苦しい旅行をしたのである。

然《しか》し、数回の審《しら》べを経ても罪證無くて、前後六百五十日の獄中生活の後、遂に無罪となったが、間もなく新潟で自由党北陸七州懇親会が開かれ、君も福島からこれに参加した。それは十七年九月のことで、星亨《とおる》氏が政府をいたく攻撃して拘引された時で、君も同様の運命に遭った。再び若松監獄に送られ、百日計《ばか》りを過ごしたが、結局無罪となった。

その頃、小崎弘道氏が若松〔伝道〕に来られたことが、君の生涯の一転機となり、爾来《じらい》、全く宗教界の人となって、松村介石《かいせき》氏と共に『基督教新聞』に携はり、或は綱島佳吉《かきち》氏等と共に上州に、名古屋に、伝道の為《た》めに尽瘁《じんすい》するに至った。

二十七年、布教を経て米国に渡り、ハートフォード大学に学び、社会学を修めて、三十年帰朝。安部磯雄氏の後を享《う》けて岡山教会を援《たす》け、或は関西《かんぜい》中学に教鞭を執り、地方教化に努めたが、三十三年、上京して同年三月以来、第一回脳溢血発病に至る大正十四年十月まで二十六年間、早稲田大学に教鞭をとり、此間実業学校長、第二高等学院長等の職を兼任し、傍《かたわ》ら故大隈〔重信〕老侯の創始せられた大日本文明協会理事として、老侯の所謂「東西文明の調和」の為に力を尽し、一月五日、即ち今回発病の朝まで筆を執って居た。

然《しか》るに稿半《なかば》にして遂に病床の人となり、暫次《ざんじ》衰弱が加ったが、その間一度も不平を洩らさず、常に感謝に充《み》ち満ちて、近親や、交友の親切を心から歓び享《う》けて、病を養った。

病勢愈々《いよいよ》進むや、平素から深い関係のある大隈侯爵始め、多くの病床を訪ふ人達に向って、「どうも有難う」と繰り返して感謝の言葉と共に訣別の意を表はして、死期の近づくことを覚悟して居るやうに思はれたが、間もなく、いと安らかに、真に眠るが如く天に召された。

かくして感謝に充ちた地上七十一年の生涯を終ったのは、時、正に昭和二年一月二十四日午前三時八分であった。

（『基督教世界』一九二七年二月三日）

(三)「キリスト者列伝・杉山重義」

現住所　東京府下四大久保一六四

生国　伊予国松山市木屋町

所属教会　番町教会

父は杉山重厚、母は静子。安政四年六月廿七日に生る。兄を杉山重俊、姉を久松カナ子と言う。

明治六、七年の頃大阪に遊学中、米国宣教師ゴルトン氏に接し、其個人的感化によりて基督教を研究するの志を生じ、遂《つい》に斯教《しきょう》を信ずるの決心をなし、明治七年、梅本町教会（大阪教会の前身）設立の当時、ゴルトン氏より洗礼を受けたり。

其《そ》の後、政治的野心に駆られて、天下国家を以《もっ》て自から任じ、改進主義の政治運動に参加し、暫く宗教を離れしが、一度政府の壓迫にあひて、囹圄《れいご》の中に呻吟《しんぎん》する身となりてより、飜然《ほんぜん》悟る所あり、志を政治に絶ち、再び宗教に復帰し、居を東京に卜《ぼく》するに及びては番町教会に属し、熱心なる信徒となれり。

而《しか》して執事として、教会のために尽瘁《じんすい》するのみならず、其の文筆の才能を以て『基督教新聞』の編輯《へんしゅう》主任となり、基督教思想の開拓に従ひたり。

其後、早稲田大学教授となり、青年の薫陶に傾倒し、次で天野《あまの》爲之《ためゆき》氏の後を襲ひ、早稲田實業學校長となり、以て今日に至れり。又大隈〔重信〕侯の統裁せる「大日本文明協会」の幹事として〔編輯長の浮田和民を助けて〕、其の監修をなし、我国文化の向上のために貢献しつゝあり。

真に清廉なる基督教的紳士なり。

（『信仰三十年基督者列伝』）

（四）「キリスト者列伝・杉山　恒（杉山重義夫人）」

現住所　東京府下四大久保一六四
生国　滋賀県蒲生《がもう》郡市邊《いちのべ》村〔現東近江市〕
所属教会　番町教会

父は廣瀬新太郎、母は壽美子。明治元年九月に生る。兄を廣瀬又治、弟を廣瀬新治と言ふ。明治一二年、兄又治氏大患の爲め、大阪在住の医師テーラー〔W. Taylor〕氏を招きて治療を受けしが、テーラー氏は医師にして〔アメリカン・ボード〕宣教師なりしを以て、熱心に福音を病者、並に家族に説きたり。

而《しか》して一同、其親切と基督教の尊さを感じ、洗礼を受くるの決心をなすに至り、同年、八日市教会に於て、全家族擧《こぞ》ってテーラー氏より洗礼を受けたり。

後、彼女は京都同志社女學校に入り、益々信仰に進みしが、卒業後、杉山重義氏に嫁し、謙治、三郎の二子をあぐ。而《しか》して其子女の教育のために熱心なる、自から幾何《きか》、代数を学んで、彼等の復習を助けし程なりしといふ。又教会のためにも熱心にして、性質闊達《かったつ》にして愛心に富み、同教会婦人会の中堅たり。

（『信仰三十年基督者列伝』）

Ⅵ　東華学校

一、同志社仙台分校・東華学校（本井康博）

同志社フェア in 仙台

二〇一七年六月十七日、仙台で同志社フェアが開かれた。これまでの函館、安中、熊本などの開催地に比べて、仙台の場合、同志社とのゆかりの程度は一見、薄い。では、なぜ仙台か。

「もうひとつの同志社」が開校された唯一の都市だからである。学校は、「宮城英学校」という名で仮開校（一八八六年）され、翌年の本開校時に「東華学校」と改称された。れっきとした同志社分校であるために、新島襄が初代校長を務めた。

学校はわずか五年半で閉校（一八九二年）されたので、今では同志社でも仙台でも存在感は希薄である。

そのため、同志社校友会宮城県支部は本部の支援を受けて、記念誌、『東華学校ものがたり――仙台教育史のあけぼの――』をフェアに先がけて四月に刊行した。編集協力者（執筆者）としても、同書がこの学校を広く知ってもらうきっかけになれば、と期待せずにはおれない。

なお、同書に盛り切れなかった資料や典拠・参考文献については、後日「『東華学校ものがたり』補遺」（『新島研究』一〇九、二〇一八年二月）に収録したので、合わせて参照されたい。

東華学校

校長に就いた新島襄自身、この学校は「学校之主義ハ同志社ト一様ニ有之候間、同志社之分校と申すも不苦と存候」と断言する（『新島襄全集』三、四七一頁）。仙台校は京都「本校」に対して「同志社之分校」にあたる、というのである。

新島だけでなく、他教派の牧師、田村直臣から見ても「同志社分校」であった（田村直臣『信仰五十年史』一五二頁、警醒社、一九二四年）。

実は新島の生前、同志社ゆかりのキリスト教（会衆派系）学校は全国各地にいくつもあった。北越学館（越後）、新潟女学校、前橋英和女学校（現共愛学園）、泰西学館（大阪）、梅花女学校（同、現梅花学園）、神戸英和女学校（現神戸女学院）、神戸女子神学校、順正女学校（岡山）、松山女学校（現松山東雲学園）、熊本英学校、熊本女学校などである。

しかし、そのいずれもが同志社の「姉妹校」、あるいは「兄弟校」に留まる。新島が自ら校長に就いたのは、京都以外では仙台だけである。要するに同志社分校と言えるのは、仙台の他にはない。

これを可能にしたのは、県市の肩入れと地元有力者たちの支援であった。県令（知事）が理事長を務め、開校資金は仙台の資産家たちが用意した。同志社からすれば「半公半私」立であった。それだけに、新島の熱の入れようも熱く、開校準備に東京や仙台に再三、出向いたばかりか、本開校の時には同志社の卒業式を欠席してまで、夫人（八重）同伴で駆けつけ、開校式に臨んだ。

新島校長は、校長代理（副校長）として腹心の市原盛宏（例の「熊本バンド」の一員で、同志社教授）を仙台に送り込んだ。この人事は同志社の外国人教員たちにはきわめて不評で、「市原を失うくらいなら、宣教師ふたりを手放すほうがまし」とも、「彼が抜けた穴は、容易に埋められない」と批判された（拙著『京都のキリスト教』一八七～一八八頁、同志社教会、一九九八年）。

スタッフとしては他にも同志社から数名が順次、派遣された。外国人教員も同様で、最終的には五人の宣教師がミッション（アメリカン・ボード）から次々と送り込まれた。

その中軸は、大阪在留十二年に及んだJ・H・デフォレスト（J. H. DeForest）である。彼もまた、東華学校を「同志社分校」と断定する（ゼー・エッチ・デフォレスト「廿年間の宣教経歴」二三頁、『回顧二十年』警醒社書店、一九〇九年）。

この分校は、九十年代に入り世相が欧化主義から国粋主義へと急転するや、逆風に見舞われた。キリスト教離れした県市は分校と手を切り、無宗教の公立学校（現県立仙台第一高等学校）を新設（再興）した。「半公半私」の破綻である。

同床異夢の実態が露呈したうえに、新島校長が亡くなり、市原副校長がイェールに留学したことも響いた。学生の大半は、同志社分校の敷地や校舎をそっくり借用して開校された公立学校に移った。一方、東華学校の旧スタッフ（信徒）の中には、仙台に踏みとどまって伝道に専念しようとした者がいた。その先頭に立ったのが、デフォレストであった。

彼と新島との交流は、すでにアメリカで始まっていた。東華学校開校式に臨んだ宣教師のカーティス（W. W. Curtis）は、ボストンのミッション本部に、こう報じる。

「仙台への熱烈な期待を〔新島が〕語るのを、しかもこみ上げて来る熱い思いのために声をふるわせながら語るのを聞いて、少なくとも私たちのひとりは、ラットランド〔ヴァーモント州〕での〔アメリカン・〕ボードの集会にひき戻され、彼〔新島〕が京都の学校〔同志社設立〕のために訴えるのを聞くかのような思いになりました」（拙著『アメリカン・ボード二〇〇年――同志社と越後における伝道と教育活動――』二〇七頁、思文閣出版、二〇一〇年。〔　〕は本井）。

J・H・デフォレスト

「私たちのひとり」とは、デフォレストのことである。彼の胸には新島の「仙台スピーチ」は、「ラットランド・アピール」の再現のように響いた。新島による「仙台への熱烈な期待」の表明は、東北地方に同志社（学園と教会）の拠点を築きたいとの願いからである。

それまでの同志社系の教会や姉妹校は、十余年にわたって京阪神を主軸に西日本で発展してきたが、今後は東北、さらには北海道へも、と新島は熱望する。それが具体化するのが二度目の渡米中（一八八五年）のことで、新島は東北に「もうひとつの同志社」設立構想を固めるに至った。

思い返せば、そもそも同志社開校を夢見たのも、これより十余年前の最初の渡米中のことであった。アメリカ留学を終えた新島は、ラットランドのグレイス組合教会で開かれたミッションの送別会（一八七四年）で帰国後の学校設立の夢を語り、そのための寄付を会衆に訴えた。

この時の献金が、一年後に同志社開校を可能にしたことから、「ラットランド・アピール」は時に同志社の起点とも言われる。その現場にいたデフォレストもまた、新島と同時に宣教師に任命され、共に日本へ派遣される身であった。

それより十三年。デフォレストは思いがけなくも仙台で新島のスピーチを再び聴く。要するに、最初の渡米時に同志社（本校）設立の夢を抱いた新島は、二度目の渡米中に今度は分校の設立を志すに至ったのである。「ラットランド・アピール」と「仙台スピーチ」が連動しているのを体感したのが、デフォレストである（詳しくは、拙稿「J・H・デフォレストと新島襄―ラットランドから仙台へ―」、『キリスト教社会問題研究』四二、同志社大学人文科学研究所、一九九三年、ならびに拙稿「ラットランドから仙台へ」、『同志社スピリット・ウィーク講演集　二〇一七』同志社大学キリスト教文化センター、二〇一九年三月）。

彼は大阪から仙台に移ると、教育だけでなく伝道にも尽力し、まもなく同志社系（会衆派）の宮城組合教会（現日本キリスト教団仙台北教会）を立ち上げた。そして閉校後もそのまま仙台に残留し、二十五年にわたって東北伝道に腐心した。

仙台は彼の終の棲家となり、墓も設けられた。彼が住んだ宣教師館、「デフォレスト館」は現存し、昨年、国から重要文化財に指定された。これらは、永年、仙台を代表する洋館として市民に親しまれた「デフォレスト記念会堂」（一九四五年に空襲で焼失）や、学校跡地の「東華学校遺址碑」ともども、デフォレストが仙台市民に残した「遺産」である。

それに対して、彼は京都や同志社本校とはほぼ無縁であったので、同志社での知名度はゼロに等しい。が、彼を偲ぶ品が学内にないわけではない。クラーク記念館前に寝そべる牛の石像と「大日如来」と彫られた石碑である。

北野天満宮を彷彿させるこれらの遺物は、かつて大阪（川口居留地）にあったデフォレスト家の庭に置かれていた。石像は「同志社七不思議」の筆頭としてキャンパス・ガイドの学生たちには大人気であるものの、誰も旧蔵者を知らない。

内ヶ崎作三郎

さて、仙台分校には、およそ五百人の生徒、学生が学んだ。『東華学校ものがたり』では、一力《いちりき》健治郎（河北《かほく》新報創業者）、日野真澄（同志社大学教授）、内ケ崎作三郎（早稲田大学教授）、山梨勝之進（学習院院長）、真山青果（作家）、児玉花外（詩人）、栗原基（第三高等学校教授）を紹介した。

そのうち最近、脚光を浴びたのが内ケ崎（一八七七年〜一九四七年）で、今年（二〇一七年）の上半期に企画展「内ケ崎作三郎――教育者・牧師・政治家の生涯」が東京（友愛労働歴史館）で開催された。

彼は宮城県の出身で、東華学校の在籍はわずか一か月であったが、同志社出身の教員、片桐清治（伝道師でもあった）から英語や歴史を学んだ。内ケ崎もまた同校を「精神的には京都同志社の分校のやうなものであった」と見なす（内ケ崎作三郎「吉野作造君と私」九九頁、赤松克麿編『故吉野博士を語る』中央公論社、一九三四年）。

すなわち、「先生は皆、同志社出身である〔中略〕。それ故、〔私は〕間接に同志社とも関係あるわけである」と自認する（内ケ崎作三郎「本郷教会時代の憶出」一六三頁、『本郷教会創立五十年』、日本組合本郷基督教会、一九三六年）。

中退後は第二高等学校（東北大学の前身校）へ転じ、アメリカ・バプテスト派の女性宣教師、A・S・ブゼル（A. S. Buzzell、仙台・尚絅《しょうけい》女学校創設者）のバイブル・クラスで求道した結果、同派の中島力三郎牧師から吉野作造や島地雷夢らと洗礼（浸礼）を受けた。

こうして、「ブゼル・バンド」とでも呼びたい一群の青年信徒（内ケ崎、吉野、島地、小西重直、栗原基ら）が仙台から世に羽ばたくに至った。内ケ崎の場合、その起点は東華学校入学である。

内ケ崎と同志社との縁は、東大生時代に復活する。現在の弓《ゆみ》町《ちょう》本郷教会で海老名弾正《だんじょう》牧師（熊本バンドで、後に同志社総長）に師事した。その関係で後年、海老名に宛てた書簡十五通を本学人文科学研究所は所蔵する。ちなみに、徳富蘇峰記念館（神奈川県）も、海老名の後輩、蘇峰に宛てた内ケ崎書簡を八通、保管する。

内ケ崎は、後半生、早稲田大学教授、牧師（ユニテリアン教会）、衆議院議員（副議長）として幅広く活躍する。早稲田では、時の文学部科長が浮田和民教授（熊本バンドの一員で、同志社では海老名の同級生）であった。

さらに内ケ崎はユニテリアン運動の第一人者でもあるが、安部磯雄、岸本能武太《のぶた》、村井知至《ともよし》といった同志が、揃いも揃って同志社出身者であるうえに、岸本が東華学校教員でもあったのは、これまた奇遇である。

日野真澄

いまひとり、同志社本校にゆかりのある生徒がいた。日野真澄《ますみ》（一八七四年〜一九四三年）である。山形の出身で、東華学校在学中にデフォレストから洗礼を受けた。その関係から、一八九二年の閉校後、本校とも言うべき同志社神学校に進んだ。一八九七年に卒業すると、ニューヨーク市マンハッタンにある名門校（ユニオン神学校とコロンビア大学）で神学の研鑽を積んだ。

帰国（一九〇一年）後、同志社神学校に招かれ、教授に就任。在職中の一九一二年に同志社は（専門学校令による）大学に昇格し、二学部（神学部と政治経済部）を設けた。日野は原田助《たすく》総長のもとで初代神学部長に就任する。

しかし、原田の大学運営をめぐる学内紛争に巻き込まれて辞職。その直後に、自宅が不審火により全焼し、五人の子どもがすべて焼死するという私的惨事にも見舞われた。

同志社神学校中興の祖

日野は、ほぼ十年間、他校で働いた後、一九三〇年に同志社に復帰し、数々の功績を残した。神学部は彼の働きに報いるために肖像画を作成した。栄光館のM・F・デントン（M.F.Denton）の肖像画を描いた長尾己《き》画伯による作品（一九四〇年）である。

さらに日野の死後（一九六一年）には、後輩にあたる大塚節治（神学部教授、のちに同志社総長）らの寄付金により、「日野講座」が神学部に設置され、講演会がしばしば持たれた。

しかし、一九九六年一月の第十六回（講師は竹中正夫神学部教授）で中断されたのは惜しい。最近では、その竹中が『同志社山脈――一一三人のプロフィール』（二〇〇三年）で「同志社神学校中興の祖」と題して日野の紹介をして、復権に努めた。

日野の場合、もしも仙台に同志社分校がなければ、同志社本校で修学、就業する可能性は、ほぼなかったであろう。それだけ、東華学校、とくにデフォレストの感化は大きい。日野が認《したた》めた「最も印象深かりし東華学校時代」と題した恩師、デフォレストを追悼した一文からもそれがはっきりと読み取れる。

「予は故郷を出でてより、教育は仙台と京都とニューヨークで受けたが、最も深刻なる印象を残したのは、仙台東華学校に於ける教育である」（『新人』復刻版、第一二巻第六号、一九一一年六月号、六〇頁、龍渓書舎、一九九二年）。

田中兎毛

最後は東華学校教員からひとり、田中兎毛《ともう》である。岸和田の出身で、一八七八年に同志社に入学し、在学中にD・W・ラーネッド牧師（D.W.Learned）から洗礼を受け、西京第二公会（現同志社教会）の会員となった。

が、入学八年後に卒業を待たずに、校長の新島の勧めで同志社を中退し、仙台に教員として赴任する。在職中、デフォレストらと教会設立に尽力し、仮牧師（初代牧師は三宅荒毅《あらき》）に就任したデフォレストを助けて、教会役員（会計）として働いた。

学校閉鎖の後も、デフォレストらと教会を守り抜き、自ら二代目の牧師に就任した。その後、北海道の開拓伝道に転じ、いまの札幌北光教会や小樽公園通《どおり》教会の立ち上げに尽力し、それぞれ初代牧師となる。

それは、北海道伝道をも夢見て、仙台に橋頭保を築いた新島の期待に十分応える歩みであった。

その後は、関西に戻り、神戸女子神学校（後に聖和大学、現関西学院大学）の教頭、ついで兵庫教会牧師にも就任した。

田中忠雄

田中の札幌時代に誕生した男児が、クリスチャン画家となる田中忠雄（一九〇三年～一九九五年）である。小学生の頃、父親の転勤に伴い神戸に転じ、やがて兵庫県立神戸第二中学校（現県立兵庫高校）に進学した。

在学中に同志社系の兵庫教会で（同教会牧師でもある）父親から洗礼を受けたこともあって、早くから同志社には親近感を持っていたが、美術を専攻したいために京都高等工芸学校（現京都工芸繊維大学）の図案科に進学した。

奇しきことに、田中は同じくクリスチャン美術家として高名な小磯良平とは、小・中学校を通して同級であった。

さらに、田中と小磯が神戸二中の五年生（十回生）の時に、東山新吉（後の魁夷《かいい》）が十四回生として入学して来るのも、奇しき巡りあわせであった。東山もまた、先輩の小磯の後を追うように東京美術学校（現東京芸大）へ進学する。

田中自身は同志社に進まなかったものの、父親以外にも係累に同志社関係者がいる。たとえば妻（志津）の父親、中村正路《まさじ》（一八七五年～一九四一年）。新島も支援した熊本英学校で海老名弾正の指導を受けてから、東京で他教派（聖公会）の立教や東京三《さん》一《いち》神学校に学ぶ。しかし、卒業後は同志社系教派に復帰して、大阪、鳥取、福岡などで牧師として伝道に従事した。

一方、田中忠雄は後半生、武蔵野美術大学教授の時（一九六三年）に、神学館（三代目）を新設した同志社大学からチャペルの装飾を依頼された。キリスト教美術の権威であっただけでなく、実父が卒業生のうえ、岳父と同様に同志社系の牧師であったことが、決め手となった。

直接の要請は、神学部の竹中正夫からであろう。彼は、神学者であるばかりか、アジアキリスト教美術協会を結成して初代会長を務めたほど美術に明るい美術愛好家でもあった。

神学館チャペルを飾る三つの作品

神学部から依頼を受けた田中画伯は、新築チャペルを三つの作品で飾ることに精魂を傾けた。

ひとつは、入口の壁を飾るレリーフ。旧約聖書の冒頭部分（天地創造物語）をヘブル語で彫った。

二つ目は、正面中央のステンドグラスである。「高さ六米《メートル》、幅一米二十五、この窓を考えるようにと同志社神学部からのお手紙を頂いた時のわたくしの感動は、どう表現してよいか分かりません」と田中は告白する（「神学館礼拝堂」同志社大学神学部HP）。

縦長の窓は、五つの枠に仕切られた。最上部が大空（栄光の神）、最下部が大地（人間社会）で、その間のスペースをさらに三分割する。下から福音書記者（マタイ、マルコ、ルカ、ヨハネ）、中段にはペテロとパウロ、そして最後に再臨のキリストが両手を広げている姿が描かれている。

三つ目は、正面右手の油彩画で、「聖霊降臨」（ペンテコステ）と名づけられている。

神学館チャペル以外にも田中の作品は、学内に存在する。同志社チャペルに掛けられた十枚の肖像画のうち、小崎弘道（同志社第二代総長）と第八代総長の海老名弾正（田中忠雄の岳父が、熊本時代に指導を受けた牧師）のものが、そうである。

分校の残照・光芒

同志社仙台分校は、短命だった。さながら大空のかなたに消え去った流れ星である。だが、今もその残照や光芒の痕跡は、目を凝らせば同志社本校にも見出せる。その好例が田中兎毛の系譜である。

彼の孫の配偶者が、遠藤彰（一九二〇年～二〇〇九年）である。遠藤は堺市の出身で、同志社大学文学部神学科に入学。在学中は同志社グリークラブ（男声合唱団）に所属して、指揮者も務めた。卒業後は、ユニオン神学校、ならびにチューリッヒ大学への留学を経て、神学部に奉職する。

教授、神学部長を歴任する傍ら、市内の錦林《きんりん》教会牧師をも務めた。同志社退職後も広島女学院の院長・学長・理事長としてキリスト教教育に挺身した。

彼の子息は、いま本学神学研究科に在籍中で、博士論文を準備中である。かくして、田中家は四代にわたって同志社に関り続ける。

仙台（分校）と京都（本校）が今もなお、見えない糸で結ばれている証でもある。

（拙稿「同志社仙台分校――宮城英学校から東華学校へ――」、『同志社時報』一四四、二〇一七年一〇月）

二、片桐清治

（一）「片桐清治宛新島襄書簡」（加藤延雄）

今年〔一九七三年〕の二月十二日、新島襄先生生誕記念会が新島会館で催された際、元同志社女子大学長、片桐哲先生は父君、清治先生宛の新島先生書簡を持参され、鑑定を乞《こ》われたが、これは一点の疑いもない真物であることが明かで、これは片桐先生の令兄、卓氏の家に伝わっていたが、忘れられていたものが見出され、哲先生がもらい受けて、これを同志社に寄贈された。

この手紙は明治二十年九月十九日付で、発信地は函館である。新島先生はこの年の夏、夫人同伴にて仙台に赴き、東華学校開校式に臨み（六月十七日）、引き続き札幌で避暑静養した（七月七日～九月十四日）。

その帰途、函館でこの手紙を書かれたもので、当時、岩手県水沢で伝道に従事して、大いに成績を挙げていた同志社出身の片桐清治氏のことを思い出して、この一書を認《したた》めたものである。

片桐清治氏は、安政三年一月十七日（西暦一八五六年二月二十二日）、岩手県水沢町〔現奥州市〕で誕生。幼少の頃、武下節山に漢学を、また佐藤耕雲に絵画を学んだが、胆沢《いさわ》県（県庁は水沢）が設けられた際、県令〔現知事〕は地元の有望な少年四名を選んで、給仕として身辺近くにおき、訓育したが、その四名は山崎為徳《ためのり》、片桐清治、後藤新平、斎藤實《まこと》であって、この四名は鶏《けい》鳴会《めいかい》なるものをつくり、互に励まし、修養し、また楽しんだという。

後藤新平は、医学を志して須賀川医学校に入学したが、卒業後しばらくは医務にたずさわり、病院長や医学校長等から、やがて政治方面に移り、台湾総督、鉄道院総裁等として政界で大に活躍した。

斎藤実は陸軍の学校の入学に失敗して、海軍の学校に入り、軍人として大成し大将になったが、後、海軍省から政治方面に入り、朝鮮総督、首相、枢密顧問等の要職についた。

山崎為徳は、彼が少年の頃知遇を受けた県令をはじめ、県の主要な官吏の中に熊本人が数名あり、その推挙で熊本洋学校に入学した。

同校卒業後、東京に出て、東京大学の前身である開成学校に入学したが、智を本として徳を末とする学風にあきたらず、洋学校時代の友人、金森通倫《みちとも》からの通信で知った京都の同志社に学ぶべく、開成学校を退学して京都に来た（友人舞野氏宛の山崎為徳の手紙に、同志社へ転校の理由が述べられている）。

明治十二年夏、同志社を卒業したばかりの山崎は、郷里水沢に夏期伝道を行った。その時、片桐清治は、はじめて彼からキリストの福音を伝えられ、また同志社の事を聞かされた。

小学校の校長までつとめていた片桐であったが、同志社勉学の志を起し、職を辞して、明治十三年八月京都に出て、同志社に入学した。明治十五年五月一日、ゴルドン博士から洗礼を受けた。

一方、山崎為徳は同志社卒業後、教師として同志社に留まり、学徳すぐれた学者、良教師として尊敬されたが、惜しくも肺を患い、入院したが（明治十四年七月二十九日）、八月二十二日、新島邸に引きとられた。

山崎と同郷の親友、片桐はこの時から新島邸に泊まりこんで、つき切りで看病をした。しかしその効もなく、山崎は十一月八日、二十四歳で永眠した。片桐の悲しみと淋しさは如何《いかが》であったろうか。

けれども、この看病で自然、新島先生や夫人とも親しくしていただくことができた。片桐清治は、明治十八年六月二十六日、同志社邦語神学科を卒業したが、直ちに郷里水沢と金ヶ崎《かねがさき》に伝道師として赴任した。

明治二十年六月、仙台に〔同志社分校の形で〕新島襄先生を校長として東華学校が創設されたが、翌年七月、この学校は総監事〔幹事〕として片桐氏を迎えた。

ところがこの学校は、〔新島校長の死後〕惜しくも明治二十五年には廃校になってしまったので、彼は福島教会の主任者となり、明治二十六年九月二十六日、按手礼を受け、明治三十年四月からなじみのある仙台地方の伝道に専念、仙台教会の牧師となって大いに宣教の成績をあげた。

これより先、明治二十三年一月二十三日、新島先生永眠の報を受けると、取るものも取あえず、直ちに出発。当時のあらゆる交通機関を利用して乗り換え乗り継ぎ、昼夜兼行、京都にかけつけ、特に恩顧をこうむった恩師の告別式に間に合うことができたのである。告別式（一月二十七日）当日、午前十一時三十分からとり行われた出棺式に、片桐清治は聖書を朗読した。

彼は仙台教会の牧師たること三十数年、この間、故デフォレスト博士記念会堂建設事業の中心人物として活動して、ついにこの記念会堂を完成させた。また、仙台教会を東北地方キリスト教伝道の一大拠点とした彼の功績は、はなはだ大であると言わなければならない。昭和三年一月二十一日、肝臓癌のために七十三歳で永眠した。

片桐清治氏の経歴、および新島先生との関係の大略は、以上のごとくであるが、この度《たび》寄贈された片桐宛の新島書簡の文面は次のとおりである。

仙台ニ参候ハヽ、デホレスト氏ニ相勧メ、御地ニ参上呉候様計画可申候。一ノ関ヘハ、壱人出張之事ハ出京之上、一議論可仕候。

其後ハ後、起居如何、御不音申上候。私儀去春来、病気ニ罹リ、加養之為札幌ニ参リ、只今帰路、函館ニ立寄、明朝之汽船ニ而、出発帰京之積ニ而、此度は愚妻も同行故、陸行ト申都合ニ参兼、不得止是より仙台ニ参リ、銕路ニ而東京ニ出可申候。余リ札幌逗留モ長カ引き申候故、随分帰京ヲ取急申候。仙台ニハ先ツ一両日、東京ニ両三日丈ノ積ニテ、直ニ還西可仕候。昨日ハ当港ニテ、南部伝道セし中山忠恕氏と面会。屡々貴兄伝道之御都合拝聞仕候。

私も是非参上支度候得共、今日に至り、尚身体不健、旅を為し飲食之替る毎ニ、胃之不消化を来らし為メ、頭痛ニ憂へ、随分困却仕候。依而可成丈速ニ、帰京之積ニ候。

又京都ニハ已ニ開業仕、定而待居候事と存候故、此度ハ参上不在候。何レ身体も健康ニ相成候ハヽ、是非参上仕度候。中山氏之談ニ一ノ関より伝道を御依頼申出候よし。何卒此好機を失ハさる様、精々御注意有之度候。小生も御地方伝道ノ必要を注目候間、不遠一ノ関辺ニハ一人の伝道者差し出し申度候。

又、福島之綱島〔佳吉〕兄ニ勧メ、折々ハ御地方ニ出張被致候様仕度存居候。此春御送致申候書籍ハ、御役ニ相立申候哉。御入用之書籍ハ、御知被下候ハヽ、力之可及丈ハ御周旋可申候。且御働キ上、速ニ好結果を得さるも、決し而御落胆無之様、呉々も切望仕候。

本日当港出発前、貴兄之事を思出し、又一ノ関之要地ニハ、是非引キ続き御着手有之候事を切望し、又是非壱人、外ニ該地ニ差出スへき事を感し、匆卒之間、一書相認呈貴覧候。匆々頓首

九月十九日　新島　襄

片桐清治兄

愚妻より宜しく申上候。乍憚貴地之兄弟方ニよろしく御鳳声被下度候。

（加藤延雄「新島書簡（片桐清治宛）——片桐清治のことども——」、『新島研究』四一、一九七三年四月）

（二）「牧師列伝・片桐清治」

片桐清治君は、安政三年正月十七日、岩手県水澤町に生れた。父は英之助、母はつねといふ。幼時、武下節山氏に就《つい》て漢籍を学び、佐藤耕雲氏に師事して書を習うた。

次で東京に修学すること二年で帰郷し、一の関師範伝習所を修了し、金ヶ崎小学校長となり、三年勤続の後、仙台に遊び、更に郷里の小学校に奉職した。

此間、基督教研究の志を起したが、幸に明治十二年、郷里の俊

秀、山崎為徳《ためのり》氏が同志社夏期休暇を利用して帰省したので、友人等と共に、同氏に就て教を学び、感ずる所あり、翌十三年八月、同志社に遊び、同十四年五月一日、ゴルドン博士から領洗した。

同十八年七月、伝道師として故郷に帰り、同地及び金ヶ崎に伝道を開始した。同二十一年七月、東華学校が仙台に開始せらるゝに際し、君は同校の幹事兼教師となり、同二十五年、同校廃止後は、同年九月二十八日、按手禮を領した。

同二十八年二月、涌谷《わくや》教会に転じ、同三十年四月、仙台教会〔現仙台北教会〕の牧師となった。爾来《じらい》三十余年間、内は教会の発展に熱中し、外は市民の教化に腐心した。更に大正三年には、故デフォレスト博士記念会堂新築完成のために努力した。仙台教会が、我東北地方の重鎮となったのは、君の熱心の致すところといふことが出来る。

これより先、君は肝臓癌に罹り、専ら療養に尽したが、遂に昭和三年一月二十一日午後一時四十五分、平和の中に永訣を告げ、「遂に真理であった」といふ意味の深い一言を残して、静かに天の召を蒙《こうむ》った。享年七十有三。

君は明治八年、四竈信直氏三女、亀代子と結婚し、五男（卓、哲、弘、惠、京）三女（喜久代、喜代子、喜美子）を挙げ、大正十四年には金婚式を行ふた。

君は篤實質素で、理性に富むと共に、情意がよく調和され、加ふるに、忍耐の強い努力の人であった。君と対談すると、話題が尽きなかった。

君の子女はいづれも、立身出世しているが、それについても、父君を追憶する念は、いよいよ切なるものがあらふ。本編の著者は、不敬ながらも、君に按手祈祷を捧ぐる栄光を有したことを、今も尚忘れることが出来ぬ。

君の遺骸は、遺言により東北帝国大学医学部に於て、熊谷、岡両博士立会、奈須教授執刀の下に解剖に附し、学界の参考に供した。〔後略〕

（『天上之友』二）

三、田中兎毛

（一）「〔新島〕先生、函館脱走の回顧」（田中兎《と》毛《もう》）

予は明治二十年七月、〔仙台での東華学校開校式に共に列席した後、〕先生〔ご夫妻〕のお伴をして北海道〔札幌〕に来たことがある。

同月二日の早朝、船、函館湾頭に着す。先生は元治元年七月、函館より脱走せられし懐舊の念に堪えざるが如《ごと》く、夫人及び予と共に上陸早々、小船にて汽船〔ベルリン号〕に乗り付けられし地點に行き、其昔《その》を語られた。

又、札幌に福士成豊氏と云ふ人が居る。此人《この》は〔かつて福士卯《う》之吉《のきち》と名乗って、函館在住の折〕先生の脱走を助けて、先生を船長サブオイー氏〔W. T. Savory〕に紹介した人である。

予は此人〔福士氏〕より其時の光景を詳しく聴き、先生の人格につき感じたことは少なくないが、就中《なかんづく》、其の一事丈《だ》けを記してみよう。

いよいよ先生乗船の談纏《まと》まり、其年七月、旧盆会《ぼんえ》の時、先生は単衣《ひとえ》の裾を折り、手拭いを被《かぶ》り、来られる。福士氏は、先《ま》づ小舟に乗り、続いて先生、亦之《これ》に乗る。

時に巡邏《じゅんら》来たりて、之《これ》を誰何《すいか》す。實に危機一髪なり。先生、船底に身を隠す。福士氏は、洋雑貨商を営み、外国船と交通する者なりしがため、巡邏、船を出すを許す。

此時、先生長剣を携ふ。福士氏、之を危険なりとし、其刀を置き行かんと薦《すす》む。先生、之に答へて曰《いわ》く。今や単身、萬里の遠征に上《のぼ》る。頼む所、唯此の一剣あるのみ。願はくば、之を許せよ。

福士氏、曰く。船中此如《かくのごと》き者を携へるは危険也と。先生、之に答へて、必ず危険なき様にすべしと。福士氏、されば決して刀を抜かざることを約するやと云ふ。先生曰く、諾《だく》と。無事乗船することを得たり。

其後、船中に於いて侮辱を受けて大いに怒り、彼《か》の刀を抜いて我身も共に果てんとせられし事ありしも、福士氏との約を思ひて（其刀を結びし紙捻《こより》を見）、遂に試惑《まどわし》より逃るることを得たりしと云ふ。

（『基督教世界』一九一三年七月一七日）

（二）「岳父〔田中兎毛〕を語る」（遠藤作衛《さくえい》）

（遠藤は、田中の娘婿で、京城組合教会牧師）

〔前略〕父は岸和田岡部藩の家に生れ、長じて同志社に学んだ。彼は一言にして云へば、実に清廉謹直の士であって、全生涯を通じて、神の国と其正しきを追ひ求めし人であった。

初め彼は、教育者にならうとしたのであったが、感ずる所あって、身を挺《てい》して牧界に立ち、終始一貫、四十有余年、営々として伝道、又伝道に日を過ごし、一昨年、停年引退、郷里岸和田に静にかへった。

其時、一書を寄こし、「今、長き牧会生活の幕を下《おろ》さんとする時、感慨実に無量。ふり返るならば、只感謝の一言につく。越し方を恵み給ひし神は、かならず残る月日をも恵み給ふであらう」とあった。〔中略〕

明治廿七年、コルテス氏〔W. W. Curtis〕と共に、北海道伝道のため渡道し、札幌に於て数人の信徒と共に講義所を設け、伝道を開始した。若き元気は溢るるとも、数人の家族を持ち、己《おの》が家を講義所〔伝道所〕としての創業当時の苦しみは、中々大なるものであったと思ふ。

かくして二十年の歳月、彼は奮闘を続けたのである。

北海道開拓時代には、手つづきをすれば、土地を払下られる事があったが、父も一時、其気になり、戸籍謄本迄、取り寄せた。しかし、自分は何しに北海道迄やって来たか、主の福音を伝へるためにではないか、今そんなものを得たならば、却《かえっ》て伝道の妨げとなるものであるとて、断然退けたときいて居る。

其間、ひたすら愛する教会のためにつくした。そして遂に現今の札幌教会堂〔現札幌北光教会〕、当時、全国組合教会中、最大の会堂を建築した。〔中略〕

此時代が父の最も忘れられぬ年月とみえて、父の書斎にはいつも雪景色の中の美はしき札幌教会堂の写真が、飾ってあった。

北海道の各所に父は講義所を開き、教会の土台を造った様である。大正三年、神戸女子神学校の教頭就任に及び、前記〔札幌教会で指導した〕海老沢〔亮《あきら》〕牧師に後を譲り、なつかしの札幌を後にした。

（『基督教世界』一九三五年一月一七日）

（三）「田中兎毛氏履歴」（葬儀報道記事）

田中兎毛君は、元治元年十月十日、岸和田市に生れた。明治十九年、仙台に東華学校の創設されるに際し、入って其《そ》の教務に当られた。此《こ》の間、仙台教会〔現仙台北教会〕の創設にも尽された。同二十五年、同校の閉鎖により、専ら伝道に尽されたが、同二十九年、札幌伝道に転じ、同年十月四日、按手礼を領して牧師となり、大いに同地方の伝道に寄与された。

大正三年一月、神戸女子神学校教頭に就任し、更に兵庫、島之内両教会の牧師に歴任し、同十二年八月、宇和島教会に赴任し、昭和八年二月、隠退された。その間、或《ある》ひは部会幹事長となり、或ひは組合教会の委員をも務められた。

君は隠退して郷里岸和田に帰らるるや、その従弟《いとこ》なる山岡邦三郎氏の付近に寓居されたが、君はたとへ隠退するも、健康を恵まれながら、徒《いたずら》に過すは天父に対して相済まぬから、何処《どこ》へでも教へのために奔走したいと望まれ、求道者や不幸な人がある家庭には、遠近を問はず訪問する事を老後の唯一の楽しみとされてゐた。

此の数年来、山岡氏宅に開かるる「イエスの僕会《しもべ》」にも出席して、その礼拝を担任されてゐた。〔中略〕

君は清廉、温和、篤実にて、稀にみる人格者であった。その家庭は、清子夫人との間に二男五女を挙げられ、何《いず》れも成業、又は結婚され、其愛孫も十八名に達している。

君には多年の宿痾《しゅくあ》（心臓病）があったが、君の摂生《せっせい》がよかったので、今日まで何事もなかったが、去る十二月十九日夕、突然の発作によって、同病のため急逝《きゅうせい》された。

こえて同月二十一日、山岡邸に於て葬儀を営み、親友内田〔政雄〕牧師の追悼の辞、組合教会代表鈴木浩二氏、〔神戸〕女子神学校代表西尾幸太郎氏、同校同窓会代表長坂〔クララ〕夫人〔旧姓Clara Louise Brown〕、教師会代表岸田耕読氏、其の他の弔辞があり、会葬者は約一百名であった。

（『基督教世界』一九三五年一月一七日）

（四）「牧師列伝・田中兎毛」

一八六四（元治元）年十月十日、岸和田市で誕生され、一八七八（明十一）年九月、同志社普通学校に入学。一八八四（明十七）年十二月、洗礼を受けた。

一八八六（明十九）年五月、卒業して、仙台東華学校で教鞭を執りながら仙台教会の設立に寄与された。一八九二（明二十五）年、同校閉鎖と共に同年四月、仙台教会伝道師に就任。

一八九五（明二十八）年七月、同教会を辞し、コルチス氏と共に北海道伝道の為に渡道。札幌で数人の信徒と共に講義所を設けて伝道を開始。

一八九六（明二十九）年十月四日、按手礼を受け、札幌組合教会を創立して牧師に就任された。ここを中心に先生の伝道活動は全道に及んだ。

一九一四（大三）年一月、札幌教会を辞し、十九年間、開拓的な伝道を続けて来た北海道を去り、神戸女子神学校教頭に就任する。兵庫教会、島之内教会の牧会にも当たり、一九二三（大十二）年、宇和島教会の招聘を受け、一九三三（昭八）年二月引退されるまで十年間牧会された。

郷里岸和田市に戻り、「健康に恵まれているのに徒《いたずら》に過ごすのは天父に相済まぬ」と求道者や不幸な人の家庭を遠近を問わず訪問。

清廉、篤実な人格者と尊敬され、誰に対しても真心を尽くして伝道者の業《わざ》を完うされ、一九三四（昭九）年十二月十九日、心臓発作によって急逝された。七十歳。

娘登茂《とも》は、遠藤作衛牧師に嫁し、教会に仕えた。

（『天上之友』三）

四、児玉花外

（一）「新島先生追慕の歌」（児玉花外《かがい》）

懐《おも》ふ先生の御棺《みひつぎ》を
舁《かつ》ぎ登りし若王子山
少年なりしこの肩に
今もおぼゆる快感よ
新島の愛時経《へ》ども
我等《われら》の任はなほ重し。

あゝ二十二日東京に
降った翌日《あくるひ》残雪は
色は同じく美しく
遙か若王子山頭の
古き御墓を埋《うづ》むらん
天國の姿峰の松。

学びのふるさと夢浮ぶ
二十三日は西京《さいきょう》に
雪が降るらん同志社の
同じ心に雪がふる
慕ふ新島先生に
涙に似たる雪がふる。

集まる昔の若き星
四十四回の記念日に
茲《ここ》は名のよき青山より
雪より浄《きよ》き誠をば
飛ばし埋めん君が墓
鶯《うぐひす》も啼《な》け聖者の御山《みやま》

（『同志社校友同窓会報』一九三三年三月一五日）

五、内ヶ崎作三郎

(一)「新島先生」(内ヶ崎作三郎)

新島先生に対するボクの態度は、見ぬ恋にあこがれる人の如《ごと》きものであります。先生に関する僕の智識は、書籍もしくは伝聞に属するものであります。

而《しか》して僕は、偉人として先生を尊敬します。

しかし、時勢は動いて止まず。徒《いたずら》に先生を追懐するも、何の益がありませう。たゞ先生にして、若《も》し今日の時代に少壮者として有りたらんには、如何《いか》なる活動をなさるべきかと、想像する時に於《おい》て、僕等青年と何等《なんら》かの交渉がありませう。然《しか》らずんば、死児の齢を数ふると違ひはありますまい。

(『基督教世界』一九一三年七月二四日)

(二)「内ヶ崎作三郎」(日本女子大学)

うちがさき　さくさぶろう。一八七七年～一九四七年(明治十年四月八日～昭和二二年二月四日)。宮城県に生まれる。第二高等学校在学中にキリスト教に入信。一九〇一年、東京帝国大学文科大学英文学科を卒業後、一九〇二年、早稲田大学講師となる。

一九〇八年、英国ユニテリアン協会の推薦留学生としてオックスフォード大学で宗教学・英文学を研究。一九一一年帰国し、翌一九〇二年、早稲田大学教授に就任。

東京ユニテリアン協会の指導者としても活躍。機関誌『六合雑誌《りくごう》』の主筆を務め、自由キリスト教の立場から、宗教・芸術・教育に関する多くの論文を発表。女子教育・婦人問題関連の論文も七点ある。

なかでも一九一九年四月号(四五九号)の「文明改造と女子高等教育」では、同年三月に死去した成瀬仁蔵を「女子高等教育の恩人」と讃え、同号に成瀬の「女子高等教育の必要」も掲載した。

また、民本《みんぽん》主義の普及に努め、婦人参政権獲得運動に協力すると共に、一九一二年には友愛会評議員にも就任。一九二四年、第二次護憲運動の高まりのなか、憲政会より衆議院議員選挙に出馬し、以後一九四二年まで連続七回当選。

その間、一九二七年国際連盟協会理事、一九二九年内務参与官、

一九三五年立憲民政党総務、一九三七年文部政務次官、一九四〇年大政翼賛会総務を歴任。一九四一年には衆議院副議長となり、戦後は日本進歩党に属した。

参考文献

・竹中正夫「内ヶ崎作三郎における人間と文化―『六合雑誌』を中心として―』（同志社大学人文科学研究所編『「六合雑誌」の研究』教文館、一九八四年）

・『家庭週報』五〇九号（一九一九年三月二八日）

（『日本女子大学学園事典』）

六、日野真澄

（一）「キリスト者列伝・日野真澄」

現住所　京都市上京区上御霊《かみごりょう》馬場町三七六
生国　山形県北村山郡東根町神町
所属教会　京都組合教会〔現日本キリスト教団京都教会〕

日野常盤氏の息にして、母は瀧子。明治七年一月十二日生る。小学卒業後、組合〔教会〕派の経営にかかりし仙台東華学校に学び、同校在学中、明治二十三年三月、宮城教会〔現仙台北教会〕に於て牧師三宅荒毅《あらき》氏に洗礼を受けたり。

而《しか》して同校卒業〔廃校〕後、同志社神学校に学び、卒業後渡米し、ユニオン神学校に入る。同校を卒業して、更にコロンビヤ大学に学ぶ。同大学を卒《お》へて帰朝後は、同志社神学校に教鞭を執り、専心学生の薫陶に当る。其該博《そのがいはく》なる造詣《ぞうけい》と徳望とを以て、多くの人物を我教界に出したり。

近年又、京都帝国大学文科大学講師たり。氏の著には『以賽亜《イザヤ》書講義』其他二、三種あり。明治三十五年四月十二日、文学博士

和田琳熊《りんくま》氏〔同志社普通学校教頭〕の令妹、その子と結婚し、四男四女あり。

（『信仰三十年基督者列伝』）

（二）「牧師列伝・日野真澄」

一八七四（明七）年一月十二日、山形県で誕生。一八九〇（明二十三）年東華学校に学び、信仰を得て受洗。〔同校廃校に伴い〕同志社神学校に入学。一八九七（明三十）年、卒業してユニオン神学校に留学。教理史を学び、卒業後コロンビア大学に移り、哲学を専攻。

一九〇〇（明三十三）年十月、洛陽教会〔京都〕伝道師を経て、同志社大学神学部教授に就任。一九〇四（明三十七）年十月二十四日、按手礼を領して伝道者養成に当たる。

一九一二（大元）年、神学部長となり、一九一八（大七）年、同志社紛争事件〔原田助《たすく》総長辞職騒動〕の渦中に在って、同志社を去り、キリスト教教理史の執筆に専念し、之《これ》を公刊された。

一九一九（大八）年一月二十五日、〔自宅〕火災の為、一夜にして五人の愛児とその蔵書の一切を失うと言う悲劇に遭遇。その後、神戸高等商業学校講師、教授となり倫理学を講ず。

一九二九（昭四）年九月、同志社大学教授に復帰。一九三九（昭十四）年三月退職。二年間引きつづき講師として出講された。神学部に帰ることはなかったが、『イザヤ書注解』、『ガラテヤ書注解』等の著作により教界に貢献された。

一九四二（昭十七）年八月、京都を去り横浜へ、更に平塚市へ移り、一九四三（昭十八）年五月十四日、静かに召された。六十九歳。

（『天上之友』三）

七、和田正幾

（一）「和田正幾《まさちか》」（平沢信康）

わだせいき〔名前の読み方については後述〕。一八五九年九月六日（安政六年八月一〇日）～四月二三日。江戸本所にて幕臣の末子として生まれる。大政奉還後、父に従って沼津に移住して少年期を過ごした。江原素六《そろく》の世話で旧幕臣の和田茂の養子となる。

上京して開成学校の官費生となり、化学を修めたが、十七歳のときコクラン〔G. Cochran〕から受洗し、伝道者になる決意を固め、同志社神学校に移った。

一年間、新島襄の薫陶を受けるが、健康上の理由で退学し、群馬県安中《あんなか》で静養中、安中や前橋で伝道に従事。〔当時、新島の指示に従って安中の湯浅治郎に預けられて修行中であった長田《おさだ》時行などと安中伝道に従事したり、安中教会初代牧師の海老名弾正《だんじょう》を助けて前橋伝道の端緒を開いたりしたものの、〕この〔上州〕伝道を通して、伝道には不向きであることを覚り、一八八一（明治十四）年、上京して耕教学舎で数学、物理、化学、英語を教えた。

弱冠二十三歳にして、元良《もとら》（杉田）勇次郎〔神戸バンド〕と共に耕教学舎の運営責任者に抜擢される。耕教学舎は東京英学校となり、一八八二（明治十五）年、美會神学校と合同し、更に翌年九月には青山の地に移転し、校名を東京英和学校に改めた（後に青山学院）。校名改称後も、引き続き教授を続けた。

東京英和学校で教鞭をとる傍ら、一時、第一高等学校でも教え、その学識の高さには、斎藤秀三郎や夏目漱石も敬服していたと伝えられている。

（平沢信康「近代日本の教育とキリスト教」六、『青山学院大学礼拝週報』二〇一一年九月一五日。「歴史が眠る多磨霊園」www6.plala.or.jp、二〇一八年五月二四日閲覧）

（二）「和田正幾と新島襄」（本井康博）

和田正幾の名は、同志社でよりも青山学院でよく知られている。ひとつには、同志社在学の期間が一年で終わっているのに対して、青山在職は四十年にも及ぶからである。

したがって、同志社では、同期生とも言うべき熊本バンドのひとり、和田正脩《まさなが》とよく混同されたりする。

同志社時代の正幾で一番言及されるのは、開成学校（東京大学前身校）から同志社へ転入学した時の動機である。

すなわち、熊本洋学校から同校に進んだ横井時雄や山崎為徳（いずれも熊本バンド）と共に三人して大学を中退し、同志社に転入学したのは、伝道者になるためであった。官立の開成学校では、キリスト教や宗教教育への評価が極めて低いことが、彼らの反発を招いたのである。

結果的には、三人はキリスト教伝道を一時的には手掛けたものの、最終的にはキリスト教に基づく教育者への道を選ぶことになった。たとえば、和田の場合、同志社中退後、同志社仙台分校の東華学校で廃校まで数年間、献身的に働いた。とりわけ、副校長の市原盛宏が、イェール大学留学のため学校を去ってからは、副校長代理（実質的には校長代理）として、学校を支えた中軸スタッフとなっている。

青山学院が所蔵する履歴書には、仙台時代のことが、以下のように記述されている。

「明治廿一年一月、陸前国仙台私立東華学校教員トナリ、数学、物理、化学、英語科等ノ教授ヲ担任シ、同廿二年七月、校長代理トナリテ教務ヲ兼ネ、同廿五年、閉校解職セラル」（重久徳太郎「東華学校の英学」四頁、『日本英学史研究会研究報告』六六、日本英学史学会、一九六六年）。

その後は、仙台から東京に転じ、ひたすら東京英和学校（現青山学院）である。いわば創設者のひとりである。

彼が同校に移ってから、およそ四十年後の一九三二年に、東華学校関係者は、学校の旧敷地に記念の石碑を立てた。表面には旧教職員（二十六人）と建碑賛同者（七十六人）の名前が刻まれたが、前者の場合、和田の名前は新島襄（元校長）と市原盛宏（元副校長）の両名（いずれも故人）の次に置かれている。

一方、後者の賛同者としても、いまだ健在の和田の名前が真っ先に来る。おそらく寄付も惜しまなかったであろう。彼の仙台分校への篤い想いが窺える。

その和田と京都にいた新島校長との交流はどうであったのか。両者間で交わされた手紙類は、残されていないので、詳細は不明である。しかし、同僚のJ・H・デフォレストが仙台から京都に赴く際に、彼に託した書簡（英文、一八八九年六月頃に作成か）が一通だけ、同志社に保存されている。

それによると、新島は校長として卒業式（六月）に祝電を送信したいので、事情を知らせてもらいたい旨のハガキを市原に書き送った。だが、それに対する返信は、なされなかった。

七月に及んで準備委員会のミスであったことを知った和田は慌てて、近く京都に赴き新島に会う同僚のデフォレストに対して、直接に会って事情を伝え、東華学校の校長でもある新島を「蚊帳《かや》の外」に置くような非礼を詫びてほしい、と依頼に及んだ。同書には、「私が先生〔新島〕に手紙を出そうとも思ったが、あなたが直接〔会って〕説明するほうが、私が手紙を書くよりもはるかに有効でしょう」との断りが添えられている。

和田によると、この委員会の構成は市原、片桐清治、小川（則要か）で、この三名がすべてを仕切ったので、自分は一切は承知していないという。

手紙の内容はともかく、改めて問題にすべきは、和田の署名である。「S. Wada」とある。本人は「正幾」を「せいき」と呼んでいたのであろうか。

これまで、彼の名前の読みに関しては、拙著はもちろん、同志社大学が編集、出版する刊行物では、すべて「まさちか」というルビを私は振ってきた。事典でも松田重夫「和田正幾」（『日本キリスト教歴史大事典』、教文館、一九八八年）に代表されるように、通常、読みは「まさちか」である。

改めて調べてみると、開成学校を同時に中退して同志社に転じた三人組のひとり、横井時雄に次の一文がある。「この人〔山崎〕は基督教を信ずると云ふ訳で、明治十年に、今の青山学院に居る和田正規〔と〕自分と三人で、同志社に来った」（『創設期の同志社』二六六頁）。

「正規」という漢字表記はミスであるが、ここから「せいき」と呼んでいたことが窺える。そう言えば、先のネット資料でも、平沢氏は「わだせいき」と表記する。

後考を俟ちたい。

（三）青山学院の創設（本井康博）

本書では、新島の教え子たちがその創設や基盤形成に尽力した学園の例として、学農社農学校（三六頁以下）、東京専門学校（早稲田大学、二二九頁以下）、東華学校（二六五頁以下）、日本女子大学校（日本女子大学、二九五頁以下）を紹介する。

そうした流れの中に、いまひとつ付け加えるべきケースが、青山学院である。同院は三つの母体から誕生した学園である。女子小学校（一八七四年）、耕教学舎（一八七八年）、そして美會神学校（一八七九年）である。いずれもアメリカ・メソジスト監督教会派遣の宣教師によって設立された。

このうち、中軸とも言うべき耕教学舎は、J・ソーパーが築地に創設した。ソーパーと言えば、津田仙の一家に洗礼を授けた宣教師としても、名が知られている。

この耕教学舎の創立直後に教員として呼ばれたのが、和田正幾である。相前後して、元良（杉田）勇次郎も呼ばれ、二人とも学舎の運営委員に若くして抜擢された。ついで和田は、かねてから交流のあった長田《おさだ》時行にも声をかけ、学舎の基盤整備に共に貢献した。

もともと彼ら三人には、同志社の分校を東京に作りたいとの夢があった。すぐにはそれが叶わないこともあって、いわばその準備、あるいは代替として取り組んだ学園作りが、耕教学舎であったと言えなくもない。

要するに恩師新島による同志社創設を見倣い、彼の志を東京で継ごうとした試みである。

ちなみに新島の教え子たちが関わった学校のうち、学農社農学校、耕教学舎、東華学校の三校は、新島生存中の試みであった。それに対し、東京専門学校と日本女子大学校における教え子たちの働きは、新島死後の取り組みである。

八、青木要吉

（一）〔「同志社入学当時」〕（青木要吉）

私は十二月の末、〔岡山教会牧師の〕金森通倫《みちとも》氏に伴はれて、恰度《ちょうど》〔岡山から〕神戸女学校〔現神戸女学院〕へ行く途中の、小野英二郎氏の夫人〔となる税所《さいしょ》〕つる子氏と同船して、神戸迄行った。

神戸では浮田和民氏が、神戸女学校の教頭をして居られた吉田作哉氏と二人で、『七一《しちいち》雑報』を発刊して居た。私共は、宿屋に泊らずに其所へ一晩泊めて貰て、翌元日に新島先生の御宅へ着いた。

恰度其時、同志社の生徒が沢山、新年の廻礼に来て居た。私は其頃、未だ十三歳位の子供であったから、新島先生が非常に可愛がられ、夫人も亦、私の袖の中に菓子や蜜柑《みかん》を一杯入れて呉《く》れた。

〔中略〕

私は学校一番年少者で、誰と角力《すもう》しても、一人も私が勝てる人は無かった。其かはり、誰にでも可愛がられた。

私は京都へ来て、新島先生の御宅で草鞋《わらじ》を脱いだので、先生の御宅へは屡々《しばしば》遊びに行って、夫人から袖の中に蜜柑や菓子を一杯、行く度《たび》に入れて戴《いただ》いて、悦んで帰ったものだ。

或る正月休みに、屡々新島先生の家へ遊びに行く友人、五、六人と例の如《ごと》く遊びに行って、しる粉の御馳走になった」。

（『創設期の同志社』）

（二）青木要吉関連文献（本井康博）

青木については、鏑木《かぶらき》路易《るい》「青木要吉、山本唯三郎――同志社出身の異色の兄弟――」（『新島研究』九三、新島研究会、二〇〇二年）が詳しい。

この兄弟に関しては、同志社では弟の唯三郎の方が知名度が高い。船成金で財をなした実業家で、大学昇格に合わせて、二代目図書館（現啓明館）の建築費を母校に寄付したからである（山本については、拙稿「三十六歌仙をバラ売りした虎大尽《だいじん》――山本唯三郎」、『同志社時報』一一八、二〇〇四年一〇月を参照）。

兄の要吉は、キリスト教主義学校の教員として人生の大半を歩んだが、最晩年は唯三郎同様に実業界（石炭商）に転じ、成功を収めているのは、奇しきことである。要吉の数少ない評伝に『吾妻商会創立者　青木要吉の生涯とその時代』（刊記未記入）が作成されている所以《ゆえん》である。

しかし、教育者としての使命は生涯を通じて持ち続け、実業のかたわら一九一七年には私立日出学園（千葉県市川市）を立ち上げ、初代理事長に就任した。ただし、校是は「日本精神の涵養」である。

永眠後二年して、森田敬太郎編『青木要吉追憶集』（青木正雄刊、一九四〇年）が刊行された。

（三）「青木要吉」（本井康博）

一八六七年～一九三八年。島根県浜田出身。旧姓は坂齋《さかなり》要吉。同志社普通学校では田中兎毛《ともう》と同期である。

学内サークルの同志社文学会の委員長として、『同志社文学会雑誌』の発行に尽力する一方、信仰の育成にも努め、在学中にいまの同志社教会で新島牧師から洗礼を受けた。

普通学校を出ると、同志社神学校に進み、一八九〇年六月に卒業。ただちに東華学校に赴任して、留学のために同校を退職する岸本能武太《のぶた》の後任を務めた。赴任時には、同志社を中退して東華学校に転校する児玉花外を同伴した。児玉によると、青木は英語の教員として仙台に赴いたという。

一八九二年、同校閉校後は、アメリカに留学し、イェール大学で経済学を学ぶ（ちなみに児玉は札幌農学校予科に転入学した）。帰国後、岡山尋常中学校（現・岡山県立岡山朝日高校）の英語教師、教頭や山陽高等女学校（現・山陽学園大学）校長を歴任する。

その後は実業界に転じ、最後は吾妻商会を立ち上げ、実業家として活躍した。

（『東華学校ものがたり』八頁、二九頁）

なお、青木の受洗に関しては教会（同志社教会）の記録に混乱が生じている。同志社在学中という点では共通するものの、一方では一八八三年四月二十七日、新島牧師から、他方では（新島死後の）一八九〇年十月三日、二代目牧師の金森通倫から、と記録されている。

（四）「初代理事長・青木要吉」（学校法人日出学園）

慶応三年十一月二日生まれ。要吉は岡山の出身で、明治二十三年、京都同志社を卒業し暫く仙台の東華学校で教鞭を執りました。その後、米国に留学し、エール、コロンビア大学で経済学を修めました。

帰国後、岡山中学教頭を務め、六高講師、山陽高女校長を兼ねました。その指導はきわめて熱心厳格で、主として英語、修身（現在の道徳）を講じました。

教え子の中には、山梨勝之進、星島二郎、大賀一郎、鶴見祐輔、安井誠一郎の諸氏がいます。

明治三十八年、実業界に転じ、大正六年、市川菅野に居を構えたのを機に、わが国の教育に志を立て、私立学校設立を企図しました。

（日出学園ＨＰ、www.hinode.ed.jp、二〇一八年五月三〇日閲覧）

Ⅶ　日本女子大学

一、日本女子大学への移籍組（本井康博）

一八九〇年を皮切りに、五人の同志社人が次々と東京専門学校（現早稲田大学）に赴任した。その直後の一九〇一年に、日本で最初の組織的女子大学である日本女子大学校（現日本女子大学）が早稲田近くの目白で発足した。これには、早稲田の大隈重信が創立総代者（委員長）として大きな力を発揮した。

同志社もまた、女子大学校に少なからぬ援助（とりわけ人事面）を与えた。ひとつには、創立者の成瀬仁蔵は、もともと会衆派（組合教会）の牧師で、新島襄牧師の同僚でもあった。それだけに、二人の交流は深い（拙稿「成瀬仁蔵」一七九頁以降、『新島襄の師友たち』思文閣出版、二〇一六年、を参照）。

いまひとつの事情は、新島の教え子たちが、女子大の設立に駆けつけ、学園の基盤形成に尽力したことである。移籍組の人数は、早稲田へ移った同志社人（五人）の二倍を超える。数的な大きさだけから言えば、早稲田の場合が「輸血」（本書二三〇頁参照）ならば、日本女子大学校の場合は一種の「臓器移植」と言えるかもしれない。

日本女子大学と同志社との交流の凡そについては、次の拙稿ですでに明示した。

① 「自由自治の学園を目指して――同志社から日本女子大への細い道（一）――」（『元祖リベラリスト』思文閣出版、二〇〇八年）

② 「日本女子大学の影武者たち――同志社から日本女子大への細い道（二）――」（『魂の指定席』同前、二〇〇九年）

これらの検証に基づきながら、要点だけを改めて抜き出してみたい。

まず同志社から目白への「頭脳流出」であるが、開校時に移った麻生《あそう》正蔵、塘《つつみ》茂太郎、松浦正泰、浦口文治の四人が最重要人事である。

開校以後となると、（非常勤講師を含めて）浮田和民、元良《もとら》勇次郎、村井知至《ともよし》、服部他之助、松本亦太郎、村田勤《つとむ》、奥太一郎、大森兵蔵《ひょうぞう》、長岡擴《ひろむ》といった人材（いずれも信徒である）が、同志社や他の学校から着任、もしくは出講した。

以上の人物のなかでは、麻生の働きが突出している。成瀬と並ぶ実質的な創立者の名前に背かない。開校後は、学監（副学長）

として成瀬学長を補佐するばかりか、事務長の塘と共に大学を軌道に乗せるための基盤整備に努力した。

成瀬は臨終の床で他の人を遠ざけて、彼ら二人だけを枕辺に呼び、「まったく安心だ。すべて満足だ」と言い残したという話は、よく知られている。成瀬から絶大な信頼を寄せられた麻生は、二代目の学長として、継続して学園造りに精力を傾注した。

その麻生が目指した学園のモデルは、新島襄による同志社教育であった。自身でも、教育者としての新島を敬慕した。麻生の周辺で、彼に協力した同志社人もまた、信徒として影武者のごとく、同志社の女子大バージョンの形成に努めたことは、間違いない。

創業者同士の繋がりから、今も早稲田と同志社が親しい関係にあるように、日本女子大と同志社（女子大学）もまた、姉妹校的な縁戚関係を結ぶに至っており、毎年、学生を交換（国内留学）する制度を享受している。

二、麻生正蔵

（一）「明治の三大教育家　福澤諭吉・新島襄・成瀬仁蔵」（麻生《あそう》正蔵）

（成瀬校長の〔永眠〕一周年記念の辞）

〔前略〕私は所謂《いわゆる》新日本の三大教育家と〔昨年、日本女子大学卒業式の式辞で〕申しましたのは、皆様も御推察せられる通り、福澤、新島及び成瀬の三傑の謂《い》ひであります。〔中略〕

三人の教育主義を比較しますと、福澤先生は独立自尊主義でありまして、人間は宇宙間に於《お》いて最も尊い万物の霊長であるから、自ら尊重し、人に頼らず独立して行かなければならぬ。即ち独立自尊の人間を日本に多く造らねばならぬ、といふ事を主張されました。

新島先生は申す迄もなく、クリスト教を以て徳育の基本とし、知徳兼備の人間を造る、といふにありました。

処が成瀬校長になると、時代が違ひますから、余程考へが異って居りますが、教育の根本は信念涵養《かんよう》にあるとしました。これは新島先生の云はれたような宗派的のものではありません。〔中略〕

福澤先生は西洋の学術文明を基礎とし、殊《こと》に物質的方面の実学が基になって居《お》りますが、新島先生のは精神教育に力を注ぎ、耶蘇《やそ》教そのものを基礎にしました。故《ゆえ》にこれを成瀬校長に比すれば、多少狭隘《きょうあい》の点を免れないと思ひます。〔中略〕

福澤先生は、男子教育丈《だけ》に実際関係しましたけれども、思想上に於《お》いて、又実際の指導によって政治、経済、実業の改善を謀《はか》ったのであるから、規模が最も大である様《よう》に見えます。又福澤先生は、幾多の著述をされたのみならず、新聞を起されたのであります。

而《しか》して思想は政治、経済の外に、宗教、哲学にも及び、又社会改良をも演じ、特に男女の関係問題には、少なからぬ影響を与へたのであります。併《しか》し、事業も思想も広いが、深さは左程でもありませぬ様に思はれます。

新島先生は男子教育のみならず、直接女子教育にも従事され、〔同志社〕女学校をも並立されたのであります。新島先生は政治、経済のみならず、科学、哲学、宗教、文学の方面の教育を重んじたのでありますが、福澤先生と大に異なった所は、学校教育に教会の事業を加へて、根底から日本の精神界の改革を謀った所に存するのであります。

それで、新島先生の事業も思想も、福澤先生の如くに広くはありませぬが、併し深い所があったのであります。〔後略〕

（『家庭週報』一九二二年四月三〇日、五月一四日）

（二）「恩師新島襄先生の四十周年記念日を迎えて」（麻生正蔵）

恩師新島襄先生、逝去以来、春花秋月、本年〔一九三〇年〕本月〔一月〕二十三日は、正に四十周年の記念日に相当するのであります。私が志を立て郷関を出で、京都同志社に入学し、初めて恩師に師事する機会を恵まれたのは、明治十五年の秋、九月でありました。

顧みれば、既に四十八年前の人生一代の一昔であります。思い出多き過去を返り見、貧弱なる現在を眺めますと、誠に感慨無量、今昔の感に堪へないのであります。

私は入学以来、約六年の間、同志社に在学し、先生の崇高、熱誠なる人格の薫化《くんか》の下に勉強もし、修養も致す幸福な境遇にありましたが、四十八年後の今日に至るも、尚先生の門下生であるとか、弟子であるとか、教え子であるとか言ふには、頗るふさわしからぬ、不肖な、不徳無能の、呉下《ごか》の阿蒙《あもう》たる私であることは、真に慚愧《ざんぎ》至極でありまして、先生在天の霊に対して、深く御詫びを申し上げます。〔中略〕

私が成瀬〔仁蔵〕君と相提携して、我〔日本〕女子大学創立の事業に協力するに至ったのは、言ふ迄もなく、両人の間に宗教的信念、並に教育的思想の上に一致点が存すると同時に、相互の人格的信頼が存したからであります。

されど、成瀬君と事業を協力経営するに至る準備を具《そな》へて下さったのは、新島先生と私の母とであります。母の恩は別に致しまして、新島先生の高恩は、私をして成瀬君と協力せしめ、且《か》つ今日の私をして、今日の仕事を為さしめて居る原動力であります。

私の生活は同志社入学以来、先生の教育主義によってその方向を根本的に転換致しました。私の正しい人生観が、確立致しました。私は六歳の頃から、漢学流に教育されて来ましたが、同志社入学によって、私は基督教主義教育の影響、感化を蒙るに至りました。且又、私は教育法の真髄に触れた感を懐くことを得たのであります。

新島先生の賜物、同志社の賜物は大要《たいよう》左の三宝であります。

第一は、宇宙、人生の大本は宇宙の霊的生命であって、宇宙人生は此《こ》の霊的生命の表現であると共に、人生の目標は此の霊的生命の法則を遵奉《じゅんぽう》し、実現し、それと融合一致するに在ると言ふ宗教的信念に依《よ》って、人間は初めて真の幸福なる個人となり、社会、国家、世界を創造し得ると言ふ事であります。

第二は、人生は純真なる愛により、個人的にも、又国体的にも忘我、奉仕し、生活を営み、初めて各自の修養が磨練され、その結果、地上に天国を創造し得ると云ふ修養観、及び人生観であります。

第三は、学問研究の道は自動的、自発的、内発的であらねばならぬ。個人に依頼し、他人の助力によって、自家の思想、知識を増進するが如き学風の誤謬を自覚し、自力、自助によって自家の思想、知識の開拓を遂げ行く知力、其他の鍛錬を目的とする学風であります。

以上の三大宝は、同志社の主として実際生活の内に於て与へられたものであります。第三の自学主義は、学生の自学生活が私に教へたのであります。私は同志社入学以来、漢学以外の学科は、悉《ことごと》く自学的に学習したのであります。英語の発音から、英語の訳から、凡《すべ》て字引によって自学したのであります。

唯、自力によって理解し得ない英語丈《だけ》を最初の一年間は、自学教室内に巡回しつつ教へてくれた先生に、教へを乞ふのみでありました。此の後、卒業する迄、地理も数学も、科学も歴史も、心理学も倫理学も、論理学も何一つとして先生から講義注釈を聴いた事がないのであります。

而《しか》も教科書は、漢学の外、悉く英書でありました。かくの如き自学的学風の内に、教育されたのでありますから、私は我校を創立するにも、此の自学主義を実行せんが為でありました。

成瀬君も亦、自学的に学問を成し来った人でありますから、自然と意気投合したのであります。

又、第二の修養道も人生道も、共に学生間の実生活が教へてくれたのであります。

同志社の学生間の関係の内に、隣人愛は其処《そこ》にも此処《ここ》にも発露されて居ました。著名な一例は、学友吉田清太郎君が目下、救世軍少将である山室軍平氏の苦学に同情し、山室君の窮を救う為に数日間、自分の常食を廃し、死猫の肉を食ひ、数年の後に至って初めて、之を山室君に打ち開けたと言ふ善行美談があります。

そう言ふ美しい、温い精神的空気の感化によりまして、私の如き醜い、弱い人間も、自分を忘れて二人の学友の為に、腸チブスの看護に全力を注いだ美しい体験を恵まれました。

当時の同志社の学友間には、隣人愛の実生活が躍動し、それが私を教育してくれました。私を教育し、感化してくれたものは、単なる説教や感話ではありませぬ。説教も感話も、こうした隣人愛の実生活の背景があってこそ、有力であります。

こうした隣人愛の実生活を営んで、初めて修養も出来、又生きた人生観も確立するのであります。

自学主義実行の学風、隣人愛の実生活の学風、此の両学風は、当時の同志社特得の学風であって、同志社以外にはなかったのであります。

此の自学実行の学風と隣人愛の実生活による修養とは、実に同志社教育の生命でありますが、併《しか》し尚、其の根底の深処《しんしょ》に同志社教育の原動力が噴出して居るのであります。

それは、新島先生の確乎《かっこ》たる宗教的信念と、自由自発的の自学主義の教育法と、崇高熱誠たる人格であります。

而して先生の教育主義も崇高熱誠なる御人格も、共に先生の敬天畏神《いしん》、愛人愛国の信念の流露に外ならぬのであると、私は信じて居ります。先生は敬天愛人の信仰によって、日本帝国を救済しようと言ふ大念願に動き、その大念願は大能の神の力により成就せらるるものであると確信されたのである、と私は考えるのであります。

私が我校に於て実行しつつある信念徹底、共同奉仕、自発創生の三大教育主義は、私としてはこうして新島先生から教へられたのであります。

而して私はどうかして、此の三大教育主義を益々研究し、益々我校に実現発揮すると共に、私の母校も亦、此の三大教育主義の大本源となってほしいのであります。

それのみでなく、どうか我日本帝国の教育が、此の三大教育主義によって、生命づけらるる日の到来を熱願して止《や》まないのであります。

（『麻生正蔵著作集』日本女子大学成瀬記念館、一九九二年）

（三）「母校同志社初代教育の方針」（麻生正蔵）

〔前略〕新島先生は、元気旺盛の熊本バンド（後項〔省略〕参照）の諸先輩が学校の改善意見を提出して、頻《しき》りに軽侮痛罵《けいぶつうば》の言葉迄加へて、その改善を迫った時、逍遥《しょうよう》自若《じじゃく》たる態度をもって、謙遜にも懇《ねんごろ》にその意見を聴取され、直ちに之《これ》を採用し、断乎《だんこ》たる改革処置に出でられたと言ふ事を、私達は先輩学生から聴かされて、愈々《いよいよ》先生の高徳に敬意を拂ふたのである。

私達教育界の人間は、此《こ》の精神態度を模範として、修養に精進し、改善に努力したいものである。

筆が脱線して相済まないが、本筋に立ち返り、先生が帰朝〔帰国〕早々、知徳並行の教育を主張し、実行された事は、慥《たしか》に先生の達識と高徳とを物語るものでなくして何であらう。

同志社教育方針の特色の第一は、前項記述の通り知徳並行であるが、その第二の特色は、基督教をもって此の徳育の基本とすると言ふ事である。〔中略〕

時勢も時勢ではあったが、斯様《かよう》にして、私達当時の学生は未だ嘗《かつ》て、如何《いか》にして就職し、如何にして生活すべきやを教へられた事もなく、又考へた事もない。唯《ただ》、天下国家を如何にすべきや、その為《ため》には何事を成すべきや、を熟慮したのである。如何にして国を強くし、如何にして国を富ますべきや、を苦慮したのである。

私の如《ごと》き不徳無能の鈍物でも、一年在学後には、将来西洋に遊学して、大に学術を研究し、教育の実際を視察し、帰朝の上、九州福岡に私立の男子大学を設立し、救国済民《さいみん》の国士を教育し、国恩の万分の一をも報い奉《たてまつ》りたい、との志を立てたのであった。

〔中略〕

先生は少青年頃から束縛を嫌ひ、自由を愛し、遂《つい》に脱藩脱国して、北米新英州〔ニュー・イングランド〕に遊学するや、自由の尊信者たり、実行家であった清教徒の自由自治の精神と実生活とに接触し、大にその感化を受け、愈々自由愛好者、自由尊信者となって帰朝されるや、自由思想を教育に応用し、自由教育を主張し、実行されたのである。

併《しか》し、先生の尊信せられる自由は政治的自由ではなく、精神的自由、宗教的自由であって、「真理は汝曹《なんじら》に自由を得さすべし」と聖書にあるあの類《たぐい》の自由である、と私は信じて居る。

然るに、聖書に拠《よ》れば、神は真であるから、神が人間に自由を得さすると言ふべきである。換言すれば、神の心を心とするものは、自由の持主であり、自由の存在である。それは、真理を遵《じゅん》奉《ぽう》するものは自由である、と言ふのと同一意義である。

又、先生の自由は良心的自由であり、道徳的自由でありて、仰いで天に愧《は》ぢず、伏して地に愧じずと言ふ良心的自由や、孔子の「七十而従心所欲不踰矩」〔七十にして心の欲するところに従い矩《のり》を越えず〕と言へる道徳的自由を理想とするものである。〔後略〕

（『丁酉《ていゆう》倫理会倫理講演集』四〇九、一九三六年一一月）

（四）「卒業する私たちに送られたる〔新島先生の〕書翰《しょかん》について」（麻生正蔵）

（明治二十年同志社英学校英語科卒業、日本女子大学長）

〔書簡の本文〕

一書慎《つつしみ》テ〔卒業を迎えた〕諸君ニ呈ス。時下弥《いよいよ》御多祥《ごたしょう》、神恩ニ沐浴《もくよく》シ、天恵ヲ蒙《こうむ》リ賜フ事、慶賀ニ堪エサル所ナリ。陳者《のぶれば》、小生共両人〔新島襄・八重〕、去十一日京都ヲ出発シ、十二日ノ夕六時、横浜安着。

十三日ノ朝、同港ニ於《おい》テ原六郎君ニ面会シ、同志社予備校舎設立ノ為、一千金〔円〕ノ約ヲ受ケ、同日東京ヲ発シ、其《そ》ノ夕、黒磯ニ一泊シ、翌十四日、当福島ニ一泊。綱島〔佳吉〕氏ニ面会シ、縷々《るる》ノ談話ヲ為《な》シ、同十五日大雨ヲ侵《おか》シ仙台ニ来着。

同十七日、東華学校ノ開校式モ誠ニ華々敷《はなばなしく》相済ミ、先《まず》当校ノ一段落ヲ付クルニ至リシハ、慶賀ノ至リ。諸君ニモ此《こ》ノ校ノ為《ため》、且《かつ》喜ビ且祈リ賜ワン事ヲ望ム。

小生モ出発以後、海陸汽船ナリ、汽車ナリ、人乗車〔人力車〕ナリ、急行ノ旅路ニテ、幾多ノ無理モ為シ、随《したがっ》テ多分ノ疲労ヲ覚ヘタルモ、臥床《がしょう》スル迄ニハ至ラズ、碌々尚《ろくろくなお》天父ノ恩下ニ消光スルノ幸ヲ得タレバ、伏《ふし》テ御休慮《ごきゅうりょ》アラン事ヲ希図《きと》ス。

却説《さて》、小生京都ヲ発シテヨリ、一思想胸中ニ噴起シ、之ヲ黙々ニ附スル能ハザレバ、茲《ここ》ニ禿筆《とくひつ》ヲ把《と》リ、諸君ノ一覧ニ呈セントス。

諸君ヨ、諸君ガ笈《きゅう》ヲ負《お》ヒ、我ガ同志社ニ来ラレシヨリ已《すで》ニ五星霜《そう》ヲ経過シタルニ、何ノ失敗モナク、何ノ過失モナク、品行端正《せい》、志操卓抜、雪窓蛍火《けいひ》モ只ナラス。茲《ここ》ニ今回ノ卒業ニ至ルハ、襄大ニ諸君ノ為ニ賀《が》スル耳《のみ》ナラズ、襄等ノ為、同志社ノ為、我邦家ノ為ニ賀スル所ナリ。

然《しか》リ而《しこう》シテ、諸君ハ如斯《かくのごとき》モ今日ノ置位《ちい》ニ立チ、前途馨《かぐわ》シクシテ望ミアル旅路ニ足ヲ進メタレバ、諸君ハ襄ニ既ニ天父天使同胞ノ前ニアリ、馳セ場ヲ走ルノ撰士《せんし》ト云ハザル可《べか》ラズ。

進メ進メ好男児、決シテ退歩ノ策ヲ為《な》ス勿《なか》レ。諸君ヨ、今日我ガ日本ノ改良ハ、襄、諸君ニ望ムニアラズシテ将《はたま》タ何人ニカ之ヲ望マン。然レモ誤テ尊大ノ思ヲ為ス勿レ。

弥《いよいよ》謹ミ、益《ますます》勉メ、信以テ一身ヲ天父ニ任セ、義以テ一軀《いっく》ヲ邦家ニ抛《なげう》チ、志操ヲシテ清カラシメ、目的ヲシテ高カラシメ、尚進テ真理ノ源泉ニ遡リ、学術ノ奥蘊《おううん》ヲ究メ、歴史ノ沿革ヲ探リ、人事ノ秘訣ヲ弁《わきま》へ、泰然《たいぜん》トシテ書生ノ資格ヲ備へ、兀然《こつぜん》トシテ学者ノ品位ヲ保チ、英意勇進、些々《ささ》タル障碍《しょうへき》ノ為ニ避易《へきえき》セズ、区々タル情実ノ為ニ牽制《けんせい》セラレズ、天父ノ諸君ニ負《おわ》セ賜ヒシ所ノ義務ヲ尽シ、本分ヲ竭《つく》シ賜ハン事、襄ノ諸君ニ向ヒ切望シテ止マザル所ナリ。

諸君ヨ、襄宿痾《しゅくあ》ノ為、遠ク東奥ニアリ。卿等《けいら》卒業ノ式ニ臨ムヲ得ザルハ、深ク遺憾トスル所ナリ。

諸君ヨ、希《ねが》クハ益《ますます》遠大ノ策ヲ立テ、身霊ヲ安全ニ保護シ、襄ヲシテ再会ノ機ヲ得セシメヨ。書、万一ヲ竭サズ。敬白

仙台ノ一旅店ニ於イテ

新島襄

二十年六月十九日

同　志　社

五年卒業生御中

前書ハ草稿ナリ。襄書キ終テ、胸痛ヲ覚ヘタレバ、再ビ之《これ》ヲ清書スルノ元気ヲ失ヒタリ。伏《ふし》テ草稿ノ儘《まま》、諸君ニ呈ス。伏テ乱文ヲ恕《じょ》セラレヨ。

小生ハ本月一夜、仙台ニ止マリ、来月早々札幌ニ赴可申候。札幌ノアドレスハ、札幌北四条一丁目一番地、福士成豊方ナリ。

尚々、襄如斯《かくのごとく》遠ク山河ヲ隔ツルモ、日夜卿《きょう》等ノ為、天父ニ祈リテ止《や》マザルベシ。卿等モ亦、幸ニ襄ノ為ニ祈リ賜へ。内外ノ教員方、同志社ノ生徒一同ニ宜《よろし》ク御致声《ちせい》ヲ仰キ奉ル。

所感と念願

私は現代人に対して、聊《いささ》か拗《す》ね気分であるかも知れないが、最近の所謂名士の内には、線の細い、猪口才《ちょこざい》な、自己宣伝に長じ、人気取りに浮身をやつし、世に持てはやさるるのを得意とする才子少なからざるも、主義と立ち、主意と倒れる線の太い、度胸海の如く広く、黙々として済民救国の業に潜心し、世に知らるるを求めず、只管《ひたすら》敬天愛人の熱誠に生きて行く人のなき由を屡々《しばしば》耳にする時に際し、慈眼鉄腸《じげんてっちょう》、渾身是《こんしんこれ》れ誠の真人たる恩師、新島先生を想起させられ、実に感慨無量であります。

今より五十三年前の明治二十年六月二十四日、私共十名の同級

学生が、母校卒業の際に、宿痾保養の為めの東北旅行先きより病苦を押して、わざわざ書き寄せられたる先生の敬神、愛国、愛人、愛学生の真心の籠《こも》った訓辞の御尊翰《そんかん》を茲《ここ》に先生御昇天後の五十週年記念の日に際し、謹んで拝写の上、紹介して、感謝の誠を捧ぐると共に、我敬愛する男女の同志社人と共に五十有余年前の先生を偲び、その御高教を仰ぎたいと思ふのである。

何卒御精読下さい。

想ふに、先生在天の霊は、今も尚男女老弱の差別なく、私共同志社人全体に対し、同一の熱願、切望を懐かれ、私共を激励し下さって居らるる事と信じます。

然《しか》るに、私共十名の同級卒業生の生存者は、丹羽清次郎、村田勤《つとむ》、三谷種吉、麻生正蔵の四名丈《だけ》であり、中途退学の同級生生存者は、葛岡《くずおか》竜吉、佐藤惣三郎の両名であり、都合《つごう》六名が、当時の新入学者六十名中の生存者である。

而《しか》して私共、特に不徳無能の私の如きも爾来《じらい》幸にも大過なく、五十三年間の人生を送り得たるは、主として先生の御高徳の感化、影響の御かげであるが、遺憾至極《しごく》にも、先生に対して、深く深く御詫びせざるを得ざる一事は、先生の御期待の万分の一にも添う事の出来なかった事であります。

併《しか》し私は、それであるからと言って、決して退歩の策を採らず、却《かえ》って老躯《ろうく》に鞭打って、微力ながらも、先生の教訓を守り、勇敢に進み、進みて、聊《いささ》かなりとも我皇国、日本の改善向上の為め、万恩報謝の誠を捧げて努力し、晩年を出来得る限り有意義に送りたい決心覚悟であります。

蓋《けだ》し私の如き、不徳無能の不肖なる凡骨にも、天は何等かの使命を授けてあると、私は確信して居るからである。

勿論《もちろん》天与の使命、即ち天職は、人毎に大小や種類の相違はあるにせよ、何物かの天職が各人に与へられてある事を、私は確信する者であるが、要は之《これ》を自覚し、之を実現すべく努力するか否《いな》か、に存するのであると思ふ。〔後略〕

（『新島先生記念集』）

（五）「恩師と私との接渉《せっしょう》」（麻生正蔵）

恩師〔新島襄先生〕と私との接渉は、誠に短く、且《か》つ浅いのである。短い事はたいした意味はないが、浅いと言ふ事は頗る意義がある。

英雄豪傑を知るものは英雄豪傑であり、聖人君子を知るものは聖人君子である。先生と私とは月鼈《つきすっぽん》の差があるから、私如《ごとき》不肖の弟子は、到底先生を知り抜く事は出来ないのである。

私が明治十五年九月、同志社へ入学した頃、先生は在京〔京都在住〕中であったが、同十七年四月初旬、健康保養の為《ため》、欧米歴遊の途《と》に就《つ》かれ、同十八年十二月、約一年八ヶ月間の旅行を了《お》へて帰朝せられたが、約一年五ヶ月弱、在京の後、再度先生の健康、思はしくなく、私の卒業の年であった同二十年の晩春、初夏の候から、北海道〔札幌〕に赴かれ、保養せられたのである。

且又、同十六年、同志社大学創設の計画を発表して以来、先生は東奔西走に多忙で、在京出校の機会が少なかったので、私が在学五年間、先生から親しく薫陶を蒙《こうむ》った期間は、精々《せいぜい》二年半乃《ない》至《し》三年弱であった。

従って、先生の精神講話〔礼拝説教など〕を拝聴したのは、前後三、四十回位であることが、私の当時の日記から推定することが出来る。

私達の卒業の際は、先生が北海道で静養中であったから、不幸にも直接の訓辞を蒙ることが出来なかったが、その代わりに、書翰を寄せて、懇切なる訓辞を賜はった。

然《しか》るに、私達の同級生は、欠席教員の補充〔代講〕としての先生に数回の教授〔授業〕を受ける幸福と光栄とを恵まれた。

又私達は、正月に歌かるた会に先生の御宅に招かれ、先生並に奥様〔八重〕と一緒に遊ばせて戴いた事も往々《おうおう》あった。それから、一度或《あ》る小綺麗な上品な料亭に於《お》いて、先生から学友と共に鶏肉の御馳走に与《あずか》った事もある。

特に同志社教会設立準備相談の為には、屡々《しばしば》先生宅に集合し、親しく先生の尊い人格に触《ふれ》る事が出来、非常に仕合はせであった。

併し、私が最深の感激と最大の感謝とを体験させられたのは、私の母代わりの兄、才助が私の五年生の秋十月、死亡した結果、学費の供給が途絶《とぜつ》して、途方に暮れた挙句《あげく》、私は新島先生を訪問して、あの今尚、依然として旧時のままに保存されて居る書斎の机を挟んで、先生と相対座し、徐《おもむ》ろに自分の窮境《きゅうきょう》の由来と実状とを訴へて、助力を仰いだ所、先生は例の通り、あの慈眼をしばたたき、同情の涙を浮べ、愛腸のどん底から、にじみ出る激励と慰藉《いしゃ》との言葉を賜はり、「よく分かった、承知した。決して心配するには及ばぬ。精神一到何事不成〔何事か成らざらん〕やである。私が君の母と兄との代りとなって、学費を得る途《みち》を開いて上げよう云々《うんぬん》」と語られ、私の同志社入学の由来を聞き取って、大に喜んで下さった。

而《しか》してその翌日夕刻、先生から或る寮舎の廊下の毎朝の掃除と、ゲーニス〔M. R. Gaines〕先生の家族の毎早朝の靴磨きと、ラネット〔D. W. Learned〕先生の毎土曜日の書斎の掃除とを命ぜられ〔た結果〕、学費は有難く恵まれ、私は此《この》時初めて、先生の純真愛の人格に直接に触るる好機を授けられ、永劫《えいごう》不滅の感激と感恩の情に充《み》たされたのである。

（『丁酉倫理会倫理講演集』四〇八、一九三六年一〇月）

三、松浦政泰

（一）「母校の恩賜」（松浦政泰《まさやす》）

〔幸田〕露伴は早く衰へ、〔饗庭《あえば》〕篁村《こうそん》は疾《と》うに萎《しぼ》んだが、〔坪内〕逍遥《しょうよう》は今に栄え、〔森〕鷗外は盛に活動して居る。外国語の力はえらいものである。

顧みれば、余が相国寺《しょうこくじ》畔の〔同志社〕校門を出てしより、正に三十一年。世は驚天動地の変遷を重ねて、全然隔世の感があるのに、何等《なんら》専攻の学もなく、特秀の技もないのに、何《ど》うかかうか社会の進運に縋《すが》りついて居るのは、全く英語の御陰である。

その英語も読書力といひ、筆といひ、舌といひ、頗る怪しい事の限りであるが、それでさえ、これだけの助けをして居ると思ふと、英語の力の大なるには、実に驚くの外はない。余は第一に、此点《この》に於て母校に感謝する。

「同志社魂」を分析すると色々あらうが、余は平民主義を其の要素の随一と考へる。

故新島総長が、日常生活に於て将又《はたまた》生涯の大方針に於て、活例を示して実現を鼓吹せられたる平民主義は、慥《たし》かに我国現代の社会に取り、一服の清涼剤であって、我等が翻《ひるが》へす同志社てふ旗幟《きし》の鮮明な所以《ゆえん》の一は、慥かに此処《ここ》にあると思ふ。余は此点に於ても、亦《また》大に母校に感謝する。

殊《こと》に女子教育専門の余に取りては、實に涙謝の外はない。真に女子を尊重せねば、真の女子教育は出来ないが、真に女子を尊重する者、果たして世に幾千あらうぞ。

新教育を受けた男子すら、其《そ》の家庭の裏面を探ると、一向《いっこう》に妻君を信用せず、金銭萬端少しも任かさないといふような事が多い。

女学校参観の案内にも、バリバリの女教師よりヨボヨボの老事務員を喜ぶの奇怪な現象があるではないか。我等襤褸《ぼろ》の内にも、世界に換へ難い永遠不朽の霊魂が包まれて居るかと思ふと、乞食に対してすら、尊敬の念が起こるでないか。

余は真に平民主義を味ふ所の基督者でなくては、真の女子教育は不可能と断言するを憚らない。然《しか》るに、世の女学校に教鞭を執る者すら、動もすれば此の思想を欠くのは、実に嘆息の至《いたり》である。

〔中略〕

同志社はエライ学校なり。市原盛宏《もりひろ》、小野英二郎、浮田和民《かずたみ》、森田久萬人《くまと》、ケデー〔C. M. Cady〕、フォーク〔G. C. Foulk〕、服部他之助《たのすけ》などの諸大家が先生なりき。

新島先生などは、僕に取っては在っても無くっても一向《いっこう》、影響無けれど、マッガフィー読本〔『精選マクガフィー読本』〕を教へて下された志垣〔要三〕先生、数学の教授たりし米国休職海軍中佐フォーク先生、心理論理を教へ給わりし森田先生、生理学の講義に妙を得たる兒玉信嘉《のぶよし》先生、物理の栗生〔光謙〕先生、化学の下村〔孝太郎〕先生、希臘羅馬《ギリシャローマ》の神話を教へて下されたケデー先生、スウィントン萬国史の訳読を一日十一頁づつ進むるの妙を得し浮田先生、何んでも知らぬ事の無かりし服部先生、講義が熱心になると、プラットホームから知らず知らずに足を踏み外す小野〔英二郎〕先生なぞの御恩は、今に忘れ難く、教へ下されし事ゝ物ゝ、日々の役に立ちつつあり。

殊に難有《ありがた》く思ふは、森田先生とフォーク先生となり。僕は森田先生に依《よ》り、真善美、殊に真に渇仰《かつぎょう》すべきを教えられ、フォーク先生により、人生は何事にも熱中して一意専心ならざるべからざるものたるを学びたり。

同志社はエライ学校なり。僕に基礎学問を教えたれば也。

僕の著書

偏愛文学（発売禁止）、有美臭、続有美臭、善魔哲学、八圓旅行、市川團十郎論（現代百人豪の内）、有美道、中学罵倒論、女学生々理、有美全集上巻（発売禁止）、性欲哲学（発売禁止）、学理対照九星淘宮《とうきゅう》術奥伝講義、世界の新しい仏閣西女、斯《か》くあるべき女（中央公論の内にて発売禁止）。発売禁止前科四犯となる。

（『同志社時報』一九一四年六月二五日）

四、村田勤

(一)「先生の人格と真情」(村田勤《つとむ》)

予は新島先生を教の親と思ふて居《お》る。教師が欠席すると、先生代って我々を教えられた英語も、数学も、その他の学科も習ふたことがある。

教師としては、先生の教へ方を上手と思はなかった。先生は晩年大博士〔名誉法学博士。LL. D.〕の学位を受けられたが、学者とは思はない。当時雄弁を以て鳴り、名論卓説を吐いて我々を動かした人は、外《ほか》に多く有った。

先生が我々の心を動かし、三十年後の今尚、吾人《ごじん》を動かして居るものは、先生の人格である。その熱烈なる真情である。先生は人の外貌を見なかった。その爵位や、官職や、財産によって人を軽重しない。破帽《はぼう》粗服の一青年を引見するにも、堂々たる紳士に対するの礼を失はなかった。

足に接吻するが嫌さに、羅馬《ローマ》法皇に拝謁することを断念した先生は、態々《わざわざ》一貧書生をその玄関の端まで送って、丁寧に辞儀をなされた。忠僕〔学校用務員の松本〕「五平」を「さん」づけにされたは、先生一人だ。〔自宅に来訪した〕盲人にさへ、上衣を着て居ないことを詫られた。

嗚呼《ああ》、先生は人間を平等に視《み》た人である。人間の内的価値を認められた。神の像に《に》肖せて造られたものとして、人を尊敬された。

(『基督教世界』一九一三年七月一〇日)

(二)「同志社存立の価値」(村田勤)

母校の発展隆盛を願望する事は、多少厚薄の差こそあれ、幾千の校友中、一人の異存者なきこと、信ずる次第である。母校の光栄は、我等校友の光栄とするところである。

予は嘗《かつ》て、両三名の校友等が、立身出世の都合上、同志社に学んだことを後悔すると話せしことを覚へて居るが、それは定めし、帝国大学とかその他世に出てから、羽振りの良い、又学閥の勢力に頼ることの出来る学校に入らなかったことを残念に思はれたのであろう。

この歎声を発せらるゝ人は、決して予の聞いた両三名丈《だけ》でなかろう。又社会の内部に入り、殊《こと》に一頭地を抜かうと多少成功をあせる人々には、無理からぬ事であらう。

幸か不幸か（自分一己《いっこ》に取っては、幸福と思ふ）、予の如き何等《なんら》卓越した才能なくして、身を宗教界及び教育界に投じた者は、左《さ》ほど困難を感ぜずに済んだやうに思ふ。

否々《いないな》、予は明治十五年、同志社に入学して、親しく新島先生の薫陶《かつ》を受け、且同志社精神の溌剌《はつらつ》として青年の肺肝《はいかん》に貫徹した母校の太古時代の空気を吸い得たことを、感謝して止《や》まない次第である。

不正不義を蛇蝎視《だかつし》して、社会何《いず》れの場合に之《これ》を発見するも、之を排斥し、之と奮闘する勇気。実践躬行《きゅうこう》、自ら範を示して子弟に臨むところの主義。人間の内的価値を認めて、平等に人に対する心。

凡《およ》そ予の為すところ、言ふところ、予の生涯に何よりか社会同胞に貢献するところありとせば、その半《なかば》は父祖の遺伝にして、半は同志社の賜である。新島先生、及び其の他先輩等の恩賜である。現在及び将来、予が為さんとし、又為しつゝあることは、先生に受けた恩を時代の国民たらんとする青年に返すことである。

二十三年、先生の葬式の日の旗〔幟《のぼり》〕にかき記された自由教育〔・自治教会〕の主義は、吾人の今尚、持する主義である。〔他の幟に記された〕「我等は予に与《あた》へんとす」の語は、吾人の今尚、服膺《ふくよう》して居る警句である。

新島先生の精神は、若王子山頭に在るのでない。寺町丸太町の旧邸にもなからう。又同志社だけに潜んでいるのでもない。真に先生を知る者の裡《うち》に、生きて居るのである。

故《ゆえ》に先生は、日本帝国に充《み》ちて居る。否、世界の各処に散布して居る。

「本校教育の旨意《しい》は、才子や芸人を造るのでない。キツイ、ゴツイ、ドッシリした人間を造くることである。気骨あり、主義一貫せる有為《ゆうい》の日本男児を出すことである」といはれた、沈痛にして荘重なる先生の音容、終生、予の記憶から消えることはなからう。

「ア、先生よ、我ここに在り」と絶叫し得る校友の多からんことは、先生の最も喜ばるゝところであらう。

予は母校の発展拡張に、二通りあると思ふ。一は、以上述べた如き同志社の主義、精神の拡張である。二は、社会に於ける同志社出身者の成功である。

第二のものは、花々しく、又目覚《めざ》ましいが、第一の方は甚《はなは》だじみで、あまり目立たない。

〔同志社大学設立のための〕基本金三十余万円の大部分は、第二者の寄附といはねばならぬ。中には同志社の主義、精神を持しながら、成功して居る人も寡《すくな》くないが、さうでない向きもあるかも知れぬ。

母校の内部に於ても、始終二つの傾向が、戦って居るやうに思ふ。有体《ありてい》にいへば、此二分子の調和が、現今同志社繁栄の基を成して居るやうに思ふ。どちらが上か下か。どちらが運転師士でどちらが火夫、水夫の働きをして居るか。その辺《あたり》は見る人々の考へやうであろう。

予は切に、この両方面の拡張を希望して止《や》まない。第二方面丈《だけ》の拡張なれば、同志社は慶応義塾に比して、全くその光輝を失ふものである。否、東京高等商業学校〔現一橋大学〕にも劣るであらう。

同志社存立の価値は、その主義、精神にある。同主義、同精神の人々が、社会の各方面に活動することである。

若《も》し同志社が、その特徴を失ふたなれば、如何《いか》に外面的に繁昌しても、世間は同志社に尊敬を払はぬであらう。吾人は同志社の名に、葬りの鐘を鳴らさねばならぬと思ふ。

不正不義を寛容し、姦悪汚穢《おわい》を排斥する勇気を失った同志社（もしそんな時代が将来に来ると仮定せば）は、予の為に母校でない。一の墳墓である髑髏《どくろ》であると思ふ。

わが母校の隆盛を祈るのあまり、『同志社時報』第百号の発刊に当り、無遠慮に所感を吐露《とろ》して、祝辞に代ふ。

（『同志社時報』一九一四年六月二五日）

（三）「徳の人熱情の人」（村田勤）

（明治二十年、同志社英学校英学科卒、教育家、昭和二十二年十二月二十七日永眠）

一個の人間を形造くる上に働く要素をかぞへて見ると、その人の意識するものだけでも無数であらう。普通にいふ遺伝・環境・教育はたゞその大綱を総括したものに過ぎない。

七十四歳にして、七十三年間の功罪錯綜する我が生涯を顧みるとき、万感交々《ばんかんこもごも》起こりて、笑ひたいこともあれば、泣きたいこともある。冷汗背を湿《しめ》すこともあれば、ア、あの時は仕合せだったと自祝《じしゅく》する場合もある。

何せよ私は、遺伝から受けた良いものは、極めて少い。その上、十七歳以前の環境は最悪であったから、若《も》し自分の如きものに幾分でも取るべきところがあり、些少《さしょう》でも社会同胞を補益《ほえき》し得たことがありとすれば、それは新島先生首《はじ》め、諸先生、諸学友の感化、言ひかえると同志社教化の所産であると言はねばならぬ。

創立後十余年間、同志社へ入学した者の中には、非凡な俊才、大器もあったが、多数は平凡な青年であった。試験によって選抜するどころか、入学志望者はすべて歓迎した。その上、生徒の出入〔入退学〕、極めて頻繁、不規則であった。

一年生の時、六十名あった予のクラスが、明治二十年卒業の際、九名に減じたことが、適例であらう。予の如きは平凡組の筆頭であり、おまけに常識を欠き、社交に疎《うと》く、処世法に暗かった者が、覚束無《おぼつかない》ながらも人の師として今日に至り得たことは、偏《ひと》へに同志社スピリットと、その一種特別なアトモスフイーアの賜《たまもの》として感謝せざるを得ない。

今一つ、不断の勉強を続ける習慣を母校で養はれた事を感謝する。

その精神の発電所であり。そのアトモスフィーアの中心点となり、済々《さいさい》たる多士に仰がれ給ふた新島襄先生は、どんな人であったか。

予は先生は才人でなく、学者でなく、徳の人であり、熱情の人であったと思ふ。至誠・堅忍・謹厳・謙遜の君子であったと信ずる。

但《ただ》し、二十三歳から約十年間、四六時《しろくじ》中たえず呼吸されたニュー・イングランドの清教徒的家庭・社会の感化が、先生の人格に及ぼした影響を看過することはできない。

大体その感化は、先生の徳を進めたが、時としてはそれが先生の欠点の原因となりはしなかったであらうかと考へる。妄評多罪。

（『新島先生記念集』）

(四)「同志社教育の真相」(村田勤)

〔本論文は村田氏が『教育論叢』六月号に寄稿せられたものであるが、今回特に氏の御快諾を得たので、会報第四十五号〔本紙〕の附録として転載し、普《あまね》く校友同窓諸兄姉にご紹介せんとするものである。茲《ここ》に村田氏の御厚意を深く感謝する〕。

いまから五十五〔五十四〕年前〔の一八七六年に〕、京都市の東北隅、相国寺の門前に開かれた〔移転した〕「官許《かんきょ》同志社英学校」はその見地から見ても、外に類例の少ない教育上の施設であり、又実験であった。何人も再び繰り返すことのできないユニークな実験であった。〔中略〕

明治四年、廃藩置県が行はれ、三百万の士族階級が先祖代々、夢にも考へなかった生活問題に直面すべく余儀なくされ、立身出世の第一条件として教育資格の必要を痛感した時、帝国大学の前身なる東京開成学校が、神田錦町〔新島襄が誕生した旧上州安中藩邸跡地〕にあってまだいとけなかった頃、西洋の学問を教へる私学としては、三田《みた》の慶応義塾と小石川にあった中村敬宇先生の同人社（明治六年創立）と京都の同志社英学校だけであった。

同志社は明治八〔一八七五〕年の秋、京都寺町通丸太町上ル松蔭《しょういん》町高松邸内で呱々《ここ》の声を揚げた。教師三名〔新島校長を含めて〔実は二名〕〕と生徒八名であった。

後ち東京帝国大学文科の教授として令名高かった元良〔勇次郎〕博士、中島〔力造〕博士、日米貿易に尽力された上野栄三郎〔皆故人〕、今尚健在の堀貞一牧師等は、その八人の中に居られたのである〔堀の入学は八人以後〕。

同九年九月に、維新の際、勤王諸藩の志士、豪傑等が屢々《しばしば》集合して策を練り、議を凝《こ》らした相国寺畔の薩摩屋敷跡の新校舎に移った。入学者も漸次増加したが、百名を越へたのは明治十四年頃であった。

明治十二年から〔新島が永眠した〕二十三年まで、十二回の卒業生の総数僅かに百四十餘名に過ぎず。その中一回の卒業生が、十名、否五名にも満たなかった事が度々《たびたび》あった。同二十四年から二十九年まで六回の卒業生は、二百二十名。両方合せても三百六十名に足りない。（但し本校の中堅普通科だけの計算である）。

この総数は、近頃の隆盛な大学一ヶ年の卒業生の何分の一にしか当らない。たとひ一、二年でも同志社に学んでその感化に浴した者は、やはり同志社メンであるが、その数とて極めて寡《すくな》かった。

但し、それらの人々の中に、卓越した有為の人物が多かった事は事実である。

要するに、同志社繁栄の最大原因は、官立学校の不整備であった際に、その時代の青年の欲望を充たした点にあったと思ふ。外国人から直接に英語を教へられ、原書によって世界最新の学問を修め得る学校は、上述の如く極めて少数であり、とりわけ関西方面では同志社以外には一つもなかった。

但し、同志社の興隆を少からず制限したものは、世人から忌《い》み嫌はれた耶蘇教主義といふ大看板であった。この看板あるが為め、入学を躊躇《ちゅうちょ》し、一旦入学しても、半途《はんと》に退学した者が多かったやうに思ふ。勿論一方では、これある為に、或は新島先生の学徳を慕ふ動機から、入学したものも寡《すく》なくなかった。

同志社は普通我国でいふところのミッション・スクールとは、稍々《やや》その趣きを異にしてをる。

ミッション・スクールは、布教の方便として設けた学校である。教育は手段であって、目的でない。宗教宣伝の為に学校を方便とするのである。資力はすべて外国伝道会社〔ミッション〕が供給し、校長及び教師の俸給も、同様である。随《したが》って、其学校の教育方針も経営法も職員の任免も、外国教師によって支配されることになる。

ミッション・スクールの現状を観《み》るに、今尚ほ、外国人が最高幹部となって、日本人が補佐役をつとめておるものもあれば、表面日本人に委託して、実権をミッションの代表者、又は委員会が握ってをるものもある。

或《あるい》は名実共に日本人に打ち任《ま》かせて置いて、外国教師は単に助言者たるに満足するものがある。同志社は創立以来、この最後の種類に属していた。

キリスト教主義の学校を、仏教本山の巣窟である京都市内に設ける為に、これに反対の態度であった（実は市の趨勢《すうせい》を考へて、然かせざるを得なかった）京都府庁の手を経て、中央政府の許可を受けることは、新島先生が最も深く苦心された点であった。

同志社教育の大方針は、いわば新島先生の愛国熱誠によって決定されたのである。元治元年、国禁を犯して密航を企て、ほとんど着の身着のまゝ、僅少《きんしょう》の小遣と二《ふ》たふりの日本刀とを携帯し、船員の労働に服しつゝ、南支《なんし》〔中国南部〕の諸港に立ち寄り、喜望峰を迂回《うかい》して、慶応元年の夏、ボストンに着し、幸にも仁人《じんじん》ハーデイ氏夫妻の扶助の下に十年の修養を了《おわ》り、明治七年の末、帰朝された先生は、正しく当時のハイカラ新帰朝者であった。

維新の風雲の中に養成された青年武士は、今や新英洲〔ニューイングランド」の一紳士となって、帰朝したのである。清教主義の教育と泰西《たいせい》文化の訓練を受けた日本人である。その表面には、聊《いささ》か西洋心酔の香がたゞよってゐたと雖《いえど》も、その内部には、依然として大和魂の烈火が燃えてゐたのである。

先生おもへらく、欧米文化の宗教的教養に存す物質的文化を移植する人々は、他に適仕者あらん。自分は精神的方面に全力を尽くさんのみと。

故《ゆえ》にキリスト教の倫理によって、日本青年を訓育教化することを自己の使命と信ぜられたのである。欧米最新の学識を有する、篤心高徳の人物を養成することが、取りも直さず、国家に奉仕する所以《ゆえん》であると信じられた。智力と品性を有する人物が、社会の各方面に立って活動することになれば、その感化によって、キリスト教の伝道は、期せずして待つべきであろう。

これ先生が、最初に高等普通教育の機関を設け、進んで私立大学設立の必要を唱へられた所以である。よしその実現は、遅《お》くれたにせよ、野にあって民間有志の力によりて、私立大学の設立を唱道したのは、先生が最初の人であったと思ふ。

なお一段、高所に立って観察すれば、嘉永、安政以来、我国内を風靡《ふうび》した敵愾心《てきがいしん》が、当時の青壮年の頭脳を猛烈に刺激したことは顕著であった。保守的な輩《やから》は徒《みだり》に切歯扼腕《せっしやくわん》して攘夷《じょうい》説に賛同したのであるが、思慮ある進歩的青年は、虎穴に入って虎子《こじ》を捕へんとするの概《がい》があった。

先生より十年前に渡米を企て、失敗した吉田松蔭の意気には、幸にその目的を達せられた新島氏のそれと似通ふ点がある。先生は「洗礼を受けた吉田松陰」となられたのである。

萬延元年、幕府の使節に随《したが》ふて米国を観察し、又、文久二年、北欧の諸国を歴訪された福沢諭吉先生の体内にも、吉・新〔吉田・新島〕二氏と同じ愛国の熱血が流れていたのだ。

文明制度を広く外面から観察して、これを同胞に紹介され、新島氏は眼を内面に注いで、欧米文化の基礎と認められたキリスト教とその教育法を我邦に移植せんと試みられたのである。邦《くに》を懐《おも》ふの至誠には、毫《ごう》も変りがない。〔中略〕

同志社の教育法はいろいろの点に於て、一種特別のものであった。一学年は九月上旬に始って、六月下旬に終わる。一ヶ年を三学期に分ち、五ヶ年を以て普通教育を卒《お》ふることになっていた。土曜日は体育の為に、日曜日は精神修養の為めに用ゐる主旨であった。

体育といった所で体操科も振わず、水泳部も競漕部もなく、柔道や撃剣さえもなかった。テニスや野球は、外国教師が自分たちの運動の為めにしたものを、生徒が見覚へたのである。それも少数の有志に限られて、学校とは殆ど無関係であった。

天気さへ良ければ、気の合った同士が三々五々、草鞋《わらじ》を穿《は》き、竹の皮に包んだ握飯を銘々携へて、登山或《あるい》は遠足を試みるのが、土曜日の日課のやうであった。

授業時間は、近頃の中学や高校の半数にも及ばない。一週十五時間、一日僅かに三時間であった。どの学科も、生徒が自ら準備して教場で説明し、教師はその誤を訂正し、或は補足するのであるから、その予習に中々骨が折れた。

或学者の唱へる如く、教育最終の目的が自己教育であり、世の中で一番有能有為の人物が独習の人であり、自ら開拓するひとでありとするなれば、同志社教育の眼目は、まさに成功したといってよからう。

即ち、在学中に納め得た諸学の力、学び得た要素的学識を土台にして勉励倦《う》まず、各々目指す所に向かって努力した点に、同志社教育の本領が存したように思はれる。

〔徳富〕蘇峰《そほう》、蘆花《ろか》兄弟の如き、救世軍の山室軍平氏の如き、家庭学校の留岡幸助氏の如きは、その著しい実例である。この三氏は、二年乃至《ないし》三年、同志社に学ばれたのみで、自力で勉励開拓された人である。

同志社の教育法は素より注入教育でなく開発主義であった。講義法は、適当な教科書のなかった極少数の場合のみに限られた。設けてなかった科目は、前にいった体操科の外に、国語科、習字科、図書、唱歌、日本と支那の歴史、地理などであった。

勿論《もちろん》、入学の際は漢文（日本外史、又は十八史略）と算術の試験をしたが、年齢にも学歴にも何等《なんら》制限なく、十二、三歳を始めとし二十歳位が多数であり、中学、或は師範を卒《お》え、訓導〔小学校教員〕までつとめたほどの年輩の人も、寡《すく》なくなかった。

教科書は殆ど皆米国から取りよせた原書である。一年、二年の中《うち》に英語の実力を大体つけて置くといふ随分大胆な方針であった。現今、中学で用ゐておる読本よりも、一段むづかしい程度のモノゴフィーの読本の第一巻から第四巻までを、一年中、正味九ヶ月間に、残らず読み終はらせるのである（近頃の通弊は、教科書の一部分を読んで、すぐ外《ほか》のものに移ることである。我々は大抵、全部読了する習慣であった）。

その外に会話、算術、地理などを教へたのであるが、字引と首引きで予習をすることが、大変な重荷であった。当時は、今日見るような立派な英和字典がなかった為に、いや応なしに一日も早く、英文事典を使用しうるやうに努力した。これこそ、全く背水の陣であった。

二年目には地文学、米国史、代数、漢文などをやり、三年には動物学、植物学、地文学、スウィントンの万国史などをやり、四、五年は生理、物理（ガノー〔Garneau〕）、化学（スチール）、地質（デーナ〔J. D. Dana〕）、心理（ヘブン）、論理（セボンス）、倫理、天文、文明史（ギゾー）などを学んだのである。

外国教師が日本の教師よりも多く、又それらの米人が、日本語に通じない為でもあったろうが、三年生以上になると、教室では日本語を用ゐず、英語で問答する規定であった。その英語がブロークンであったことは、勿論であるが、その蛮勇《ばんゆう》は語学の上達を扶《たす》けた。

但し、教師も生徒も字句の講釈、文法の細則、発音などには余り頓着《とんちゃく》しなかった。語学を、知識を獲《え》る方便と見たからである。進みの早い生徒は、三年生の頃から英語で話し、又読み書きすることができた。五島（清〔太郎〕）博士、村上（直〔次郎〕）博士、故大西祝《はじめ》博士、村井知至《ともよし》氏の如きは、その適例である。

遅い方のものでも、四、五年生になると、平易な参考書を読むことはできた。概括していえば、現今の中学と高等学校の七、八年かゝる教育を、或学科を省略し、外国語を一つに制限して、五年に短縮したやうなものであった（五島博士は、三年に入学されたのであったと同博士より訂正を申越される）。


初代の同志社が、その卒業生もしくは在学生の寡《すくな》かった割合に、有用の人物を輩出し得たについては、茲《ここ》に著しい理由がある。彼らの多数が、米国大学に進学したことである。

大正五年の調査によると、同志社出身者中、外国大学を卒《お》えたもの一百二名、その中、博士の学位を得たもの三十名、学士のそれを得たもの六十四名、学位を得ずして帰ったもの十八名である。序《ついで》に記すが、同期間に帝国大学に入りしもの九十二名の中、博士の学位を受けたもの十三名、学士号を有するもの七十一名、その他八名である。

要するに一面から観《み》ると、同志社は米国諸大学に入る予備教育に役立ったやうに思はれた。而《しか》して、その殆ど全部が、自費自力による遊学であった事も、留意するべき点であろう。

第一回生〔バイブル・クラス〕の如きは、十五名の中、十三名まで洋行した。彼等《かれら》並みにその後の出身者の中には、数回外遊をこゝろみたものもある。兎《と》に角《かく》、同志社メンが無造作に米国遊学を試み、又米国の或大学が彼等の為めに遊学の便利を供へてくれた事は、彼等の成功の一原因を成したのであった。

同志社教育の最大眼目が、その精神陶冶《とうや》、即ちその特殊の徳育にあったことは、その当局者が自ら信じて、天下に公言した所で合った。

その形式的方法としては、毎朝、授業を開始する前に、全校生徒を講堂に集めて、聖書朗読と祈祷の後、当番教師が五分、乃至《ないし》七分位、感想を述べること、日曜日の聖書朗読と説教であった。

勿論、これは同志社英学校（後の普通部）が文部省令による中学校に変改された（明治二十九年）以前の事であるが、同志社の精神教育の効力はかくの如き儀式制度の上にあったのではなく、校長はじめ各級の指導者、及び各寮長（投票によって学徳すぐれた人を選挙した）の感化に依ったのである。

それのみならず、百数十名から二百名余りの学生等が、殆ど皆、寄宿舎内に生活し、自宅若しくは校外の下宿から通学する者の極めて寡《すく》なかったことを、考慮にいれねばならぬ。師弟間、及び生徒同志の交情、極めて親密で、一大家族の如き、又規律正しい私塾の如き感があった。

学生の出生地は素《もと》より一定せず、幾多の例外はあったが、先輩の故郷若しくはキリスト教の伝播と少からぬ関係を有《も》っていた。

卒業生が布教に従事した地方、或は夏休中、学生等が伝道に出かけた地方から、来たり学ぶ者が多かった。大阪、神戸を筆頭として、岡山県、愛媛県、福岡県、熊本県、関東では新島先生の郷里である群馬県、同夫人及び山本覚馬《かくま》氏の郷里会津から来り学ぶものが多かった。

明治九年の秋、入校した熊本洋学校出の二十数名〔三十数名〕が一団として入学し、同志社気質を形造る上に、多大の勢力を及ぼした事実を看過する事はできぬ。

如上《じょじょう》の事情の下に、以上列挙した様々なる要素が混和融合して、一種特別の雰囲気を作った。この秋霜烈日《しゅうそうれつじつ》の如き清新な雰囲気が、学生を感化、誘導する上に多大の勢力を及ぼした。

予はエール大学の前総長、ハッドレイ博士〔James Hadley〕が屢々公言された、「大学は学校ではなくアトモスフィーアである」という名言を想起せざるを得ない。

構内に漲《みなぎ》る主要な思潮が、キリスト教的であったことはいふに及ぶまい。かくの如き背景に依って行はれた精神教育であるが故に、その方法の簡素なるに拘はらず、その感化は深甚であった。

今一つ忘れてはならぬ事は、この雰囲気を醸造することに与《あずか》って力あり、始終その中心勢力になったものは、新島先生の人柄と精神であったことである。いかなるキリスト教反対家も、宣教師の態度に不満を抱く輩も、先生には敬服した。

生徒などが、自発的に屢々集合して議論を闘はし、或は自己の欠点、罪過を告白し、互に短所、瑕疵《かし》を指摘、陳謝して、切磋琢磨した事も、亦彼等の教育上に異常の良感化を及ぼしたように思ふ。

初代同志社の雰囲気を創造した思想は何であったか。校長はじめ教師等が、鼓吹し、学生の多数が共鳴したものは何であったか。

神が人類の父であるといふ信念に基く四海同胞の観念（人類一源説といふ学説に扶けられて）、この観念に立脚する人類平等の思想。宇宙に神ある如く、人間の肉体にもこれと調和して働く精神、即ち心霊がある。

何人にも必ず心霊がある以上、人間の内的価値は平等である。社会的にいへば貧富の差別あり、智力の上から見ると、賢愚《けんぐ》の差別がある。

しかし、神の前に立ち列ぶ心霊としては、その間に何等の差等がない。良心と理性の光明による個人判断の自由独立は、いかなる権威を以《もっ》てしても、これを抑圧することはできない自由討究の精神と、信仰礼拝の自由は、茲《ここ》に芽ばえる。

四百年前、ウォルムスの議会に於てルーテルが喝破《かっぱ》したのは、即ちこの意気であった。カルヴィンがジュネーブを牙営《がえい》として説教し、且《かつ》これを実施したのは、即ちこの主義であった。

十八世紀の末にあらはれた政治革命のスローガンであったところの自由、平等、同胞の三語は、ルーテルやカルヴィンの宣言の中から生まれたものだ。

デモクラシーも亦、等しく同じ論理の延長に過ぎない。多くの派に分れたプロテスタントの中で、個人主義の理想を鋭く高調したものは、ピューリタンである。

この主義による新英国〔ニューイングランド〕の大学で教育さ

れた新島先生、及びその他の教師達が、同志社に集った青年の頭脳に、如上《じょじょう》の思想と精神を吹き込んだのである。

その出身者は、概《おおむ》ね人を人として、平等に尊む傾きがある。上に阿《おもね》り、下に驕《おご》るが如き官僚風は、微塵《みじん》もない。自ら顧みて良心に恥じるところなければ、千万人と雖《いえど》も吾《われ》往《ゆ》かんといふ気概を養ふた。

威武《いぶ》も屈する能《あた》はず。富貴も淫《いん》する能はず。貴賤《きせん》も移す能はざる人物を養成するのが、主眼であった。

新島先生は、一芸一能に長ぜんよりは、寧《むし》ろ人間になれ、真理と正義の他、何者をも畏《おそ》れざるゴツイ人物になれと説きすゝめた。而《しか》してかくの如き人物になる修養法として、上述の宗教的訓練法を授けたのである。

同志社は、人生の目的とその最高理想のみを生徒等に指示した。恰《あたか》も巍峨《ぎが》たる高峯を指して、その美麗壮厳を説きながら、これに登るべき道筋を教へなかったのと同じである。

たゞ、精神一たび到らば何事か成らざらん。意思あるところに道おのづから通ずと教へたきりであった。諄々《じゅんじゅん》として世に処し、人と交はり、信用を博し、名を揚げ、成功栄達する方法、順序、心得を教授された三田《みた》の賢者〔福澤諭吉〕に比べると、非常な対照である。

明治の初期における、この二大教育家の性格とその教育方針が、どれほど違ってゐたかといふ事は、その門下生の経歴と業績に徴《ちょう》してアリアリとこれを見分けることができよう。

新島先生は、良心の教育を目標にされた。

故《ゆえ》に同志社出身者は、概して真正直・生真面目である。虚偽の現行を為し、不正や詐欺を行ひ、権謀や策略に長ずる者は、極めて稀れである。主観に傾き、客観を忽《ゆるがせ》にする結果として、常識を欠き、世事に迂《うと》く、狭隘《きょうあい》に陥り、一本調子になり、圭角《けいかく》多く、衝突する虞《おそ》れがある。

折々勃発する同志社の騒擾《そうじょう》の一面は、正《ま》さにこれらの欠点の暴露と見るべきであらう。自己の主張する意見を是《ぜ》とし、その主義、主張を固辞することをもって、美徳であるやうに考へる人々の争ひであるから、和解や妥協に達することが、甚だ困難である。彼等はギコチで順応変通の術に拙《つ》たない。清濁併《あわ》せ呑む事は、死んでも為し得ない。同窓生の中には上拳《じょうきょ》の欠点なく、むしろその反対の美徳善性を具《そな》へて、世の中に成功し、枢要の地位に立ち居る人の多いことは事実である。

しかし、比較的少数といはねばならぬ。元来、彼等には世の中の富貴栄達を度外視する風があった。実は新島先生にこの気風があった。どこまでも公明正大を期して居ては、現今の政治界、実業界に雄飛し得る可能性は甚だ少い。要するに同志社メンは誠実であり、清廉であり、職分に忠実である。

私生活について見ても、女性を一人格として敬い、一夫一妻主義を厳守する。学生時代の習慣によるものか、飲酒家も寡《すく》ない。若《も》し上に彼を知って用ゆる人あれば、その信頼に背かず、能《よ》くその任を尽す。この程度に於ける成功者が、一番多数を占めて居るやうに思ふ。

同志社出身の者は、孰《いず》れの社会に出ても、殆ど先輩のヒキなく、又一般世上の歓迎もなく、何処《どこ》までも独自の手腕で、その運命を開拓していく外はなかった。幸い独修独学のすべは、彼が在学中に習ひ覚へたところであるから、別にこれを苦労とも思はなかったであらう。

新島先生に鼓吹せられた通り「良心を手腕に運用せん」ことを心懸けて、一生懸命に努力奮闘の生涯を辿ったものだ。誰も彼も、自力本意で思ひ思ひに、各自の領分を開拓したのである。

中には先輩の雅量に乏しきを憤慨し、反抗的態度を執って可惜《あたら》ら横道に外《はず》れたものもあれば、却《かえ》ってこれが為に独自の天地を開拓したものもある。キリスト教会すでに然り。況《いわん》や実業界、教育界を始め、其他の社会に於てをやである。

赤手《せきしゅ》空拳でスタートを切った彼のことであるから、他の特権や因縁の手蔓《てづる》を有して居る連中に比べて、所謂立身出世の遅れ勝ちであることは、止むを得ない。

然しながら、一歩は一歩と踏み占めて登り来りたることだから、その堅実なることは、疑ふべきでない。正しく中等階級、即ち社会の中堅たるに適する者と云ふべきであろう。

新島先生が平常「事業よりも人格を」と主張せられた主旨も、此辺に存するのではなからうか。〔後略〕

（『同志社校友同窓会報』四五〈附録〉、一九三〇年九月一五日）

五、塘茂太郎

（一）「赤毛布《ゲット》と脚絆《きゃはん》の生命」（塘《つつみ》　茂太郎）

三十幾年の昔を偲びて、隔世の感にうたれながら、其《その》単純にして愉快なりし当年の理想や生活を追憶すれば、世の旅路に歩み、労《いたわ》れた心を蘇《よみがえ》らす、一脈清新なる生命の泉の湧き出づるを覚えるのであります。

当年、我等の仲間には、赤毛布と脚絆は無くてはならぬ大切な物であった。其用途は云はずもがな、嵐峡〔嵐山渓谷〕あたりに遠足してクラス会を開く。会費、大枚五銭也。先《ま》づ竹の皮包の饅頭十個が二銭、炒《いり》豆一袋か菓物かが亦、二銭。残る一銭は集めて茶の料に充《あ》てつ。

それで以て口を開けば、即ち宇宙を談じ、国家を論じ、人生を語り、高處大處より天下を睥睨《へいげい》して、我黨出でずんば、蒼生《そうせい》を如何といふ気概に横溢《おういつ》して居ったのであります。

此単純な理想と生活に恵まれた所謂《いわゆる》同志社スピリットは、我等の生涯に於いて、どの位我等を苦しめたか分からぬが、しかし又、どの位我等を救ふた力であったか分からぬ。

今も猶、彰栄館のベル〔鐘〕の音と共に、深く脳裏に浸み込んで、我等を若返へらすのであります（二七年、別神〔別科神学〕卒）。

（『同志社時報』二〇〇、一九二二年八月一日）

（二）「塘茂太郎」（日本女子大学）

一八六八年～一九三三年（慶応四年五月二七日～昭和八年九月十一日）。美作国《みまさか》（岡山県）の旧津山藩士の家に長男として生まれる。小学校、時習学校に学ぶかたわら、斎藤楓古、上原看山について漢学を修める。

十二歳で父と死別。以後、母を助け、弟妹を養うべく、津山銀行給仕、津山裁判所書記として働く。

一八八八年頃、津山に赴任した伝道師、富田元資《もとすけ》に強い感化を受け、キリスト教徒となる。さらに翌年、富田の出身校である同志社神学校に入学し、キリスト教について学ぶ。

九四年、同校を卒業し備前天城《あまき》教会（現倉敷市）へ伝道師として赴任。二年間の勤務の後、母校同志社に招かれて幹事兼会計となる。ここで麻生正蔵《あそう》と出会う。

一九〇一年、本校〔日本女子大学校〕開校にあたり、麻生の推薦を受けて幹事に着任。以来、学校運営、事務全般の統括者として本校の礎石の確立に献身的に尽力、その発展に大きく貢献する。成瀬仁蔵は告別講演の際、塘を評議員に推薦。これにより十九年から三三年まで評議員を務め、三一年には常任理事に就任する。西生田《にしいくた》校地購入にかかわる多忙な日々を過ごすなかで、脳溢血のため死去。塘の功績に鑑《かんが》み、九月十三日、本校では校葬を執行。井上〔秀〕校長を葬儀委員長とし、その他、各係を本校教授や桜《おう》楓《ふう》会員が分担し、葬儀を行った。

また、同年十二月十五日には、同じく本校講堂で追悼会が催された。一堂に会した教職員や生徒は、三十数年の長きにわたって、本校の紆余曲折の歴史と共に歩み、陰で支え続けた故人の努力に改めて感謝を捧げた。

参考文献

・『家庭週報』一一九二～一一九三号、一九三三年九月一五日、九月二二日
・塘茂子「義父　塘茂太郎の思い出」（『成瀬記念館』一三、一九九七年）

（『日本女子大学学園事典』）

六、浦口文治

（一）「新島精神の三片鱗」（浦口文治）

（明治二十三年、同志社普通学校卒、英文学者、同志社教授）

私自身の母校在学中の思ひ出として、なつかしみの益々まして来る校祖新島先生関係のアネクドーツ〔анекдóт, anekdot, 秘話〕が、三ツある。それら三逸話の中身をば、今の用語で申せば、私は信ずる、それこそまさしく、新島精神の三片鱗《へんりん》であらうと。

それら三逸話の大体を、茲《ここ》にえがいてみたい。

〔校長自ら食費の催促〕

ある時のこと、食費のとどこうりで先生に呼ばれたのが、私ども四、五人。これは、当時の貧乏学生にはありがちの事。その連中をば、社長〔現総長〕御自身がお呼びになって、社長室でと云っても、あの旧第二寮の一階の南側の小さい部屋で、いたって懇《ねんご》ろに私等にせられたのが、御相談、いやおたのみ。賄《まかな》いかたの方でも困ってゐるから、なるべく早く払ってほしいが、とのお言葉。

その時に呼び出された連中の一人であったのが、故人の徳富蘆《ろ》花《か》君。同氏は、新島先生と姻戚の間柄と聞へていたが、先生の方から、丁寧におたのみになるのに対して、彼がかれこれと述べたてたのが、自分の方の都合ばなし。その勝手な申立てを、しかも苦情がましいのを傍聴しながら、私のやうな小僧はハラハラして、自分には何の申訳をも申上げ得なかった。

自分の卒業このかた、約半世紀にわたっての教育者生活における、聊《いささ》かの見聞と、この逸話の中身とを対照させてみると、今更ながらに私のしのばせられるのが、我々の校祖のエラさ。

勿論《もちろん》のこと、この一件に手つだってゐたに相違ないのが、母校当時の手不足。が、しかしそれにしても、明治以来の我国の中等程度以上の学校長で、食費納め方の云々《うんぬん》にまで、自分であたったといふ逸話は、けだし極々《ごくごく》まれでありませう。〔中略〕

教育とは、教育者個人と被教育者個人との接触中に出来るものといふ事を信じさせられる事の深さに正比例して、近来ますます切に、私の感服させられるのは、こんな小さい事にまで、先生御自身に立ち入られた御精神。私までも、あんなお手数をおかけ申して、先生に対して、今更お気の毒千万におぼえる。

が、しかし、もしもあの事がなかったなら、私のような鈍感者には、とても実感し得られなかったのが、我が新島先生の生徒愛の徹底ぶりであったらう。

近頃、私のつくづく感ずるのは、あの時うけたお呼び出しが、私の一生にとっては、まことにもっけの幸ひであった事。と言っても、一寸《ちょっと》御注意までに附言するが、ここに毛頭《もうとう》私の奨励してゐないのは、学生諸君の学費怠納行為。

〔来賓よりも生徒〕

第二のアネクドートもまた、故先生の生徒愛の一発現。この方のは、私ひとりでの所見。それだけに、私には自慢のたね。

その年度は、もはや忘れたが、それはたしか、母校で鹿狩か猪狩かのあった日のこと。

その早朝、まだ暗い頃から生徒等は、すっかり出払って、あとの校内は、まるでがらんどう。何かの都合で、寄宿舎にのこっていたのが、私一人ぐらい。そこへ誰かの来客。しかもそれが、大変な珍客。

それは、たしか伯爵井上馨《かおる》〔伊藤博文〕閣下。この大官が、ただ御一人、案内者もまた、新島先生ただおひとり。広くもあらぬ校内を一巡して、これらお二人の這入《はい》らうとせられたのが、あのチャペル。

が、その表戸に錠が、かかってゐた。で、事務所の誰やらが、大あわての揚句《あげく》わかったのが、その錠の預かり主、浦口が、幸ひに寮内に居るといふ事。

私は早速走って行って、その戸をあけた。その時のこの大官の容貌風采は、私の記憶にもはや、はっきりしてゐない。しかし、そのお客の方よりも、私が比較的によく覚えてゐるのは、その時の社長〔新島〕の御様子。

先生の方は、言語動作すべてまことに平静。別段低頭されるでもなく、また恐縮されるでもなく、もとより校内設備の不完全さなどを口にして、先方に媚《こ》びられるでもなく、また生徒、当日不在の申訳などを繰返へされるでもなく、ただ、たまたま来合わせた友人をば、幸ひの序《つい》でに案内してゐるといふ調子。

随《したが》って、まだ十四、五の子供の私、何の遠慮もなく、これら二大人のあとに、ついてまわったり、時々はその脇に列《なら》んで、双方のお顔を見くらべたりしたもの。やがてこのお客が、さっさと帰へられると、校内はもとの通りの、ひっそりかん。

その翌日の事、あの狩りの山から、前夜おそく帰って来た生徒等の間に、忽《たちま》ち起こったのが、一評判。

「なに、あの大官の来校は、前もって府庁から、通知があったのだよ。それを生徒等にしらせては、折角の行事の猟の邪魔になる。それでは、生徒に対して、かわいそうだ。といふので、我々に知らさずに置かれたのだ」といふのが一転して、直ちに成ったのが、「そこが、エライ。さすがは、新島先生だな」といふ感激談。

そしてその余波の及ぶ処、私は校庭での引張だこ。先生が、どこをどう案内されたか、その委細を説明せよとか、礼拝堂内で、どんな問答があったか、今語って聞かせろとか。貴様は、よい事をしたね、井上〔伊藤〕とは、一体どんな奴だ。貴様は、見たかその顔、聞いたかその声。そいつは、エライ事をしたよ、という羨ましさ半分の噂ばなし。

もしも私がもっと気の利いた青年であったら、或いはこの閣下に拾ひあげられ、抜擢されて、後の古谷久綱君〔同志社卒の伊藤博文秘書官、衆議院議員〕なんどより先に、大臣秘書官の一人となってゐたかも知れぬ。

しかし私のほこりは、――今もなほ続いてゐるほこりは、その方の「取らぬ狸の」、いや取らうとも思はぬ狸の「皮算用」ではない。むしろあの日、まのあたりに見た我が新島先生の生徒愛の一発現。

私自身もまたその後、処々の学校に奉職中に、色々のエライお客様がたの接待役をつとめたが、そんな時に、主人側にきざしやすいのが、生徒等現在のインテレストよりも、学校後日の利益を目算に入れて、大賓《だいひん》の接待に腐心しがちといふ、さむしい心根。

そんな気分は、処が、あの日の先生の客貌、態度の、どこにも一切見へてゐなかった。いや、少なくとも私の眼には、毛頭映じなかった。そこがいまだに、私には、うれしい。

〔卒業式での式辞「メラの水」〕

第三のは、御逸話というよりも、むしろ御公話の一つ。

明治二十二年六月末の卒業式――今なお母校の教育事業に直接御尽力になってゐられる、加藤延年《のぶと》先生や、中瀬古六郎博士、その他の方々のクラスの御卒業式に、新島先生がせられた御演説が、とうとう私どもにとってもまた、なってしまったのが、最後の御告辞。

その際のテキストとして、先生の使はれたのが、あの出埃及記《しゅつエジプトき》第十五章第二十二節以下の一段。それを引例として、先生のお述べになった御精神、――犠牲的奉仕のそれ。それを時局的の流行語で申せば、滅私奉公のそれ。その精神こそ、たしかに新島精神の鱗片《りんぺん》のうち一の巨大なものと、現在私は合点している。

上記のテキストによれば、あのイスラエールの民が、紅海わたりの直後、アラビヤ側のシユルの荒野にさがし求めたのが、飲み水。そして三日目に達したのが、メーラーの池。しかしそこの水は、この地名の意味の通りに、とてもにがくて、飲用に不適当。

その事を大いにつぶやいた群衆の苦情にたへかねて、彼等の指導者モーゼが、神エホバのお示しに随ひつつ、その池に投げ入れたのが、そのほとりに生長していた甘木《あまき》（蝗豆《いなごまめ》の一種）の一本。それで、その水が甘くなったといふ。

この古事を引いてのおはなしの中に、先生が用ひられた言葉は別として、その御趣旨のあった処は、私等にとっていまだに忘れがたい。

「諸君が今や直面してゆく社会は、例へて云へばアラビヤの大砂漠。そこの水のにがみは甚だしい。諸君自身の口にすら、とても適しない。勿論《もちろん》のこと、社会の民衆はそれを飲み得ない。

しかし水なしには、生きてゐられないのが、人間の身の上。かような社会に、立ち働くべき諸君にとって、最初、最大のつとめとして、このメーラーの大池に、まづ投げ入れらるべきは、セルフ〔自分自身〕の一葉。現代社会のにがにがしさに、自分等が辟《へき》易《えき》しないばかりか、同胞民衆の幸福のために、最肝要な事は、ただそれ、諸君銘々の自己犠牲《セルフ》」。〔中略〕

その当時の印象として、今なお私共の眼前に彷彿《ほうふつ》として来るのは、その頃の故先生の御風采。それを少しく分解的に申すと、御血色が一体に青味がかってゐた処。あの「黒い眼」が、太い、また濃い眉毛の下に落着いていた処。あの左額部《ひたい》、顳顬《こめかみ》のあたりの深い刀痕が、何十年かの昔を物語ってゐるらしかった処。

あの茂りの濃い、また張りの強い髭と、部の厚い、また重味のある唇との間に、きりっと口もとの締まってゐた処。そして、そこから漏れて来る音声が、さすがに、もとは士の先生の腹の底から出るらしく思はれた処。

これらの外面印象の底にひびいた、先生のあの御一言――このメーラーのにが水に、投げ入れらるべき、あま木の一葉。それは、諸君銘々のセルフだといふのは、真にエライお言葉。

このお言葉のエラサをば、更に内面的に証明してくれる事情が、もう一つある。その頃すでに、先生が懐《いだ》いてゐられた、異常の御決心が、それ。

あの母校「〔同志社〕大学設立の旨意《しい》」が全国二十の大新聞雑誌に、一斉に発表されたのは、まさにその前年（明治二十一年）十一月十日のこと。そしてこの年（二十二年）の先生の日誌によれば、その一月、二月において、先生の心身の、ほとんど全部を占領していたのは、この設立事業に対する劃策経営と苦心奔走。

しかして四月に入って、井上伯へ送られたお手紙の一節に曰《いわ》く、「小生今日は、すでに河を渡り、水を背にして陣せり。――もし幸にして勝を制せば、大勝利を得べく。不幸にして敗をとらえば、一失敗しるべしと覚悟致し、心中自ら多少の恐れを抱かざるを得ず――」と。

これらの事実によって、今日なお確かに、推察し得られるのは、同年卒業式の頃、即ち先生、大磯御永眠の約六ヶ月前の頃、先生の胸底に往来した御決意のほど、――まづ御自身に甘木の一葉となって、もってこのメーラーの大池の水清めに当たるといふ衷心、悲壮至極な御覚悟のほど。

これを思へば、この御一言が、私等同志社人一同にとって、なって来るのは、幾久《いくひさ》しく忘れられない御言葉。いな、忘れたくない御言葉。〔中略〕

さて、この思出ばなしを結んで申すと、上掲第一、第二の逸話に共通的にあらはれてゐるのが、新島先生の生徒愛、——言い換えれば、生徒のためにはどんな面倒でも、自分で見るといふ個人愛、——その他の事は、何でもあとまわしにして、生徒の方を第一にするといふ生徒愛。

そして第三の講話に、にじみ出てゐるのが、先生御自身の無我的同胞愛、——まづセルフを捨ててかかって、相手方のためをはかるといふ社会愛。これら二種類の、但しその数においては、三つの愛が、即ち新島精神の大鱗《だいりん》であるまいか。

歳とともに、いや大ひに遅れながらに、私自身のお見上げしつつあるのは、これらの三片鱗をば、うらおもてとしている、我々の校祖、新島先生の御精神。

（『新島先生記念集』）

（二）「外〔アンドーヴァー神学校〕より見たる新島先生」（浦口文治）

新島先生について記念すべき点は、基督者《クリスチャン》としてのその性格、事業、及びそれらの我国教育界及び精神界に及ぼしたる感化等、種々これあるべきが、此等《これら》は孰《いず》れも先生を内より見たるものである。

然《しか》るに先生は、その性格以外に、又その事業以外に、其《その》立場に於いて、優に後世人に紀念せらるべきものがある。先生の性格てふ内的要素と、其立場てふ外的要素とが相合《あいごう》して、その偉大性《グレートネス》を作成し居《お》ることは、私の外国に遊んで、即ち先生を外より見て初めて適切に感じたことである。

昨年の夏、私は北米マサチュセット州アンドヴァーに遊びし時、同神学校在学当時に於ける新島先生の舊跡を訪ひて、図らずも新島伝研究の材料として一種の貴重なるものを得た。

それは一つのノートブックで、元来、安価なものである上に、半世紀以上も使い古されたものであるから、その縁は擦《す》り切れ、綴《つづり》目《め》も弛み、一見別に人目を惹くものではない。

然《しか》し、今のアンドヴァー神学校では、之《これ》を米国基督教会発展史の貴重なる材料として、其後、書館最下層なる穴蔵中の金庫に保存して居るのである。

館員特別の厚意によりて、私は此《こ》のノートブックを一覧したが、その中に、新島先生真筆の署名がある。先生の筆蹟として之を珍重する意味にあらずして、寧《むし》ろ米国に於ける、最初の外国伝道義勇団会員名簿中に、先生の署名を見るてふ事実に対して、私は大いに之を喜んだ次第である。

諸君も御存じの如く、外国伝道では世界的大運動の始まりは、第十八世紀の末頃に英国に於いて興り、一七九五年には倫敦《ロンドン》に於いて倫敦伝道会社〔L. M. S〕が創立せられ、翌年エヂンボロにも亦、他の一伝道会社が設立せられしが、その飛火が大西洋を横断して米国に渡り、一八一〇年、ボストンに於いて今日の亜米利加伝道会社〔A.B.C.F.M.〕の濫觴《らんしょう》を見、越へて十年、一八二〇年亦、紐育《ニューヨーク》市にて別の一伝道会社が興った様な次第《しだい》である。

此の大運動の潮流の反対方面に趨《はし》りたるものが、欧州大陸に大波動を及ぼして、一八一六年より一八三六年に至る約二十年間に、瑞西《スイス》及び独逸連邦中の四大都市に、各々伝道会社の設立を見るに至った。之が外国伝道史の第一期、即ち第十八世紀の末葉より第十九世紀の最初三分の一に至る期間の大勢であると言ふことが出来る。

ボストンに於いて、アメリカンボードの興った其《そ》の最初の刺戟は、諸君の知らるる通り、ウイリヤムス大学〔Williams College〕の所謂麦稈《いわゆるむぎわら》祈祷会〔Haystack Prayer Meeting、一八〇六年〕にあったのである。これは五、六人の青年学生、学校付近の畑の中の麦稈《むぎわら》の片陰にて、夜々催ふせし祈祷会であったが、かくて彼らは同志相誓ひて、自ら外国伝道の大事業に当たらんと団結してゐたのである。

その団結の牛耳《ぎゅうじ》を握っていたのがサムエル・ジョン・ミルス〔Samuel J. Mills〕で、彼がウイリヤムス大学を卒業した頃〔翌年に〕、丁度アンドヴァー神学校が創立〔創立は一八〇七年〕せられたので、ミルスは三、四名の同志と共に相率いて、同神学校に入学したが、そこで更にその運動を継続し、新入の有志と共に、爰《ここ》に Brethren「兄弟団」という一団体が成立したのである。私が見出した上記の手帳は、即ち此の「兄弟団」の記録である。

一八一〇年に、アメリカンボードの成立を見たのも畢竟《ひっきょう》、此のミルスの率いたる「兄弟団」の運動が、当時の牧師団を動かした結果である。そこで、此のアメリカンボードは、創立の其年〔実は二年後の一八一二年〕に、印度及び緬甸《ビルマ》に宣教師を送ったが、次いで一八一九年に布哇《ハワイ》、パレスチナ、及び土耳耳《トルコ》に伝道の手を着け、進んで一八三〇年には西部阿弗利加《アフリカ》に其手を伸ばし、一八三五年には此《この》暗黒大陸の東南部地方に進入し、一八四七年に足を支那《しな》に入れ、一八五二年に南洋マイクロネシヤ群島に遠征を試みた後、越へて十七年終わり〔十七年後の一八六九年に〕に、極東の日本に宣教師を派遣するに至った。

アメリカンボードとしては、其創立以降、日本伝道開始迄の約六十年間が、その事業の第一期と言ふべきであろう。日本に渡来せし該《がい》会社の宣教師中、先登《せんとう》第一は諸君の御存知の様に、デイシ・グリーン博士で、同氏の横浜に上陸せられたのは、実に一八六九年、即ち明治二年の事である。

所が、アメリカンボードが日本伝道を開始せし由来を考察するに、その原因は三つある。

グリーン博士の父、デヴィット・グリーン氏はアメリカンボードの幹事長として、久しく同会社伝道事業の中心人物〔幹事〕であった。従ってグリーン博士は、夙《つと》に宣教者的感化をうけられたと判断せられる。即ち第一は、家庭的原因である。

第二の原因は、日本の開国政策が最後の確定てふ事実である。当時の皇城《おうじょう》、京都を去る事、僅か二十里余の兵庫港が、五港の中で最後に開港場となった其前には、幾多の紆余曲折があったが、明治天皇即位の元年を以て、此地の断然開港されたことは、外国人の眼孔に、日本の開国政策最後の確立と映じたのであった。

さてこそ、アメリカンボードの幹部も、日本をその伝道地となすべき機運の熟せしことを看取したのであった。

然《しか》し、グリーン博士その人にとりて、其決断を爲さしめたる尚一層有力なる原因があった。即ち、新島先生の個人的感化である。諸君の知らるる通り、先生は一八六五年の八月にボストンに上陸し、間もなくアンドヴァー〔のフィリップス・アカデミー〕に送られたのである。

昨年の夏、私が其地を訪れた時は、偶然にも先生の来遊後、満五十年目の同月であった。グリーン博士と先生とは、此神学校に於ける同学の友であって、氏が明治二年に日本に渡来された時、先生は尚アンドヴァー神学校に在学中であった。

同校の教授等が先生を見て、始めは之を怪しみ、次に之を敬愛するに至った事は、申す迄もない。当時、先生の指導教授であったジエー・エル・テイラー博士が、嘗《かつ》て「余はアブラハムの召命以来、世上これ以上に判然たる神の召命ありたりとは信ぜず」と言ったことがある。先生の米国に渡航されたのは、神の導きにして、是《こ》れ即ち日本の宗教的覚醒を促すべき大使命を帯ぶる人なりてふ意味である。

成程《なるほど》、先生は、マサチュセット州に来たりし日本少年として、空前の第一人であったから、先生が藩禁を犯して、遙々《はるばる》来航したる其経歴を耳にし、其滞米前後、十年間に示されし気質と性格とを見たる該国人等が、一般にかく感じたのは最もの事である。新開国の日本国家を組織したるは、彼等の眼に映じたる所に寄れば、悉《ことごと》く新島先生的の性行を有する国民であったのである。

即ち先生の一身は、当時の米国人に対しては、日本国民性の代表であったのである。如此《かくのごと》き性行を有せる国民を神の王国に導くは、啻《ただ》に前途有望なる事業たるのみならず、亦、米国伝道会社当然の使命なりと感じたのである。抑《そもそ》も先生の示されし希《け》有《う》の性格を以て、邦人通有の品性なりとなせしは、彼等の早合点であった。日本の国民性は、一の新島先生によりて、彼等に買かぶられたのである。

此早合点、此買いかぶりは、勿論彼等のあやまちであった。然し、如此《かくのごとく》早合点せられ、如此買い被《か》ぶられしは、日本にとりて一の仕合わせであった。此幻想なくば、アメリカンボードの事業も、果たして彼が如く鋭意を以て遂行されしや否や、疑いなき能はずである。

夢が事業の先駆なる事は、此場合にも證明せられて居るのである。如此、新島先生と同窓の学生として日夕親交ありしグリーン氏が、其身を外国伝道に投ずる時、任地を日本に選びし第三、即ち最後の原因は、先生の個人的感化にあったのである。

然るに、グリーン博士が日本に渡来せられた年の翌年、即ち一八七〇年、明治三年十一月十四日に新島先生は、自らかの「兄弟団」に加入して、前記のノートブックに署名されたのである。

之《これ》は先生の帰朝前四年のことで、先生の記名以後、之に署名したるもの四人あるが、その後は一八七二年署名のレビット氏〔H. H. Leavitt〕とて、其翌年大阪へ来たりし宣教師である。即ち、此の古いノートブックには、一八〇八年より一八七二年に至る「兄弟団」の会員名簿があるのである。

一八七二年以後、外国伝道に身を投じた米国宣教師は、固《もと》より多数であるが、上に述べしが如く、米国に於ける外国伝道事業第一期の終結は、此ノートブックの最後一頁と殆ど其時を同ふして居るのである。

其最後一頁の中央に、先生が自ら Joseph Nee-sima, Nov. 14, 1870. と署名されたのは、即ち、先生が此の世界的新運動たる外国伝道てふ大潮流の中に其身を投ぜられた事実的証明に外ならぬのである。

私が米国にて外国人と交際せし間に、先生の事が屡々《しばしば》話題に上った。ボストンの二十世紀倶楽部《クラブ》外国部長の夫人は、「我が父と新島先生は同学の友であった」となつかしげに云った。

某《ぼう》教会に行くと、そこの老執事が私に告げるには、「新島氏が受洗せられしは、我が少時、属せし教会〔アンドーヴァー神学校教会〕であった」と。

又ボストン著名の某牧師に会った時、新島先生の按手禮は、我が教会〔マウント・ヴァーノン教会〕で行はれたと話した。某地方の一銀行家頭取は云った。「僕は多年、わが町の教会の会計主任をして居ったので、新島氏の事業を補助するため、一定の醵金《きょきん》をアメリカンボードへ送付しつつあったのだ」と。

かくの如く、多くの米人が先生のことを口にする時には、一種特別なる情味と感興とを以てしてゐることは著しき事実であった。

日本人にして、米人と交際を結んだものは少なくない。又其名の米人間に聞へ居るものも多いが、其噂の彼等の話頭に上る毎に、先生追想の場合程に、彼等が敬愛の情誼《じょうぎ》を表することは、少ない様である。

為《ため》に日本にては、先生の名を口にする事を喜ばぬ人でも、ボストン辺に来ると、随分先生の功績を激賞して、米国人の気を惹《ひ》かんとする人もある程である。私自身の如き、先生の門下にして、而《しか》もその学校教師の一人であるといふ肩書きのある為めに、米国人より真情ある歓迎をうけたことが少くない。

かかる時、私は何故に米国人が、かく迄先生を敬愛し、且《かつ》追慕するであらうかと訝《いぶか》った事もあるが、その解決を見出したのが、即ち此の「兄弟団」会員名簿の最後の一頁であったのである。

〔中略〕

グリーン氏日本上陸の翌年、先生は断然、兄弟団の名簿に記名せられしが、此事ありて後、約二年、又先生帰朝の約二年前、即ち明治四、五年の交、岩倉侯〔公〕爵一行、米国視察の時、先生は聘《へい》せられて其案内者となり、共に欧米の旅行を共にせられしが、その際、国禁を破りたる過去の罪過の公然許されしのみならず、後年、帰朝の節は、政府の高官を以て、先生を迎へんとの相談があった様である。

されば、官吏として国家に尽くさんかといふ問題は、少なからず先生の頭を悩ましたことであらう。先生の如く、愛国的熱情の熾烈《しれつ》なる人物の眼前に、かかる機会の提供されしことは、深大の刺激となりたる事であらう。

然し、かくの如き誘惑のありしにも拘はらず、先生が断然、初志を守りて兄弟団加入の趣旨を実にせられたのは、大勢《たいせい》の順潮を洞察して、之に乗ぜられたのではない。

反《かえ》って前途幸福の希望を放棄して、暗雲漠々《ばくばく》たる逆境に、その身を投ぜられたのである。之れ皆、先生の内なる人格の現はれし所にして、基督者としての其性格の閃《ひらめ》き出でしものといふべきである。（同志社大学教授）

（『基督教世界』一九一七年五月一八日）

（三）「浦口文治の生涯と業績」（手塚竜麿）

一八七二年三月二十一日に摂津三田《さんだ》藩の武家屋敷で誕生。父の勧めで同志社普通学校へ入学したものの、仕送りが不十分ゆえに、ランプ掃除などの校内アルバイトに精を出した。

在学中は最後の数か月をのぞき、新島襄が学園全体の責任者であり、その影響力は大きかった。

裏表の使い分けなどしなかった新島は、ある土曜日に伊藤博文が来校したときなど、生徒全員が山登り〔猪狩り〕にでかけて不在であることを当然のこととし、決して当日の脚止めを命じなかった。この日、新島と伊藤が校内一巡する案内役を務めたのが浦口で、彼は新島に対する尊敬の念をあらたにした。

卒業直前に新島が大磯で病没したことに、浦口も大きなショックを受けた。

この年（一八九〇年）、同志社普通学科を卒業。同期生は二十七人で、三輪源造（国文学者、讃美歌作詞者として知られ、生涯を母校の育英にささげた）、波多野培根《ますね》（西洋史家、名教頭として母校に尽した）を始め、多士済々であった。

一級上には再入学したが中退に至った徳冨蘆花、詩人の磯貝雲峰、絶対反戦の平和主義牧師とし新島の故郷、安中で伝道し、戦後再評価されている柏木義円、生物・化学の中瀬古六郎、動植物学の加藤延年、一級下には日銀総裁となった深井英五、すぐれた神学者として知られる柏井園などがいた。

浦口の科学的知識と神学に対する旺盛な関心、さらには文学愛は、これらの寮友たちによって育まれたと思われる。

同志社卒業後、神戸に帰ったが、ノイローゼ気味のため特定の職業には就《つ》かなかった。

一八九四年、所属教会（神戸教会）副牧師の推薦を受けて、W・ウエストン〔Wallter Weston〕の四回目の日本アルプス登山に通訳として同行した。山岳ガイドの草分けである。

以後、英文学を志すまで七年間にわたって神戸、東京、仙台を転々とする。仙台では東北学院図書館に勤める傍ら、神学、英学、ギリシヤ語を聴講したという。その後、教員資格をとることを決意し、一八九七年に函館中学校の前身校に赴任した上で受験する。

一八九九年、熊本濟々黌《せいせいこう》中学〔現県立高校〕に転じ、徳富兄弟の伯母（竹崎順子）が創設した熊本女学校出身の塚本たつと結婚。

当時五高（現熊本大学）には夏目漱石が教えており、一九〇〇年に英国留学するまでは、共に研究会に出席して新知識の摂取に努めた。漱石とは東京時代にも交流があり、一九〇六年九月、浦口が英学新報社から『英詩の栞』を出版した時には漱石が愛蔵する肖像画を彼から数葉借用したので、その厚意を深謝している。

熊本勤務七年後、新潟の長岡洋学校（一八七三年創立）の伝統をつぐ長岡中学校〔現県立長岡高校〕に転じ、教頭となった。学生の中にはすばらしく優秀な高野（山本）五十六《いそろく》（後の連合艦隊司令官）がいた。同地では次男健二（元東大医学部教授・前東京農業大学教授）が生れる。

一九〇六年、長岡を辞し、英文科が新設されたばかりの日本女子大学校教授、ならびに慶応義塾大学部理財科講師（翌年まで英語担当）となる。日本女子大をいったん去るが、のち再び教授として岸本能武太、上代《じょうだい》たの（タノ）などと共に英文学を担当した。

同校では、成瀬仁蔵の没後に校長となった麻生正蔵をはじめ、浮田和民、岸本能武太などが浦口にとっては同志社時代の先輩に相当する。

一九〇八年、浦口は台湾に渡り、総督府民政局長の後藤新平の創意で新設された七年制全寮制学校の教師となる。英語主任として五年間過ごした後、専門学校令による大学となった同志社大学に復帰して、英文科主任教授に就任。

現職のまま、留学を命ぜられ、ハーバード大学で学ぶ。M. A. の学位を得て、一九一四年に帰国。しかし、二年後にはいわゆる同志社騒動に巻き込まれて辞職、東京に転じた。

東京では東京高等商業学校（現一橋大学）、立教大学、駒沢大学などで教鞭を執った。

一九四四年三月八日、大森の自宅で心臓病のため死去。内村鑑三とは個人的な親交はあったが、葬儀は無教会主義ではなく、東《ひがし》大森教会（当時、組合教会派）で行なわれ、家族が眠る多磨霊園に埋葬された。〔本井による要約〕

（手塚竜麿「浦口文治の生涯と業績」、『英学史研究』一〇、一九七七年）

七、村井知至

(一)〔「日本における社会主義の先駆者・村井知至《ともよし》」〕(隅谷三喜男《みきお》)

労働運動と社会主義の結びつき

明治三十年に日本の労働運動がスタートしたときには、それは決して社会主義の運動ではなかった。労働運動は全体として、どちらかといえば社会主義に反対であった。正確にいえば、社会主義とはいったい何であるか、ということについてはっきりわかっていなかったのである。

それも無理のない話で、明治三十年ころには、社会主義のわかった人は、日本に数人しかいなかったのである。労働運動というだけで、世間の人々から何かと冷い目でみられていたのであるから、社会主義といえば、どんな危険な思想なのかと恐れられており、労働運動の指導者も社会主義には近づかなかったのである。

そういう労働運動に、社会主義とはそんな危険なものではなく、労働運動は社会主義と結びつかなければ、本当の解放運動にならないということを教えたのは、村井知至であった。かれは明治三十二年、労働者の演説会でこう話している。

「労働組合の行きつく所は、ざっくばらんにいえば、社会主義である。もし労働者が資本家に頭をさげ、生活できるだけの賃金さえもらえば十分だとし、他に何の希望もないなら、労働組合で十分であろう。

だが、労働者がもう少し希望を大きくし、ぴょこぴょこ資本家に頭をさげず、資本家と対等の地位に立ちたいと思うなら、労働組合に満足せず、ここで一歩すすめて考えねばならぬことがある。それが社会主義である。

弱い者いじめをするこの世の中で、本当に労働者の味方となり、母となって労働者を守ってくれるものは、社会主義のほかにはないのだ」。

これは今から考えれば、わかりきったことのようでもあるが、当時の労働者には全く耳新しい話であった。そのころから労働運動は政府の弾圧や雇い主の妨害で、だんだんやりにくくなっていったが、そうなると労働者たちは、村井氏のいう社会主義が、労働運動にとってたいせつなものだということが、よくわかるようになっていった。鉄工組合などの運動は、はっきり社会主義的な運動になっていった。

社会主義研究会の会長

村井知至は、労働者に社会主義の話をしたころ、『社会主義』という本を書いた。そのなかでかれは、自分がどうして社会主義者になったかということについて、こう書いている。

自分はもともと、社会問題に興味をもっていたが、アメリカに勉強にいって、〔新島襄の母校でもある〕アンドーバー神学校で社会科学の権威者、タッカー〔William Tucker〕先生について研究し、その後また米国にいって、社会問題と社会主義を研究した。そして社会主義はりっぱな思想だと感心し、これを日本の人々に伝えたいと考えるようになった。

明治時代には、社会主義はアメリカから渡ってきたのである。それは村井だけのことではない。その頃、社会主義に心をひかれていた人は、たいていそうであった。

村井がアンドーバー神学校にいたとき、日本の労働運動の指導者となった片山潜も、この学校に入ってきて、一年間、一緒に勉強した。片山は、日本に帰ってきて労働運動を始めたころは、はっきりした社会主義者ではなかったが、それが村井などに教えられて、だんだん社会主義者になっていったのである。

村井はアメリカで神学校に入ったが、神学校というのは、牧師を養成する学校である。村井はもともと同志社大学〔同志社英学校〕を出、明治二十七、八年ころには、東京の本郷教会〔現弓町本郷教会〕の牧師をしており、労働運動が始まったころにはユニテリアン協会の説教者であった。

日本で社会主義の運動がおこったのは、一般に明治三十一年だといわれている。その年の秋に、「社会主義研究会」が作られたからである。この社会主義研究会は「キリスト教徒を中心として」作られたといわれているが、その大部分はユニテリアン協会の人々で、そこの説教者で社会主義についても一番よく勉強していた村井は、この研究会の会長になった。

当時、労働組合は組合員が全体で数千人という弱い組織であったから、外から理解のある政治家やインテリが援助してくれることを大いに歓迎していた。他方、社会主義者も、弱いもの、苦しんでいるものを社会主義によって救おうという大きな望みをもっていたから、労働組合の有力な後援者であった。

だから労働運動と社会主義者とが結びつくようになったのは、きわめて当然であり、村井は社会主義研究会の会長として、労働運動の有力な後援者であった。

明治三十年六月、労働運動の母体として「労働組合期成会」ができると、有力な後援者たちを評議員としたが、村井も間もなくその評議員の一人となった。村井は期成会の演説会にときどき出かけて、外国の労働問題や社会主義について演説をした。村井は学問の点でも、演説のうまさという点でもぬきんでていたから、かれの話に人々は感心して聞きいったといわれている。

　村井はまた英語についても、すぐれた才能をもっていた。そのため、かれは間もなく〔第一〕外国語学校の先生〔創立者〕となり、〔後には〕官立学校〔東京外国語学校、現東京外国語大学〕の教師〔教授〕という立場から、実践的な労働運動や社会主義運動から離れていってしまった。

　だが、かれが日本の労働運動の夜あけの時代に、労働運動に社会主義というものを教えたということは、忘れられてはならないことであろう。

（隅谷三喜男『ともしびをかかげて――人物日本社会運動史』日本基督教団出版部、一九六〇年）

（二）「新島先生」（村井知至）

〔先生の精神から受けた感化〕

　私は同志社入学以来、卒業まで三ヶ年を同校に過したのであるが、其《その》間、私の得た最大のものと云へば、いふまでもなく新島先生の精神とその感化とである。

　先生につき、浮田〔和民〕博士が或《ある》書物に云って居《お》らるる言葉は、最も能《よ》く先生の人格を描写したものだと思ふ。曰《いわ》く、

「新島先生は、維新前の旧日本に於《おい》て最も完全なる武士的教育を受け、加ふるに孤身脱藩、つぶさに艱苦を嘗《な》めて米国に渡り、南北戦争後、士気横溢《おういつ》せる自由の天地に、信仰燃え立つピルグリム・フハーザース〔Pilgrim Fathers〕の純潔なる精神を継承して、欧米文明の精髄を吸ひ、以《もっ》て一種精巧の美術品を作り上げられしものなれば、今日の時代に在ては、我等が如何《いか》に之《これ》を望むも、殆んど得べからざる程のものである」と。

　一言で云はば、先生は基督教の偉大なる精神によりて浄化され、聖化されたる大和魂の持主であった。

　或時、客来り、先生に同志社の目的を尋ねた時、先生の答は一語徹底、「日本を救ふと云ふより外《ほか》に何物もない」と云はれたそうだが、私は深くこの一言に感激させられたのである。実に救国済民《さいみん》の四字は、先生の魂であった。

　私は入学の当時、尚貿易を以て将来の目的としてゐたのであるが、遂に先生の精神に感化され、日本国民の精神的救済を以て、我が畢生《ひっせい》の事業とするに至ったのである。

　回顧すれば、キリスト教に関して懐《いだ》いて居《お》った思想は、変遷又変遷して、昔の信仰は最早《もはや》跡方もなきまでに放擲《ほうてき》して仕舞《しま》ったが、先生から受けた「同志社スピリット」なるものは、今尚、私のライフ・ブリンシプルとして私を支配してゐる。これが同志社の賜物として深く感謝し、且《か》つ永久に忘れざる所のものである。

同志社の柱石〔デイヴィスとラーネッド〕

当時、同志社の教師は、西洋人と日本人が殆んど半々であった。私の教《おそ》はったそれ等の教師は、過半亡くなられたが、其中《そのうち》私が最も尊敬し、且つ恩顧を蒙《こうむ》ったと思ふのは、外国教師の中で第一に指を屈するのは、新島先生と同身一体になって誠心誠意、学校の為《ため》、盡《つく》されてゐたデビス先生である。先生は精神の人、熱の人にして、その胸中には、いつも烈火の如《ごと》き信仰が、炎々と燃えてゐた。

次ぎにはラーネド先生である。先生は同志社切っての学者といはるる程の学識を備え、寡言直情、温厚篤実、聖人のやうな徳望家であった。先生は今尚、存命で、同志社にその教鞭を執《と》って居られる。私は二、三年前、京都に行った時、約四十年振りで先生を訪問したことがある。

其時驚いたのは、先生の非常に記憶のよい事で、能《よ》く私を覚えて居られ、「ヤー、ミスター村井」と言い乍《なが》ら、溢《あふ》るるばかりの温情を以て迎へて下さったばかりでなく、「君は昔、僕の経済学の組にゐて、試験の点が何十点であった」とまで話された時には、実に呆然《ぼうぜん》として、自から失する計《ばか》りであった。

西洋の教師ではこの両先生。

〔日本人教師では市原盛宏と下村孝太郎両先生〕

日本人の教師の中で私に深く印象を与えた先生が、又二人ある。其一人は、最後に朝鮮銀行の総裁でおらるる時、亡くなられた市原盛宏《もりひろ》先生である。

先生から初に教はったのはスウィントン万国史であったが、その流暢《りゅうちょう》なる英語と弁舌には全級悉《ことごと》く魅せられて仕舞う位であった。先生はただに語学と弁舌に長ずるのみならず、頭脳が明晰《めいせき》で、授業がうまく、殊に快活で笑顔がよく、凡《すべ》ての学生から慕はれ、好かれたのであった。

今一人は、下村孝太郎といふ先生で、この先生も亦、頭脳透徹《とうてつ》、思想徹底、玲瓏《れいろう》として一糸《いっし》乱れず、珍らしい天才肌で、全校敬慕の的《まと》であった。

今は工学博士として日本染料製造会社の技師をして居られるが、私は先生から数学も教はり、物理、化学も教はり、又演説も課業の一つとなってゐたので、先生から演説の批評も度々《たびたび》受けたことがある。〔中略〕

〔時には演芸〕

又、当時の同志社では、課業の演説に代へて、時々演戯《えんぎ》と称するもの（今日で云へば、パブリック・イングリッシュ・エンターテインメントの如《ごと》きもの）を催したが、英語でもやり、邦語でもやった。

或時、私の同級生で謡曲の「仲光《なかみつ》」の筋を演じたが、満仲は山岡邦三郎（岸和田瓦斯《ガス》会社専務取締）、美女丸は岸本能武太《のぶた》、恵《え》心僧都《しんそうず》は新原《にいはら》俊秀（前神奈川師範学校々長）、主人公の仲光が私の役で、裃《かみしも》姿で現れ、目出度《めでた》い祝の宴《うたげ》に、扇を拡げて軽く舞い納め、「もうお仕舞《しまい》にいしませう（新島襄）」のもぢり文句で幕となり、大喝采《だいかっさい》を博したことがある。

これが同志社に於ける私の逸話の秀逸であったかと思ふ。〔中略〕

同級生〔三幅対《さんぷくつい》〕

明治十七年六月、私は目出度《めでた》く同志社を卒業した。共に卒業した者は僅かに十人で、其数は尠《すくな》かった。そうして其中死んだ者は、まだ二人しかない。

然《し》かし、其二人はいづれも秀才で、殊《こと》にその一人の三好文太君は、卒業後、直ちに第二高等学校〔東北大学の前身校〕の教授になったが、若《も》し君が今日まで生きていたら、東洋の代表的一新哲学を創始して、泰西《たいせい》の学者に鼻をあかせる位の大学者となり得たであらうとは、自分だけの想像ではない。

今一人は三輪禮太郎〔新潟県与板出身〕と言って、和歌に長じ、先天的に文学の才のあった男であった。君は卒業後、米国に行きアイオア大学を卒業し、帰朝後一時、母校の教授となってゐた。将来のある青年であり乍ら、遂に病を得て夭死《ようし》したのは、実に残念と云はねばならない。

この二人を除いて、後に残る八人はいづれも皆健在で、今日社会の各方面に活動してゐる。

同級生中で「三幅対」と云はれたのは、安部磯雄君と岸本能武太君と私とであった。各々全くその性格を異にしているが、極めて仲よく、昔から今に至るまで兄弟の交りをつづけてゐるのである。

（村井知至『蛙の一生』警醒社書店、一九二七年）

（三）「〔新島先生の〕演説に就《つい》て」（村井知至）

〔在学中の同志社では〕演説が盛であって、皆な各々に演説の稽古をした。実に非常に練習をしてやったものである。

級の演説会は金曜日であった。その外、有志者の〔演説会〕は、あちにも此処《ここ》にもあった。

金曜日前になると、掲示が沢山に出て居た。自分はいつも運動場〔体育館〕の裏で独り練習して、帰ると今度は鏡に向って手を上げたり、下げたりして稽古した。〔中略〕

級では課目として演説の稽古をしたもので、岸本〔能武太《のぶた》〕君、安部〔磯雄〕君、新原《にいはら》〔俊秀〕君などと一緒であった。

受持ちの先生は下村孝太郎と云ふ人であった。非常な学者であって、よく演説の後に注意を与へて呉《く》れた。

同志社では毎朝〔の礼拝時に〕Chapel に集って祈祷し、五分位の感話があった。其《そ》の時も、下村先生の演説と云ふと、人々が期待して出席したものである。

或《あ》る時、私が立って演説した時、後に批評せられた時は、今尚よく記憶して居て、非常に自分の為《ため》になったと思ふ。

其れは、演説者には三種ある。第一は Eloquent speaker、第二は即ち Vehement speaker である。第三は Honest speaker である云々《うんぬん》と。この言葉は今尚、耳朶《じだ》に残って居る。

今若《も》し、この三種類の代表的演説家を挙げて見ると、Eloquent speaker は市原盛宏《もりひろ》で、上原方立《まさたつ》は Vehement speaker であり、新島先生は Honest speaker であったと云へる。

新島先生の演説のうちで最も感動したのは、先生が健康を損《そん》ぜられてから、洋人達の薦《すす》めに従ひ、転地の為に欧米に行かれる事になった、其の出発のときの告別演説である。

初めは日本語で演《や》って居《お》られたが、遂《つい》に中途から英語になって終《しも》ふたが、其の主意は、若し私が船中で病気が重《お》も〔くな〕って斃《たお》れる事があるならば、必ず、神よ御心《みこころ》のままになさせ給《たま》へ、吾が心のままをなさんとするに非《あら》ず、と云ふ祈りを以て祈祷せられたい、と云ふ事であった。これには満堂が泣いて終《しま》った。

（『創設期の同志社』）

（四）「〔新島先生の〕印象ところどころ」（村井知至）

（左は〔一九三五年〕一月二十三日、東京同志社倶楽部《くらぶ》の〔新島〕先生追悼座談会で述べたものである）。

〔前略〕偖《さて》、新島先生の古い記憶を辿り考へて見ると、先《ま》ず第一、私の心に浮かんで来るのは、先生の言葉使ひである。

これは当時、何人《なにびと》も皆、奇異に感じたのであるが、先生は徹底的デモクラチック・スピリットで、奥さんに対しても、召使いに対しても、又貴顕紳士、どんなエライ人に対しても、その言葉使が同一であったのである。

凡《およ》そ日本語ほど差別的、階級的言葉の多い国語は世界に稀で、例へば英語で第二人称といえば、You の一字で、唯神様に対してのみ、You といはず Thou といふ。差別語といへば其丈《だ》けである。然《しか》るに日本語には閣下、あなた、君、お前、手前、貴様、そち、おぬし等、対者の位置、或《あるい》は親交の度合に依って、それぞれ言葉がちがふ。

然るに此《この》習慣を打破して、先生が何人に対しても同一の言葉使ひをされたことは、先生の基督教的信仰と又多年、米国で養ひ得られたデモクラチック・スピリットの結果であらうが、しかも非常の意志がなければ、中々実行の出来ないことで、先生が日本古来の習慣を破り、すべての人に向かって平民的言語を用ゐられたことの一事を以てしても、先生は偉い方であったことを思はずにはゐられないのである。

その感化を受けて、初代の同志社出身者である小崎〔弘道〕、横井〔時雄〕、宮川〔経輝《つねてる》〕、海老名〔弾正《だんじょう》〕などいふ諸先輩は、〔在学中は批判的であったのに〕皆先生に倣《なら》って、その妻君を呼ぶのに「あなた」という敬称を用ゐらるることになったのである。兎《と》も角《かく》も、新島先生に依《よ》って日本の家庭に、新しき空気と生命が吹き込まれたことは、興味あることであると思ふ。〔中略〕

尚一つ、話は変るが、私の新島先生に就いて、深い印象と想出を持ってゐることは、先生が病気の御身を以て、同志社を大学にする大抱負を懐《いだ》き、転地療養をかね、米国に資金募集のため赴かるる其時、私共学生に向って訣別《けつべつ》の演説をされたことがある。

先生の演説は、いつも感情に満ちた演説で、殊《こと》にその時の演説には、先生自ら感極まり、己《おのれ》を忘れ、初は日本語で話されてゐたのに、いつの間にかそれが英語演説となり、又その演説が、遂《つい》に神に向っての祈祷となって仕舞《しま》ったのである。

私はそれを聴きながら茫然自失、殆んど魅せられて了《しま》ったのである。その演説の主旨はハッキリ記憶してゐないが、その時先生の申された言葉で、私の今以て忘れないのみか、爾来《じらい》それが私の信仰の中心生命となっている一言を申せば、

「私の一生は、アンシーン・ハンド（Unseen Hand）に導かれ、今日に至ってゐる。今後も私は此《この》アンシーン・ハンドの導くままに、行くべきところに行くのである。

今私が此別れに臨んで、諸君に願って置きたいことは、私が万一、此行を終らざる内、若《も》し天に召さるる時が来た場合、私が心の底から〝神よ、我れ、我が意のままをなすにあらず、唯みこころのままになし給《たま》へ〟と祈り得る様、何卒《なにとぞ》私の為に祈ってくれ給え。今諸君に願ふ所は、唯この一事である」と云ふことであった。

〔中略〕

終に臨み、私が大正四年の頃『無絃琴《むげんきん》』〔四方堂書店〕という一書を公判したその古い書物の中に「母校の賜物」と題する一節がある。此処《ここ》にその一節を朗読し、以て故新島先生の鴻恩《こうおん》を偲びたいと思ふ。

「回顧するに、昔、母校同志社に於《お》て学び得たる知識は、我れ今殆んど之《これ》を失へり。又、在学中、詰込まれたる宗教思想の如きは、爾来千變萬化《じらいせんぺんばんか》して、今や昔日《せきじつ》の信仰は、その痕跡だに止《とど》めざるに至れり。

然《しか》れども、その時より今日に至るまで、又失はざるものあり。新島先生の名を以て代表される彼《か》の高潔にして熱烈なる精神、則ち是《これ》なり。嗚呼《ああ》是れ我れの実なり。我れの生命なり。母校の恩、忘れんとして忘る能《あた》はざるは、蓋《けだ》しこの賜物あるが故なり」。

（『新島先生記念集』及び『同志社校友同窓会報』一九三五年三月一五日）

八、大森兵蔵・安仁子

(一)「同志社山脈・大森兵蔵《ひょうぞう》——日本バスケットボールの父——」(本井康博)

近代日本の体育とスポーツは主として欧米から輸入された。そのさいアメリカからの導入に大きな働きをしたのはキリスト教、とりわけYMCAやミッションである。

アメリカの体育先進校であるアーモスト大学で体育を正規に受講した日本人大学生第一号の新島襄が、ミッション(アメリカン・ボード)の協力を得て創った同志社英学校は、体育の先進校でもあった。

ちなみにアーモストのあるコネティカット渓谷は球技のメッカであった。最初の大学対抗野球の試合はアーモスト大学とウイリアムズ大学の間で一八五九年に行なわれた。バスケットボールはスプリングフィールドで、そしてバレーボールはノースフィールドで生まれた。

同志社出身者で体育やスポーツの普及に貢献した第一人者は、安部磯雄である。野球部創設、ならびに初代監督、早慶戦の開始者としての功績を讃えて、早稲田大学は大学内の野球場と合宿寮をそれぞれ「安部球場」、「安部寮」と命名した。

安部に次ぐのは、日本にバスケットボールを紹介した大森兵蔵である。同志社時代の大森に関する資料は少ないが、「明治二五年三月起　同志社各学籍生徒原籍簿　第一号」によると同志社予備校補充科を修了後、同志社普通学校に入るが、二年で中退した。

その後、東京に転じ、高等商業学校(現一橋大学)で経済学を学ぶが、ここも中退して渡米し、西海岸の大学(いまのスタンフォード大学)で経済学を専攻する。

在学中、自分を始め虚弱な日本人を壮健にする必要性にしだいに目覚め、マサチューセッツ州の国際YMCA養成学校(いまのスプリングフィールド・カレッジ)の体育コースに転校する。

そこの主任はアメリカン・ボード宣教師であったギュリック(L. H. Gulick)で、彼自身が日本で聖書の販売・普及事業に従事しただけでなく、その一族は同志社と関係が深い。ギュリックの死後、夫人は再来日して宮崎伝道を手掛け、高鍋で死去した。

このギュリックから国際YMCA養成学校で指導を受けたネイ

スミス（J. N. Naismith）は、モントリオールのマッギル大学と長老派教会神学校の卒業生で、恩師のギュリックから与えられた研究課題を解くために一八九一年にバスケットボールを考案した。

　大森は同校で最新のバスケットボールを学び、「米国体育学士」として帰国。東京ＹＭＣＡの初代体育部主事としてバスケットボールの紹介と普及に努めた。

　当時、ＹＭＣＡには体育館がなかったので、会館裏の空き地にコートを作って会員に教えた。同時に日本女子大学の体育講師をも兼任して、バスケットなどを教えた。

　その後、彼はＹＭＣＡを去った。一九一二年に組織された大日本体育協会（嘉納治五郎会長。現日本スポーツ協会）の総務理事（三名）に安部磯雄、永井道明とともに選出された。三名の総務理事中に同志社出身者が二名も含まれるのは特筆すべきである。

　ちなみに、残るひとり、永井道明は、水戸の出身で、茨城中学から茨城尋常師範学校本科、さらに高等師範学校に進み、教育者となる。一八九六年には奈良県立畝傍《うねび》中学校長を、そして一九〇〇年には兵庫県立姫路中学校長を務め、体操校長として功績を残している。

　以上の三者、すなわち安部、大森、永井が理事に就いて発足した体育協会は、第五回オリンピック（ストックホルム）参加のために選手団として金栗《かなくり》四《し》三《そう》（マラソン）、三島弥彦（百メートル走）、大森（選手団監督）の三名を選んだ。日本初のオリンピック選手団であった。

ところが、大森はすでに病軀であった。夫人同伴でストックホルムからアメリカ経由で帰国する途次、パサデナで死去した。死因は肺結核で、享年三十七であった。東京で開かれた追悼会では同志社の先輩、小崎弘道が追悼説教をした。

　なお、大森の妻はアメリカ人、アニー・Ｂ・シェプリー（A. B. Shepley）で、結婚式は大森の留学時代にボストンで行なわれた。大森三十一歳、アニー五十歳であった。

　その後、日本に帰化して、「安仁《あに》子」と改称した。英文学者の土居光知《こうち》（東大教授）と共訳で『更級日記』などの英訳本（*Diaries of court ladies of old Japan*, 1920）を出版した。

　その一方で、新宿に有隣園というセツルメント（東京フルハウス）を夫と共に開いたりした。この施設は大森の夢でもあった。夫の死後、再来日し、一九四一年に河口湖畔でなくなった。

略歴

一八七六年三月一四日〜一九一三年一月一五日。岡山県高島村（いまの岡山市）に誕生。同志社予備校、ついで高等商業学校で学んだ後、アメリカに留学する。リーランド・スタンフォード・ジュニア・ユニヴァーシティ、ついで国際ＹＭＣＡ養成学校に学び、帰国後はバスケットボールの紹介とセツルメント活動に従事。第五回オリンピックの日本選手団監督。

参考文献

・水谷豊「バスケットボールの歴史に関する一考察（八）——大森兵蔵略伝」（『論集』二三、青山学院大学、一九八二年）
・松田妙子『私は後悔しない——大森とアニーの愛の生涯』（主婦と生活社、一九八四年）
・水谷豊『白夜のオリンピック——幻の大森兵蔵を求めて』（平凡社、一九八六年）
・本井康博「体育の成立とミッション」（松下鈞《ひとし》編『異文化交流と近代化』大空社、一九九八年）

（『同志社山脈』）

（二）「有隣園と大森〈兵蔵夫人〉安仁子《あにこ》」〈新宿女性史点描〉

西新宿八丁目、成子天神《なるこてんじん》の路地をはさんで隣に、かつて「有隣園」というセツルメントがあった。セツルメントとは、民間人によって運営された、地区住民の生活向上のために宿泊・託児などを行った施設のこと。

一九四五年五月、戦火によって園は灰燼《かいじん》と帰したが、門柱だけは残り、現在もその場所に、住人は変わっても往時の御影《みかげ》石の一対が、凜として立っている。

このおだやかな空間も、〈新宿〉再開発によって間もなく高層のコンクリートとガラスの無機質な街に飲み込まれていく。建設されるビルの敷地内に、記念碑として門柱を残して欲しい…。

「有隣園」は一九一一（明治四四）年、大森兵蔵・安仁子夫妻によって開設された。安仁子はアメリカ人画家で、アニー・パローズ・シュプリーといった。兵蔵がアメリカ在学中、アルバイトに行った先がアニーの家であった。セツルメント開設の夢を熱く語る兵蔵にアニーはひかれた。二人は結婚して日本に帰国し、アニーは安仁子となった。

四年間準備に奔走した後、借地に建てた一部屋で、幼稚園を開園した。その二年後、兵蔵は亡くなるが、安仁子は働く青年のために夜学校、成人の部屋、診療所の開設と、全力で取り組んだ。

さらに、七十歳を過ぎて、兵蔵を記念する図書館を六年がかりで完成させた。戦況が激しさを増すなか、彼女は二つの祖国・日本とアメリカの戦争回避を願いながら亡くなった。

参考文献

・折井美耶子・新宿女性史研究会編『新宿　歴史に生きた女性一〇〇人』（ドメス出版、二〇〇五年）

（『ウィズ新宿』九三、二〇〇六年七月一二日）

九、服部他之助

(一)「略歴・服部他之助」(日本女子大学)

一八六三年〜一九三六年(文久三年十一月三日〜昭和十一年十二月十八日)。福井藩士の家に生まれる。早くに両親と死別。一八七九年、実姉マスエが成瀬仁蔵と結婚。成瀬との交流が始まる。

これに先立ち、京都の同志社英学校に入学、八二年卒業。神戸女学院で理科を教える。八六年より九一年まで渡米し、アバシュ大学で植物学の研究に従事。B・Aの学位を取得。

帰国後、同志社の教授に就任。九六年、東京に転居し、農商務省水産講習所技師に任命される。

一九〇二年より学習院教授。前年に開校した本校(日本女子大学校)の創設運動にも協力、援助を与えている。〇六年、本校に教育学部が開設されると、植物学教授に就任するが、学習院の専任となるため、十一年にいったん辞職。

その後、十五年から二三年まで女子学習院教授。二五年より本校英文学部教授(専任)となる。

三五年に、本校評議員に就任するが、翌年秋より体調を崩し、十一月末に入院、不帰の人となった。

追悼記念会が、翌年二月十八日に本校講堂において行われた。

成瀬仁蔵の義弟にあたる服部は、成瀬の思想に共鳴し、本学の精神教育に力を尽くした。成瀬亡き後の軽井沢三泉寮《さんせん》における夏季修養会では、厳しい精神鍛錬を自らに課す学生に対して、親身の指導を行った。

また、英文学部での、エマソン、カーライル、ラスキンについての講義は、単なる知識の伝達にとどまらず、作家・思想家の信仰や生活にまで踏み込んだ内容の深いものであった。

高潔な人格と深い知識による教育的感化は、英文学部内だけでなく、全学生におよんだ。

著書に、『光明を追うて』(桜楓《おうふう》会出版部、一九二七年)、『甦生《そせい》の路を辿りて』(警醒社書店、一九二七年)、『聖哲エマソン』(民友社、一九二九年)などがある。

参考文献

・中島清一郎編『自然と生活　附追想録』（桜楓会出版、一九四〇年）
・『家庭週報』一三三四号、一三三六号、一九三七年一月一日、一月二二日
・出渕敬子「服部他之助と成瀬先生」（『学園ニュース』一六三号、日本女子大学、二〇〇〇年四月一五日）
（『日本女子大学学園事典』）

十、長岡 擴

（一）「日本女子大学校英文学部教授　長岡擴《ひろむ》先生の御逝去」（新聞報道）

老少不定は、はかりがたいさだめとはいへ、つい旬日前までも、いつに御変りなき御風姿を拝した母校英文学部教授、長岡擴先生の突然の御訃報は、凡《およ》そ御教を受けたもののひとしく信じ得ぬ驚きでございました。

長岡先生は昭和三年九月、先生に先立つ半歳、御昇天遊《あそば》された故多羅尾範三《たらおはんぞう》先生と共に、岸本、奥〔太一郎〕両教授を失った英文学部に御就任遊され、三、四年級の近代英文学を御担当になって、以来豊富なる御学識と御熱心、御懇篤なる御教授とは、学生の敬愛思慕の的《まと》でありました。

しかるに本年新学期、既に一月御逝去の御老祖、母君に相ついで愛嬢を失はれた深き御心の痛手は、日頃御精勤、御過労の御身に加へて、胆石の病を得られ、御健康すぐれさせられませんでしたが、尚学生を思って御休講は殆どなく、御元気な御姿を最後迄教壇に拝しましたものを、七月一日午後四時十分、遂《つい》に再び御起《た》ち遊ばさずなりましたとは、何と悲しい事でございましょう。

享年五十三才。前途尚豊かにましました事を思へば、あきらめ切れぬ憾《うらみ》でございます。

先生の訃、天聴に達するや、生前文献の功労を思召され、七月三日特旨を以て位一級を進められ、正五位《しょうごい》を追陞叙賜《ついしょうじょし》せられました。

御葬儀は七月五日午後二時より赤坂霊南坂教会に於《おい》て行われ、御生前の先生の御人格、御功績を称えて盛大でございました。

思へば、実に先生の英語及び語学界、又英文学を通して我が教育界へ御貢献になりました御功績は、私共の此処《ここ》に申し上げ、盡《つく》せぬものがございます。

長く諸所の中学校、商業学校、又今日までの商大、我が母校英文学科等に於きまして、先生の広く温かき御人格の感化と共に、一度先生の御教授を受けたものの感謝おくあたはぬ処でございますが、又夙《つと》に、先生には故神田乃武《ないぶ》男〔男爵〕を佐《たす》けて、『クラウン　リーダー』を編され、其《そ》の他教科書として数多の『リーダー』、文法、作文等の参考書等、公署されずに御著しになった数は、挙げるにいとまなきまであります。

又前後二回、英国に御渡りになり、英文学に研究を積まれました。先生が倫敦《ロンドン》、ビットマン書舗より発行せられました英文商業通信の如きは、我国人としても異数のものとの事でございます。

最近の御著書には、デスレリー傳の翻訳〔長岡擴訳『ヂスレリ伝ヴィクトリア朝の世相』刀江書院、一九三〇年〕がございます。もし先生、尚御在生であらば、御自身の御研究は申すまでもなく、大に小に世の人を益さるる事いかばかりでありましたでしょう。

学者、教育者として天稟《てんぴん》の才能を恵まれた先生の御充実の御生涯は、又御家庭にあって、上なく御幸福でいらせられました。

既に長男光一氏は、慶應大学を御卒業になり、三菱商事に勤務され、長女妙子嬢は井上鳳吉氏に嫁して、海外伯林《ベルリン》にあり、三女輝子嬢は佛都巴里《パリ》に劇作の研究を続けられ〔後に女優となり〕、四女節子嬢は、音楽の天才に恵まれて将来を嘱望《しょくぼう》されて居られます。

又五女春子嬢は、東洋英和に在学中、二男雄二郎氏は高師附属中学に、六女陽子嬢は高師附属小学校に在学中であります。

此《こ》の様に御立派に御揃いの御子様方を中心に、御生前の先生の御家庭は、春の如く平和でいらせられましたものを、去る四月、はからずも、おやさしく御孝養深い二女、百合子嬢が父上に先だれてより、先生の御悲痛はお察しするに余りありますが、しかし之が為、先生の御信仰を体験遊されて、「天国は近く我が隣りにある」と仰せられましたとか。

今や先生は、主《しゅ》のお許しに安らかにましますのでございましょう。

〔略歴〕

明治十一年九月十一日、筑後柳川に誕生。明治二十六年九月、京都同志社に入学。明治三十年五月、同校高等普通学校三学年二学期迄修了。都合に依り退学す。

明治三十九年三月、文部省中学校英語科教員検定試験合格。明治四十五年より大正六年十二月迄、私立大倉商業学校より英語及英文学研究の為、英国留学を命ぜられる。大正十四年二月より昭和二年四月迄、米国、英国、佛国及独逸に在留し、英語及び語学教授法を研究。

職業

明治三十年五月より明治三十三年十二月迄、北海道根室実修学校に於て英語、及び歴史、地理教授す。明治三十四年一月より同三十五年三月迄、静岡県立沼津商業学校教諭拝命、英語科担当。明治三十五年四月より同三十九年八月迄、岩手県私立盛岡商業学校教諭、兼岩手県通訳に在職。

明治三十九年九月、岩手県立盛岡中学校教諭に任し、五級俸支給せらる。明治四十一年四月、鹿児島県立川内《せんだい》中学校へ転任す。

同年十月奏任《そうにん》待遇十級俸を給せらる。

明治四十二年四月より大正九年三月迄、私立大倉商業学校〔現東京経済大学〕教諭に任じ、英語科主任、及び教頭事務を執《と》る。

大正九年四月、東京商科大学〔現一橋大学〕予科教授に任せらる。昭和二年六月、東京商科大学（大学部）講師を兼ぬ。昭和三年九月、日本女子大学校〔現日本女子大学〕英文学教授として就任。

（『家庭週報』一九三〇年七月一一日、日本女子大学桜楓会）

十一、奥太一郎

（一）〔「奥太一郎と夏目漱石」〕（大村喜吉《きよし》）

漱石が友人、菊地謙二郎からその評判を聞いて〔岡山県〕津山の〔尋常〕中学校から熊本へよんだ奥太一郎（この人はクリスチャンで数年前に死去された。もし漱石とキリスト教との関係を知ろうとすれば、この奥太一郎氏を追跡しなければならない）。

（大村喜吉「夏目漱石の熊本時代」八三頁、『英学史研究』五、一九七二年）

〔前略〕「第三の原因としては、第五高等学校に在職中の奥太一郎との出会いである。すなわち、この問題の年――一八九八年（明治三十一年――高木注）――の四月に、奥太一郎は当時英語科の主任であったはずの漱石に推挙されて、英語の講師として第五高等学校に就任し、十月に教授となった。

かれは同志社を出てから、東北学院などで教職にあったが、のちに（東京）帝国大学に学び、津山の中学校に教鞭をとっていた。この傍系晩学の未識の人物を推挙したのは、四歳年下のこの人物になにか信頼できるものを漱石が感じとっていたからであろう。

かれはエマーソンを愛読し、教育は人格のふれあいだと信じていた哲学的・宗教的な人物であった。また慎しみぶかく、寡言の人であった。そのため家族にたいして、漱石とどのようなつきあい方をしたかを語りのこしていないというようなこともあって、くわしいことはわからない。

とはいうものの、俗にいううまがあうという仲で、よくふたりして旅行をした。考えごとをしながら歩いている漱石に、無神経に話しかけて邪魔をするようなことがなかったろうから、漱石はこの人物といっしょに歩きまわることに、なんとなく心のやすらぎを得ていたのではなかったろうか。

この奥太一郎がクリスチャンであった。旅で生活をともにした漱石は、奥が聖書を読み、祈る姿をまのあたりに見たはずである。かれは漱石に聖書をすすめるようなことはしなかったであろう。もしすすめたとしたら、漱石はむしろ、かれとの交際を喜びはしなかったであろう。

しかし、沈黙は漱石に、聖書を読んでみようという気をおこさせたかもしれないではないか。

ちなみに奥の〔両親、輝太郎・まつは、京都教会の熱心な信徒であり、〕兄〔奥亀太郎〕も弟〔伊庭菊次郎〕も組合教会の伝道者や教育者であった」（高木文雄氏の名著『漱石の道程』、昭和四十一年十二月発行、審美社、より引用）。

（「夏目漱石の熊本時代」三二頁）

なお『英語青年』大正六年五月一日号に次の記事（厨川白村《くりやがわはくそん》「漱石先生のこと」）がある。

「熊本時代の先生の事は、余り知られてゐない様だからもう一つ書くと、その頃同じ英語科に奥太一郎氏（今は長崎の活水《かっすい》女学校の幹事であらう）が教授であった。先生はこの奥氏と心やすく交はられ、阿蘇山への旅行なども同行された。其《その》紀行があの『二百十日』のなかに出てゐるのである。

その時先生は、山道で馬に蹴られたと云ふ珍談があった事を、私は奥氏から聞いて、後に先生に向って『その話は〝二百十日〟に出てゐませんね』と云ふと、『書いても別に面白くないから』と云って居られた。

『夫《そ》れは特筆大書すべきものでしゃう』と云ふと、先生は苦笑をして黙ってゐられた」。

（同前、八七～八八頁）

（二）「奥家の三兄弟——亀太郎、太一郎、伊庭菊次郎」（本井康博）

父親の輝太郎は、石油を扱う商人であり、京都教会が創立された日に妻（まつ）と共に洗礼を受け、以後、教会の柱石となった（『京都教会百年史』七〇頁、日本キリスト教団京都教会、一九八五年）。太一郎はその次男で、長男の奥亀太郎、三男の伊庭菊次郎（伊庭家に養子に行く）ともども、同志社に学んだ。

長男の亀太郎は一八七六年十二月十日、西京第三公会（現平安教会）で新島から洗礼を受けたあと、一八七九年十月十六日に京都第二公会（現同志社教会）に転会した（『同志社教会員歴史名簿』四頁、同志社教会、一九九六年）。

次男の太一郎は、同志社在学中の一八八四年三月二日に西京第二公会で同志社教員のD・W・ラーネッドから洗礼を受けている。一八八八年に同志社を卒業後は、東北学院に赴任したために、この時期に限っては同校系列の仙台一致教会（長老派）に一八九二年に転会した（同前、一三頁）。

同じく、三男の菊次郎も組合教会系の教会で洗礼を受けたので、三兄弟は揃って、卒業後はいずれも組合教会の教会や学校で伝道と教育に精力を傾けた。

まず亀太郎であるが、一八八四年に同志社神学校を出てから、四国（小松、今治）、九州（熊本、福岡）、大阪、ハワイなどで伝道に従事したあと、アメリカに留学。帰国後は、実業と英語教育に尽力した（『京都教会百年史』一一七頁。杉井六郎《むつろう》「奥亀太郎」、『日本キリスト教歴史大事典』教文館、一九八八年を参照）。

ついで太一郎は、全国各地の諸学校、すなわち東北学院や津山尋常中学校、第五高等学校、長崎・活水女学校（現活水女子大学）、新潟などで教えた。とりわけ、活水での評価は高い。

「日本人教師としては、教頭の奥太一郎を第一にあげなくてはならない。奥は同志社の出身で、のちに東京大学で哲学を専攻した。熊本五高教授時代には、夏目漱石と親交を結んだ。漱石の書簡集（『漱石全集』）には、奥にあてた手紙（が十通）みられる。九州学院、日本女子大学校でも教えた」（手塚竜麿『日本近代化の先駆者たち』四一五頁、吾妻《あづま》書房、一九七五年）。

これに対して、新潟の学校は、知名度が低い。北越学院である。同校は前年に閉校された北越学館を再興するために一八九二年一月に開校されたキリスト教主義学校（男子校）である。

しかし、新潟県立尋常中学校（現県立新潟高校）の創設に伴い、わずか一年余で閉校に追い込まれた（拙著『近代新潟におけるキリスト教教育』八頁、思文閣出版、二〇〇七年）。

三男の菊次郎は、一八八五年に京都教会で同志社教員のM・L・ゴードンから洗礼を受け、同志社に入学。普通学校を経て神学校を一八九五年に卒業した後は、前橋でキリスト教主義の共愛女学校（現共愛学園）で教員、および前橋教会伝道師を務めた。

その後、高等師範学校に入学して教育学を専門的に修め、一九〇一年に同校卒業後は広島（県立師範）、山口や沼津、水戸などの公立尋常中学校で教えた。

一九一一年、キリスト教主義の梅花女学校（現梅花学園）の校長に招かれ、一九四九年に辞任するまで、高等女学校、女子専門学校設立に尽力する。在職中、組合教会で按手礼を受け、梅花教会の牧師にも就任する。

校長、理事長を辞職後、名誉学園長に推されたことからも、梅花での働きの大きさが窺える（『京都教会百年史』一一四頁、茂義樹「伊庭菊次郎」、『日本キリスト教歴史大事典』を参照）。

（三）漱石と同志社人（本井康博）

さて、奥太一郎に関して特筆すべきは、熊本での夏目漱石との交遊である。実は、漱石と親交があったのは、太一郎に限らない。先に見たように大西祝や松波仁一郎もそうである（本書二五七頁参照）。

こうした消息に関しては、以前、拙稿「漱石とキリスト教——同志社人脈との交流」（一五九～一六九頁、安森敏隆他編『キリスト教文学を学ぶために』世界思想社、二〇〇二年）で概説したことがある。ここでは、人名を列挙するだけに留めたい。

以下のような人物（ほとんどが新島の教え子であり、しかも信徒）が、キリスト教嫌いと言われる漱石に種々の場面で接触し、キリスト教的な感化を及ぼしていることは、看過してはならない。

・第一高等中学校（生徒）時代
　松本亦太郎、松波仁一郎、大西祝《はじめ》
・帝国大学（学生）時代
　中島力造、元良勇次郎、重見《しげみ》周吉
・愛媛県尋常中学校（教員）時代
　弘中又一、森次太郎《じたろう》
・第五高等学校（教授）時代
　奥太一郎、遠山参良《さんりょう》、小田堅立、加藤延年《のぶと》
・東京朝日新聞社（社員）時代
　弓削田《ゆげた》精一、大塚素《しろし》

Ⅷ　同志社派

一、同志社派（本井康博）

新島襄は教え子たちに向かって、「下民の友」や「人民の友」となれ、と勧めた。

その伝統は、教え子たちによって受け継がれている。第八代同志社総長を務めた海老名弾正（熊本バンドのひとり）は、かつて「同志社がかつて精神界に多大の貢献をなしたるは、多くの人の謝するところである」と自賛する。

同じく第十三代総長となった牧野虎次も、自身が社会事業界で働いた経験に照らして、こうも断言する。

「同志社精神が我国社会事業界隈に先立ってその原動力を起したと見るべきであります」と（以上、拙著『元祖リベラリスト』二三四頁、思文閣出版、二〇〇八年）。

たしかに、慶應の財界、早稲田の政界に対して、初期同志社は、宗教・教育の世界と並んで、社会福祉や社会事業の世界でも、多彩な人材を生んで来た（拙著『敢《あ》えて風雪を侵《おか》して』一八一頁、思文閣出版、二〇〇七年）。

その後、学園が大学に昇格すると、全国の諸大学に先駆けて学部だけでなく、大学院でも社会福祉を専攻するコースを設置した。全国初の社会事業学専攻が、当初は神学部に設置されたことからも分かるように、キリスト教とは不即不離の関係にあった。それゆえに同志社は、社会福祉学・事業の一源流になりえた（同前、一八二頁以下。拙著『魂の指定席』五八頁、思文閣出版、二〇〇九年）。

なかでも先駆的な三人の人物が突出する。小倉襄二教授（同志社大学）が「同志社派」の中軸と呼ぶ留岡《とめおか》幸助、山室軍平、そして石井十次《じゅうじ》である（同志社編『新島襄　近代日本の先駆者』二三六頁以下、晃洋書房、一九九三年）。

このうち、石井は同志社の学生ではなかったが、新島や山室を始め数多くの同志社人と交流が深く、いわば準同志社人とみなすことが出来よう。

なお、新島襄や同志社と社会福祉の関連については、さしあたっては編集委員会編『同志社山脈――百十三人のプロフィール』（晃洋書房、二〇〇三年）が、詳しくは同志社大学社会福祉学会他著『社会福祉の先駆者たち』（筒井書房、二〇〇四年）が役に立つ。

拙稿に限れば、以下のものがある。

・「福祉とキリスト教――新島襄と社会福祉（一）――」（拙著『敢えて風雪を侵して――新島襄を語る（四）』一七六～一九六頁、思文閣出版、二〇〇七年）

・「福祉界の良心たれ――新島襄と社会福祉（二）――」（拙著『元祖リベラリスト――新島襄を語る（五）』二二〇～二三五頁、二〇〇八年）

・「社会福祉のフロンティア――『下民の友』新島襄」（拙著『魂の指定席――新島襄を語る（六）』五八頁、思文閣出版、二〇〇九年）。

二、留岡幸助（その一）

（一）「故新島襄先生を懐ふ」（留岡《とめおか》幸助）

大磯の濤声《とうせい》高く響き、若王子《にゃくおうじ》山上の松籟《しょうらい》、依然として鳴動すと雖《いえども》、吾人《ごじん》が敬慕せし偉人は、逝《ゆ》きて又帰らざるなり。〔新島〕先生は、〔今より〕八年の昔、大磯の客舎に眠り、若王子山上の墳墓に葬られてより、以来今日に至るまで、世態《せいたい》の推移、人心の変遷は実に筆紙《ひっし》の能《よ》く尽くす所にあらず。

若《も》し其《そ》れ、故新島襄先生をして、再び甦《よみがえ》るの機会を得せしめ、先生の薫陶《くんとう》したる門弟子の現状を探らしめ、彼が嘗《かつ》て牛耳《ぎゅうじ》を執《と》りたる教界の実状を知らしめたらんには、眼底涙あり、皮下血あるの先生は、如何《いか》に思ひ、如何に感ずらん。

記者、嘗て同志社に学びたりし時、先生一日、礼拝堂に臨み、生徒に訓誨《くんかい》して曰《いわ》く、

余は頗る平民てふ文字を愛す。京都の平民、新島襄とは如何に趣味ある文字ぞや。余は終生「ミストル」〔Mr.〕を以《もっ》て満足すべし。「ミストル」は、人生無上の尊号なりと先生の訓誨せし句々言々、今尚余の耳朶《じだ》に鳴動するの感あり。

人は何故に「ミストル」を以て満足し能《あた》はざる乎《か》。何が故に一《ひと》度《た》び天父と誓ひ、同窓と約したる言《げん》を終生、実践し能はざる乎。一度び教役者となりたるもの、職を抛《なげう》って他に転んじ、一度び「ミストル」を以て満足したるもの、中途にして人爵《じんしゃく》を追求し、瓢々乎《ひょうひょうこ》として彼所《かしこ》に漂ひ、此所《ここ》に流れ、「浮草や昨日は東　今日は西」の観あるは、抑々《そもそも》何たる原因ぞや。

吾人は頗る疑なき能はず。

苟《いやしく》も精神的教育を受けし吾人にして、何故に爾《しか》く脆《もろ》きの甚しき耶《や》。人は故新島襄先生を批評して、其弱点を算立《さんりつ》するものありと雖、先生素《もと》より人間なり。人間たる以上は、先生も又人間に付随する弱点を有せり。然《しか》れども、先生は其主義と所信を貫徹するに於ては、吾人を欺《あざむ》かざりき。この点に関して先生は、吾人の活《かつ》模範たらずんばあらず。先生嘗て、朗吟《ろうぎん》して曰《いわ》く、

主義と立ち主義と什《たお》れん我身なり
　浪華《なにわ》の夢の世にしあらねば

明治七年十二月、先生の米国より帰朝するや、往年《おうねん》米国にて交情を暖められたる岩倉具視、木戸孝允、大久保利通、田中不二麿

の諸公は、孰《いず》れも先生に高位顕官《けんかん》を贈りて、廟堂《びょうどう》に立たしめんとせり。然《しか》るに先生は、「ミストル」を以て満足し、屢々招聘《しばしば》せられたりと雖、固辞して動かざりき。

平素先生は、平民を以て満足したれは、屢々人の需《もとめ》に応して揮毫《き ごう》するも、先生他の人の如く雅号を用ひず、或《あるい》は題して襄と云ひ、或は署して洛陽の一平民と云ふ。以て先生、平生《へいぜい》の志を知るに足るべし。

明治二十三年一月二十七日、先生葬儀の日、東京よりは勝海舟翁、態々《わざわざ》絹地の旗〔幟《のぼり》〕に、

自由教育自治教会　両者並行邦家萬歳

と特筆大書して贈れり。余《よ》は先生の葬儀に加はりたる一人にて、今にして之《これ》を思へば、当時の光景、眼前に髣髴《ほうふつ》たるものあるを覚ゆ。

而して今や如何、我党の期する自由教育は如何、自治教会は如何。素《もと》より多少期せしことを実行しつつあるには相違なきも、其教育の振わざる、教会の寂寞たる、吾人は当時の盛況に対して忸怩《じく じ》たらずんばあらず。

適々《たまたま》先生永眠の日に当り、先生を記念して斯文《しぶん》を草す。希《こいねがわ》くは、先生の志をして愈々《いよいよ》天下に喚発《かんぱつ》せしめんことを敢《あえ》て我党の士に希望する所なり。

明治三十一年一月二十三日、即ち先生就眠の日に於て之を草す。

留岡幸助

（『基督教新聞』一八九八年一月二八日）

（二）「嗚呼《ああ》、洛陽の偉人」（留岡幸助）

余《よ》は過日、現同志社社長〔現総長〕原田助《たすく》君より、一月は故新島先生二十年忌に相当するを以《もっ》て、何にか感ずることを書いて呉《く》れ、といふ懇切な手紙と原稿紙とを貰った。心に懸り乍《なが》らも、何分多忙に暮らして居るので、図らずも書き送るべき時日を過ごして仕舞った。之《これ》が為《た》めに折角《せっかく》原田君の懇望に酬ゆることの出来なかったことは、余の深く遺憾とする所である。

けれども、有体《ありてい》に白状すると、自分は新島先生のことに関しては、成るべく語るまい、と兼ね兼ね思って居《お》った。現時基督教会の有様を見ると、新島先生のことを語るのは、何んだか栄華なる昔を偲ぶやうで、心の底に云ひ知らぬ寂びしさを感ずるからである。

しかし、回顧すれば一月廿三日は、貴き魂が、大磯の波と砕けた記憶すべき日である。此《こ》の記憶すべき日は、幾度か廻り廻って、早くも茲《ここ》に二十年。昔を偲び、今を詫びて、感慨の一片を漏らすも、亦心を遣《や》る道ではなからうか、と斯《こ》う思って、扨《さ》てこそ茲《ここ》に筆を乗《と》る訳である。

茲《ここ》四、五年以来、基督教の不振は、著るしく人の目に著《つ》いて来た。尤《もっと》も、信徒も殖えて来たであらう。教会も新築されたであらう。けれども、自分は基督教の生命を以て、信徒の増加や、教会の新築などにあるとは思はぬ。社会的の働き其《その》物から見て、自分は基督教の不振を掩《おお》ふ丈《だ》けの詭弁《きべん》を持たない。

自分等の基督教を信じたのは、之《これ》を以て慈善を事実に表はすとか、国家の福祉に貢献したいと云ふ考へからであった。然るに現下、基督教界の有様は、どうある？　自分は失望せざるを得ない。而して失望すると、伴念倏《たちま》ち新島先生のことを懐ふ。

新島先生の如き人物があったならば、基督教も今少しは日本の御用に立ったでもあらう。けれども人がなければ、良法も善用されない。自分は常に思ふ。経歴は最善の伝道であると。歴史！

人は何が為めに歴史を研究するのか。歴史を研究するのは、畢《ひっ》竟《きょう》歴史が教育であるからであるまいか。

家として良き歴史を有するは、学校の教育に優りて、子弟の為めに良き教育となる。国として良き歴史を有するは、社会の教育に優りて、国民の為めに良き教育となる。

光栄あり、勝利ある歴史の中から生れたる英国や、日本に比較して、恥辱に満ち、敗滅に満たされつつある歴史の棺中にある朝鮮や、布哇《ハワイ》を見よ。如何に歴史が大切なものであるかが、分るであらう。

歴史の大切なことは、独り大にしては国、小にして家ばかりでない。精神や信仰を重んずる伝道にも、亦歴史、即ち換言せば、経歴といふものが大切である。然《しか》るに現下、我基督教界に新島先生程の歴史を持って居る人があるか。

狭いと云っても廣い我基督教社会を探し廻はれば、信仰の点に於て、説教術の上に於て、新島先生に優る人物も乏しくはなからう。けれども信仰や、説教術は伝道の唯一の武器ではない。或《あ》る意味に於て、人格の別名詞たる経歴其物が、不言にして教へ、不文にして化育《かいく》を与へるのである。

此の意味に於て先生は、稀《け》有《う》の歴史を持って居った。今更《いまさ》ら先生の伝記を説く迄もない。維新の風雲児――死刑を犯かしての脱藩――船中のボーイ――風搖《ふうよう》万里の踏海――富豪ハーデー氏の鑑識――米国最初の日本留学生――米国生粋の新教育――日本武士に加味したる清教徒的国士――而して朝野を驚かしたる帰朝――見よ、其ライフの如何に経歴に富めるかを。アア先生のライフ其物が、何物にも優りて偉大なる伝道である。

自分は先生を親方風の人であると思ふ。自分が同志社在学の当時、自分ほど先生の恩顧を蒙むる薄きものはなかった。然《しか》り、自分は直接先生の恩顧を蒙らなかった。けれども、自分の眼に映ずる新島先生は、親方風の人物であった。

学問も弁舌も先生を凌駕する程の人は、今日に於ても基督教社会に敢《あえ》て乏しきを憂へない。けれども、親方風の人は、終《つい》に求むることが出来ぬ。時候の挨拶から、其《その》人の暮らし向きのことから、宗教上のことは勿論、一家一身の私事に渉《わた》って、先生程心配して呉《く》れる牧師、伝道師が、今日此《こ》の日本の基督教界にあるか。

自分は少壮、丹波に伝道をして居った。或年、郷里の母が病気であるといふので、便船をかって岡山に渡らんと欲し、神戸で船待をした。当時先生、同志社大学の為めに其心身を労し、病を〔神戸〕諏訪山に養ふ。自分も不敏ながら、大学基金募集の為めに丹波で奔走し、其経過頗る良好であったので、一は此の報告をかね、一は先生の病を見舞んとて、先生を其旅館に訪《おとな》ふた。

時に先生は、先客の余り長座なりしが故に、頭痛の啰んだるを覚ゆるとて、鉢巻をして居られた。然るに先生は快然として、自分に座を賜はり、談笑常の如し。自分は云った。

「先生！御心配の大学基金募集も、丹波では非常に成績がよろしゅう御座《ござ》いますから、御安心下さい」。

先生は満面の笑を湛へて、夫《そ》れを聞いて頭痛が治ったと喜ばれ、偖《さ》て色々の話をせられる。

君は一体どうして伝道をして居《い》るか、と尋ねられるから、自分は北は福知山、綾部《あやべ》より、南は園部《そのべ》、亀岡に至るまで、里数で二十有余里、個数で六ヶ所に散在せる講義所を、一人で〔受け〕持って徒歩で遣《や》って居る、といふことを話した。すると、先生は、

「夫れは大変だ。馬に乗って伝道をしてはどうか。誰れか馬を寄付しさうなものだ。誰れか寄付しさうなものだ」。

と慰められた。アア先生は、馬に食はすべき糧の要ることを忘られて居る。茲《ここ》らが新島式で、経済思想の乏しい処であるが、しかし自分は、深く先生の厚意を感謝した。

時に先生は、何にか新刊の英書を読まれて居《お》った。先生は其書を自分の鼻先に付き出して、

「これは自分が読むよりは、君が読むべき書籍だ。持って帰り玉へ」

と云はれた。けれども、自分は折角先生のお読みになって居る本を、と云って、強《し》ひて断って座を退いた。

思へば此辺《このへん》が新島先生の先生たる処である。今の先輩は、与へる処か、新刊の書籍などは、後輩に隠して読む有様だ。先生の如《ごと》きもの、果して今の基督教界にありや、頗《すこぶ》る疑はしい。

先生は、熱誠の人であった。何等突聳《なんらとっしょう》奇抜の点がない。其説教の如きは只「何事のおはしますかは知らねども　辱《かたじ》けなさに涙こぼるる」もので、初めから終りまで熱情で押し通し、果ては次《つ》ぐに涙を以てするのみ。熱情であるから、説教が混乱する。混乱するから不明瞭になる。

けれども之が為めに、先生の徳を毀《きず》けない。イヤ却《かえ》って、先生の徳を仰がざるを得ざらしめた。夫れ智を以てするものは、智を以て欺《あざむ》くべし。只先生の如く熱情熱誠を以て終始する人は、欺くべからず。又欺くに堪へない。

先生は経済思想に缺乏して居った。けれども経倫は、先生の胸に充満して居った。其正《そのまさ》に死せんとするや、日本の地図を披《ひら》き、信州を我党〔会衆派〕のものにせねばならぬと云はった。見界《みさかい》の当不当は姑《しば》らく別問題とするも、亦以て抱大画壮の経倫を窺ひ知るべきにあらずや。

基督教を日本に伝播せんとす、正《まさ》によろしく大石良雄の画策を要す。義士の打入りせんとするや、彼等は身を粉にして、幾多の人物に化けた。然るに、今日の基督教は、基督教化した国家思想はあっても、未だ国民として洗礼を授けられて居ない。基督教が日本に歓迎されぬのも、其一因は、確かに茲にあるを疑はれぬ。

新島先生は、飽く迄も国家的で、其血液は維新の志士と相通じ

て居る。神を知らぬ前に、天皇のあるを知り、チャーチの前に国家あり。而して米国生粋の新英州土〔ニューイングランド〕の教育を受け、帰来之を日本に同化せんとした。先生の活ける題目は、新日本と基督教、日本民族と生命ある新教育と、此の二つであった。先生は愛国的志士の心を以て、基督教を咀嚼《そしゃく》した。

先生の頭には死する迄、日本が厳然と主席を占めて居った。

先生の遺言に曰《いわ》く、同志社には変人が多いから、変人を捨てないやうにして呉《く》れと。今や社会は、変人ならざる人をも捨てんとす。況《いわ》んや変人をや。

先生は森有礼《ありのり》氏とは米国に於ける学友たり。伊藤〔博文〕、井上〔薫〕を始め当局者とは、相応の交際があった。之を以て先生は、朝野の元老、元勲と基督教との掛け橋であった。此の掛け橋は二十年前、一朝の水に流れて、爾来《じらい》両者の間は千里も啻《ただ》ならぬ隔絶を来して居る。

『新人』や『基督教世界』は基督教に対する政府の遺口《やりくち》を攻撃するが、斯《かく》の如きは田舎犬が通行人を泥棒のように疑惧《ぎぐ》して遠吠《とおぼえ》するの類で、基督教の為めに何等の利益がない。

勝手に吠え付いても良いが、夫れでは両者の感情が、益《ますま》す害せらるるに過ぎぬではないか。若《も》し新島先生あったならば、当局者と能《よ》く打合して、両者の意志の疎通を図らるるであらう。犬の遠吠では、基督教の言論に反響のないのも、当り前である。

先生在世時分の基督教は、何事も天下に卒先したものである。分けて教育の点に於て、同志社の如きは巍然《ぎぜん》関西の覇《は》を称し、学生の意気亦天に冲《ちゅう》して、遥《はる》かに東京帝大を睥睨《へいげい》するの観があった。今や即ち如何《いかん》の状ぞ。

基督教の学校といへば、教授法は素《もと》より、紀律に欠け、訓育は後《おく》れ、徳性あり、忍耐ある学生は、多く官校に趨《はし》って、偶《たま》ま失策したものが、僅《わずか》に余喘《よぜん》を保つ隠れ場所たるの観なき能《あた》はずとも聞き及んで居る。寡聞の自分、固《もと》より謬《あやま》りを聞き伝へて居るかも知れぬ。

けれども今を以て、其昔に比す。盛衰の変、斯《か》くばかり甚だしかを思ふて、漫《そぞろ》に往年相国寺《しょうこくじ》畔の我が母校を追想するの情に堪へない。伝道を有力ならしめんと欲せば、どうしても一ツ、立派な学校がなくてはならぬ。之を率ゐるに進歩あり、徳望のある校長を以てせねばならぬ。

尤《もっと》も今日は、新島先生在世の当時とは、時勢が転、又一転して居《お》るから、盛衰の変を以て、一に罪を基督教主義の学校に帰する訳に行かぬ。自分も之れは能く知って居る。

けれども一念、基督教主義の教育に及ぶ毎に、未だ嘗《かつ》て洛陽の偉人、新島先生を懐はざるを得ない。

〔次は八重夫人が、先生の臨終を看取った際に詠んだ歌である〕。

大磯の岩にくだくるなみの音の
まくらにひびく夜半《よわ》ぞかなしき〔新島八重子〕

（『人道』五八、一九一〇年一二月五日）

三、山室軍平

(一)「新島襄と山室軍平《ぐんぺい》」(本井康博)

はじめに

一九四〇年一月二十三日。新島襄の永眠五十周年記念日である。この日、山室軍平は不自由な身体を押して車で東京から安中教会に直行し、「時艱《ときかん》にして偉人を思ふ①」と題して恩師の新島を講壇で追慕した。その五十日後には山室自身も天上の人の群に加えられた。

実は安中から戻った翌月の上旬――死去するほぼ一か月前――にも山室は「新島襄先生の五十年を回顧して」と題して「竹蔭同志会」で師を偲んでいる②。内容は安中での説教と大差ないものと推測できる。

これより五十年前の一八九〇年一月二十三日。この日は新島が大磯で病死した日である。山室が同志社預備学校に入学してまもない頃であった。

「折角新島先生を慕うて同志社に入学した甲斐もなく、先生は忽焉《こつえん》として世を去られたのであるから、その哀悼の情は決して何人にも後をとらぬものがあった」と山室は当時を回顧する。

もちろん彼は新島の柩をキャンパスから若王子山頂まで交替で担いだ一人であった。

そればかりか、葬列に付き添った十五旒の白旗のうち十二本は預備学校の在校生たちが寄送したもので、聖句などが大書してあった(「新島襄葬儀記録」六六―六七頁、『同志社談叢』一〇、同志社社史資料室、一九九〇年)。

なかでも「我等の国は天に在り」とか「アブラハムの懐」といった題辞などを始め、山室が選んだものが多かった③。下級生ではあったが、率先して立ち振舞う山室の姿が目に浮かぶ。

山室は「新島先生の死去に接して、一時非常に力を落した」が(山室軍平『私の青年時代』五九頁、救世軍出版供給部、一九七三年。以下、『青年』)、気をとり直してただちに学内機関誌、『同志社文学会雑誌』(三一、一八九〇年三月二五日)に「新島先生ヲ吊《とむら》フノ文④」を寄せた。これは同志社における山室のデビュー作といってよい。

着目したいのは彼がこの追悼文を「慎ンデ其遺志ヲ継ガンコトヲ其在天ノ霊ニ誓フ」との一文で結んでいることである。

なぜなら、この時の彼の決意、すなわち新島の「遺志ヲ継ガン」とする心意気は山室の死に至るまで一貫するからである。それは五十年後の「時艱にして偉人を思ふ」に至るまで地下水のように貫かれているのである。

新島の死後、毎年の一月二十三日は山室には特別な日となった。たとえば、一八九七年一月の場合――日本救世軍に入営した直後であるが――英昭皇太后の大喪中にもかかわらず、「特に一月二十三日は、故新島襄氏の七年忌でもあれば、私ども〔救世軍人〕も亦道に身を捧げて彼が如き忠勤を励みたいものと考えつつ」路傍伝道に励むのであった。

ところが、交通妨害との名目で警察に拘留される破目に陥ってしまった。彼は、「去年迄六年間、毎年此日には友人と特別な集会を開き故新島先生を記念して居たに、今年に限って斯《かく》の如き有様である、何たる悲しいことであるか」と無念さを披瀝している（染川漁夫「幽因録」、『ときのこゑ』三一、一八九七年二月六日。〔　〕は本井、以下同）。

このように山室は新島の記念会を毎年開いていたばかりか、救世軍の機関紙、『ときのこゑ』の編集者となって以後は、紙上でも毎年（少なくとも当初の三年間）一月前半号――発行は月二回――には新島を偲ぶ記事を欠かさなかった。すなわち、「新島先生を憶ふ」（『ときのこゑ』三〇、一八九七年一月一六日）、「新島先生の談《はなし》」（同前五三、一八九八年一月一五日）、「寒梅録（上）」（同前七六、一八九九年一月一五日）といった具合である。

「千里の志」

山室が新島の遺志を全身で受けとめようと決意を固めていたことは、彼の雅号（筆名）からも容易に窺える。彼は当初、さまざまな筆名を用いたが、もっとも愛用したのは「千里《せんり》」であった。それが新島ゆかりの「千里之志」からとられたものであるのはまずまちがいない⑤（山室武甫《ぶほ》『人道の戦士　山室軍平』九四頁、玉川大学出版部、一九六九年）。

この「千里之志」は新島その人の志にほかならなかった。彼自身、国禁を破ってまでも脱国したのは「臥櫪《がれき》千里に駆るの志」を抑え難かったからだ、と渡米直後に述懐している通りである（『新島襄全集』三、三六頁、同朋舎、一九八七年）。

他にも彼は「男児決志駆千里」（同前三、二五頁）とか「脱櫪《だつれき》此身駆在千里」、「男児決志憤然脱櫪駆千里」といった表現ですでに香港で同じような心情を吐露している（同前五、六二～六三頁、一九八四年）。

新島が好んだこの一句は魏の武帝（曹操）の楽歌、「老驥伏櫪　志在千里　烈士暮年　壮心不已」を踏まえており、自由を求めて「脱櫪」（脱藩・脱国）せんとする青年・新島の心意気をみごとに伝えている（小川与四郎『新島襄の漢詩』四二頁、同志社新島研究会、一九七九年）。その意味で、函館の密航現場に建てられた脱國記念の石碑にこの漢詩が彫りこまれているのは、まことにふさわしいといわねばならない（伊藤彌彦「新島襄の脱櫪」四一〜四六頁、北垣宗治編『新島襄の世界――永眠百年の時点から――』晃洋書房、一九九〇年をも参照）。

新島は密出国のさいの「千里之志」を終生失うことがなかった。二十一年後の一八八五年にも――当時、彼は訪米中で、頭痛のため無為に日々を過さざるをえなかった――「乍去千里之志尚未消」と書き残している（『新島襄全集』三、三三二頁）。

また、大磯での臨終の床にあっても、武帝の先の楽詩を引いて自らを鼓舞している（同前四、二九五頁、一九八九年）。彼にとって「同志社」とは「千里之志」を同じくする者たちの結社であったはずである。

新島は後進の指導にあたっても、同種の志を抱くことを求めてやまなかった。それがもっとも端的にあらわれているのが、古賀鶴次郎（同志社在学生）に宛てた書簡（一八八九年十一月二日付）である。書中に次のようにある。

「貴君勉メヨヤ。将来之天下も、矢張君等青年之掌握内ニ可有之は明々白々。亀を用ゆるニ足らされは、仰願クハ益千里之志を養ひ、我カ邦家を救ふ之大計を立賜へ。富貴功名ナニモノゾ。願ふ所ハ偏《ひとえ》ニ此民を救ひ此民を導き、一日モ早く真之文化之域ニ達し、ゴールデンエージ之極点ニ至らしめん事なり。〔中略〕今ヤ満天下腐敗矣。之カ為ニ涙を灑《そそ》く者幾人カある。君等宜しく改革家となりて此不潔なる天下を一掃し賜へ。決而名利ニ汲々たる軽薄児之轍を踏ミ賜ふ勿《なか》れ」（『新島襄全集』四、二三二頁、傍点は本井）。

山室もまた、いや山室こそ、というべきか、新島のかかる期待に答えて「千里之志」を抱く「改革家」たらんとした一人であった。救世軍人として八面六臂《ろっぴ》の活躍をした山室を内面で支えたものは、もちろん上級生の吉田清太郎を介して山室に伝えられた新島からの唯一の個人的なメッセージ――「どうかその青年に、まだ若いからしっかりやれ、と伝言してください」――であった（『青年』五九頁）。ほかにもこの「千里之志」であったことを看過すべきではない。

山室もまたこの志の継承を後進に託している。ある時、彼は救世軍士官学校の一教師に新島の漢詩（あるいは脱櫪の際に作詞したものか）を記した扇子を贈り、「この詩の作者のような教育者になるように祈る」と語ったという（一柳猪太郎「救世軍の父、神の人」三二三〜三二四頁、『山室軍平選集』別巻）。

同志社を「いいくらいで飛び出し」てから（『青年』一〇九頁）死にいたるまでの四十六年間に、彼は京都に五十回以上、足を運んでいる。そのうち少なくとも十五回は同志社のキャンパスに足を踏み入れている。

初回は今治教会を辞して、東京に赴く折（一八九五年十月）で、同志社のJ・D・デイヴィスを訪ねて、救世軍について意見を求めている（『追悼集Ⅱ——同志社人物誌』五九頁、同志社社史資料室、一九八八年）。それ以外はほとんどの場合、同志社の招聘によるもので、新島を記念する礼拝か、あるいは伝道講演のいずれかが用務であった（『山室軍平の研究』所収の「年譜」参照）。

たとえば、一九三〇年の新島永眠四十周年記念講演を依頼されたのは山室で、その要旨は『同志社校友同窓会報』三九（一九三〇年二月一五日）の一面から四面までの紙面を飾っている。

最後の訪問は一九三六年五月二日で、クラーク記念館（旧神学館）の二階に据えつけられた彼のタブレットの除幕式に立ち合うためであった。同志社は類例を見ない方法でこの偉大な中退者の栄誉を称えたことになる。

実は、一九四〇年、つまり新島永眠五十周年の記念礼拝の際も、同志社（時の総長は山室の先輩、牧野虎次であった）は山室に説教者として白羽の矢を立てたのであるが、山室にはすでにその体力がなく、実現せずに終った。結局、彼は東京に近い安中教会での記念礼拝の方を選んだことは、前に見た通りである（『選集』一〇、二六三頁、一九五五年）。

このように山室が新島と共に「千里之志」に生きた点をとらえて、同志社での先輩にあたる安部磯雄は次のように評している。

「何といっても、同志社の伝統的精神を以て世に起《た》ってゐるのは山室中将《ちゅうじょう》である。中将は本流を継いで来たが、私共は支流である。本当の同志社ッ子といふのは山室中将である。〔中略〕来世があるなら、新島先生は『山室中将は自分に出来ないことをやってゐる』といはるるであろう。中将は新島先生に出来なかったことを為してゐる」[6]（『ときのこゑ』八七一、一九三二年七月一五日）。

蘇峰と軍平

そもそも山室と新島との出会いは、蘇峰（徳富猪一郎）の仲介があって初めて可能であった。山室と蘇峰とはともに同志社の中退者であるばかりか、新島や同志社に対する忠節という点でも、甲乙つけがたい存在である。

一八八八年。山室は東京築地にある福音教会の会員であった。この年、彼は教会の青年会幹事に選出されたのを契機に、それまで有名無実であった会の存在を広く江湖に知らしめるために一大イベントを思いついた。名士を招いての一連の講演会である（山室軍平「〝まだ若いからしっかりやれ〟」二四五頁、『新島先生記念集』同志社校友会、一九六二年）。

そのための広告が新聞紙上に登場し始めるのは二月のことで、第一回（三月二日）は石原保《やす》太郎と石坂亀治とが出演した。ひき続き、月二回のペースで開催されたはずで、五月四日には奥野昌綱が講師に招かれている（拙稿「山室軍平の教会活動——救世軍への助走——」一三八頁、同志社大学人文科学研究所編『山室軍平の研究』同朋舎、一九九一年）。

キリスト教界のこうした大物たちに続いて講師として白羽の矢

を立てられたのが、蘇峰であった。当時の蘇峰は『国民之友』主筆として青年たちの憧憬の的であり、まさに「旭日の昇るが如き勢で、名声が次第に高くなりつつ」ある状況にあった（『選集』九、八七頁）。

この蘇峰を「だしぬけに」、つまり紹介状もアポイントメントもなしに民友社に訪ね、面会に及んだ、というのもいかにも山室らしい（「〝まだ若いからしっかりやれ〟」二四五頁）。

意外にも蘇峰は山室の依頼を快く承諾し、福音教会に足を運び、「品行」と題して新島の比類なき人格の高潔さを聴衆に紹介してくれた。聴衆はおよそ百人であった。会員数わずか数名の青年会の催し物としては大成功と言わねばならない（山室軍平「新島先生を偲びて」二八八〜二八九頁、『追悼集　Ⅱ』）。この時、聴衆の中でもっとも強い感化を受けたのは、当の山室であった。

山室は感動のあまり、かかる品行の持ち主たる新島校長のもとで直接に指導を受けたく思い、とりあえず下見と入学準備とを兼ねて、同志社で開かれる夏期学校に参加を申込むにいたった。

この夏期学校で山室は初めて新島の謦咳に接し、彼から「最も深い感動」を与えられた（『青年』四七頁）。その結果、いよいよ同志社入学を切望するにいたったことは言うまでもない。

ところで、山室の京都行きの前後を仔細に点検してみると、興味深い事実が浮かび上ってくる。まず、山室が民友社に初めて蘇峰を訪ねたのは（蘇峰自身の回想によれば）この年の「春」であったという（高道基『山室軍平』三八頁、日本キリスト教団出版局、一九七三年）。

ついで、実際に徳富蘇峰による講演会が開催されたのは、新聞広告により六月一日であることが判明する（『基督教新聞』一八八九年五月二九日）。

そして、山室が夏期学校（開会は六月二十九日）のために東京を発ったのが六月二十二日であることは前から知られていた（『青年』四六頁）[8]。

とすれば、山室は自身では、京都へ向かったのは蘇峰の講演会の「二、三ヶ月の後」と回顧――この点は後述――してはいるものの（「〝まだ若いからしっかりやれ〟」二四六頁）、現実には三週間後であらねばならない。つまり、学資のあてもなく京都に転じようとする決断はこの三週間以内のできごとで、文字通り速断であったことになる。

なお、当時、山室を指導したことのあるメソジスト教会の小方仙之助によれば、「京都の同志社に入学の手づるがあるのですが、如何いたしましょう」と山室から相談をもちかけられたという（山室武甫『愛の使徒　山室軍平』二一頁、福音宣教会、一九八〇年）。

同志社に知己をもたぬ山室は、はたして三週間という短期間で「入学の手づる」を見出すことができたものか。夏期学校への参加は、「それを機会に、その秋〔新年度〕から同志社に入学する分別はないものかを、工夫するのが主たる目的であった」と自身で述べていることを考慮に入れれば（「〝まだ若いからしっかりやれ〟」二四六頁）、はなはだ理解に苦しむ。この時点での知己は蘇峰ただひとりのはずである。

ところで、ジョージ・ミューラー〔G. F. Müller〕の『信仰之生涯』が山室の同志社転校に決定的な影響を与えたことはよく知られているが、ここではこの小冊子と蘇峰講演会との関連について着目しておきたい。

同書は一八八七年一月七日、八日の両日に同志社のチャペルで行なわれたミューラーの演説を彼の小伝とあわせて収録したものである。奥付によれば発行日は一八八九年四月四日である。『基督教新聞』に新刊広告が掲載されたのが同月の十七日であるので、現実に四月上旬には日の目を見たものと思われる。

行論上、記憶されるべきは、新島が同書に序文を寄せていることである⑨。

山室が初めてこの小冊子を手にしたのが「サマリタン会」という施療所（山室は毎週二回、出張して伝道していた）であることは確かである（『青年』四三頁）。が、残念ながらその時期については明記されていない。とはいえ、四月上旬の発行日からそう遠くない時点であったと推測できる。

彼は「一読して感激に耐えず、ぜひ一冊手に入れたいと思ったが、それを買う金を持たない」ので筆写して、以後、毎日数回は熟読したという（『青年』四四頁）。六銭――彼は二十銭と記憶するが（同前）――の本代にも事欠く貧書生であった。

この時期、集中的に「少なくとも百回か、百五十回くらい」熟読することになるこの『信仰之生涯』（同前）との最初のめぐり合いは、山室に新島襄と同志社との名を知らしめたはずである。「私が新島先生について知るに至った端緒」は蘇峰の講演である、と山室は断定する（「〝まだ若いからしっかりやれ〟」二四六頁）。が、人となりはともかく、新島の名前そのものはそれ以前に知っていたのではないか。

すなわち、『信仰之生涯』の序文により新島と同志社の存在を知らされた山室は、感激して、思いあまったすえに同志社ゆかりの蘇峰を「だしぬけに」民友社に訪ねた、とは考えられないであろうか。

とすれば、蘇峰が回想するように、その時期が「春」（四月）であったこととも符号する。

さらに山室が（前にも見たように）「それから二、三ヶ月の後」に京都に赴いた、と回顧する場合の「それ」は、彼が言うように蘇峰の講演を指すのではなくて、蘇峰を初めて訪ねた日であると置き換えれば、十分納得が可能となる。

あえて維測を重ねれば、山室は講演を依頼した際、その内容に関し希望を出しはしなかったか。つまり、新島あるいは同志社にまつわる話しを所望したのではないか。だからこそ蘇峰も「私は無論同意致しました」とか（高道基『山室軍平』三九頁）、「欣然として承知した」（『ときのこゑ』八七二、一九三二年八月一日）と即断しえたのであろう。

すでにキリスト教とは距離を置いていて、宗教講演には熱の冷めていた蘇峰が、一面識もない青年の突然の願い、しかも教会での講演を「快く承諾」してくれた（『青年』四一頁）その背景には、説教ではなく新島の話しなら、との思いがあったからであろう。

現に蘇峰は、「演説」をやってほしいというのが山室の依頼であった、と回顧しているうえに（『ときのこゑ』八七二、一九三二年八月一日）、講演会当日にも開口一番、「今日は、信仰ではない、品行の話をするのである。信仰のことは始終聞いておいでになる事と思うので品行の事を話す」との断わりをあえて入れている（『選集』九、八七頁、傍点は本井）。

蘇峰は、恩師の「品行」（キャラクター）に心酔していた。その蘇峰に対して新島はかねてからこう期待していた。

「足下ノ年、尚壮ナルトキ、其ノキャレクトルヲ養成セン事ヲ望テ、再会以来、一日モ忘レサルナリ」（『新島襄全集』三、二二三頁、傍点は原文）。

それにしても、教会青年会の宗教講演としては、キリスト教を真正面から論じない「品行」論は例がなかった。講師はそれまでほとんど牧師であったので、蘇峰は異色の講師であったはずである。

ともあれ、一八八九年の春は、山室の生涯にとってひとつの転機となった。『信仰之生涯』との巡り合い。そして蘇峰との出会い。そのいずれにも新島が絡んでいた。

もしも蘇峰が新島に心底から傾倒していなければ、新島と山室との邂逅は、あるいは日の目を見なかったかも知れない。

新島もまた当時は、同志社大学設立運動および教会合同問題の渦中で蘇峰を腹心の同志、頼みの綱としていた。したがって両者の間では、書簡の交信も頻繁だった。

奇しきことに築地で蘇峰が新島の品行を紹介したあたかもその日、新島は京都で蘇峰に宛てて二通も書簡を認めている。翌二日にもさらに筆を継ぎ、「小生も時々貴兄を思出し」とか「小生ヲ知ル者ハ天下只猪一郎君〔蘇峰〕アルノミ」とまで極言している（『新島襄全集』四、一四七頁）。

これこそまさに肝胆相照らす師弟であった。

新島伝の作成

蘇峰と山室とは新島を終生、恩師として敬慕し続けた点で甲乙つけがたい。教え子の筆になる正確で本格的な新島伝の完成を誰よりも切望した点でも、両者は酷似する。

ここで新島の伝記について経緯を簡単に見ておきたい。伝記の作成が問題となったのは、新島の死後直後のことである。

新島の死の二日後に早くも同僚のD・W・ラーネッドが、出版への期待を表明している（D. W. Learned to N. G. Clark, Jan. 25, 1890, Kyoto）。その後、彼は京都ステーションの決議に従い、新島の業績を紹介する一文をアメリカン・ボード機関誌（ボストンで発行される月刊誌）の『ミッショナリー・ヘラルド』（掲載は四月号、一四四〜一四七頁）編集部に宛てて二月四日に送稿した。

彼によれば、J・D・デイヴィスが英文の新島伝の著者として最適であり、この時点ですでに新島書簡を利用して伝記を執筆中であった（ibid., Feb. 4, 1890, Kyoto）。

興味深いことには日本語による伝記の計画もこれと並行して進められており、執筆者には蘇峰が内定していた（ibid., Apr. 1, 1890, Kyoto）。この点は（A・ハーディの息子、）A・S・ハーディが一八九一年に刊行した新島伝の中で「日本語による新島の伝記を準備中である徳富猪一郎氏」と明記する通りである（『新島襄全集』一〇、三六五頁）。

ちなみに、このA・S・ハーディは新島伝の資料蒐集のため一八九〇年秋に来日するが、京都のデイヴィスを訪問することを勧めたのはラーネッドである（ibid., Apr. 1, 1890, Kyoto）。

ところが、英文のものはすぐに刊行されたものの、日本語版は難航した。蘇峰の取り組みが遅れに遅れたのである。新島の死後から三十七年が経過した一九二七年の夏（八月二十九日）、山室は思い余って蘇峰に面会し、新島伝の執筆を直接、慫慂《しょうよう》に及んだ。それに対して蘇峰はこう応じた。

新島の真骨頂は宗教家にあるので、柏木義円（安中教会牧師）が執筆者としては最適である。そのためにはこれまで門外不出としてきた秘蔵の関係資料を執筆用の部屋と共に喜んで提供する用意がある、と。

山室としては柏木の筆による新島の内面像のほかに、時代的な背景などの外面的な事柄を蘇峰がつけ加えることが「尤モ望マシイ事」と思えた。そこで、その日のうちに山室は柏木に書を送り、「此ノ上ハ最早遅疑スル所ナク、決然トシテ起《た》ッテ、此ノ最モ大切ナル、又最モ世ニ益アリ神ノ御名ニ栄アルベキ事業ニ御トリカ、リ下サレ度」と率直に心情を伝えた（『選集』一〇、二一六〜二一七頁）。

もともと柏木は山室にとっても執筆者としては意中の人であった。折々に入手する関係資料、たとえば、根岸橘《きつ》三郎が新島伝を著した際に利用した新島家の「到来物覚帳」原本を以前から安中教会に寄贈していたのも（同前、二一五頁）、おそらく将来を見こしてのことであったと考えられる。

したがって、畏友の半田善四郎（安中教会員）ともかねてから新島伝について協議を重ねていたようで、蘇峰と面談した翌日に山室は半田にも「彼《か》ノ件」としてこれを報じている。教会員として、柏木を側面から説得し、新島伝の完成に尽力してほしいというのである。

出版社としては民友社が望ましい、との具体的なプランさえ漏らしている。「上州ガ、否、日本ガ産出シタル、アノ神ノ人、人道ノ人、大ナル基督者、新島先生ヲ大ニ現在及ビ今後ノ日本ニ紹介致シタキモノニ候」と期待した（同前、二五九〜二六〇頁）。

一方、蘇峰と山室から全面的な協力を約束された柏木は、固辞することができず、重い腰をようやく上げた。もともと同じ安中の根岸の筆になる『新島襄』（警醒社、一九二三年）を「随分出《で》鱈目《たらめ》」な作品と痛罵していた柏木であったので、正確な新島伝の必要性を人一倍、認識していた。にもかかわらず、それ以前は容易に執筆にとりかかろうとはしなかった。

翌年（一九二八年）一月に東京会館で開かれた同志社倶楽部《クラブ》の新島記念会の席上、柏木は「私は今、新島先生伝を書くことになって居ます」と広く校友（卒業生）に協力を呼びかけた。

この時彼は、山室に会うたびに新島伝を手がけるように勧められたが、いつも聞き流していたことをも正直に告白している。前年の夏、山室が蘇峰を動かして二人して柏木に決断を迫った時も、柏木は例によって拒否の姿勢を示したという。

一方の山室は柏木に「猛烈に」食いさがり、もし書かなければ、「新島先生に対して忘恩」とまで極言した。柏木はその熱心さに動かされてついに執筆を承諾せざるをえなくなった、というのである（柏木義円「新島襄先生伝に就いて」、『上毛教界月報』三七七、一九三〇年四月二〇日）[10]。

だが、蘇峰や山室の熱心な奨励にもかかわらず、柏木の新島伝はついに未完に終った。柏木は最晩年に至ってからも「是非《ぜひ》新島先生伝ヲ書カネバナラヌ」との決意を捨てはしなかった。

が、現実の作業としては広津友信[11]が所蔵する新島書簡を借り出してはただ書き写す程度に終っていた。それは伝道活動（彼の場合は社会批判を伴う）を優先させる彼の姿勢に由来するもので、寿命が許せば「余生を先生伝の事に委ね」る覚悟であった。

注目すべきは、柏木の新島伝にはファシズム期のただ中にあって天皇制を撃つという視角がこめられていたという指摘である（片野真佐子「日常のなかの儀式への抵抗――柏木義円の天皇制批判――」二〇七～二〇九頁、富坂キリスト教センター編『大嘗祭《だいじょうさい》とキリスト教』新教出版社、一九八七年）。

この点は提案者であり協力者であった蘇峰や山室の念頭にはおよそのぼらない、予想外のことであった。

『新島先生言行録』刊行秘話

なお、新島伝に関連してさらにふたつのことを補足しておきたい。

ひとつは、山室が生涯の恩人と仰ぐ人たちの伝記作成にすこぶる熱心であったことである。

山室に生涯にわたって直接に大きな感化を与えた人物として新島襄と吉田清太郎、それに石井十次、W・ブース〔W. Booth〕の四人を挙げることに異論はないであろう（市村与市「ペスタロッチよりも偉大なるもの」一五一～一五二頁、『選集』別巻）。

このうちブースについては山室が自身で詳細な伝記を著わしたことは周知の事柄であるが、他はしかるべき適任者に委ねる態度をとった。吉田については高田集蔵『信行ありのままの記』（磯部甲陽堂。一九二六年）が出た。

興味深いのは石井の場合である。山室は小野田鉄彌に白羽の矢を立て、面会のたびに石井伝――一九三四年に『石井十次伝』

（石井記念協会）として結実――をまとめることを慫慂した。小野田がいつまでも逡巡するので、最後には「殆ど叱咤する如く」激しい調子で迫ったという（小野田鉄彌「石井十次伝の為に」九一頁、『選集』別巻）。強迫に近いこうした激しさは、柏木に対する場合とまさに同一のものがある。

いまひとつは、山室が新島の死の直後に誰よりも早く新島の伝記のための資料蒐集に自発的にとりかかっていることである。山室は同級生たちとひとつの会を組織して、新島にまつわる追憶や逸話などを集めにかかった。

生前、新島と親交のあった先輩など――堀貞一などは二度も呼ばれている（山室軍平「新島八重子刀自《とじ》」、『同志社校友同窓会報』六六、一九三二年七月一五日）――を招いて前後十回ほど集会をもち、山室がそれを記録に留めた。

このノートを基にして翌年（一八九一年）に出版されたのが、石塚正治編『新島先生言行録』（大阪・福音社、一八九一年九月二三日）で、新島に関する出版物としてはもっとも早い部類に属する（『青年』五九頁）。

同書は蘇峰が序文を寄せ、小崎弘道が「校閲」、石塚（奥付の住所は鹿児島とあるので後述するように退学後のことか）が「編纂」したものである。けれども、山室の資料提供については一言も触れられていない。ようやく後年にいたって、石塚は山室に感謝を次のように捧げている。

「私は同志社在学時代、学資を稼ぐ為に約三年半か、四年間礼拝堂の前〔にあった南門〕の門番を勤めました。其間一緒に勤めた門番の相棒には山室軍平君、佐地熊次郎君、伊庭菊次郎君、長阪〔坂〕監《かね》二郎君、岸槙一郎君等があるが、其中で相棒の期間も最も長く、私に最も印象の深いのは山室軍平君であります。

山室君は其頃から実に熱心なクリスチャンであって、人に対し実に親切な人でありました。当時私が門番室に於て新島先生言行録を書いて居りますと、山室君は之を見られ、君が長い間苦心して集められた沢山の材料を惜気もなく提供して私に恵まれた事があります。其時の君の親切は私は今に忘る、事は出来ません」（石塚正治「同志社時代の思出」、『同志社校友同窓会報』一九、一九二八年四月一五日）。

このことに関し、山室をよく知る上級生の中瀬古六郎は端的に言う。「石塚君は山室君の嘗《かつ》て筆記集輯《しゅうへん》した所の『新島先生言行録』を出版して其名義人となった」と（中瀬古六郎「同志社東京移転反対」一五九頁、『選集』別巻）。それが事実なら、鳶《とんび》に油揚をさらわれた感がしないでもない。

そういえば、山室自身も「石塚正治君がそれ〔ノート〕を貸して呉れと云ふので貸し与えたところ、石塚君は其の大部分をとってあの『新島先生言行録』の資料としたやうな次第である」とはなはだ歯切れの悪い物のいい方をしている（山室軍平「新島先生御永眠四十週《ママ》年記念講演」、『同志社校友同窓会報』三九、一九三〇年二月一五日）。

どうやら「惜気もなく」提供した、とは言いかねる。あるいは二人がその後、「同志社東京移転問題」で正面から対立したことが、多少とも反映しているのかもしれない。

　この移転問題が校内を騒がせたのは一八九一年の春、すなわち『新島先生言行録』出版の半年前のことである。新島が夢に描いた同志社大学（さしあたっては政治経済学部）を同志社普通学校や女学校と切り離して、東京に設立する案が理事者の間でもち上った、との噂が学生の間に広まり、賛成、反対の声が乱れ飛ぶにいたった。

　当局の案を支持する「東京派」は石塚や水崎基一などが中軸で、学校の門衛所を拠点に推進運動を展開した。この門衛所はかねて「二十三会」——新島が永眠した年と日に因んで命名された——に所属する多感な学生たちの根域でもあった（石塚正治「同志社時代の思出」）。

　一方、「京都派」は山室や安部清蔵、村井貞之助、宮川一男ら熱心なキリスト者から成り、後述する室町伝道所に本陣を張って「東京派」に対峙《たいじ》した。抗争は「全校が真に鼎の沸く如くに沸騰すること」十日間近くにおよび、ついに暴力事件へと発展した。石塚は「京都派」の村井や津田次郎となぐり合いをやったことを告白している。

　事件は、「京都派」からは津田次郎が、「東京派」は石塚——一説には石井勇（『創設期の同志社』一九三頁、同志社社史資料室、一九八六年）——が自主退学をすることによりようやく決着した（同前。中瀬古六郎「同志社東京移転反対」一五八〜一五九頁）。

　したがって、先の『新島先生言行録』の出版は、石塚が鹿児島に帰省してからのことになる。とすれば、石塚は山室のノートを無断で出版した可能性さえ残る。

　ところで、この間、山室は微妙な立場に立たされてはいなかったか。なぜなら、彼は生活のために門番のアルバイト——その時期は一八九〇年の秋からか（『青年』七八〜七九頁）——を余儀なくされていたので、反対陣営の本営である門衛所にはかねてから出入りをしていた身だからである。そのため「二十三会」の面々とも何かと交流があったはずで、現に石塚から例のノートを所望されたのも、こうした関係を窺わせるのに十分である。

　そのうえ、紛争をいっきょに学園規模にまで拡大させるのに一役買ったのは山室自身であった。すなわち「東京派」は在京の蘇峰の支援を得るために代表が東京に赴いて直接面談したり、電報で相互に気脈を通じ合ったりしていた。その親密な交流を懸念するあまり、「京都派」は門番（あるいは山室その人か）に依頼して蘇峰からの電報を先に入手し、無断で開封した。

　開封したのは「京都派の重鎮山室軍平氏」であったとされている。これが発覚してからは騒動ががぜん尖鋭化したことはいうまでもない。こうしてみると、山室は両派が接触する最前線にいて、事態の鍵を握る重要な立場に立っていたと考えられる（『創設期の同志社』一九二―一九三頁）。

　いずれにしろ、「東京移転問題」をめぐる学園紛争は、山室と石塚とに代表されるように両派とも新島に対する熱き想いと彼らなりの愛校心のなせる業《わざ》であった、と言えよう。

「泣き虫」

ところで、新島に憧れて入学した同志社ではあったが、山室にとって六年間に及んだここでの学生生活は、必ずしも意に満ちたものではなかった。

入学当初の彼の信仰は、福音教会で培ったG・ミューラーばりの純粋そのものであった。彼の言葉を借りれば、まさに「単純で、無邪気で、真実で、又光明なる信仰生活」であった。入学時に学校当局に提出すべき在学証明書の保証人の欄には「天の父」と記入したかった――実際には兄に記入してもらった――というほどの一途さであった（山室軍平『人生の旅行』一八七頁、救世軍出版及供給部、一九二七年）。

夏期学校では「会期中いつも声涙ともに下る熱心な祈りを捧げて」参加者の注目を浴びていた（藪崎吉太郎編『牧野虎次先生自叙伝』一一頁、一九五五年）。講壇の上でも「涙を揮って」熱弁ぶりを発揮した（『創設期の同志社』一五六頁）。

山室が登壇したのは会期半ば（一八八九年七月五日午後）の報告会の折で、彼は一番手として「自校（福音教会の神学校）の不振を慷慨して、悲憤の涙を壇上に濺《そそ》がれた」と伝えられている。感動した者がいる一方で、自校の恥を壇上で暴露するのはよくない、との批判があったことも事実である（秋元巳《み》太郎『山室軍平の生涯』四三頁、救世軍出版供給部、一九五四年）。

山室にとって福音教会の神学校は、「教則極メテ不完全、教師極メテ拙悪、到底天下ニ活動スルノ大人物ヲ養成スルノ所以ノ場所ニアラザルモノノ如シ」であった。これに比すれば、大黒柱の新島なきあとの決意ではあるが、「尚ホ同志社ハ日本国中精神的教育ヲ施ス最良ノ校舎ナルヲ信ズル故ニ、飽迄此処ニ勉学セント決心シ居レリ」であった（『選集』一〇、六～七頁）。

ちなみに、この時の夏期学校に関して特筆すべきは、『基督教新聞』（一八八九年七月一〇日、一七日）に「夏期学校通信」を送稿したのは誰あろう、全国的にまったく無名の貧書生たる山室その人（軍兵とある）であった。

一冊わずか六銭の小冊子を購う資力なく、また申込書にも事欠いて「新聞紙の古いのを切って」申込んだというほどの山室が（『選集』別巻、一四二頁）、全国から集った綺羅星《きらぼし》のごとき指導者や有力学生信徒を押しのけた形で報告書を作成、送付したことになる。おそらく報告者に指名されるほどの目立った存在であったと考えられる。

その「夏期学校通信」には、「特に新島君が吾同胞四千万の為めに早く救の船を教示するの任が青年の手にある所以を説き、熱涙を揮て奨励せられたるには満堂一人の感奮せざるものなかりき」とある（『基督教新聞』一八八九年七月一〇日）。

なお、この時の新島の感話「夏期学校に対する感情」は、『新島襄全集』（二、四一九～四二〇頁）に収録されている。さらに、七月七日の聖餐式は、新島が星野光多と共に司式するはずであったが、病気のためJ・D・デイヴィスが代役を務めたことも判明する（同前、一八八九年七月一七日）。

同志社に入学後も、山室は学内では「泣き虫」として有名であった。若王子《にゃくおうじ》にある新島の墓前で「涙の祈り」を何度も捧げたことは自身で告白する通りである（山室軍平「新島先生御永眠四十週年記念講演」）。

「泣いて祈禱するのが常であった」山室に関しては、もちろん周囲に感動を与えたことは事実であるが、他方で「冷評」する者が意外に多かった点も看過すべきでない（『創設期の同志社』二〇七頁）。

入学後、上級生が組織した祈りのグループに山室が入会を申込んだ際も、「下級生である」ことと並んで「あんな泣き虫は入会させてはならぬ」というのが最初の拒否の理由であった（伊庭菊次郎「全学園の信仰運動」一五四頁、『選集』別巻、傍点は本井）。

「社会党」

「泣き虫」のほかにも、山室は「社会党」という仇名を周囲からつけられた。「下層労働者ノ為ニ尽ス」という初心を学生生活のあらゆる場面を通じて発揮しようとしたためである（『選集』一〇、一五頁）。

彼は独自の「平民の福音」を重視するあまり、しだいに「その方の極端に走って」、ついには伝道よりも「社会事業」や「博愛慈善の事業」にばかり目が走るという状態になった（『青年』、一〇七～一〇八頁）。

その結果、自然と授業にも身が入らなくなった。自分は将来、「職工の友達」になるのだから、英会話などは不必要、と判断し、授業中に——幸か不幸かアルファベッド順では彼の席はいつも最後列であった（秋元巳太郎『山室軍平の生涯』六〇頁）——雑誌などを読む、といったいわゆる「内職」に励む学生となりはてた（『創設期の同志社』二三六頁）。そのため、英会話の外国人教師（A・W・ビール）から「クラスでもっとも出来が悪い」と小言をくらったことさえあるという（『山室軍平の生涯』五九頁）。

小言と言えば、一八九一年度の三学期には数学を落とした。そのため選科生（Elective Student）としてかろうじて進級を認められる、という際どい低空飛行状況であった（『同志社百年史』資料編二、英文一三九頁）。

山室が石井十次の岡山孤児院のためにいかに身を粉にして動き回ったかは、周知の事柄であるが、例の濃尾地震孤児の救援活動の際には、授業を無断欠席して現地活動に従事したため、ある教師から叱責されたほどである（『人生の旅行』二一七頁）。

「私は同志社で前後五年間学びましたが、何を学んだか知りません。殊に私は余り早くから〔労働者〕伝道に志を立てた為、学科の出来も大へん悪く、その方面では実際何を得たのかわかりません」と彼は正直に告白する（『追悼集　Ⅱ』一九〇頁）。

けれども、肝心の伝道にしても上級生のひとりから、「君は将来、社会改良家にはなれるかしらないが、宗教家になる資格はない」と断定され、ショックを隠しきれなかった。そのため、一時は宗教家になるという年来の夢を捨てて、「社会党」路線を突き進み、社会改良家になることを本気で考え始めたほどである（『人生の旅行』一八九～一九〇頁）。

このように「社会党」の評価は学内では必ずしも高くはなかった。地方伝道に出かけた際、山室は余裕なき身を顧みず孤児をひとり連れ帰り、三、四日その子の面倒を見たことがある。友人たちからは「ものずき」と冷かされた（牧野虎次「本郷村の青年諸君に」一四三頁、『選集』別巻）。

こうした点を捉えてのことなのであろう。山室は（彼を生命がけで助けてくれた上級生の吉田清太郎と共に）学内では「奇人」の代表とされていた（『創設期の同志社』二〇七頁）。

山室のよき理解者であった牧野虎次の目から見ても、当時の山室は「一寸変った少年」であり、吉田同様に、「今考えると全く別世界に呼吸していた人」であった（『牧野虎次先生自叙伝』二〇頁）。

要するにかなりの「変り者」扱いされていた。

ある時の学生集会で、遊郭へ足を踏み入れた学生の処分をめぐって協議がなされたことがある。委員であった山室は、「熱烈なる辞［弁］舌で、慷慨《こうがい》悲憤の涙を揮って」あくまで厳罰に処すことを強硬に主張した。退校処分だけでは軽すぎるので、各自が青竹で一回ずつ打擲《ちょうちゃく》したうえで校門から放り出すべきだ、というのである。さすがにそれは、「余りにも惨酷な処分」と周辺からは見なされ、単なる退校処分を課すことだけが決議された（『創設期の同志社』、一六〇頁）。

山室が抱くこうした過度の潔癖性と純粋性は、応々にして彼を周囲から孤立させる要因となった。

同志社教会と室町伝道所

以上の事柄を総合すると、山室の信仰のありようや生活の姿勢が同志社の内部では少数派であり、時として周囲と調和しにくい要素が含まれていたことが判明する。

そのためか、彼は入学後もしばらくは教会籍を東京に残したままであった。あれほど憧れの的であった新島が牧会する同志社教会であるにもかかわらず、ただちに転会することはなかった。

転会をようやく決断したのは、入学後三年が経過した時点（一八九二年九月一六日）のことであった。それも母教会から説得された形跡が感じられる。

この間、彼は「組合教会に加はらないで、三年間といふもの、人にどこの教会に属してゐるかと聞かれると、福音教会に――と答へるのを喜びとした」と明言している（拙稿「山室軍平の教会活動」一四六頁、一四八頁）。

同志社教会の魅力は山室にはそれほど希薄であったのか。たしかに、この教会は同志社の在校生と教職員、及びその家族に限定される純粋な「学園教会」であった。彼が伝道対象として選んだ貧民労働者は皆無といってよい特殊な教会であった。

社会的な実践活動よりも机上の議論（空理空論！）に流れやすく、また単純な信仰よりも教義上の論争や批判に傾斜しがちな教会内の雰囲気は、山室には居心地の悪いものであったのかもしれない。とりわけ、例の「新神学」が台風のように同志社を吹き荒らした際には、まるで「うず巻き」の中に放りこまれたように教会員が翻弄されたことも事実である（『青年』一〇八頁）。

山室が学業半ばで同志社を飛び出してから、ようやくにして「さがしまはって居った合鍵」を救世軍に見出すまでの歩みは、まさに疾風怒濤と見ることができよう。彼が出会った救世軍は、奇しくも彼が最初に信仰を培った複音教会と同様にメソジスト藪会の流れを汲むものであった。

すなわち、同志社教会（教派としては組合教会）が山室の内面に引き起した信仰的な違和感と動揺をくぐり抜けて、彼は若き日の信仰――「単純で、無邪気で、真実で、又光明なる信仰生活」――を救世軍で復活させた、という一面があったのではなかろうか（拙稿「山室軍平の教会生活」参照）。

山室にとっては、救世軍とメソジスト教会とは、さながら「分家と本家との間柄」であり、したがって彼には救世軍人として「本家の暖簾《のれん》」を辱めぬように努力すべき、との想いが強かった（『ときのこゑ』一九一二年四月一五日）。メソジスト教会の信仰形態は山室のそれと波調がどこかで合っていたのであろう。

とすれば、組合教会の牙城ともいうべき同志社教会とは彼にとって何であったのか、という疑問が残る。この点に関しては後年の次の回想が多少の手がかりを与えてくれそうである。

「私は不思議なる御摂理に由て救世軍の中にあり、組合教会の諸君〔同志社出身の牧師、伝道者〕と事を共にすることは出来ませぬけれども、救世軍の中に新島先生の御精神を行ひたいと思ひます。否々少く共日本の救世軍には新島先生の直接間接の感化が活きて働いて居るのであります る」（山室軍平「デビス先生を懐ふ」六〇頁、『追悼集　Ⅱ』）

山室の中では、組合教会は決して「新島先生の御精神」（「千里之志」！）以上の位置を占めることはなかった。

とはいうものの、彼が在学中に同志社教会でそれなりの活動の足跡を残していることも、教会史料より明白である。とりわけ、同志社教会が設けた室町伝道所[12]（室町今出川上《あが》ル）を拠点に一般市民、なかんずく西陣地区の住民や労働者を相手に伝道活動を展開したことは、看過すべきでない。

この伝道所はもともと十余人の学生たち（同志社生）の下宿で、彼らが日曜毎に日曜学校と伝道集会とを開いていたのを同志社教会が資金援助し始めたのである。活動の主軸は安部清蔵と山室であった。ふたりは土曜の夜になると同志社女学校からオルガンをここまで運び出して、日曜には山室が説教を、司会を安部が担当するのが常であった（拙稿「山室軍平の教会活動」一四九頁）。

　山室はこの伝道所を拠点として西陣の職工たちを伝道対象に据えることができたはずである。したがって念願の労働者伝道がここで初めて可能となったのではないか。彼がある年の夏期伝道の働き場として、高梁《たかはし》や宮津などの地方都市ではなくて、あえて室町地区を選んでいるのは、彼がそこに働きがいを感じていた証左となろう（同前一五〇頁）。

　その意味で室町伝道所――その後、平安教会に吸収されてしまって同志社教会の手を離れるのであるが――は山室の中で低からぬ位置を占めていた。加えて次のふたつの事を考慮に入れるべきである。

　ひとつは、この伝道所が先述の「同志社東京移転問題」が起きた際の一方の本陣となったことである。全校八百の学生が「東京派」と「京都派」の二派に別れて大騒動となったこの事件で注目すべきは、前者が主として「政治科を治めて居た人達」からなり、後者には「宗教家」が結集したという点である。

　そして、「京都派の重鎮」が山室であることは前にも見た（『創設期の同志社』一九二～一九三頁）。学内では山室は実に「宗教家」の代表格として指導的な立場に立っていたことが判る。その拠点こそ室町伝道所であった。

　いまひとつは、この伝道所が山室に新島夫人（八重）と接触する機会を多く与えたことである。いったいに新島八重が直接伝道の手助けをしたケースはきわめて限られているが、西陣伝道はその数少ない例のひとつである。小崎弘道夫人（千代）や湯浅治郎夫人（初子）などと共に八重はここの日曜学校を時に応援することがあった（拙稿「山室軍平の教会活動」一四九頁）。

　もちろん山室はそれ以前から、具体的にいえば、入学直後から八重とは直接交流があった。すなわち、（前にも紹介した）新島校長の逸話を記録する会の活動の一環として、山室は「預備学校の生徒を代表して」新島宅（現新島旧邸）に夫人を訪ね、直接、取材に及んだことがある。

　この時の八重は、新島のことよりもむしろ会津戦争中の自分の体験を多く語ったようで、山室は「バプテスマを受けた女丈夫《おんなますらお》」との印象を受けている（山室軍平「バプテスマを受けた女丈夫」、『同志社校友同窓会報』六一、一九三二年二月一五日、同「新島八重子刀自」、同前六六、一九三二年七月一五日）。

　ちなみに、新島八重の同志社校葬において説教者に抜擢されたのは「熊本バンド」ではなく、山室その人であった。「故人の遺志」にしたがった人選であったからである（「新島八重子刀自《とじ》」[13]）。「千里之志」を継ごうとした山室のその後の志が八重にも通じたのであろう。

注

①　この説教は、安中近在の原市に住む友人の半田善四郎によりレコード六枚に録音された。それを文字に起こしたのが『山室軍

平選集』（九、八七〜九八頁、同刊行会、一九五六年。以下、『選集』）に収められている。それには説教題の次に「新島先生と私」の一句が付せられている。

近年、このレコードは安中市の新島学園によってＤＶＤ「新島襄先生に就而《ついて》追悼講演　救世軍中将山室軍平氏」に収録されたので、容易に聞くことができるようになった。

ちなみに、山室は新島永眠二十周年記念会の時にも安中教会に招かれている。「外ならぬ故新島先生の廿年記念会」、しかも安中とあって「萬障を排して」参加したという（『ときのこゑ』三四〇、一九一〇年二月一五日）。この時の説教内容は、山室軍平「回顧二十年」（『追悼集Ⅰ――同志社人物誌』一五七〜一五八頁、同志社社史資料室、一九八八年）で把握できる。

② 大沢若枝「竹蔭同志会」二三九頁、『選集』別巻、一九五四年。同会は東京帝国大学農学部教授の大沢宅（キャンパス内にあった）で主として帝大生を相手に毎月一回、開かれた。山室は聖書講解を前後五十数回にわたって行なった（同前二三八〜二三九頁）。帝大生相手の聖書講義は、労働者伝道を天職とした山室の活動の中ではきわめて異色と言わざるをえない。

③ 山室軍平「〝まだ若いからしっかりやれ〟」二四八頁、『新島先生記念集』同志社校友会、一九六二年。なお、河野仁昭「新島襄の葬儀」八五頁（『同志社時報』八八、同志社、一九九〇年一月）にはこれら白旗の写真が掲載されている。

④ 全文は『追悼集　Ⅰ』、三六〜四〇頁、ならびに杉井六郎「同志社時代の山室軍平」（同志社大学人文科学研究所編『山室軍平の研究』九八〜一〇〇頁、同朋舎、一九九一年）に再録されている。

⑤ 山室が『ときのこゑ』の発行兼編輯者となったのは、同紙一五号（一八九六年六月六日）からであるが、筆名を使う場合は、最初は「左剣生」（同紙二五、一八九六年一一月五日）、ついで「礫川漁夫」（同前二八、一八九六年一二月一七日）と名乗る。そして「千里生」が登場するのは同紙四六号（一八九七年一〇月一日）からである。以後もしばらくは「鉄硯」や「鉄杖」などと共に併用されている。

⑥ ちなみに、山室を高く評価する安部磯雄は、「私はまだ救世軍の（日本に）出現しない前に於て（すなわち同志社在学中に）恰《あたか》も救世軍に等《ひと》しき考へを有して居た」と回想している（安部磯雄『社会主義者となるまで』一〇二頁、改造社、一九三二年）。また、「死んで新島先生にお目にかかったとき、安部君よくやったねと、いわれたいのが私の望みです」と安部が語っていたことをもここで想起すべきである。彼にとってはまことに新島は「永遠にともに生きていた人」であった（高野善一編『日本社会主義の父　安部磯雄』九六〜九七頁、同刊行会、一九七〇年）。この点でも山室と安部とは、好一対をなす。

⑦ 『ときのこゑ』八七二（一九三二年八月一日）の記事では、一八八九年とあるだけで、春とは明示されていない。

⑧ 興味深いことに山室は京都へ行く道中でも伝道を忘れなかっ

た。彼はわざわざ静岡で途中下車し、紹介状をもって米山定昌を訪ねた。同家に宿泊して、久奴、袋井、見附などの伝道所（米山が聖書販売店を営むかたわら、出張していた町村である）を共にまわって説教したという（『ときのこゑ』四一一、一九一二年二月一日）。

なお、山室の京都行きについて付言すると、山室の夏期学校受講願書に対して同志社学生の牧野虎次は「七月二十日迄にお出で下さい」と返事をしたところ、実際にこの日に校門の受付で初めて山室その人に接したという（牧野虎次「本郷村の青年諸君に」一四二頁、『選集』別巻）。夏期学校は七月十日に終了しているので、日付に関しては牧野の記憶違いである。

⑨　新島の序文は、杉井六郎「ジョージ・ミューラーと新島襄」一～二頁（杉井六郎先生退職記念事業会編『近代日本社会とキリスト教』同朋舎、一九八九年）に再掲されている。一九三五年に山室は「この小冊子によってうけた祝福を感謝する為」にこれを復刊した（同前、三～四頁）。

⑩　柏木に執筆を決意させたのは山本美越乃《みおの》、とする見解（菅井吉郎『柏木義円伝』四頁、春秋社、一九七二年）は史実に反する。やはり山室の「勧誘と斡旋」とがあったからこそ、と見るべきである（堀川寛一『顕信録』三〇五頁、教文館、一九五四年）。

⑪　広津友信は同志社に在学中から新島の信任が厚く、新島襄の後継者のひとりと目されていた。妻の初子は新島家（新島八重）の養女であった（詳しくは拙稿「新島襄と広津友信」、『同志社時報』八八、同志社、一九九〇年一月を参照）。

新島は蘇峰に対しても「真ニ頼母敷《たのもしき》人物」とか「同志社教会中有力ノ自由論者」といった表現で広津を推称してやまない（『新島襄全集』四、一六五頁、二一三頁）。

⑫　室町伝道所については、さらに拙稿「室町伝道所と山室軍平」（『同志社教会月報』七〇、日本キリスト教団同志社教会、一九八九年五月一四日）、拙稿「室町伝道所と安部清蔵」（同前七一、一九八九年六月一〇日）をも参照されたい。

⑬　新島八重の葬儀の節、山室が行なった告別説教の要旨は『選集』九、二二三～二二七頁、ならびに『ときのこゑ』八七一、一九三二年七月一五日に掲載されている。

（『新島研究』七九、一九九一年一一月）

（二）「まだ若いからしっかりやれ」（山室軍平）

（明治三十五年、同志社校友会入会。日本救世軍創設者の一人。昭和十五年三月十三日永眠）

明治二十二年の春、私が十八歳の時のことであった。当時私は、東京で苦学して居《お》ったのであるが、その属する築地《つきじ》福音教会に小さな青年会があり、殆んど存在の実のない程不振のものであったが、役員改選の際、あやまって私がその幹事に推《お》さるることとなったので、如何《いか》にもして之《これ》を有意義の存在たらしめたいと思ひ、それには取敢《とりあえ》ず、一度誰か相当の名士を聘《へい》して、演説会を催すに限ると思ひ、すなわちだしぬけに徳富蘇峰《そほう》氏を日吉町の民友社に訪ね、その御依頼をすることとなった。

蘇峰氏は私の願を容《い》れ、快く来って一場の講演を試みられた。題は「品行」といふのであった。「信仰ではない、品行である。信仰の話は、日頃から諸君が沢山聞いて居らるることを思へば、品行の話をするのである」といひ、「真の品行とは、英語のキャラクターである。この真のキャラクターを備へた人が、少くとも一人、現に京都に居られて、その名を新島襄先生といはれる。この新島先生は、品行の力を有《も》った人である。お目にかかって、三十分ばかりも何くれとなく話して帰れば、あと一週間ぐらゐ、気がすがすがしたやうに覚える。此《かく》の如《ごと》きものが、真の品行を備へた人の感化である」といふような話をせらるるのを聞いて、私は非常に感激した。

よって思ふに、今の日本にさういふ偉い人物が存在するものなら、何が何でもその膝下《ひざもと》に往《ゆ》いて、その感化を蒙《こうむ》りたいものである、と思ひ立ったのが、私が新島先生について知るに至った端緒《たんしょ》である。

それから二、三ヶ月の後、私は無理な分別をして京都に赴き、その年の夏の初、同志社で催された第一回の夏期学校に出席することとなった。これは、夏期学校に出るのが目的ではなく、寧《むし》ろそれを機会に、その秋から同志社に入学する分別はないものかを、工夫するのが主なる目的であった。

これは前にもいふ如く、新島先生の徳を慕ひ、その感化の下に身を置かんことを願うたが為《ため》の企《くわだて》であるから、夏期学校中も特に新島先生に注意を払ひ、熱心にその御顔を見、その動作に眼をとめたのは、申す迄もないことであった。

不幸にして先生は、その時既《すで》に甚《いた》く健康を害され、あまり表面に立っては働かれなかった。唯一度、ほんの十五分間か二十分間、全国から集った夏期学校の学生に向ひ、「明治の維新は青年の働である。同じやうに青年諸君は奮起して、精神的日本の改革に従事せねばならぬ。一本の薪は十分に燃えない。沢山な薪をあつめれば、互に火力を助け合うて、熾《さかん》に燃ゆるのである。その如く、青年は協力一致して事を行はねばならぬ」といふような趣意を演説せられたのを記憶する。私が講壇から先生に聞いたお話は、唯その一回に過ぎなかった。

夏期学校を終へて後、一先《ひとま》づ岡山県の郷里〔阿哲郡本郷村〕に帰省し、夏の終になって再度京都に出て参った私は、首尾よく入学試験に及第し、同志社予備学校に入学することを許されたが、学資がない為に非常に苦心した。

その節、私のことを我が事のやうに心配して、種々尽力してくれた吉田清太郎君が、一日新島先生を訪ね、私の校費のことにつき一学期分、金四円五十銭づつを一纏《ひとまと》めにして払ふ代《かわり》に、之《これ》を三回に分ち、三ヶ月間、毎月金壱《いち》円五十銭を納むるやう特別の御計らひを願ふと、先生は之に同意を与へられたる後、「その青年に、まだ若いからしっかりやれ、と伝言して下さい」といはれたそうである。

これは、先生が私といふ個人の為に語られた唯一のメッセージであった。私はそれを聞いた時、感激に堪へなかった。

爾来《じらい》、五十年後の今日まで、「まだ若いから」といふのを、「未熟だから」といふ意味にとって、折々思ひ出しては自分に鞭うって、戒めて居るような次第である。

その年の暮に、先生は旅先〔前橋〕にて大患に罹《かか》られ、翌年の一月、ついに大磯の客舎にて永眠せらるることとなった。当時、千人ばかり居った同志社の学生の悲歎は、いふも愚なことであったが、中にも私は、折角《せっかく》新島先生を慕ふて同志社に入学した甲斐もなく、先生は忽焉《こつえん》として世を去られたのであるから、その哀悼の情は、決して何人にも後をとらぬものがあった。

新島先生の葬儀の写真に、「我等の国は天に在り」、「アブラハムの懐」などと書いた十数本の白旗が、墓のまはりに置いてある。あの旗は〔同志社〕予備学校の生徒が作ったもので、これらの題辞言は、私が選んだものであった。

私は又、他の学生諸君と共に、先生の柩《ひつぎ》を同志社の校庭から若王子山《にゃくおうじ》まで輪番に担いだ者の一人であったことを、有難い特権と覚えて居るのである。

折角《せっかく》新島先生を慕ふてその膝下に馳せ参じたにも拘《かかわ》らず、先生に亡くなられた学生、殊《こと》に比較的年少にして、極めて純真なる予備学校の学生諸君と相談し、新島先生を最もよく知らるる諸先輩を招聘し、先生に関する追憶談を聞く会合を催すこととなったのは、それからすぐ後のことであった。たしか九回か十回か、之《これ》を催したと思ふ。

その節、諸先輩から承《うけたまわ》った先生に関する逸話、逸聞の如きものを、筆記してもってゐたのを、後に彰栄館《しょうえい》前の門番小屋にて、共に門生〔門番〕を勤むることとなった石塚正治君が、貸してくれろといふから、之に同意すると、君はそれらの材料を用ひて、『新島先生言行録』といふ一書を著した。これは一年ばかり経って後のことである。

斯様《かよう》の次第故《しだいゆえ》、私が新島先生について直接に知る所は殆んどない。けれどもその遺徳を慕ひ、その精神、人物に憧《あこが》るる点に於《おい》ては、多く他人に譲る所がないと信じて居る。

而《しか》して今日の同志社からも亦、同じやうに先生の模範に憧れ、その足跡を踏んで起《た》ち上る者の、多く起らんことを願うのである。

（『新島先生記念集』）

（三）「回顧二十年」（山室軍平）

去る〔一九一〇年〕一月二十三日は、新日本精神界の偉人、新島襄先生の没後満二十年の記念日であった。

余《よ》が後《おく》れ馳《ば》せに先生の徳を慕ひ、其《その》感化を受けたい許《ばか》りに、一《いち》文《もん》なしの貧書生の身を以《もっ》て、何《ど》うやら路用《ろよう》の工面だけして京都に入りたるは、明治二十二年の夏のことであった。

此《こ》の年始めて夏期学校といふものが、同志社に開かれて居《お》ったが、其節《そのせつ》先生は度度《たびたび》此に出席せられた故《ゆえ》、お顔だけは毎度見る折を得たれど、其高談を耳にする機会とては、唯一回しかなかった。

夏期学校の開校中、一日先生は高壇に立って約二十分許りの感話を致された。其主意は、従来日本の歴史上に有力なる運動を為したるものは、多く青年であり、維新の改革の如《ごと》きも、実は青年の熱烈なる精神と勤労に負ふ所が多いものである事よりして、将来神の国を日本に打建つるには是非《ぜひ》共、有為《ゆうい》なる青年が奮起せねばならぬこと、而《しか》してこれには各々の協力一致、といふことが大切であることで、一本の薪《まき》の燃ゆる光は、容易に消さるれども、それが五本、十本となりては、仲々に消すことが出来ない、といふ様な喩《たとえ》を用ゐられたのであった。

之《これ》が余の聴問した、後に前《さき》にも唯一回の、新島先生の御演説であった。則ち唯一回の御演説ではあったが、其温乎《おんこ》たる風采《ふうさい》、熱烈なる精神、人を動かすの赤誠は、今に至る迄、目先にちらついて居る様に覚え、忘れることが出来ない。

九月中旬、余は予備学校の入学を許されたが、開校の前日、嚢《のう》中《ちゅう》既に無一物になってしまふた。幸ひに神の不思議なる御摂理により、一上級生〔吉田清太郎〕が余の為《た》めに束修《そくしゅう》と向《むこう》一年間の学資を引受けてくれ、余は又、賄《まかない》の手伝をなし、給仕をしたり、茶碗洗ふたりすることによりて、漸《ようや》く冷飯と残り物の菜位を貰ふて食べつつ、勉強に取掛ることとなった。

其《その》頃同志社の学資は、一学期、即ち三ヶ月金四円五十銭であったが、それを一度に拂ふことが出来ないので、余の恩人なる彼《か》の上級生は、一日新島先生を其私宅に訪ね、何卒《なにとぞ》特別を以て月賦納付を許さるる様に、と御相談申上ることとなった。

其節、新島先生には数ならぬ余の身の上に就《つ》き、色色と彼の上級生より聞取られたる上、直ちに学資月賦納付の事を許可せらるるのみならず、同人を以て余に伝言して、「未だ若いから、しっかりやれ」と仰《おお》せられたのである。

之《これ》は余が先生から、特に数ならぬ自分の為めにとて伺《うかが》ひたる唯一言《ひとこと》の警告であった。余は其《それ》以来、此一言の警告をば守符《まもりふだ》の如《ごと》く、大切に心の肉碑《にくひ》に刻み付《つけ》て居るのである。而《しか》して此一言の警告が、余の薄志弱行を戒め、小成に安んずることを戒め、進んであらん限りの力を尽し、神と人との為めに働かんことを契《ちぎら》はしめたることが、幾度《いくど》あったか分らぬことである。

此年十月、先生は〔同志社〕大学設立運動の為に上京せられ、郷里上州に行かれた時、劇しい感冒に罹《かか》り、非常に衰弱せられたので、十二月二十八日に大磯に休養せらるることとなり、明治二十三年の正月に「送歳休悲病羸身　鶏鳴早已報佳辰　劣才縦乏済民策　尚抱壮図迎此春」〔歳を送りて悲しむを休《や》めよ病羸《びょうるい》の身　鶏鳴《けいめい》早く已《すで》に佳辰《かしん》を報ず　劣才縦《れつさいたと》え済民の策に乏《とぼ》しくとも　尚壮《なおそう》図《と》を抱いて此《こ》の春を迎う〕とうたふて、大なる希望を以て年を迎えられたる甲斐もなく、病勢漸く革《あらた》まり、同月二十三日、終《つい》に大磯の客舎〔百足屋《むかでや》〕にて永眠せらるることとなったのである。

余は其当時、同級生等と共に幾度か祈会を開き、又は密室にて先生の為めに祈祷し、最後に先生昇天の為め遺骸《いがい》を京都に送り還された時は、同窓の諸君と共に之を七條の〔京都〕停車場に迎へ、葬儀の日には又諸君と共に、代《かわ》る代る其棺を担《にな》ふこととなったのを、今も身に取りて栄誉の事、と思ふて居るのである。

先生は昇天の前数日、其門人〔小崎弘道〕をして〔新約聖書中の〕「エペソ書」第三章を読ましめ、殊《こと》に其末節〔二十節〕「我儕《われら》の求むる所思ふ所よりも甚《いた》く過れる事を為し得る者」〔「わたしたちが求めたり、思ったりすることすべてを、はるかに超えてかなえることのおできになる方」〕といふ句に至った時、「唯此力である、此力ある神に頼りて御業《みわざ》を為せ」と遺言せられたさうである。

我等はまことに此力ある神に頼りて、我が五千萬の同胞の救の為めに戦ふ外はない。

嗟吁《ああ》、神よ、区々の志を助け給へ。アーメン。

（『同志社時報』六七、一九〇〇年六月二五日）

（四）「キリスト者列伝・山室軍平」

現住所　東京府千駄ヶ谷町八九六
生国　岡山縣阿哲郡本郷村〔現新見市哲多《てった》町本郷〕
所属教会　日本救世軍本営

明治五年八月二日に生る。家は代々農を業とせしが、氏は貧しき農家の三男に生れしため、隣村の杉本氏の養子となれり。同家は質屋なりしため、氏は小学校の帰りには流質の督促をなす抔《など》、家業を助けしも、元来、同情心深き氏は、自身の性格が到底、将来此《この》家を継ぐこと能《あた》はざるを見極め、無断家出を決心し、明治十九年八月、十五歳にして東京に出でたり。

上京後、氏は京橋に落付き、職を築地活版所に得たり。氏は此《こ》処《こ》にて二年間、若き男女の職工と共に卑歌猥談《わいだん》の中に働きつつありしが、年齢正《まさ》に十七歳、誘惑は内外より起り来る時、一夜、図《はか》らずも基督教の路傍《ろぼう》説教を聞きたりき。

氏はその罪に関する力ある説教に良心の根本的覚醒を促され、夫《それ》より日曜毎に教会に出席し、新約全書〔新約聖書〕を購ひて熱心、之《これ》を研究し、難解の所には赤紙を附し置きて之れを質《ただ》し、遂《つい》に信仰を起し、明治二十年九月、築地入舟町の福音教会に於《おい》て、洗礼を受けたり。

受洗後、氏は其同僚を見るに、之まで尋常一様のこととして看過したることも、皆容易ならざる罪悪なるを感じ、之れを導かんとしたりしも、何人も耳を傾くるものなく、偶々《たまたま》之れを教会に連れ行けば、牧師の説教は堅苦しくして、俗耳《ぞくじ》に入り難きに困《こう》じたり。

茲《ここ》に於て、氏は自から労働者伝道の使命を感じ、之が為《ため》に一身を捧げんと決心し、明治二十二年夏、決然、活版所を辞して京都に赴き、同志社に入学したり。然《しか》も、素《もと》より学資あるにあらざれば、校僕として半働半学の生活をなし、或時代の如き、六ケ月の間、塩を舐《な》めて食を取り、時には断食《だんじき》をなしたることも一再ならざりしといふ。

　斯《か》くて明治二十五年、同校を出でたる〔中退する〕が、目的たる平民伝道を如何《いか》なる方法に於て実行すべきかにつき、種々苦心をなし、我が国は農業国なれば、百姓伝道こそ必要なり、との考へにて日向〔宮崎〕に赴き、農業に従事し、次《つい》で都会の労働者こそ福音の必要ありと信じて東京に上《のぼ》り、大工の棟梁《とうりょう》の所に弟子入りをなし、其所を得んがために具《つぶさ》に辛苦をなめたり。

　日清の戦、正《まさ》に終り、日本の国威、世界に知らるるや、英国に本部を有する救世軍は始めて我国に其伝道を開設すべく、司令官としてライト大佐を派遣せり。〔山室〕氏は夫《そ》れを見て、痛く其の伝道振りに共鳴し、之れこそ我が素懐《そかい》を伸ぶべき方法なりと感じ、敢然《かんぜん》、意を決して之れに投じたり。

　之《こ》れ明治二十八年十一月三十日にして、氏が二十四歳の時なりき。爾来《じらい》、氏は専心一意、同軍の発達のために努力し、当時、新富町川岸の六畳の一室に創始せられし救世軍は、廿余年を経し今日に於ては、殆んど全国の各都市に戦線を拡《ひろ》げ、殊に其社会事業の方面に於ては、結核療養所を建て、大に社会に認識せらるるに至れり。之れ皆、山室氏の熱誠の産む所と云ふも過言ならず。

　氏は他の追従する能《あた》はざる説教家にして、其熱烈なるアッピールは焰を吐くが如く、何人をも悔改《くいあらた》めせしめずんばやまざるの概《がい》あり。而《しか》して其の文章、亦平明闊達《かったつ》にして力あり。

　『平民の福音』、『戦闘的基督教』、『基督の精兵』等伝道的著述、数十種。就中《なかんずく》、『平民の福音』の如《ごと》きは十数万部を発行し、我国に於て他に其比を見ざる刊行数を有するに至れり。

　明治三十一年九月、佐藤庄五郎氏の女《むすめ》、機恵子と結婚したり。彼女は我国に於て、最初に救世軍に属したる婦人にて、氏と結婚後は救世軍の母となり、婦人ホームを設け、淪落《りんらく》婦人の救済に努力し、或は女中寄宿舎を設くるなど、同軍のために貢献する所、大なりしが、大正七年冬、逝去せり。

　民子、武甫《ぶほ》、友子、周平、光子、善子の六子あり。

（『信仰三十年基督者列伝』）

四、石井十次

（一）「石井十次《じゅうじ》兄トノ対話」（山室軍平）

（同志社在学中の山室軍平日記から）

〔明治〕二十六年二月十日

君曰《いわく》、熊本バンドノ諸氏、今ヤ心ヲ合セテ、独立教会建設云々《うんぬん》ノ事ヲ主張セントセリ。然《しか》レトモ、諸氏ハ常ニ神ノ国ヲ日本ニ来サントシ、日本ヲ神ノ国ノ中ニ入ルルノ心ナシ。稍《やや》モスレバ、即チ失敗ヲ取ラントス。

又曰、新島先生ハ単純ナル宗教家ニテアリシ。然《しか》レトモ、爾後《じご》ノ諸氏ハ皆、政治家的宗教家ナラザルモノ、殆ント之《これ》ナシ。余《よ》ハ恐ル、此《この》種ノ人、終《つい》ニ一転シテ、世俗化シ去ラルルニ至ランコトヲ。

十字架ハ電信柱ノ如《ごと》シ。一柱過《すぎ》去《さ》リテ、更ニ一柱、続々来リテ間断《かんだん》アルナシ。始ニハ一度苦ヲ経《へ》レハ、ヤレヤレト思ヘリ。今ハ即チ、次ノ苦ノ来ルヲ待テ、之ニ応ズル所以《ゆえん》ヲ思フニ至レリ。

余ハ、ミューラル〔George Fredrick Müller〕氏ガ十数年ノ経験〔孤児院経営〕ニ倣《なら》フテ、数年来ハ常ニ朝ニ聖書ノ一、二章ヲ読ミ、然《しか》シテ後ニ黙想シ、祈祷ス。読経《どきょう》ト祈祷、是《これ》ミューラル氏ガ日常勉メテ怠ラザルノ所ト聞ク。

ミューラル氏曰、聖書ヲ読ミテ黙想スルハ、是《こ》レ最上ノ祈祷ナリト。

（室田保夫「同志社時代ノ山室軍平史料―『雑記第二号』―続」、『同志社談叢』三三、二〇一三年三月）

（二）石井十次（本井康博）

石井十次は同志社に学んだことがない。したがって、新島襄の教え子ではない。しかし、広い意味での教え子に相当する。

石井は、医学の勉強のために宮崎から岡山に赴き、ここでカトリック信徒となる。しかし、まもなくプロテスタント系の岡山教会初代牧師の金森通倫（同志社第一回卒業生）の指導を受けて、プロテスタントに改宗した。これが会衆派教会の世界、すなわち同志社や新島襄に至る入口となった（拙稿「石井十次、青春の彷

徨」三九頁以下、同志社大学人文科学研究所編『石井十次の研究』同朋舎、一九九九年）。

会衆派での信仰生活が深まるとともに、新島への関心と敬愛の念、とりわけ彼の教育精神への共鳴が強まった。その結果、新島が起草した「同志社英学校設立始末」（一八八四年五月）を読み、「大に感奮する所」（石井）があったので、全文をさっそく七月に日誌に書き写している（細井勇『石井十次と岡山孤児院』一五五頁、ミネルヴァ書房、二〇〇九年）。

翌月には郷里の宮崎に朝晩学校（馬場原教育会）を開校したが、これは新島の一文に「刺激」されたことが「誘因」だと自ら認めている（杉井六郎「『石井十次日誌』にあらわれる徳富蘇峰」七六頁、『石井十次の研究』）。

注目すべきことに、この朝晩学校が、石井の畢生の事業となる後の岡山孤児院の「苗種」となったことを石井自ら認めている（「石井十次、青春の彷徨」四五頁）。それればかりか、同校の教育方針は、新島の「良心を手腕に運用する」という主義を援用するとも断定する（「『石井十次日誌』にあらわれる徳富蘇峰」七八頁）。石井が新島の教え子に準じる存在であることが、ここからも窺える。

その後も石井は、京都に赴いては、新島を始め（同前、七六頁）、関係者と面談する機会を設けるように努めた。たとえば、同志社学生の青木要吉（岡山出身である。詳しくは本書二八九頁以下）は、石井が立ち上げた孤児教育会を助けるアピールを校内でして、十四人の会員を得た（『石井十次と岡山孤児院』二三三頁）。

あるいは、山室軍平の支援も忘れられない。彼は「石井十次君を知れば知るほど、ますますその人となりを敬慕し、またその孤児院の事業に深い興味を持つようになった」ので、一年に三回、学期末には校内の寄宿舎を一室一室まわり、古着や古シャツ、古足袋などの不用品を集めて、岡山に送り届けたり、寄付金などを集めたりした（山室軍平『私の青年時代』七六～七七頁、救世軍出版及供給部、一九二九年）。

もしも、こうした支援者に恵まれなければ、岡山孤児院の存続と興隆はとうてい考えられない。それだけに石井自身も同志社人としての意識は、相当に高かったと思われる。

一八九二年に痔の手術をする場合も、岡山市在住でありながら、わざわざ同志社病院を選んでいる。入院中に、同志社学生の山室軍平との交流が深まったことも特筆すべきである。

石井は入院前に友人から送られた救世軍大将、ウイリアム・ブース（William Booth）の著書、『最暗黒の英国とその出路』（これより二年前の一八九〇年に出版されたばかりの英書）を携えて入院し、英語の得意な同志社の学生（山本徳尚）に依頼して毎日、枕元で訳読してもらった。その際、石井のために「聞き書き」を作成する必要上、山室も連日、病床に出向いた。

これが、山室にとって救世軍を知る「最初の機会」となった。「わたしが他日、救世軍に加わるための伏線となり、予備教育となったところが、はなはだ多い。これらのいきさつを思い合わせれば、ただもう不思議な神の摂理と導きとを賛美するほかはないのである」と山室は感謝する（『私の青年時代』九三～九四頁）。

ちなみに、石井と山室は、「同志社派」として、生涯を通じて親密な交流を続けた仲であるが、その始まりは、一八八九年に遡る。同年夏に同志社で開催された最初の夏期学校に東京から参加した山室は、終了後に岡山県高梁《たかはし》に夏季伝道に赴いた。

九月初めには京都での同志社予備学校入学試験が待ち受けていた。高梁から京都へ戻るその途次、山室は岡山市に立ち寄り、出来て間もない岡山孤児院を訪ねた。同院で「初めて石井十次君に面会」したという。

帰り際、山室が二十銭を寄付すると、石井は「これで米を買う金が満たされた」と神に祈りを捧げたという。「それ以来、わたしどもは互いに相知り、相信じる友人として、同君が世を去られるまで、変わらない交わりを結んだのである」と山室は回顧する（同前、四八～四九頁）。

これは同志社人との交流の一例であるが、石井はかねてから伝道師志向を強め、ついには岡山の医学校から同志社への転校を企てるようになるものの、結局、それは叶わなかった。

それでも、石井の始めた岡山孤児院の支援者が、もっぱら同志社系（会衆派系）の人々であったことには、変わりがない。主たる支援者は、金森ら岡山教会の関係者や、岡山に拠点を置くペティ（J.H.Pettee）らミッション（アメリカン・ボード）の宣教師たち、そして新島を始めとする同志社関係者、それに全国の会衆派教会員などである（拙著『敢えて風雪を侵して』一七七頁以下、思文閣出版、二〇〇七年）。

恩師への敬慕は、新島の死後も続き、石井は新島の追悼集会を毎年のように開いている。

それにしても、石井（宮崎県人ではあるが）、留岡、山室の三人（同志社派）が、いずれも岡山絡みであるのは、奇しきことである。

Ⅸ　北海道バンド

一、北海道における教誨《きょうかい》活動（本井康博）

「同志社派」の伝統の中から、「北海道バンド」と呼ばれるグループが、新島襄の死後に生まれてくる。これは、同志社（神学校）に学び、新島襄から何らかの指導を受けた学生の中から、教誨師となって北海道の集治監（監獄、刑務所）で囚人指導に当たった一群の人たち（延べで十一人）を指す。

教誨の仕事は、それ以前は主として僧侶（とくに本願寺系）が担っていたが、信徒の原胤昭《たねあき》（同志社の卒業生ではない）が一八八八年に呼ばれて以降、その働きから信徒が優先され、一時は北海道の教誨師を信徒（それも同志社人）がほぼ独占するようになった。

こうした人々は、生江《なまえ》孝之『日本基督教社会事業史』（教文館、一九三一年）により研究史上、「北海道バンド」と呼ばれるようになった。近年では、室田保夫『キリスト教社会福祉思想の研究』（不二出版、一九九四年）や鏑木路易《るい》「『北海道バンド』論」（『同志社談叢』二〇、同志社社史資料室、二〇〇〇年三月）が正面からこれを扱っている。

同志社人脈中、原に続いて最初に北海道に赴任したのは留岡幸助で、一八九一年のことだった。以後、留岡との繋がりから次々と同志社人が呼ばれたが、仏教側の巻き返しに遭って、一八九五年に当時の在職者全員（原を含めて五名）が集団辞職（いわゆる連袂《れんべい》辞職）した（『元祖リベラリスト――新島襄を語る（五）』二三二～二三三頁）。

いま、着任順にバンドの面々の名を挙げてみる（「『北海道バンド』論」二二二～二二三頁）。

原胤昭、留岡幸助、阿部政恒、篠宮拯吉、松尾音次郎、大塚素《しろし》、末吉保造、水崎基一《もといち》、中江汪《ひろし》、牧野虎次、山本徳尚

このうち、本書では原、留岡（「その二」として再論）、松尾、大塚、水崎、牧野、山本の七人を取り上げる。

二、原胤昭

（一）「原胤昭《たねあき》」（本井康博）

原はカロザース（C. Carrothers）により東京で洗礼を受けた信徒で、いわゆる「築地バンド」の一員であった（信仰上の詳しい経歴は、拙著『新島襄と明治のキリスト者たち』二六九～二八三頁、教文館、二〇一六年、を参照）。

自身の入獄体験から、志願してクリスチャン教誨師第一号となる。初めて赴任した神戸でこれまで疎縁であった同志社系の人たち、すなわち「熊本バンド」の人びとや同志社スタッフ、アメリカン・ボード宣教師たちと種々の接触をもつ機会が急速に増えた。その後、釧路監獄へ転任したところ、幸いにも典獄（刑務所長）は信徒の大井上輝前《てるちか》であった。

その後の北海道における採用人事は、彼ら二人の意向が強く働き、基本的に信徒教誨師を求人するようになった。原は神戸で培った同志社人脈を頼って、小崎弘道や金森通倫に求人を要請した。

そこで金森は、京都府の丹波で伝道中の留岡幸助に白羽の矢を立てた。こうして、留岡に続いて同志社人が十人近く、教誨師として北海道に着任するようになる。これが北海道バンド発足の背景である。

北海道バンドの働きはおよそ七年間で終わったが、その間、メンバーに異動があった中で、唯一人、終始一貫したのは原だけである。皮肉なことに、原は元々が他教派出身ということもあって、同志社との関係も他のメンバー（すべて同志社卒）ほど深くはない。ただし、新島とは書簡のやりとりを始め、交流があったことは、事実である。

ただ、残された書簡は、新島が死去する二週間前に原（釧路監獄教誨師）が釧路標茶《しべちゃ》（現川上郡標茶町）から新島に書き送ったものが一通、あるのみである。シベチア組合教会発足とともに、北海道における監獄の問題点、ならびに教誨活動の現状を報じている（『新島襄全集』九下、一一五二頁）。

なお、原に関する最新で最良の研究書は、片岡優子『原胤昭の研究　生涯と事業』（関西学院大学出版会、二〇一一年）である。

原の資料（旧蔵書）に関しては、最近刊行された『キリスト教中央図書館蔵　原胤昭文庫目録』（日本キリスト教文化協会、二〇一七年）がまず参照されるべきである。千二百冊を超える原の旧蔵書の中で、新島に関するものは以下の二冊である。

石塚正治編『新島先生言行録』（福音社、一八九一年）

ゼ・デ・デビス著　村田勤・松浦政泰訳『新島襄先生傳』（福音社、一八九一年）

（二）〔「原胤昭と新島襄・同志社」〕（片岡優子）

原と新島との関わりは、留岡が「明治十二年一月頃、新島先生の手帳の裏に」原の氏名と住所が記されていたと述べているように〔『留岡幸助日記』三、三八八頁、矯正協会、一九七九年〕、すでにキリスト教徒としての親交があった（片岡優子『原胤昭の研究』一六〇頁、関西学院大学出版会、二〇一一年）。

〔一八八八年、兵庫仮留監教誨師から北海道での教会活動へと転じた〕原は、釧路監獄署赴任直後から、伝道活動を開始し、教会を設立することに尽力したが、それを支援したのは新島襄をはじめとする組合教会の人々であった。

原は標茶《しべちゃ》教会設立に関して、前述の新島襄宛書簡で次のように述べている。「渡北後、日も浅ク候へ共、主之特恵ニヨリ且各会友之御厚誼ニヨリ、村上〔俊吉〕兄来北之労ヲ蒙リ、シベチャ組合教会ヲ為シ候事、感謝し、又会友之厚辱ヲ拝謝仕候。爾来、会勢も日ニ相進ミ慶ヒ申候。〔後略〕」（『新島襄全集』九下、一九九四年）。〔中略〕

そもそも新島が北海道・空知を訪れて有志のために講演を行ったのは、一八八七年七月のことであった。新島は夫人を伴って空知を訪問し、「独立教会」の設立を勧め、北海道の地に新たな教会が設置されることを強く望んでいた。そのため、新島は標茶に組合教会が設立されることに協力を惜しまなかったのである（『原胤昭の研究』一三三頁）。

原の釧路集治監教誨師時代を読み解く鍵は、一八九〇年一月一〇日付で認めた新島襄宛書簡（『新島襄全集』第九巻下、来簡編、一二五二頁）に集約されている。

それはそもそも「シベチャ〔標茶〕組合教会ヲ為シ候事」を新島に感謝するための私信であり、監獄における第一の目的であった「先年来、北海道監獄ニ被行候不法残虐」行為をやめさせたことや、第二の目的であった「出獄人保護之事業」が甚だ「困却」していることを報告している。

けれども、この書簡は単なる新島への感謝の意と原の現状報告を伝えるだけでなく、北海道集治監（釧路・樺戸《かばと》）在任中の原が、新島をはじめとする組合教会の信者たちの支援を得て職務を遂行するとともに、組合教会の信徒として伝道活動を行っていたことを示している。

原が組合教会の信徒であったということは、原に続いて北海道の集治監に赴任した〔留岡幸助を始めとする〕キリスト教教誨師たちが、すべて監獄改良の志を持った同志社卒業生で独占されるということをもたらし、原もまた彼らの協力を得て北海道集治監の教誨を確立し、監獄改良事業を遂行することが可能となったのである」（『原胤昭の研究』一五八頁）。

そもそも米国長老教会宣教師、C・カロザース（Christopher Carrothers）より受洗したはずの原が設立に尽力したにもかかわらず、標茶が組合教会であるというのは、どのような経緯によるものであったのか、〔中略〕。

八三年一〇月、自由民権運動に関連する筆禍事件により収監され、獄中でチフスに罹患し、九死に一生を得て同年末に釈放された原は、〔それまでの教会活動や伝道から転じて〕監獄改良を志し、出獄人保護に献身することを決意した。

その志と活動を支えてくれたのは、小崎弘道、長田《おさだ》時行〔本書一九九頁以下〕、阪部寔《まこと》ら組合教会のメンバーであった。原は小崎との関わりによって、番町教会、及び同志社との接点を持つことになる。

長田は築地大学では原の学友であり、釈放後の心身ともに傷ついた原を支え、原に阪部を紹介した。阪部は兵庫仮留監典獄となり、原の職務を支援することになる。

そして八四年七月、兵庫仮留監教誨師として神戸に赴任した原は、日本組合神戸基督教会（神戸教会）の信徒となり、公私ともに同教会の人々の支援を受けた。それゆえ、原は組合教会信徒の支援を得て教会を設立し〔たゆえに〕、標茶教会は組合教会〔派〕の一教会となったのである（『原胤昭の研究』一三五頁）。

三、留岡幸助（その二）

（一）「留岡《とめおか》幸助」（本井康博）

二度目の登場である。留岡幸助は、さきに同志社派のひとりとして取り上げたが（本書三五三頁以下）、同時に北海道バンドの一員としての働きも忘れてはならない。いわば「ひとり二役」であるが、もちろん前者は後者の延長線上にある。

　つまりは、根はひとつである。彼が社会事業界に足を踏み入れたのは、「北海道バンド」の先駆者としてであった。そこで、ここでは、北海道バンドとしての留岡に焦点をあてる。

　ちなみに、このバンドのメンバーが北海道に渡るのはすべて新島の死後である。第一号の留岡がまずそうである。丹波第一教会の牧師であった時に新島の死に遭遇する。留岡は当時の日記に恩師に関して「天下ノ戦士」、「天下ノ大教育家」と記す（『留岡幸助著作集』五、四頁、同朋舎、一九八一年）。

　後続の諸氏もおそらく同意見であろう。

（二）〔「留岡幸助と原胤昭」〕（室田保夫）

そもそも北海道に集治監が設置されたのは、樺戸《かばと》集治監が一八八一（明治一四）年、空知集治監が八二年であるように、「内地」の自由民権運動という政治状況が背景としてあった。明治一〇年代、この北辺の地に多くの「囚人」が送られてきたのである。〔中略〕

　彼らの労働が、北海道開拓の鉱山採掘や道路開鑿《かいさく》といった、きわめて危険な作業に利用されるという非道な処遇に置かれたのである。〔中略〕彼らを人間として待遇しない方針がとられていた。かかる中に最初のキリスト教教誨師として原胤昭が釧路に赴任する。〔中略〕そこには、同労者として内務省御用掛《がかり》、大井上輝《おおいのうえてる》前《ちか》がいた。

　この原と大井上の協力によって以降、同志社出身のキリスト教教誨師達が北海道の各集治監に入って行くことになる。その先鞭を付けたのが、留岡幸助である。留岡の成功が、後の同志社の卒業生の一群〔バンド〕となっていったと評してよかろう。

留岡に続いた阿部政恒、大塚素《しろし》、松尾音次郎、水崎基一、牧野虎次、山本徳尚といった人々がその後、社会事業や教育に携わっていくことを考えると、この一群の人々の活躍が、いかに重要であったかは、いうまでもないことである。

（室田保夫『留岡幸助の研究』一八八頁、不二出版、一九九八年）。

四、松尾音次郎

(一)「新島先生一回忌の詞」(松尾音次郎)

世態、日に刻薄《こくはく》に移り、人情一に金銭に暗《くら》み、一切の事物を観るに、売買商姑《しょうこ》の眼をもてする時勢となれり。

故に謝金途絶の時は、乃《すなわ》ち師弟杜絶《とぜつ》の時となりしも、亦肯《あ》へて怪むに足らざるなり。

さる代りに、又よく卓然として人の師表となり、よく人心を感動して、永く模範を遺《のこ》すに足る大人、君子の稀有《けう》なるも、亦道理なり。余竊《ひそ》かに先生を推して、當世稀有の人となせり。その人となり、謹厳にして又、和あり。之《これ》を一見するも、尚ほ粛《しゅく》として敬を效《いた》すに足る。

而《しか》して之《これ》に親炙《しんしゃく》する時は、諄々《じゅんじゅん》として敢《あえ》て奇説名論あることなし。然《し》かも愈《いよいよ》久ふして、愈其慕ふべきを感ず。

嗚呼《ああ》、是《これ》所謂古の君子なる者か。其智は及ぶべく、其愚は及ぶべからずとは。それ眞に此人の謂《い》ふるべし。余、不敏、業を先生の門下に受く。

一旦業を卒《お》へて外にある半年、たまたま友人の一書を得て之を開けば、乃ち先生長逝《ちょうせい》の訃音《ふいん》なり。当時、余之れか為に、哭《こく》して慟《どう》す、尚ほ昨夕の如し。

今復《いままた》早く一週回忌に遭《あ》ふ。その云はん処を知らず。只呆然《ぼうぜん》として世情の刻薄なるを観し。先生海山の恩を体すと云ふ。

明治廿四年一月廿三日　松尾音次郎〔光風〕識

(『基督教世界』一八九一年一月二三日)

(二)「同志社英学校時代――明治十四、五年前の思出――」(松尾音次郎)

私は齢十八歳の秋、即ち明治十四年の九月初旬に、父から金子《きんす》五拾圓を貰って京都に上り、同志社英学校に入学したのである。其《その》十四年の正月第一日曜日に、明石基督教会で村上俊吉牧師より洗礼を領して、私は既に基督信者であった。

然《しか》るに当時、私の父はまだ信者でなかったので、彼の五拾圓の金子は、決して喜んで私に与へたのではなかった。私が二男である所より、幾分財産を分け与ふる田舎の風習に鑑《かんが》みて、義理上に一種の割前として与へたものであった。

兎《と》も角《かく》、私は其金子を懐中して、勇みに勇んで上洛し、二、三日後、型計《ばか》りの入学試験を受けた。受験科目は十八史略と、日本外史と、四則応用の筆算とであった。上々の成績で、遂に私は同志社学生の一人となった。

当時、月謝は一ヶ月金壱円五拾銭也、食料一ヶ月金二円四拾銭也で、五円金があれば、立派に在学が出来たのである。

其頃、同志社には新島襄先生が中心人物となり、山本覚馬《かくま》先生を顧問に控へ、デビス、ラーネデ、グリーン、ゴルドンなどと云ふ錚々《そうそう》たる米国教師を左右前後に控へて、学校経営、学生薫陶の任に当られて居たのである。

生徒の総数は百四、五十名で、九州人最も多く、次に四国人、次に山陽道の岡山人が多く、次に東京人、次に上州安中《あんなか》人も多かった。尤《もっとも》は奥州からも北陸からも山陽からも、殆ど全国から学生は来て居たのである。〔中略〕

偖《さて》、私の入学第一年、明治十四年九月十五日と云ふに、愈々《いよいよ》同志社英学校の新学期は、開始せられた。午前五時半には例の蔵原〔惟郭《これひろ》〕荒武者の打ち出すギャーンギャーンの鐘の音が、校内隈なく鳴り渡る。学生は一斉に起き出でる。直ちに井戸端に住く。口を漱《すす》ぎ顔を洗う。〔中略〕

食事終るや、彼等は三々五々、相携へて京都御所の周辺を一巡するを例とする。而《しか》して後ち、銘々の室に帰りて、日課にいそしむのである。間もなく午前七時半を告ぐる鐘の音は、又もや響き渡って来る。学生は直ちに先きを争って公会堂〔チャペル〕に参集する。新島先生、其他の先生は一段高きプラットホームに着席せらる。

其《その》頃、新島先生は健康佳良《かりょう》なりしを以て、殆ど毎朝、公会堂に来られて、必ず五分乃至《ないし》十分間、声涙共に下る熱烈さを以て、我々に訓誡《くんかい》を加へられた。訓誨《くんかい》前に聖書朗読す。讃美歌唱詠、祈祷あり。訓誨後、讃美歌を歌ふて退堂するを例とする。

私は初めて公会堂に入り、此光景に打たれた。さすがは同志社なり、新島先生なりと言って、言はれぬ興趣《きょうしゅ》を禁じ得なかった。

〔後略〕

（『同志社校友同窓会報』一九二七年九月一五日）

（三）「新嶋襄先生を偲《しの》ぶ」（松尾光風〔音次郎〕）

（昭和十五年一月二十七日、新嶋先生記念会〈同志社中学三年生以下凡《およ》ソ四、五百名ノ為《た》メ〉ニ同志社公会堂〔チャペル〕ニ於《お》テ、一時間半ニ渡リテ行ヒタル講演ノ概要ナリ。時ニ余〔松尾音次郎〕ノ年齢七十七歳ナリキ。昭和十五年一月二十七日識之）

今泉〔真幸《マサキ》〕氏ノ此ノ冊子〔『新嶋襄』〕ニハ「彼ハ〈新嶋先生ノ事〉学校設立ノ地トシテ東京ヲ選バナイデ、先《ま》ズ大阪ヲ選ンダ。

其義ヲ府庁ニ出願シタ。〔渡辺昇大阪〕府知事ハ、学校設立ノ事ハ認可シタケレドモ、教師トシテ宣教師ヲ招聘スル事ヲ許可シナイ。止《や》ムヲ得ズ、彼〔新島〕ハ大阪ヲ断念シテ、目ヲ京都ニ転ジタ。彼ハ初メテ京都ニ入リ、山本覚馬《かくま》ニ面会シテ、其《その》素志ヲ述ベタ所、山本ハ熱心ニ之《こ》レヲ賛成シタ云々《うんぬん》」トアル。

其ノ後段ノ部分ニ対シテ、私ノ意見ヲ明ラカニシタイノデアル。否《い》ナ私ノ意見デナイ。山本覚馬先生ノ口カラ親シク直接ニ聞キ知ッタ事ナノデアル。

コレニハ少シ説明ヲ加フルノ必要ガアル。

此山本覚馬ト云フ人ハ、非常ナ「エライ」人デ、新嶋先生ノ奥サンノ兄デアッテ、会津ノ士デアル。元ハ会津藩剣術ノ師範デ、後、砲術ノ師範トナラレ、其後、蘭学ヲ学ンデ法律、経済ヲモ研究シ、当時ノ日本ニ於ケル、有数ノ法学者、経済学者デアッタ。

維新ノ当時、会津藩ガ禁裏《きんり》〔京都〕守護職ヲ命ゼラレテ居タ関係上、山本サンハ京都ニ来ラレタノデアル。

其後、明治維新ガ成リ、廃藩置県トナッタ為メニ、山本サンハ会津ヘモ帰ラズ、京都ニ居ヲ定メ、而《しか》シテ京都府ノ置カルヽヤ、京都府顧問トナリ、京都府会ノ設ケラルヽヤ、其ノ初代ノ議長トナッタ。其頃ハ既ニ盲目トナリ、又躄《いざり》〔足ガ不自由〕トナッテ居ラレタ。

丁度《ちょうど》私ガ明治十九年ノ九月、〔同志社〕英語神学科ニ入学スルヤ、一日、新嶋先生カラ呼バレテ、君ハ神学生トナッタノダカラ、爾今《じこん》、毎日曜日午後、山本覚馬サンノ御宅ヘ行ッテ、新約聖書ヲ素読シテ上ゲテ呉レナイカ、〔講義ヲ要セズ〕ト依頼セラレタ。

私ハ喜ンデ受託シ、爾来《じらい》、私ガ神学科三年ノ課程ヲ了《お》ヘテ卒業スルマデ、日曜毎ニ、欠カサズ御宅ヘ行ッテ、聖書ヲ読ンデ上ゲタ。

其時間ハ、精々《せいぜい》三十分カ一時間位デアッタ。当時先生ハ、社会カラ引退シ、甚ダ退屈ノ感ガアッタ際トテ、聖書読了後、自己ノ過去ノ経歴ヲイツデモ私ニ話ヲサレタ。或日、同志社創立ノ事ニ就テ、左ノ如キ事ヲ言ハレタ。

「新嶋サンガ、勝安房《かつあわ》〔海舟〕ノ紹介状ヲ携帯シテ、自分ヲ訪ハレタ。自分ハ早速、同氏ト初対面ヲシタ。米国留学中ノ事ナリ、日本ヘ帰朝後ノ感想ナリヲ、懇々《こんこん》トシテ新嶋サンハ語ラレタ。其話ノ中ニハ、学校ヲ大阪ニ設立シテ、子弟ヲ『日本ノ青年ヲ』教育シタイトノ志望ヲ述ベラレタ。

ソコデ自分ハ、学校ヲ設立シテ、子弟ノ教育ヲ行フニハ、大阪ヨリモ京都ノ方ガ適当ナリトノ意見ヲ提出シタ。新島サンモ、終《つい》ニ自分ノ意見ニ同意セラレ、京都ニ学校設立ノ位置ヲ決定セラルヽ事トナッタ。

学校ノ名称『同志社』モ、自分ノ発言ニ基ヅキテ、爾《シカ》クキメラルヽニ至ッタモノデアル云々」ト。

然《しか》ルニ、今泉氏ノ記述ニヨレバ、大阪ニテ学校設立ノ運動ヲ起コシタルモ、思ハシカラザリシヲ以テ「大阪ヲ断念シテ、目ヲ京都ニ転ジタ。ソコデ初メテ京都ニ入リ、山本覚馬ニ面会シテ、素志ヲ述ベタ所、山本ハ熱心ニ之レヲ賛成シ云々」トアリテ、小生ガ山本覚馬氏ヨリ直接聴取シタル事トハ、一角《カド》ノ相違ガアル。
其レハ、今泉氏ニヨレバ、新嶋先生ガ京都ニ同志社設立スル事ヲ大阪ニテノ試ミガ、好都合ニ運バナカッタノデ、自発的ニ思ヒ付カレタ様ニナッテ居リ、且是《かつこれ》ヲ山本覚馬サンガ熱心ニ賛成サレタト記シテ在ルガ、山本覚馬氏ヨリ小生ノ直接聞キタル処ニヨレバ、同志社ヲ京都ニ設立スベシトノ意見ハ、山本氏カラノ発案デアッテ、新嶋先生ノ方ガ之レヲ賛成セラレタノデアル、ト云フ点デアル。

以上ハ余談ノ様デアルガ、私ノミガ直接山本氏ヨリ聞キタル事デ、私ガ此儘《このまま》何モ言ハズニ瞑目《めいもく》シテ了《しま》ヘバ、既ニ一言セル如ク、暗《やみ》ヨリ暗へ葬ラレテ了《しま》フヲ虞《おそ》ル、カラ、一寸序《ちょっとついで》ナガラ斯《こ》ノ機会ニ於テ、私ノ口カラ発表シテ置ク次第デアル。〔中略〕

諸君ハ、ソレゾレ大目的ヲ懐《だ》イテ、同志社テフ新嶋先生創立ノ鍛錬道場ニ入ラレテ居ルノデアル。新嶋先生ノ人格ニ触レ、其ノ大精神ヲ体得スベキ境界ニ居ラル、ノデアル。

サテ、新嶋先生ヲ諸君ト共ニ偲バントスルニ当リ、私ノ眼底ニ深ク刻マレテ、先生昇天後、五十年ノ今日ニテモ、眼ヲツブッテ先生ヲ追想スルノ時、彷彿トシテ眼前ニ浮カブ先生ノ面影ト共ニ、直チニ思ヒ出サル、二ツノ事実ガアル。

〔第一〕ハ先生ガ熱涙ト共ニ、此ノ公会堂ノ朝ノ礼拝時ニ於テ、我等ニ訓論セラレタ事デアル。先生ノ訓論セラル、ヤ、常ニ一語一涙ト云フ有様デアッタ。所謂、声涙共ニ下ルヲ常トシタ。先生ハ態度ノ伴ハヌ訓論ヲ、学生ニナサレタ事ハナカッタノデアル。

此ノ声涙共ニ下ルノ訓話ヲ聞ク時、誰一人トシテ、声ヲ飲マヌモノハ無カッタノデアル。如何《いか》ナル粗暴垢面《こうめん》〔厚顔〕ノ多血男児モ、潔《いさぎよ》ク兜《かぶと》ヲ脱ギ、頭ヲ垂レテ傾聴セザルハ無カッタノデアル。而《しか》シテ先生ノ声涙共ニ下ル訓話、又ハ説教ハ、決シテ時折リ、タマニアルト言フノデハナイ。イツデモ、ソウデアッタノデアル。蓋《けだ》シ是《これ》レ先生ノ衷《うち》ニタギル熱誠熱情、維新当時ノ志士ニ共通シタル所ノ激烈ナル悲憤慷慨《こうがい》ノ気ガ、外ニ溢ル、ニ外ナラヌノデアッテ、決シテ発作的ノモノデハナイノデアル。〔中略〕

而シテ此ノ先生ノ涙ハ、女性的弱者ノ眼底ヨリ浮ブ涙ニアラズシテ、男性的獅子吼《ししく》ニ伴ッテ迸《ほとばし》ル涙デアルノデアル。

今日、一般人士ノ気風ニ比較スル時ハ、全ク不思議ト思ハルル程ノモノデアルガ、旧来ノ陋習《ろうしゅう》ヲ打破シ、新シキ国家社会、新シキ神ノ国ヲ建設セントスルニハ、事ニ望〔臨〕ンデ、斯《かか》ル満身ノ熱誠熱血ヲ注グ底《てい》ノ人士ヲ要スルノデアル。

〔第二〕新嶋先生ハ、上陳ノ如キ激烈ナル日本男児ノ権化《ごんげ》トモ思ハル、性格ノ持主デアッタガ、又一面ニハ、実ニ温良恭謙《きょうけん》ニシテ、苟《いやし》クモ時ニ接スル者ハ、学生ト云ハズ社会人ト云ハズ、春風駘蕩《たいとう》ノ気ニ触ル、感ヲ催サシムルモノガアッタノデアル。

常ニ人ニ接スル、温キ笑顔ヲ以テセラレタノデアル。所謂、模範的「クリスチャン・ゼンツルマン」デアッタノデアル。

ソコデ我等今日、新嶋先生ヲ偲ブニ当リテハ、日本男児トシテノ熱血血涙ヲ胸一杯ニタギラセツ、アルト共ニ、コレラヲ調《ととの》フルニ、基督ニヨル信仰ノ権化タル温良恭倹《きょうけん》ノ徳ニ輝ク「クリスチヤン・ゼントルマン」タルノ人格ヲ以テセラレタル偉人ヲ仰視《ぎょうし》セネバナラヌノデアル。〔後略〕

（『新島研究』七九、一九九一年一一月）

（四）「〔新島〕先生の風丰《ふうぼう》」（松尾音治郎〔音次郎〕）

私は明治十四年九月、初めて同志社英学校に入学。同十九年に卒業。更に同年九月、同志社英語神学科に入学、同二十二年六月に卒業したのであるから、前後足掛け九年、同志社に在学したものである。

当時は現在とは異なり、学生の数も少なく、教授たちの数も少なく、新島先生は、毎日朝七時半の公会堂〔同志社チャペル〕礼拝に出席して、訓話せらるゝと云ふ実情であったから、新島先生を識《し》る機会も極めて多かったのである。

新島先生は、私が二十七歳の一月廿三日に、四十八歳で現世を去って昇天せられたのである。若《も》し先生が今日まで御存命であったら、当時二十七歳の私が、既に七十六歳の白頭翁となって居るのだから、先生は九十七歳になられた筈であって、今の学生には曾祖父に当たる御年配の方である。〔中略〕

〔身体的な特徴を言えば、〕脊丈《せたけ》は五尺五寸位〔約百六十七センチ〕で、大男と云ふ程ではないが、日本人としては平均以上で、肉付きも良く、極めて平衡のとれた体格であった。御顔の輪郭は、円《まろ》き方ではなく面長の方であった。眉が極めて濃く、目が涼しく、所謂眉目秀麗であった。

且《かつ》又、髭が極めて濃く、顔の色は日本人固有の黄色ではあるが、稍《やや》々白く、声は太き潤いのある方で、優男《やさおとこ》型でなく、堂々たる偉丈夫《いじょうぶ》型であったのである。歩行せらるゝ姿勢は、少しく首を傾け、うつ向き気味であるを常とした。

人に接せらるゝ場合は学生と云はず、普通の者と云はず、常に温顔を以てせられ、親切、丁寧で、且《かつ》快活であって、真に典型的の紳士とは此人なり、と云ひたいほどであった。

それで居て胸中には、烈々として火の燃ゆるが如き情熱、熱血をたぎらせ、慷慨淋漓《こうがいりんり》、日本男児の真骨頂《しんこっちょう》を包蔵せられて居たのである。

其一例を挙ぐれば、毎朝七時半、全校の学生は一人残らず、公会堂に参集するのであるが、先生は旅行不在でない限り、いつでも自ら此公会堂の礼拝に臨席せられて、薫育上の話をせられた。其の話たるや、誠心誠意、熱信、熱情満ち溢れ、声涙共に下るの激越さで、聴く者をして、如何《いか》なる無血漢、如何《いか》なる荒くれ書生たりとも、共に涙なくして聴く能《あた》はざらしめたのである。

先生の訓話せらるゝや、いつも声涙共に下るのであるが、若《も》し之《これ》が作為的であったら、決して聞くものをして其都度《つど》、かの如く感動せしむることは不可能であらう。

先生の涙は真に世を憂ひ、国を憂ひ、基督的信仰の源泉より迸《ほとばし》り出《い》づる涙なれば、幾度《いくど》にても人を感動せしめたのである。所謂、同志社精神なるものは、主として毎朝「チャペル」の三十分の礼拝時間に於て鼓吹せられたのである。

蓋《けだ》し新島先生の学生薫育の表情は、正しく維新当時の西郷〔隆盛〕、木戸〔孝允〕、大久保〔利通〕さんなどと少しも異なることなく、実に先生は、慷慨淋漓たる維新の志士を浄《きよ》むるに、基督的洗礼を以てしたるものに外ならなかったのである。

先生が学生を極めて親愛せらるゝと共に、其反面には、不良学生に対し、時々秋霜烈日《しゅうそうれつじつ》の盛威を示さるゝことがあった。

或日の朝の礼拝終り、学生の席を立たんとするや、先生は、いつに無く学生を呼び止められた。何事ならんかと着席するや、先生は静かに二人の学生の名を呼び上げて、彼等を衆人環視の中に直立せしめられた。

而《しか》して、君等は同志社の規則を破りたるを以て斯々《かくかく》の罰に処すと宣言せられた。当時の同志社規則なるものは、極めて簡単なものであったが、其中に酒や煙草を飲むこと、又新京極《しんきょうごく》の如き盛り場に行きて寄席《よせ》や芝居や、其他淫楽がましき所に出入することを禁じてあった。

然《しか》るに二人の学生は、此規則を破ったのである。当時の同志社学生は左様《さよう》な所へ立寄るものは無かったが、不思議にも立寄ったなれば、直ちに分かったのである。

只こゝに例外として面白きことは、軍談を聞くことだけは許されて居た。之れは演説なるものが、日本に流行し初め、殊《こと》に学生の間に流行したる時節で、軍談は風紀に害なく、演説の練習に役立つとせられたからである。当時、京極から四条へ出る少し手前の西側に軍談の席があって、「尾崎東海」と云ふ人が「真打《しんうち》」であった。

さて、新島先生は個人的に直接対話する時は、いつも温乎《おんこ》として春風に吹かるゝ如くで、胸襟《きょうきん》を開きて誠を人の腹に推すと云ふ風であった。

故に学生等が、何か心に不平を懐《いだ》き、又は哀愁失望などを懐きて面会する時は、面会によりて先生の謦咳《けいがい》に接する丈《だ》けにて、忽《たちま》ち心中の憂鬱《ゆううつ》を氷解し去られ、勇躍欣舞《きんぶ》して、帰ったものである。

（『新島先生記念集』）

五、大塚素

（一）「大塚素《しろし》氏追悼――彼れ死して物言ふ」（留岡幸助）

予と大塚素君

今を距《さ》る三十年前、予は牧職〔牧師職〕を擲《なげう》ちて北海道は空知《そらち》集知監に教誨師《きょうかいし》として赴任した。当時、京都同志社を卒業した一青年が遙《はる》々《ばる》と予が寓居を訪ねて来た。

其《その》青年の風貌は、色白く痩せすぎずにして頭に麦藁《むぎわら》帽を戴き、腰に手拭をたばさんで居《お》った。初対面のことであるから名を尋ねると、私は大塚右金次といふもので、北海道に来たのは、社会改良に身を投じて見たいからだ、と云ふのが抑々《そもそも》の最初《はじめ》で、此《こ》の青年こそは先般亡くなった大塚素君である。

爾来《じらい》、月に年に大塚君と予との交誼《まじわり》は濃厚となった。心友と云はんか、兄弟と云はんか。予と大塚君との交情をいい現さんには心友であって、而《し》かも又真《まこと》の兄弟よりも親しかったと云ふのが適当であらう。〔中略〕

彼と艱難学校

彼は三河の国、西尾藩の生れで、幼少より藩儒、筒井秋水《しゅうすい》翁につき孔孟の学を修め、神童の名があった。苗樹《びょうじゅ》強風に弄ばる丶の譬喩《たとえ》に洩れず、十二歳で厳父、十五歳で慈母を亡《うしな》ひ、身は離れ小島の捨小舟となった。

単に失恃《しつじ》の児童で止まぬ、一弟二妹の扶養義務者たらざるを得ざるに至った。是《ここ》に於てか彼は小学教師となった。当時彼は十五歳の幼年であった。〔中略〕

当時、青年渇仰《かつごう》の標的として東に福澤先生あり、西に新島先生があった。彼は西を選んで同志社に這《は》入った。この時、彼の年齢は二十歳であった。

彼れ同志社を卒業するや、明治二十五年の夏、予が戦場たりし北海道空知集治監に訪づれた。この因縁より彼は北海五大集治監の一たる釧路集治監教誨師となった。彼が「社会救済」（ソシアル・サルベーション）の理想は、茲《ここ》に胚胎せりと謂《い》はねばならぬ。

当時、彼が屡《しばしば》予に「罪囚教化は、この身を囚人《めしうど》の位置にあらざるよりは、その徹底を見ることが出来ない」と云ったが、彼は満三年を罪囚の友とし、監獄に奉仕したる後、明治二十八年の冬、社会事業研究の目的を以て渡米することとなった。

渡航に先《さきだ》ち、旅費の不足高三十金に窮し、旧藩主松平氏子爵に哀《あわれみ》を乞ふたと云ふ有名な逸事がある。彼子爵に送った手翰は、今尚読者をして惻々《そくそく》人を動かすに足るものがある。

予は、彼が渡米した二十九年の春は、ボストン府を距《さる》四十哩《マイル》余の「コンコルド」感化監獄で、獄制の研究に没頭したが、彼と廣川友吉君の、ボストン府に着くと云ふ報知を得たから、ボストン南停車場に迎へに出た。〔中略〕

彼は自分が幼少よりして艱難の学校に入学して、真実人生を学んだのである。〔中略〕彼が肉体を産み育てたものは父母である。彼を精神的に産んで育て上げたものは、彼が閲歴した艱苦である。

〔後略〕

（『人道』一九二一年九月一五日）

（二）「同志社山脈・大塚素──北海道バンドの一人」（室田保夫）

留岡幸助によれば、明治二十年代の日本には「監獄と遊郭」という二つの暗黒があった。「監獄」は近代化されていなかったし、とりわけ北海道の集治監では囚人たちが人権無視の安価な労働力として北海道開拓に利用されていたのである。

こうした状況の中で、「北海道バンド」と称された一群のキリスト教教誨師がいた。そのメンバーの多くは同志社出身者であったことは、よく知られている。大塚素（右金次）という人物も、そのひとりである。

大塚素は一八六八（慶應四）年二月十一日に愛知県幡豆《はず》郡西尾で生まれた。十九歳でキリスト教に接し、一八八七（明治二十）年九月、同志社に入学する。同級生に牧野虎次がいた。

卒業後、北海道の釧路に赴任し、集治監教誨師として働き、監獄改良事業と伝道に奔走した。原胤昭《たねあき》、大井上輝前《てるちか》、留岡幸助らと交わり、教誨の仕事とともに有馬四郎助《しろすけ》（後の横浜家庭学校創設者）をキリスト教に導いたのは有名である。有馬に洗礼を施したのは、霊南坂教会牧師を務めていた留岡であった。

有馬を導くさいに大塚は、「マルコ伝」〔マルコによる福音書〕の解説を〔シリーズのように次々と〕彼に書き送ることになるが、後にそれは『友愛』として刊行されている。その中で大塚は、「我に従はんと欲《ねが》ふ者は、己を棄《す》て、其十字架を負ふて我に従へ」という一節〔聖句〕を引きながら、己が覚悟を次のように吐露している。

先生〔新島襄〕の如き、大久保〔利通〕、木戸〔孝允〕其他の人びと、今現に内閣に在る人々より頻りに官途に就く可きことを勧められ給ひし由《よし》なれども、断然之《これ》を辞し、「洛陽〔京都〕の一平民」を以て終はられ候こと、而《しか》してその天職に倒れ給ひしもの、千言万言よりも此処《ここ》の活ける注釈と存候。小弟は、先生の跡を趨《おもむ》ひて、同じく「ハリツケバシラ」〔磔柱。十字架〕を負ひて、一生相送り度《たく》存申候。私の願ひは全く此外に無之候。

かかる覚悟の上で、大塚は他の同志社卒業生を中心にした「北海道バンド」の人びとと困難な事業に立ち向かっていったのである。まさにキリスト者として無私の事業であった。

一八九五年、後輩の水崎基一に職を譲り、留岡の後を追うように社会事業や監獄の研究のため米国にわたる。米国では留岡と出会い、そして米西戦争では義勇軍に志願して戦っている。

約五年間、種々の見聞を広めて一九〇〇年、英仏をまわり帰国する。そして同志社の幹事、教授に就き、同志社の教育や経営に携わる。

その後、キリスト教青年会の事業に関わり、一九〇九年からは南満州鉄道株式会社（満鉄）に入社し、同社の社会事業に尽力する。大塚はまさに骨を「満州」（現中国東北部）の地に埋める覚悟をしていた。これが大塚にとっての畢生の事業であったわけである。

しかし一九二〇年、五十二歳で突然急死する。畏友留岡は、家庭学校機関誌、『人道』第一八三号（一九二〇年九月一五日発行）を「大塚素追悼号」として刊行し、追慕している〔本書三九九頁以下〕。

大塚は生涯、夥《おびただ》しい漢詩を残した。没後、留岡、有馬、牧野らの尽力によって、大著『大塚素遺稿』（一九二三年）が刊行されたが、それには多くの漢詩、日記、論文、小論等が収められている。

略歴

一八六八年二月一一日～一九二〇年八月四日。愛知県幡豆郡西尾にて生まれる。一八八七年、同志社普通学校に入学。一八九二年、北海道集治監教誨師として釧路標茶《しべっちゃ》に赴任。一八九五年、社会事業や監獄の研究のため米国に遊学。一九〇〇年、同志社幹事兼教授に就任。一九〇二年、浜田文子と結婚。一九〇四年、同志社辞任。一九〇五年、キリスト教青年会主事に就く。一九〇九年、南満州鉄道株式会社に入社。

参考文献

・有馬四郎助他編『大塚素遺稿』（一九二三年）
・三好明『有馬四郎助』（吉川弘文館、一九六七年）
・室田保夫『キリスト教社会福祉思想史の研究』（不二出版、一九九四年）
・鏑木路易《るい》「『北海道バンド』論」（『同志社談叢』第二〇号、二〇〇〇年三月）（『同志社山脈』）

（三）「福澤先生と新島先生」（大塚素）

日本近代に於《お》いて、真実の意味の二大教育家は右の二氏であらうと思う。私は幸に二先生の薫陶を得た処から、今その管見を申上ます。

二氏各性格を異にし、主義を異にして、而《し》かも近世日本教育界の二大重鎮である。今試みに此《この》両先生の記事、生年月等を調べて見るも、又一興である。

福澤先生は天保五年に大阪玉江本中津の屋敷に生れ、新島先生は天保十四年に江戸は板倉〔勝明《かつあきら》〕侯の屋敷に生れた。ドーモ妙なもので、福澤先生には終生大阪の影がつきまとい、新島先生には江戸趣味があった様に思はれる。

大阪に生れた福澤先生は、江戸に塾を開いて成就し、江戸に生れた新島先生は、最初大阪に地を選び、終《つい》に京都に学校を起して成就したるも、不思議な対照であります。〔中略〕

新島先生の左の眉毛の端に傷があった。之《こ》れは幼時甚だ乱暴な餓鬼であった頃、小屋の中で乱暴な遊びをして居た時、上から鍬か鎌が落ちて来て傷ついたのである。福澤先生の幼時は孤立で、おとなしかった。新島先生の幼時は乱暴で出しゃばりで、いわば社交的であった。

先生のお父さん〔民治〕は之を心配して居られたが、お祖父さん〔弁治〕は先生に望を嘱して居たそうで、七五三太《しめた》は屹度《きっと》物になると云って居た。先生は八、九歳の頃から絵を習はせられたが、それは余りに騒がしいから少しは落着くだらうとの注意からであった。

福澤先生の冷静に対して、新島先生は熱烈である、十四歳の時、佞姦《ねいかん》なる藩公〔板倉勝殷《かつまさ》〕のお妾を刺そうと謀った事などもある。此頃、和蘭《オランダ》学の科学思想が漸く吹き荒んで来た為《た》めに、新島先生の胸中には福澤先生の如《ごと》く神棚の権威を疑ふ様な感情が出て居た。〔中略〕

新島先生の苦学も同じく二十前後、快活にして交際好きな先生は、友人が支那譯の米国地理書、ロビンソン・クルーソーなど持って居たのを読んで、第一に西洋研究の興味を引き起こされた。又十八、九の頃、品川で和蘭の軍艦を望見し、深く海軍の必要を感じた。否《いな》海事思想の研究に興味を持った。

又友人の本箱に支那譯の聖書あるを読み、神が天地を造ったと云ふに深い興味を感じ、此人生の根本問題をも更に究めたく思はれた。是《ここ》に於て海外遊学の念、鬱勃《うつぼつ》として禁じ得なかった。

一體先生に息《いき》まれぬと云ふ気象を一層強からしめたのは、お祖父サンが常に〔侠客の〕萬随院〔幡随院《ばんずいいん》〕長兵衛の話を聞かせたことなど與《あずか》って力があったのだ。

マァ此お祖父サンは、新島先生の真の知己であった。されば禁を冒して海外に行く事でも知って知らぬ風をし、潜かにその行動を助けた位であった。

さて先生愈々《いよいよ》海外遊学を決心して出発に臨むや、僅に令弟〔双《そう》六《ろく》〕に漏らしたのみ、誰にも知らせで函館に往った。函館に往って其頃〔、今年〕東京で死んだニコライの塾で日本語の教師をされた。

塾友の叔父サンに福士成豊〔当時は卯之吉〕と云ふ通辯があって、外国船長に親しいから其人に強《しい》て頼んで、更に〔W・T・セイヴォリー〕なる船長に其意を通じて貰って快諾を得た。先生が此福士に最初に頼みに往った時は、氏は其行の実行し難きを説いて引き受けなかった。

然《しか》るに熱烈なる新島氏は四回も福士を訪ひ、篤と頼み込んだが、其言葉は四回とも同一であった。曰《いわ》く、今の時に於て国家の為めにボートしても海外の事情を究めたいから、是非周旋をして呉れと云ふ。福士氏もその不変なる至誠に感じて、終《つい》に世話をしたのであった。

元治元年六月十四日の真夜中頃、コトコトと福士氏の門を叩く人がある。こは約に従って新島先生が愈々外国船に乗り込まんがために来たのであった。福士氏窃《ひそ》かに扉を排して之を見れば、先生は何やら長いコモ包みの様なものを背負って居る。

それは何だと問えば、刀だという。福士氏は、西洋人は刀を嫌ふからそんなものを置いて往ったらドーカと云ふと、日本武士の魂とも云ふべき刀剣を捨てるに忍びなかったと見え、覚えじ涙を流された。

福士氏も左程まで愛する刀なら、思慮ある此青年でもあるからまさか過ちもないであらうと、それなら矢張り刀を御持ちなさいとそのコモ包みを持たせた。

それに今一つ背負って居た包物は、云ふ迄もなく書籍であった。斯《か》くて福士氏の先導でサボリー〔船長〕の乗って居るベルリンと云ふ船指して端艇《たんてい》を漕いだ。折柄《おりから》十四日の月は皎《こう》として此意味多い弧舟を照すのだ。〔中略〕

扨《さ》て辛うじて乗船し、船長の寝室の下に潜んで幕吏の目を遁《のが》れ、航海中具《つぶ》さに難苦を舐《な》め、上海から又ワイルドローバーという船に乗り代り、テーラーという船長に世話になった。

ある時、言葉の分からぬのから間違があって、西洋人〔船員〕から擲《なぐ》られた事がある。根が江戸児肌《えどっこ》の熱烈漢だから憤怒して、一刀の下に切って仕舞ふと決心したが、僅かに思い止まった事がある。

米国に着いてからは、其船の持主なるハーデーと云ふ人の家に寄食したが、其頃迄ミスとミセスの区別も分からぬのであった。併《しか》し自然に発する彼の人格は、接する人々凡《すべ》てを感服せしめた。ヒリップ・アカデミーに於てもアーモスト大学に於ても非常な信任を得た。

扨て翻《ひるが》へて再び両先生の趣味を比較するに、両方とも生来器用であった。福澤先生は下駄の端緒《はなお》や雪駄《せった》なども自分の分、又家族の人々のもの迄も繕《つくろ》って居た。障子《しょうじ》を張るのみならず、畳の表替迄出来た。

新島先生も手先は器用、絵も書も上手、船中では帆ぬひをやった。着物を縫ふことも出来たさうである。福澤先生は料理が上手、新島先生も勝手働が上手だった。

両者ともに古書、骨董、盆栽、謡曲、碁、将棋、玉突などを嗜《たしな》んだが、熱中しなかった。思ふにこれは、両者共に生涯困難して居た為めであろう。福澤氏は廣く、新島氏は単調であった。

福澤先生もその好な酒を一時はやめた事もあったが、終に常に飲む様になった。併し五十以後は少量になった。又音楽が好きで、孫達にやらせて楽んで居た。新島先生も煙草は好きだったが、国士たるものがこんなツマラヌ事で己れを慰むるの卑しきを思ひ、断然捨ててしまった。衣服と住所〔住居〕は両者共に無頓着、母と妻に任せられた。

福澤先生は奥サン留守の時、急に外出して下着など着て行かれた事もあり。新島先生は結婚式の朝、カラーがなくて自ら洗ってノリをつけた事などもあった。

両先生とも政治には最も興味を持て居られた。一種の Insight を有し Statesman like Viewpoint を持って居られた。福澤先生は西南戦争後、国会開設論を『報知〔新聞〕』に掲げて、大に一世を驚かした。新島先生も井上〔馨〕侯爵と親しく、候の義侠心で色々補助を得られた事が多かったとの事である。〔中略〕

新島先生は金銭を見る事、甚だ軽かった。例の渡米の航海中、誤って海中にサジ〔銀製スプーン〕を落とし、支那人のクックからは八釜《やかま》しく云はれた時、自分の財布をソックリ船長のもとに差し出して、宥《ゆるし》を請ふた。船長のテーラーは勿論笑って宥《ゆる》したのみならず、大にその気象を尊敬する様になった。

先生は〔岩倉使節団から〕岩倉〔具視〕大使〔正使〕、木戸〔孝允〕公使の案内を頼まれ、旅費として四百八十弗〔一六六ドル。手当などを含めると総額で二一〇五・五ドル〕を得たが、悉《しっ》皆《かい》ハーデー夫人に送ってアンドーバー神学校の学費の一部とした。先生在米二十年〔実は九年間〕、将《まさ》に日本に帰らんとして、ロットランド〔Rutland〕で別を告げた時、十五分の演説に三千人の聴衆、皆寄付を申込んだ。そのうち一萬〔実は一千〕弗位を寄附した人もあったが、先生の涙を流して受けたのは、或百姓が先生の話しに感激して、己が汽車賃の二弗を寄附したその金であった。

両氏の才学は、その敏捷《びんしょう》なる点に於ては遥かに福澤先生が上だらう。新島先生は理学士であり神学士〔神学校出身の牧師〕であり〔名誉〕法学博士であるが、学者らしき資質はなかった。

扨て宗教に関しては、福澤氏は殆ど無趣味であった。維新前に日本人は西洋人の奴隷となるかと思って、言い難き寂寥《せきりょう》を感じた。その頃自分の二人の小供を耶蘇の坊主〔牧師〕にせうと思って居た。されば他の干渉なき生活を送れるからと〔アメリカのキリスト教主義大学のオベリン大学へ留学させた〕。

福澤先生は挙世皆反しても我独り行くの気象を持って居られたが、然しこれは先生の常識的哲理より来たのである。要するに現実的で、真、善、美の深き理想を実現する様な事は全く嫌い、世間は数理で支配せらるゝと主張し、独立を重んじ、人生観は多少哲学的なりしといはんか、神によるとか佛によるとか、死後は何んとなるかなどの問題は、全く眼中になかった。

新島先生は自ら The Child of Providence と信じ、天の手が己れを使うものなりと謙譲して居た。従って毀誉褒貶《きよほうへん》などは少しも意に介せず、屡々楠公〔正成《まさしげ》〕七世〔七生〕の説に力を入れ、自分の志も七世砕けないと信じ、己が行為が天意に合して居《お》りさえすれば、必ず天下に同志があると確信して居た。

新島先生の死は殉教者の死方であった。我等書生の為めに遊説、席暖かなるの暇なく、終《つい》に旅中に死なれた。大磯の旅館で腹膜炎と腎臓炎との並発で苦しみ、将《まさ》に息絶えんとする時、残る息で己れを介抱せる夫人に向かい、

「八重サン、御前は会津城で玄米を食ふたときのことを忘るゝなよ」

と言ひ、其他種々の遺言をされたが最後に、

「彼等は世より取らんと勉め、我等は世に与へんとす。自治教会と自由教育を盛大にすれば国家萬歳」

と云って瞑目《めいもく》せられた。先生は日常生活と宗教とは離るべからざるものとせられた。

両先生とも家庭は一夫一婦を宣言、実行せられた。

福澤先生の男女の倫理が正しかったのは、厳格な父母の感化も大によった事は、紹介する価値がある。氏は五男四女をあげられ、実に春風駘蕩であった。新島先生はピューリタン的に荘厳純潔、山上の雪の如《ごと》き趣があった。

両先生共に自尊自重自由を主張せられた。

福澤氏は役人嫌ひ。新島氏は自由を重んずる人。嘗《かつ》て岩倉大使に森有禮《ありのり》氏が先生を紹介する時、「自分以下の者と見ず、友人として依頼するなら新島は愛国家だから必ず喜んで助力しましょう」と申された。岩倉大使は此言を容《い》れて、禮を尽くされた、新島氏の風采は非常に偉い。A true gentleman はこんな人だろうと想像させた。

最後に一寸《ちょっと》教育に就《つい》て申さんに、教育は両先生の殆ど生命で、「真の教育は中なる人が発現して、遂に我が理想を彼に実現するにある」と新島先生は言って居た。同志社も慶應義塾も斯《かか》る感化は、同一である。

福澤氏は尊皇攘夷の声盛んな時、日本は儒教漢学主義を排して、西洋文明の自由主義を実行すべきを主張し、新島氏は西洋文明は物理、化学ばかりでなく、宗教が其真髄である事を説き、将来の国家を担ふ青年の思想を堅実にするには、神を敬ふの心を抱かしむるに若《し》くはないと主張せられた。

明治文明は何を言っても両先生、両学校に負ふ処誠に多い。両先生は真に日本近代に於ける大教育家であった。

（『開拓者』七の四、七の五、一九一二年四月、同五月）

（四）「故大塚素君略歴」（医学博士　尾見薫）

明治元年二月十一日、愛知県播豆《はず》郡西尾町に生る。〔中略〕

君十二歳にして家厳《かげん》を失う、時に父君、年四十二。俄然一家扶養の全責任は、君が雙肩《そうけん》に落ち来れり。

君憤然として〔筒井秋水の〕塾を出で、直ちに小学校教師となり、勤勉克《よ》く努力せらる。

不幸は之《これ》に尽きず。君十五歳、遂にまた母堂を失はる。母堂年三十九。円《まろや》かなる家庭の人は、斯《か》くして狂瀾怒涛の發程に入る。天の試練彌々酷《いよいよきび》しく、而《しか》して君が志操彌々堅忍を加ふ。

幼なき弟妹三人を抱き、自立不覊、莞爾《かんじ》として教鞭を採《と》る十五歳の小学教師を懐ふ時、誰れかその壮志に感ぜらるものあらんや。

君、年十九、感ずる所あり、基督教に入る。時に新島襄氏京都に拠《よ》り、良心を手腕に運用せんとするの人物養成を努めらる。君、年二十、その学風を慕ひ、遥かに笈《きゅう》を負ふて京都に上り、同志社に入学せらる。君が弟妹、猶故園に在り。君学半《なか》ばにして、遂に家庭を失ふ。

君が学校生活の後半は、実に刻苦勤勉の日にして、一方自給辛酸を舐《な》め、一方学業の精励衆に超ゆ。而して敬虔なる信仰は、学業の進歩と共に愈々《いよいよ》その人格を醇化して、遂に彼れが三十四年間の永き、俯仰《ふぎょう》天地に愧《は》ぢざる信仰生活を完ふするを得たる基礎を築成し得たりと言ふ可《べ》きか。

明治二十五年六月、同志社普通学校を卒業す。神智霊覚、湧くが如《ごと》く、彼れが胸中燃え尽さずんば止まざる信仰の霊火は、卒業後直ちに彼れを馳りて、北海道集治監教誨《きょうかい》師として赴任せしめたり。

任に在る事満三年。君深く罪囚教化に関し感ずる所あり。廿八年八月、辞任。

救済制度、及社会事業研究を志し、仝年十二月、米国留学の程に上る。君米国に在るや、圭として紐育《ニューヨーク》に在りたるも、各地に於ける制度、事業を視察して足跡普《あま》ねく、具《つぶ》さに米国が清教徒によりて築き成されたる精髄を洞察し、糜爛《びらん》せる大陸文化の覊絆《きはん》を脱却して、新興隆々たる清新文化の機微を感得せるもの、如し。

やがて君は米国より英国に入り、更らに佛国を視察して明治三十三年三月帰朝す。〔中略〕

明治三十四年一月、母校同志社幹事兼教授に就任せらる。併《あわ》せて政法学校、神学校、普通学校、及女学校長事務取扱に任ぜらる。

君母校に帰へるや、恰《あたか》も校勢衰退の時期なりしかば、内は校風の振興に努め、外克《よ》く煩雑なる諸問題を解決し、粉骨砕身校勢の挽回に努めたり。片岡健吉氏社長として来任せらる、に及んで能《よ》く氏を助け、母校の施設一に君の画策に成らざるなし。

而して漸次《ぜんじ》、母校の聲望旧に復したるの感ありたるは、斯《かく》の如く君が母校を憂ふる義侠の結晶たらずんばあるべからず。実に同志社各学校が今日有する貴重なる諸学者は、何《いず》れも君母校在任当時に迎へられたるものなるを思はざる可《べ》からず。

明治三十七年六月、君同志社を辞す。

翌七月、〔初代〕京都市長内貴《ないき》〔甚三郎〕氏令息〔清兵衛〕と相携へ、再び米国を視察す。蓋《けだ》し本邦に於ける社会事業の将来を洞察し、私《ひそ》かに準備する所ありたるなる可し。仝年十一月帰朝す。

〔後略〕

（『人道』一九二一年九月一五日）

(五) 文献紹介『大塚素遺稿』(室田保夫)

編集委員会編、小菅《こすげ》刑務所印刷、一九二三年一月三十一日〔刊行〕。この著は社会事業家大塚素が一九二〇(大正九)年八月四日、五十二歳で亡くなり、彼を追悼して刊行されたものである。

編集人には有馬四郎助《しろすけ》、牧野虎次、留岡幸助、編集主任として小川実也が担当し、その他山本徳尚、中島與三郎が会計、小塩高《おしおたか》恒《ひさ》が現金取扱となっており、彼と親しかった人物で編集委員会が構成され、刊行されている。

大塚の略歴を少し記しておくと、彼は一八六八年二月十一日に愛知県三河郡播豆町西尾に生まれており、一八八七年に同志社普通学校に学び、卒業後は北海道集治監釧路標茶に教誨師として赴任している。

『友愛』という著が刊行されたように、ここで有馬四郎助をキリスト教に導いたことは有名である。その後、監獄と社会事業研究の為に米国にわたり、帰国後は同志社幹事兼教授に就いた(一九〇一年)。

その後キリスト教青年会に入り、一九〇五年からは「満州」(中国東北部)に行き、一九〇九年からは南満州鉄道株式会社に入り、その慰籍係につき、社会事業に貢献したが、一九二〇年六月から大連病院に入院していたのである。

こうした人生において大塚は多くの業績を残し、生前中に多くの論文や詩歌を書いている。この著は一九二三年一月に刊行され、八三四頁からなる大部な著作であり、この著には生前、大塚によって書かれた多くのものが納められている。

目次をみると「史論」、「視察」、「講演」、「手記」、「雑纂《ざつさん》」、「紀行」、「詩歌」、「書簡」、「日誌」から構成されている。そしてここには大塚の人となりを知る、多くの貴重な史料が収載されている。

例えば、同志社を卒業し、教誨師として北海道釧路へ赴任していく道程をつぶさに記した日誌「京都より北海道まで」(六三三~七一三頁)は、当時の日本社会、とりわけ北海道の状況、あるいは教誨師や監獄、犯罪といった行刑の課題、原胤昭《たねあき》や留岡幸助、大井上輝前《てるちか》らとの交友を窺う事が出来る。

また一八九五年末からの「渡米日誌」、翌九六年一月十七日からの米国における生活が認められている「在米労働日誌」(七二五~七八八頁)等は、当時の彼の精神史を知るとともに、米国生活の情況を知るにおいて貴重である。

(『近現代日本の社会運動家　自伝・回顧録　解題』)

六、水崎基一

（一）「同志社山脈・水崎基一《もといち》――同志社大学と浅野綜合中学校の設立――」（本井康博）

水崎基一は同志社普通学校では牧野虎次（北海道バンドにして、同志社第十一代総長）の一年後輩である。

新島襄は医師の反対を退け、病気を押して同志社大学設立資金募集のために決死の覚悟で関東に出張するさい、同志社チャペルに在校生を集め、「私は生きて帰れるとは思わない。どうか皆さん、私の死後、わが志を継いでほしい」と訴えた。

水崎は新島最後のこのアピールを牧野らと聴いたひとりである。水崎は師の呼びかけに答えるため、水浴や冷水摩擦で銭湯代を浮かし、大学設立資金のために毎月一銭ずつ捧げた。

水崎自身はもともと苦学生で、在学中、中井弘（滋賀県知事）から経済的援助を受けていた。卒業してから、彼は元利をまとめて「中井奨学金」（後に水崎基一奨学金）を設け、同志社大学に寄付した。

水崎は静岡県の韮山《にらやま》中学校に在学中、静岡メソジスト教会でカナダ・メソジスト教会派の宣教師、カシディ（F. A. Cassidy）から洗礼を受けた。同派の東洋英和学校に進学せずに、他教派（会衆派）の同志社を選んだのは、徳富蘇峰『将来之日本』で新島を知ったからである。

同志社卒業後は、牧野などと「北海道バンド」の一員として、樺戸《かばと》監獄で教誨師《きょうかいし》を務めたのも、新島の感化であろう。

その後、台湾総督府勤務を経て、エディンバラ大学、ロンドン大学に留学。帰国後は、浅野財閥の創始者、浅野総一郎の知遇を得て、東洋汽船会社に就職した。一九〇八年、給与が三分の一の百円に激減するにもかかわらず、同志社専門学校教授に転じ、停滞気味であった母校の再興に挺身することを決意した。

同志社再興のために着任した水崎は、三宅驥一《きいち》、古谷久綱と並ぶ同志社三本柱として多大の貢献を果たすことになる。

水崎は専門の経済関係の科目の他にも、倫理や修身を受けもった。彼の本領は、新島伝を講じた倫理学や修身で最大限に発揮された。学生たちからは、まるで新島が乗り移ったかのような語り口であったとの評判がたった。

たしかに水崎は、自ら傾倒してやまなかった新島同様、「ひとりを大切」にする教育者であり、「情の人」でもあった。苦学生の面倒や奨学金の世話、就職の斡旋など、学生の面倒見は抜群であった。

彼自身の働きの幅もすこぶる広かった。教授の他にも専門学校教頭、予科主任、女学校校長、学長事務取扱、専務理事など実に多彩で、寝食を忘れて奉仕した。一方で同志社教会の会員（信徒）としても熱心で、自宅で日曜学校を開いたこともある。

しかし、彼の業績中、特筆すべきは何と言っても同志社大学設立のための基本金募集活動である。募金は主に校友に依存せざるをえなかったが、その数は総数でもわずか千五百人余に過ぎなかった。けれども、水崎はそのハンディを乗り越え、驚異的な成果を上げた。十年間で三十万円という当初の計画をほぼ一年で達成させたのである。

そのためには、国内はもちろん、休暇を利用して朝鮮、台湾、中国にも出向き、各地を精力的に「行脚」した。行程中の節約振りも驚きである。汽車は決まって三等、宿泊は知人や教え子の家を頼り、食事も手弁当を常とした。

かくして新島悲願の同志社大学（ただし、専門学校令による大学）は、新島死後二十二年を経た一九一二年に教え子たちや卒業生たちの尽力でようやく陽の目を見た。牧野は「同志社大学設立の随一の功労者」に躊躇《ためら》うことなく水崎を挙げてみせる。

ところがその後、原田 助《たすく》総長をめぐって学内騒動が勃発。水崎は原田と教育上の見解を異にしたために、波多野培根《ますね》（普通学校教頭）、日野真澄《ますみ》（神学部主任）らと共に同志社を去った。ちなみに、これら三人は「原田体制の三本柱」でもあった。支柱を失った原田も、まもなく辞職して、ハワイ大学に転じた。

水崎の退職を待っていたかの感があるのが、浅野財閥の浅野総一郎である。浅野は水崎を半年間、アメリカへ教育視察に向かわせた後、横浜に開校した浅野綜合中学校の初代校長に就かせた。現在の浅野中学・高等学校で、神奈川県屈指の私学に成長している。キリスト教主義こそ標榜してはいないが、校訓のひとつは「愛と和」である。これは「初代校長水崎基一先生の教育理念を反映しています。他者への思いやり、気遣い、連帯力、協働力を養うことを目指します」と同校は宣言する。

水崎は、校長在勤中、土曜には生徒有志を自宅に集めて聖書研究会を開いた。二〇〇〇年の春、校内の会議室に新島襄の「自責の杖」の写真を掲げ、改めて水崎が実践した新島精神に基づく教育を継承せんとした。

略歴

一八七一年一一月一〇日～一九三七年一一月二九日。長野県北深志町（現松本市）で誕生。一八九三年、同志社普通学校を卒業後、北海道（樺戸監獄で教誨活動）、台湾（総督府）で活動。その後、三年間、イギリスに留学。帰国して東洋汽船会社に勤務。

一九〇八年、同志社専門学校教授に就任。在職中、同志社大学設立募金活動に邁進し、全国、海外各地を奔走し、同志社大学の実現に貢献した。一九一八年、同志社を去り、浅野綜合中学校の創立に関与し、初代校長となる。著書に『綜合中学校の実現』（平野書店、一九三一年）がある。夫人（しげ子）は、同志社女学校の卒業生。

参考文献

・水崎基一「新島襄先生の霊覚」（『基督教世界』一九一六年一月二七日）
・『故水崎基一先生追悼』（浅野綜合中学校、一九三三年）
・松井七郎「水崎基一先生と同志社大学」（『新島研究』七二、一九八八年）
・『追悼集　Ⅵ』（同志社社史資料室、一九九三年）
・『浅野学園八十年史』（浅野学園、二〇〇〇年）

（『同志社山脈』）

（二）「浅野綜合中学校長　水崎基一長逝」（報道記事）

〔前略〕氏は長野県松本市の出身にして明治二十六年六月、同志社普通学校を卒へ、同年八月より二十八年まで北海道集治監教誨師を奉職。更に二十九年四月より三十二年四月まで台湾総督府外事課に勤務。三十二年、新たに志を起して英国に留学し、同年九月、エデンボロウ大学に入学。三十四年四月まで政治、経済、歴史等を研究。而《しか》して同年九月より三十五年六月まで更に倫敦《ロンドン》政治経済学校（倫敦大学）に於て勉学。

帰朝後、同年九月、東洋汽船株式会社に入社。四十一年三月まで実業界に活躍せしも、母校同志社の校運衰微を慨嘆し、一身を挺して同士と共に中興の大業に当らんと欲し、四十一年四月、同志社専門学校教授兼主任に就任。

爾来、熱心鋭意、只管《ひたすら》校運挽回に努力するところありしが、四十三年、同志社大学基本金三拾万円募集の議起るや、氏は国内は申すに及ばず、遠く朝鮮、満州、北支を行脚、普《あまね》く校友有志の間に奔走。至誠を披歴して募金の旨意を説き、賛助募金を求め、其功頗る顕著なるものあり。

其結果、四十五年五月、遂に〔専門学校令による〕大学の開校を見る。此間、四十四年、専門学校教頭に就任。

大正三年九月に至り、大学政治経済部幹事に、而して同四年には大学予科主任を委嘱せらる。更に大正六年四月には同志社理事に、同六年には同志社大学長事務取扱に就任せしも、七年一月辞任と同時に同志社教授の職も亦退く。

後暫くにして外遊を試み、帰朝の後、浅野総一郎氏の支援に依り、横浜市に大正九年四月、浅野綜合中学校を創設。自ら校長として今日に至るまで十有七年、一意専心、中等教育に従事。新島襄先生の教育精神を遵守して、一面才能の育成、伸長に努むると共に、人格の培養に其力を傾注。全校敬慕の的となる。

宜《うべ》なる哉《かな》、氏の薫陶を受けたるもの、一人として其深き感化を蒙らざるものなく、其麗はしき徳に浴せざるものなく、其至誠に感動、発奮せしめられざるものなし。

噫《ああ》、今や氏溘然《こうぜん》として逝く。まことに悼《いた》むべく、惜むべし。

氏明治四年九月生。享年正に六十九。〔後略〕

（『追悼集　Ⅵ』）

（三）「学内精神作興運動に必ず驍名《ぎょうめい》を馳せた〔水崎基一〕」（中瀬古六郎）

君〔水崎〕と予とは、〔同志社で〕学年に於て四ケ年の距離があったが、当時は学生の総数が男女併せて僅かに一千名内外を上下した時代であったから、色々な機会に相識ることが出来た。

君は当時の所謂悲歌慷慨派の一勇士であって、学内作興運動には必ず驍名《ぎょうめい》を馳せてをられた。而《しか》も卒業後、場所もあらうのに北海道樺戸《かばと》監獄の教師〔教誨師〕として留岡〔幸助〕、牧野〔虎次〕、大塚〔素〕の三盟友と極北の野に挺身、赴任されたのには、其勇気と献身とに無限の崇敬を禁じ得なかったのである。〔中略〕

明治四十一年、予が同志社に復帰して女学校に入るや間もなく、君も亦母校に帰られ、爾来着々と母校再建の壮挙に渾身の熱と力と誠とを聖献して、獅子奮迅《ししふんじん》の勢を以て、全国の同志を説き伏せ、厖大《ぼうだい》の資金を蒐集し来って、終《つい》に今日の同志社大学の復興を可能ならしめたのである。

思ふに、当時水崎君の意気と犠牲と勇猛とが無かったならば、同志社大学の再興は、蓋《けだ》し寧ろ至難の業として後世に残されたことであらう。〔後略〕

（『追悼集　Ⅵ』）

（四）「新島先生を語るときの水崎先生」（難波紋吉）

私は〔同志社大学〕予科に入学したとき、初めて水崎先生の温顔に接したのであるが、その最初の印象は、修身の時間に先生が新島先生を説くに、自らが全く新島先生になりきってをられるように見えたことである。

私は同志社中学校以来、幾度となく新島先生の人格や遺徳について聞かされたのであるが、水崎先生程の熱意と迫力を以て新島先生を語られる人あるを未だ知らなかったのである。

恐らくこの先生の熱意と迫力が、種々困難な四囲の事情の下にありながら、よく同志社大学をして今日在らしめるその基盤を作り上げたのではないか、と思ふ。〔後略〕

（『追悼集　Ⅵ』）

(五)「新島伝の講義」(松井七郎)

〔前略〕先生は真に典型的な同志社人であった。私が同志社に学ぶに至ったのは、主として新島先生と郷里を同じくすることによるものであったが、同志社に入学して多少なりとも同志社精神を把握し、新島先生をよりよく理解し得たのは、全く水崎先生に負ふことが大であった。特に予科時代、倫理の時間に新島先生伝を講ぜられたことは、私共に深い感銘を与へた。〔中略〕

　先生は同志社の一大恩人であり、特に〔専門学校令による〕同志社大学設立、発展に対しては、非常なる貢献者であった。水崎先生は、新島先生畢生の一大事業であり、然《しか》も之《これ》を完成し得ず、「尚壮図を抱いて此春を迎ふ」と大磯湾頭に病没された同志社大学設立に協力することこそ、新島先生、及び母校同志社に対する最大の報恩であるとなされ、大学基本金募集の為に全国津々浦々に至る迄、校友、同窓を歴訪され、文字通り握り飯に草鞋穿《わらじばき》で熱心に訴へられた結果、兎《と》も角《かく》にも現在の同志社大学の基礎が築かれたのであった。〔後略〕

（『追悼集　Ⅵ』）

(六)「新島襄先生の霊覚」(水崎基一)

　新島襄先生没後第廿六周年日〔一九一六年一月二十三日〕に際し、五十年前の先生受洗当時の事を回顧し、その前後の生涯を追想することは、私の光栄に思ふ所である。〔中略〕

　斯《か》くの如く、常に人より愛慕せられし先生は、稀《まれ》に見る程、感恩の情の強い方であった。私は、かくの如く他人に対して感謝、感恩の念に満ちた人を他に想像することが出来ない。〔中略〕

　新島先生の日夜愛読されてゐた聖書は、先生の遺言によって只今、徳富猪一郎先生〔蘇峰〕が所蔵されてゐるが、その表紙の裏には受洗当時の先生の感情が歌はれてゐる。

　　〇大神《おおかみ》の道を学ばんとて
　　天神《あまつかみ》の書き残したる玉章《たまづさ》の　尊き教へ学び得まほし
　　〇己の罪の深さを畏《おそ》れて
　　さし示す眞《まこと》の道を辿らずば　罪ある上に罪を重ねん

　自分の今迄の生涯を罪深きものと感じ、眞の道によりて罪の潔《きよ》められんことを歌はれたる先生の志は、敬慕に堪へない。〔中略〕

　慶應二年十二月、先生の受洗された以後は、常に殉道者の精神と決心とを以て行動されてゐた。〔中略〕

　否《いな》、実際殉道者と言ふべきである。

　先生没せられてより二十有六年。今日、新島先生の精神は我が同志社に昔の如く漲《みなぎ》ってゐるであらうか。吾等《われら》は先生の如く感恩の情に充《み》たされてゐるか。邦家《ほうか》の為に首を刎《はね》らるるも尚喜ぶの精神があるか。顧みて爰《ここ》に至れば、眞《まこと》に慙愧《ざんき》に堪えない。

　冀《こいねが》はくは、力を先生の人格の追慕の中に得て、その驥尾《きび》に附さんことを期したい。（新島先生記念説教）

（『基督教世界』一九一六年一月二七日）

七、牧野虎次

(一)「同志社山脈・牧野虎次――北海道バンド系の同志社総長」(本井康博)

新島襄の直弟子で同志社総長となった最後は、第十一代の牧野虎次である。彼以前に総長(初期は社長)となった学内出身者は、牧野の前任者(湯浅八郎)を除いてすべて「熊本バンド」(小崎弘道、横井時雄、下村孝太郎、原田助《たすく》、海老名弾正《だんじょう》)であった。

その点、牧野は牧師であると同時に、「北海道バンド」の系譜を引く社会事業家でもあり、異色の総長であった。

一八八八年、原胤昭《たねあき》がキリスト者として初めて教誨師《きょうかいし》に抜擢され、釧路集治監(刑務所)で好成績を挙げて以来、キリスト者や牧師(それも同志社系の)が次々と北海道に呼ばれた。一八九一年に空知に赴任した留岡幸助を初穂として、阿部政恒、大塚素《しろし》、松尾音次郎、水崎基一、牧野虎次、山本徳尚、中江汪《ひろし》、篠宮拯吉、末吉保造といった人々である。

彼らは原を加えて研究上、北海道バンドと総称される。バンドの存在は、短命に終わった。仏教系(それ以前は教誨師をほぼ独占)の巻き返しに遭って、一八九五年に政府の方針が転換し、数名の僧侶が新たに(再度)採用されたことに抗議して、在職中のバンドの面々は「連袂《れんべい》辞職」に及んだ。

牧野もそのひとりで、辞職後は教会(土佐、京都)での伝道や、組合教会系の事業などに従事するが、社会事業が忘れられず、内務省(社会局)嘱託、満州鉄道社会課長(初代)、大阪府嘱託、家庭学校(創設者は留岡幸助)校長などを歴任する。この間、イェール大学に留学し、社会学の研鑽を積んでいる。

一九三八年、家庭学校校長から同志社総長に転身。ファシズムが吹き荒れ、同志社の「外堀」は「すでに無いに等しい状態」であった(『同志社九十年小史』)。しかし牧野は戦中の激動期に「内剛外柔、姿勢よく弾圧の嵐を乗り切った」(『同志社百年史』通史編、二)。

手腕家でありながら、あくまでも無欲恬淡《てんたん》であった。一九四七年、任期満了で総長を引くとき、貰った慰労金(退職金)は当面の事務費を清算した残りをそっくり同志社に差し出し、奨学金とした。こうした生き方を陰で支えたのは、恩師新島の「御遺徳」

であった。

牧野が在学していた一八八九年十月、新島は大学設立資金の募金のため、医師の反対を押し切って、関東へ遊説に赴いた。京都を出発するにあたって、新島は学生たちを校内のチャペルに集め、死出の旅を予告しながら、涙ながらにこう訴えた。

「諸君、自分が旅先で倒れたら、屍《しかばね》を乗り越えてぜひわが志を継いでいただきたい」。

牧野は全身を耳にしてこれを謹聴した。予告は不孝にも的中し、三か月後、新島は物言わぬ遺体となって帰校した。葬儀は、校内チャペル前に特設された大テントで行なわれた。牧野は受付係となって、大勢の参列者たちへのお茶出しや案内を担当した。

その夜、眠れぬ夜を過ごした牧野は、早朝に起き出し、校内の寮をひとり抜け出して、上賀茂神社の裏山に登った。聖書片手に黙想、祈祷し、ついに「小新島たらん」との決意を固めた。この決断は、以後、彼の羅針盤となった。この点は、他にもいくつも似たケースが続く（本書四三三頁参照）。

在学中の牧野は、ともかく貧書生であった。五年間にわたって寮の掃除当番を日給五銭で務める一方で、授業料や食費（麦飯なら一日六銭）をやりくった。

同時期、同志社大学設立運動が開始されたので、牧野は一年間、毎月十銭を学校に献金した。ほかにも、石井十次が始めた岡山孤児院のためにも、五年間にわたって毎年二回、二十銭を醵金《きょきん》し、石井院長をいたく感激させた。

牧野の在学中、上級生には留岡、そして下級生には山室軍平がいた。牧野は石井十次を始め、留岡（家庭学校）や山室（日本救世軍）といった初期社会事業界の「同志社派」の巨星たちを終生、支援した。いや、牧野自身が同志社派系列であった。

北海道バンドや同志社派は、「熊本バンド」同様に近代日本の精神界に貴重な足跡を残した。牧野は、新島精神が社会事業の源泉たりうることを確信し、それを実証してみせた。

なお、牧野の母は、新島夫人（八重）と同年齢であるうえに、ふたりして茶人（裏千家）であったので、馬が合った。八重は牧野が牧師をしていた京都教会でよく礼拝を守り、「葬式は頼みますよ」と牧野に常に伝えていた。

略歴

一八七一年七月三日～一九六四年二月一日。滋賀県蒲生《がもう》郡出身。同志社教会で金森通倫《みちとも》から受洗。同志社神学校を卒業後、教員（熊本・東亜学館）、寮長（同志社予備校）、教誨師（十勝《とかち》、網走の集治監）、牧師、総幹事（組合教会本部）などを歴任。のち再び社会事業界に復帰し、家庭学校校長などに就任した。

一九三八年、同志社第十一代総長に選出される。晩年は京都府政で顧問や各種委員を、そしてホノルルならびにシカゴで牧師を務める。肺炎と老衰で死去。京都市名誉市民、同志社大学名誉文化博士。

参考文献

・薮崎吉太郎編『牧野虎次自叙伝』（私家版、一九五五年）
・牧野虎次『針の穴から』（牧野虎次先生米寿記念会、一九五八年）
・鏑木路易《るい》「『北海道バンド』論」（『同志社談叢』二〇、二〇〇〇年三月）

（『同志社山脈』）

（二）「新島先生の〔永眠〕記念日に際し入信当時を偲ぶ」（牧野虎次）

故留岡幸助は夙《つ》とに二宮尊徳翁を慕ひ、翁に就いて多くの書を著して之を世に紹介し、更に家庭学校を起こして日本社会事業の権威として知られ、人之《これ》を称して洗礼を受けたる二宮尊徳と云ふたが、牧野先生は此《こ》の留岡先生亡後、其《そ》の事業を継承し、今現に其家庭学校の長である。今回我安中に聘して其の御高話を承るを得るは、吾人の窃《ひそ》かに光栄とする所である。〔以上、柏木義円《ぎえん》〕

〔前略〕毎年一月二十三日の新島先生記念日になると、自分〔牧野〕は先生の感化の下で初めて信仰生活に導かれたる当時の印象を新たにするのである。其れは今より約五十年前、自分は漸く十七歳の秋《とき》を迎えた時であった。自分はそれまで未だ嘗《かつ》て宗教的啓発を受くる機会に接しなかった。明治文化の初期に於《お》ける一般青年の気風に化せられて、治国平天下の理想に憧れる外なかったのである。

自分は十五歳の時、江州〔滋賀県〕の郷里を出て、先づ大阪大学分校、即《すなわち》後の第三高等学校〔現京都大学〕に入校した。夫《そ》れは明治十八年九月で、所謂明治十八年度帝大卒業の政治家組の級に入ったのである。そこで暫時乍らも、随分殺風景な明治年代の書生生活の経験を嘗《な》めた事であった。居ること僅かに一年半にして健康を失し、一旦帰郷の後、遂に大阪を去って京都に転ずることとなり、偶然に同志社の信仰的学風に接する事となった。

入学当時の印象は、今に忘れることが出来ない。自分は先づ入学式の際に捧げられた祈祷に、驚異の念を動かさざるを得なかった。其祈りは安中教会の柏木〔義円〕老牧師が当時同志社英学校の五年生であって、司会者金森〔通倫《みちとも》〕牧師の指名に依って捧げられたものであったと覚えて居る。

柏木氏の天父を呼ぶ衷情の叫声は、幼時父を喪い人生行路難を味ひかけたる神経質の自分の胸に迫るものがあったのである。自分は此時初めて霊界の実在に触れ、自らが「義《ただ》しき者の祈りは力あるもの」なるを悟り得たのである。

之が行くさき自分の生涯に一転向を与ふる動機となるに至った。併《しか》し乍《なが》ら、斯《かか》る気分は単に個人的のものではなかったであらう。新島先生やデビス博士を中心とせる同志社幹部の人々は、真剣其者の態度を以て一種の学風とも云ふ可きクリスチャン・アトモスファーを醸成して居ったことであった。

斯る校内の空気が純真なる青少年の霊に迫った結果であらう。其年の暮れに洗礼を受けて基督者の班に列なった者が、四十七名。其大多数は新入生であった。云ふ迄もなく、其式には新島先生が御臨席、其儀を厳かにせられた。

入学匆々《そうそう》岡山から来た同級生から、其夏岡山に設立せられた岡山孤児院と〔創設者〕石井十次氏の事を聞かされ、自分にも其賛助会員になる事を勧められた。自分は入学匆々、校内に労働を求めて自給の方法を講ぜねばならぬ様な身分で、寄附などの余裕はなかったが、石井院長の熱誠と孤児養育の美談を聞かされて黙視する事が出来ず、零細と云へば真の零細で月何銭にしか当たらぬ少額であったが、其約束額は卒業まで継続した故を以て石井院長から知遇を受くるに至った事は、有り難き事であった。

斯《かく》の如く新島先生やデビス博士等に依て祈りの世界の実在を示され、石井院長やペテー博士〔J. H. Pettee〕に依て同胞愛に奉仕する模範を教へられ、自分等の取る可き生涯の進路は示されたのであった。加之、当時同窓の先輩としては留岡幸助、吉田清太郎等諸氏、同級生として大塚素《しろし》、山本德尚等諸氏、後期生としては水崎基一、山室軍平等諸氏が、在学せられて居った。

諸氏は何《いず》れも志望と信念とを同ふし、相共に研鑽鍛錬の学風を養成せられた人々であって、自分のライフ・ウオーク〔ワーク〕形成には忘れてならぬ尊い恩人達である。惟《おも》ふに同志社の学風なるものは、一種の集団的精神の発露に外ならぬのであらう。

既に天父を信じ、隣人を愛す可きを教えられたる我等は、更に進んで天地を我家として安住し、且つ四海同胞の大義に生く可きを教えられたのである。信条は簡明であるが、之が青年立志の光明となった事は争はれない。斯《か》くて自分は家族の一員として、親に奉じ骨肉を導く責任を感じ、次で社会人としては、最小者の一人に奉仕するを心懸けねばならぬと決心するに至った。

併《しか》し此決心は新島先生就任当時に於いて一層確かめられたのである。実に先生の死は自分等幾百の門下生に取りては、霊性の覚醒を促す一大警鐘に外ならなかった。

先生の霊柩《れいきゅう》をかついで若王子《にゃくおうじ》山頭に登った其翌朝、自分は独り馳せて加茂〔上賀茂〕の丘上に登り、先生愛読の聖句を読み、小松原の間に跪き、私かに誓ふ所があった。

爾来満四十六年を経過して今日に至ったが、唯期することは初心を点検して慚《は》づる処なからんとの一事である。此間も先輩、安部磯雄氏は「自分は他日、新島先生に御目に懸《か》かる時、安部さん、能《よ》くこそやって被下《くだされ》たと仰せらるるを唯一の望として努めて居る」と云はれた。不肖乍《なが》ら、自分の如《ごと》き敢《あ》えて及ばないとは知りつつも、心懸ける処は同様である。

そこで同志諸君の驥《き》尾《び》に附して、自分は先づ監獄教誨《きょうかい》から伝道、牧会、社会事業と歴任して、終《つい》に感化教育に従事するに至ったのである。此間に果たして何を成し得たかと顧みる時、冷汗背を濡らすを禁じ得ざるのみ。唯、一路邁進白頭に及んだと云ふ丈《た》けの事である。

　併《しか》しこれとて、前後左右に在らるる先輩及び同志諸君の指導誘《ゆう》掖《えき》の賜であって、決して自分自身の働きと云ふ可きではない。実際自分は今尚、新島先生を中心とせる同志社学風の継続の中に生存して居る事を忘れ得ないのである。〔後略〕

（『上毛教界月報』一八九七年一一月二二日）

（三）「貧書生の献金《レプタ》に感謝」（牧野虎次）

　思えば今を去ること二十四年以前、明治二十二年十月の初旬であった。同志社在学の青年等は、一夕《いっせき》時ならぬ警鐘〔彰栄館の鐘の音〕に呼び立てられて、一同公会堂〔チャペル〕に来集した。聞けば病中の新島先生が、何か学生に対して訓示せらるるとの事である。

　公会堂に入ると一番に視線を惹いたのは、プルピット〔講壇〕上にある和服姿の先生である。見れば御髭も剃られずに、甚憔悴の御様子である。何事を仰せらるるかと、一同謹聴しておると、一声沈んだ震えた声で「諸君」との御言も早濕つてあった。

　要は我等学生が貧乏生活の中より聊《いささ》か同志社大学〔設立募金〕の挙を賛し、心計りの月賦寄附をなした〔予は月十銭宛なりしと覚ゆ〕のに対し、先生は謝辞を述べられたのであったが、此挙はその以前より企てられておったのであったが、先生は永く病床に親しんで居られた為、御挨拶の機会を得られなんだのである。然《しか》るに病勢漸く薄らぎ来て、先生は至急に東上せられなければならぬ事となったので、其以前に是非学生の志に対して、一言謝辞を呈したいとのことであった。

　あの時先生は、我儕《われら》のレプタ〔新約聖書時代の最小単位コイン〕に対して、熱涙の感謝を與へられ、且《か》つ仰せらるるよう、「自分は病体である。恐らくはこの大業を完成し難からん。されど諸君あり。後継其人あらん。自分はたとえ半途で倒れても、諸君は必ず後を継ぎ給ふべし。自分は近頃、楠《くすのき》〔正成《まさしげ》〕公七生の語を想い起こして深く悟る所あり云々《うんぬん》」と。

　当時腕白の青年等この言を聞き、誰も顔を上げて居る者はなかった。思へばこれが先生の同志社に於ける永訣の辞となったのである。


（『基督教世界』一九一三年七月一七日）

（四）「雲の柱　火の柱」（牧野虎次）

墓畔の感慨

若王子やまの落葉をふみ分けて
訪ふ奥津城にささやきそきく
己卯霜月新島先生墓前にて　新兵衛

こは去秋の暮に前満鉄総裁の国沢新兵衛氏は、始めて若王子の墓詣でをせられたときの所詠である。国沢氏ならずとも誰しも彼処《かしこ》に詣でて、静かに松籟《しょうらい》の音を聞くとき、我心耳《しんじ》に囁く天籟《てんらい》の響きを感ぜずには居られないのである。

況《いわ》んや五十年の昔、親しく御柩《ひつぎ》を奉じて、彼処に先生の御遺骸を安置せし体験を有するものに取りておや。彼処こそは実に地上の聖処であって、自からその足の靴を脱ぎ、跪きて祈る気持ちにならざるを得ないのである。

かの日は朝来晴天であったが、午後の葬列の始まる頃から時雨模様となり、夕暮には氷雨《ひさめ》が雪に替った。その霏々《ひひ》たる白雪を帽子と袖とに受け乍《なが》ら、湿り勝ちな胸を抱きつつ、相国寺畔の校庭に立ち帰って来た時の気持ちは、五十年を隔てた今日、尚ほ昨日の様にしか思はれない。

その夕、寄宿舎内の一室で、予は寒さにふるえ乍ら相抱いて眠った学友の面影までも、眼底に髣髴《ほうふつ》たるを禁じ得ないのである。眠り難い一夜を過ごした翌朝早く、予は独りで鴨堤〔賀茂川の堤防〕を北上しつつ、上賀茂神社の背後の丘上に登り、先生愛読の聖書の彼処此処《かしこここ》を繙《ひもと》き、且《か》つ読み且つ祈りて、暫時の瞑想に耽った。あの時に天を仰ひで誓った予の決心と覚悟とは、予の五十年間を導きて今日に至らしめたものである。

この半世紀間、予は果して何を成し来ったか。一念ここに至らば、予の不敏と微力とは当《ま》さに愧死《きし》あるのみ。顧みて先師に対し、同志に対して面目次第もない。去り乍ら兎《と》も角《かく》も五十年間を生き延びて今日あるを得たるは、当時の霊感が予を指導し、且つ鞭撻《べんたつ》した結果の外、何物もないのである。

文字通り雲の柱となり火の柱となりて我を導き、足なえ力屈したる時、我を引き立て、且つ励ましたるものは、全く先師の賜物に相違ない。想へば唯感激あるのみ。

先生が我等の先輩、横田安止《やすただ》君に与へられたる書簡中には、尊い文句で充ちてある。分けても左の要旨の一行は、我等の見遁《みのが》してはならない大切な意味が含まれてある。

「日本には上下を通じて良心の全身に充満して居る人物が居ない」。

思ふに此一行こそ、かの同志社大学設立趣旨書中の名句「良心を手腕に運用する人物を養成するにある」との言と同一主旨で、更にその意を強めたものであらう。

先生が明けても暮れても念頭に懸けて居られた大問題は、我愛する祖国に良心の全身に充満した人物の輩出せんことであった。その為には基督教の伝道を根本条件とせられて居たのである。

先生が我等の先輩、広津友信君に与へられたる日本伝道の計画書の奥に、七言絶句の詩を賦《ふ》せられてあるが、その結句に、滴々灑《そそ》いで縷々《るる》の文となると仰せられた。愛する祖国の地図を点検し乍ら、伝道の百年計画を立て、且つ祈り且つ泣いて、涙滴紙面にそそがれたる熱誠こそ、拝察するに余りありと言ふべきである。

由来先生の求道心は弱冠の頃、天地創造の一句に触れられたる当時に始まり、帆前船《ほまえせん》のボーイたりし時、上海〔香港〕の埠頭に文字通り剣を売って聖書を購《か》はれ、労務の余暇にこれを愛読耽読せられた時に熟したものである。

ボストンに着せられてから偶《たまた》ま敬虔の士ハーデー氏と相識り、その厚意に依りて新英州清教徒の真摯なる人物と相交はるに至って、先生の信念は一層精錬せらるるに至った。

アーモスト大学を卒《お》へ、更にアンドヴァ〔神学校〕の学窓に於て愈々修養を加へられつつありし際、幸にも岩倉大使〔使節団〕の一行たる田中不二麿氏に識られ、普《あまね》く欧米各国の教育制度を調査せらるるに及んで、先生の確信は遂に不動の域に達したのである。

我は福音を耻《はじ》とせず、我これを伝へずんば噫禍《ああ》なるかな、との心情こそ実に先生の心事を道破したものと云ふべきであらう。

先生が明治七年の暮、過去十余年間、夢寐《むび》の間にも忘れ得られざりし愛する祖国に帰り着かれた時、なつかしの御両親に対面せられた時の第一声は、実に伝道であった。進んで新旧の知人に対する先生唯一の土産話は、同じく伝道であった。

翌年、京都に同志社を建てられた時、誤解と圧迫とを意に介せず、荊棘《けいきょく》を拓《ひら》き万難を排しつつも、終始一貫変らざる真心を籠められたのは、実に伝道の一点であったのである。

思ふに先生の伝道心の熱烈なりし所以は、良心の全身に充満せる人物を出さんとするには、伝道の外になしと認められたからであらう。

先生臨終の際に口吟されたと云ふ古歌

吉野山花咲く頃は朝な朝な
心にかかる峯の白雲

の意も斯《かか》る人物の輩出せんことを念頭に置かれてのことか、と拝察の外はないのである。

聖霊の人と呼ばれたフィニー、嘗《かつ》て曰《い》へり、

「聖霊に満たされんと欲せば、先づ良心に背《そむ》くこと勿《なか》れ」。

先生が良心の充満せる人物の輩出を祈られた結果、伝道に熱心せらるるに至ったことは、蓋《けだ》し已《や》むを得ないことであった。

先生の愛国心

先生の伝道心の熾烈であったことは前述の通りであるが、その動機は良心の充満して居る人物を我国に輩出せしめんとの願望にあったことは明白である。換言せば、愛国的精神が先生を駆りて、伝道せずには居《お》られない気持ちを起さしめたと云ふべきである。

在米当時、祖国を思ひ出でて一夜眠り成らず、僅かに詩篇をかりてその憂国の至情をやられたことが、先生の遺文中に発見せらるるのである。

「愛する日本よ、アジアの最も美わしき国よ。若《も》し我れ汝を忘れなば、我が右の手にその巧みを忘れしめ給へ。

若《も》し我れ汝を思ひ出でず、若し我れ汝を我が凡ての歓喜の極となさずは、我が舌を顎《あご》につかしめ給へ」。

蓋《けだ》し先生の意は、若し自分の祖国を忘れる様なことがあらば、

我をして唖者《あしゃ》たらしめて語らざらしめよ。我をして不具者たらしめて働かざらしめよ。日本なくして我何の為めに生《いき》んか、亡国の民よ詛《のろ》はれてあれと。

いかにも悲歌慷慨、激越の情の迸《ほとばし》るを見るのである。

察する所、元治元年夏、万死を賭して祖国を脱走し、凡有《あらゆ》る艱《かん》難《なん》を犯して、身は遠く北米に在り、遥かに王政維新の過渡期に臨める祖国の安否を気遣はれ、斯《かか》る感情に駆られ給ふた先生の胸中こそ、想ひに余るものがあるではないか。

嘗《かつ》て予が在米留学中、汝は何故に基督教を信ずるやと卒然外人に問われた時、予は言下に我祖国を愛するから、我は基督教を信じたり、基督教こそ我国家になくてならぬを信ずればなりと答えたことがあった。我等在学時代の同志社学生の思想は、大体斯る方向に動いて居たのである。

それもその筈、我が母校の位置は御苑《ぎょえん》の北に隣りし、創立以前、十年を隔てない頃、憂国の志士は此の界隈〔薩摩藩邸〕を往来し、その余韻はまだこの辺りに失《う》せないのを感じ得たのである。

我同級の親友、大塚素《しろし》氏は、北海道集治監教誨師在勤中、戊《ぼ》辰《しん》当時、勤皇名士の逸事や、その所詠の詩歌を引用したのみでマルコ伝の講義を試み、分監長有馬四郎助《しろすけ》氏を導いたことは、明治二十年代の同志社学生堅気《かたぎ》を代表せる美談である。

その巻頭に於てイエスとヨハネとの関係を説明するに、大西郷が僧月照と相約して薩摩の海に身を投じた例を引用せる如《ごと》きは、奇想天外より落つとも評すべきが、当年同志社健児の意気を察するには好個の文献であろう。

畢竟《ひっきょう》斯る校風は、新島先生が口を開けば愛国を唱へ、その憂国の概《がい》犯すべからざるものありしに起因するのである。

予の如き先生の門下に学ぶこと僅に三年間、漸く十代の少年に過ぎなかったが、先生が居常、国家を口にして已《や》まれなかったので、多分行く々々は我等を率いて何か国家的運動を起こされるのではないかと、心秘かに察して居た程であった。予の幼稚心は問題でないが、以て先生の熱情を拝察するに足るではないか。

先生の遺命

明治二十二年十月初旬、不意に彰栄館の鐘の音が鳴り響いて、在学の青年等は礼拝堂に呼び集《つど》はされた。

何事ならんと馳せ来った我等の前には、講壇正面に常とは変って羽織袴の和服姿の先生が顔面憔悴《しょうすい》、白布で頸を巻かれ、いかにも御病中その儘の様子で座して居られたのに驚かされた。やがて身を起こされた先生は、徐《おもむろ》に口を開かれ、

「此間中から一度諸君に会ひ、親しく同志社大学寄付金の御礼を申したかった。諸君が乏しき学資を割《さ》いて月々献金してくれて居ることは、富者の千万金にも替へ難い尊いものである。深く感謝する。その諸君の愛校心に訴へて、更《あらた》めて御願いがある。

自分は近く病を犯して東上の途につかんとして居る。同志社大学設立の挙は遷延《せんえん》日を重ねるに忍びないからだ。

思ふに前途遼遠、到底この病身で目的成就は六ヵ敷《むずかし》かろう。半途で倒れた自分の志を継ぎ、同志社大学の挙を完成して貰うのは、諸君を措《おい》て外にはないと思う。諸君何分よろしくお頼みする。

大楠公《だいなんこう》は湊川《みなとがわ》で戦死せらるるとき、七生報国を誓はれた。自分信ずる処によれば、いかにも楠公は幾回も我日本の歴史に生き返られたのである。我王政維新は実に大楠公の忠誠に依りて完成せられたものに外ならぬ。

不肖自分の如きものが、僭越にも敢《あえ》て楠公を学ぶなどとは申すべきでない。さり乍ら同志社大学の完成は、一代や二代でなる仕事ではない。斃《たお》れて後ちも止まざるは自分の決心である。自分をして斯の不退転の志を達成せしむるは諸君である。諸君何分宜敷《よろし》くお頼みする」。

先生の情は漸次熱し来り、語尾は強く聴者を圧し、声に次ぐに涙せられ、満堂敢て仰ぎ見るものなく、いづれも首を垂れ、涙に咽《むせ》び乍《なが》ら謹聴したのであった。

当時十九歳の肩上げ筒袖《つつそで》姿の予の如き、先生の一句々々を洩らさじと、全身を耳にした所感を今に忘るることができぬ。

予の記憶に依《よ》れば、その年の初めより在学生一同は各級毎に委員を挙げ、月々幾何《いくばく》かの献金を集め、その一年間を通じて、同志社大学寄付金とした。予の如きは辛《かろ》ふじて月額十銭宛を納めて居たのである。

斯る微力なる学生の志さえも、先生は重大視せられ、ことさらに御礼を述べられたる上に、その志を引立て、その衷情を激励して、これに大事を附託せられんとするに到っては、いかに魯鈍《ろどん》者と雖《いえど》も感動せざるを得ないでないか。

当時の聴衆の中には水崎基一、古谷久綱、村井貞之助、三宅驥《き》一《いち》、津下《つげ》紋太郎、若松兎三郎、大沢徳太郎、児玉亮太郎、石井勇、大塚素《しろし》、山本徳尚、近藤賢二、深井英五、平田久、等々の連中が居《お》られた。

此等の校友は孰《いず》れも多年の後ちに、時の社長原田 助《たすく》氏を助けて同志社大学設立の挙に尽瘁《じんすい》せられた面々である。此等校友の半ばは、既に他界せられた。然《しか》して同志社大学の現状奈何《いかん》と顧みる時、苟《いやしく》も事にあたりつつある我等は実に忸怩《じくじ》たらざるを得ないのである。

想えば五十年前、先生があの御挨拶後、幾日かの後ちに東上せられたが、東京から上州へ巡回中、病状昂進、相模大磯へ転地せられて、遂に起《た》たず、翌一月二十三日遂に逝かれたのである。斯《か》くて先生の遺骸は二十五日の暁に着京した。軍人が楯《たて》に乗って帰って来た如く、先生の柩《ひつぎ》は門下生の肩に載せられて御帰宅になった。

御遺命を奉じて、良心の充満せる人物を輩出すべき名実相伴ふ私立大学を完成せんものは誰ぞ。当年の少年、今早や古稀翁とはなりぬ。この譲られたるバトンを受け継ぐべき有為《ゆうい》の士の輩出を待つや切なり。

（『新島先生記念集』）

八、山本徳尚

（一）「山本徳尚氏」（葬儀報道記事）

〔一九三〇年九月七日、霊南坂教会での葬儀は〕山室軍平氏の祈祷、友人代表留岡幸助氏の履歴朗読、小崎道雄牧師の式辞があって後、小崎弘道氏の祝祷を以て終った。今、下に当日朗読せられた氏の略歴を掲げる。〔中略〕

略歴〔水崎基一による草稿を森、小川、留岡、塘《つつみ》がチェック〕

君は明治三年十月五日、伊予国松山市に生る。幼児、郷里の小学校に勉学中、十歳にして父に別る。爾来《じらい》、慈母の膝下に有りて、弟近徳と共に教養を受け、特に賢明なる祖母の愛護に浴したりと謂《い》ふ。

小学校卒業後、当時同市にて〔同志社出身者の〕松浦政泰《まさやす》先生〔本書三〇五頁以下〕の経営に係る海南英学塾に入り、勉強の後、同氏の慫慂《しょうよう》により郷友と共に京都に出て、同志社普通学校二年級に入学。同二十五年七月、同校を卒業し、更に神学部〔神学校〕に入り、同二十七年六月卒業せり。

業成りて後、北海道集治監の招聘に応じて教誨師の職に就き、北見国網走分監詰となれり。同年十一月、同僚と共に連袂《れんべい》辞職して、東上。

暫くの間、前橋共愛女学校〔現共愛学園〕に教鞭を執りしが、当時東京に於ける故大審院長、三好退蔵氏等の少年感化学校設立の計画に参し、専ら之《これ》が調査計画に従事せり。

其《その》後、明治三十年三月、東京市養育院書記に任じられ、其分院たる井ノ頭《いのかしら》東京感化院の設立に尽力し、約八年間感化事業の為め尽瘁せしこと尠《すくな》からざるも、思ふ処あり処世の方針を一変し、明治三十九年四月、日本人造肥料株式会社に入社するに至れり。

明治四十年二月、ライジング・サン石油株式会社に転じ、大阪支店長に就任。大正二年一月、更らに名古屋支店長に転任したるが、翌大正三年八月、同社を辞して、日本石油株式会社に入り、十有余年間、精励恪勤《かっきん》、一意社務に努めたりしが、大正十四年三月、後進の路を拓く為め、潔く勇退したり。〔後略〕

（『追悼集　Ⅳ』）

（二）〔「同志社の想い出」〕（山本徳尚）

山遊び

日曜日は精神の休養日であるが、土曜〔休業〕日は肉体の休み日だった。

私が始めて入学した時、同志社の入口に草鞋《わらじ》や古足袋《たび》が山の様に積んであったのに驚かされたが、是《これ》が毎土曜に学生が比叡山、愛宕《あたご》山、〔滋賀県〕石山等の山野を跋渉《ばっしょう》して心身の修養に勤むる唯一の道具であった。〔中略〕

私自身、一番遠路を歩いたのは、京都から〔大阪府〕箕面《みのお》迄を往復〔約二十二里〕した事である。〔中略〕

〔三先生〕

〔ラーネッド先生は〕有徳の君子で〔あり、〕〔中略〕親切の人であったが、頭脳の冷ややかな熱の無い人であった。〔中略〕〔それに対して〕此の人〔デイヴィス先生〕は元軍人であっただけに、ラーネッド先生と反対で、熱の人であった。〔中略〕〔新島〕先生の風采には、一、二度接したばかりである。私が先生を知ったのは、書物の上からであった。〔後略〕

（『創設期の同志社』）

X　クリスマス・ツリー

一、クリスマス・ツリーを植えた人たち（本井康博）

ライトアップ

同志社今出川キャンパスのクリスマス・ツリー（以下、ツリー）は、ヒマラヤ杉《シーダ》（マツ科！）で、電飾が始まったのは二〇〇〇年である。

この時のツリーは西門近くの樹で、高さは二十メートル。「京都一の高さを誇る華麗なツリー」と評判を呼んだ。

二〇一三年、初代から少し奥に入ったツリーに切り換えられたのが現在の二代目で、初代よりやや長身である。

同志社中学校（以下、同中）が岩倉キャンパスに移転した後、二〇一二年末に取り壊された新彰栄館の周辺が、新たに広場（サンクタス・コート）になったので、その中心に立つヒマラヤ杉が、改めて主役となった。ツリーの電飾は十数年を経て、いまや京都の風物詩になりつつある。

サンクタス・コートのロケーションは最高で、その中心に聳《そび》えるツリーは、一見して樹齢百年を越す大木。時に薩摩藩邸以来の古木と誤解されるが、実は同志社人が植樹した。

植えたのは、同志社教員だった波多野培根《ますね》、三輪源造《げんぞう》、久永機《き》四郎《しろう》（鉄蔵）、加藤延年《のぶと》の四人。

彼らは、同志社普通学校在学中にD・W・ラーネッドから同時に洗礼を受けた記念として、後年、ここに植樹した。

ちなみに、ラーネッドは本学の「ラーネッド記念図書館」の名称からも、学者、教授としてのイメージが定着しているが、実は本職は宣教師（牧師）である。洗礼を授けた善き実例が、この四人グループなのである。

植樹の時期

加藤延年の長男（延雄）によれば、父親が同僚教師たちと共にヒマラヤ杉を植樹したのは、自分が同志社普通学校を卒業した頃（一九一一年）、すなわち百五年前のことである。

四人が拠金したとすれば、苗木は四本ではなかったか。この推測を裏づけてくれるのが、久永省一（機四郎の息子）の証言である。

四人は「普通学校校庭に四本のヒマラヤ杉を植樹した」。「現在、その中の二本が残っている」。あとの二本は、戦後まもなく校舎（新彰栄館）新築のために、切られてしまって今はない、という。

四人が揃って受洗した教会は、西京第二公会である。同志社開校の翌年（一八七六年）に、新島が自宅に立ち上げた教会で、今の同志社教会（日本キリスト教団）の前身である。

彼らの受洗当時、第二公会は、今の「新島旧邸」（寺町通り丸太町上《アガ》ル）の南隣り（現在、日本キリスト教団洛陽教会が建っている所）に独立した会堂を構えていた。

それ以前は、礼拝も集会も新島の自宅で開かれていたのが、知事のキリスト教緩和政策と、個人献金（J・M・シアーズ）により、一八八一年に京都初の独立した教会堂（木造）が新築された。

しかし、数年にして手狭になったので、キャンパス内に新たに竣工したレンガ建ての学園チャペル（今の重要文化財のチャペル）へと移転することになった。

四人がいっしょに洗礼を受けたのは、一八八六年六月二十日のこと。この日、牧師《いし》として新島は、「時ノ休徴《しるし》ヲ知レ」という題で、実に長い説教をした。第二公会での最後の礼拝だったからか。

翌週（六月二十七日）の日曜礼拝から、会場は学園チャペル（平日は学校礼拝。日曜日だけ教会に早変わり）に移され、教会名も「同志社教会」と改称された。

つまり、植樹当時、第二公会の跡地は、すでに人手（洛陽教会）に渡っていたため、職場（同志社普通学校キャンパス）以外に記念植樹の適地はなかった。

緊密な四人の結束力

四人が洗礼を受けた時、受洗者は全部で十五人もいた。ほとんどが同志社の学生で、そのうち四人が同志社の教員になった。それだけに、その結束力は固く、永続的であった
彼ら四人は、同志社在職中、毎年六月二十日には揃って恩師のラーネッド宅（現同志社女子大学キャンパス）を訪ねて、感謝の気持ちを伝えることにしていた。植樹はその一環で、久永省一も、四人は受洗二十五周年記念日（一九一一年六月二十日）に植樹した、と明言する。

それからさらに二十五年を経た一九三六年八月二十日、四人は新島会館で受洗五十年を祝う会を開いた。四人揃って、半世紀にわたって信仰を堅持したのは、なんとも見事である。

さらに、この日、旧ラーネッド邸前で記念写真を撮って、すでに同志社を引退し帰国していたラーネッドに贈ってもいる。同志の親密さと恩師への感謝の篤さは、半端ではなかった。

ちなみにこの時の年齢は、加藤（七十一歳）、波多野（六十九歳）、久永（六十七歳）、三輪（六十六歳）。三輪など、十六歳の時の決心が、半世紀を経てもなお永続している。

奇しきことに、四人の終焉も相前後している。一九四五年から

翌年にかけて次々と天に召されている。四人中、最後に三輪が亡くなってから、来月（十一月）でちょうど七十年になる。

植樹した人（一）・波多野培根

ツリーを植樹した四人の教員を個別に紹介したい。

まず、波多野培根（一八六八年〜一九四五年）。島根県津和野の出身で、同志社に学んでいた従兄《いとこ》の増野悦興《ますのよしおき》の勧めで、一八八五年九月に同志社に入学。

洗礼はその翌年のことで、その日の日記に彼は、「予の悔改入信の動機となれる聖句（ガラテヤ書六章七〜九〔節〕）に就《つい》て」と記す。

新島の死の直後、一八九〇年六月に同志社を卒業してからは、各地で伝道と教育に従事した。そのうち、もっとも重要な職場は同志社と西南学院（福岡市）で、特に同志社は前後二回（一八九〇年〜一八九二年、一九〇四年〜一九一八年）に及ぶ。ツリーの植樹は、彼が同志社普通学校教頭の時であった。

二度目に同志社を退職した二年後（一九二〇年）のことであるが、新島の命日（一月二十三日）に波多野は若王子《にゃくおうじ》の新島の墓に詣で、「師教（新島先生第三十記念日）」を作詩した。

その一節には、「師教、懇篤にして猶、耳に存す　當年を回顧し、涙瞼《まぶた》に満つ」とある。

新島と波多野

波多野は学生の頃から、新島校長から厚い信頼を寄せられていた。在学中の波多野に新島が出した手紙（一八八八年十一月一日付）には――

学校と教会の前途につき、ぜひ相談したいので、わが家に来てもらえないか。学校からは「無残《むざん》ニモ」学生との面談を禁止されているが、せめては「僅僅《きんきん》ノ人」にだけでも会い、学校の将来のことを託したい。来宅は内密にお願いしたい、と。

当時の学生でこの種の手紙を貰ったのは、ほかには柏木義円くらいである。

新島は大磯で永眠する際も、学生の波多野に遺言状を残す。

「同志社ノ前途ニ関シテハ、兼テ談シ置タル通リナリ。何卒《なにとぞ》将来ハ、同志社ノ骨子ノ一トナリ、以テ尽力セラレンコトヲ切望ス」。

個人的な遺書をもらった学生は、彼を含めてわずか数名しかいない。

波多野の教え子でもあった加藤延雄は、こう追憶する。

「波多野先生はこわい先生であったが、ただ厳しい、固いだけでなく、さすがに新島先生に見込まれた人物だけあって、不思議に思えるくらい多くの学生が、先生のご自宅を訪ねて行った」。

波多野は、「新島先生の生涯の意義」と題する回顧で、こう忠告する。「新島先生を回顧するとは、先生を偶像化することではない。先生の同志社建学の目的と精神とを善く理解して、其の志を継ぎ、其精神に従って正心誠意、学生を愛撫教化することである」（傍点は本井）。

「志を継ぐ」ことこそが重要である、というのである。

植樹した人（二）・三輪源造

次に、三輪源造《げんぞう》（一八七一年～一九四六年）。柏木義円と同じく、新潟県与板の出身。柏木と違って、一族から同志社に遊学する者が多く、その大半は同志社教会に所属した。そのうち源造は、同志社普通学校から神学校に進み、卒業後は松山や横浜で教員を務めてから同志社に戻る。

三輪は新島の人格について、こう述べる。同情（思いやり）、謙遜、熱心はもちろん、「最偉大で最光輝」なのは、やはり責任感の強さである。これこそ、「寸毫《すんごう》だもこれを脱《のが》れむとしたまはざりし一事」だ、と高く評価する。

新島の平等主義にも三輪は脱帽する。「往来で偶然行き合って、こちらが気づかぬ中《うち》に、先生の方から脱帽して挨拶をなさるに恐縮した事も少なくない。かういふ事は全く、総《す》べての人間を神の子として敬愛された先生の至情から自然に溢れたのであらう」。

新島が用務員（松本五平）に対しても、世をときめく高位高官に対する時と「殆ど同様の慇懃《いんぎん》な態度」をとったことに、三輪は驚嘆する。徹底した平等主義に感銘を受けた三輪は、「私が同志社在学中、最も感化を受けたるは、新島先生に次いで、五平さんからである」と証言する。

新島を畏敬してやまない三輪であるが、だからと言って新島を英雄視することはない。

新島という人は、「決して円満完全な聖人でも、世塵を超越した聖徒ではなく、情熱あり、侠気あり、寧ろ直情径行に傾いて、時に矛盾さへある、極めて人間的な方であった」。

冷静な観察眼は、さすがである。

ツリー点灯式

三輪は同志社で国語、日本文学を講じる傍ら、「花影」と号して詩作にも励んだ。讃美歌の作詞家としても著名で、旧『讃美歌』（一九五四年版）には三編（一一九番、四一二番、四六六番）が、現行の『讃美歌二一』にも「羊はねむれり」（二五二番）が収録されている。

毎年のツリー点灯式にはこのキャロル（二五二番）を学生聖歌隊に歌ってほしいと思う。三月の大学卒業式ではグリークラブ（男声合唱団）が、三輪作詞の「送別の歌」を毎年、披露する。それと同じように、三輪の賛美歌が毎年の点灯式の定番曲となってくれる時代が来てほしい。

植樹した人（三）・久永機四郎

三人目の久永機四郎（一八七〇年～一九四六年）に移る。福岡県出身。同志社英学校への入学は、三歳上の波多野と同時であった。入学の翌年に受洗している。

一八九三年に同志社神学校本科を出ると、各地で伝道や教育に従事。一九一六年、親友の波多野培根から誘われて同志社中学に奉職する。

同志社に戻ったものの、波多野の退職に伴い、自身も同志社教員を辞職に及ぶ。けれども、一九二五年に同志社に復職し、英語や倫理を教える傍ら、寄宿舎の舎監をも務めた。

息子の省一によると、「京都在住中は、終始、同志社教会の執事〔役員〕を務め、新島襄の直弟子として、熱心な信仰生活を貫いた」（〔　〕は本井）。

久永機四郎が「少年の眼に映じた〔新島〕先生」の中で印象的に記しているのは、来校した森有礼《ありのり》文部大臣が、チャペルで講話をしたシーン。アメリカ留学時代の交遊もあって、森はわざわざ同志社に足を運んで、新島の仕事を視察したかったに違いない。

けれども、森の一場の訓示は、それを聞いた学生たちからは総スカンを食らう。彼の態度は、徳冨蘆花の『黒い眼と茶色の目』でも痛罵されているが、波多野から見ても、「傲慢そのもののような面魂《つらだましい》」は、真逆の対応をした新島校長の株を上げる結果を持たらしただけである。

久永はさらに、こうも指摘する。「却《かえ》って荊棘《けいきょく》の路を切開いて、逆境不如意の間を悪戦苦闘して進むのが、先生予《かね》ての選択であり、覚悟であったやうだ」。

少年ながら鋭い指摘である。

植樹した人（四）・加藤延年

最後は加藤延年（一八六六年～一九四五年）。

福岡県柳川の出身で、海老名弾正《だんじょう》の隣家で誕生した。両家は親戚でもあった。柳川中学校（伝習館）から久留米高等中学校に進んだものの、海老名から同志社入学を勧められ、一八八五年に京都に移る。

洗礼は上級生の湯浅吉郎（号は半月）の指導がものを言った。同志社を出てからは、九州各地で教鞭をとった後、一八九九年に同志社に戻り、理化、地理、歴史などを教えた。

加藤は自身の卒業式（一八八九年六月）で聞いた新島の式辞を感慨深く回顧する。新島が出席した最後の卒業式で、校長式辞は加藤にとっては在学中、もっとも印象に残ったメッセージとなったという。

式典で新島は、「苦《にが》き水を甘くせよ」との聖句を引用し、（新島のことゆえ、おそらく例によって涙ながらに）こうアピールした。諸君を送り込む現代社会は、「メラの水」のように苦《にが》さ（穢《けが》れ）

で満ちている。しかし、かつてモーセが「一本の木」を投げ入れてそれを甘く（清く）したと旧約聖書（「出エジプト記」十五章）にあるように、諸君もまた世を浄化する役割を果していただきたい、と。

　これより四十四年後のこと、加藤は学内で毎年開催される新島記念会の席上、学生時代に聞いたこの校長式辞を紹介しながら、こう自省する。

「自分は永年、同志社に厄介になって居《い》るが、此《この》お励《はげまし》の如く、何等《なんら》周囲を甘くする事が出来ないことを慙愧《ざんき》に思って居る」と。

　もうひとつ、加藤の心を占め続けた新島の言葉がある。「一の新島が死んでも、あとには百の新島が出る」――加藤に限らず、これを耳にした教え子たちは、誰しも将来「小新島」にならんことを密かに決意したという。

　さらに、加藤は新島から直接もらった肖像写真を見るたびに、「恐縮の中になつかしみ」がこみ上げてくる、とも言う。

　ちなみに、加藤の名前が現在、学内で知られているとすると、動物や貝などの貴重な標本類、いわゆる「加藤コレクション」であろう。今は岩倉（同志社小・中・高）に分散して保存、いや半《なか》ば死蔵されているが、理想は同志社博物館の新設であろう。

志を継ぐ人たち（一）・加藤延雄

　以上の四人は、いずれも『日本キリスト教歴史大事典』（教文館、一九八八年）にも取り上げられている「名士」である。そのうち、久永と加藤の項は、それぞれ息子の省一と延雄が執筆している。息子たちは、父親の後を継ぐような形で、同志社の教員（校長）となった点でも、共通する。

　私が一九五五年に同志社中学校に入学した時、校長は加藤延雄（あだ名はライオン。同志社高校校長を兼務）であった。中一の「聖書」の授業で、新島伝を一年間、習った。私のライフワーク・新島研究の起点は、ここにある。

　さらに加藤は、校長退職後は、同志社新島研究会の事務主幹として、森中章光を助けて機関誌、『新島研究』の編集、発行にも尽力した。加藤の死からほぼ三十年を経て、研究会代表の椅子が私に廻って来ようとは、当時は想像すらできなかった。

　一九五二年、中学校の教室不足を補うために、彰栄館の隣に新彰栄館を新築せざるをえなくなり、ヒマラヤ杉の半数が伐採された。幸いにもこの時には、四人の植樹者はいずれも永眠していたが、伐採を決断した当局である加藤延雄校長の胸のうちは、さだめし複雑であったに相違ない。

志を継ぐ人たち（二）・久永省一

　久永省一も私の恩師で、同志社高校で英語を習った。加藤延雄に続いて、一九五九年に同中の校長にも就く。以来、中学生相手の同志社教会ジュニア・チャーチ（教会学校）で、加藤と協働する機会が増えた。

加藤にしてみれば久永（大学は英文科卒）は、かつて同志社中学で西洋史を授けた教え子でもあった。

同志社教会役員の傍ら執筆活動も盛んに行ない、「父・久永機四郎の記」のほか、『同志社で話したこと書いたこと』、加藤延雄の遺稿を編集した『新島襄と同志社教会』、『わたしと同志社』の出版にも取り組んだ。

その中で久永省一は、ツリー植樹の貴重な証言を書き残す。その最後は、こう締めくくられている。

切られずに生き残った二本は、今も「彰栄館の周りに亭《てい》ていとしてそびえ立っている。〔中略〕残る二本の鬱蒼《うっそう》たる茂みを見上げると、明治の新島の弟子達の執念のようなものが宿っているようで、樹の下を通る際に、一種の圧迫感をおぼえる」（傍点は本井）。

久永が受けた圧迫感は、時には戦慄でもあったであろう。

「同志社ノ骨子」になる

加藤延雄、久永省一とも、信徒として同志社中高の教員（校長）や教会役員を務める傍ら、新島襄の生涯や同志社（教会）の歴史を掘り起こすことにも揃って力を注いだ。これも両氏のそれぞれの父親が、「新島の弟子達」であったからである。

新島の死後、「小新島」となって、創立者の「志」を継ごうとするＤＮＡは、二代目にも歴然と受け継がれている。

他の二人のケースも同様である。同志社職員で言えば、波多野政雄（元神学部事務長、同志社教会役員）は波多野の娘婿であり、三輪輝夫（元大学就職部長）は三輪源造の三男である。

新島から遺言を貰った波多野培根は、在職中「同志社を日本一の学校にしなければならない」と固く決意して、教員として最大級の努力や準備を惜しまなかった。たとえば、語学を必死に勉強して、英語、ドイツ語、フランス語をほぼマスターしたばかりか、さらにギリシャ語やラテン語にも手をのばしていたという。

これぞ、新島の志を継ぐために彼の「同志」や「小新島」となって、創立者が夢見た理想の学園を成就させようとする教え子たちの心を、新島がいつまでも把え続けた好例である。

（拙著『自己発見のピルグリム――新島襄を語る・別巻（五）――』思文閣出版、二〇一六年）

二、三輪源造

（一）「新島先生の人格をおもふ」（三輪源造）

人格の大と小とは、其《その》人の感じる責任の軽重によりて、これを判ずることを得む。

遊女、税吏、盗賊など、世に賤しき者どもが、自も殆《ほとんど》感ぜざりし程の罪をさへ、我身に犯せるが如《ごと》くに思ひ、それより来れる悩と悲と死とを、我一身に負ひたまひしイエス・キリストこそ、世界最大の人格にてあらせられしなれ。

今や邦家《ほうか》の衰退を我身の栄枯とおもひ、萬姓の休戚《きゅうせき》を一身の喜憂と感ずる政治家、社会の腐敗を自の堕落と悲み、他人の罪業をわが罪業と恥づる宗教家、さては、青年男女が非行を己が非行となし、その煩悶をわが煩悶と観ずる教育家の、日に月に減少するを見ては、愈《いよいよ》切に我等をして、先師新島先生を景仰《けいぎょう》せしむるなり。

先生の同情、先生の謙遜、先生の熱心、いづれか先生の人格を飾る珠玉ならずとせむや。

然《しか》れども、先生の人格を最偉大ならしめ、最光輝あらしめしものは、実にその責任を自《みずから》負ひて、寸毫《すんごう》だもこれを脱れむとしたまはざりし一事なり。

人類の責を自己に負ふ者は、その人格一国大となる。すべて、その人の負ふ責任の大なるに従ひて、其人格も又、拡大せらるるなり。

先生や内に我等学生の喜憂を喜憂となし、外に邦家の運命を運命となし給ひしは、これ実に先生が主イエス・キリストの御足跡を践《ふ》める、真の宗教家、真の教育家におはせしことを表現するものにて、実に先生の人格の大なりしを語るものにあらずとせむや。

時勢に謳歌し、現実に執着し、生活に懊悩《おうのう》し、性欲に耽溺《たんでき》し、懐疑に煩悶《はんもん》する。社会の現状を観じて、我等は切に先生を追慕し、又切に我等、先生の御跡を辿る者の奮励せざるべからざるを感ず。

願くは父なる神、我等をして先生の如くに、主イエス・キリストの御心を心となす事を得させ給へ。

ああ、これ我がこの記念の日に於《おい》て捧ぐる、唯一の祈願なるなり。

（『同志社時報』一九一〇年一月二五日）

（二）〔「新島先生の特色三つ」〕（三輪源造）

第一、平民主義。

先生の平民主義は弁論にあらずして実行なりし事。

その一例として記憶に残れるは、現今の神学館〔現クラーク記念館〕の在る所、旧第一寮の前にて同志社の名物小使《こづかい》〔用務員〕たりし「五平」に対して、帽子を取りて挨拶し給ひし上、「五平さん」と呼びて、色々用を懇《ねんご》ろに命じ給ひし事、我眼前にありありと見ゆる心地す。

第二、責任を重んぜられし事。

先生は同志社学生の過失、反則、日本政治家の失策、国民の不義、堕落等を自己の罪の如《ごと》くに思ひて恥ぢ、悩みしこと。

先生の涙は、多くかくの如くにして流されたり。

第三、青年特に同志社学生の刹那《せつな》も念頭を去らざりしこと。

これは明かなる事にて、色々の事実もあるべきが、余《よ》の記憶に左の一事残れり。

寺町通丸太町〔現新島旧宅あたり〕を少し下がりし処にて、先生の南より来り給ふを知らでありしに、先生先《ま》づ余（当時、新入生にして十五才の少年たりし）を認めて、脱帽して丁寧《ていねい》に挨拶したまひしこと。

（『基督教世界』一九一三年七月一〇日）

（三）〔「花影・三輪源造先生の働き」〕（報道記事）

三輪先生の生地は、新潟県三島《さんとう》郡與板《よいた》町で、其《そ》の誕生は明治四年八月四日であるから、本年〔一九三〇年〕恰度《ちょうど》数へ年六十になられた訳である。

先生が同志社普通学校に入学せられたのは、明治十八年九月で、同二十三年六月を以《もっ》て卒業。其《そ》の後六年にして、再び勉学を思ひ立たれ、明治二十九年九月、同志社神学校に入学。三十二年二月、同校を卒業された。

而《しか》して、其の年五月に松山女学校〔現松山東雲《しののめ》学園〕に奉職せられて、三十四年二月まで英語、数学、教育学等を教へ、次《つ》いで三十六年十一月より翌三十七年三月までは、横浜共立女学校〔現横浜共立学園〕に於《おい》て国語科、及英語科を担任教授せられた。

斯《か》くて我が同志社普通学校教師に就任せられたのは、三十七年四月のことで、昭和五年の今日から遡《さかのぼ》って数ふれば、星霜《せいそう》正《まさ》に二十有六年である。

三輪先生は「花影」と号し、国文学に造詣《ぞうけい》深く、文芸に深き趣味を有せられることは、今更《いまさら》ここに吾人《ごじん》の駄筆を要しない所である。〔中略〕

最後に吾人は、先生の我基督教界に於ける最大の功績を記して、先生の功を讃《たた》へ、且《か》つ母校の誇りとなしたい。

それは即ち先生が、明治三十四年三月から同三十六年九月まで凡そ二年有半、基督教各派共用の最初の賛美歌編纂《へんさん》に従事せられた事である。

我等が今日、礼拝に祈祷に其他《その》凡《あら》ゆる場合に、各派を通じて一《いち》様《よう》に使用してゐる賛美歌の第一版は、明治三十三年の秋以来、三年の日子を費して、始めて公にせられたのであるが、其の第一版の序に曰《いわ》く、

「委員会成立してよりここに三年、その任に当たれるもの時々変動したり。これ重《おも》に委員の住所の変ぜしによる。――かくて前後二十二名のもの、之にかかわりしかど、委員の数は一団より三名の割合にて、いつも十二人と定まりをりき。さはれ、事業の多くは主査たる別所梅之助、湯谷《ゆや》磋一郎《さいちろう》、及び書記テー・エム・マクネヤ〔T. M. MacNair〕、三輪源造の四氏の手になりき」――と。

即ち斯《か》くして賛美歌編纂に対する三輪先生の功績は　永く我国の賛美歌編纂史上に書き残されている。

これは先生の基督教界に於ける、特筆大書すべき功績であるが、もう一つは、母校に対する先生の貢献を茲《ここ》に特に追記して置くの必要がある。

其《それ》は去る七月上旬を以て発刊された、我が校友会編纂の『同志社五十年史』に先生は編纂委員として、而《しか》も衆目の大いに期待せる同志社文芸史を執筆せられたことである。

先生は自ら其の緒言《しょげん》に述べて居《お》られる如く、五十年史中、文芸篇は実に同志社の文化史であって、同時に之を明かにする事は、教育及び教会篇と共に、我国の明治文化に対する同志社の地位を世に明かにする所以《ゆえん》であらねばならない。

此《こ》の大いに意義のある文芸篇に、先生が敢《あえ》て筆を執《と》って、母校五十年の歴史に異彩を加へられた事は、オール同志社メンの、倶《とも》に記憶しとどめ、且《か》つ感謝すべきことではあるまいか。

（『同志社校友同窓会報』一九三〇年七月一五日）

（四）「人間味豊かな〔新島〕先生」（三輪源造）

（明治二十三年、同志社普通学校卒。明治三十二年、同志社神学校本科卒。同志社教授。昭和二十一年十一月五日永眠）。


個性の奥殿《おくとの》は、神秘の幕に閉されて、容易に他の窺ふを許さない所である。まして偉人の全貌を知り尽くそうとするは、殆ど不可能な事で、結局、見る者の主観に映る影に過ぎない。

それ故、先生の人格も、先生より勝った人か、或《あるい》は同格の人ならば、その真相に近いものを直覚されようが、私達のやうな凡夫《ぼんぶ》下根《げこん》の者には、それ相応な歪曲《わいきょく》された幻影の如《ごと》き物か、朦朧模《もうろうも》糊《こ》たる蜃気楼《しんきろう》のやうな物しか認められないのであらう。

以下記す所も、畢竟《ひっきょう》そういふ物と予《あらかじ》め思って、読んで戴《いただ》きたい。之《これ》が私の読者諸君への切願である。

私が初めて先生に御目にかかったのは、たしか明治十八年の冬、第二〔回〕の洋行から御帰りになった時、七条駅へ御迎にいった際だと思ふ。

駅前の広場に整列していた私達に対して、慇懃《いんぎん》に帽子をとって

挨拶なさった先生を見て、まだ数へ年で十五であった私は、鄭寧《ていねい》な懐しい方であると、尊敬と親愛とを一緒に感じたが、御病後でもあったのであらう、何だか少し心もとないやうな感じがしたかと記憶している。これはいつも先生に纏《まと》っていた私の変な感じで、御写真を見ても同様であった。

先生について私の最も深い印象は、先生が熱情の人でありながら、謙譲で礼儀正しい、いかにも敬虔そのものの顕現の如《ごと》くで、これに対する私達も、おのづから襟を正しうせずにはいられなかった事である。

私は今でも、生徒の前に立っている時、屢《しばしば》これを憶《おも》ひ出して、自己の虔《つつま》しからぬ事を恥じるのである。

いつまでも消えない、この様な感化を与へて下さったのも、畢《ひっ》竟《きょう》先生が神を畏《おそ》れ、人を敬う御心の発露した自然の結果であらう。それ故、啻《ただ》に進退動作に礼儀が表れたのみならず、髭髪《しはつ》衣紋《えもん》、手入れまで、いつもよく行届いて、乱れてゐた事を見なかった。

先生は我が武士道の鍛錬も、清教的紳士の修養も、人生行路の深刻な体験も、具《つぶ》さに経過して来られた方であるが、決して円満完全な聖人でも、世塵《せじん》を超越した聖徒でもなく、情熱あり、侠《きょう》気《き》あり、寧《むし》ろ直情径行に傾いて、時には矛盾さへもある、極めて人間味豊な方であった。

当時の自由民権論者が、ともすれば高位高官の者に向って、殊《こと》更《さら》に不遜《ふそん》な言動をしたりするのに反して、先生はそれ等の人々に対しても、校僕〔用務員〕五平老に対しても、殆ど同様の慇懃《いんぎん》な態度であったのを見て、まだ封建時代の余習の相当に強かった時だから、少からず私を驚かしもし、何となく愉快にも思はせた。

その鄭寧《ていねい》な先生の態度は、私達生徒に対しても同様で、殊にまだ乳臭《ちちくさ》の抜け切らなかった私は、往来で偶然行き合って、こちらが気づかぬ中《うち》に、先生の方から脱帽して、挨拶をなさるのに恐縮した事も少なくない。

かういふ事は全く、総《す》べての人間を神の子として敬愛された、先生の至情から自然に溢《あふ》れたのであろう。私のような下根《げこん》の者でも、夙《と》く階級的偏見を免れる事を得たのも、そういふ御心の感化であると常に忝《かたじけな》く思っている。

先生は講壇に立たれた時や、その他の場合でも、言一度国家の事に及ぶと、平素能弁ならぬ口は、熱情の為《た》めに愈《いよいよ》にぶくなって、言葉の代はりに涙の溢れるのを見た事も、幾度かあった。それが実にまた、私達を感激させずには措《お》かなかったのである。

教育上、常に学生の個性を重んじ、濫《みだり》に拘束する事を避けられたが、これは畢竟《ひっきょう》各自の特色を発揮せしめて、その才能と人格とをもって、奉公殉国の士とならしめようと願はれたのである。

これがため、或種の宗教家から、「彼は宗教を治国の方便と思ふ者だ」と攻撃を受けられた事もあるが、かかる宗教家は、先生の心事を知らぬのみではなく、その国民の理想の国家とのために、身を捧げられた耶蘇《やそ》の精神をも理解しない者である。

私達には寧ろ先生が憂国の士であったが為めに、基督教徒となられたと信じられるので、そこに基督教の精神に依《よ》って青年を陶《とう》冶《や》しようという考へを起こされたものと思ふ。

それ故、先生は同志社学生全部に対して、祖国の前途を開拓し行くべき有為《ゆうい》の士たる事を期待せられている、と年少な私達までも、緊張せざるを得なかったのである。

かかる教育の許《もと》に養成された同志社人の多数が、物質的個人主義の横流《おうりゅう》した時代にも、よく奉仕の精神を有《も》って社会に活躍し来《きた》ったのであらう。

（『新島先生記念集』）

三、波多野培根

（一）「新島先生の人物」（波多野培根《ますね》）

〔著者紹介〕波多野培根氏について

明治の後期に入ってから、内外様々の事情は、一時、同志社を衰微のドン底に陥れた。生徒は日に日に減る一方で、十棟に近い寮舎の如《ごと》きも、蜘蛛《くも》がわが世来れりとばかり、あちこち盛んに網を張って、好餌《こうじ》をまちうけているという有様であった。

こうした母校の憐れにもなさけない現状を見た新島門下の志士等は、恩師がその生涯を賭け、生命を献げて創められた貴い遺業を、このままにしておいては申訳がないと、遂《つい》に決然奮い起《た》ったのである。

そして、或《ある》いは東より、或いは西より、彼等は己れの現職をなげうって、母校同志社に走《は》せ帰り、校運挽回のために、ひたすら力を協《あわ》せ、心を同うし、薄給に甘んじ、犠牲を惜まず、あらゆる難苦を堪え忍んで、夙夜《しゅくや》、奮闘努力をしたものである。

波多野培根氏は、即ち、その中の一人であったのだ。しかも、氏が〔奈良〕県立畝傍《うねび》中学校の教職を辞して、母校に帰って来たということは、何といっても、この中興運動にとっては大いなる推進力であり、また非常な強味でもあった。

当時、同志社の中心をなしたものは、普通学校（後の中学）であったが、その普通学校における中心となって、氏が校勢の挽回と発展とのために献げた至誠と努力とは、ただに普通学校ばかりでなく、それはまた、同志社全体の社運展開にとって、一大動力源ともなったことはいうまでもない。〔中略〕

〔新島先生から貰った手紙〕

氏がその教え子に及ぼした人格的感化は、たしかに大なるものがあった。氏は実に新島先生直門の中でも、教育者として恩師の人格精神を最もよく継承したものということができるであろう。むべなるかな、新島先生が明治二十一年十一月一日付をもって、氏にあてて遣《つか》はされた書簡には、次のようにしたためられてある。

「我が学校並教会の前途に附、心中大に憂ふる所あり候間、一応貴君に御面談申度候間、御都合被下、今午後四時より五時の間に、御来訪被下度候。

尤其時間には、多分裏庭にて射的をなしをり候間、直に裏庭の方に御回はり被下度候。小生御存之通、同志社より無残にも、書生に面会することを禁止せられ候間、せめては僅々の人に逢ひ、学校の将来をも、御託し置度候間、貴君の御光来は、他人に御内密になしをき破下度候。右得貴意。艸々頓首」。

この書簡は、洋紙を二つ折にした縦《たて》四寸、横六寸の紙面に、インキをもってしたためられ、封筒表には Mr. B. Hatano と記してある。そして、氏はこの書簡に「明治二十一年十一月一日附にて、新島襄先生より（当時、同志社普通学部第四年級第一学期に）賜りし書簡。其《その》頃先生の健康状態、頗《すこぶ》る不良にて、静養の必要ありし為《た》め、同志社の当局者は医師の勧告を容《い》れて、学生が先生を訪問、面談することを禁止せり」と説明を加へている。

この書簡を見ても、新島先生が、如何《いか》に門下生の氏に対して信頼しておられたかを知ることができる。

〔新島伝講義の草稿〕

以下掲げるところの講義案は、氏が今から四十余年以前、同志社普通学校の教頭（後同志社中学長）時代に、上級生徒への講義に用いたのであるが、原本は氏自ら鉄筆をとって、謄写《とうしゃ》原紙に書いたものである。

この原本の要目は（1）誕生、（2）教育、（3）函館行及洋行の計画、（4）航海及労役、（5）当時の米国事情、（6）先生の恩人ハーデー氏、（7）米国に於ける教育、（8）帰国後の事業、であるが、ここには（8）の最後の一項である「先生の人物」と題する項のみを掲載した。もとより講義案のことであるから、文体簡潔にして、要領のみにとどまる。けれども、われわれが教えられるところのものは、深く且《か》つ多大である。

因《ちなみ》に氏は、大正七年に同志社中学長を退任し、その後、福岡・西南学院に教授すること二十余年に及んだが、昭和二十年の春、高齢八十を越えるに至ったので、職を辞して京都に帰った。そして鹿ケ谷《しかがたに》に閑居しながらも、なお孜々《しし》兀々《こつこつ》と研学に勤めて、倦《う》むところがなかったが、同年十一月七日の朝、殆んど家人にも気付かれぬ間に、その高潔なる教育者としての一生に別れを告げて、恩師います聖前に召されたのである。〔この項の執筆者は、森中章光か。以下の執筆は波多野による。〕

〔波多野培根による新島襄伝講義草稿〕

〔新島〕先生は日本民族が生み出したる偉人の一人なり。吾人《ごじん》は先生を⑴愛国者、⑵宗教家、⑶教育家として、少敷《すこしく》察する所あらんとす。

(1)　愛国者

先生は愛国者なり。天下を以て己れの任と為す国士なり。十七、八歳の時、品川湾頭に和蘭《オランダ》の軍艦を見て、慨然《がいぜん》志を立てし日より、大磯湾頭に永眠せられし時に到る迄、三十年間の生涯を通じて、先生の精神を支配せし一大熱情は、憂国愛民の四字なりき。

国家の聖壇に一身を捧げて、有《あら》ゆる困難辛苦を忍び、祖国の進歩と幸福との為めに、最善《ベスト》を尽されたる先生の高貴なる生涯に於《おい》て、吾人《ごじん》は真正なる愛国者の典型を見る。

〔新島襄〕「請願帰朝の書」より

「去り乍《なが》ら、江戸を去りし節、業若《も》し成らざれば、再び家に帰らずと決心仕候。故に志を遂げずして、空敷《むなしく》家郷に帰るは、一切至愚《しぐ》の素志に御座無く候のみならず、国を憂へ、民を愛するの志、益々奮起し、且《か》つ、五大州を歴覧せんとの望、益々増進し、少年の狂気、何分圧伏《なにぶんあっぷく》し難く、恐れ多くも国禁を犯し、且つ身の不肖をも顧みず、元治元年六月十四日の夜半、窃《ひそか》に米国の商船に乗り込み、翌朝、函館港を出帆仕候。

扨《さ》て至愚の如きは、唯々駑馬《どば》のみならず、兎角《とかく》多病虚弱、且つ眼病を患《わずら》へ候故、何分成業の儀、所存の如く進み兼ね、今に碌々《ろくろく》書頭に消光《しょうこう》仕候。

然りと雖《いえど》も、憂国愛民の志、益々憤興し、縦令《たとえ》不肖の身なりと雖も、何《いず》れ成業帰国の上は、至愚の兼て学びし学術真理を、有志の子弟に伝へんこと、是《こ》れ至愚の切に望む所に御座《ござ》候《そうろう》」。

（右明治三年の秋、アンドヴァ神学校へ入学の後、脱国の罪を赦《ゆる》されん事を請《い》う為めに日本政府へ差出されし上書中の一部なり）。

陸奥宗光の談話

「新島と云ふ人は宗教家であって、殊に博愛主義の基督者である。又夙《つと》に米国に学んだ読書子である。尚ほ教育家として世に知られて居る。然し、其根本の性質は、熱烈なる愛国者である。

維新の際、国内の形勢未だ定まらざるの時に当り、如何にしてか此日本を立派なる国に為さうかと、胸中に考へて、先《ま》づ海外の視察となった。――

米国に居る間、建国以来、僅《わず》かに百年の米国が、忽然《こつぜん》として世界の雄大なる国となったのは、羨ましい事であるが、又其《その》原因如何《いかん》と問ふて、国民の精神の奮興にあると考へた。

更に一歩を進めて、其国民の精神の奮興、気力の旺盛は何より来たかと胸中に問ふて、是《こ》れ基督教の感化にあるとの答を得た。是《これ》が、新島が基督教に熱心になった根底かと思われる。――

彼は一見、熱心なる宗教家であるが、之《これ》と同時に非常なる愛国者である。『靖献遺言《せいけんいげん》』の著者、浅見絅斎《けいさい》に、使徒保羅《ぼうろ》の宗教熱を加へた人格と思われる。――

唯、此一誠心、一誠意が、此人の人格の根底である。其応対も静かであり、其挙動も穏やかで、至極温和の人のやうに見ゆるが、其胸中は、火の如き猛烈な人である。――

自分は宗教の人でない。又教育家でもない。一箇の政治家であるが、新島の誠心に動かされて、相当の手伝をせねばならない様な感が起る――」。

（右故外務大臣、伯爵《はくしゃく》陸奥宗光氏が、嘗《かつ》て衆議院議員、島田三郎氏に語りて、新島先生の人物を評せし談話中の一部）

⑵　宗教家

先生は哲人なり。敬神家なり。精神的偉人なり。肉的生活を以て人生の全部と誤解し、物質的生活に満足して、霊的向上の生活〔信仰の生活〕を無視するが如き、浅薄皮相の人にあらざりき。

十八、九歳の頃、江戸にて漢文の聖書抜粋を読み、粛然《しゅくぜん》として、天地の神を敬畏《けいい》するの心を起せし時より、熱心なる基督教の研究者となり、〔渡米後の〕慶応二年十二月、二十四歳にして洗礼を受け、公然、斯道《しどう》に入りし以来、深く神の真理を味い、その死に至る迄、二十四年の後半生を貫きて、熱心忠実なる模範的信者なりき。

先生は又、この尊貴なる救世の福音を、私して独りその身を善《よ》くし、同胞の精神的救済に対して、冷淡なる利己的信者にあらざりき。帰朝後、一世の冷評嘲罵《ちょうば》を忍び、有《あら》ゆる困難と闘い、火の如き伝道的熱情を発揮して、福音の宣伝に全力を傾注し、遂《つい》に日本国に於けるキリスト教開拓者中の一大先覚となられたり。

その病重くして、将《まさ》に死せんとするに臨み、なお枕頭に彩色せる日本地図を披《ひら》かしめて、諄諄《じゅんじゅん》伝道の大策を指示せられしが如き、その道に忠なる、実に懦夫《だふ》をして感奮興起せしむるものあり。

大日本国は、高尚なる敬神思想を国体の基礎と為すに拘《かかわ》らず、一世を指導すべき学者は、多く無神、唯物の謬説《びゅうせつ》に囚《とら》はれて、信仰を無視し、世俗は物質享楽の生活に没頭して、霊的修養の何物たるを知らず。

「瞽者《こしゃ》、瞽者を案内して二人とも溝に落ちんとする」（馬太《マタイ》伝《でん》〔マタイによる福音書〕十五章十四〔節〕）。

日本精神界の一大危機に当り、先生の如き宗教的偉人現出して、信仰の必要を説き、基督教の大信念を以て、祖先伝来の宗教信念を純化すべきを主張し、新信仰を提唱して、世道人心の上に一大光明を投ぜしは、実に日本国の一大幸福と謂《い》はざる可《べ》からず。

（註）先生は新約聖書中、約翰《ヨハネ》伝〔ヨハネによる福音書〕三章十六節を「万星中の太陽」と呼びて、深く之を玩味《がんみ》し、又以弗所《エペソ》書〔エフェソの信徒への手紙〕第三章を殊《こと》に愛読せられたという。

⑶　教育家

明治の教育界には種々の思想及び主義紛出〔噴出〕して、混雑を極むるも、大体よりこれを三種に種別するを得べし。

（一）国家（至上）主義

国家の統一、及びその発展に重きを置くは、この主義の長所なれども、所謂《いわゆる》国家主義者は、人間を唯国民（即ち国家の一分子、又は構成要素として、価値あり。国家の関係を離るれば、何等の価値なし）として見るのみ。

これを、独立自存の価値ある人格として見ざるが故に、常に個人の価値を無視し、従って人格尊重の念、極めて薄し（この主義を主張する者は、個人を唯国家の機械の如く見るを常とす）。

これを要するに、国家の尊きは、これを組成する一個人に尊き価値あればなり。個人の価値を無視し、これを卑しめながら、他方に於ては、国家の尊厳を力説す。自家撞着《どうちゃく》にあらずして何ぞや。

（二）知識（偏重）主義

科学（Science）を尊重し、知識の追求に熱心なるは、この主義の長所なれども、所謂知識主義者は、過度に物質的知識を偏重して、人性の他の諸性能を閑却《かんきゃく》、又は無視するが故に、多くは宗教を卑しめ、霊性の啓発涵養《かんよう》を怠り、遂《つい》には忌《い》むべき無神、無魂等の謬説僻論《びゅうせつへきろん》に陥り易《やす》し。

（附言）我邦現時の教育界には、前記の（一）及び（二）の混合思想流行して、弊害尠《すくな》からず。歎ずべし。

（三）実利主義

実利実益を重んじ、物質的生活の充実に努力するは、この主義の長所なれども、所謂実利主義者は、道徳を単に利害の上より打算するが故に、道義の尊厳を傷つけ、高尚なる精神修養と相容《あいい》れざるの欠点あり。

これ等の不完全なる教育主義流行の中に立ちて、先生は卓抜の見識を開き、

（四）精神教育

の旗幟《きし》を翻《ひるが》へして、完全なる新教育主義を主張せられたり。

即ち基督教の高大深遠なる人生観を基とする精神修養（敬神愛人の道）と智育とを併行調和せしめて、人を個人としても、また国民としても、完全円満に教育するの主義、これなり。

先生が明治の六大教育家の一人として、日本の教育界に卓絶《たくぜつ》の地位を有せらるるは、全くこの点に存し、而して、その設立に係る同志社の存在の理由もまた、この精神教育の実行に外ならざるを知るべし。

（『新島研究』九、一九五六年三月）

（二）「新島先生の生涯の意義」（波多野培根）

（明治二十三年、同志社普通学校卒業。同志社普通学校教頭、西南学院高等学部教授。昭和二十年十一月七日永眠）

〔生涯で摂理的機会が三回〕

〔前略〕予《よ》の見る所に拠《よ》れば、先生の生涯開展の上にプロヴィデンシャルと思はるる重要機会が、三つ数へらるる。

第一は、先生が函館遊学の志を起されたことである。更に適切に言へば、此《この》奇抜なる大志が、当年二十二歳の先生の心中に湧き出でたことである。〔中略〕吾人《ごじん》は先生の目的地が函館であって、長崎でなかったことに注意せねばならぬ。若《も》し長崎であったなら、先生の生涯の意義は全く変るであろう。〔中略〕

茲《ここ》に吾人に想像に訴へて考ふべき問題がある。先生が函館遊学の志を起さず、江戸に在留して修業を続けしとすれば、先生は如何《いか》なる生涯を送る人となられしかの問題である。〔中略〕

第二は、先生が上海にてワイルド・ロヴァ〔the Wild Rover〕と言ふ米国の帆船に乗り込まれたことである。〔中略〕

先生が知らず知らずに乗り込まれたる此船《この》は、篤信慈善の聞へ高き米国ボストン府の紳商アルフュース・ハーディー〔Alpheus Hardy〕氏の所有船である。ハーディー氏は、誰人も知れる如《ごと》く先生の着米後、彼の保護者となり、十年〔九年〕の間、学資を出して彼に高等の教育を受けしめ、骨肉も及ばざる愛と同情とを以《もっ》て、終生先生を後援せし篤志家である。

一片報国の丹心の外、殆んど無一物なる先生が、米国に於《おい》て何《なん》等《ら》後顧の憂を懐くことなくして長き間、高等の教育を受け、充分に新知識を学得し、更に米国最良の精神生活に接触することによりて、西洋文明の生命を体得し、かくして立派なる基督教的人物となられしは、全くハーディー氏の力に依《よ》る。〔中略〕

新島先生の生涯の運命は、元治元年七月九日午後五時、先生がワイルド・ロヴァ号に乗り込まれたる時に決定した、と言っても過言ではあるまい。先生が他の所有船に乗り込み得る可能もあるのに、之《これ》に乗らずして、知らず知らずながら、ハーデー氏の所有船に乗り込まれし不思議なる事実を考ふる時、予は此処《ここ》にもプロヴィデンスの動きを見るのである。

第三は先生が岩倉〔具視《ともみ》〕大使一行中の文部省官吏の随行員として、教育制度の取り調べに関係せられたことである。〔中略〕

〔岩倉使節団に加われた効能〕

政府の留学生にあらざる先生が、思いがけもなく森〔有礼《ありのり》〕公使より見込まれて岩倉大使一行の通訳、及び調査の補助者となられしことは、先生の帰朝後の行動、及び事業計画の上に予期せざる便宜を与ふる要因となった。

其《その》一は先生に、岩倉大使に謁見《えっけん》する機会〔不詳〕が出来《でき》、而《しか》して初めて謁見せられし時、懇望《こんぼう》して大使より国禁違反の罪科の赦《しゃ》免《めん》状を得られたことである。

此《この》赦免状が無ければ、先生は学成り業遂《と》ぐるも、日本に帰ることが出来ぬ。仮令《たとい》、潜かに帰られても、固《もと》より日陰者なれば、先生の身上に関して、何か面倒なことが起るに相違ない。

此六ヶ敷《むつかしき》問題が解けたのは、維新の改革と時勢の変化とにも因《よ》れど、先生が岩倉大使一行の目的を賛し、通訳者として又、調査員として助力せられし誠意の賜《たまもの》なることは、明らかである。

其二は、先生の教育に関する知識と興味とが深められて、他日、大教育家となるる基礎が築かれていたことである。

其三は、先生が文教の当局者なる田中不二麿《ふじまろ》氏と深交を訂せられし上に、維新の三傑の一人にして政界の大立者なる木戸孝允氏に近接して、其知遇を得られしことである。

〔木戸孝允からの支援〕

此事は、帰朝後の先生の事業の成否に、甚大なる関係がある。

木戸氏滞米中、先生は屢《しばしば》同氏に面謁《めんえつ》して、徳育本位の教育論を提言し、其傾聴を受けられた。

帰朝後、先生は基督教主義の学校を大阪に立てんと企てて失敗し、目を転じて京都の地を望まれた。然《しか》るに京都は、維新前後に於《おけ》る尊皇攘夷《そんのうじょうい》の中心地にして、保守思想濃厚なるのみならず、基督教を忌避《きひ》する仏教寺院の駢肩《へんけん》林立する宗教都府である。此地に基督教主義の学校を開く見込みのなきことは、大阪の比ではない。然るに此見込みなしと思はるる地に、同志社の開設を見たるは、吾人に一種の奇跡を見るの感を起さしむる。

此奇跡を可能ならしめたるものは、正面に於ては、先生に深き理解を有する文部省の当局者、田中不二麿《ふじまろ》氏の同情であり、裏面に於ては偏見の排除と先生の紹介とに努力せられし木戸公の後援である。此二氏の同情と後援なき時は、京都の地に同志社を開設することは絶対に不可能であった。同志社人は当年を回顧し、此事を牢記《ろうき》して、両氏に対する感謝の情を忘れてはならぬ。〔中略〕

〔教育の重要性に目覚める〕

先生が岩倉大使一行中の文教部〔文部理事官・田中不二麿〕の通訳官となりて、広く欧米を旅行し、各国の教育制度を精しく調査する機会を得られしことは、先生の生涯に取りて極めて有意義の経験である。

此経験は先生の教育眼を開き、先生をして教育と国家との密接なる関係、即ち教育の良否が国運の消長に深き関係在ることを悟らしめ、他日帰国の後、教育を以て国恩に報いんとする志を起さしめた。先生の教育報国の志、其由来や遠しと言ふべし。

先生は天下を以て憂とする一個の国士にして、東洋諸国民の衰微不振と、之より生ずる彼等の不幸とは、殊に其関心する所であった。先生は東西両洋諸国民族の盛衰、隆替の理由を研究して、東洋の復活と興隆の為に、三大改革を為すの必要を痛感せられた。

〔アジア・日本に必要な三大改革〕

而《しか》して此三重改革の必要は、我が日本にも同様である。

其第一は、民権を拡張して、国民に政治上の自由を与ふることである。先生の意見に依《よ》れば、東洋諸国の国勢の不振なるは、専制政治の為に、民権は極度の圧迫を受け、自由が無くなりて、人民の独立の気象が衰へたるに因る。

故に国家興隆の基は、彼等に自由を与へ、民権を拡め、専制政治を改めて立憲政治を開創するにある。自由のある所に独立の気象を生じ、独立の気象盛んなる所に国運の振興を見る。

其第二は、学術の研究を盛んにして、国民の知識を進むることである。東洋諸国の振はざるは、学術の研究不振の為、国民の知識低く、物理の思想貧弱にして機械の発明もなく、技術の進歩もなく、西洋に比すれば、諸事悉《ことごと》く後《おく》れて、彼等と競争することが出来ぬに因《よ》る。

其第三は、基督教を弘むることである。東洋文明の停滞、不進は、東洋諸国民が多神偶像の迷信や、低級なる御利益教に甘んじ、其上、一夫多妻主義の陋習《ろうしゅう》に捕はれて、彼等の宗教心を暗くし、精神の向上と浄化とを塞がれしに因る。

之を救ふの路は、霊と真とを以て天地唯一の神を拝し、且《か》つ一夫一妻主義を実行する基督教を弘むるにある。

真正の基督教は、人の霊魂を救ふて、安心と永生とを得せしむるのみならず、人類の向て進むべき大目標なる神国実現の理想を示し、人に光明と希望を与へて社会を進化せしめ、国家を興隆せしむる推進力となるものである。

此三大改革を実行すれば、東洋も進歩して面目を一新し、西洋諸国民と同等となりて、現在の衰微と屈辱と不幸より脱出することが出来る。――是等《これら》の主張は、先生が屡々《しばしば》、公表せられし教育に関する宣言や平素の談話の中に溢れて居る。

此三大改革を教育に由《よ》りて貫徹し、以て日本を救はんとすることが、先生の畢生《ひっせい》の目的であった。同志社は先生の此高遠なる理想の中に生まれた学校である。〔中略〕

〔あえて私立大学を起す必要性〕

先生の意見を遠慮なく言へば、当時東京にある日本唯一の官立帝国大学は、立派な学校なるも、智育に偏して徳育に充分なる注意を払はざるのみならず、一種の官吏養成所の観を呈し、其卒業生は皆官吏となりて栄達することを目的とし、彼等の中、民間に下り、無位無官に安んじ、人民の友となりて其指導に当る者は、殆んど無い。

此点より見れば、官立大学は立憲国民の資格養成の機関としては適当でない。

此欠陥《けっかん》を充《み》たす為に、別に私立大学を起す必要がある。新たに

起さるべき大学は、微力ながら進んで此大任務に当らんとする者である。私立同志社大学設立の意義、茲《ここ》にあり。〔中略〕

同志社の目的は遠大である。新島先生は「志在千里」〔志、千里に在り〕と云ふ名句を愛し、先生と同志社設立の名誉を分つデビス博士は、同志社創立二十八年後に「此校は其永遠の大目的に対しては今、其発端にあるに過ぎず」と述懐して居られる。

同志社が日本の国家に対して其責任務を尽すは、寧《むし》ろ将来にある。故に同志社は、目前の小成敗《せいはい》に拘泥《こうでい》せずして、将来に生きることを志さねばならぬ。将来に活《い》くるの道如何《いかん》。

予の信ずる所に拠《よ》れば、天地の大本《おおもと》にして又、光明と生命の源泉なる神を信ずることと、常に創立者新島先生を回顧することと、時代に適切なる施設を怠らぬことの三事の外に道は無い。

新島先生を回顧するとは、先生を偶像視することでない。先生の同志社建学の目的と精神とを善《よ》く理解して、其志を継ぎ、其精神に従って誠心誠意、学生を愛撫《あいぶ》、教化することである。

此神に対する信仰と真正の教化と適切なる施設の中に、同志社の命脈があり、発展の秘訣があり、又盛大の約束がある。〔後略〕

（『新島先生記念集』）

（三）「キリスト者列伝・波多野培根」

現住所　京都市上京区塔ノ段櫻木町二番戸
生国　島根県石見《いわみ》国鹿足《かのあし》郡津和野町字後田《うしろだ》
所属教会　同志社教会

父は波多野達技、母はミナ子。明治元年六月二十日に生る。幼時、〔東澤瀉《ひがしたくしゃ》主宰の〕澤瀉塾に於《おい》て漢学を修業し、儒教の感化を受けしを以《もっ》て〔『大学』の名言〕、「大学〔之〕道、在明明徳、在親民、在止至善」〔大学の道は明徳を明らかにするに在り。民に親しむに在り。至善に止まるにあり〕を以て人格完成と社会民衆の改善とを明示する三綱領なりと信じたり。

然《しか》るに京都に出て、同志社普通学部に学ぶや、新島先生を始め、教師、学生の実践的道徳と善良純潔なる学風に現はれたる基督教の、如何《いか》にも有力にして高尚なると、基督の神の国の教は、孔孟の正学を霊的に完成せる真理なり、との信仰を得たり。

其《その》後、聖書を学び、加拉太《ガラテヤ》書〔ガラテヤの信徒への手紙〕六章第七節より九節までの所をよみて、受洗の決心を成し、明治十九年六月二十日、京都第二教会（現今の同志社教会）に於て、ラーネッド博士より洗礼を受けたり。

氏は同志社卒業後、公私立の中等学校に教鞭を執《と》り、現時は同志社中学部の主任たり。「人生最高の知識は、神を知るにあり。而《しか》して神を知るの道は、吾人《ごじん》各自、胸底《きょうてい》深く潜在せる『神的のもの』を自覚するに始まる」との確信を以て、常に青年の霊性啓発に努力しつつありと。明治三十四年三月十九日、結婚す。夫人の名をさだ子と云ふ。一女、英子を有す。

（『信仰三十年基督者列伝』）

四、加藤延年

（一）「苦《にが》き〔メラの〕水を甘くせよ」（加藤延年《のぶと》）

〔死して五十年〕

新島先生が「壮図を抱いて」大磯湾頭に逝《ゆ》かれてから既に五十年。私共の先生に対する記憶は、年を経るに従って益々聖化されて行きます。

此《この》半世紀の間に、同志社学生の数は九百より一時減じて百余りとなり、再び増して五千人となり、我国は日清役《えき》、日露役の火の洗礼を受け、更に世界大戦を経て世界の一等強国の中に列し、将《まさ》に東亜新秩序建設の使命を果たさんとしています。

今若《も》し先生が甦《よみがえ》り給ふて、之《これ》を御覧になったならば、其《その》感慨や果して如何《いかが》でありましょうか。

また若し先生にして、今猶、存命せられて、皇紀《こうき》二千六百年〔一九四〇年〕を祝する栄光館の壇上に立たれたならば、遐齢正《かれいまさ》に九十六歳。其《その》けだかく、麗はしかった御風貌は、更に一層の尊さを加へ、童顔鶴髪《かくはつ》、如何《いか》に雄大なる警世の御言葉が、其唇からほとばしり出るであろうか、と想像せられてなりません。

先生の父君〔民治《たみじ》〕は、八十一歳まで長命せられ、母君〔とみ〕も又八十四歳頃迄は、矍鑠《かくしゃく》であられたから、此長寿の遺伝を以《もっ》てすれば、必ずや先生が古稀《こき》も米寿《べいじゅ》も越えさせらるることは、そんなにむつかしきことではありませんでしたらうが、先生は脱藩後、米国でも日本でも「金《きん》の火にためさるる」が如《ごと》く艱難を経られ、「国家百年の謀《はかりごと》」を定めて、「一国の良心たるべき人物」を養成せんと、十五年間同志社校長として苦心せられ、或《あるい》は府吏の反対、或は宣教師の異議、或は心ならざる諸教派の合同など、〔愛唱していた古歌、「吉野山花咲く頃は朝な朝な　心にかかる峰の白雲」にあるように〕「朝な朝な」「峯の白雪〔白雲〕」をながめては心配せられ、教育上、宗教上の十字架を負ひ、遂《つい》に四十七歳を一期《いちご》として、同志社最初の犠牲となられたことは、洵《まこと》に千秋の憾《うらみ》でありました。

先生御危篤の報に接して、「生かして置け」と井上伯の惜しまれた様に、実に生かして置きたかったのは先生でありました。

〔自身で「百の新島が出る」と期待〕

イエスは「我が信ずる者は我がなす業《わざ》をなさん。かつ之《これ》よりも大なる業をなすべし」〔ヨハネによる福音書、十四章十二節〕と仰せられましたが、先生はよく「一の新島が死んでも、あとには百の新島が出る」と申されました。

先生の御葬儀には「一粒の麦、地に落ちて死なずば、唯一つにて在らん。もし死なば多くの果《み》を結ぶべし」との聖句〔同、十二章二十四節〕を引いて、小崎〔弘道〕後継校長が式辞を述べられました。而《しか》して、其聖句は成就せられたと思ひますが、先生程の人物は、そうざらには出る筈がありません。

先生の御宅の応接間には、勝海舟翁揮毫《きごう》の額面〔六然訓《りくぜんくん》〕が掲げられてありました。其文句は次の通りであります。

「自処超然、処人藹然、無事悠然〔澄然〕、有事斬然、得意淡然、失意泰然」。

これは六然居士《こじ》〔勝海舟〕の心境を語ると同時に、恰《あたか》も先生の御徳をたたえたものの如くであります。

吾等の間で新島先生と云ふ一語は、粛然《しゅくぜん》襟を正させます。先生の御墓前に額《ぬか》づけば、申上ぐべきこと、御詫《おわび》すべきことが次から次へと湧いて来ます。先生の御手より頂戴《ちょうだい》した御写真に対すると、恐縮の中になつかしみがこみあげて来ます。同志社に事ある毎に思ひ出さるるのは、先生であります。

〔忘れがたい数々の高徳と慈愛〕

私の郷里、筑後《ちくご》柳河の一名士は、嘗《かつ》て先生の高徳に言及して、「自分の如き人間でも、新島さんの前に居るときだけは善人となって居る」と言はれたことがありました。

先生が居らせらるると、唯じっとしてゐらせられるだけで、自然に其周囲に徳化を及ぼし、其接触作用は著しきものがありました。禁煙の張紙があっても、濛々《もうもう》と煙の立ち昇るを常としていた演説会場で、嘗《かつ》て先生の御司会と云ふので、一同が自粛して煙草を喫わなかったのを見たことがありました。

明治十八年十二月、私共が当時の七条停車場〔京都駅〕前に整列して、欧米漫遊より先生の御帰朝なさったのを歓迎した時の、血色麗はしかりし御温容や、其翌日の同志社創立十周年記念式場で、諸先輩の獅子吼《ししく》の後に、先生は徐《おもむろ》に起《た》ち上り、「私は唯、私の不在中に退学を命ぜられた人々のことを記念する」とのみ一言せられ、断腸の思入《おもいいれ》ありて、滴々《てきてき》涙を落として着席せられ、満座の人々をして暗然、目を湿《しめ》さしめられた時の沈痛真摯《しんし》の御姿や、又反則者処罰の張紙に落書した者があった際、「其罪を憎んで、其人を憎まず」と仰せられた時の公会堂〔チャペル〕壇上の凛然《りんぜん》たる御姿や、又自ら過《あやまち》を引受け、功を人に譲らるる御心情や、或はLL・Dの〔名誉〕学位を有しながら、曾て之を口にせられず、或は金ペンを貰はれても、曾て之を使用せられなかったと云ふ様な奥床《おくゆか》しき御心境や、其他先生が森〔有礼《ありのり》〕文部大臣や北垣〔国道京都〕府知事と話して居られた場面、ヂョーヂミューラー翁〔George Fredrick Müller〕を人力車上にいたはっていられた場面。

日曜日に公会堂で聴衆席中の後方に、〔八重〕夫人と並んで説教を傾聴せられていた光景（こんな時によく私は、先生の前額部の豊満なるにひきかえ、後頭部の低平なるを注視したことがありましたが、後に骨相学者から「前頭は高尚なる霊智や仁愛の宿る所、後頭は主として肉情の宿る所」と教へられ、先生が一人の御《お》子《こ》をも有せられず、幾百の生徒等を自分の子供の如くに愛せられた秘密をうかがひ得たようにな感がいたしました）。

私共が先生の御宅に参上して帰る時に、御門を出で了《おわ》るまで、手にランプを持って御玄関前の長い細道を照らし給ふ、煦々《くく》たる御慈愛の御姿などが、折々眼前にちらつきます。

〔メラの水・七生報国〕

又、全同志社野猪狩《いのしし》の慰労晩餐会に、先生が鹿一頭を贈られ、「多々益《ますます》す弁ず」という私共の知れる範囲では、空前絶後とも云ふ可き、諧謔《かいぎゃく》を交えられた卓上演舌の鈍重《どんじゅう》なる御声や、殊《こと》に明治二十二年六月二十七日午後二時よりの同志社第十四回卒業式（私共の卒業証書授与式で、先生が臨席せられた最後の卒業式であった）に際し、旧約聖書出埃及記〔出エジプト記〕第十五章二十二節以下を引いて「今諸君を此苦《にが》き社会に送り出すのは、恰《あたか》も神が苦き水をあまくする樹として示されたる樹の枝を折って、メラの苦き水に投ずる様なものである。諸君は宜《よろ》しく之《これ》を甘くするの力を有すべきである」と云ふ意味の御訓辞のいと強き語調は、今猶、私共の耳底《みみそこ》に残ってゐます。

先生は曾て楠《くすのき》〔正成《まさしげ》〕公七生《しちしょう》〔報国〕の名言を引いて、楠公《なんこう》の今猶甦《よみがえ》りつつあるを説かれましたが、それと同様に、先生の御精神が今猶活《い》きて、吾等《われら》を指導しつつあることは、疑う可《べ》くもありません。

冀《こいねがわ》くは、天佑《てんゆう》永く同志社の上にありて、弥《い》やが上《うえ》にも栄え、神慮に協《かな》ふ真正の教育を施し、真正の宗教を伝へ、忠君敬神、愛国有用の人材を輩出せしめ、以《もっ》て校祖所期の目的を達成せられんことを。

（『新島先生記念集』）

（二）「加藤延年の略歴」（新聞報道）

〔京都府から教育功労で表彰〕

京都府教育会では今年〔一九三〇年〕、恰《あたか》も同会設立五十周年に当たるので、過る五月十一日をトし《ぼく》、盛大なる祝賀式を岡崎公会堂で催した。

之《これ》と共に、同一学校に勤続二十五年以上の府下公私立中等学校教諭、並に小学校訓導三十一名に対して、其《そ》の多年の功労を表彰したのであるが、母校〔同志社〕より選ばれて、此《こ》の栄華を担はれたものは、加藤延年、三輪源造、塩瀬千治、メリー・フロレンス・デントン〔Mary Florence Denton〕の四先生であった。

我等は京都府教育会が私学同志社より、特に以上四先生を選んで、其の功労を表彰せしことに対しては、真心より同会に感謝の意を捧ぐるものである。

と同時に二十五年以上に亘《わた》り、終始一貫、母校教育のため尽瘁《じんすい》せられ、殊《こと》に幾多《いくた》曲折《きょくせつ》、波瀾の中にも母校に盤石《ばんじゃく》の如《ごと》く踏み止《とど》まって、一意育英の大業を授けられたるを憶《おも》ふ時、四先生の功を称え、四先生の熱心努力を深く感銘せずには居《お》られない。

今、下に其の略歴を掲げ、本紙に四先生の芳名を永くとどむるであらう。〔中略〕

〔柳河から同志社へ〕

加藤先生は、慶應二年五月十七日、静岡県山間部宮内村大字高畠に呱々《ここ》の声を揚げられた。慶應二年と云へば、徳川慶喜《よしのぶ》が第十五代将軍として、天下の大権を掴《つか》へた年であり、而《しか》も我国に於《お》ける封建制度終末の年であった。

先生が柳川藩校橘蔭館（〔橘蔭学館〕即ち後の柳川中学校）を卒業せられたのは、明治十六年十二月とあるから、正に十八歳の時である。

而《しか》して二年の後、即ち明治十八年二月には笈《きゅう》を負ふて西京《さいきょう》〔京都〕に来たり、始めて同志社普通学校に入学。先年亡くなった文豪、〔徳冨〕蘆花《ろか》などと机を並べて勉強せられたものである。

〔同志社理化学校〕

其の卒業は、ハリス〔J. N. Harris〕氏が理科〔理化〕学校建設資金十萬弗《ドル》を同志社に寄附した年で、明治二十二年六月であるから、先生と理科学館とは何だか切り離すことの出来ない因縁を持ったもののやうにも考へられる。

実際に於《おい》て、加藤先生と云へば直《す》ぐあの理科学館を憶ひ出し、理科学館と聞けば、同時に加藤先生のニコヤかな温顔を髣髴《ほうふつ》する。

但《ただ》し、先生が理科学館で学ばれたのは明治二十四年九月より約半ヶ年で、それも二十二年七月以来、奉職してゐられた熊本英学校の校命に拠《よ》って在学研究せられたのである。

其の後、明治二十八年四月から三十二年四月までは、福岡県尋常中学傳習館〔現福岡県立伝習館高等学校〕で教鞭を執《と》られ、更に三十二年四月以降、母校〔同志社〕の教壇に立たるることとなった。

而して昭和五年の今日に至るまで、正に三十有一年の間、先生は寸歩《ずんぽ》も同志社の地を離れず、一意専心、同志社教育のために献身、奮闘して来られた。

出来得《う》るならば、「同志社博物館」が建設せられんことを吾等は切に望んで止まないものである。

（『同志社校友同窓会報』一九三〇年七月一五日）

顧みれば、先生の永い同志社生活の間には、随分様々な出来事があったものだが、其の様々の出来事を先生は、果たして如何に眺めて来られたことであらう？

それは兎《と》もあれ、先生が三十年の間、同志社教育のため、外界の風浪に聊《いささ》かも心を動かされずして、進むべき途《みち》を只一筋に進んで来られたと云ふ一事は、何よりも明らかに、先生が世にありふれた平凡な教育家でないことを証するものである。

極めて平々凡々に見ゆるものは、往々極めて非凡性を包んでゐる。先生の如きは、確かに此の平凡なる外皮に、非凡性を包まれた方である、と云はなければならぬ。

世の多くの者が、兎角《とかく》ありもせぬ非凡性を見せたがる中に、我が同志社が、先生の如き教育家を有することは、まことに大なる誇として感謝すべきである。

〔待ち望まれる同志社博物館の建設〕

最後に、吾等《われら》が先生を想ふ時、書きもらす事の出来ぬものは、あの理科学館の階上に処狭きまでに列《なら》べられた、驚くべき博物標本である。

それは目で見て直ちに、先生多年の苦心と努力の跡を、最も明瞭に知る事が出来るものであるが、同志社は此の蒐集《しゅうしゅう》された多数の標本を、幾久《いくひさ》しく先生の尊き奉仕記念として、完全に保存することを忘れてはならぬ。

五、久永機四郎

（一）「少年の眼に映じた先生」（久永機四郎）

〔生徒想いの新島先生〕

私が初めて同志社英学校の表札を掲げた校門を潜ったのは、明治十八年の秋九月であった。それから程なく、先生は再度の外遊を全うして帰朝され、一段と拡大された識見と洗練された人格とを以《もっ》て、最終期の生涯に入り、熱烈な意気と鉄石の信念とを以て、学校の経営に当たられた。

爾来《じらい》両三年、著るしき健康の御支障はなく、大学の設立運動もさまでに進捗《しんちょく》していなかったので、毎朝の礼拝には、大概《たいがい》先生の温顔を仰ぎ、感激に溢れた小講話を承《うけたまわ》った。

一家でも、両親が特に末子を鍾愛《しょうあい》するのは、吾《わが》行先き短い自覚に基づく本能であろう。先生が私達の学級に対する態度には、稍之《ややこれ》に近似したものがあったかと思はれる。

それに加へて私達の級友には、先生の意向に叶《かな》ふた田舎育ちの蛮骨児が相並んでいたことも、預《あず》かりなしとせぬが、兎《と》に角《かく》回顧して、先生の恩遇に浴した事件の重《おも》なるを発見する。

米国史の担任教師に関して、不平の起こった結果として、繁用《はんよう》の中から先生自ら之に代はられたり。日曜学校を利して、私達の為、先生御愛読のエペソ書やピリピ書など、使徒パウロの小書翰《しょかん》を講義されたりした。

幾何《きか》の教授法が気に食はねと称し、ストライキめいた不穏な行動を始めたこともあったが、相手の教師は外国人であり、教員会議のメンバーは多数そうであるし、腕白な日本少年の気持ちを寛《かん》恕《じょ》する具眼者は少なく、生徒の分在で教師に反対する如き非礼は、一切罷《いっさいまか》りならぬと叱られ、二年前に類件発生の場合と同様、あはや総退校の決議を見んとしたらしい。

それを先生は、熱涙を以《もっ》て争ひ、やっと硬論を制して事無きを得た許《ばか》りでなく、担任も更迭《こうてつ》となって、生徒側の全勝に帰したわけである。

斯《こ》うした事態の間に養成された私達であるし、気概《きがい》のある年長生は、何程か先生を理解し、進んで先生に私淑《ししゅく》する機会を捉へたであらうが、私如き年少の坊《ぼ》ん稚《ち》育ちには、先生の尊さや豪《えら》さの認識、甚《はなは》だ朧《おぼ》ろげで、唯何となく恐ろしくもあるが、親しみをも覚ゆる師父として敬愛したに過ぎぬ。

故に明徹《めいてつ》周到な評論は他の適任者に譲り、私としては、当時の乳嗅児であった私の眼底に、自ら投影した先生に就《つい》て一筆するに止《とど》める。

赤坊の悲鳴が、名画の真に迫れるを証した伝説もあるから、深い考察の能力を欠いた少年の、親しく観聴せる儘《まま》の先生も、亦全く無用でないとされたら幸甚である。

〔森有礼文部大臣来校の印象〕

上級生の失行を処罰する掲示に、批評的の落書を加えた学生の心無き業《わざ》を戒められたときや、有終館〔校舎〕の火災に際して、消火なり、図書の持ち出しなりに、決死の働きを示した学生達の愛校心を激賞されたとき、猶太《ユダヤ》民族の埃及《エジプト》脱出を課題とした金森〔通倫《みちとも》〕牧師の説教に感奮して、自ら講壇に上り、霊験あらたかな神助に対する信念に共鳴されたときなど、今尚記憶に残るもの数ある中に、明治二十年頃であらう、学校視察に見えた森〔有礼〕文相を、チャペルで紹介された際の先生の風采《ふうさい》態度は、特に眼前に髣髴《ほうふつ》するを覚ゆる。

「皆さん森文部大臣をご紹介致します。御立ち下さい」と掌《てのひら》を上向けた両手を水平に支へて合図をし、文相がやをらその肥満した体躯《たいく》をラッコの総裏附の外套《がいとう》に包んで運び、傲慢《ごうまん》そのもののような面魂《つらだましい》で、荘重に講壇に構へ、徐《おもむろ》に一場の訓示を始めらるや、先生は後方二、三歩、左斜に開いて立たれ、稍前屈《ややまえかが》の姿勢で、和顔に折々の瞬《まばた》きを見せつつ、傾聴してゐられた。

その間、私が郷塾で教はった論語の君子礼讃が、次から次へと脳裡《のうり》に湧出るのを禁じ得なかった。

「鞠躬如《きっきゅうじょ》たり」だの、「威有《いあ》って猛《たけ》からず」だの、「温《おん》良恭謙譲」だのと、勿体《もったい》らしい講釈を聴いたとて、深い恩慮も体験も無い少年に取っては、全く馬耳東風であったが、此短時間の一場面で、総《すべ》てが一括して氷解したやうに思はれた。

言うまでもなく斯《こ》うした文句の権化を、丈余《じょうよ》の彼方《かなた》に目撃したからである。としても、それが十七、八の極めて凡庸《ぼんよう》な少年の乾板に映った印画であるから、その現物の光度、推《おす》べきである。

〔ジェントルマンとは君子のこと〕

先生嘗《かつ》て朝拝の席上で、ゼンツルマンの、紳士に非《あら》ずして君子なるを説かれたことがある。

一体紳士とは、誰の創訳か知らぬが、富貴の人、上流社会の士と云ふ意味が多分に含まれ、又事実、大方はさうした意味に使用されて来たやうである。

ゼンツルマンなる語も英米に於《お》ける現用には、差したる相違が無いと思はれる。衣食足って礼節を知るに反し、貧すれば鈍する習いからすれば、強《あなが》ち当たらずとして争ふ程のことはあるまい。

しかも、君子の称呼も亦往古《おうこ》に遡《さかのぼ》れば、官界に地位ある人を指したもので、成徳の士は用ゐられて官職に就《つ》くのが、天の配宰〔配剤〕とされた時代には、この二つを引離して考へる必要はなかったのである。

けれども世態の推移と共に、この原則は当嵌《あてはま》らなくなり、遂《つい》に此文字が、次第に有徳の人士に限らるることとなったようである。

さすれば、君子だとて全く紳士と相容《あいい》れぬわけではなさそうだが、遺憾ながら、吾国の官憲や富豪など、所詮《しょせん》紳士を以《もっ》て呼ばるる人々の中には、随分心事の低級な者も少なからず、温良な先生をして虚言吐き、恥知らずとの激越な語を用ゐしめた程で、紳士に対する先生の思はくは、甚《はなは》だ慶《め》でたくなかったに反して、今より七、八十年前の米国で、清教徒の遺風を伝へたニューイングランド、別してボストン近辺などに永住し、先生の近接されたゼンツルマンは、到底之《これ》と同一視すべきでないと考へられたのであらう。

それは兎《と》もあれ、古典に学んだ東洋の君子なり、米国で見た西洋のゼンツルマンなりが、断えず先生の胸裡を来往《らいおう》してゐたようで、その結実が前陳《ぜんちん》のやうな機会に於て、少年の凡眼にさへ、それと合点さるるに至ったものであらう。

先生の伝記を繙《ひもと》き、少年時代の記事を読んだ者は、誰しも先生が才学に秀で、技能にも優れていられたことを否《いな》まぬであらう。しかし先生は、磊落《らいらく》豪放とか、清濁併呑《せいだくへいどん》だとか云ふ太腹《ふとばら》型に成人すべき柄ではなかったやうだ。

武士の家に生まれ、国情紛々《ふんぷん》たる間に育ったのであるし、気概もあり、胆力もあったことは、決然たる祖国脱奔《だっぽん》の一事を以ても知られるが、その素質からすれば、寧《むし》ろ温良であり、純直であり、何人にも愛好さるる少年であったと推せられる。

さうした少年が、礼儀廉恥《れんち》の教育を受けたり、古風な米国で基督教に感化されたりしたのであるから、君子なりゼンツルマンなりとして結実したのは、当然であるまいか。

しかし君子とかゼンツルマンとか云ふと、動もすれば先《ま》ず平和の世に処して、物静かな生を営む人物を描出《びょうしゅつ》するけれど、先生の念頭に存した夫《そ》れは、しかく生易《なまやさ》しいものではなかった。

国道なければ則ち隠れるとか、金持ち喧嘩せず、とか云ったやうな君子やゼンツルマンは、先生の組せざるところであり、却《かえっ》て荊棘《けいきょく》の路を切開いて、逆境不如意《ふにょい》の間を、悪戦苦闘して進むのが、先生予《かね》ての選択であり、覚悟であったやうだ。

〔洛陽の一平民〕

先生が愈《いよい》よ畢生《ひっせい》の事業〔同志社創立〕に着手されたのは明治八年で、世は既に維新の局面、転回を見たけれど、諸般の改革漸《ようや》くその緒《ちょ》に就《つ》いた許《ばか》りで、まだ百事混沌状態を免れず、従て用意された錦衣《きんい》も、身に纏《まと》ふべき時ならずとして秘め置かれたのは、尤《もっと》もとするが、さなくとも、先生の祖国に対する熱愛や、世道人心の作興《さっこう》に関する切々の念願は、先生をして坦々たる街路の行進を求めさせなかったであらう。

明治政府に重用《ちょうよう》さるべく、文部顕官《けんかん》の折角の取做《とりなし》をも退けて、遷都後の寂《さび》きった洛陽の一平民として、屈指に足らぬ烏合の少年達を相手に立たれた先生を想望すれば、其処《そこ》には衣冠を正した君子や、邸宅に澄ましたゼンツルマンは見えず、之《これ》に代って布衣《ほい》を纏《まと》ふた先覚の予言者なり、炎々火を吐く愛国の志士なり、英姿が現はれている。

斯《か》くすれば斯くなるものと知りながら、止《や》むに止まれずとして勇躍死地を冒《おか》したり、縲絏《るいせつ》と患難の待伏せを恐れず、福音を宣伝せずば禍《わざわい》なるかなと叫んで、天下を縦横《じゅうおう》したりするのは、凡人の評量を以てすれば物好きの至りであるが、先生も亦、此種苦労人の範疇《はんちゅう》に加へらるべきであらう。

〔新島先生から聞いた偉人たちのこと〕

先生海外再遊の御土産談は、埃及《エジプト》の独立運動に蹉跌《さてつ》してセイロンに幽囚されたアラビーパシャー〔Arabi Pasha〕の慰問を皮切りとした。僅《わず》かに名許《なばか》り耳朶《じだ》に残るコツシュース〔タデウッシユ・コシチユーシユコ、Kosciuszko〕を字典に探ると、最近亡滅したポーランドの愛国者であった。

信仰の父と称せられたイスラエル民族の祖先、アブラハムの事蹟、唯皇天后土《こうてんこうど》の知るあるを頼みとした幕末の志士、〔梅田〕雲《うん》浜《びん》や、卓識《たくしき》熱情、世に容《い》れられなかった所謂《いわゆる》〔寛政の〕三奇人〔林子平、高山彦九郎、蒲生《がもう》君平〕の逸話も承《うけたま》はった。

先生の改名〔ジョゼフ〕に有縁のヨゼフ〔Joseph〕を黙過して、出埃及《エジプト》のモーゼを再々語られたのは、民族救護の為《ため》、荒野に彷徨した四十年の艱苦が、先生に与へた共鳴の慰藉《いしゃ》激励に裏書きする。〔徳富〕蘇峯《そほう》史伯は、先生が大学運動の為東上し、大磯で客死されたのを弔《ちょう》して孔明〔諸葛亮《しょかつりょう》『水師表《すいしのひょう》』〕を想起され、「出師末捷身先死」〔師を出して未《いま》だ捷《か》たざるに、身先づ死し〕の詩句を引かれたが、先生渡米以来、二十五年の全生涯に亘《わた》って一考するとき、モーゼの対照を禁じ得ないものがある。

先生が臨終近き病床にあって、「心に懸《かか》る峯の白雲」の古歌を唱へられた心事は、正《まさ》にピスガの山嶺で、ヨルダンの一帯水を隔てた彼方に、宿昔《しゅくせき》の目標カナンの沃野を望見しつつ逝《ゆ》いた偉人のそれであったらう。

以上は皆、朝拝、折々の講話から漏れた点滴に止《とど》まるが、先生の同情なり、憬慕《けいぼ》なりは、多くの素志を遂げない創業先覚の人士に寄せられたやうだし、先生の自任された分野も、蓋《けだ》し其辺に存したであろう。

即ち、後日に期せらるる大建築の地盤に据えられた礎石となるのが、その本懐であったろう。「吾身斃《たお》れなば、皇天必ず代はるべき人を起すべし」〔『新島襄全集』三、五四三頁参照〕と云ふのが、先生の牢乎《ろうこ》たる信念であったことが、示されてゐる。

〔新島先生が敬慕する人たちとは〕

先の引照中に省いたワシントンは、成功者たる点に於て毛色を異にするが、先生の能《よ》く彼を口にせられたのは、功成り名遂げた彼を讃仰《さんぎょう》されたのではなく、英軍の精鋭に対抗して、連敗の惨《さん》苦《く》を嘗《な》めながら、堅忍不抜、大勢を挽回した百姓一揆の隊長に敬服したのであらう。

否《いな》、三軍を指呼《しこ》しても軍人には非《あら》ず。一国を統率しても、政治家の色彩には染まず。君子の如く、ゼンツルマンの如く終始した彼の人格に傾倒されたものと思はれる。

斯《こ》うした零砕《れいさい》な聴覚えの資料からしても、先生が平素同情し敬慕して、自らも之《これ》を具現すべく心懸けてゐられた人物や事柄は、凡《およ》そ窺知るべきであるが、先生には此等に優って、更に高遠な理想が有り、之に向かって不断の精神勤行《ごんぎょう》を積んでゐられたことを忘れてはならぬ。

即ち私達が、先生の講義を拝聴したエペソ書に「キリストの測り知るべからざる愛を悟り、凡て神に満てる者を満たしめ」と読むのがそれである。

パウロの小書翰《しょかん》には、彼の晩年の玉作が多く、生れ得た猛気、天を衝《つ》く彼へ、漸くその鋭鋒を収めて、思想の深沈幽遠化と共に、その心事も和協豊潤の老熟境に入ったやうであり、先生が自ら之を愛読されたのみならず、之を私達にまで講述されたことは、以て先生の晩年を解するに足るものがある。

尤も、当時の私達は、ロマ書やコリンタ〔コリント〕書などの整々たる論陣や万丈《ばんじょう》の気焔に痛快を感じたけれど、斯《こ》うした穏健素実な神品の滋味を知らず、唯醇々《じゅんじゅん》として之を説かるる先生の温容に、見入る許《ばか》りであったのを恥づる次第である。

之を要するに、先生を以て志士、仁人と称するも可なり。将《はたま》た君子、ゼンツルマン、乃至《ないし》予言者、愛国者と評するも亦、可なり。

しかも吾意《わがい》を得たりとして、先生の最も悦ばれるであらうことは、此等《これら》総《すべ》てに亘《わた》り、又之を超えて、十字架を負ふた真面目なクリスチャンであったと云ふことに存すると信ずる。

（『新島先生記念集』）

おわりに

前作『新島襄の師友たち』を出してから、二年余になります。同書の「おわりに」（四三六頁）では、こう書きました。

「最終的な目標は、『新島襄交遊録』です。完結すれば、壮大なシンフォニーのような『大作』（頁数から言って）になりそうです。全体の構想は六冊構成を考えています。本書が五冊目ですから、残るはあと一冊です。

既製作品をラインアップしてみますと――

（一）『新島襄と徳富蘇峰――熊本バンド、福沢諭吉、中江兆民をめぐって――』（晃洋書房、二〇〇二年）

（二）『新島襄の交遊――維新の元勲・先覚者たち――』（思文閣出版、二〇〇五年）

（三）『徳富蘇峰の師友たち――『神戸バンド』と『熊本バンド』――』（教文館、二〇一三年）

（四）『新島襄と明治のキリスト者たち――横浜・築地・熊本・札幌バンドとの交流――』（教文館、二〇一六年）

（五）『新島襄の師友たち――キリスト教界における交流――』（思文閣出版、二〇一六年）

残る一冊は、（六）『新島襄の教え子たち』（仮称）にしようと考えています。順調に行けば来年〔二〇一七年〕、遅くとも二〇一八年には上梓《じょうし》できると思います」。

この見通しは、結果的には甘かったです。「早くて二〇一八年、遅くとも二〇一九年」とでも言うべきでした。二〇一六年は、私的には「豊作」の年で、自著を三冊、刊行できました。それに対してそれ以後のこの二年間は、同志社校友会が手掛けた『東華学校ものがたり』（二〇一七年）の出版協力（実質は単独執筆）に追われたこともあって、（六）の執筆と編集が遅れました。

その結果、本書の出版は二〇一九年にずれこみます。ただ、二月十六日が目途ですから大幅な遅延にはなりません。この日を選んだのは、私にとって大事な記念日、そう五十五回目の受洗記念日だからです。

新島襄が創設した同志社教会（創立当時は西京《さいきょう》第二公会）において私は一九六四年に洗礼を受けました。場所は学内の講堂（栄光館ファウラー・チャペル）です。受洗当時は学部生でした。卒業後、しばらく地方勤務をした後、三十余年前に同志社教会に復帰しました。現在、この教会で役員を務めながら、教会生活を送っています。

つまり信徒としての私のスタート地点は、同志社でした。新島襄牧師の教え子は無理としても、新島襄の門弟を目指すはるかな道のりの始まりでした。それは同時に新島研究者たらんとする、これまた長大な途へと踏み出す第一歩にもなりました。

その日以来、ちょうど五十五年。曲がりなりにもブレずに新島研究を続け、こうしてささやかな成果を出版できるのは、家族や先学を始め多くの関係者の方々の支えがあってのことです。感謝です。

刊行時期の「誤差」以上に読みの甘さが露呈したのが、体裁です。「残る一冊」が、「あと二冊」になってしまいました。内容的に（一）から（五）までの総括めいた構成にできないか、と苦慮しただけでなく、欲張った結果、数量的にも収録すべき教え子がどんどん膨らみ、とうとう三桁になりました。そこで最後の一巻になるはずの（六）は前巻と後巻に分けざるをえなくなりました。

そこで、本書（六）は『新島襄の教え子たち（ジャンル別）』と銘打ち、ひとまず六十五人（夫人や娘を含めると七十一人）の人物を列伝風に取り上げました。続く後巻（七）は『新島襄の教え子たち（出身地別）』にしようかと考えています。対象人物は前巻（本書）をはるかに超えそうです。

要するにかねての「六冊構想」は、最終的には「七冊構想」になります。これで、「新島襄交遊録」は全七巻でようやく完結するはずです。

それが終われば、「新島と音楽」など新島の知られざる側面を浮き彫りにする論考を集めた新島本を考えています。あわせて東京オリンピック（二〇二〇年）前後に、「同志社とスポーツ」などを扱った小論をまとめた初期同志社史を出すことも視野に入れています。

これらの作品が（無事に完結した場合の）「新島襄交遊録」と同様に、二〇二五年に創立百五十年の節目を迎える同志社が、現在取り組んでいる『同志社百五十年史』（仮題）の編集、刊行作業に対して、何らかのお役に立つならば、望外の喜びです。

さて、「おわりに」まで漕ぎ着けた今日は、新島襄夫人・八重の百七十三回目の誕生日です。八重自身や彼女の教え子たちのことは、本書ではほとんど取り上げておりません。それだけに、「おわりに」だけは八重の記念日を選び、八重や八重ファンに思いを馳せながら、この文章を綴っております。

実は、彼女は新島襄の善きパートナー（同志）であると同時に、新島の教え子としての側面をも合わせ持っております。

新島に敬意を払い、積極的に学ぼうとしたひとり（しかも直近の！）でした。最晩年には、自己の人生を総括するかのように、「襄のライフは私のライフ」と言い切っております。

彼女もまた生涯をかけて「もう一人の襄」、あるいは「小新島」を目指したのでしょうね。

二〇一八年十二月一日

本井康博

新島襄《にいじまじょう》の教《おし》え子《ご》たち（ジャンル別）

2019年2月16日　初版発行

定価：本体4,200円（税別）

著　者　本井康博

発行者　奈良平　靖彦

発行所　株式会社 図書印刷 同朋舎

〒600-8805　京都市下京区中堂寺鍵田町 2

Tel. 075-361-9121 Fax. 075-371-0666

©Printed in Japan　ISBN 978-4-908891-05-2 C1016

■著者紹介・本井康博（もとい・やすひろ）

神学博士。元同志社大学神学部教授。1942年、愛知県生まれ。同志社中高卒。同志社大学大学院経済学研究科修士課程修了。専門は近代日本プロテスタント史。同志社・新島研究会の元代表。NHK 大河ドラマ「八重の桜」（2013年）時代考証。「新島研究功績賞」（３回）、「新島研究論文賞」（１回）を受賞。

■著書（単著）

『回想の加藤勝弥―クリスチャン民権家の肖像―』（キリスト新聞社、1981年）
『写真で見る新潟教会の歩み』（日本キリスト教団新潟教会、1986年）
『京都のキリスト教―同志社教会の十九世紀―』（日本キリスト教団同志社教会、1998年）
『新島襄と徳富蘇峰』（晃洋書房、2002年）
『新島襄と建学精神』（同志社大学出版部、2005年）
『新島襄の交遊』（思文閣出版、2005年）
「新島襄を語る」シリーズ（既刊；本篇10巻、別巻５巻、思文閣出版、2005年～2016年）
『近代新潟におけるプロテスタント』（思文閣出版、2006年）
『近代新潟におけるキリスト教教育―新潟女学校と北越学館―』（思文閣出版、2007年）
『アメリカン・ボード二〇〇年―同志社と越後における伝道と教育活動―』（思文閣出版、2010年）
『徳富蘇峰の師友たち』（教文館、2013年）
『新島襄の師友たち―キリスト教界における交流―』（思文閣出版、2016年）
『新島襄と明治のキリスト者たち―横浜・築地・熊本・札幌バンドとの交流―』（教文館、2016年）ほか

■共同論文集

『新島襄の世界』（北垣宗治編、晃洋書房、1990年）
『新島襄　近代日本の先覚者』（同志社編、晃洋書房、1993年）
『近代天皇制とキリスト教』（同志社大学人文科学研究所編、人文書院、1996年）
『日本プロテスタント諸教派史の研究』（同志社大学人文科学研究所編、教文館、1997年）
『新島襄全集を読む』（伊藤彌彦編、晃洋書房、2002年）
『アメリカン・ボード宣教師―神戸・大阪・京都ステーションを中心に、1869～1890年―』（教文館、2004年）ほか

■共編著

『現代語で読む新島襄』（丸善、2000年）
『同志社山脈―113人のプロフィール―』（晃洋書房、2003年）
『新島襄の手紙』（岩波書店、2005年）
『新島襄　教育宗教論集』（岩波書店、2010年）
『新島襄の自伝』（岩波書店、2013年）ほか

人名索引

E

F

G

HA

HI

HO

I

ITA

J

KA

KI

KO

MI

MO

MU

NA

NI

O

OKA

OKU

ONO

OSA

P

R

SA

SI

SUDA

SUMI

TA

TANA

TO

TSU

U

V

W

YA

YO

YU

Z